D1923266

Leo Scheffczyk

Urstand, Fall und Erbsünde
Von der Schrift bis Augustinus

HANDBUCH DER DOGMENGESCHICHTE

Herausgegeben von

Michael Schmaus, Alois Grillmeier, Leo Scheffczyk
und Michael Seybold

Schriftleitung

Michael Seybold · Erich Naab

BAND II

Der Trinitarische Gott · Die Schöpfung
Die Sünde

Faszikel 3a (1. Teil)

Urstand, Fall und Erbsünde
Von der Schrift bis Augustinus

HERDER

FREIBURG · BASEL · WIEN

Leo Scheffczyk

Urstand, Fall und Erbsünde

Von der Schrift bis Augustinus

1981

HERDER

FREIBURG · BASEL · WIEN

Imprimatur. – Freiburg im Breisgau, den 8. Dezember 1981
Der Generalvikar: Dr. R. Schlund
Herstellung: Freiburger Graphische Betriebe 1982
ISBN 3-451-00737-1

INHALT

URSTAND, FALL UND ERBSÜNDE VON DER SCHRIFT BIS AUGUSTINUS

Allgemeines Schrifttum: *K. G. Bretschneider,* Die Grundlage des evangelischen Pietismus oder die Lehren von Adams Fall, der Erbsünde und dem Opfer Christi (L 1833); *H. Klee,* Lehrbuch der Dogmengeschichte, 2 Bde (Mz 1837–38); *J. Müller,* Die christliche Lehre von der Sünde, 2 Bde (Br 1844); *J. Schwane,* Dogmengeschichte, 4 Bde (Fr 1862–90); *F. Schlünkes,* Das Wesen der Erbsünde nach dem Concilium von Trient unter gleichzeitiger Berücksichtigung der Hl. Schrift und der Väter der Kirche, insbesondere der h. h. Augustinus, Thomas v. Aquin und Bonaventura (Rb 1863); *J. Zobl,* Dogmengeschichte der katholischen Kirche (I 1865); *F. Chr. Baur,* Lehrbuch der christlichen Dogmengeschichte (L [3]1867); *O. Zöckler,* Geschichte der Beziehungen zwischen Theologie und Naturwissenschaft mit besonderer Rücksicht auf Schöpfungsgeschichte (Gü 1877); *ders.,* Die Lehre vom Urstand des Menschen, geschichtlich und dogmatisch-apologetisch untersucht (Gü 1879); *R. Rüetschi,* Geschichte und Kritik der kirchl. Lehre von der ursprünglichen Vollkommenheit und vom Sündenfall (Lei 1881); *A. Hahn – A. v. Harnack,* Bibliothek der Symbole und Glaubensregeln der alten Kirche (Br [3]1897); *F. R. Tennant,* The Sources of the doctrines of the Fall and Original Sin (C 1903); *J. Turmel,* Histoire de la théologie positive jusqu'au concile de Trente (P [3]1904); *ders.,* Histoire des dogmes I. Le péché originel. La rédemption (P 1931); *Fr. Loofs,* Leitfaden zum Studium der Dogmengeschichte (Hl [4]1906); *J. Tixeront,* Histoire des dogmes, 3 Bde (P 1909/12); *ders.,* Histoire des dogmes dans l'antiquité chrétienne, 3 Bde (P [11]1930); *O. Bardenhewer,* Geschichte der altkirchlichen Literatur, 5 Bde (Fr 1913–32; Neudruck Darmstadt 1962); *A. Struker,* Die Gottebenbildlichkeit des Menschen in der christl. Literatur der ersten zwei Jahrhunderte (Mr 1913); *L. Baur,* Untersuchungen über die Vergöttlichungslehre in der Theologie der griechischen Väter: ThQ 98 (1916) 467–491; 99 (1917/18) 225–252; 100 (1919) 426–444; 101 (1920) 28–64 155–186; *R. Seeberg,* Lehrbuch der Dogmengeschichte I–II (L [3]1922ff; Neudr. Bas 1953–54); *I. de Vuippens,* Le paradis terrestre au troisième ciel. Exposé historique d'une conception chrétienne des premiers siècles (P 1925); *A. von Harnack,* Lehrbuch der Dogmengeschichte, 3 Bde (T [5]1931); *ders.,* Dogmengeschichte (Grundriß der Theologischen Wissenschaften IV/3) (T [7]1931); *G. Aulén,* Die Dogmengeschichte im Lichte der Lutherforschung (Studien der Luther-Akademie 1) (Gü 1932); *A. Gaudel,* Péché originel: DThC XII (1933) 275–606; *M. Grabmann,* Geschichte der katholischen Theologie (Fr 1933); *P. Althaus,* Erbsünde: Zeitenwende I (1935/36) 321; *K. Prümm,* Der christliche Glaube und die altheidnische Welt, 2 Bde (L 1935); *E. Barnikol,* Apostolische und neutestamentliche Dogmengeschichte als Vor-Dogmengeschichte (Theol. Arbeiten zur Bibel-, Kirchen- u. Geistesgesch. VI) (Hl 1938); *R. Draguet,* Histoire du dogme catholique (P 1941); *J. de Ghellinck,* Patristique et moyen âge. Etudes d'histoire littéraire et doctrinale I (P [2]1949); *B. Poschmann,* Wesen und Werden des Dogmas: KiW II (Mr 1949) 347–352; *H. Karpp,* Probleme altchristlicher Anthropologie und philosophische Psychologie bei den Kirchenvätern des 3. Jahrhunderts (BFChTh 44, 3) (Gü 1950); *W. Koehler,* Dogmengeschichte als Geschichte des christlichen Selbstbewußtseins, 2 Bde (Z 1951); *M. Flick,* Il problema dello sviluppo del dogma nella teologia contemporanea: Gr 33 (1952) 5–23; *J. N. D. Kelly,* Early Christian Creeds (Lo [2]1952); *ders.,* Early Christian Doctrines (Lo [2]1960); *M. Werner,* Die Entstehung des christlichen Dogmas problemgeschichtlich dargestellt (Bern – T [2]1953); *K. Rahner,* Zur Frage der Dogmenentwicklung: Rahner I (Ei 1954) 49–90; *ders. – K. Lehmann,* Geschichtlichkeit der Vermittlung: MySal I (Ei – Z – Kö 1965) 727–787; *G. Gloege,* Offenbarung und Überlieferung: ThLZ 79 (1954) 213–236; *K. G. Steck,* Undogmatisches Christentum (ThExNF 48) (Mn 1955); *H. Hommel,* Schöpfer und Erhalter. Studien zum Problem Christentum und Antike (B 1956); *H. A. Wolfson,* The Philosophy of the Church Fathers (C, Mass. 1956); *J. Guitton,* La théorie du développement chez Newman et son actualité: Newman-Studien III (Nü 1957) 77–98; *E. Schlink,* Die Struktur der dogmatischen Aussage als ökumenisches Problem: KuD 3 (1957) 251–306; *M. Fernández-Jiménez,* Naturaleza del conocimiento de los apóstoles acerca del depósito de la revelación: RET 18 (1958) 3–33; *A. Stenzel,* Die Taufe. Eine genetische Erklärung der Taufliturgie (I 1958); *Fr. Ueberweg – B. Geyer,* Die patristische und scholastische Philosophie (Fr. Ueberwegs Grundriß der Geschichte der Philosophie II) (Darmstadt [13]1958); *J. Auer,* Erbsünde II. Im dogmatischen Verständnis: LThK[2] III (1959) 967–972; *J. C. Didier* (Hrsg.), Le baptême des enfants dans la tradition de l'église (P 1959); *M. J. Rouët de Journel,* Enchiridion Patristicum (Fr [21]1959); *M. Bévenot,* Tradition, Church and Dogma: The Heythrop Journal 1 (1960) 34–47;

Ch. Boyer, Le péché originel: Ph. Delhaye – J. C. Didier – P. Anciaux (Hrsg.), Théologie du péché (Tou 1960) 243–291; *J. Gross,* Geschichte des Erbsündendogmas, 4 Bde (Mn – Bas 1960–72); *J. Daniélou,* Histoire des doctrines chrétiennes avant Nicée, 2 Bde (P 1961); *B. Lohse,* Epochen der Dogmengeschichte (St 1963); *B. Stoeckle,* Erbsündige Begierlichkeit: MThZ 14 (1963) 225–247; *L. Scheffczyk,* Die Erbschuld zwischen Naturalismus und Existentialismus: MThZ 15 (1964) 17–57; *ders.,* Versuche zur Neuaussprache der Erbschuld-Wahrheit: MThZ 17 (1966) 253–260; *ders.,* Die kirchliche Lehre von der Erbsünde und die theologische Diskussion der Gegenwart: Wesen und Weisen der Religion. Festschr. W. Keilbach, hrsg. v. Ch. Hörgl, K. Krenn, Fr. Rauh (Mn 1969) 212–236; *ders.,* Dogma der Kirche – heute noch verstehbar? Grundzüge einer dogmatischen Hermeneutik (B 1973); *ders.,* Die Theologie und die Wissenschaften (Aschaffenburg 1979); *G. Siewerth,* Die christliche Erbsündenlehre. Entwickelt auf Grund der Theologie des hl. Thomas von Aquin (Christ heute V/4) (Ei ²1964); *A. Adam,* Lehrbuch der Dogmengeschichte, 2 Bde (Gü 1965/68); *E. Brunner,* Der Mensch im Widerspruch (Z ⁴1965); *H. Hammans,* Die neueren katholischen Erklärungen der Dogmenentwicklung (Essen 1965); *A. Hulsbosch,* Die Schöpfung Gottes. Zur Theologie der Schöpfung, Sünde und Erlösung im evolutionistischen Weltbild (W – Fr – Bas 1965; holländisch Roermond 1963); *W. Kasper,* Das Dogma unter dem Wort Gottes (Mz 1965); *E. Schillebeeckx,* Offenbarung und Theologie (Mz 1965); *ders.,* Glaubensinterpretation. Beiträge zu einer hermeneutischen und kritischen Theologie (Mz 1971); *M. Schmaus,* Das Paradies (Mn 1965); *U. Bianchi,* Péché originel et péché „antécédent“: RHR 170 (1966) 117–126; *P. Brunner,* Adam, wer bist du? Methodische Erwägungen zur Lehre von dem im Ursprung erschaffenen Menschen: KuD 12 (1955) 267–291; *M. Lods,* Précis d'histoire de la théologie chrétienne du IIᵉ au début du IVᵉ siècle (Neuchâtel 1966); *J. Ratzinger,* Das Problem der Dogmengeschichte in der Sicht der katholischen Theologie (Kö – Opladen 1966); *ders.,* Zur Frage nach der Geschichtlichkeit der Dogmen: Martyria, Leiturgia, Diakonia. Festschr. H. Volk, hrsg. v. O. Semmelroth (Mz 1968) 59–70; *H. Rondet,* Le péché originel dans la tradition: BLE 67 (1966) 115–148; 68 (1967) 20–43; *ders.,* Le péché originel dans la tradition patristique et théologique (P 1967); *ders.,* Le mystère du péché originel: ders. – E. Boudes – G. Martelet, Péché originel et péché d'Adam (P 1969) 9–35; *ders.,* Péché originel et baptême des enfants: ebd. 95–103; *ders.,* Histoire du dogme (P 1970); *W. Simonis,* Erbsünde und Monogenismus: Cath 20 (1966) 281–301; *P. Grelot,* Réflexions sur le problème du péché originel: NRTh 89 (1967) 337–375 449–484; *G. Lindbeck,* Das Problem der Lehrentwicklung und die heutige protestantische Theologie: Concilium 3 (1967) 60–68; *B. van Onna,* Urstandsfragen im Lichte des Evolutionsproblems: Concilium 3 (1967) 495–499; *P. Schoonenberg,* Der Mensch in der Sünde: MySal II (Ei – Z – Kö 1967) 845–941; *ders.,* Die Interpretation des Dogmas (D 1969); *W. Seibel,* Der Mensch als Gottes übernatürliches Ebenbild und der Urstand des Menschen: MySal II (Ei – Z – Kö 1967) 805–843; *ders.,* Die Erbsünde: MySal II (Ei – Z – Kö 1967) 899–927; *A. Vanneste,* La théologie du péché originel: Revue du clergé africain (1967) 492–513 = holländisch: CollBrugGand 12 (1966) 289–312; *ders.,* Le péché originel est-il un péché historique?: Message et mission, recueil commémoratif du Xᵉ anniversaire de la Faculté de Théologie (Kinshasa 1968) 129–154; *ders.,* Le dogme du péché originel (Lv – P 1972); *K. H. Weger,* Erbsündentheologie in der Diskussion: information documentation on the conciliar church, Doss. 38 (26. 10. 1967) 5–9; *ders.,* Erbsündentheologie heute: StdZ 181 (1968) 289–302; *Z. Alszeghy – M. Flick,* Dogma auf dem Weg (Theol. Brennpunkte 15) (Bergen-Enkheim 1968); *dies.,* Il peccato originale (biblioteca di teologia contemporanea 12) (Brescia 1972); *P. Burke,* Man without Christ: An approach to hereditary sin: ThSt 29 (1968) 4–18; *J. P. Jossua,* Le salut. Incarnation ou mystère pascal chez les pères de l'église de s. Irenée à s. Léon le Grand (P 1968); *L. Dewart,* Die Zukunft des Glaubens (Ei – Z – Kö 1968); *Ch. Baumgartner,* Le péché originel (P 1969); *R. Bultmann,* Das Urchristentum im Rahmen der antiken Religionen (H 1969); *A. M. Dubarle,* Le péché originel, recherches récentes et orientations nouvelles: RSPhTh 53 (1969) 81–113; *R. Schmid – E. Ruckstuhl – H. Vorgrimler,* Unheilslast und Erbschuld der Menschheit. Das Problem der Erbsünde (Lz – Mn 1969); *K. Schmitz-Moormann,* Die Erbsünde. Überholte Vorstellung. Bleibender Glaube (Olten – Fr 1969); *W. Schulz,* Dogmenentwicklung als Problem der Geschichtlichkeit der Wahrheitserkenntnis (AnGr 173) (R 1969); *U. Baumann,* Erbsünde? Ihr traditionelles Verständnis in der Krise heutiger Theologie (Fr 1970); *P. Schwanz,* Imago Dei als christologisch-anthropologisches Problem in der Geschichte der Alten Kirche (Hl 1970); *G. Söll,* Der Dogmenbegriff außerhalb der katholischen Kirche: Salesianum 32 (1970) 455–470; *ders.,* Dogma und Dogmenentwicklung (HDG I/5) (Fr 1971); *ders.,* Mariologie (HDG III/4) (Fr 1978); *E. Testa,* Il peccato di Adamo nella patristica (Gn III) (Jerusalem 1970); *F. Dexinger – F. Staudinger – H. Wahle – J. Weismayer,* Ist Adam an allem schuld? Erbsünde oder Sündenverflochtenheit? (I 1971); *J. Nolte,* Dogma in Geschichte (Ökumenische Forschungen II/3) (Fr 1971); *K. H. Ohlig – H. Schuster,* Blockiert das katholische Dogma die Einheit der Kirchen (D 1971); *G. Hasenhüttl* (Hrsg.), Staub der Jahrhunderte oder wie kann man Dogmen glaubhaft verkündigen? (Mz 1971); *J. Beumer,* Die theologische Methode (HDG I/6) (Fr 1972); *E. Dassmann,* Sündenvergebung durch Taufe, Buße und Märtyrerfürbitte in den Zeugnissen frühchristlicher Frömmigkeit und Kunst (MBTh 36) (Mr 1973); *A. Warkotsch,* Antike Philosophie im Urteil der Kirchenväter (Mn 1973); *J. Barbel,* Einführung in die Dogmengeschichte (Aschaffenburg 1975); *A. Grillmeier,* Mit ihm und in ihm. Christologische Forschungen und Perspektiven (Fr 1975); *ders.,* Jesus der Christus im Glauben der Kirche I. Von der Apostolischen Zeit bis zum Konzil von Chalcedon (451) (Fr 1979); *Ph. Vielhauer,* Geschichte der altchristlichen Literatur (B 1975); *B. Altaner – A. Stuiber,* Patrologie (Fr ^{8}1978); *B. Studer – B. Daley,* Soteriologie. In der Schrift und Patristik (HDG III/2a) (Fr 1978); *A. de Villalmonte,* El pecado original (Sal 1978); *G. Freund,* Sünde im Erbe. Erfahrungsinhalt und Sinn der Erbsündenlehre (St 1979); *B. de Margerie,* Introduction à l'histoire de l'exégèse I. Les pères grecs et orientaux (P 1980); *K. W. Tröger* (Hrsg.), Altes Testament – Frühjudentum – Gnosis. Neue Studien zu „Gnosis und Bibel" (Gü 1980).

EINLEITUNG

Das Erbsündendogma ist heute besonderen Widerständen ausgesetzt. Von mancher Seite wird sogar seine Preisgabe gefordert oder der Abschied von ihm befürwortet[1]. „Nachdem die abendländische Theologie 1500 Jahre einer durch Augustinus irregeleiteten Tradition gehuldigt hat, kommt heute der Abschied von der ‚Erbsünde' wahrlich nicht zu früh – eher viel zu spät."[2] Dieses die Situation schlaglichtartig beleuchtende Zitat deutet zugleich die Richtung an, aus welcher die Ablehnung erfolgt: es ist nicht nur ein bestimmtes „modernes Lebensgefühl", das sich hier durchsetzt[3], sondern auch eine stark beanspruchte historisch-wissenschaftliche Redlichkeit, die eine solche Distanzierung im Hinblick auf eine angeblich „irregeleitete Tradition" verlangt[4].

Der spezifische Charakter dieses Widerspruches verdient besondere Beachtung. Es gibt heute nämlich eine allgemeine Dogmenkritik, die sich auf das Dogma der Kirche im ganzen bezieht und alle Dogmen erfaßt[5]. Aber die Kritik am Erbsündendogma ist tiefgreifender und radikaler. Sie intendiert eine Aufhebung dieses Dogmas. Soweit sie geschichtlich argumentiert, ist sie um den Nachweis der Fehlentwicklung bemüht, die zu diesem Dogma führte. Die Geschichte wird hier nicht nur zur Korrektur und zum Verständnis der Genese des Dogmas verwandt, sondern zu seiner Auflösung. Manche Stellungnahmen zur Geschichte des Dogmas nehmen daraufhin den Charakter von „Kampfschriften" an, wie man dies besonders im Hinblick auf das große Werk von J. Gross[6] mit Recht behauptet hat[7].

Die Situation der Auseinandersetzung und des Kampfes um das Erbsündendogma bedeutet für die katholische Dogmengeschichtsschreibung eine gewisse Erschwernis: jede neue Stellungnahme könnte daraufhin in die Gefahr geraten, sich entweder in diese Kampffront einzureihen oder in Gegensatz zu ihr zu treten, was aber nur eine neue Front aufreißen oder bestenfalls zu einer Apologie des Dogmas geraten würde. Die Dogmengeschichtsschreibung soll aber keine Apologetik sein.

So erscheinen die zeitlichen Umstände einer neuerlichen geschichtswissenschaftli-

---

1 Über die geschichtlich weiter zurückliegenden Wurzeln des Widerspruchs zum Dogma vgl. *G. Freund,* Sünde im Erbe 8 f.

2 So *H. Haag* im „Geleitbrief" zu U. Baumann, Erbsünde? 6; vgl. auch *H. Haag,* Biblische Schöpfungslehre und kirchliche Erbsündenlehre (St 1966) 38 f; ähnlich *K. Schmitz-Moormann,* Die Erbsünde 239, nach dem man die „Erbsündenlehre, die auf der Sünde der Ureltern aufbaut ..., in unserer Welt nicht mehr vertreten kann". Ähnlich bestimmt urteilt der spanische Autor *A. de Villalmonte,* El pecado original 555, für den „der Glaube an die Erbsünde jeden Tag in der katholischen Kirche unhaltbarer wird".

3 Gegen die Zulässigkeit des Ausgangs vom „modernen Menschen" bei der Kritik des Dogmas wenden sich mit zutreffender Begründung *R. Schmid – E. Ruckstuhl – H. Vorgrimler,* Unheilslast und Erbschuld 7 f.

4 So spricht *U. Baumann,* aaO. 81 ff, von den „tönernen Füßen der Lehrtradition"; vgl. auch *O. Loretz,* Schöpfung und Mythos (St 1968) 20 ff.

5 Vgl. dazu auf katholischer Seite u. a. J. Nolte, L. Dewart, G. Hasenhüttl.

6 *J. Gross,* Geschichte des Erbsündendogmas, 4 Bde.

7 So *J. Auer,* Die Welt – Gottes Schöpfung (Rb 1975) 532.

chen Einlassung auf das Erbsündendogma nicht günstig. Die Ungunst dieser Verhältnisse kann aber durch eine Besinnung auf die Grundsätze einer theologischen Dogmengeschichte und Dogmengeschichtsschreibung behoben werden.

Die (katholische) Dogmengeschichtsschreibung ist eine theologische und eine historisch-positive Disziplin. Als theologische Disziplin vermag sie vom Glauben und von seiner im Dogma formulierten verbindlichen Aussage nicht abzusehen[8] (was der Religionsgeschichte möglich ist, die aber keine theologische Wissenschaft darstellt). Als historisch-positive Disziplin hat sie die Aufgabe, den Weg aufzuhellen, den das Dogma von seinen Ursprüngen her genommen hat. Selbst wenn sie dabei Kritik übt und etwa nachweist, daß das Werden des betreffenden kirchlichen Dogmas auch von illegitimen Kräften und unzulänglichen Vorstellungen wie Begriffen und Worten beeinflußt war, kann die Absicht des Dogmenhistorikers nicht auf die Widerlegung des Dogmas gerichtet sein, sondern eben nur auf das geschichtliche Verstehen der Entwicklung, die auch in ihren theologischen Umwegen und Irrwegen verstanden sein will. Eine Widerlegung des Dogmas wäre übrigens eine Aufgabe der Systematik, die nicht in den Bereich der geschichtlichen Darstellung gehört. Das systematische Moment hat in einer historisch-genetischen Darstellung des Dogmas nur insoweit Platz, als darin als (nicht allzu eng zu fassender) Maßstab der Sinn des Dogmas vorausgesetzt und erkannt ist (nicht notwendig die Formel, was sich gerade bei der Beurteilung dieses Dogmas nachteilig bemerkbar macht, wenn in der frühen Geschichte vorzüglich nach dem Begriff des „Erbes" gesucht und alle Aufmerksamkeit auf ein bestimmtes „Transmissionsschema" gelenkt wird, bei dessen Fehlen dann zu Unrecht auf den Ausfall jeglichen Gedankens an eine vorpersonale Sündenverhaftung universaler Art geschlossen wird). Der in diesem Fall vorausgesetzte Sinn liegt in der Glaubensannahme eines innerlichen Unheilszustandes, der den Menschen vor jeder personalen Entscheidung affiziert und ihn so auf die Notwendigkeit der Erlösung durch Jesus Christus verweist.

In den Bereich einer so verstandenen historisch-genetischen Erklärung des Dogmas fällt nicht einmal die Absicht hinein (wie übrigens auch sonst in der Ideengeschichtsschreibung nicht), dem angegriffenen Dogma aufhelfen und ihm Unterstützung angedeihen lassen zu wollen, etwa dadurch, daß man seine Geschichte auf einen heute verständlicheren Begriff bringt und sie auf diesen hin auslegt, wie es gelegentlich z. B. unter Zugrundelegung des Begriffes der „Sündenverflochtenheit" geschieht[9], der sogar eine gewisse biblische Grundlage haben mag. Aber auch eine solche Abzweckung der Geschichte geht über das Metier des Dogmenhistorikers hinaus, der die Geschichte objektiv darstellen, aus ihr jedoch keine systematische Theorie erheben darf, zumal wenn diese Theorie, am Sinn des Dogmas gemessen, als zu eng befunden werden muß. Die Geschichte darf nicht auf das heutige Interesse zugeschnitten und begrenzt werden; sie soll dem Verständnis der Glaubenslehre dienen, aber

[8] Vgl. dazu die diesbezüglichen positiven Aussagen bei *B. Lohse,* Epochen der Dogmengeschichte 9ff; eine positive Würdigung des katholischen Standpunktes auch bei *A. Adam,* Lehrbuch der Dogmengeschichte I 24ff.

[9] Das geschieht in dem kenntnisreichen Sammelwerk von *F. Dexinger – F. Staudinger – H. Wahle – J. Weismayer,* Ist Adam an allem schuld? Erbsünde oder Sündenverflochtenheit, das aus der Tradition den genannten Begriff heraushebt, um das Dogma dem heutigen Verständnis nahezubringen; aaO. 23 u. ö. In ähnlicher Absicht (wenn auch unter Hervorhebung eines anderen Gehaltes) geht *A. Vanneste* an die Geschichte des Dogmas heran: Le dogme du péché originel; vgl. dazu die kritische Stellungnahme von *R. Haubst,* Was bleibt von der „Erbsünde"?: TThZ 83 (1974) 214–231.

nicht der modernen Interpretation des Dogmas, was das Anliegen eines neuen hermeneutischen Bemühens sein muß.

Dies gilt besonders für die Darstellung der Ansätze und Keime des Dogmas, die in der Schrift des Alten und Neuen Testamentes zu suchen sind und auf deren Heraushebung die dogmengeschichtliche Untersuchung nicht verzichten darf, und dies nicht nur aus einem vorgegebenen systematischen Verständnis heraus, nach dem das Dogma nicht ohne Grund oder Anhalt in den Offenbarungszeugnissen sein kann, sondern auch aus einem der Geschichte des Dogmas selbst immanenten Sachverhalt. Er ist in dem Umstand gelegen, daß die ersten, noch sehr sporadischen und unbestimmten Spuren in der Tradition sich auf die Schrift zurückführen und sich bald auch auf sie berufen, ungeachtet der Tatsache, daß auch Einflüsse aus dem außerbiblischen Bereich vorhanden sind[10]. Deshalb muß die dogmengeschichtliche Erörterung mit der Anfrage an die Schrift beginnen, selbst wenn sie voraussetzt, daß die Schrift nicht einfach das Dogma in sich trägt.

Dies kann aber nicht in der Weise geschehen, daß die dogmengeschichtliche Befragung einfach die Erkenntnisse der modernen Exegese bezüglich der tragenden Schriftstellen übernimmt. Ohne die Bemühungen der modernen biblischen Hermeneutik gering zu achten und ohne die Notwendigkeit eines jetztzeitlichen Verständnisses zu bezweifeln, muß doch der Unterschied zwischen der Auslegung der Texte unter dem modernen Problemhorizont und ihrem Verständnis bei den ersten Zeugen und Hörern der biblischen Botschaft beachtet werden. Die dogmengeschichtliche Befragung der biblischen Zeugnisse muß auf das ursprüngliche Verständnis der biblischen Aussagen dringen, auf die Art und Weise, wie sie damals verstanden wurden, und nicht darauf, wie sie heute zu verstehen sind. Sie kann z. B. nicht davon absehen, daß Paulus an dem locus classicus der Erbsündenlehre Röm 5, 12–21 die im Hintergrund stehenden Genesis-Erzählungen als historische Berichte verstand[11], auch wenn sie sich sagen lassen muß, daß nach den Erkenntnissen der historisch-kritischen Forschung unter Adam ein Kollektivum oder der Mensch als solcher zu verstehen ist.

Die dogmengeschichtliche Betrachtungsweise der Schriftaussagen kann nicht bei der heutigen Beurteilung der Texte durch die moderne historisch-kritische Exegese und ihre Hermeneutik ansetzen (freilich nicht allein deshalb, weil die Urteile uneinheitlich sind und voneinander divergieren[12]), weil sie so einen unhistorischen Ausgangspunkt für das Werden des Dogmas nähme, das eben nicht auf dem Boden der heutigen Bibelkenntnis steht (das trotzdem nicht wesentlich falsch und unwahr sein muß; denn Wahrheit und Wahrheitserkenntnis ist nicht ausschließlich an eine wissenschaftliche Methode gebunden). Wollte die dogmengeschichtliche Untersuchung die heutige Erkenntnis der historisch-kritischen Bibelwissenschaft, die mit ihren neuen Fragestellungen, Interessensausrichtungen und Problemaspekten die Kenntnis der Schrift zweifellos vertieft und erweitert hat (obgleich sie so auch immer in Gefahr steht, an die Texte unangemessene Fragestellungen heranzutragen)[13], zum Ausgangspunkt und Maßstab ihrer Interpretation nehmen, so würde sie den geschichtlichen Sachbezug zwischen der Schrift und der sich aus ihr entwickelnden Glaubensformel übergehen und das Verständnis der historischen Entwicklung geradezu verunmöglichen. Sie kann deshalb die Texte nur unter den ur-

---

[10] Auf diese bekannte, neuerdings von *Cl. Westermann* wieder hervorgehobene Tatsache wird am entsprechenden Orte einzugehen sein; vgl. *Cl. Westermann*, Genesis (Neukirchen – Vluyn ²1976) 374 f; *ders.*, Schöpfung (St 1971) 154 f. Bedeutsam ist aber auch der Unterschied, der etwa zu der Feststellung führt: „Die altorientalischen Mythen kennen kein erstes Menschenpaar", *J. Scharbert*, Prolegomena eines Alttestamentlers zur Erbsündenlehre (Fr – Bas – W 1968) 29.

[11] Vgl. u. a. *K. H. Schelkle*, Schuld als Erbteil? (Ei 1968) 41.

[12] Vgl. *K. H. Schelkle* bezüglich Röm 5, 12–21: „Die heutige Auslegung erreicht für diesen Text keineswegs Übereinstimmung": aaO. 20.

[13] Ein Beispiel für eine solche, mit dem existentiellen Interesse Kierkegaards an die Genesisberichte herangehende Fragestellung bietet *E. Drewermann*, Strukturen des Bösen (Mn – Pa – W 1977) I XV ff. Sie ist als eine interpretatorische Möglichkeit nicht zu beanstanden, aber für die dogmengeschichtliche Problemstellung nicht zu übernehmen.

sprünglichen Denk- und Verstehensvoraussetzungen zu interpretieren suchen und sie aus den zeitgenössischen Verständnismöglichkeiten und Verstehensbedingungen erhellen. Auch dazu wird sie des Instrumentariums der historisch-kritischen Methode nicht entbehren können. Sie verwendet es aber nicht mit dem Ziel, das in der Auslegungsgeschichte am vorläufigen Ende stehende moderne Verständnis der Schrift zu erschließen, sondern es an seinem Ursprung aufzugreifen, d. h., das genuine Selbstverständnis der Texte im Zeugnis ihrer ersten Hörer zu treffen und so ihre Richtung nach vorn, nach der sich entfaltenden Geschichte des Dogmas aufzuschließen. Anders (beim heutigen historischen Erkennen und Glaubensbewußtsein beginnend) könnte es nicht zu einem Verstehen der Entwicklung des Dogmas kommen, sondern nur zu einer im Grunde ungeschichtlichen Kritik[14]. Freilich setzt diese hier beschriebene Position voraus, daß auch dieses urtümliche, in manchem mit weltbildbedingten Zutaten versehene und unvollkommene Verständnis die in den Texten gemeinte Sache selbst zum Austrag bringen konnte und so Wahrheit zu treffen vermochte, die für den weiteren Entwicklungsgang des Glaubensverständnisses auf das Dogma hin die Keimkräfte darbot.

Diese in der Situation der Auseinandersetzung erforderliche Klärung der Ausgangsposition erweist ihre besondere Notwendigkeit im Hinblick auf die in jüngster Zeit erschienene Arbeit von J. Gross, des ersten umfassenden quellenkritischen Werkes zur Geschichte des Erbsündendogmas, das „als solide Aufarbeitung in neuerer Zeit einsam da[steht] und so seine unbestreitbaren Meriten hat“[15]. Keine neuerliche Bearbeitung des Gegenstandes wird auf die Kenntnisnahme dieses Werkes und auf die Bezugnahme zu ihm verzichten können, obgleich seine Ergebnisse einer das Dogma der Kirche grundsätzlich bejahenden Geschichtsauffassung weithin widersprechen. Um die folgende Untersuchung von der Gefahr einer fortlaufenden Auseinandersetzung mit dem Werk zu befreien, welche die eigene positive Entfaltung des Gedankens stören müßte, sollte am Anfang im Zusammenhang mit der Umschreibung der eigenen methodologischen und hermeneutischen Position (weniger zur Kritik als zur Unterscheidung) auf die andersgeartete Ausgangsstellung dieses beachtlichen Werkes grundsätzlich hingewiesen werden.

Im Hinblick auf die hermeneutische Grundposition des Autors ist zu sagen, daß er, der jeder bekenntnismäßigen Bindung entraten und als Religionsgeschichtler allein der Wahrheit des Geschichtlich-Tatsächlichen dienen möchte[16], auch nicht ohne eine das Vorverständnis bestimmende Option des Glaubens auskommt, auch wenn es sich nur um eine Art des Vernunftglaubens handelt. Er ist inhaltlich vom Gegensatz zum angeblich „willkürlich zürnenden und strafenden Erbsündengott“ bestimmt, unter dem die Menschheit einem „allgemeinen und unaufhaltsamen sittlichen Niedergang preisgegeben“ ist, und positiv von der Überzeugung erfüllt, daß der Weg der Menschenwelt einen Aufstieg darstellt, der zwar nicht gerade, sondern wellenlinig verläuft[17]. Das Problematische dieses Ansatzes eines rationalen Glaubens ist dann vor allem darin gelegen, daß der Autor so dazu geführt wird, der kirchlich-theologischen Interpretation der Erbsünde oder ihren frühen Vertretern (besonders Augustin) nicht nur Widersprüche

---

[14] Vgl. auch die Stellungnahme von *G. Söll,* Mariologie 7: „Auch die Dogmenhistoriographie hat nicht zu zeigen, wie die Genesis der Glaubenssätze nach dem heutigen Stand des Bewußtseins hätte verlaufen müssen, sondern wie sie aus dem Glaubensbewußtsein der jeweiligen Epoche tatsächlich erfolgt ist.“

[15] So in der Rezension von *A. Stenzel,* Zur Geschichte des Erbsündendogmas: Scholastik 39 (1964) 412; andere, ebenfalls bei Anerkennung der wissenschaftlichen Leistung kritisch gehaltene Besprechungen stammen aus der Feder von *A. Vanneste:* EThL 38 (1962) 895–903; 52 (1976) 145 f; *L. Hödl,* Theologische Neuansätze zum Verständnis des ‚peccatum originale‘ im 12. Jahrhundert: Sapientiae doctrina. Mel. H. Bascour. RThAM Num. spéc. 1 (1980) 119–136, 121 f.

[16] *J. Gross,* Entstehungsgeschichte des Erbsündendogmas I 11.

[17] Ebd. I 13.

und Denkwidrigkeiten zum Vorwurf zu machen[18], sondern das ganze „theologische Theorem" geradezu als unmenschlich und vernunftwidrig zu bezeichnen[19]. Auch das ist als grundsätzliche Option eines modernen Autors nicht zu perhorreszieren, aber es ist hermeneutisch problematisch. Ein Religionsgeschichtler muß selbstverständlich nicht mit dem Glauben der betreffenden Religionsgemeinschaft an die in Frage stehende Lehre herangehen (obgleich – ceteris paribus – ein allgemeines Grundeinverständnis mit diesem Glauben immer die beste Grundlage für seine kongeniale oder wenigstens verständige Interpretation sein wird), aber er kann nicht geradezu mit dem apriorischen Urteil der „Sinnlosigkeit" beginnen, das grundsätzlich allen religiösen Phänomenen unangemessen ist. Der Religionshistoriker wie auch der Vertreter einer modernen Hermeneutik muß bei der Diagnose geistes- und religionsgeschichtlicher Phänomene mit der Bereitschaft eines gewissen Sinnvorschusses beginnen, sonst annulliert er sein eigenes Vorverständnis, das ja irgendwie von der Sinnfrage angetrieben ist.

Diesem grundsätzlichen Mangel entspringt bei der praktischen Durchführung des Programms noch ein zweiter: Das konkrete Anliegen des Werkes zielt auf den Nachweis, daß die christlichen Glaubensquellen und die Tradition keine „Erbsündenlehre" kennen, sondern nur eine „Erbübellehre". Diese „Erbübel-" oder „Erbtodlehre"[20] wird seitens des Autors in der Tradition durchgehend bestätigt und als Gegenargument zu jeder „Erbsündenvorstellung" verwandt. Dabei stellt sich dem Autor nicht die Frage, ob eine Lehre von einem „Erbübel" oder einer „Erbstrafe" nicht genauso denkwidrig sei wie die Vorstellung einer „Erbsünde". Dieses „Theorem" bleibt offenbar deshalb in Geltung, weil es als Element des Widerspruchs gegen die Erbsünde gebraucht werden kann. Das paßt aber genauso wenig zu einem geschichtlichen Vorgehen wie das Auslassen der Frage, ob nicht etwa in dem Gedanken von einem Erbübel vorwärtstreibende Elemente auf die Erkenntnis einer Erbsünde angelegt waren oder (umgekehrt) ob nicht die Aporien einer „Erbstraflehre" Anlaß zur Vertiefung des Gedankens in Richtung auf eine Erbsünde boten.

Die vorausgehende Option für die Sinnwidrigkeit und Menschenfeindlichkeit dieser Lehre muß das Interesse an der Auffindung ihrer möglichen inneren Bedeutung so stark drosseln und einschnüren, daß auch die Frage nach möglichen Vorformen und Spurenelementen dieser geschichtlich wachsenden Wahrheit unterbleibt. „Wer ‚Geschichte' sagt, muß für ‚Entwicklung' offen sein. Wer Dogmengeschichte schreibt, darf die Kategorie der ‚fides quaerens intellectum' nicht vernachlässigen, auch wenn ihm die Berechtigung solchen Glaubensstandpunktes nicht gegeben erscheint."[21] Gerade diese Kategorie gerät in dem Werk völlig außer Blick. So kommt es, daß der Autor von den ältesten Überlieferungsschichten an das Vorkommen der Erbsündenvorstellung voraussetzt und bei Nichterfüllung dieser Voraussetzung sofort auf die völlige Abwesenheit jedes auch nur annähernden Gedankenelementes für die Erbsünde schließt. Er geht hier mit einem syllogistischen Verfahren an die Quellen heran, das nach den einmal gesetzten Prämissen den gewünschten Schluß erbringen muß.

Diesem im Grunde dem geschichtlichen Denken unangemessenen Vorgehen entspricht es auch, daß sich der Verfasser vornehmlich von Wortvorstellungen leiten läßt und die äußeren Termini schon für die Sache selbst nimmt. So ist für ihn „Erbsünde" nur dort vorhanden, wo von einer biologischen Vererbung gesprochen wird (wo doch die Vorstellung in der ursprünglichen Fassung des „peccatum originale" keine Rolle spielt); die Paradiesesvorstellung wird nur dort vorgefunden, wo der „Wonnegarten" in starken Farben ausgemalt ist, und das übernatürliche Moment dort ausgeschlossen, wo der Urzustand als dem ersten Menschen „natürlich" bezeichnet wird. So kommt es nicht zu einer Bewegung von den Worten zu der Sache hin, die für einen Verstehensprozeß geschichtlicher Dokumente notwendig wäre. Bei so völlig anders gearteten hermeneutischen Grundsätzen ist ein völliges Abweichen vom Dogma der Kirche ver-

[18] Ebd. I 371.
[19] Ebd. I 337 346 371 375.
[20] Zur Unterscheidung der Begriffe vgl. *J. Freundorfer,* Erbsünde und Erbtod beim Apostel Paulus (Mr 1927) 17f.
[21] *A. Stenzel,* aaO. 410.

ständlich, aber für die katholische Dogmengeschichtsschreibung nicht beunruhigend, weil die Gründe offen zutage liegen.

Auch mit dieser kritischen Einlassung auf das respektable Werk von J. Gross ist der Standpunkt der vorliegenden Untersuchung wie am Gegensatz kenntlich gemacht. Er ist allenfalls noch um ein Moment zu ergänzen, das heute in dogmengeschichtlichen Arbeiten selten die gebührende Beachtung findet und das im folgenden (wenigstens der Intention nach) berücksichtigt werden soll: wie die Dogmen als solche in einem inneren Zusammenhang stehen und das eine Christusdogma bilden, so ist dieser Zusammenhang auch beim Werden eines Dogmas nicht zu mißachten. Die Erkenntnis einer Wahrheit entfaltet sich nicht isoliert und ohne Bezug zu anderen Wahrheiten. Eine unentwickelte Soteriologie oder Gnadenlehre kann keine entwickelte Erbsündenvorstellung bei sich haben. Dieser „connexus mysteriorum“ ist gerade beim peccatum originale zu beachten, das einen untergründigen Schnittpunkt vieler dogmatischer Linien bildet, der nur zusammen mit diesen Linien existieren und erhellt werden kann.

Erstes Kapitel

DIE ANSÄTZE IN DER HEILIGEN SCHRIFT

§ 1. Der heile Anfang und der Fall des Menschen nach dem Alten Testament

SCHRIFTTUM: *Kommentare: O. Procksch,* Die Genesis (L $^{2-3}$1924); *E. König,* Die Genesis (Gü $^{2-3}$1925); *P. Heinisch,* Das Buch Genesis (Bo 1930); *P. Cruveilhier – L. Pirot,* Genèse: DBS III (P 1938) 590–613; *J. Chaine,* Le livre de la Genèse (Lectio divina 3) (P 1951); *K. H. Rabast,* Die Genesis (B 1951); *A. Clamer,* La Genèse (La Sainte Bible I/1) (P 1953); *H. Junker,* Genesis (EB IX) (Wü ^{4}1958); *Ch. F. Pfeiffer,* The book of Genesis. A study manual (Michigan 1958); *G. Ch. Aalders,* Het boek Genesis I (Kampen ^{3}1960); *G. von Rad,* Das erste Buch Mose (ATD II) (Gö ^{6}1961); *J. de Fraine,* Genesis uit de grondtekst verhalt en uitgelegd (De boeken van het Oude Testament I/1) (Roermond 1963); *R. Graves – R. Patai,* Hebrew myths. The book of Genesis (Lo 1964); *H. Gunkel,* Genesis (Gö $^{6/3}$1964); *J. Morgenstern,* The book of Genesis. A jewish interpretation (NY ^{2}1965); *Cl. Westermann,* Schöpfung (St 1971); *ders.,* Genesis (BK) (Neukirchen-Vluyn ^{2}1976).

J. Frazer, Folklore in the Old Testament (Lo 1923) = Die Arche, hrsg. u. übers. v. G. Lisowsky (St 1960) (stark gekürzte Ausg.); *K. Budde,* Die biblische Paradiesesgeschichte (Beih. ZAW 60) (Gie 1932); *H. Baumann,* Schöpfung und Urzeit des Menschen im Mythus der afrikanischen Völker (B 1936/64); *E. Reisner,* Der Baum des Lebens. Eine Ausdeutung von Gen 2, 8 – 3, 24 (B 1937); *Th. C. Vriezen,* Onderzoek naar de paradijsvoorstelling bij de oude semietische volken (Wageningen 1937); *P. Humbert,* Études sur le récit du paradis et de la chute dans la Genèse (Neuchâtel 1940); *P. Heinisch,* Probleme der biblischen Urgeschichte (Lz 1947); *K. Galling,* Biblische Sinndeutung der Geschichte: EvTh 8 (1948/49) 307–319; *A. Kolping,* Inhalt und Form in dem Bericht über Urstand und Erbsünde. Methodisch-dogmatische Bemerkungen zu Gen 2–3: Alttestamentliche Studien. Festschr. F. Nötscher (BBB 1) (Bo 1950) 137–151; *J. Hempel,* Glaube, Mythos und Geschichte im Alten Testament: ZAW 65 (1953) 109–167; *L. Köhler,* Der hebräische Mensch (T 1953); *ders.,* Theologie des Alten Testamentes (T ^{3}1953); *W. Eichrodt,* Heilserfahrung und Zeitverständnis im Alten Testament: ThZ 12 (1956) 103–125; *ders.,* Theologie des Alten Testamentes I–III (St – Gö ^{4}1961); *C. Schedl,* Geschichte des Alten Testamentes I. Urgeschichte und alter Orient (I – W – Mn 1956); *P. E. Mirás,* El pecado original en el Génesis: Ciencia y fe 12 (1956) 7–68; *F. Dreyfus,* Le thème de l'héritage dans l'Ancien Testament: RSPhTh 42 (1958) 3–49; *H. Gese,* Geschichtliches Denken im Alten Orient und im Alten Testament: ZThK 55 (1958) 127–145; *D. T. Niles,* In the beginning. Biblical essays based on the book of Genesis (Lo 1958); *J. Scharbert,* „Unsere Sünden und die Sünden unserer Väter": BZ 2 (1958) 14–26; *ders.,* Israelitische Geschichtsschreibung im Buche Genesis: Bibel und Kirche 17 (1962) 66–69; *ders.,* Heilsgeschichte und Heilsordnung des Alten Testamentes: MySal II (Ei – Z – Kö 1967) 1076–1144; *ders.,* Prolegomena eines Alttestamentlers zur Erbsündenlehre (QD 37) (Fr – Bas – W 1968); *D. Lys,* L'homme dans l'Ancien Testament: Études théologiques et religieuses 34 (1959) 31–49; *J. McKenzie,* Myth and the Old Testament: CBQ 21 (1959) 265–282; *M. Metzger,* Die Paradieseserzählung. Die Geschichte ihrer Auslegung von J. Clericus bis W. M. L. de Wette (Abh. zur Philosophie, Psychologie und Pädagogik 16) (Bo 1959); *B. S. Childs,* Myths and reality in the Old Testament (Studies in biblical theology 27) (Lo 1960); *F. Hvidberg,* The Canaanitic background of Gen I–III: VT 10 (1960) 285–294; *A. M. Dubarle,* La tentation dans le jardin d'Eden: Lumière et vie 53 (1961) 13–20; *ders.,* Unter die Sünde verkauft. Die Erbsünde in der hl. Schrift (D 1963) = Le péché originel dans l'écriture (P 1958); *O. Eissfeldt,* Die Genesis der Genesis. Vom Werdegang des ersten Buches der Bibel (T ^{2}1961); *ders.,* Einleitung in das Alte Testament (T ^{3}1964); *H. Haag,* Die Themata der Sündenfallgeschichte: Lex tua veritas. Festschr. H. Junker, hrsg. v. H. Gross – F. Mussner (Trier 1961) 101–111; *ders.,* Biblische Schöpfungslehre und kirchliche Erbsündenlehre (St 1966); *F. Herrmann,* Symbolik in den Religionen der Naturvölker (St 1961); *H. G. Leder,* Arbor scientiae. Die Tradition vom paradiesischen Apfelbaum: ZNW 52 (1961) 156–189; *L. Ligier,* Péché d'Adam et péché du monde I–II (P 1961); *R. Rendtorff,* Genesis 8,21 und die Urgeschichte des Jahwisten: KuD 7 (1961) 69–78; *J. A. Soggin,* Mito e realita nell'Antico Testamento: Protestantesimo 16 (1961) 35–39; *A. Weiser,* Die biblische Geschichte vom Paradies und Sündenfall: ders., Glaube und Geschichte im Alten Testament (Gö 1961) 228–257 = Deutsche Theologie 4 (1937) 9–37; *ders.,* Glaube und Geschichte im Alten Testament: ebd. 99–182 = BWANT IV/4 (1931); *ders.*, Einleitung in das Alte Testament (Gö ^{5}1963); *P. Grelot*, Théologie biblique du péché: VS Suppl. 15 (1962) 203–241; *H. Junker*, Aufbau und theologischer Hauptinhalt des Buches Genesis: Bibel und Kirche 17 (1962) 70–78; *Th. Kampmann*, Das Geheimnis des Alten Testamentes (Mn 1962); *G. von Rad*, Theologie des Alten Testamentes I (Mn ^{4}1962), II (Mn ^{4}1965); *ders.*, Aspekte alttestamentlichen Weltverständnisses: EvTh 24 (1964) 57–73 = ders., Gesammelte Studien zum Alten Testament I (Mn ^{3}1965) 311–331; *H. Renckens*, Urgeschichte und Heilsgeschichte. Israels Schau in die Vergangenheit nach Gen 1–3 (Mz ^{2}1962) = Israëls visie op het verleden (Tielt – Den Haag 1957); *F. Stier*, Adam: HThG I (Mn 1962) 13–25; *A. Brunner*, Alttestamentliche Geschichtsschreibung: StdZ 174 (1963/64) 102–114; *N. Lohfink*, Genesis 2f. als „geschichtliche Ätiologie“: Scholastik 38 (1963) 321–334; *ders.*, Die Erzählung vom Sündenfall: ders., Das Siegeslied am Schilfmeer (F 1965) 81–101; *ders.*, Der theologische Hintergrund der Genesiserzählung vom Sündenfall: Realität und Wirksamkeit des Bösen (Studien und Berichte der kath. Akademie in Bayern 34) (Wü 1965) 69–89; *A. Strobel*, Wort Gottes und Mythos im Alten Testament: Cath 17 (1963) 180–196; *S. Trooster*, Erfzonde in schriftuurlijk perspectief: Streven 17/1 (1963/64) 551–561; *J. Begrich*, Die Paradieserzählung: ders., Gesammelte Studien zum Alten Testament, hrsg. v. W. Zimmerli (Mn 1964) 11–38 = ZAW 50 (1932) 93–116; *E. Buess*, Die Schöpfungsmythen. Ägypter, Sumerer, Hurriter, Hethiter, Kanaaniter und Israeliten, übers. v. E. Klein unter Mitarbeit v. W. Schenkel, O. Roessler (Ei – Z – Kö 1964); *H. Gross*, Der Universalismus des Heils nach der Urgeschichte (Gen 1–11): TThZ 73 (1964) 145–153; *W. Trilling*, Denn Staub bist du ... Eine Einführung in den Bericht von Paradies und Sündenfall (Fr – Bas – W 1965); *K. Condon*, The biblical doctrine of original sin: IThQ 34 (1967) 21–36; *A. Chazelle*, Mortalité ou immortalité corporelle du premier homme créé par Dieu?: NRTh 99 (1967) 1043–1068; *A. J. Errandonea*, Edén y paraiso. Fondo cultural mesopotámico en el relato bíblico de la creación (Ma 1967); *W. H. Schmidt*, Mythos im Alten Testament: EvTh 27 (1967) 237–254; *Cl. Westermann*, Der Mensch im Urgeschehen: KuD 13 (1967) 231–246; *O. Loretz*, Schöpfung und Mythos (Stuttgarter Bibelstudien 32) (St 1968); *J. Schildenberger*, Zur biblischen Urgeschichte: Erbe und Auftrag 44 (1968) 235–238; *A. Ohler*, Mythologische Elemente im Alten Testament. Eine motivgeschichtliche Untersuchung (D 1969); *E. Haag*, Der Mensch am Anfang. Die alttestamentliche Paradiesvorstellung nach Gen 2–3 (Trier 1970); *E. Drewermann*, Strukturen des Bösen I (Mn – Pa – W 1977).

Man könnte es fragwürdig empfinden, daß eine dogmengeschichtliche Untersuchung über den Ursprung der Sünde mit der durchaus nicht „dogmatisch“ gemeinten Erzählung vom „Paradies“[1] und Sündenfall in der Genesis beginnt. Aber es ist im Hinblick auf die sich entwickelnde Tradition der einzig sachgemäße Anfang, insofern diese am Gn-Bericht ihren Anhalt nimmt, selbst wo sie ihn nicht zitiert. Aber auch theologisch betrachtet ist ein solcher Anfang sachgemäß, weil er jene Voraussetzung grundlegt, ohne die der Fall und seine universalen Folgen nicht zu verstehen sind: die Erkenntnis der heilen Schöpfung des Anfangs.

1. Die Paradieseserzählung

Die Erhebung des theologischen Gehaltes des jahwistischen Paradiesesberichtes (Gn 2, 46 – 2, 54), die für eine dogmengeschichtliche Fragestellung vorrangig ist, hat ihre Schwierigkeiten, zumal die in einer Fülle vorliegenden exegetischen Forschungen keine restlose Einhelligkeit zeigen[2]. Die Unebenheiten und Risse der Erzählung, die

---

[1] Zur Wortgeschichte und Wortbedeutung des griechischen παράδεισος (aus dem Altiranischen entlehnt), dem erst die Septuaginta eine gewisse theologische Wertigkeit verlieh, vgl. *J. Pokorny*, Indogermanisches etymologisches Wörterbuch (Mn 1959) 244 ff; *H. G. Liddell – R. Scott*, Greek-English Lexicon (O ^{9}1940) 1308; ThW V 763f *(J. Jeremias)*; zum hebräisch-alttestamentlichen Äquivalent גַּן־עֵדֶן vgl. *Billerbeck* II 264–269; IV 1118 ff.

[2] Zu den Einzelheiten vgl. *Cl. Westermann*, Genesis 282 ff; bezüglich der Paradiesesbäume spricht der Autor von „dem ausgedehnten und nicht endenwollenden Disput“, 289; vgl. auch *G. v. Rad*, Das erste Buch Mose 59 ff; *E. Haag*, Der Mensch am Anfang 157; *A. M. Dubarle*, Unter die Sünde ver-

die Auslegung erschweren, legen einer theologisch-inhaltlichen Fragestellung eine gewisse Zurückhaltung auf. Andererseits können die von der Literar- und Stoffkritik aufgewiesene Vielgestaltigkeit, die Unebenheiten und Spannungen des Berichtes[3] den Eindruck nicht verwischen, daß der in seiner Endgestalt vorliegende Text mit dem Anspruch einer inneren Einheitlichkeit auftritt und einen einheitlichen Gedankengang zur Darstellung bringen will, der im Rahmen des jahwistischen Geschichtswerkes seinen eindeutigen Platz hat[4]: es ist der Einsatz der universalistisch konzipierten Menschheitsgeschichte, deren von Gott gesetzte heile Verfassung durch die Sünde zerbricht. Der Bericht steht im Rahmen einer universalen Theodizee, die den Schöpfer von der Versehrung seines Werkes und vom Einbruch der Sünde in die von ihm eröffnete Geschichte freispricht. Die Darstellung des „Wonnegartens" (Gn 2, 8 nach seiner Lage auch „Eden" genannt), auf der keineswegs das Hauptaugenmerk liegt, erfüllt hier die Funktion des Kontrastbildes gegenüber der jetzigen, von der Sünde rätselhaft verstörten Welt[5].

An der theologischen Bedeutung der Paradiesesgeschichte kann nicht gezweifelt werden. Ihrer theologischen Relevanz erwächst allerdings von daher ein Einwand, als die Erzählung von mythologischen Elementen durchsetzt ist, was sie einem geläuterten Glaubensverständnis verdächtig zu machen scheint[6].

Obgleich bislang eine direkte und formelle Abhängigkeit von einem bestimmten Kulturkreis (etwa dem babylonischen) nicht belegt ist[7], klingen doch in der Erzählung eine Reihe von gemeinorientalisch-mythischen Momenten an, so in den Bildern von der Fruchtbarkeit des Gartens, vom Lebensbaum, vom Lebenswasser, von den Cheruben u. ä.[8]. Aber ähnlich wie in der Darstellung der Schöpfung erscheint das Mythologische sachlich entschärft und seines besonderen Gewichtes entkleidet. In der (später liegenden) Darstellung des „Paradieses" und des „Berges Gottes" durch Ezechiel (Ez 28, 11 ff) erscheinen die mythologischen Züge viel betonter und stärker ausgeführt[9]. Demgegenüber ist die Beschreibung des Jahwisten sogar als nüchtern zu bezeichnen, was auch an dem Fehlen einer detaillierten Zustandsschilderung des Paradieses und der in ihm wohnenden Menschen erkennbar wird[10]. Wüßte man nicht um die üppigen Schilderungen der späteren Tradition, so käme man nicht auf den Gedanken, hier einen My-

---

kauft 76; *A. Vanneste* möchte den ganzen Bericht wegen seines mythologischen Charakters aus dem Zusammenhang der Ursündenfrage entfernen, was aber unter dogmengeschichtlichem Aspekt unannehmbar ist: Le dogme du péché originel 4.

[3] *E. Haag*, aaO. 2 ff.

[4] *Cl. Westermann* weist u. a. darauf hin, daß in den beiden Erzählungen von der Erschaffung und von der Vertreibung zwei verschiedene Motive des Gartens vorhanden sind, von denen nur das zweite das „verlorene Paradies" betrifft: aaO. 284; *G. v. Rad*, aaO. 60; *J. Scharbert*, Prolegomena 64 f; *R. Schmid:* Unheilslast und Erbschuld der Menschheit 12 ff; die kompositorische Einheit einer durch den Jahwisten geformten „Grundform" betont *E. Haag*, aaO. 94 ff.

[5] Vgl. dazu *H. Renckens*, Urgeschichte und Heilsgeschichte 138–158; *W. Seibel:* MySal II 818 ff; *H. Gross*, Die Idee des ewigen und allgemeinen Weltfriedens im Alten Orient und im Alten Testament (Trier 1956) 68 ff; *E. Haag*, aaO. 22–73; *Cl. Westermann*, Schöpfung 114–130; *ders.*, Genesis 284–374, mit der Schlußbemerkung, daß zwischen der Weite der ursprünglichen Bedeutung des Berichtes und der christlich-traditionellen Deutung eine Lücke klaffe.

[6] Zum Problem des Mythos vgl. *Ch. Hartlich – W. Sachs*, Der Ursprung des Mythosbegriffs in der modernen Bibelwissenschaft (T 1952) 9 ff; *J. Schreiner*, Alttestamentlich-jüdische Apokalyptik (Mn 1969) 62 ff; *E. Sellin – G. Fohrer*, Einleitung in das Alte Testament (Hei 1965) 95.

[7] *E. Haag*, aaO. 3 153 163 u. ö.

[8] *J. Schreiner*, aaO. 62 f; *G. v. Rad*, Das erste Buch Mose 79 f.

[9] Vgl. *E. Haag*, aaO. 96 ff; *G. v. Rad*, Das erste Buch Mose 80.

[10] *Cl. Westermann* verweist besonders auf das unmythische Motiv der Arbeit: Schöpfung 114 ff; *ders.*, Genesis 302.

thos am Werke zu sehen. Das gilt besonders für die Darstellung des Paradiesesmenschen, der nichts von einem phantastischen Übermenschen an sich trägt und dessen Zeichnung noch nüchterner ausfällt als die seiner Umwelt[11]. Gewiß ist hier von einer wunderbaren Fruchtbarkeit (Gn 2,9) und von Wasserreichtum (Gn 2, 10–14) die Rede. Das sind aber auch die einzigen Erwähnungen des besonderen physischen Zustandes des Gartens, die nicht zu der Annahme zwingen, daß hier die stoffliche Andersartigkeit der Welt behauptet werden soll. Eine solche Auffassung widerspräche vor allem der Tatsache, daß auch der „paradiesische" Mensch zur Arbeit an dieser ihm geschenkten Erde verpflichtet wird (Gn 2, 15). Hier wie in dem Verbot, vom „Baum der Erkenntnis des Guten und des Bösen" (Gn 2, 17) zu essen, deutet sich die Tatsache an, daß auch dieser Mensch zu einem Dasein geschichtlicher Bewährung bestimmt war, das nichts vom Charakter eines seligen sinnenfreudigen Elysiums an sich hatte. So läßt sich die theologische Bedeutung dieser Erzählung nicht durch den Hinweis auf ihren mythologischen Charakter entwerten, der in Wirklichkeit nur in einigen akzidentellen Spurenelementen vorhanden ist[12]. Statt der Deklassierung dieser Erzählung zum Mythos sollte man hier von einer symbolischen Darstellung sprechen[13], die es erlaubt, hinter die Symbolik zurückzufragen und den theologischen Sinn zu erheben.

Der Erhebung dieses theologischen Sinnes stellt sich eine weitere Schwierigkeit entgegen, die nach einer Lösung verlangt. Die theologische Sinnfrage ist nicht unabhängig von der Feststellung, ob das in der Geschichte Dargestellte Anspruch auf geschichtliche Realität erheben will oder nicht, ob es sich hier um eine einmal vorhandene menschliche Wirklichkeit und ein Geschehen handelt oder nicht. Die gegenteilige Annahme müßte dahin gehen, daß hier nur ein literarisches Kontrastbild des gegenwärtigen Sündenzustandes entworfen werden solle, das die großen Störungen des jetzigen Lebens an einem gedachten Gegensatz drastischer hervorkehren möchte.

Damit wäre dieses Verfahren der literarischen Form angenähert, welche die alttestamentliche Wissenschaft seit längerer Zeit mit dem Begriff der Ätiologie bedacht hat[14], d.i. jene Denk- und Redeweise, in der Vergangenes zur Erklärung von Gegenwärtigem erzählt wird. Dabei gebraucht die alttestamentliche Wissenschaft den Begriff meistens ohne Reflexion über die Historizität des Vergangenen, woraus sich auch eine Verwendung im Sinne des Erfundenen und Unhistorischen ergeben kann. In die Richtung einer solchen Interpretation des ätiologischen Momentes weist auch der Ausdruck „ätiologischer Mythus"[15], der die ätiologische Denk- und Redeweise einfach als ungeschichtlich abtut, wobei ihm zudem noch die Ungenauigkeit anhaftet, daß er mit der Möglichkeit „historischer Mythen" gar nicht rechnet.

Eine gewisse Wandlung in der Auffassung von der historischen Bedeutungslosigkeit ätiologischer Erzählungen brachte die Stellungnahme M. Noths, der nicht zuletzt unter dem Eindruck der Forschungen W. F. Albrights zu der Auffassung gelangte, daß solche Erzählungen „von

---

[11] Vgl. *H. Renckens,* aaO. 147f; *A. M. Dubarle,* Unter die Sünde verkauft 76f; schon *M. J. Lagrange* warnte vor den Übertreibungen in der Interpretation des paradiesischen Menschen: RB 6 (1897) 362.

[12] Trotzdem beharrt auf dem mythologischen Charakter *O. Loretz,* Schöpfung und Mythos; auch nach *B. Reicke,* The Knowledge Hidden in the Tree of Paradise: JSS 1 (1956) 193–201, ist der Kern der Pardieseserzählung ein Mythos, der von Fruchtbarkeitsriten spricht; dagegen *A. Ohler,* Mythologische Elemente im Alten Testament 180f; *Cl. Westermann* faßt die diesbezügliche Diskussion in dem Urteil zusammen, daß „das Ganze der Urgeschichte eine radikale Herauslösung aus dem Bereich des Mythischen" beweist: Genesis 92; vgl. auch *E. Drewermann,* Strukturen des Bösen I 2.

[13] *E. Haag* gebraucht hierfür die Bezeichnung „parabolische Darstellungsweise", bei der Bild und Sache miteinander verbunden auftreten, aber zu unterscheiden sind: aaO. 158.

[14] Zur Begriffsbestimmung vgl. *L. Alonso-Schökel,* Motivos sapienciales y de alianza en Gn 2–3: Bibl 43 (1962) 295; *N. Lohfink,* Genesis 2f.: Scholastik 38 (1963) 323f; *Cl. Westermann,* Genesis 711ff; Bächtold-Stäubli I 647–666 *(K. Beth)* (ohne Verweis auf die Urzeitenerzählung); Pauly-Wissowa, Suppl. V 408 *(Herter); H. Gunkel,* Genesis XVff.

[15] So bei *H. Gunkel,* aaO.; vgl. *A. Ohler,* aaO. 7.

Natur ein Verhältnis zur Geschichte" haben, wenn auch im Einzelfall zweifelhaft sei, „wie nahe oder wie weit das wirkliche Verhältnis zur Geschichte ist"[16].

Hinsichtlich der Paradiesesgeschichte ist diese Frage von der Exegese nicht eindeutig beantwortet. Man wird freilich von der Intention des Verfassers dieses Berichtes urteilen können, daß er mit der Darstellung des Falles und des ihm vorangehenden Zustandes den geschichtlichen Grund für die jetzige Situation geben will. Darauf weist u. a. die Tatsache hin, daß das „Paradies" (im Gegensatz zur Deutung Ezechiels) als irdischer Garten verstanden wird und auf der Erde lokalisiert ist (obgleich Anklänge eines „himmlischen Paradieses" noch vorhanden sind), wie auch der Umstand, daß der Mensch in seiner natürlichen Hinfälligkeit und Sterblichkeit gesehen ist (Gn 2, 7). Aber selbst wenn die historische Aussageintention des Verfassers zuzugeben ist, so ist damit noch nicht erwiesen, daß diese historische Aussageintention zum verbindlichen Inhalt dieses Textes als Schriftwort gehört. Es könnte ja sein, daß hier im ganzen genauso wenig ein geschichtlich vorausgegangener Zustand gemeint ist, wie im Einzelfall bei der Versetzung des Menschen von der gewöhnlichen adamah in den Garten ein wirklich chronologischer Unterschied angenommen werden muß. So wäre es auch hier möglich zu sagen, daß die historisierende Intention des Textes nur dahin geht, eine logische Abfolge von heiler und sündiger Welt darzulegen und das Verheerende der Sünde drastischer in Erscheinung treten zu lassen.

Immerhin ist zu bedenken, daß dieser Bericht innerhalb des heilsgeschichtlichen Bogens steht und in jene Kette von Ereignissen eingefügt ist, die den Beginn der Menschheit mit der Abrahamsgeschichte verbindet und eigentlich so ein geschichtliches Verständnis impliziert, das freilich nicht im Sinne der modernen Auffassung von Geschichte und Geschichtsschreibung zu verstehen ist[17]. Nach G. von Rad handelt es sich um einen Weg, den die Menschheit gegangen ist[18], der nicht ohne Anfang gedacht werden kann. Die von der Bundestradition bestimmten Erzählungen in Gn 2–3 waren in ein realistisches heilsgeschichtliches Gefüge einbezogen, das von der Geschichtstheologie des Jahwisten geprägt war und das den Realismus des Handelns Gottes mit dem Menschen auch am Anfang nicht verleugnen konnte. Jedenfalls paßt diese geschichtliche Auffassung am besten in das heilsrealistische Geschichtskonzept des Jahwisten, so daß die Schlußfolgerung angemessen ist: „Zugleich liegt eine echte geschichtliche Aussageintention vor."[19]

Zur Profilierung des eigentümlichen Geschichtscharakters dieser Erzählung hat Cl. Westermann den Begriff des „Urgeschehens" oder „Urzeitgeschehens" in Vorschlag gebracht[20]. Er meint zwar ein Geschehen, aber ein solches, das „als unserer Geschichte jenseitig gemeint ist"[21]. Es handelt sich nicht um die Darstellung einer uns zugänglichen frühen Epoche der Menschheitsgeschichte, wohl aber um den Bericht über eine „Vorgeschichte", „die anders war als die Gegenwart"[22]. „Der gesamte Ge-

---

[16] *M. Noth,* Der Beitrag der Archäologie zur Geschichte Israels: VT Suppl. VII (1960) 279 f; *N. Lohfink:* Scholastik 38 (1963) 328; zum Begriff der „historischen Mythen" vgl. *Ch. Hartlich – W. Sachs,* aaO. 9 ff; *M. Metzger,* Die Paradieseserzählung 49.

[17] Vgl. dazu *R. Schmid,* aaO. 20; *E. Haag,* aaO. 165; *J. Scharbert,* Prolegomena 65 ff.

[18] *G. v. Rad,* Theologie I 167.

[19] *G. Lohfink,* Die Erzählung vom Sündenfall 94.

[20] *Cl. Westermann,* Schöpfung 29 ff 47.

[21] Ebd. 155.

[22] *Ders.,* Genesis 226.

schehensablauf, vom Hineinsetzen des Menschen in den Garten bis zur Austreibung aus dem Garten, ist urgeschichtliches, d.h. unserer Geschichte jenseitiges Geschehen."[23] Es darf demnach kein Schnitt zwischen den „Urstand" und den „Sündenfall" gelegt werden, sondern das ganze dargestellte Geschehen müsse als Aspekt der Wirklichkeit urgeschichtlicher Art in Geltung belassen, d. h. als „urzeitliches Gewordensein" des Menschen und seiner Existenz verstanden werden. Offensichtlich soll damit die Realität des Urgeschehens und sein Wirklichkeitsbezug betont werden, aber als ein Geschehendes nicht von der Art unserer Geschichte, so daß es in dieser Geschichte auch nicht eindeutig loziert werden kann. Diese Deutung könnte erklärend wirken, wenn man sie als Ausdruck für das (philosophische) Geheimnis des „Anfangs" verstehen dürfte, nicht aber als Feststellung der Existenzdialektik zwischen Geschaffensein und Begrenztsein, zwischen Heilsein und Sünde, eine Dialektik, die dem Jahwisten gewiß nicht vertraut sein konnte[24].

Wenn so dem Bericht der urgeschichtliche Wirklichkeitsgehalt nicht abzusprechen ist, so auch nicht bestimmten Einzelzügen in ihm, die dennoch nicht nach Art der späteren Lehre von den „dona praeternaturalia" zu verstehen sind. Der Kern der Darstellung, auf den der alle Abstrakta vermeidende Jahwist in anschaulichen Bildern hinweist, liegt im Heilsein und im Frieden des Menschen mit Gott, mit sich selbst, mit dem Mitmenschen (der Frau) und mit der umgebenden Welt[25].

Der Mensch erfährt die Güte Gottes und erfreut sich seiner Nähe, ohne den Abstand oder das Furchterregende des göttlichen Geheimnisses zu verspüren. Es ist die anschauliche, in Symbolen vorgehende Schilderung von etwas, was eigentlich nicht zu schildern ist, weil es die ungetrübte geistige Verbindung Gottes mit den Menschen in der Gnade beinhaltet[26]. Das alles hat seinen Bestand und seine geschichtliche Wahrheit, auch wenn die materielle Welt des Paradieses, die der Hagiograph im übrigen mit einer gezügelten Phantasie schildert, nicht als historische und geographische Größe nach heutigen geschichtlichen Kategorien zu verstehen ist.

Trotzdem würde es der Absicht des Jahwisten wohl nicht genügen und der hebräischen Denkweise nicht entsprechen, wollte man nur an die Beschreibung eines rein geistigen Zustandes denken. „Der Sache nach ist der Leib des Menschen in jenem mit (dem) Paradies ausgedrückten Glückszustand des Anfangs einzubeziehen."[27] Daß damit die Zeichnung utopische Züge annimmt, ist nicht zu befürchten.

Die Auslegung wird vor einer solchen Interpretation geschützt durch die zurückhaltende Art, in der von den innerweltlichen „Ausnahmeerscheinungen" berichtet wird[28]. So bietet der Bericht z.B. keinen Grund für die Annahme, daß der Mensch der ursprünglichen, von der Sünde noch nicht angetasteten Schöpfung über außerordentliche geistige Fähigkeiten verfügt hätte.

---

[23] Ebd. 376.

[24] Eine Kritik der Hermeneutik Westermanns in dieser Frage findet sich bei *E. Drewermann*, aaO. 5ff; Drewermann selbst will, an *T. Boman*, Das hebräische Denken (Gö 1952), angelehnt, die „Anfangsgeschichte" als „Wesensaussage" verstanden wissen, so daß für sie die Gleichung „Anfang = Wesen" Geltung hat. Damit aber soll das Ereignishafte des Anfangs nicht geleugnet werden; vgl. auch *O. H.Steck*, Die Paradieserzählung. Eine Auslegung von Gen 2,4b – 3,24 (Neukirchen 1970) 76; *E. Fascher*, Vom Anfang der Welt und vom Ursprung des Menschengeschlechts (B 1961) 25ff.

[25] Vgl. *J. Scharbert*, Prolegomena 66f.

[26] *H. Renckens*, aaO. 142f; *R. Schmid*, aaO. 22; *P. Morant*, Die Anfänge der Menschheit. Eine Auslegung der ersten elf Genesiskapitel (Lz ²1962) 153f; *H. Gross*, aaO. 68.

[27] *H. Gross*, aaO. 68.

[28] *A.M. Dubarle*, aaO. 52.

Als Wortsinn ist hier (Gn 2, 19f) nur zu entnehmen, daß der Mensch als Vernunftwesen den Tieren überlegen war und seine Herrschaft über die Schöpfung geistig manifestierte[29].

Was die paradiesische Nacktheit betrifft (Gn 2, 25) und die damit verbundene Freiheit von der Scham, so kommt ihr nach biblischem Verständnis ebenfalls nicht die außerordentliche Bedeutung zu, die ihr die spätere Theologie zuschrieb, die aus diesem Umstand die libertas a concupiscentia und das eigentliche donum integritatis ableitete. In diesem Hinweis ist unmittelbar nicht der Glaube an eine sittlich-religiöse Ausnahmestellung des „paradiesischen" Menschen ausgesprochen. Wie andere Äußerungen alttestamentlichen Denkens zeigen, wurde in der Nacktheit vor allem ein Verlust der menschlichen Würde und der personalen wie der sozialen Dignität gesehen. Nacktheit galt als schimpflicher Zustand, der den Verlust von Autorität mit sich brachte (wie bei Noe: Gn 9,21, Saul: 1 Sam 19,24, David: 2 Sam 6,20) oder wie bei Ehebrecherinnen (Os 2, 5; Nah 3, 5; Jr 13,26) und Kriegsgefangenen (Is 3, 17; 20, 4; Mich 1, 11) die Entehrung dokumentieren sollte[30]. Sie deutet so jedenfalls auf einen vorhandenen oder verhängten Zwiespalt des Menschen als personales und gemeinschaftsbezogenes Wesen hin. Wo sie aber, wie im „Wonnegarten", als naturgemäß und ohne Schamgefühl vorhanden dargestellt wird, meint sie nicht unmittelbar Freiheit von der Begierlichkeit oder gar nur von der sexuell verstandenen Erregbarkeit, sondern das Fehlen der Dissonanz des Menschen in seinem Verhältnis zum anderen Geschlecht und zum Mitmenschen überhaupt. Das ist nun allerdings eine Aussage, die theologisch nicht weniger gewichtig ist als die von der Tradition behauptete Freiheit von der Begierde.

Anders und problematischer ist die Bestimmung des Verhältnisses „Adams" zum Tode nach den Aussagen dieses Berichtes. Diese Frage ist nicht ohne Berücksichtigung der Aussage über die Zugehörigkeit des Menschen zum Erdenstoff (Gn 2, 7) wie über das Sterben als Drohung für den Fall der Sünde (Gn 2, 17) und über das Wort vom wirklich eintretenden Tode (Gn 3, 19) zu klären[31]. Im Hinblick auf Gn 2, 7 darf von einer Naturgegebenheit des Sterbens gesprochen werden. Auch bei der Strafandrohung des Todes (Gn 2, 17) wird der „Umkehrschluß" nicht gezogen, daß der Mensch beim Bestehen der Versuchung mit Unsterblichkeit ausgestattet worden wäre. Dennoch ist der Ernst der Strafworte (Gn 3, 19), die unter den Nöten des veränderten menschlichen Daseins auch den Tod aufführen, nicht zu überhören. Deshalb ist hier wohl auch nicht zu erschließen, daß der Jahwist diesen Ernst durch die Tatsache des nicht sofort erfolgenden Todes mildern wollte[32].

So spricht zunächst viel dafür, daß der Jahwist hier die Auffassung über Leben und Tod wiedergibt, die auch sonst dem alttestamentlichen Frommen vertraut war[33]. Für ihn ist „Leben" sowohl Ausdruck der Gemeinschaft mit Gott als auch des harmonischen Daseins und des Verbleibens im Andenken der Menschen, Sterben (neben dem

[29] Vgl. *A. Ohler,* aaO. 179f; *E. Haag,* aaO. 47; *G. v. Rad,* Das erste Buch Mose 67; *Cl. Westermann,* Genesis 311; *E. Drewermann,* aaO. 21.

[30] Vgl. *A. M. Dubarle,* aaO. 76ff; *A. Ohler,* aaO. 180; *E. Haag,* aaO. 49; *E. Drewermann,* aaO. 22; *Cl. Westermann,* Genesis 321.

[31] Vgl. *G. v. Rad,* Das erste Buch Mose 76ff; *R. Schmid,* aaO. 23ff; *J. Scharbert,* Prolegomena 67f; *E. Haag,* aaO. 183; *E. Drewermann,* aaO. 95.

[32] *G. v. Rad* erklärt hierzu, daß das Weiterleben der Stammeltern ein Erweis der Gnade Gottes ist, aber mit dem Drohwort von Gn 2, 17 nicht restlos zum Ausgleich gebracht werden könne: Das erste Buch Mose 77 80.

[33] Vgl. dazu *J. Scharbert,* Die Propheten Israels bis 700 vor Christus (Kö 1965) 308–318; zum Inhalt der alttestamentlichen Vorstellungen von „Leben" und „Sterben" vgl. auch *W. Vollborn,* Das Problem des Todes in Gn 2 und 3: ThLZ 77 (1952) 709–714; *W. Zimmerli,* „Leben" und „Tod" im Buche des Propheten Ezechiel: ThZ 13 (1957) 494–508; *N. Lohfink,* Das Siegeslied am Schilfmeer 198–243; *R. J. Taylor,* The eschatological meaning: EThL 42 (1966) 72–137.

natürlichen Tod) dagegen Ausdruck für den Verlust der Gottgemeinschaft, des guten Gewissens, des Kindersegens und der Würde des eigenen Namens[34]. Man wird annehmen dürfen, daß der Jahwist bei dem hier verhängten und eintretenden Tod an alle diese Elemente denkt, so daß sich ihm auch kein Widerspruch angesichts des weitergehenden leiblichen Lebens der Stammeltern und der weiter über ihnen stehenden natürlichen Fürsorge Gottes ergibt. So gesehen, fällt freilich das Hauptgewicht auf das Moment des Todes als Gottentfremdung, das auch als Folge der Sünde erkennbar wird. Darum weisen viele Elemente der Erzählung in Richtung der Annahme, daß der hier angedrohte und nach der Sünde verhängte Tod nicht als bloß physische Wirklichkeit gemeint, sondern als Zeichen der Gottesferne verstanden ist[35].

Diese Interpretation läßt die weitergehende Frage nicht unsachgemäß erscheinen, ob der geschilderte paradiesische „Urstand" als Verhältnis einer einzigartigen Gottesfreundschaft mit dem Verständnis einer besonderen Begnadung zusammengebracht werden dürfe. Die Exegese selbst leitet zu dieser Frage an, wenn sie betont, daß der Mensch nicht im Paradiese geschaffen, sondern in den Garten hineinversetzt wurde (Gn 2, 8)[36]. Es braucht nicht bestritten zu werden, daß der Jahwist damit den Charakter des Gartens als besonderer Gabe und als Zeichen der besonderen Fürsorge Gottes für den Menschen hervorheben wollte, ohne damit schon eine Differenzierung zwischen einem „natürlichen und übernatürlichen Element" auszusagen[37].

Das theologische Gewicht wird der Erzählung vom Paradies auch dann nicht genommen, wenn man die einschränkende Feststellung trifft, daß sie und das hinter ihr stehende Motiv keine selbständige Bedeutung in der jahwistischen Geschichtsschau haben[38]. Die Erzählung steht ganz im Dienst der Erklärung der nachfolgenden Sünde, die bei der sich andeutenden geistig-innerlichen Fassung des Urstandes auch

---

[34] *J. Scharbert,* Prolegomena 67 f.

[35] So auch *H. O. Steck,* aaO. 79; *W. Trilling,* Denn Staub bist du 54; *H. W. Wolff,* Anthropologie des Alten Testaments (Mn 1973) 172 f; *V. Hamp,* Paradies und Tod: Festschr. J. Schmid (Rb 1963) 100–109, 107; *H. Renckens,* aaO. 251 f. Gegen diese Interpretation nimmt *H. Haag,* Bibl. Schöpfungslehre 51 f, in einem Gedankengang Stellung, der wohl nicht ganz abgerundet ist; denn zunächst gibt er zu, daß die sogenannten Strafurteile in Gn 3, 14–19 Zustände schildern, die in der Natur des Menschen begründet sind. Man fragt sofort: Warum sollen es dann Strafurteile sein? Darauf erklärt der Verfasser, der Jahwist wolle mit diesen seinem Lebensbereich entnommenen Bildern zeigen, „daß die Sünde den Menschen in Not und Ausweglosigkeit treibt". Das aber will die Interpretation, die an den Strafurteilen festhält, letztlich auch sagen, wenn auch unter Einschluß des urgeschichtlichen Geschehenscharakters dieser Sünde. Danach lenkt der Autor wieder zur Erklärung der genannten Nöte als reinen „Naturgegebenheiten" zurück, um dann auch den Tod als bloße Naturgegebenheit zu erklären. Daß der Jahwist hier differenzierter denkt und dasselbe Geschehen, im Sinne der integralen alttestamentlichen Todesvorstellung, sowohl als natürlich als auch als Folge der Sünde versteht, ist am Textbefund zu ersehen; vgl. auch *A. Chazelle,* Mortalité: NRTh 99 (1967) 1043–1068. Auch *Cl. Westermann* wird mit seiner hermeneutisch unscharfen Bestimmung des „Anfangs" der theologischen Bedeutung des Todes nicht gerecht, wenn er sagt: „Zum Menschsein gehört es, daß der Mensch sich verfehlt; er kann nicht anders Mensch sein als in dieser Fehlsamkeit": Genesis 377 f. Aber der Bericht schildert nicht die abstrakte Fehlsamkeit des Menschen, sondern daß der Mensch gefehlt hat; vgl. auch *E. Drewermann,* aaO. 95 f.

[36] *G. v. Rad,* Das erste Buch Mose 62; *N. Lohfink,* aaO. 82; *A. Ohler,* aaO. 183; *E. Haag,* aaO. 27.

[37] Gegen *H. Renckens,* aaO. 175.

[38] Eine gewisse Verselbständigung erfährt die Paradiesesvorstellung, die nicht ohne Nachklang im AT bleibt, bei Ez 28, wo sie zur Anschauung vom himmlischen Gottesparadies gewandelt erscheint, der auch ein stärkeres mythisches Gepräge eignet; vgl. *E. Haag,* aaO. 97 ff. Schon in Gn 49, 10 ff und bei den Propheten (Is 11, 6 ff; Os 2, 20; Ez 36, 35) findet sich auch die Ausweitung der Vorstellung auf

schon in das Licht eines gegen die Güte Gottes gerichteten Aktes tritt und nicht nur als äußere Störung des Gottverhältnisses verstanden werden kann.

2. Das urgeschichtliche Geschehen des Falles

Damit ist die theologische Befragung der jahwistischen Urgeschichte direkt auf die Erörterung des Sündenfallberichtes Gn 2,4b – 3,24 verwiesen. Auch wenn man sich vor einer vorschnellen Auswertung seiner Daten für den Beweis eines Erbschuldglaubens im Alten Testament hüten muß, so ist er doch wegen seiner Stellung im Hexateuch und wegen seines Gehaltes in allen Fragen nach Ursprung und Existenz der Sünde in der Menschheit nicht zu übergehen. Mit Recht sieht G. von Rad in diesem Bericht die „große Hamartiologie" des AT ausgeführt[39], was selbst dann Geltung hätte, wenn man seine „Geschichtlichkeit" leugnete. An dieser Stelle ist die Frage nach der Ereignishaftigkeit des Urgeschehens von neuem aufzunehmen und abschließend zu entscheiden.

Die neueren Stellungnahmen sind einer positiven Antwort wenig günstig. Nach den zuvor erörterten hermeneutischen Grundsätzen Cl. Westermanns ist es verständlich, daß dieser Autor den Ereignischarakter der Sünde nicht urgieren kann. Trotzdem spricht er davon, daß es dem Sinn der Erzählung Gn 2–3 entsprechend sei, „wenn in dem hier genannten Geschehen die ‚Ursünde' gesehen wird"[40]. Weiter geht F. Dexinger mit der Behauptung, „daß mit dem Sündenfall überhaupt kein konkretes Ereignis beschrieben wird, das sich als einmaliges irgendwo und irgendwann zugetragen hätte", sondern nur die sich immer wieder ereignende Sünde des Menschen gemeint sei[41]. Beachtet man allerdings die Verspannung der Sündenfallerzählung mit der gesamten Heilsgeschichte des Jahwisten (vor allem auch mit der nachfolgend hervortretenden Tendenz zur Darstellung des Anwachsens und der Ausbreitung der Sünde)[42], so ist wohl schwerlich an etwas anderes zu denken als an einen ereignishaften Ursprung, also an das, was die Tradition den „Fall" der Stammeltern nannte. Gelegentlich gibt das selbst die gegen den „geschichtlichen" Charakter des Paradieses- und Sündenfallberichtes stimmende Exegese zu,

---

ein Paradies der Endzeit, während die apokalyptische Literatur des Spätjudentums auch die Vorstellung vom Paradies als Zwischenort für die vollendeten Frommen kennt; vgl. *Billerbeck* I 207; *H. Renckens,* aaO. 186ff; *H. Bietenhard,* Die himmlische Welt im Urchristentum und Spätjudentum (T 1951) 161–191. Die theologische Bedeutung der „Grundform" der Gn haben diese Varianten nicht erreicht.

[39] *G. v. Rad,* Theologie I 158.

[40] *Cl. Westermann,* Genesis 378.

[41] *F. Dexinger,* Altt. Überlegungen: ders. u. a., Ist Adam an allem schuld? 103.

[42] Diesen „Prozeß", nicht die „Verkettung" der Sünden, hebt besonders *J. Scharbert* begründet hervor: Prolegomena 60ff; auch *H. Haag,* Biblische Schöpfungslehre 55ff, gibt das Interesse des Jahwisten (wie auch der Priesterschrift) an der Darstellung des Anwachsens der Sünde nach ihrem „Einbruch" zu. Nicht ganz eindeutig äußert sich hier *E. Haag,* wenn er einerseits mit W. Eichrodt von einem Geschehen des Sündenfalls spricht, an dem die kirchliche Lehre von der Erbsünde ansetzen konnte, andererseits dürfe man aber „die Schilderung des Sündenfalls nicht als die Wiedergabe eines bestimmten Ereignisses in seinem historischen Verlauf ansehen; denn die Einzelheiten des Vorgangs sind nur bildhafte Hinweise auf das theologische Faktum der Ursünde": aaO. 186. Selbstverständlich ist die Erzählung nicht „historisch" im Sinne des Berichtes über genaue Einzelheiten. Aber soll dann unter dem Ausdruck „theologisches Faktum" ihr Geschehenscharakter aufgegeben werden? Was ist ein „theologisches Faktum"? Es scheint, daß die Exegese hier einer eindeutigen Begrifflichkeit und entsprechender Kategorien ermangelt; vgl. dagegen *G. v. Rad,* Das erste Buch Mose 79f; *H. Renckens,* aaO. 217.

wenn sie von einem „Einbruch" und einer „unaufhaltsamen Ausbreitung der Sünde"[43] in der Menschheit spricht. Der Begriff des „Einbruches", der theologisch ungemein folgenreich ist, besagt doch jedenfalls das Gegenteil von einer ursprünglichen Sündhaftigkeit des Menschen oder von einer Existenzdialektik zwischen „gut" und „böse".

In diesem Zusammenhang stellt sich freilich auch die weitergehende Frage, ob in dieser Geschichte ein Moment der Annahme einer universalen Folge der Adamssünde auf alle Menschen angelegt ist, also ein Element dessen, was die spätere Theologie als „Erbsünde" bezeichnete. Wie immer, so ist auch hier das Urteil der Exegese nicht einheitlich. Nach manchen Interpreten sagt „die Geschichte nicht einmal beiläufig ... etwas über die Sündhaftigkeit, den sogenannten Fall ... aus"[44]. Neuerdings wird auch von Cl. Westermann erklärt: „Von einem Fall aber spricht die Erzählung Gn 2–3 nicht."[45] Dagegen hält Th. C. Vriezen an der Auffassung fest, daß „die christliche Interpretation der Paradieseserzählung als Bericht vom Sündenfall nicht fehlgeht" und daß die Erzählung des Jahwisten „hart vor dem Gedanken der Erbsünde" steht[46]. Auch nach W. Eichrodt „drängt" die ganze Komposition des Jahwisten „unausweichlich" auf den „Erbsündengedanken" hin[47].

Eine Präzisierung der Fragestellung hat J. Scharbert unternommen aus der richtigen Erkenntnis heraus, daß man in der Genesis nicht den späteren theologischen Begriff der „Erbsünde" suchen dürfe (der übrigens mit der spezifischen Modalitätsangabe des „Erbes" vom Dogma der Kirche so auch nicht urgiert wird, insofern die frühe Tradition und das Dogma nur von der „Ursprungssünde" sprechen). Nach ihm ergibt sich gerade im Hinblick auf das jahwistische Geschichtswerk und seiner Erwählungs- wie Verheißungstheologie, daß der Jahwist hier den wirklichen Ursprung und die katastrophale Wirkungsgeschichte der Tat Adams beschreiben wollte und „den gewaltigen Fluch, der über der ganzen Menschheit und allen Zeiten liegt"[48]. Unter dieser Voraussetzung kann der Autor dann erklären: „Fragt man nun, ob der Jahwist in seinem Werk den Glauben an eine Erbsünde vertritt, wird man mit einem entschiedenen Ja antworten müssen, zumindest wenn man ‚Sünde' ... als die ganze Verkettung von einzelnen Tatsünden und Sündenfolgen versteht."[49]

In diesem Zusammenhang wird dann auch die Auffassung korrigiert, daß die Sündenfallerzählung in den anderen Schriften des Alten Testamentes schlechterdings keinen Nachhall finde. Sie geht nur unter neuen geistes- und religionsgeschichtlichen Voraussetzungen in anderen Kategorien und Denkformen weiter: bei den Propheten als auf den Stammvater (Jakob) zurückgehendes bundeswidriges Verhalten (Os 9, 10), beim Elohisten (nach 732 v. Chr.) als mit dem Stierkult beginnender Bundesbruch (Ex 32), beim Deuteronomisten (Dt 1–4) als dauernde Halsstarrigkeit des Volkes seit Moses, in der Weisheitsliteratur (Job 14, 4; Spr 20, 9) als allgemeine Verstrikkung in die Sünde vom Mutterleib an (ebenso Ps 51, 7) unter Aufnahme des Sünden-

---

[43] *H. Haag,* aaO. 55.
[44] *L. Köhler,* Theologie des AT 167.
[45] *Cl. Westermann,* Genesis 376; zurückhaltend formuliert auch *K. H. Schelkle:* „kein historischer Bericht", sondern aitiologische Erzählungen, „die Ursache und Anfang für die Umstände angeben, in denen der Erzähler sich befindet": Schuld als Erbteil? (Ei 1965) 15; vgl. auch *N. Lohfink,* Der theologische Hintergrund 78: „Freiheitstat am Anfang".
[46] *Th. C. Vriezen,* Theologie des AT (Wageningen 1956) 179f.
[47] *W. Eichrodt,* Theologie des AT II 283.
[48] So *N. Lohfink,* Das Siegeslied am Schilfmeer 101.
[49] *J. Scharbert,* Prolegomena 76.

fallberichts und seiner Todesfolgen (Sir 25,24; Weish 2,23f)[50]. Nach der Konzeption des Jahwisten dürfte man jedenfalls von einer in der jahwistischen Urgeschichte angelegten universalen Sündenverflochtenheit auf Grund der Sünde Adams sprechen, die freilich nicht genau das Zentrum des späteren Dogmas der Kirche trifft, die aber doch die allgemeine Sinngrundlage für die Annahme einer universalen Menschheitssünde bietet. Daß der Jahwist dabei nicht an die Vererbung der Sündenschuld von einem Menschen auf den anderen denkt, entwertet seine Bedeutung für die Wahrheit von einer universalen Menschheitssünde nicht, zumal wenn man bedenkt, daß die Transmission biologischer Art nicht zur Wesensaussage des Dogmas gehört. Dem Dogma wesentlich ist nur der innere Zusammenhang mit Adam, für den bezeichnenderweise der Jahwist ein ausdrucksstarkes Äquivalent bietet. Es ist die erst in neuerer Zeit herausgearbeitete Struktur des Clans in der soziologischen Auffassung Israels oder das Erklärungsmodell der „korporativen Persönlichkeit"[51].

In dieser spezifisch semitischen Vorstellungsweise ist ein gewisser „kollektiver Personalismus" verankert, der besagt, daß ein Einzelwesen wirklich für die Gemeinschaft steht, d.h., daß es seiner Tätigkeit nach mit der Gemeinschaft gleich ist; und zweitens, daß es ungeachtet dieses korporativen Charakters eine wirklich individuelle Person bleibt (wenigstens in seinem Verhalten)[52]. Es handelt sich dabei also nicht um eine juridische oder moralische Identifizierung von Individuum und Gemeinschaft, sondern um eine tiefempfundene seinshafte Verbundenheit, deren Realität dadurch nichts einbüßt, daß sich der semitische Geist über den Grund dieser Inklusion reflexiv keine Rechenschaft gab.

Bei genauerer Analyse dieser komplexen Gegebenheit stellt sich heraus, daß die Vorstellung von der korporativen Persönlichkeit in dem Sinne fließend und labil ist, als im semitischen Denken dabei immer wieder der kollektive und der individuelle Gesichtspunkt wechseln oder ineinander übergehen. Trotzdem ist das individuelle Moment in der Vorstellung nie eliminiert. Vor allem wenn dieser Begriff unter retrospektivem Blickwinkel auf eine Gemeinschaft in ihrer Erstreckung in die Vergangenheit hinein angewandt ist, tritt die Bedeutung der einzelnen Person am Ursprung in volles Licht. „Der Israelit ist fest davon überzeugt, daß sich die Gemeinschaft aus der Entfaltung eines Einzelnen bildet; und zwar so sehr, daß er jede Gemeinschaft (Familie, Haus, Nation) nur als Ausdehnung einer bestimmten Ur-Person begreift."[53] Dieser Überzeugung muß demnach im Hinblick auf die Verhältnisbestimmung von Stammvater und Volksgemeinschaft eine besondere Bedeutung zukommen.

Es ist nun nicht gesagt – was auch J. de Fraine zugibt –, daß die am Ursprung der Gruppe stehende Ur-Person immer als ein reales, geschichtliches Individuum nachzuweisen wäre und daß sich in manchen Fällen, wie das Beispiel der Völkertafel zeigt, das israelitische Denken nicht auch mit einer fiktiven Gestalt eines Urvaters begnügt hätte. Die Entscheidung darüber, ob das den Gesamtverband vom Ursprung her entfaltende, tragende und einigende Ur-Individuum als historische oder nur als fiktive Person zu gelten habe, wird jeweils aus dem Zusammenhang des betreffenden Berich-

---

[50] *J. Scharbert*, Prolegomena 78–107. Zum Buch der Weisheit und seiner Vorstellung von „Unvergänglichkeit" und „Tod", bei dem an den leiblichen wie an den ewigen Tod gedacht ist, vgl. *H. Bükkers*, Die Unsterblichkeitslehre des Weisheitsbuches (Mr 1938) 17–25.

[51] Vgl. *J. de Fraine*, Adam (Kö 1962); *A. M. Dubarle*, aaO. 30ff; *L. Ligier*, Péché d'Adam 65.

[52] *J. de Fraine*, aaO. 23.

[53] Ebd. 25.

tes zu fällen sein. Dabei kann das Hauptgewicht nicht den äußeren Kriterien zuerkannt werden. Für die Entscheidung, ob einer bestimmten Person real-historische oder nur fiktive Bedeutung zukomme, müssen letztlich innere theologische Kriterien ausschlaggebend sein, die aus der theologischen Intention des Erzählers, aus dem heilshaften Sinn der in Frage stehenden Einführung einer bestimmten Person und aus der religiös-dogmatischen Valenz dieser Einführung abgelesen werden müssen. Sind diese Bedingungen erfüllt, so kann es nicht schwierig sein, den Bedeutungsunterschied festzustellen, der etwa zwischen den Namen der in der Völkertafel (Gn 10, 1 ff) genannten Stammeshäupter und der Verwendung des Namens Adam besteht. Während dort der fiktive Gebrauch der Personennamen das Wahrscheinliche ist, kommt die Exegese mit dieser Annahme bezüglich des Gebrauches der Bezeichnung Adam in der Urgeschichte nicht aus. Bei der Sündenfallerzählung und ihrer Verwendung des „korporativen Adam“ spricht jedenfalls vieles dafür, daß hier der individuelle erste Mensch nicht ausgeschlossen wird, sondern mitgemeint ist, ja sogar, daß in ihm die Korporativpersönlichkeit „Menschheit“ in diesem Falle erst ihren Grund und ihren Halt empfängt. Der hier angenommene Ausgangspunkt der Menschheitssünde und des menschlichen Elends kann nicht künstlich geschaffen und erdichtet sein, wenn anders die Ursächlichkeit, die hier berufen wird, nicht zu Fall kommen soll. Aus dem gleichen Grunde ist die physische Stammvaterschaft Adams gegenüber der Menschheit hier nicht auszuschließen, sondern als implizit vorhanden zu erachten[54].

So stellt sich abschließend nochmals die Frage, ob die Sündenfallerzählung im Lichte der semitischen Vorstellung von der Korporativpersönlichkeit ein Argument für die Annahme einer „Erbsünde“ im Alten Testament abgibt oder gar eine solche Lehre in sich schließt. Die letzte Folgerung wäre tatsächlich übertrieben; denn die Erzählung wie auch ihre Ausläufer im Alten Testament lassen nicht erkennen, daß die Sünde Adams sich als solche auf seine Nachkommen fortpflanzt und als anrechenbare Schuld auf alle Menschen übergeht. Damit ist erklärt, daß dieses formelle Moment der „Erbsünde“ in dem Bericht keine Stütze hat. Aber weil Adam die ganze Menschheit zusammenfaßt und vertritt, nimmt sie am Schicksal des Stammvaters Anteil und wird von den Wirkungen seiner Tat getroffen. Sie ist im Haupt und Stammvater selbst unter das Gesetz der Sünde gezwungen und vom Elend gezeichnet. Ohne mit der Kategorie des „Erbes“ zu operieren, die für das semitische Denken in diesem Zusammenhang nicht akzeptabel war[55], wird hier die gesamte Menschheit, als in Adam zusammengefaßt, von seinem sündigen Geschick betroffen und vor Gott als unreines Geschlecht erfunden. Damit ist freilich die kirchliche „Erbsündenlehre“ nicht schon vorausgenommen. Trotzdem ist das Urteil bedenkenswert, daß sich „ein gewisses Recht“ ergibt, auf den Sündenfallbericht eine Theorie der Erbsünde im Sinne einer allgemeinen Sündhaftigkeit der Menschen zu gründen. „Jedenfalls würde eine solche theologische Folgerung dem Sinn des Mythus nicht zuwiderlaufen.“[56]

Freilich ist diese Wahrheit hier im Denkmodell der „korporativen Persönlichkeit“ ausgeprägt, ohne welches es diese eigentümliche „Erbsünden“-Auffassung nicht

---

[54] Ebd. 129; zum Zusammenhang mit der typologischen Denkweise vgl. *J. Scharbert*, aaO. 42 ff.

[55] Hierzu weist *J. Scharbert* auf die Determinierung dieses Begriffes durch die Rechtssprache hin: aaO. 14 f.

[56] So *G. Quell:* ThW I 286 (ἁμαρτάνω).

gäbe[57]. Die moderne Fragestellung nach dem Monogenismus oder dem Polygenismus läßt sich an die biblischen Texte nicht herantragen, obgleich die Struktur der Erzählung auf einen einheitlichen Ursprung der Menschheit hindeutet[58].

§ 2. Die spekulativen Ausweitungen der „Urgeschichte" in der intertestamentaren Literatur

SCHRIFTTUM: *E. Kautzsch,* Die Apokryphen und Pseudepigraphen des AT, 2 Bde (T 1900; Neudruck 1921); *B. Violet,* Die Esra-Apokalypse (GCS 18) (L 1910); *ders.,* Die Apokalypsen des Esra und des Baruch in deutscher Gestalt (GCS 32) (L 1924); *R. H. Charles* (Hrsg.), The Apocrypha and Pseudepigrapha of the Old Testament (O 1913); *J. B. Frey,* L'état originel et la chute de l'homme, d'après les conceptions juives au temps de Jésus-Christ: RSPhTh 5 (1911) 507–545; *H. L. Strack – P. Billerbeck,* Kommentar zum Neuen Testament aus Talmud und Midrasch, 4 Bde (Mn 1922–28); *N. P. Williams,* The ideas of the Fall and of Original Sin. A historical and critical study (Lo 1927); *J. Freundorfer,* Erbsünde und Erbtod beim Apostel Paulus. Eine religionsgeschichtliche und exegetische Untersuchung über Römerbrief 5,12–21 (Neutestamentliche Abhandlungen, hrsg. v. M. Meinertz XIII, 1–2) (Mr 1927); *B. Murmelstein,* Adam. Ein Beitrag zur Messiaslehre: WZKM 35 (1928) 242–275; 36 (1929) 51–86; *H. W. Robinson,* The hebrew conception of corporate personality: ZAW Beih. 66 (1936) 49–61; *A. V. Ström,* Vetekornet. Studier över Individ och Kollektiv i Nya Testamentel (Sto 1944); *G. Quispel,* Der gnostische Anthropos und die jüdische Tradition: Mensch und Erde (Eranos 22) (1953/54) 195–234; *F. Spadafora,* Collettivismo e individualismo nel Vecchio Testamento (Quaderni esegetici II) (Rovigo 1953); *K. Schubert,* Die Religion des nachbiblischen Judentums (Fr 1955); *O. Eissfeldt,* Einleitung in das Alte Testament (T ²1956); *H. H. Rowley,* Individual and community in the Old Testament: Theology today 12 (1956) 491–510; *O. Kuss,* Der Römerbrief I (Rb 1957); *J. Engnell,* Die Urmenschvorstellung und das Alte Testament: Svensk Exegetisk Årsbok 22/23 (1957/58) 265–289; *J. Scharbert,* Solidarität in Segen und Fluch im Alten Testament und in seiner Umwelt (BBB XIV) (Bo 1958); *H. J. Schoeps,* Paulus. Die Theologie des Apostels im Lichte der jüdischen Religionsgeschichte (T 1959); *J. Jervell,* Imago Dei. Gn 1,26f im Spätjudentum, in der Gnosis und in den paulinischen Briefen (Gö 1960); *H. G. Leder,* Die Auslegung der zentralen theologischen Aussagen der Paradieserzählung (Gen 2,4b – 3,24) in der ältesten Literatur des Judentums und in der alten Kirche I. Die Paradieserzählung im Alten Testament, im Judentum und im Neuen Testament (Diss. Greifswald 1960); *E. S. Drower,* Adamas – humanity: Adam – mankind: ThLZ 86 (1961) 173–180; *E. Fascher,* Vom Anfang der Welt und vom Ursprung des Menschengeschlechtes. Eine Studie zur Religions- und Kulturgeschichte (B 1961); *J. de Fraine,* La bible et les origines de l'homme (Brügge 1961); *ders.,* Adam und seine Nachkommen (Kö 1962); *E. Brandenburger,* Adam und Christus. Exegetisch-religionsgeschichtliche Untersuchung zu Röm 5,12–21 (1 Kor 15) (Wissenschaftl. Monographien zum Alten und Neuen Testament VII) (Neukirchen 1962); *J. Becker,* Das Heil Gottes. Heils- und Sündenbegriffe in den Qumrantexten und im Neuen Testament (Gö 1964); *S. Lyonnet,* Judaisme – Nouveau Testament – péché originel. Extrait du DBS VII 481–567 (P 1964); *J. Schmid,* Sünde und Sühne im Judentum: Bibel und Leben 6 (1965) 16–26; *R. Haardt,* Die Gnosis. Wesen und Zeugnisse (Sa 1967); *K. H. Schelkle,* Schuld als Erbteil? (Ei 1968); *J. Schreiner,* Alttestamentlich-jüdische Apokalyptik. Eine Einführung (Mn 1969); *W. Harnisch,* Verhängnis und Verheißung der Geschichte (Gö 1969); *B. J. Malina,* Some observations on the origin of sin in judaism and St. Paul: CBQ 31 (1969) 18–34; *Cl. Westermann,* Schöpfung (St 1971); *ders.,* Genesis (BK) (Neukirchen-Vluyn ²1976); *E. Käsemann,* An die Römer (HNT 8a) (T ³1974); *H. Schlier,* Der Römerbrief (HThK VI) (Fr 1977).

Die Tatsache, daß sich gewisse alttestamentliche Grundvorstellungen auch im außerkanonischen und spätjüdischen Bereich weiterentwickelten und von da aus die neutestamentliche Vorstellungswelt in gewisser Weise mitbestimmten, verlangt seitens der

---

[57] Vgl. dazu *H. W. Robinson,* The hebrew conception of corporate personality: ZAW Beih. 66 (1936) 49–61; *J. de Fraine,* aaO. 134.

[58] Dazu vgl. *H. Renckens,* aaO. 226ff; *A. M. Dubarle,* aaO. 74; *A. Gaudel,* Péché originel: DThC XII 280f.

geschichtlichen Betrachtung der Ansätze des Dogmas erhöhte Beachtung. Es ist nicht zu bestreiten, daß das urchristliche Denken sich im gleichen geistigen Verständnishorizont vollzog wie das spätjüdische und daß von daher nicht nur Aufschlüsse über die Eigenart des christlichen Gedankens zu gewinnen sind[1], sondern auch die Annahme gewisser Abhängigkeiten möglich wird. Daraus könnte dann ein Abhängigkeitsverhältnis konstruiert werden, das gegen den eigenständigen Charakter der neutestamentlichen Zeugnisse spräche. So wird vor allem das Zeugnis des Apostels Paulus auf die spätjüdisch-rabbinische Deutung zurückgeführt[2] und ihm so (bewußt oder unbewußt) die genuine Biblizität wie der Offenbarungscharakter abgesprochen. Dann empfängt die Deutung der Entwicklung der Erbsündenwahrheit eine sehr schlichte naturalistische Erklärung nach dem Schema: spätjüdische Apokalyptik – rabbinische Theologie des Paulus – neuplatonisch-manichäische Philosophie Augustins[3], eine Erklärung, die schon wegen ihrer Knappheit viele Fragen offen läßt.

Aus dem Bereich der spätjüdisch-apokalyptischen Literatur ist vor allem den Aussagen der „Vita Adae et Evae" (bzw. der sogenannten Apokalypsis Mosis), der Apokalypsen des Esdras (4 Esr) und Baruch (syrApkBar) und des slawischen Henochbuches (erste Hälfte des ersten nachchristlichen Jahrhunderts) Bedeutung beizumessen[4]. Gegenüber der alttestamentlichen Überlieferung wird das Unterscheidende dieser Berichte deutlich an den Momenten einer ausgebreiteteren gedanklichen Reflexion, ferner einer Verdeutlichung der individuellen Adamsgestalt und der Hervorhebung des Übergangs einer sündigen Qualität (des „bösen Triebes") auf alle. Im Rückblick auf die nüchternen, gerafften Aussagen der kanonischen Bücher des Alten Testamentes mutet der Übergang zur außerkanonischen Literatur wie der Weg in eine andere Welt an, in der phantasievolle Ausschmückung, dramatische Darstellung und rationale Erklärung eine merkwürdige Symbiose eingehen, die in dieser Vielschichtigkeit natürlich auch die Frage nach der Einheitlichkeit der Aussagen aufkommen läßt.

Zunächst fällt freilich die Reichhaltigkeit der Positionen und Stellungnahmen auf, die zu den Fragen nach der Adamsgestalt, nach dem Ursprung der Sünde, nach ihren Folgen und deren Weiterleitung ergehen.

Das wohl älteste Werk dieser Literaturgattung, das äthiopische Henochbuch (zwischen 170 und 70 v. Chr. entstanden) bietet zwar einige interessante Hinweise auf die königliche Stellung Adams und seine engelgleiche unsterbliche Existenz, sieht aber den Anfang des Unheils nicht im paradiesischen Sündenfall, sondern in der Gn 6 beschriebenen Engelssünde[5], welche auch die Verderbtheit der Menschen verursacht. Ebenso begnügt sich das Buch der Jubiläen mit einer

---

[1] Vgl. *O. Kuss,* Römerbrief I 263; zum religionsgeschichtlichen Vorstellungshintergrund vgl. auch *E. Ruckstuhl,* Die Unheilslast der unerlösten Menschheit im Neuen Testament: R. Schmid – E. Ruckstuhl – H. Vorgrimler, Unheilslast 46 ff; *E. Käsemann,* An die Römer 133 ff; *K. H. Schelkle,* Schuld als Erbteil? 22 f.

[2] *U. Baumann,* Erbsünde? 218; die Meinungen freilich, in welchem Maße etwa Paulus die spätjüdische Vorstellungswelt beanspruchte, gehen auseinander, vgl. *E. Brandenburger,* Adam und Christus 68.

[3] *Cl. Westermann,* Genesis 375; vgl. auch *E. Brandenburger,* aaO. 45 ff; *W. Harnisch,* Verhängnis und Verheißung 106–120; *H. Wahle:* F. Dexinger u. a., Ist Adam an allem schuld? 116–181; *J. Freundorfer,* Erbsünde und Erbtod 65–104.

[4] Dagegen bieten die sogenannten „rabbinischen Schriften" (Talmud, Targume, Midraschliteratur), da später entstanden, nur ein gewisses Vergleichsmaterial an; vgl. *H. Strack,* Einleitung in Talmud und Midraš (Mn [5]1921); vgl. *J. Freundorfer,* aaO. 93–104.

[5] *Kautzsch* AP II 240 f.

weiteren Ausgestaltung des Gn-Berichtes, in der allerdings die Engelgleichheit der Menschen zurücktritt und die Auffassung von der Unsterblichkeit auf den Gedanken eines langen Lebens reduziert erscheint (Jub 4, 30). Auch in den Testamenten der zwölf Patriarchen ist der Gedanke von der Verführung durch die Engel beherrschend, freilich mit der für die ausufernde Spekulation charakteristischen Variante, daß die Menschenfrauen die Engel verführen (Test Rub 5, 6)[6].

Ertragreicher für die theologische Fragestellung scheint das slawische Henochbuch zu sein, das etwa um die gleiche Zeit wie die Moses-Apokalypse entstand (in der Mitte des ersten Jahrhunderts n. Chr.)[7]. Die paradiesischen Menschen stehen hier ebenfalls im strahlenden Glanz einer engelhaften, herrscherlichen Existenz da. Trotzdem besitzen sie auch böse Neigungen und sind daraufhin für eine Bewährung im Guten bestimmt, bei welcher sie jedoch versagen. Merkwürdigerweise verführt aber der aus Eifersucht handelnde Teufel nur das Weib, während Adam unangetastet bleibt. Allerdings werden beide von der Verurteilung getroffen. Für beide gilt nämlich: „Wegen ihrer Unwissenheit hab ich sie verflucht" (31, 7). Über das Los Adams und Evas sowie über das Geschick aller Vorväter im Hades klagt Henoch: „Wehe mir (wegen) meiner Schwäche und (der) meiner Vorväter" (41, 1). Das läßt auf einen gewissen Zusammenhang zwischen dem Geschick Adams und Evas und dem der Nachkommen schließen. Demnach bestünde die eigentliche Wirkung der Ursünde in einer den Nachkommen angeborenen Schwäche und damit zusammenhängend im physischen wie im moralischen Tod. Aber auch der Gedanke von der Todeswirksamkeit der persönlichen Sünden ist vorhanden, ohne daß das Ineinander von Adamssünde und persönlichen Sünden geklärt würde[8].

In der Vita Adae et Evae (wohl aus der 1. Hälfte des 1. nachchristlichen Jh.s stammend)[9], die vom Leben Adams und Evas handelt, wird der Sündenfallbericht zunächst mit größerer Ausführlichkeit als in der Gn wiedergegeben, wobei vor allem die Folgen der Sünde, die zuerst Eva vollführte[10], für die Stammeltern wie für die Nachkommen bis in Einzelheiten hinein aufgeführt werden. Bemerkenswert ist besonders ein Hinweis, der auch die Sünde (Evas) selbst mit einer fortdauernden Wirksamkeit auszustatten scheint. Es heißt nämlich (Apocalypsis § 10) vom Weibe: „Da weinte Eva und sprach: Weh mir, weh mir! Wenn ich zum Tage der Auferstehung komme, werden alle Sünder mich verfluchen und sagen: Eva hat Gottes Gebot nicht gehalten!"

Noch weitreichender ist der Ausruf Evas, in dem sie nach Aufführung aller durch ihre Sünde beleidigten Mächte (Gott, der Vater des Alls; die Engel; die Cherubim und Seraphim; der unerschütterliche Thron des Herrn) bekennt: „Gesündigt habe ich, Herr, viel gesündigt, und alle Sünde ist durch mich in die Schöpfung gekommen" (πᾶσα ἁμαρτία δι ἐμοῦ γέγονεν ἐν τῇ κτίσει) (Apocalypsis § 32). Auch Adam

---

6 *Kautzsch* AP II 462.

7 Vgl. *Charles* AP II 425 ff.

8 Die Nähe dieser Aussagen zur späteren Erbsündenlehre wurde gelegentlich so stark betont, daß in dem Element des geistigen Todes eine Vorform dieser Lehre vorgefunden wurde (so *N. P. Williams*, The ideas of the Fall 55). So konnte auch die christliche Herkunft dieses Werkes behauptet werden; vgl. *J. Schreiner*, Apokalyptik 54; vgl. dazu *H. Wahle*, aaO. 120 151 ff.

9 Diese Schrift ist in zwei Rezensionen erhalten, einer lateinischen (aus dem Griechischen übersetzt) und einer griechischen, die Tischendorf als Apocalypsis Mosis bezeichnete; vgl. *C. Fuchs* bei Kautzsch AP II 506–528; *O. Kuss*, aaO. I 265; *J. Freundorfer*, aaO. 72–77; *E. Brandenburger*, aaO. 39 ff; *H. Wahle*, aaO. 133 ff.

10 Vgl. *J. Freundorfer*, aaO. 73 ff; *E. Brandenburger*, aaO. 113; *H. Wahle*, aaO. 133.

stimmt in diese Klage ein, nicht ohne allerdings dem Weibe die Hauptschuld zu vindizieren: „Da sprach Adam zu Eva: Was hast Du getan! Große Plage hast Du über uns gebracht, Vergehen und Sünde über unser ganzes Geschlecht! Und das, was Du getan, berichte meinen Söhnen nach meinem Tode; denn, die von uns erstehen, werden von der Arbeit nicht befriedigt, sondern matt werden, uns verfluchen und sagen: Alle Übel haben unsre Eltern über uns gebracht, die von Anbeginn waren!" (Vita § 44).

Freilich geben diese Zeugnisse in dem entscheidenden Punkte keine restlos eindeutige Auskunft, ob die Stammeltern nur den Beginn für die folgende Kette von Sünden setzten (die dann von den einzelnen Menschen selbst begangen wurden, was Adam und Eva nur als Beispiel und Anlaß der weiteren Sünden kenntlich machen würde) oder ob ihre eigene Sünde die Menschheit affizierte und sündig machte[11]. Aber der Zusammenhang zwischen dem eindeutig individuell gefaßten Stammelternpaar und der Menschheit ist hier nicht zu übersehen. Allerdings entsteht auch der Eindruck, daß der Zusammenhang zwischen der Ursünde und den Menschheitsstrafen bzw. -sünden nicht auf dem Grund der Korporativpersönlichkeit beruht, als vielmehr durch den Gedanken an einen Übertragungsvorgang begründet ist. Das hieße, daß die konkrete und intuitive Schau der Einheit zwischen dem Einzelnen und dem Ganzen, wie sie in dem Gedanken von der Korporativpersönlichkeit zum Ausdruck kommt, an Kraft verliert und einer rationalen Erklärung des Zusammenhangs weicht.

Was im Falle der Vita Adae et Evae nur vermutungsweise angenommen werden kann, läßt sich am 4. Esdrasbuch (vom Ende des 1. Jh.s n. Chr.) deutlicher greifen[12]. Von einer einheitlichen Lehre über die Ursünde und ihre Folgen ist die Esdrasapokalypse zwar weit entfernt, und viele gewichtige Lehrelemente stehen disparat nebeneinander. Beachtlich ist jedoch der starke Nachdruck, der auf die Allgemeinheit der Sünde in der Welt und des menschlichen Sündigens gelegt wird, wie es u. a. das Wort beweist: „Denn in Wahrheit, niemand ist der Weibgeborenen, der nicht gesündigt, niemand der Lebenden, der nicht gefehlt" (4 Esr 8, 35)[13]. Der Versuch einer rationalen Durchdringung und einer Erfassung der Ursache dieser allgemeinen Sündhaftigkeit deutet sich in der Lehre vom „bösen Herzen" an, aus dem die menschliche Sünde und Schuld hervorkommt; „denn um seines bösen Herzens willen geriet der erste Adam in Sünde und Schuld, und ebenso alle, die von ihm geboren sind. So ward die Krankheit dauernd: das Gesetz war zwar im Herzen des Volkes, aber zusammen mit dem schlimmen Keime" (3, 21 22). Offenbar ist dieses böse Herz hier als eine ererbte Verderbnis des Menschenwesens verstanden. Andererseits erscheint dieses in allen Menschen (auch schon in Adam) wirkende „böse Herz" oder „das Körnchen bösen Samens" (4, 30) auch wieder den Grund für die Annahme abzugeben, daß die Nachkommen Adams in eigener Verantwortung ihre Sündhaftigkeit inkurrierten (so vor allem 3, 26 f in der Schilderung der Sünde Jerusalems)[14]. So verliert der Gedanke an eine Verursachung der allgemeinen Sündhaftigkeit durch die Tat Adams in der Esdrasapokalypse an Kraft und Bedeutung. Aber er gerät doch wiederum nicht gänzlich außer Blick, wie besonders die Aussage (7, 118) zeigt: „O Adam, was hast du getan! Als du sündigtest, kam dein Fall nicht nur auf dich, sondern auch auf uns, deine Nachkommen."

---

[11] Vgl. O. *Kuss*, aaO. I 265.

[12] Dieses ursprünglich wohl hebräisch abgefaßte, in sich nicht ganz einheitliche Werk geht in seiner Endredaktion wohl auf das Ende des 2. Jh.s nach Chr. zurück; vgl. *O. Eissfeldt*, Einleitung 774 f; *J. Schreiner*, aaO. 60; *H. Wahle*, aaO. 126.

[13] *Kautzsch* AP II 331–401.

[14] Vgl. O. *Kuss*, aaO. I 267. Die Schwierigkeit der Interpretation erhellt aus der Verschiedenheit der Lösungen. So denkt *H. Wahle*, aaO. 140, an ein ursächliches Verhältnis zwischen der Adamssünde und der Sündhaftigkeit der Menschen, während *A. Gaudel*, Péché originel 303, und *J. B. Frey*, État 537, hier nur den Tod als Sündenfolge anerkannt sehen.

Allerdings ist, wie manche Übersetzungen[15] der Stelle ausweisen, unter dem „Fall" Adams weniger die Sünde selbst als das aus ihr kommende Sündenübel, vor allem der Tod, zu verstehen (3, 6 f). Bei aller Disparatheit, die die Gedanken zum Thema der Ursünde in der Esdrasapokalypse erkennen lassen und die alle Merkmale einer noch nicht zu Ende gelangten rationalen Bewältigung dieser Problematik an sich tragen, kann doch nicht übersehen werden, daß die grundlegende These von der allgemeinen Sündhaftigkeit der Menschenwelt auch mit der Tat Adams in Verbindung gebracht wird. Dabei ist auch hier zu bemerken, daß die Einheit Adams mit der Menschheit nicht mehr im Sinne der Anschauung von der korporativen Persönlichkeit vorausgesetzt wird, sondern daß sie mit dem zusätzlichen Gedanken der Abkunft von Adam gestützt werden soll.

Dem 4. Esdrasbuch steht die syrische Baruchapokalypse nahe, in der ebenfalls die Unausgeglichenheit zwischen der Anschauung von einem auf die Stammeltern zurückgehenden „Erbe" und der Überzeugung von der Eigenverantwortlichkeit des Menschen für sein Unheil auffällt[16]. Aber der Zusammenhang des Menschheitsgeschickes mit Adam tritt trotzdem stellenweise recht deutlich hervor, und zwar zunächst im Hinblick auf die Wirklichkeit des Todes. So heißt es (17, 3): „Also hat ihm [Adam] die Länge der Lebenszeit nichts genützt, sondern er hat den Tod gebracht, und die Jahre derer verkürzt, die von ihm gezeugt wurden!"

An dieser und anderen Stellen ist die Anschauung von einem ererbten Tod und ererbten Übeln (56, 5 f) sehr klar ausgesprochen. Diese Auffassung erscheint aber gelegentlich noch weiter entwickelt und auf ein über Tod und Leid hinausgehendes inneres Verderben ausgedehnt, so wenn gesagt wird: „O Adam, was hast du allen denen getan, die von dir abstammen! Und was soll man zu Eva sagen, der Ersten, die der Schlange gehorcht hat! Daß alle diese Menge ins Verderben geraten ist und die nicht zählbar sind, welche das Feuer frißt" (48, 42 f).

Offenbar kann unter diesem Verderben nicht mehr nur der leibliche Tod und die Not des Daseins als Sündenfolge gemeint sein, weil damit der Ausblick auf die ewige Verwerfung nicht erklärt wäre. Beachtenswert ist besonders auch der Umstand, daß in dieser Aussage formell die Abstammung von Adam als Grund für die Übertragung des Schicksals Adams auf die Menschheit angegeben wird. Auch hier läßt sich ein Schwinden des Gedankens von der korporativen Einheit zwischen Adam und der Menschheit zugunsten einer rationalen Auffassung von einer Übertragung in der Generationenfolge annehmen.

Auch in der rabbinischen Literatur[17] ist die Anschauung von der ursächlichen Beziehung der Sünde Adams und dem allgemeinen Menschheitslos besonders bezüglich des Todes stark ausgeprägt. So erklärt der Midrasch Kohelet (§ 43 ad 7, 13): „Als der Engel Moses verkündete: Siehe! Die Tage deines Todes kommen (Dt 31, 14), sagte Moses zu Gott: Wegen welcher Sünde? Und Gott antwortete ihm: Wegen der Sünde des ersten Adam."[18] Ähnlich lautende Zeugnisse für die rabbinische Auffassung vom

[15] Ed. *B. Violet:* GCS 18 (1910); 32 (1924).

[16] Ihr Entstehen wird in den Anfang des 2. Jh.s nach Chr. verlegt; die Inhalte gehen aber bis auf das Jahr 50 n. Chr. zurück; *Charles* AP II 470; *J. Schreiner,* aaO. 61 f. Der Divergenz dieser beiden verschiedenen Auffassungen von der Sünde entspricht die Pluralität der Deutungen bei R. H. Charles, A. Gaudel, J. B. Frey, N. P. Williams; vgl. *H. Wahle,* aaO. 155 ff.

[17] Da diese Literatur erst auf das 2. Jh. nach Chr. zurückgeht, ist die Frage ihres Einflusses auf die Autoren des Neuen Testamentes nicht eindeutig zu entscheiden; vgl. *Billerbeck* III 227 ff; *J. Freundorfer,* aaO. 93 ff; *O. Kuss,* aaO. I 269 ff; *H. Wahle,* aaO. 122 ff; *E. Brandenburger,* aaO. 42 ff; *J. de Fraine,* Adam und seine Nachkommen 138 f.

[18] Zitiert bei *B. Murmelstein,* Adam 253; *J. de Fraine,* aaO. 138.

Erbtod des Menschen in Abhängigkeit von Adams Sünde finden sich in den Traktaten Siphre Deut 32, 32 § 323; Tanchuma Bereschith 5 b; Deut Rabba 9 (206 a)[19] u. a.

Es ist jedoch nicht zu übersehen, daß die tragende Vorstellung für diese Einheit zwischen Adam und der Menschheit im Judentum im Verhältnis zum biblischen Korporativgedanken eine gewisse Abwandlung erfährt: das Solidaritätsbewußtsein fließt hier aus der Vorstellung vom Urmenschen, die im iranischen Denken ihren Wurzelgrund hatte[20]. Der Judaismus übertrug diese Auffassung auf Adam und spitzte den Korporativgedanken dahingehend zu, daß er in Adam nicht nur die Leiber, sondern auch die Seelen aller zukünftigen Menschen eingeschlossen sah (vgl. syrApkBar 21, 10; 30, 2; 4 Esr 4, 35; 7, 11). In dieser Auffassung läßt sich eine Weiterentwicklung des biblischen Vorstellungsmodells von der korporativen Persönlichkeit sehen, die freilich die Gesamtvorstellung vergröbert.

Daneben ist eine andere Richtung innerhalb des Rabbinismus beachtenswert, die auch im 4. Esdrasbuch zum Zuge kommt und die den gleichsam historisch-organologischen Gedanken des Zusammenhangs mit Adam aufgibt, um die Begründung rein anthropologisch und existentiell zu fassen, d. h., die Sünde in der Welt aus dem jedem Menschen von Gott anerschaffenen bösen Trieb abzuleiten. In 4 Esr erscheint auch diese Auffassung noch in loser Verbindung mit Adam und seiner Stammvaterschaft (vgl. oben 4 Esr 3, 21). Dagegen ist diese Verbindung in vielen Zeugnissen des Rabbinismus aufgegeben[21] und eine exklusive Lehre vom bösen Trieb als alleiniger Wurzel der Sünde entwickelt, die offensichtlich keine innere Verbindung zu einer später ausgeführten „Erbsündenlehre" hat. Das Entstehen einer solchen exklusiven Auffassung im Spätjudentum ist aber leicht erklärlich; denn eine vom Gesetz bestimmte Religion und Frömmigkeit mußte vor allem die Eigenverantwortlichkeit des Menschen zu wahren suchen und sie umso mehr betonen, je stärker sich die legalistischen Tendenzen im Laufe der Zeit durchsetzten. Mit der späteren christlichen „Erbsündenlehre" hat diese einseitige rabbinische Theorie nichts zu tun. Sie bleibt aber bemerkenswert als ein Versuch der spätjüdischen Theologie, das Rätsel des Bösen in der Welt mit rationalen Mitteln vernünftig zu erklären. Trotzdem hatte dieser Versuch nicht die Kraft, die ältere biblische Auffassung zu unterdrücken. So kam es im rabbinischen Judentum stellenweise zu einem unausgeglichenen Nebeneinander beider Anschauungen[22].

Eine noch größere Entfernung zum genuinen biblischen Denken über die Ursünde und ihre Folgen bezeigt die Auffassung *Philos von Alexandrien* († 40 n. Chr.), dessen Gedanken gelegentlich in die Exegese der Kirchenväter eindrangen[23]. Zwar findet sich bei ihm die Aussage, „daß jedem Erdgeborenen, auch wenn er tugendhaft ist, dadurch daß er zur Geburt gekommen, das Sündigen angeboren ist"[24]. Das könnte als eine Parallele zur Erbsündenlehre angesehen werden. Aber ein genauerer Blick auf Philo zeigt, daß eine solche Interpretation seinem Grundanliegen in der Sündenerklärung widerspricht. Zunächst hat der biblische Sündenfallbericht in den religionsphi-

---

[19] *Billerbeck* III 227 ff; O. *Kuss*, aaO. I 269; *H. Wahle*, aaO. 123.

[20] Vgl. dazu *A. V. Ström*, Vetekornet 239; *J. de Fraine*, aaO. 139; *E. Brandenburger*, aaO. 135–139.

[21] So u. a. im palästinensischen Talmud; vgl. *Billerbeck* IV 466–483.

[22] Im ganzen scheint deshalb die Erklärung *K. Schuberts* zutreffend: „Noch weniger entwickelt war im rabbinischen Judentum der Erbsündenbegriff im christlichen Sinne des Wortes, wenngleich es entschieden falsch wäre, sein Vorhandensein zur Gänze in Abrede zu stellen": Die Religion 34.

[23] Zu Philo vgl. *F. R. Tennant*, The Sources of the Doctrines 131 ff; *J. B. Frey*, aaO. 527 ff; *J. Freundorfer*, aaO. 91 f; *J. Jervell*, Imago 66–68; *J. Engnell*, Die Urmenschvorstellung 266; O. *Kuss*, aaO. I 271 ff; *H. Wahle*, aaO. 121; *E. Brandenburger*, aaO. 117–131.

[24] De vita Mosis II 147 (*L. Cohn – P. Wendland*, B 1896–1930, IV 234).

losophischen Überlegungen Philos keine sachlich gewichtige Position[25]. Er faßt die Genesiserzählung nur als eine Allegorie zur Veranschaulichung des Ursprungs der Geschlechtslust im Menschen, die für ihn „der Anfang ungerechter und ungesetzlicher Handlungen ist, um derentwillen die Menschen das sterbliche und unglückliche Leben für ein unsterbliches und glückliches eintauschen"[26]. Grundsätzlich aber erklärt er die allgemeine Sündhaftigkeit in platonisch-dualistischer Weise aus der Materie- und Leibverhaftung des Menschen, wobei er freilich die freie Willensentscheidung in ihrer Bedeutung nicht ausgeschlossen wissen möchte. Sowenig man bei Philo die Bewahrung wesentlicher Bestandteile alttestamentlicher Religiosität leugnen kann, so ist doch bezüglich der Wahrheiten von Sünde und Sündhaftigkeit zu sagen, daß diese vornehmlich von den griechisch-philosophischen Elementen seiner Vorstellungswelt bestimmt wurden. In der mit der allegorischen Methode gegebenen Verflüchtigung alles Geschichtlichen, die der griechischen Geisteshaltung entspricht, zeigt sich ein bedeutsamer Unterschied zum alttestamentlichen Verständnis der Urphänomene von Sünde und allgemeiner Sündhaftigkeit.

Im Rückblick auf die für die Fragen der Ursünde und ihrer universalen Folgen relevanten Aussagen der zwischentestamentlichen Literatur wird man ihre größere äußere Reichhaltigkeit gegenüber den kanonischen Schriften des Alten Testamentes nicht übersehen können. Es ist jedoch die Frage, ob dieser größeren Vielfalt auch ein gedanklicher Fortschritt oder eine Vertiefung des Glaubensverständnisses entspricht. Dem scheint die große Uneinheitlichkeit dieser Zeugnisse entgegenzustehen, die sich sowohl in der Frage nach der letzten Ursache der Sünde (Engel oder Menschen, Adam oder Eva) wie auch in der Beurteilung der Folgen, der Wirkung auf die Nachkommen und des Zusammenhangs mit Adam bemerkbar macht. In all diesen Belangen läßt sich schwerlich eine einheitliche Auffassung oder gar eine zusammenhängende Lehre feststellen[27]. Der Gedanke des von Adam kommenden Todesverhängnisses steht bei den Rabbinen neben dem anderen, der den Tod aus der persönlichen Sünde ableitet[28]. Dabei kommt bei den Rabbinen dem Gedanken von einem seit Adam herrschenden Todesverhängnis ein gewisses Übergewicht zu, ohne daß er zu einer förmlichen „Erbtodlehre" entwickelt wäre[29]. Auf die hier vorfindlichen Verhältnisse scheint deshalb das Bild von einer üppigen Wucherung eher zu passen als das von einer organischen Entfaltung alttestamentlicher Gedanken.

Problemgeschichtlich betrachtet sind diese Aussagen zwar von nicht geringer Bedeutung. Sie zeigen das Bemühen des Menschengeistes um die Vergewisserung eines Offenbarungsdatums (Gn 2–3), das jedoch aus der Kraft dieses Geistes allein offensichtlich nicht zum Ziel gelangen konnte. So vermittelt diese Literatur zwar einen instruktiven Einblick in den großen Problemgehalt der Frage nach einer universalen Sünde, der hier gleichsam in gedankenvollen Experimenten und Kombinationen der vielfältigen Einzelelemente entfaltet wurde, der aber nicht in die Form einer theologischen Lösung gebracht werden konnte, sondern meist in offene Aporien auslief.

---

[25] *J. Freundorfer,* aaO. 92; *O. Kuss,* aaO. I 272.

[26] De opificio mundi 151–152 (Cohn-Wendland I 52 f).

[27] Vgl. *H. Wahle,* aaO. 171; *E. Brandenburger,* aaO. 63: „Das Widereinander der Meinungen läßt sich nicht einfach harmonisieren."

[28] Die Tendenzen zur Harmonisierung beider bei *J. Freundorfer,* aaO. 97 f; dagegen *E. Brandenburger,* aaO. 63 f.

[29] Vgl. *E. Brandenburger,* aaO. 54.

Das wird noch deutlicher, wenn man den hier auch immer zu beachtenden Flucht- und Zielpunkt der Gedanken über die Sünde ins Auge faßt: die Vorstellung von ihrer Überwindung und von der Erlösung. Zwar wird die endgültige Befreiung von der Sünde nach bestimmten Aussagen von Gott selbst gewährt (z. B. ApkMos 28,4)[30] oder auch vom Messias erbracht werden (aethHen 48,7)[31], jedoch ist die gegenwärtige Auseinandersetzung mit der Sünde sehr stark von der Aufforderung zur Erfüllung des Gesetzes bestimmt[32]. Auf dem Boden einer solchen Gesetzesfrömmigkeit konnte sich erklärlicherweise die Einsicht in eine vor- und überpersonale Sündenverhaftung nicht entwickeln. Andererseits aber mußte das Bewußtsein von der vererbten Anlage zur Sünde und die Erfahrung der dauernden Nichterfüllung des Gesetzes dem spätjüdischen Denken zu einer großen Belastung werden, wie sie sich gelegentlich ausspricht: „Wir, die das Gesetz empfangen, müssen wegen unserer Sünden verlorengehen samt unserem Herzen ..." (4 Esr 9,36). So konnte Fr. Loofs nicht unbegründet sagen: „Die jüdische Frömmigkeit steht im IV. Esra dicht vor dem Zusammenbruch."[33] Aus dieser Aporie vermochte (theoretisch betrachtet) nur ein neues Gnaden- und Erlösungsbewußtsein herauszuführen. Unter seinem Einfluß konnten sich auch die verworrenen Vorstellungen vom geschichtlichen Einbruch der Sünde und der vererbten Anlage zur Sünde in Richtung auf eine „Erbsündenvorstellung" klären. Mit Recht ist bemerkt worden, daß eine solche Vorstellung ohne einen entsprechenden Erlösungsglauben bedrückend und tragisch hätte empfunden werden müssen[34].

Dieser Befund leitet aber bereits auch eine gewisse Vorentscheidung der weiterreichenden Frage nach der Bedeutung der intertestamentaren Literatur für die neutestamentliche, zumal für die paulinische Vorstellung von der universalisierten Adamssünde ein. Da (unter Vorausnahme gewisser Grundeinsichten) die neutestamentliche Auffassung wiederum viel sparsamer, disziplinierter und konzentrierter gehalten ist als die jener Literatur, ist ein direktes inhaltliches Abhängigkeitsverhältnis schwerlich anzunehmen. Auf keinen Fall kann man von einer Abhängigkeit neutestamentlicher Schriften vom Ganzen dieser zwischentestamentlichen Literatur sprechen; denn als Ganzes war diese in sich unausgeglichene, von gedanklichen Sprüngen und Rissen durchzogene Literatur gar nicht zu adaptieren.

Woran allenfalls gedacht werden könnte, das wäre – inhaltlich – eine Übernahme bestimmter ausgewählter Einzelelemente[35] und – formal oder atmosphärisch – die Adaptierung einer gewissen Mentalität oder eines ähnlichen Denkstils, der von den Vorstellungen der Schicksalsgemeinschaft der Menschen und der Macht von Tod und Sünde in ihr geprägt ist. Im Einzelfall muß über die Abhängigkeit freilich je neu entschieden werden. Schon jetzt aber steht die Vermutung dafür, daß das schlichte

---

[30] Dazu *J. Becker*, Das Heil Gottes 117.

[31] Nach *E. Brandenburger* ist hier jedoch Henoch mit dem Menschensohn identisch: aaO. 115; dagegen *Charles* AP II 273; *G. Beer*, Das Buch Henoch: Kautzsch II 264; *H. Wahle*, aaO. 180.

[32] *Charles* AP II 512.

[33] *Loofs* I 42.

[34] O. *Kuss*, aaO. I 273.

[35] Dazu gehört die schon in den kanonischen Schriften des Alten Testamentes enthaltene Überzeugung der Sündhaftigkeit aller Menschen (allerdings hier mit dem ungelösten Problem der sündenlosen Gerechten) und von der Adam ursprünglich eignenden Doxa, die er nicht nur für sich verlor (*Billerbeck* IV 887); vgl. *H. Schlier*, Römerbrief 186.

Evolutionsmodell mit der Abfolge AT – spätjüdische Literatur – Neues Testament vom Neuen Testament her nicht bestätigt werden wird, sondern daß bei ihm die Verbindung zum kanonischen Alten Testament die stärkere sein wird.

§ 3. Die Unheilsmächte von Tod und Sünde als Hintergrund der Erlösung im Neuen Testament

SCHRIFTTUM: *M. J. Lagrange,* L'innocence et le péché: RB 6 (1897) 341–379; *J. B. Frey,* L'état originel et la chute de l'homme d'après les conceptions juives au temps de Jésus Christ: RSPhTh 5 (1911) 507–545; *J. Feldmann,* Paradies und Sündenfall (ATA 4) (Mr 1913); *A. Michel,* Justice originelle: DThC VIII (1925) 2020–2042 (Lit.); *J. Freundorfer,* Erbsünde und Erbtod beim Apostel Paulus. Eine religionsgeschichtliche und exegetische Untersuchung über Römerbrief 5, 12–21 (Neutestamentliche Abhandlungen XIII, 1–2) (Mr 1927); *A. Slomkowski,* L'état primitif de l'homme dans la tradition de l'Eglise avant S. Augustin (P 1928); *B. Murmelstein,* Adam. Ein Beitrag zur Messiaslehre: WZKM 35 (1928) 242–275; 36 (1929) 51–86; *J. Jeremias,* 'Αδάμ: ThW I (St 1931) 141–143; *H. W. Robinson,* The hebrew conception of corporate personality: ZAW Beih. 66 (1936) 49–61; *G. Feuerer,* Adam und Christus als Gestaltkräfte und ihr Vermächtnis an die Menschheit (Fr 1939); *W. Joest,* Der Zusammenhang von Sünde und Tod biblisch und dogmatisch untersucht (Diss.) (T 1946); *H. Rondet,* Problèmes pour la réflexion chrétienne. Le péché originel, l'enfer et autres études (P 1946); *ders.,* Notes sur la théologie du péché (P 1957); *C. H. Dodd,* The epistle of Paul to the Romans (New Testament commentary VI) (Lo [12]1947); *P. Galtier,* Les deux Adams (P 1947); *K. L. Schmidt,* Homo imago Dei im Alten und Neuen Testament: Eranos 15 (1947) 149–195; *W. Goosens,* Immortalité corporelle: DBS IV (1949) 298–351 (Lit.); *A. Kirchgässner,* Erlösung und Sünde im Neuen Testament (Fr 1950); *H. Bietenhard,* Die himmlische Welt im Urchristentum und Spätjudentum (WUNT 2) (T 1951) 161–191; *A. Vögtle,* Die Adam-Christus-Typologie und der „Menschensohn": TThZ 60 (1951) 309–328; *G. Quispel,* Der gnostische Anthropos und die jüdische Tradition: Mensch und Erde (Eranos 22) (1953/54) 195–234; *A. M. Dubarle,* Le péché originel dans les suggestions de l'évangile: RSPhTh 39 (1955) 603–614; *ders.,* Le péché originel dans l'écriture (Lectio divina 20) (P 1958) = dt., Unter die Sünde verkauft – Die Erbsünde in der Hl. Schrift (D 1963); *S. Lyonnet,* Exegesis epistulae ad Romanos (R 1954/55); *ders.,* Le sens de ἐφ' ᾧ en Rom 5, 12 et l'exégèse des pères grecs: Bibl 36 (1955) 436–456; *ders.,* Le péché originel et l'exégèse de Rom 5, 12–13: RSR 44 (1956) 63–84; *ders.,* Le péché originel et l'exégèse de Rom 5, 12–14 = Appendice II: J. Huby, Saint Paul. Epître aux Romains, hrsg. v. S. Lyonnet (P 1957) 521–557; *ders.,* Aux Romains: Les épîtres de s. Paul. Aux Romains. Aux Galates (La Sainte Bible [de Jerusalem]) (P [2]1959); *ders.,* Quaestiones in epistulam ad Romanos I/II (R [2]1962); *ders.,* Das Problem der Erbsünde im Neuen Testament: StdZ 180 (1967) 33–39; *ders.,* Les étapes de l'histoire du salut selon l'épître aux Romains (P 1969); *E. Benz,* Adam. Der Mythus vom Urmenschen (Mn 1955); *K. H. Schelkle,* Paulus, Lehrer der Väter (D 1956); *ders.,* Theologie des Neuen Testamentes, 4 Bde (D 1967–74); *ders.,* Schuld als Erbteil? (Theol. Meditationen XX) (Ei 1968); *J. Feiner,* Ursprung, Urstand und Urgerechtigkeit des Menschen: FThH (Ei – Z – Kö 1957) 231–263; *ders.,* Urstand: LThK[2] X (1965) 572–574; *O. Kuss,* Römerbrief I (Rb 1957); *ders.,* Paulus. Die Rolle des Apostels in der theol. Entwicklung der Urkirche (Rb 1971); *E. Lohse,* Imago Dei bei Paulus: Libertas Christiana. Festschr. F. Delekat (BEvTh 26) (Mn 1957) 122–135; *R. McL. Wilson,* The Early History of the Exegesis of Gn 1, 26: Stud. Patr. I (TU 63) (B 1957) 420–437; *ders.,* Gn 1, 26 and the New Testament: Bijdragen 20 (1959) 118–125; *J. Mehlmann,* Natura filii irae (R 1957); *L. Rost,* Theologische Grundlagen der Urgeschichte: ThLZ 82 (1957) 321–326; *H. Schlier,* Der Brief an die Epheser (D 1957); *ders.,* Der Römerbrief (HThK VI) (Fr 1977); *R. Bultmann,* Theologie des Neuen Testamentes (T [3]1958); *ders.,* Der zweite Brief an die Korinther (Meyer K) (Gö 1976); *J. Scharbert,* Solidarität in Segen und Fluch im Alten Testament und in seiner Umwelt (BBB XIV) (Bo 1958); *L. Ligier,* „In quo omnes peccaverunt" actes ou état?: NRTh 82 (1960) 337–349; *ders.,* Péché d'Adam et péché du monde, 2 Bde (P 1961); *E. Cothenet,* Paradis: DBS VI (1960) 1177–1220 (Lit.); *J. Jervell,* Imago Dei. Gn 1, 26 f. im Spätjudentum, in der Gnosis und in den paulinischen Briefen (FRLANT 76) (Gö 1960); *H. L. Strack – P. Billerbeck,* Kommentar zum Neuen Testament aus Talmud und Midrasch IV/1 (Mn [3=2]1961); *E. Brandenburger,* Adam und Christus. Exegetisch-religionsgeschichtliche Untersuchung zu Röm 5, 12–21 (1 Kor 15) (Wissenschaftliche Monographien zum Alten und Neuen Testament VII) (Neukirchen 1962); *J. de Fraine,* Adam und seine Nachkommen. Der Begriff der „korporativen Persönlichkeit" in der Hl. Schrift (Kö 1962) = Adam et son lignage (Bruges 1959); *F. Amiot,* Die Theologie des hl. Paulus, übers. v. H. Radau (Mz 1962) = Les idées maîtresses de saint Paul (Lectio divina XXIV) (P 1959); *C. K. Barret,* From first Adam to last. A study in pauline theology (Lo 1962); *G. Baumbach,* Das Verständnis des Bösen in den synoptischen Evangelien (B 1963); *E. Jüngel,* Das Gesetz zwischen Adam und Christus. Eine theologische Studie zu Röm 5, 12–21: ZThK 60 (1963) 42–74; *R. Schnackenburg,* Das Johannesevangelium I (HThK IV) (Fr 1965); *P. Lengsfeld,* Adam und Christus. Die Adam-Christus-Typologie im Neuen Testament und ihre dogmatische Verwendung bei M. J. Scheeben und K. Barth (Koinonia IX) (Essen 1965); *K. Kertelge,* „Rechtfertigung" bei Paulus. Studien zur Struktur und zum Bedeutungsgehalt des paulinischen Rechtfertigungsbegriffes (Mr [2]1966); *H. Haag,* Biblische Schöpfungslehre und kirchliche Erbsündenlehre (Stuttgarter Bibelstudien 10) (St 1966); *P. Schoonenberg,* Theologie der Sünde (Ei 1966); *P. Grelot,* „Aujourd'hui tu seras avec moi dans le Paradis": RB 74 (1967) 194–214; *ders.,* Péché originel et rédemption dans l'épître aux Romains: NRTh 90 (1968) 337–362 449–478 598–621; *H. Conzelmann,* Der erste Brief an die Korinther (Meyer K V) (Gö 1969); *L. Scheffczyk,* Wirklichkeit und Geheimnis der Sünde (Au 1970); *ders.,* Schöpfung und Vorsehung (HDG II/2a) (Fr 1973); *E. Käsemann,* An die Römer (HNT 8a) (T [3]1974); *R. Pesch,* Das Markusevangelium I (HThK) (Fr 1976).

Wenn zuvor der Übergang von den kanonischen Schriften des Alten Testamentes zu den literarischen Zeugnissen des Spätjudentums als Eingang in ein verändertes geistiges Milieu bezeichnet wurde, so gilt dies ebenso für den Schritt vom Spätjudentum in den Bereich des Neuen Testamentes. Obgleich man mit Recht darauf hinweist, daß das Neue Testament auf dem Hintergrund des spätjüdischen Denkens zu verstehen ist, hebt es sich doch von diesem Hintergrund zugleich auch deutlich ab.

1. Die doxa des Ursprungs

Das zeigt sich zunächst bezüglich der Paradiesesvorstellung, die sowohl im Alten Testament (beim Jahwisten) als auch in der spätjüdischen Literatur eine wichtige Rolle spielt, insofern sie zur Kennzeichnung des Heilplanes Gottes wie auch zur Kontrastierung des Falles und der geschichtlichen Sündenverfallenheit der Menschheit dient. Im Hinblick auf das Neue Testament ist jedoch festzustellen, daß es trotz seiner heilsgeschichtlichen Denkstruktur und seiner Überzeugung von einer universalen Sündenmacht die Vorstellung von einem paradiesischen Urstand viel weniger beansprucht. Was bezüglich Pauli gesagt wurde, daß er nämlich über die Zeit vor Adams Fall nicht reflektiere[1], also den paradiesischen Zustand nicht eigens in den Blick bringe, gilt in etwa für das ganze Neue Testament. Obwohl die Kenntnis des Gn-Berichtes durchaus vorhanden ist (so u. a. bei Paulus Röm 5, 12–19 und Röm 7, 7–13), ist die Erzählung doch nicht eigentlich thematisch entfaltet und ausgeführt.

Für das neutestamentliche Denken über die Ursünde und ihre Folgen ergibt sich daraus eine gewisse Problematik, die indessen nicht vorschnell in einem negativen Sinn zu entscheiden ist; denn die Sache und der Begriff des „Paradieses"[2] sind durchaus vorhanden, wenn auch manchmal nur indirekt und in der Form von Verweisen.

Ein Zurücktreten der Vorstellung zeigt sich allerdings schon daran, daß im neutestamentlichen Schriftkanon das urzeitliche Paradies niemals mit dem Wort παράδεισος bezeichnet wird, obgleich wiederholt auf die Geschichte vom Paradies Bezug genommen ist (so etwa Mk 1, 13 in der Versuchungsgeschichte; Mt 19, 18;

[1] Vgl. O. *Kuss,* Römerbrief I 281; *W. Seibel:* MySal II 821.

[2] Dazu ThW V 763–771 (*J. Jeremias*); *H. Bietenhard,* Die himmlische Welt 161–191; *H. Renckens,* Urgeschichte und Heilsgeschichte (Mz [2]1962) 184ff; *A. M. Dubarle,* Unter die Sünde verkauft 160ff; *P. Grelot,* Aujourd'hui 194–214.

Röm 3, 23; 5, 12 ff). An den drei neutestamentlichen Stellen, an denen der technische Begriff des Paradieses fällt (Lk 23, 43; 2 Kor 12, 4; Apk 2, 7)[3], bezeichnet er entweder das zwischenzeitliche, jetzt verborgene Paradies (Lk 23, 43; 2 Kor 12, 4) oder das himmlische Ziel, den Ort der Gerechten, an dem diese vom Lebensbaum essen dürfen und so der Unsterblichkeit teilhaft werden (Apk 2, 7). An dieser Stelle ist implizit auch der Rückverweis auf das urzeitliche Paradies gegeben, aber ohne Kenntlichmachung einer selbständigen Bedeutung.

Dabei stehen besonders bei Paulus (2 Kor 12, 4) spätjüdisch-apokalyptische und hellenistische Vorstellungen im Hintergrund[4]. Die Erwähnung der Entrückung „in den dritten Himmel" und „ins Paradies" schließt sich an Vorstellungen an, die sich im slawischen Henochbuch, im Testamentum Levi und in der Baruch-Apokalypse finden und die auf ältere spätjüdische Traditionen zurückgehen[5]. Indessen werden sie hier bei Paulus ohne jede Spekulation und ohne die aus den „Himmelsreisen der Seele" bekannten phantasiereichen Darstellungen des Hellenismus verwandt. Die Unterschiede liegen aber nicht nur im Formalen und in der äußeren Gestalt dieser Paradiesesaussage. Auch die inhaltliche Differenz ist unübersehbar. Für Paulus handelt es sich nicht um eine aus der Disposition der zur Vergöttlichung bestimmten Seele erfolgende Entrückung, auch nicht um durch Weihungen und Praktiken bewirkte Erhebungen in die Himmelswelt; das Ziel der Entrückung ins Paradies ist nicht die Verlautbarung neuer, geheimnishafter Erkenntnisse. Es handelt sich vielmehr um eine besondere Gnadenerfahrung des „Dieners Christi" (2 Kor 12, 2). Dabei ist auch nicht mit Sicherheit zu bestimmen, ob das Eintreten in den „dritten Himmel" und der Aufgang in das Paradies das gleiche Geschehen meinen und wo es zu lozieren ist[6]. Dies bedeutet, daß der spätjüdische und hellenistische Vorstellungshintergrund hier keine selbständige Bedeutung mehr besitzt und nur in formaler Funktion benutzt wird. Die überlieferten Vorstellungen haben hier nur noch den Charakter literarischer Aussageformen, in denen eine geheimnishafte Grenzerfahrung christlicher Existenz ausgedrückt werden soll, nicht aber (im Sinne der alten Apokalyptik) ein kosmisches Geschehen[7].

Demnach zeigt sich an diesen Stellen der formellen Verwendung des Paradiesesbegriffes einerseits seine sachliche Ausweitung auf drei verschiedene Zuständlichkeiten (die angedeutete urzeitliche, die verborgene jetztzeitliche und die endzeitliche Zuständlichkeit, die wohl am nachdrücklichsten hervortritt), eine Ausweitung, die das Neue Testament grundsätzlich mit dem spätjüdischen Denken gemein hat, andererseits seine inhaltliche Konzentrierung auf einen geistig-gnadenhaften Kern, der alles apokalyptischen Beiwerkes und der damit verbundenen Veräußerlichung entraten kann.

Diesem Prozeß der theologischen Konzentrierung entspricht auch der Umstand, daß das Wesen des paradiesischen Daseins (in bezug auf die drei genannten Bereiche und Erstreckungen) unter Absehen von dem formelhaften Begriff mit anderen Wendungen ausgedrückt wird, die ebenfalls den Vorzug des geistig-gnadenhaften Verständnisses besitzen. So wird der jetztzeitliche verborgene Vollendungszustand als Tischgemeinschaft mit Abraham benannt (Lk 16, 23) oder als Wohnung im Vaterhaus (Jo 14, 22) gekennzeichnet, ebenso als Beim-Herrn-Weilen (2 Kor 5, 8), als Mit-Chri-

---

[3] ThW V 766 ff; *Billerbeck* IV 1118–1120 1130 f.
[4] ThW V 768 mit Hervorhebung der Unterschiede.
[5] Zur Exegese vgl. *H. D. Wendland,* Die Briefe an die Korinther (ATD 7) (Gö [12]1968) 246 ff; zu diesen Traditionen vgl. auch *E. Brandenburger,* Adam und Christus 114–116.
[6] ThW V 768; zur Exegese vgl. *R. Bultmann,* Der zweite Brief an die Korinther 223 f.
[7] Zur neuartigen paulinischen Verwendung des Begriffes sagt *J. Jeremias* treffend: „Obwohl Paulus nachweislich die Paradiesestraditionen kannte, bezieht er ohne den Umweg über sie die Hoffnung direkt auf Christus": ThW V 769.

stus-Sein (Phil 1,23), als himmlisches Reich (2 Tim 4,18) und als himmlisches Jerusalem (Hebr 12,22). Für die Vorstellung von der endzeitlichen Vollendung aber, die sich mit der vom zwischenzeitlichen paradiesischen Zustand eng verzahnt, stehen die Bezeichnungen des endzeitlichen Jerusalem und des Gottesgartens mit den Wassern und den Bäumen des Lebens (Apk 22, 1–5).

Ein der Hamartiologie zugewandter Blick wird natürlich besonders auf die unter anderen Begriffen vorkommenden Hinweise auf das urzeitliche Paradies achten. Sie finden sich tatsächlich unter manchen Verhüllungen, so etwa in der (schon genannten) Versuchungsszene. Das bei Mk mit einem einzigen Vers bedachte Begebnis in der Wüste mit der nachfolgenden Erwähnung des Dienstes der Engel wird allgemein als Anspielung auf den paradiesischen Adam angesehen, der von den Engeln vertrieben wurde, während dem Messias die Engel dienen[8]. Deutlich tritt Christus selbst als der Wiederbringer des urzeitlichen Vollkommenheitsstandes hervor, wenn er in der Reaktion des Volkes auf seine Machttaten mit den „Paradiesesworten" vom „göttlichen Wohltun" (Gn 1,31) bedacht wird (Mk 7,37)[9].

Einen Rückverweis auf das Paradies als den heilen Urstand, der in bestimmter Weise von Christus wieder vergegenwärtigt wird, enthält auch das Jesuswort über die Unauflöslichkeit der Ehe (Mk 10, 1–12). Wenn Jesus hier das Scheidungsverbot (Mk 10,9) mit dem Hinweis auf den „Anfang der Schöpfung" begründet, an dem „Gott sie als Mann und Frau geschaffen" hat (Mk 10,6), so macht er damit den ursprünglichen „paradiesischen" Gotteswillen wieder geltend und verpflichtend. Schließlich hat Jesus durch die Verknüpfung seiner Machttaten mit dem Verheißungswort des Jesaja (Is 35,5f), das in der Form einer Paradiesesschilderung gehalten ist, sein Heilswirken insgesamt als Wiederherstellung des „paradiesischen" Ursprungs ausgegeben (Mt 11,5 par. Lk 7,22) und so die Wahrheit vom urzeitlichen Paradies in ihrem theologischen Kern übernommen, sie dabei aber durch den Bezug auf sich selbst in gewisser Hinsicht personalisiert.

Dieser bereits bei den Synoptikern angelegte Zug wird nun von Paulus noch verstärkt, indem er ihn in die Adam-Christus-Parallele einfügt. Was die Synoptiker in den symbolischen Verweisen auf den Gottesgarten auszudrücken versuchen, konzentriert und vertieft Paulus in der Typologie von Adam und Christus. Die theologische Bedeutung der Typologie wird durch die Tatsache nicht beeinträchtigt, daß die Vorstellung von den zwei Adam-Anthropoi ihren religionsgeschichtlichen Hintergrund hat, zwar nicht direkt im späten Judentum, wohl aber in der Welt des hellenistischen Judentums und der jüdischen Gnosis[10]. Als einflußreicher Vermittler solcher Spekulationen hat wiederum Philo von Alexandrien zu gelten, bei dem die betreffenden Anschauungen aber bereits in die Form der platonischen Ideenlehre eingefügt sind[11], welche bei Paulus jedenfalls keine Rolle spielt. Die Übernahme dieser Sprach- und Vorstellungsform durch Paulus (in der frühesten Stelle 1 Kor 15,21f 45ff in engerer Abzweckung auf den Auferstehungsleib im Gegensatz zum sarkisch-psychischen An-

---

[8] Zur Exegese vgl. *R. Pesch*, Das Markusevangelium 95f.

[9] ThW V 770; vgl. dazu auch *J. Jeremias*, Jesus als Weltvollender (Gü 1930) 44f.

[10] *E. Brandenburger*, aaO. 74ff; *E. Käsemann*, An die Römer 153, mit Verweis auf noch andere Erwähnungen (wie Eph 5,25ff), die nur aus der Bindung an eine vorhergehende Tradition zu verstehen sind, welche jedoch bei Paulus 1 Kor 15,46f auch kritisiert wird; vgl. auch *H. Schlier*, Römerbrief 187ff.

[11] *E. Brandenburger*, aaO. 118.

thropos; in Röm 5,12–21 in universaler Ausweitung auf Liebe und Gnade und das gesamte Erlösungsgeschehen) dient dem Apostel zwar grundsätzlich zur Kennzeichnung der mit Christus gekommenen eschatologischen Wende und der Entmachtung der Verderbnismächte durch Christus, aber die Antitypik zu Adam vermag doch auch wesentliche Gedankenelemente bezüglich des Falles Adams freizugeben, der seinerseits nicht ohne eine gewisse Erkenntnis des davorliegenden Zustandes verständlich ist.

Die Erwähnung Adams läßt freilich wenig von seiner Königsstellung und seiner engelgleichen Art wie in der spätjüdischen Apokalyptik erkennen. Die direkte Aussage geht auf seine Sünde (Röm 5,12), auf die dadurch ausgelöste Herrschaft des Todes (Röm 5,14f 17), auf seinen Ungehorsam (Röm 5,19). Noch deutlicher erscheint Adam in 1 Kor 15 als irdischer Mensch und nicht als pneumatisches himmlisches Wesen[12]. Die hier im Hintergrund stehende Sündenfallerzählung ist auf die wesentlichen theologischen Grundelemente konzentriert. Aber im Lichte des Antitypus Christus und im Hinblick auf seine Funktion als höherer Wiederhersteller Adams muß dem ursprünglichen Adam all das zukommen, was er durch den Fall verloren hat: die Freiheit von der Sünde, das Leben und die Gnade Gottes.

Daß diese Bestimmung des Ursprungszustandes aber nicht auf Grund eines rein logischen Umkehrschlusses erfolgt, zeigt ein Blick auf damit zusammenhängende Aussagen des Römerbriefes, in denen von der Tat Adams und von ihm selbst die Rede ist. So ist nicht zu bezweifeln, daß die Aussage Röm 3,23: „alle haben gesündigt und entbehren der Herrlichkeit Gottes" auf die Doxa der ursprünglichen Schöpfung geht, die durch Adam verlorenging, die er also zuvor innehatte[13]. Noch deutlicher wird dieser Bezug in der Aussage Röm 8,20, wo von der Unterwerfung der Kreatur unter die Nichtigkeit die Rede ist und von ihrer Hoffnung auf die δόξα. „Ihre Knechtschaft in ihrer Eitelkeit und ihrem Verderben ist auf den zurückzuführen, der sie auslieferte. Dieser aber ist im Sinne des Apostels Adam.[14]" Danach war Adam vor der Sünde Träger der δόξα. Wenn nun auch der Apostel keine genaue inhaltliche Bestimmung des Begriffes δόξα gibt und das Wort beinahe den Charakter einer Chiffre hat[15], so ist es doch eine Chiffre für das Geheimnis des sich offenbarenden Gottes, das sich auch an Adam kundtat[16]. Damit ist der Begriff, auf Adam bezogen, Ausdruck der geheimnishaften Gottverbundenheit des ersterschaffenen Menschen. Sie ist aber wohl noch einer bestimmteren Fassung fähig und als „jene Lichtherrlichkeit" zu verstehen, „welche die Gerechten nach apokalyptischer Anschauung himmlisch erwartet"[17]. Was die weitere Frage nach der etwaigen „Unsterblichkeit" Adams angeht, so kommt der Begriff „athanasia" bei Paulus nur 1 Kor 15,53 mit Bezug auf die Seinsweise des Auferstandenen vor. Ein Rückschluß auf Adam ist an dieser Stelle nicht begründet. Allenfalls könnte man in Röm 5,12, wo von der durch Adam ausgelösten Todesmacht die Rede ist, die Anschauung impliziert sehen, daß Adam vor der Sünde dieser Macht nicht unterstellt war, wobei auch die Tatsache veranschlagt werden könnte, daß für Paulus in diesem Zusammenhang unter dem Tod immer mehr gemeint ist als ein biologisches Faktum[18]. Aber für eine

---

[12] So *H. Schlier,* aaO. 188.

[13] Zur Stelle vgl. *H. Schlier,* aaO. 107, unter Bezug auf den Hintergrund der Vorstellung von der δόξα Adams in der spätjüdischen Literatur und in den Qumran-Texten; vgl. auch *E. Käsemann,* aaO. 88.

[14] *H. Schlier,* aaO. 261. [15] Ebd. 258.

[16] Vgl. ThW I 143 *(J. Jeremias)* unter Heranziehung der paulinischen Ebenbildvorstellung, die auch *E. Käsemann* zur Ausstattung Adams rechnet: aaO. 89 146, die Adam allerdings nach Röm 5,12 verlor; vgl. auch *J. Jervell,* Imago 44ff (mit Bezug auf Röm 1,23); dagegen jedoch *P. Schwanz,* Imago 55ff.

[17] So *E. Käsemann,* aaO. 88.

[18] Vgl. ThW III 23 (ἀθανασία: *R. Bultmann*); *E. Käsemann,* aaO. 142.

positive Behauptung einer Athanasie Adams und für ihre inhaltliche Bestimmung sind die Voraussetzungen zu gering. Eine Berührung mit dem Begriff der Doxa wäre jedoch nicht auszuschließen. So ist die „Urstandsvorstellung" Pauli infolge des christologischen Kontrastes eigentümlich konzentriert und personalisiert. In dieser Form bringt sie aber durchaus das Wesen dessen zum Austrag, was eine heilstheologische Vorstellung von der Gottbezogenheit des heilen Anfangs des Menschen beinhaltet. Die christologische Konzentrierung der Paradiesesvorstellung macht die Eigenart des neutestamentlich-paulinischen Beitrages zum Urstand aus und zugleich seine Überlegenheit. Nicht nur, daß das Motiv des urzeitlichen Gartens damit aller akzidentellen Beigaben und aller bildhaften Ornamentik entkleidet ist; von Christus her gesehen und auf ihn bezogen, erweist der Gedanke nicht mehr nur seine Bedeutung zum Zwecke der Theodizee und der Verständlichmachung der katastrophalen Folgen der Sünde. Von Christus her empfängt er auch eine bleibende heilsgeschichtliche Bedeutung, die über die Gegenwart hinaus auf die Endzeit weist, auf die zukünftige Herrlichkeit (vgl. 1 Kor 15,43).

2. *Einbruch und Durchdringen der universalen Sünden- und Todesmacht*

Es ist zu vermuten, daß eine solche christologisch konzentrierte Auffassung vom ursprünglichen Heil auch ihre Bedeutung für das Verständnis des Falls, der Sünde und ihrer Folgen hat. Tatsächlich zeichnet sich im Neuen Testament auch eine am Gegensatz zur Erlösung gewonnene Vertiefung des Sündenverständnisses ab[19], das aber nicht gleich als Schritt in die Richtung einer „Erbsünde" zu deuten ist[20].

Auch der Gedanke an eine „Erbsünde" kann im Neuen Testament nicht gesucht werden, zumal wenn man auf dem Teilmoment des „Erbes" insistiert. Wohl aber ist die vom Neuen Testament vertretene Allgemeinheit und Universalität der Sünde ein Befund, der Beachtung verdient. Allerdings bleibt es bei den Synoptikern wesentlich bei dieser Feststellung[21].

In ihrer Orientierung an dem in Christus erschienenen Heil und am objektiven Erlösungsgeschehen tritt die Wirklichkeit und Allgemeinheit der Sünde als die dunkle Folie der Erlösung sehr deutlich in Erscheinung. Aber es finden sich weder in ihren Berichten über die Bußpredigt Jesu noch in der Heilsverkündigung Aussagen über eine ursächliche Verknüpfung der Sünden (bei den Synoptikern vorwiegend in der Mehrzahl verwandt) mit einer Ursünde. Dementsprechend gewinnt auch die Sündenfallerzählung bei ihnen keine Bedeutung. Ebensowenig bieten sie einen Anhalt für die Feststellung einer Unterscheidung zwischen persönlichen Sünden und einer der Natur des Menschen anhaftenden Sünde. Die wenigen Hinweise, in denen eine Erklärung des Entstehens der Sünde gegeben ist, haben deutlich individuell-psychologischen Charakter (so Mk 7,21) und sind nicht als Antwort auf das Ursprungsproblem der Sünde zu werten. Das gilt auch von jenen Hinweisen in den Evangelien, wo ein Zusammenhang zwischen der Sünde und der Verführungsmacht des Teufels festgestellt wird (Mt 13,9 39; Lk 22,3; Jo 8,44). Immerhin ist bemerkenswert, daß nach Lk 13,3 5 alle Menschen der Sünde wegen dem Tod unterworfen sind. Auch aus dem Wort Jesu über das Verbot der Ehescheidung (Mk 10,6; vgl. oben) läßt sich entnehmen, daß die ursprüngliche, gottgesetzte Ordnung durch die Herzenshärte der Menschen zerbrach. „So scheint dieses Wort etwas anzudeuten von einem verlorenen

---

[19] Zum Sündenverständnis des Neuen Testamentes: ThW I 284 *(G. Quell); A. Kirchgässner,* Erlösung und Sünde 254 u. ö.; *L. Scheffczyk,* Wirklichkeit und Geheimnis 45 ff; *K. H. Schelkle,* Theologie des Neuen Testamentes I 122 ff; *P. Schoonenberg,* Theologie der Sünde 11–76.

[20] Das hat katholischerseits auch *J. Freundorfer* nicht behauptet, wenn er das entscheidende Zwischenglied zwischen persönlichen Sünden und „Erbtod" bei Paulus auch schon angelegt sieht; aber „Paulus ist noch nicht Augustinus und die Kirche": Erbsünde und Erbtod 264.

[21] Vgl. hierzu *G. Baumbach,* Das Verständnis des Bösen in den synoptischen Evangelien; *K. H. Schelkle,* Schuld als Erbteil? 42 f.

Urstand und seiner Zerstörung durch die Sünde.[22]" Freilich ist damit nichts über den Zusammenhang des jetzigen Zustandes mit der Unheilstat am Anfang gesagt, so daß der Gedanke an eine weitergehende Sünde nicht erreicht ist[23].

Andererseits ist die Hamartiologie der Synoptiker auch nicht so gehalten, daß sie positiv den Gedanken an eine vom Ursprung herkommende Unheilssituation ausschlösse. Weder der personal bestimmte Begriff der μετάνοια noch das Verhalten Jesu gegenüber den Kindern, die er offensichtlich seiner besonderen Zuneigung würdigt, sind Argumente gegen das Vorhandensein einer Ursprungssünde[24]. Es ist keine Verlegenheitslösung, wenn man feststellt, daß in der Sicht der synoptischen Evangelien, in der alles auf das heilsgeschichtliche „Jetzt" des Kommens Jesu und auf die Erwartung des Gottesreiches konzentriert ist, die Frage nach dem Ursprung der Sünde und ihrer geschichtlichen Begründung zurücktreten konnte. So spielt ja auch die Frage nach der Schöpfung beim synoptischen Jesus und seiner Verkündigung keine hervorstechende Rolle[25]. Wie die Schöpfungswahrheit von Jesus vor allem unter einem aktuellen Aspekt behandelt wird, nämlich in ihrer jetztzeitlichen Wirkung und Verpflichtung für die Menschen (Mt 19,8), so gilt Ähnliches von der Sünde: sie wird als jetztzeitliche universale Tatsache in dem „bösen und ehebrecherischen Geschlecht" (Mk 8,38) festgestellt, nicht aber begründet. Für das Verständnis des in Christus gekommenen Heils war es nicht so sehr von Bedeutung, um die Kausalität der Sünde zu wissen, als vielmehr zu verstehen, daß ihre Macht nun endgültig gebrochen sei und die Sünder in das Reich berufen werden sollen (Mt 18,12f; Mk 2,17). Gegenüber dem von Jesus neu vermittelten Eindruck von der abgründigen Wirklichkeit der Sünde und seiner machtvollen Offenbarung ihrer Überwindung mußte die Frage nach ihrem Woher zurücktreten[26]. Darum fehlt hier auch eine Reflexion über das Wesen der Sünde, wo alles auf ihre Wirklichkeit und ihre Überwindung abgestellt ist.

Diese Verhältnisse behalten auch noch Gültigkeit bei der Fortsetzung der Verkündigung Jesu durch die Apostel. Auch sie geben keine Ätiologie des Sündenzustandes, sondern fordern zum Empfang der von Jesus erwirkten Sündenvergebung auf (Apg 2,38). Diese Forderung verschärft der vierte Evangelist dahingehend, daß er den diabolischen Charakter der Sünde aufzeigt (Jo 8,34; 1 Jo 1,8 10) und das Werk Christi zur Überwindung der Sünde unter der kultischen Sühnekategorie darstellt (Jo 1,29; 2,2; 1 Jo 1,7).

Im johanneischen „Dualismus"[27] erfährt die Allgemeinheit der Sünde und die Verlorenheit des Menschen in der bösen Welt noch eine stärkere Kontrastierung. Die Situation des Menschen als „Fleisch" wird im ganzen als dem „Geiste" gegensätzlich

---

[22] *K. H. Schelkle,* aaO. 43.

[23] So u.a. auch *A. Kirchgässner,* aaO. 178, und *A. M. Dubarle,* Le péché originel dans l'écriture 105–114. Allerdings sieht letzterer doch bei den Synoptikern die „linéaments essentiels de la doctrine du péché originel" (ebd. 113) gegeben.

[24] So gegen *J. Gross,* Entstehungsgeschichte I 50f, der die Zusammenhänge psychologisiert.

[25] Vgl. hierzu *L. Scheffczyk,* Schöpfung und Vorsehung 14.

[26] Wenn *J. Turmel* diese Erklärung des Schweigens Jesu über die Erbsünde als mit der katholischen Lehre vom Wissen Christi unvereinbar erweisen möchte und sie eine „eitle Ausflucht" nennt: Histoire des dogmes III 491 f, so verkennt er, daß Jesu Wissen nach Maßgabe seines Heilsauftrages und dessen Notwendigkeiten aktuiert wurde. Auf keinen Fall läßt sich hieraus ein argumentum e silentio für das Nichtexistieren einer Erbsünde ableiten.

[27] ThW I 308 ff *(W. Grundmann)*; *R. Schnackenburg,* Johannesevangelium I 138 385.

erachtet. Die natürliche Geburt des Menschen ist dann so von der Verlorenheit dieser Welt gezeichnet, daß der Mensch in der Taufe einer neuen Geburt bedarf (vgl. Jo 3, 1–12).

Die Verfallenheit der Menschheit an die Sünde wird beim vierten Evangelisten sogar mit einer neuen Nuance versehen, die auf die Ursprungsfrage hinweist, aber doch in ganz eigentümlicher Weise. Der hier gemeinte Ursprung liegt im Wirken des Teufels, welcher der „Lügner und Menschenmörder von Anfang an ist" (Jo 8, 44). An dieser Stelle darf sogar eine Anspielung auf die Sündenfallgeschichte der Genesis angenommen werden. Nur ist auch hier wieder der Zusammenhang nicht geklärt. Wenn heute gelegentlich die johanneische „Sünde der Welt" als Äquivalent für die christliche „Erbsündenvorstellung" ausgegeben wird[28], so ist hier zu differenzieren: Johannes spricht sehr deutlich von der allgemeinen Unheilssituation der Welt und versteht sie als Vorgegebenheit des Menschen. Aber das ist nicht identisch mit der von der Kirche gemeinten Lehre[29] und kann auch nicht als ihr Äquivalent ausgegeben werden.

All die genannten Momente schließen die Annahme einer der Menschheit vom Ursprung her anhaftenden Sündigkeit nicht aus, aber sie vertreten sie auch nicht förmlich. Als Grund für diesen heute vielfach bedauerten Mangel an Bestimmtheit darf der gleiche Gedanke herangezogen werden, der schon bei der Deutung des alttestamentlichen Befundes genannt wurde: Die förmliche Erkenntnis einer mit universaler Wirkung ausgestatteten Ursünde konnte erst dort aufkommen, wo das Erlösungswerk in allen seinen geschichtlichen Dimensionen erfaßt war. Diese Überschau war den Synoptikern, die vor allem an der Geschichte Jesu ansetzten, noch nicht möglich, zumal sie auch eine tiefergehende theologische Durchdringung der Heilstat Christi voraussetzte, als sie die synoptische Verkündigung leisten konnte. Zudem erforderte eine solche theologische Durchdringung auch die Anknüpfung an die alttestamentliche Hamartiologie, was wiederum eine Bedingung darstellt, die in der urchristlichen Gemeinde nicht von jedem erfüllt werden konnte. Solche Voraussetzungen waren aber bei Paulus gegeben, der als erster und einziger neutestamentlicher Autor auf die Frage nach dem geschichtlichen Woher der Sünde einging.

Als im Rabbinismus geschulter Theologe[30], der zudem durch sein eigenes Schicksal auf ein tieferes Durchdenken der heilsgeschichtlichen Zusammenhänge zwischen Gesetz und Evangelium, Judentum und Christusereignis, Sünde und Gnade verwiesen wurde, mußte ihn die Frage nach dem Wesen der Sünde tiefer affizieren als vergleichsweise den schlichten Glauben der Urgemeinde. So kam er auch im Unterschied zu der von den Synoptikern vertretenen Auffassung von der Sünde (wie übrigens auch im Gegensatz zum traditionellen jüdischen Denken) zu einer Anschauung, die in der Sünde nicht zuerst den einzelnen schlechten Akt des Menschen sieht, sondern die die ganze Menschheit bestimmende Unheilssituation, die überindividuelle Zuständlichkeit universalen Ausmaßes[31]. Damit war nicht nur in der Polemik gegen das Gesetz, sondern auch in der Sündenauffassung das Moment der menschlichen Selbstmacht und freien Entscheidung zurückgedrängt zugunsten der Betonung eines den einzelnen übergreifenden Zusammenhanges, in dem sich der einzelne als Sünder vorfindet. Sollte diese vorgegebene Zuständlichkeit aber im Denken Pauli nicht in gnostische Vorstellungen auslaufen (oder in die alte

---

[28] So *P. Schoonenberg,* Theologie der Sünde 117 ff; *ders.*: MySal II 845 ff.

[29] Zur Kritik vgl. *H. Vorgrimler,* Die Erbsünde in der kath. Glaubenslehre: R. Schmid u. a., Unheilslast und Erbschuld der Menschheit 140 f.

[30] Zur Theologie des Apostels vgl. *F. Amiot,* Theologie des hl. Paulus 59 ff; *O. Kuss,* Paulus 333 ff; *K. Kertelge,* Rechtfertigung 219 ff.

[31] Vgl. dazu *O. Kuss,* Paulus 307; *K. Kertelge,* aaO. 108 f.

rabbinische Vorstellung vom bösen Trieb zurückführen)[32], dann mußte das Geschichtlich-Ereignishafte am Ursprung der Sündenmacht in der Welt erhalten und herausgestellt werden. Zur Entwicklung dieser wichtigen Vorstellung konnte sich Paulus der jüdisch-alttestamentlichen Auffassung vom Sündenfall bedienen wie auch der ihr vom Rabbinismus zugewachsenen Vorstellungselemente, nicht aber ohne diese in entscheidender Weise neu zu formulieren.

Das hat Paulus in einem größeren Zusammenhang des Römerbriefes (Röm 5–8) getan, wo schon rein lexikographisch die „Sündenbegriffe weitaus am häufigsten im NT vorkommen"[33]. Hier ist es vor allem die Erwägung Röm 5, 12–21 über das neue Verständnis der Heilsgeschichte als Antiparallele zwischen Adam und Christus und der von ihnen vertretenen Menschheitsreihen, die eine relativ so ausführliche Antwort auf die Frage nach dem Woher der Sündenmacht entwickelt, daß diese Stelle seitdem beständig als locus classicus der späteren „Erbsündenlehre" verstanden werden konnte[34]. Paulus geht hier[35], im Zuge des angestrebten Nachweises der „Sicherheit der noch zu gewinnenden Heilsvollendung"[36], von dem bekannten jüdischen Gedanken aus, daß die Unheilstat Adams der Welt den Tod gebracht hat, um in Antiparallele dazu Christus als den Bringer des neuen Lebens und des Heiles zu erheben. Dabei ist der formelle Ausgangspunkt zu beachten, der auch schon den Grund angibt für den eigentlichen Skopus (und die Verwertbarkeit für die „Erbsündenidee") dieser Perikope, daß nämlich genaugenommen der Ursprung des Todes und nicht der der Sünde das eigentliche Thema ist, wie auf der Gegenseite der Ursprung des Lebens hervorgekehrt werden soll[37]. Da aber für Paulus hier und allgemein der Tod als Straffolge für die Sünde gilt, kommt Paulus mit innerer Notwendigkeit in diesen grundsätzlichen Erwägungen auch auf die Sünde Adams zu sprechen, die dem allgemeinen Tod in der Welt ursächlich vorausging. Mit dieser Sünde ist selbstverständlich zunächst die persönliche Untat Adams gemeint, aber sie kann hier nicht allein gemeint sein. Die Sünde ist hier vielmehr als „fortlaufend wirksame Unheilsmacht"[38] verstanden, der Adam den Eintritt in die Welt ermöglichte und die seitdem ihre unwiderstehliche Gewalt in der Welt entfaltet (wobei auch an ihre Wirksamkeit nicht nur in der Menschenwelt, sondern im ganzen Kosmos gedacht werden kann).

Entscheidend für die Bewertung dieser Aussagen bezüglich der hier möglicherweise enthaltenen Wahrheit von einer weitergehenden Ursünde ist die Deutung der Rolle Adams auf der Unheilsseite dieser Parallele bzw. (besser) Antiparallele. V. 12 bringt zunächst zum Ausdruck, daß von Adam her die Sündenmacht und zugleich die Todesmacht auf alle Menschen gekommen

[32] Vgl. *R. Bultmann*, Theologie des NT 251. [33] ThW I 312 (*W. Grundmann).*

[34] *K. H. Schelkle*, Paulus, Lehrer der Väter 162.

[35] Die hier gebotene Interpretation kann keine vollständige Exegese bieten und will die exegetische Arbeit nicht ersetzen. Sie nimmt nur ihre wichtigsten Ergebnisse auf, die freilich nicht einheitlich sind, was zuletzt auf das je eigene Vorverständnis der Interpreten zurückzuführen ist. Aber es sind hier auch die dem Text besonders anhaftenden Schwierigkeiten zu veranschlagen, die *H. Schlier* gut charakterisiert, wenn er die Interpretation der Adam-Christus-Parallele im Hinblick auf Röm 5, 12 mit der Aussage beginnt: „Schon gleich die ersten Worte sind in ihrem Sinn heftig umstritten": Römerbrief 159.

[36] *O. Kuss*, Römerbrief I 225.

[37] So *O. Kuss*, aaO. I 227; dagegen wendet sich *E. Käsemann*, An die Römer 13?, der (mit J. Dupont u. a.) das Thema von Sünde und Rechtfertigung als das beherrschende ansieht. Jedoch wird das Problem entschärft durch den engen Zusammenhang von Sünde und Tod, besser: von Sündenmacht und Todesmacht: *H. Schlier*, Römerbrief 161.

[38] *O. Kuss*, aaO. I 227; ähnlich spricht *E. Käsemann*, aaO. 148, vom „Schicksal" und von dem „seit Adam ... sich weltweit verbreitende[n] Fluch"; vgl. auch *H. Schlier*, aaO. 160f.

ist. Der Nachsatz V. 12d, „das eigentliche Problem der Interpretation“[39], bringt in den Zusammenhang aber auch die persönlichen Sünden der Menschen hinein, was von manchen als eine Unterbrechung des Gedankenganges oder gar als überflüssig empfunden wird[40].

Bekanntlich übersetzte die Vulgata das gewichtige ἐφ' ᾧ mit in quo, das an sich für eine relativische oder konjunktionale Deutung offen wäre. Tatsächlich aber setzte sich, beginnend mit dem Ambrosiaster und entscheidend verfestigt durch Augustinus, zunächst die relativische Deutung durch, in der im Verein mit dem (allerdings im Text sehr weit abstehenden) Beziehungswort „per unum hominem“ ein ziemlich eindeutiger Schriftbeweis für die Wahrheit gesehen werden konnte, daß in Adam alle Menschen gesündigt hätten und seine Sünde auf alle übergegangen wäre, was den Sachverhalt einer „Erbsünde“ erfüllen würde. Aber seit Erasmus in seiner Baseler Druckausgabe vom Jahre 1516 die dem Sprachgebrauch des Paulus viel entsprechendere Deutung des ἐφ' ᾧ als Konjunktion (mit der Übersetzung „daraufhin daß alle sündigten“) einführte, wurde die traditionelle Erklärung der Stelle, die so unbeschwert für einen Erweis der „Erbsünde“ verwendet werden konnte, immer mehr aufgegeben. Mit der konjunktionalen Auffassung wird aber dem Beweiswert der Stelle für die Existenz einer vorpersonalen Sünde alles an Kraft genommen, weil ja hiermit offensichtlich der Tod auch auf die Einzelsünden der Menschen zurückgeführt erscheint[41]. Wenn man zu den mehr oder weniger künstlich herangeführten Vermittlungsversuchen, die die Aussage dennoch in ihrem Beweiswert für die dogmatische „Erbsündenlehre“ erhalten sollten[42], kein Zutrauen hat, wird man eine Erklärung versuchen müssen, die einerseits die in dem Gedankengang V. 12 d auftretende Digression nicht hinwegdiskutiert, andererseits doch nicht darauf verzichtet, dieser Aussage einen Sinn zu belassen, der die Auffassung von der unheilwirkenden Adamstat nicht entkräftet. Es bedeutet jedenfalls keine Lösung, wenn R. Bultmann im Hinblick auf die Unklarheit, die V. 12 d durch die Einführung der persönlichen Sünden als Ursache des auf alle Menschen übergehenden Todes entsteht, den folgenden Anschluß als „vollends unverständlich“ bezeichnet und von den damit im Zusammenhang von VV. 12 und 13 auftauchenden Fragen sagt, sie seien „nicht zu beantworten“[43].

Trotzdem ist die Exegese weiter um eine Antwort bemüht. Auszuscheiden hat aber wohl die Auffassung, daß Paulus hier eine „doppelte Ursache“ der Todesverfallenheit der Menschheit annehme: nämlich die Tat Adams am Ursprung der Menschheitsgeschichte und die menschlichen Einzelsünden im weiteren Verlauf dieser Geschichte[44]. Eine solche Doppelung würde die Stringenz der Parallele stören, die nämlich auf der Christusseite auch nur die Ursächlichkeit Christi kennt, ungeachtet der V. 17 b betonten Tatsache, daß die Menschen die Gnade Christi „empfangen“ müssen.

So legt sich eine Interpretation nahe, die im Sinne des Paulus die persönlichen Sünden aus der

---

[39] *E. Käsemann*, aaO. 139; trotzdem wendet sich *E. Käsemann*, aaO. 140, mit Recht gegen eine Auffassung (wie die *E. Brandenburgers*), welche diesen Teilvers zum Angelpunkt der Interpretation macht.

[40] So *R. Bultmann*, Adam und Christus nach Rm 5: ZNW 50 (1959) 145–165, 157; dagegen *H. Schlier*, aaO. 162; zum ἐφ' ᾧ vgl. u. a. *S. Lyonnet*, Le sens de ἐφ' ᾧ; *F. Staudinger*, Neutestamentl. Aspekte zur „Erbsündenlehre“: F. Dexinger u. a., Ist Adam an allem schuld? 244 ff.

[41] Entschieden zieht diese Konsequenz *E. Brandenburger*, Adam und Christus, indem er mit V. 12 d auch V. 13 als gegen den „gnostischen Verhängnisgedanken“ (177) gerichtet erklärt und meint, „daß eben das persönliche Sündigen allemal Anlaß und Grund genug ist für das unmittelbar folgende Hingegebenwerden unter die Macht des Todes“ (194). Dann bleibt auf der „Adamsseite“ nur bestehen, daß die Sünde mit Adam begann. Ähnlich *U. Baumann*, Erbsünde? 215 ff.

[42] Ihre Aufführung und Kritik bei *O. Kuss*, Römerbrief I 230 f; ebenso *H. Schlier*, aaO. 161 f; *E. Käsemann*, aaO. 139 ff; *F. Staudinger*, aaO. 241 ff.

[43] *R. Bultmann*, Theologie 252 f. Dagegen *H. Schlier*, aaO. 162.

[44] Dagegen wendet sich *O. Kuss*, aaO. I 232; ähnlich auch *E. Ruckstuhl*, Die Unheilslast der unerlösten Menschheit im Blick des Neuen Testaments: R. Schmid u. a., Unheilslast und Erbschuld 67. Von einer solchen „zweiten Ursache für die Todesverfallenheit“ spricht *E. Brandenburger*, aaO. 175. Eine solche Annahme scheint aber in Konsequenz am Ende gegen die Bedeutung der „ersten Ursache“ überhaupt auszuschlagen.

Herrschaft der von Adam herkommenden Sündenmacht nicht ausschließt, sondern sie mit dieser verkettet. Dann ergibt sich die Erklärung, daß die von Adam herrührende Sündenmacht im konkreten Sündigen aus sich heraustritt und sich darin manifestiert und daß – umgekehrt – das konkrete Sündigen immer auf die Sündenmacht zurückgeht[45]. So will Paulus mit dem Verweis auf die Tatsünden die Wahrheit von der übergreifenden Sündenmacht nicht schmälern, sondern sie in gewisser Weise sogar durch die Behauptung verstärken: „Jeder bestätigt mit seinem eigenen Verhalten, daß er sich stets in einer von Sünde und Tod gezeichneten Welt vorfindet und ihrem lastenden Fluch unterliegt."[46]

Nachdem Paulus in den folgenden VV. 15–17[47] den Unterschied zwischen den Verhältnissen auf der Unheils- und Heilsseite in dem Sinne herausarbeitet, daß die Gnade Christi überschwenglicher und machtvoller zur Wirkung gelangt als Sünde und Tod, kommt er in den VV. 18 und 19 auf jenen Kerngedanken zurück, dessen Formulierung schon in V. 12 sein Anliegen war, ohne daß er dort einen eindeutigen Ausdruck finden konnte. Hier (V. 19) ist dann die entscheidende Aussage gemacht, daß „durch den Ungehorsam des einen Menschen die vielen zu Sündern geworden sind", wie „durch den Gehorsam des einen die vielen zu Gerechten gemacht" werden. Damit ist erklärt, daß nicht mehr nur der Tod aus der Sünde Adams auf die Menschheit übergegangen ist, sondern die Sünde selbst die Menschheit affizierte. Mögen auch für die Auslegung dieser Stelle im Punkte des Begriffes „Sünder" theoretisch immer noch mehrere Möglichkeiten offenstehen[48], so ist doch im Rahmen der strengen Parallelität der beiden Teilglieder die konträre Auffassung des Begriffes „Sünder" zu dem des „Gerechten" die naheliegendste. Dieses Sündersein meint dann genauso eine Verfassung wie das Gerechtsein des Menschen, nur mit umgekehrten Vorzeichen, d. h. die Verfassung des Ungerechtfertigtseins seit und durch Adam. Von einer persönlichen Beteiligung an der Sünde Adams durch eigene Sünden ist hier genau so wenig die Rede wie von einer Beteiligung an der Heilstat Christi.

Beläßt man der Antitypik von Adam und Christus, von Unheilstat und Heilstat und deren Ursächlichkeit für den nachfolgenden Menschheitszustand ihre Stringenz, so ist wohl kein Zweifel möglich, daß Paulus die Sünden- und Todesmacht, die von Adam entbunden wurde, zu allen Menschen „hindurchgehen" läßt (διῆλθεν). Ohne daß hier das Bild vom Erbe gebraucht würde (weder für die Sünde noch für den Tod)[49], ist doch der Gedanke erhalten, daß die Menschen durch Adam Sünder werden.

---

[45] Vgl. dazu *H. Schlier,* aaO. 163. [46] *E. Käsemann,* aaO. 141.

[47] Auf die Erörterung des „Nebengedankens" (so *H. Schlier,* aaO. 164) in den VV. 13 14 sei hier verzichtet. Bemerkenswert aber für die exegetische Situation ist die Tatsache, daß diese Verse von den einen als Bestätigung der von Adam kommenden und auch über die Zeit ohne Gesetz (zwischen Adam und Moses) herrschenden Sünden- und Todesmacht angesehen werden (so u. a. *J. Freundorfer,* aaO. 247; *S. Lyonnet,* Les étapes 106: Teilhabe aller an der Sünde Adams; *F. Staudinger,* aaO. 249; *E. Ruckstuhl,* aaO. 65ff; auch *H. Schlier,* aaO. 166, in der Weise, daß auch diese Sünden von Adam herkommen), während andere sie zum Erweis des bloßen Vorhandenseins von persönlichen Sünden nehmen: vgl. *K. H. Schelkle,* Schuld als Erbteil? 26f; *E. Brandenburger,* aaO. 202; *U. Baumann,* aaO. 225f.

[48] Für ein wirkliches Sündersein von Adam her sprach sich u. a. aus: *A. Oepke:* ThW III 447ff; *O. Kuss,* aaO. I 239; *E. Ruckstuhl,* aaO. 73f; *H. Schlier,* aaO. 174; „denn die adamitischen Sünder wurden durch die Tat Adams nicht zu Sündern erklärt, sondern wurden Sünder ..."; dagegen *K. H. Schelkle,* aaO. 27: „‚Die Vielen' wurden Sünder, indem sie nach der verhängnisvollen Ursünde Adams selber sündigten"; ähnlich *U. Baumann,* aaO. 230, mit einem gewissen Desinteresse an dem Gehalt von V. 19; auch *E. Brandenburger* schenkt V. 19 a keine besondere Beachtung: aaO. 233ff.

[49] *R. Bultmann* nimmt allerdings keinen Anstand zu sagen, daß Röm 5, 12–19 „der Gedanke der Erbsünde ausgesprochen ist": Theologie 251; ähnlich *H. Schlier,* Epheser 107.

Freilich ist der durch Röm 5, 12 d gesetzte Umstand zu beachten, daß die Menschen auch persönlich sündigten und so zur sich durchsetzenden Ursünde Adams auch die persönlichen Sünden hinzutraten. Paulus trägt damit der ganzen Wirklichkeit der Unheilsgeschichte Rechnung, insofern er die auf die Sünde Adams folgenden Einzelsünden nicht unbeachtet läßt. Aber mit ihrer Beachtung hebt er das zuvor Gesagte über die sich seit Adam und durch ihn durchsetzende Sünden- und Todesmacht nicht auf. Er weist darauf hin, daß sich diese Macht in den Einzelsünden aktualisiert und konkretisiert, nicht aber, daß sie etwa erst durch die Einzelsünden Wirklichkeit und Dasein erhält. Freilich stellt sich Paulus nicht die Frage, ob die Sünden- und Todesmacht auch ohne die Einzelsünden herrschend wäre (obgleich die VV. 13 14 oft als positive Antwort auf diese Frage gedeutet wurden). Man darf ihn hier nicht im Sinne einer späteren „Erbsündenlehre" systematisieren wollen. Eine solche falsche Systematisierung greift aber auch dort Platz, wo behauptet wird, daß die von Adam kommende Sündenmacht erst durch die einzelne Tatsünde des Menschen auf ihn übergehe, so daß die Einzelsünden die Bedingung für das Eintreten der Sündenmacht wären. Der moderne Gedanke von der notwendigen Ratifizierung der „Erbsünde" durch die Einzelsünden der Menschen wird von Paulus nicht vertreten. Dieser Gedanke würde die Sünde nämlich auch als „Macht" entkräften und müßte letztlich zur Anerkennung allein der aus persönlicher Verantwortung kommenden Sünde führen[50] und der Adamssünde allenfalls als „Vorbild" der Einzelsünden. Das käme einer Rückkehr in eine moralische Betrachtungsweise der Sünden gleich, die Paulus in seinem „kosmischen" Konzept gerade durchbrechen will.

Für Paulus gibt es eine vor der persönlichen Sünde stehende Sündenmacht, die sich in Einzelsünden auszeitigt. Der erste Teil dieses Satzes ist hinreichend, um in ihm den Ansatz der späteren Lehre von der inneren Gnadenlosigkeit des Menschen zu sehen, obgleich zuzugeben ist, daß Paulus die Frage nach der „Äußerlichkeit" oder „Innerlichkeit" des Wirkens der Sündenmacht nicht stellt. Immerhin ist die exegetische Auskunft zu beachten, die von dem „der einzelnen Sünde, dem Sündenvollzug des einzelnen Menschen, vorgegebenen, sie übersteigenden, alles durchherrschenden Sündenwesen"[51] spricht.

Dabei bleibt bestehen, daß Paulus keine Auskunft über einen kausal-rationalen Übertragungsmodus dieses Sündenwesens gibt. Wenn man an ihn die Frage nach der Weise des Kontaktes der Menschen mit der Adamssünde stellt, so weist die mögliche Antwort, die sich in etwa erschließen läßt (nicht direkt gegeben ist) auf das Vorstellungsmodell der corporate personality[52]. Soweit dieses nicht als erklärend angesehen wird[53] (und bei begründetem Ausschluß der rabbinischen Vorstellung von Adam als „Behältnis" aller Menschenseelen[54]), bietet sich die Erklärung durch den Abbildge-

---

[50] Vgl. *E. Käsemann,* aaO. 146.

[51] So *H. Schlier,* Römerbrief 181.

[52] Für Paulus versucht dies zu begründen *J. de Fraine,* Adam und seine Nachkommen 134–141; ähnlich *F. Staudinger,* aaO. 257.

[53] Reserviert gegenüber der Vorstellung der corporate personality sind *H. Schlier,* aaO. 187, und *E. Käsemann,* aaO. 134, der sie „bestenfalls (als) Hilfsfunktion für das Verständnis" gelten läßt; vgl. auch *K. H. Schelkle,* Schuld als Erbteil? 39 f.

[54] Gegen den Einfluß dieser auch im Rabbinimus erst späten Vorstellung vom „Behältnis" Adams für alle Seelen auf Paulus wendet sich *E. Brandenburger,* aaO. 141–143; *P. Schwanz,* Imago Dei 53. Damit entfällt auch der Beweischarakter von Hebr 7,9 f, der in der Tradition aufgenommene Hinweis auf das Enthaltensein Levis in Abraham.

danken an. Nach 1 Kor 15, 49 tragen die Menschen „die Eikon" Adams an sich, d. h. die Gestalt, in der das Wesen zum Ausdruck kommt. Weiter wird der Gedanke von Paulus nicht geklärt, obgleich nicht zu übersehen ist, daß auch der Gedanke der Herkunft von Adam eine gewisse Rolle spielt[55].

Unter den weiteren, von der Tradition herangezogenen Zeugnissen ist Eph 2, 3 zu nennen, eine Aussage, die eine sachliche Nähe zu der in Röm 5, 12–21 vertretenen Auffassung zu bezeigen scheint. Hier wird von den Ungläubigen als von den „Kindern des Ungehorsams" (V. 2) gesprochen und erklärt, daß einstens „wir alle ... von Natur Kinder des Zornes waren wie die anderen auch". Seit Augustinus, dem hierin vor allem die lateinischen Theologen gefolgt sind, ist die Stelle bis in die neueste Zeit als Entsprechung zu der im Römerbrief enthaltenen Anschauung herangezogen worden, besonders auch von der Exegese des Altprotestantismus. Auch wenn zuzugeben ist, daß in diesem Zusammenhang die Qualifikation als „Kinder des Zornes" mit dem Wandel im Fleisch und der natürlichen Verderbnis, die sich in den Tatsünden des glaubenslosen Zustandes manifestiert, begründet werden kann, so ist doch die Aussage für die Annahme einer tiefer liegenden Sündhaftigkeit der Menschen nicht ohne jede Beweiskraft. Dafür steht vor allem der Ausdruck „von Natur" oder „der Natur nach", der zwar nicht mit „von Geburt an" wiedergegeben werden kann, aber doch auf die menschliche Existenz geht, wie sie sich aus sich selbst (und ohne Gnade) realisiert. Deshalb ist auch unabhängig davon, daß Adam und die Ursünde nicht genannt werden, die Folgerung möglich: „Der Sache nach spricht Paulus von der Auswirkung der Erbsünde auf die menschliche Existenz."[56] Jedenfalls ist der Stelle nicht Genüge getan, wenn man sie nur auf die Tatsünden des Menschen bezieht. In Wirklichkeit soll gesagt sein, daß der Mensch wegen seiner Auslieferung an das „Fleisch" und die Begierde von sich zum Heile unfähig ist. (Der hier aufgenommene Gedanke von der epithymia sollte später reichliche Verwendung finden[57].) Das ist ein den Einzelsünden vorausgehender Tatbestand, der zwar nicht ein von Adam herkommendes Sündersein begründet, aber doch in diese Richtung weist.

Der theologische Gehalt der paulinischen Adam-Christus-Parallele für die später entwickelte Lehre von einem allen Menschen durch Adam vermittelten Unheil ist nicht gering zu achten, auch wenn bei ihm von einem Erbe keine Rede ist, weder mit Bezug auf den Tod noch auf die Sünde. Aber aus dem Fehlen des Wortes „Erbe" sollte man keinen Einwand konstruieren, weil es auch von der späteren kirchlichen Lehre nicht urgiert wurde. Das für Paulus Wesentliche besteht in der Erkenntnis, daß die Sünden- und Todesmacht von Adam her zu allen Menschen drang, sich ihrer also bemächtigte und sich in den Einzelsünden aktualisierte, wobei die Konkretisierung und Aktualisierung von der Verhaftung an diese Mächte zu unterscheiden ist. Paulus bezeichnet diese innere Verhaftung, die den Einzelsünden vorausgeht, noch nicht als „Sünde". Aber daß hier ein innerer Mangel gemeint ist, der den Menschen unfähig macht, sein Heil zu wirken, und der ihn auf den Erlöser Jesus Christus verweist, sollte

---

[55] Zur Eikon-Lehre Pauli vgl. *P. Schwanz,* aaO. 51–55.

[56] *H. Schlier,* Epheser 107.

[57] Darüber informiert ausführlich *J. Mehlmann,* Natura filii irae 679, der „Natur" gemäß der Vätertradition in striktem Sinn versteht; bestätigend *E. Ruckstuhl,* aaO. 96.

nicht bestritten werden[58]. Damit liefert Paulus nicht schon eine distinkte Lehre von dem jedem Menschen durch Adam zukommenden inneren Heilsmangel, aber er bietet wohl einen bedeutsamen Ansatz für ihre spätere Entfaltung[59].

---

[58] Das Theorem, das Paulus hier die Lehre von der „Sündenverflochtenheit" zuschreibt, sagt mehr als die traditionelle „Erbsündenlehre" vertritt, welche die Einzelsünden als Elemente der Verknüpfung nicht in den Blick nimmt. Wenn diese Theorie das Vorhandensein einer inneren Heillosigkeit der Menschen in der Kausalität Adams nicht bestreitet, birgt sie das der kirchlichen Lehre wesentliche Element in sich. Es bleibt aber die Frage, ob die Gesamttheorie als paulinisch ausgegeben werden kann; zur positiven Interpretation Pauli vgl. auch *A. Gaudel*: DThC XII 308 f; *O. Kuss*, aaO. I 273; *S. Lyonnet*, Les étapes 106; *ders.*, Das Problem der Erbsünde 39; *K. H. Schelkle*, Paulus, Lehrer der Väter 196; anders, aber nicht gegen die Annahme einer „Vorgabe": Schuld als Erbteil? 41 f.

[59] Der Einwand der Väter, den *J. Gross*, Entstehungsgeschichte I 66, aus 1 Kor 7, 12–14 (die „Heiligkeit" der Kinder aus Ehen zwischen einem Christen und einem Ungläubigen) erhebt, ist nicht durchschlagend, weil Paulus an dieser (tatsächlich schwierig zu interpretierenden Stelle) sicher keine dinglich übertragbare Heiligkeit und keine „ontologische Bestimmung" des Kindes durch die Eltern meint; vgl. u. a. *H. Conzelmann*, Der erste Brief an die Korinther 146 ff.

Zweites Kapitel

DIE THEOLOGISCHE ENTFALTUNG DER BIBLISCHEN ANSÄTZE IN AUSEINANDERSETZUNG UND BEGEGNUNG MIT DEM HELLENISMUS

§ 4. Der Unheilszustand im Gefolge Adams bei den Apostolischen Vätern und den frühchristlichen Apologeten

SCHRIFTTUM: *L. Duncker,* Des heiligen Irenäus Christologie im Zusammenhang mit dessen theologischen und anthropologischen Grundlehren (Gö 1843); *E. Girard,* Exposé critique des opinions d'Irénée sur le péché (Str 1861); *H. Ziegler,* Irenäus, der Bischof v. Lyon. Ein Beitrag zur Entstehung der altkatholischen Kirche (B 1871); *F. Böhringer,* Die Kirche Christi und ihre Zeugen II (St [2]1873); *H. H. Wendt,* Die christliche Lehre von der menschlichen Vollkommenheit (Gö 1882); *J. Werner,* Der Paulinismus des Irenäus (TU 6/2) (L 1889); *A. von Harnack,* Theophilus v. Antiochien und das NT: ZKG 9 (1890) 1–21; *J. Kunze,* Die Gotteslehre des Irenäus (L 1891); *E. Klebba,* Die Anthropologie des heiligen Irenäus (Mr 1894); *Fr. Stoll,* Die Lehre des hl. Irenäus von der Erlösung und Heiligung: Katholik 85 (1905) 46–71 87–109 181–201 264–289 349–353; *F. R. M. Hitchcock,* Irenäus of Lugdunum (C 1914); *K. Bihlmeyer,* Die Apostolischen Väter I (T 1924; [3]1970); *H. Koch,* Zur Lehre vom Urstand und von der Erlösung bei Irenäus: ThStKr 96/97 (1925) 183–214; *N. Bonwetsch,* Die Theologie des Irenäus (BFChTh II/9) (Gü 1925); *A. Slomkowski,* L'état primitif de l'homme dans la tradition de l'église avant saint Augustin (P 1928); *F. Loofs,* Theophilus v. Antiochien Adversus Marcionem und die anderen theologischen Quellen bei Irenäus (TU 46/2) (L 1930); *J. Gross,* La divinisation du chrétien d'après les pères grecs (P 1938); *K. Prümm,* Göttliche Planung und menschliche Entwicklung nach Irenäus Adversus haereses: Scholastik 13 (1938) 206–224 342–366; *ders.,* Zur Terminologie und zum Wesen der christlichen Neuheit bei Irenäus: Pisciculi. Festschr. F. J. Dölger (Mr 1939) 192–219; *H. Cremers,* Het Millenarisme von Irenaeus: Bijdragen der Nederlendsche Jesuiten 1 (1938) 28–80; *E. Scharl,* Recapitulatio mundi. Der Rekapitulationsbegriff des hl. Irenäus und seine Anwendung auf die Körperwelt (FreibThSt 60) (Fr 1941); *W. Hunger,* Der Gedanke der Weltplaneinheit und Adameinheit in der Theologie des hl. Irenäus. Ein Beitrag zum Verständnis seiner Arbeitsweise: Scholastik 17 (1942) 161–177; *H. U. von Balthasar,* Irenäus. Geduld des Reifens (Bas 1943); *G. Quispel,* De bronnen van Tertullianus' Adversus Marcionem (Lei 1943); *G. Bardy,* La théologie de l'église de s. Clément de Rome à s. Irénée (Unam Sanctam 13) (P 1945); *P. Galtier,* Les deux Adam (P 1947); *F. Sagnard,* La gnose valentinienne et le témoignage de saint Irénée (Etudes de philosophie médiévale 36) (P 1947); *G. Wingren,* Människan och Inkarnation enligt Irenaeus (Lund 1947) = engl.: Man and the Incarnation. A Study in the Biblical Theology of Irenaeus (E 1959); *J. Klevinghaus,* Die theologische Stellung der Apostolischen Väter zur alttestamentlichen Offenbarung (BFChTh II 44/1) (Gü 1948); *J. Lawson,* The biblical Theology of Saint Irenaeus (Lo 1948); *C. Andresen,* Justin und der mittlere Platonismus: ZNW 44 (1952) 157–195; *ders.,* Logos und Nomos. Die Polemik des Kelsos wider das Christentum (Arbeiten zur Kirchengeschichte 30) (B 1955); *A. Benoît,* Le baptême chrétien au second siècle. La théologie des pères (P 1953); *ders.,* Saint Irénée. Introduction à l'étude de sa théologie (P 1960); *P. Nautin,* L'adversus haereses d'Irénée, livre III, Notes d'exégèse: RThAM 20 (1953) 185–202; *K. Schubert,* Der Sektenkanon von En Fesha und die Anfänge der jüdischen Gnosis: ThLZ 78 (1953) 495–506; *B. Reynders,* Lexique comparé du texte grec et des versions latine, arménienne et syriacque de l'Adversus Haereses de saint Irénée, 2 Bde (Lv 1954); *H. Jonas,* Gnosis und spätantiker Geist I/2 und II/1 (Gö 1954); *A. Houssiau,* La christologie de S. Irénée (Lv 1955); *H. Leisegang,* Die Gnosis (St [4]1955); *J. A. Fischer,* Die Apostolischen Väter (Schriften des Urchristentums I) (Darmstadt 1956); *L. S. Thornton,* St. Irenaeus and contemporany theology: Studia Patristica 2 (TU 64) (B 1957) 317–327; *M. Widmann,* Irenäus und seine theologischen Väter: ZThK 54 (1957) 156–173; *A. Bengsch,* Heilsgeschichte und Heilswissen. Eine Untersuchung zur Struktur und Entfaltung des theologischen Denkens im Werke „Adversus Haereses" des hl. Irenäus v. Lyon (Erfurter Theol. Studien 3) (L 1957); *A. Orbe,* Hacia la primera teología de la procesión del Verbo (Estudios Valentinianos I 1 2) (AnGr) (R 1958); *J. Daniélou,* Philon d'Alexandrie (P 1958); *H. de Lubac,* Exégèse medievale. Les quatre sens de l'Ecriture, 2 Bde (P 1959); *M. Elze,* Tatian und seine Theologie (Gö 1960); *J. Blank,* Meliton von Sardes, Vom Passa (Sophia 3) (Fr 1963); *W. Schneemelcher,* Paulus in der griechischen Kirche des zweiten Jahrhunderts: ZKG 75 (1964) 1–20; *Ph. Hefner,* Theological methodology and St. Irenaeus: JR 44 (1964) 294–309; *E. von Ivánka,* Plato Christianus. Übernahme und Umgestaltung des Platonismus durch die Väter (Ei 1964); *G. Joppich,* Salus carnis. Eine Untersuchung in der Theologie des heiligen Irenäus v. Lyon (Münsterschwarzach 1965); *R. M. Mainka,* Meliton von Sardes. Eine bibliographische Übersicht: Claretianum 5 (1965) 225–255; *G. Kretschmar,* Die Geschichte des Taufgottesdienstes in der alten Kirche: Leiturgia V (Kassel 1966) 1–348; *N. Brox,* Offenbarung, Gnosis und gnostischer Mythos bei Irenäus v. Lyon (Salzburger Patristische Studien) (Sa 1966); *O. Perler,* Méliton de Sardes, Sur la Pâque, et fragments (SourcesChr 123) (P 1966); *R. Haardt,* Die Gnosis. Wesen und Zeugnisse (Sa 1967); *H. Rathke,* Ignatius v. Antiochien und die Paulusbriefe (TU 99) (B 1967); *R. M. Grant,* Theophilus of Antioch Ad Autolycum (O 1970); *S. G. Hall,* Melito in the Light of Passover Haggadah: JThS 22 (1971) 29–46; *E. Dassmann,* Der Stachel im Fleisch. Paulus in der frühchristlichen Literatur bis Irenäus (Mr 1979); *A. Böhlig* (Hrsg.), Die Gnosis III. Der Manichäismus (Z 1980).

1. Die Apostolischen Väter

Die Frühzeit der Kirche kennt keine ausführliche Erörterung der Fragen nach Ursünde und „Erbsünde" und ihren Folgen. Diese Mangelerscheinung ist nicht nur auf die allgemeinen Umstände (das rudimentäre theologische Denken; die Nichtberücksichtigung der großen Themen der paulinischen Theologie; die Ausrichtung auf die als nahe erwartete Endzeit)[1] zurückzuführen, sondern hat auch ihren Grund in der praktisch-ethizistischen Einstellung zum Phänomen der Sünde. Diese Grundeinstellung erklärt, warum bei den Apostolischen Vätern das sittliche Bewußtsein bezüglich der Tatsünden und ihrer Verderblichkeit durchaus entwickelt ist (im Verein mit der Erkenntnis der Notwendigkeit der Erlösung)[2], aber die Reflexion über die Ursünde und ihre Folgen fehlt. So erwähnt der Verfasser des *ersten Klemensbriefes* im Anschluß an das Zitat Weish 2, 24 nur die Tatsache, daß der Tod infolge der Adamssünde in die Welt kam und erstmals an Abel seine Macht ausübte (1 Clem 3, 4)[3]. In einer Anspielung auf den Fall der Stammeltern warnt Klemens die Gemeinde vor der Unfrieden stiftenden Eifersucht (1 Clem 6, 3) und erinnert danach an den Zustand, in dem der Mensch in diese Welt gelangt. Er steigt nämlich wie aus einem Grabe und wie aus der Finsternis in dieses Dasein hinauf (1 Clem 6, 3). Daß hier die Anerkennung eines allgemeinen Unheilszustandes der Menschen vorausgesetzt ist, kann nicht bezweifelt werden, aber sie steht nicht in Verbindung mit der Adamssünde. Im antijudaistischen *Barnabasbrief* wird diese Tatsache deutlicher mit der Ursünde in Verbindung gebracht, für die hier allerdings im Stile spätjüdischer Apokryphen (vgl. Vita Adae et Evae) vor allem Eva verantwortlich gemacht wird, woran sich ein gewisses Zurücklenken zu den spätjüdischen Apokryphen bemerkbar macht. Eva wird es zugeschrieben, daß sie sich von der Schlange verführen ließ und daraufhin die Sünde und der Tod in die Welt Einlaß erhielten (Barn 12, 5)[4]. Daß er dabei an anderer Stelle die Sünde auf die Verführung des bösen Feindes selbst zurückführt (2, 10; 4, 10; 20, 1), braucht seiner Deutung des Sündenfallberichts nicht zu widersprechen. Im übrigen ist seine Vor-

[1] Zum Charakter der ersten christlichen Versuche zur Begründung des Glaubensverständnisses vgl. *J. Beumer,* Die theologische Methode 19–25; *W. Schneemelcher,* Paulus in der griechischen Kirche des zweiten Jahrhunderts; *B. Studer,* Soteriologie 60–65.
[2] Vgl. dazu *Seeberg* I 174; *B. Studer,* aaO. 60 f.
[3] Ed. *K. Bihlmeyer,* Die Apostolischen Väter I (T [3]1970) 35–70; zum Charakter des Briefes vgl. *Ph. Vielhauer,* Geschichte der altchristlichen Literatur 530 ff.
[4] Ed. *P. Prigent – R. A. Kraft:* SourcesChr 172 (P 1971).

stellung von dem allgemeinen Sündenverderben der unerlösten Menschheit sehr ausgeprägt. Dem entspricht die Hochschätzung der Taufwirkung, von der er sagt, daß sie dem Menschen „ein anderes Gepräge“ verleihe, „wie wenn er uns noch einmal schüfe“ (Barn 6, 11). Von dieser Taufauffassung her hat man gelegentlich gefolgert, daß sich hier eine Einbeziehung des Erbsündenbegriffes in die Tauftheologie abzeichne[5]. Wenn diese Interpretation auch durch die formellen Aussagen nicht vollständig gedeckt erscheint, so sieht sie doch wohl im Punkte der Anerkennung einer naturgegebenen Verderbnis des Menschen richtig.

Daß *Hermas*[6] in seiner Bußlehre vor allem die auf den gegenwärtigen Tatsünden beruhende Sündhaftigkeit der Gläubigen ins Auge faßt und bei ihm das Interesse an einer überpersönlichen Natursünde zurücktritt, ist aus der Art und Tendenz dieser Apokalypse zu erklären. Auch ihm eignet ein lebhaftes Bewußtsein um die Macht der Sünde, die Hermas vorzugsweise auf den Einfluß des Teufels selbst und der bösen Geister zurückführt, denen überhaupt große Bedeutung zuerkannt wird[7]. Aber er bringt das Phänomen der Sünde doch nirgends mit der Tat Adams in Verbindung. Trotzdem ist beachtlich, daß Hermas in Sim IX 16 selbst für die ersten Träger des Geistes, die Apostel und Propheten, die Taufe notwendig macht, damit sie „die Sterblichkeit des früheren Lebens ablegten“. Weil er in seiner nur an Erwachsene gerichteten Bußpredigt vor allem pädagogisch und psychologisch interessiert ist, können seine Hinweise auf die Reinheit und Lauterkeit der Kinder nicht als theologische Aussagen über deren Erbsündenfreiheit angesehen werden. So wird besonders an der Aussage in Mand II 1 deutlich, daß die „Schlechtigkeit, die die kleinen Kinder nicht kennen, und die das Leben der Menschen zerstört“, die bösen Taten der erwachsenen Menschen meint.

Bei Hermas wird etwas sichtbar, was das Desinteresse an der Erbsündenvorstellung im Rahmen einer pädagogisch-aszetischen Belehrung weiterhin verständlich macht: der Appell an die sittliche Kraft des Menschen und seine Freiheit. Bedenkt man diese Konstellation, die in gewisser Hinsicht für alle Apostolischen Väter kennzeichnend ist, dann wird man das Zurücktreten des Gedankens einer allgemeinen Menschheitssünde verständlich finden. Bei *Ignatius von Antiochien* († um 110) herrscht die Vorstellung von der Macht des „Fürsten dieser Welt“ (Eph 17, 1)[8] über die Menschheit vor, durchstimmt von einem Moment hellenistischer Abwertung des Materiell-Sichtbaren (Röm 3, 3).

2. *Die Apologeten in Begegnung und Auseinandersetzung mit Hellenismus und Gnosis*

Die geringe innere Bewegtheit, die die Lehre der Apostolischen Väter generell kennzeichnet und die insbesondere auch den Mangel an einer spekulativen Durchdringung des Sündenproblems erklärt, wich seit der Mitte des zweiten Jahrhunderts einer sehr veränderten theologischen Haltung, die durch die frühchristlichen Apologeten

---

[5] *S. Benoît,* Le baptême 42; dagegen findet sich bei Barnabas das exorzistische Moment (wie schon bei Ignatius) eng mit der Taufe verbunden: *A. Stenzel,* Die Taufe 46.

[6] Ed. *Fr. X. Funk,* Die Apostolischen Väter (T 1901) 414–639; *R. Joly:* SourcesChr 53 (P 1958).

[7] Vgl. *Seeberg* I 174.

[8] Ed. *P. Th. Camelot:* SourcesChr 10 (P [4]1969).

repräsentiert wird. War die Einstellung der Apostolischen Väter vor allem auf den eigenen Bereich des religiösen Lebens gerichtet und damit gleichsam stark „introvertiert", so wandten sich die Apologeten in einer „extravertierten" Haltung an die heidnische Umwelt, was nicht nur eine neuartige Offenheit für deren eigene Probleme erbrachte, sondern insbesondere auch eine deutliche Beeinflussung durch die hellenistische Philosophie, vor allem mittels platonischer Prägung[9]. Damit zusammenhängend mußte das theologische Denken der Apologeten mit einer gewissen Notwendigkeit auf die Sündenproblematik stoßen, die die hellenistische Welt nicht nur in der schon damals formelhaft gewordenen Frage πόθεν τὸ κακόν dauernd beschäftigte, sondern die darüber hinaus im Gnostizismus eine neue Erörterung und eigenartige Beantwortung erfuhr. Die Antwort der Gnosis ruht auf dem Grunde eines metaphysischen Dualismus, der sich mit mythischem Denken verbindet[10].

Die frühchristlichen Apologeten mußten im Zwang zur Auseinandersetzung das Interesse vor allem auf das Moment der persönlichen Sünde und ihrer Freiheit konzentrieren, was ein Zurücktreten des Gedankens an eine der persönlichen Freiheitsentscheidung vorausgehende Sündenmacht zur Folge hatte, die von den Gegnern leicht wieder mißdeutet werden konnte.

Bei *Justin* († 165) scheint diese Antithetik, die doch auf die Vorstellungswelt des Gegners eingeht, schon auf die Auffassung vom Urstand abzufärben, als dessen Kennzeichen er die Vernunftbegabung und die Befähigung zum Guten hervorhebt (1. Apol. 28)[11]. Wo Justin aber die philosophische Argumentation verläßt und biblisch argumentiert, weist er auf den besonderen Stand der ersten Menschen hin, die „zur Gottähnlichkeit, zu Freiheit von Leiden und Tod" erschaffen wurden (Dialog. 124). Dabei unterscheidet Justin eine schöpfungsgemäße und eine futurische Gottebenbildlichkeit und sieht beim Verlust der ersteren nur noch gewisse Reste im logos spermatikos vorhanden[12]. So wird der Urstand bei Justin und in der nachfolgenden Theologie vor allem auf den theologischen Begriff der Gottebenbildlichkeit gebracht. Mit der Anerkennung des Verlustes der Gottebenbildlichkeit tritt auch das urzeitliche Unheilsgeschehen hervor, in dem die Menschheit „dem Tod und dem Betrug der Schlange anheimgefallen ist, da jeder sich selbst mit Schuld belud und sündigte" (Dialog. 88). Aber der Nachsatz zeigt, daß hier eigentlich nicht mehr gesagt ist, als daß die Sünde durch Adam in die Welt eingeschleust wurde und die Menschen im Anschluß daran eigenverantwortlich sündigten. Immerhin wird von ihm ein innerer Zusammenhang mit der Tat der Stammeltern in bezug auf die Folgen der ersten Sünde zugegeben; denn mit diesem ersten Ungehorsam sind Schmerz und Tod als allgemeine Zuständlichkeit in die Welt gekommen, die alle Menschen belastet. So wird der Gedanke der Solidarität mit Adam wenigstens im Punkte des Übels und der Straffolge festgehalten. Noch deutlicher auf die Verschlechterung des allgemein-menschlichen Zustandes in Folge der Adamssünde nimmt die Aussage Bezug, in der die Eva-Maria-Parallele erstmals verwandt wird. „Aus der Jungfrau kam ein Mensch, damit auf

---

[9] *B. Studer,* aaO. 66f; *E. v. Ivánka,* Plato Christianus 70–100; zu Justin vgl. *A. Gaudel,* Péché originel: DThC XII 318; *Bardenhewer* I 206–262; *C. Andresen,* Justin: ZNW 44 (1952) 157–195.

[10] Zur Beurteilung der Gnosis und des Gnostizismus vgl. *P. Schwanz,* Imago Dei 34–37; *A. Böhlig* (Hrsg.), Die Gnosis III; *K. W. Tröger* (Hrsg.), Altes Testament – Frühchristentum – Gnosis.

[11] Ed. CorpAp I–V. Vgl. *B. Studer,* aaO. 69f; zur Lehre Justins vom Fall *A. Gaudel,* aaO. 318; *E. Dassmann,* Sündenvergebung 233ff.

[12] Vgl. *P. Schwanz,* aaO. 115.

demselben Wege, auf dem der von der Schlange verursachte Ungehorsam seinen Anfang nahm, auch die Erlösung erfolgte" (Dialog. 100)[13]. Auch damit ist freilich nicht gesagt, daß die Solidarität der Menschheit formell auf die Sünde Adams geht. Eine solche läßt sich im strengen Sinne auch nicht an der oft zitierten Aussage erkennen, die Justin über die Taufwirkungen macht. Hier sagt er zwar von der Taufe als Sakrament der Wiedergeburt: „Da wir von unserer ersten Geburt nichts wissen, und also mit Notwendigkeit aus der fleischlichen Vermischung unserer Eltern geboren und in verderbten Sitten und schlechten Gewohnheiten erzogen wurden, so wird, damit wir nicht Kinder der Notwendigkeit und Unwissenheit bleiben, sondern Kinder der Auserwählung und göttlichen Erkenntnis werden und Vergebung für die begangenen Sünden in dem Wasser erhalten, über denjenigen, welcher wiedergeboren werden will und Reue empfindet über die Sünden, der Name des Vaters des Alls und Gottes des Herrn angerufen ..." (1. Apol. 61). Aber damit ist doch nur eine mit der Geburt gegebene Unterwerfung unter den unfreien und unwissenden Zustand der Menschheit behauptet, dem die eigenen Tatsünden entsprechen, nicht aber eine Gemeinsamkeit in der Adamssünde. Deshalb läßt sich wohl nicht behaupten, daß Justin die „Erbsündenauffassung" so weit entwickelt habe, „als er sie aus dem Briefe des Apostels Paulus an die Römer gewinnen mußte"[14]; denn er bleibt hinter dem Gedanken der Solidarität zwischen Adam und der Menschheit im Punkte der Sünde eindeutig zurück. Aber daß gewisse Grundelemente virulent bleiben, ist nicht zu übersehen.

Dagegen hat Justins Schüler *Tatian*[15] der biblischen Lehre vom Sündenfall in seiner Gegnerschaft zur Philosophie mehr Aufmerksamkeit gewidmet, obgleich er von hellenistischen Auffassungen nicht loskam[16]. Noch stärker als Justin entwickelt er seine Auffassung vom Urstand aus dem Begriff der Gottebenbildlichkeit, wohl in einer gewissen Parallelität zu Philo, aber doch mit dem bedeutsamen Unterschied, daß er als Prinzip der Homoiosis das göttliche Pneuma setzt (Oratio ad Graecos 12)[17], das er allerdings von dem mit der Seele identischen niederen Pneuma unterscheidet. Deshalb eignete dem erstgeschaffenen Menschen nicht nur die Unsterblichkeit, sondern vermöge des Pneuma (Logos) auch die Lebensgemeinschaft mit Gott. So läßt sich die mit hellenistischen Ingredienzien versehene Urstandsauffassung Tatians tatsächlich dahingehend interpretieren, daß er hier der späteren Begriffsbestimmung einer „übernatürlichen Gottebenbildlichkeit" vorarbeitete[18].

Mit dem geschichtlich verstandenen Ereignis des Falles gelangte der Mensch in eine dem Urstand durchaus konträre Verfassung. Durch die Ursünde wurde die Einheit von Geist Gottes und Seele gelöst. „Der Geist aber hat sie [die Seele] verlassen, als sie ihm nicht folgen wollte" (Orat. 13). Die Auswirkungen des Sündenfalls schaffen nach Tatian für den Menschen eine geradezu paradoxe Situation; denn wegen der Verankerung der Gottebenbildlichkeit des Menschen in dem mit der Seele verbundenen göttlichen Geist muß er aufgrund der Sünde dem Menschen das Ebenbildsein ra-

---

[13] Zur mariologischen Bedeutung der Stelle vgl. *G. Söll*, Mariologie 34.

[14] So *J. Schwane*, Dogmengeschichte I 309.

[15] Zu Tatians „System der christlichen Lehre" vgl. *M. Elze*, Tatian 65–105; *A. Gaudel*, aaO. 318–320; *A. Adam*, Lehrbuch der Dogmengeschichte I 153–156; *Bardenhewer* I 262–284.

[16] Das spannungsreiche Verhältnis deutet *M. Elze*, aaO. 19–27; vgl. auch *A. Struker*, Gottebenbildlichkeit 28–38.

[17] Ed. *E. Schwarz* (TU 4, 1) (L 1888).

[18] So *A. Struker*, aaO. 36; *A. Slomkowski*, L'état primitif 26; *A. Gaudel*, aaO. 319.

dikal absprechen und ihn beinahe auf die Stufe der Tiere hinuntersetzen, von denen er sich nur durch die artikulierte Stimme unterscheidet (Orat. 15). Aber damit ist über den Zustand des Menschen nach dem Fall nicht alles gesagt; denn Tatian beläßt ihm andererseits das hohe Gut der Freiheit, „die eine Brücke schlägt über den Abgrund zwischen Gott und Mensch, den sie selbst aufgerissen hat"[19]. Und auch dies konzediert Tatian dem gefallenen Menschen noch, daß ein Funken des Gottesgeistes, ein ἔναυσμα, in ihm verblieben ist, der den Menschen sogar zu einer (wenn auch unvollkommenen und in die Irre gehenden) Gottessuche veranlaßt.

Man wird nicht bestreiten können, daß Tatian in seiner Beschreibung der Ursünde und ihrer Folgen Gedanken anklingen läßt, die wichtige Elemente der späteren Lehre vorwegnehmen (so die Kennzeichnung des Urzustandes als Gemeinschaft mit dem Logos bzw. dem Gottesgeist; die Zuerkennung der Inkorruptibilität an die ersten Menschen; die Erklärung der Sünde als Verlust der Gottgemeinschaft und der [übernatürlichen] Gottebenbildlichkeit; das Verbleiben der Freiheit und der Fähigkeit zur Gotteserkenntnis im gefallenen Menschen). Dieser Tatsache trägt u. a. ein so kritischer Beurteiler der kirchlichen Erbsündenlehre wie E. Brunner uneingeschränkt Rechnung, wenn er erklärt, daß „Tatian bereits eine ausführliche Theorie des Sündenfalls und seiner Folgen ... entwickelt, gemäß der der Mensch durch den Fall Adams das verlor, was später dona supernaturalia hieß, und in seinem sittlichen Vermögen geschwächt wurde, ohne doch die sittliche Freiheit zu verlieren"[20]. Dieses Urteil behält auch dann eine gewisse Geltung, wenn man an den hier herangezogenen Begriff des Übernatürlichen kritisch herangeht und feststellt, daß bei Tatian der Unterschied zwischen Natürlichem und Übernatürlichem überspielt ist; denn unter platonischen (nicht gnostischen) Voraussetzungen war eine solche Unterscheidung schwerlich exakt durchzuführen.

Die eigentliche Problematik hinsichtlich der Beurteilung Tatians liegt dort, wo die Frage zu beantworten ist, ob die Gemeinsamkeit des Schicksals der ersten Menschen und der nachfolgenden Menschheit sich formell auf die Sünde bezieht oder sich nur auf das Übel und die Strafen erstreckt. Die bisher angeführten Zeugnisse erlauben nicht den Schluß, daß die Menschheit infolge der Ursünde formell sündig und vor Gott schuldig wurde. Sie sprechen vielmehr ausdrücklich nur von einem Betroffensein von den Folgen der Tat Adams. Es gibt allerdings eine Aussage, die das weitergehende Urteil und die Option für ein formelles Sündigwerden der Menschheit in Adam stützen könnte. Sie ist im Zusammenhang mit der scharfen Verurteilung des heidnischen Glaubens an das Fatum gemacht und besagt: „Wir sind nicht zum Sterben geboren: wir sterben durch eigene Schuld. Zugrunde gerichtet hat uns die Freiheit unseres Willens: Sklaven sind wir geworden, die wir frei waren, und durch die Sünde sind wir verkauft. Nichts Böses ist von Gott geschaffen, die Bosheit haben erst wir hervorgebracht: aber die sie hervorgebracht, können sie auch wieder abtun" (Orat. 11). Es wäre keineswegs gänzlich abwegig, vor allem in der einleitenden Bemerkung über das Sterben aus eigener Schuld und in dem Hinweis auf die gute Schöpfung Gottes (in Verbindung mit dem unmittelbar angeschlossenen Ausdruck über das Hervorbringen der Bosheit durch die Menschen selbst) den Gedanken eingeschlossen zu finden, daß in Adam alle Menschen schuldig wurden und an der Sünde Anteil bekamen.

---

[19] So *M. Elze*, aaO. 93.

[20] *E. Brunner*, Dogmatik II (Z 1950) 126. Im Hinblick auf Tatian läßt sich schon nicht mehr von einem „weitgehenden Schweigen fast zweier Jahrhunderte" sprechen: *J. Weismayer:* F. Dexinger u. a., Ist Adam an allem schuld? 286; vgl. auch *H. Rondet*, Le péché originel dans la tradition patristique et théologique 41; *J. Gross*, Entstehungsgeschichte I 80f. Im übrigen bedeutet ein Ausfall gewisser Traditionszeugen keine Aufhebung der Traditionslinie.

Aber sowohl der Zusammenhang, in dem diese Aussage steht, wie auch die anderen Einzelheiten lassen als erste Intention den Appell an die sittliche Freiheit und Eigenverantwortung des Menschen erkennen. Dem Gefälle dieser Tatsachen entsprechend, müssen wohl auch die Erwähnungen von Schuld und Sünde als Verweise auf die Tatsünden verstanden werden. Es ergibt sich daraus der Schluß, daß bei Tatian die Erkenntnis einer direkten Belastung der Menschheit mit der Sünde und Schuld Adams noch nicht formuliert ist. Trotzdem behalten seine Aussagen Geltung als Zeugnisse für einen frühen Entwicklungsstand des Glaubensdenkens über den Ursprung der Sünde, das sich hier aber noch in einseitiger Abhängigkeit von der hellenistischen Spekulation findet und dem das volle Ausschöpfen der biblischen Quellen noch nicht gelingt.

Aus dieser Abhängigkeit erklärt sich noch ein anderes Moment, das der Entwicklung des theologischen Gedankens hemmend entgegenwirkte: es ist das Fehlen des positiven Ausblicks auf das die Sünde aufhebende Christus- und Erlösungsgeschehen, der Mangel an einer die Sünde aufwiegenden Erlösungsvorstellung. Wo dieses Äquilibrium fehlt, das biblisch in der paulinischen Adam-Christus-Typologie richtungweisend grundgelegt wurde, kann es nach einer geradezu als gesetzmäßig anzusehenden theologischen Ordnung nicht zur Ausbildung eines universalen Unheilsbewußtseins kommen. Man hat seit langem erkannt, daß Tatian eine Soteriologie im eigentlichen Sinne des Wortes fehlt[21]. Wo statt dessen eine rigorose Ethik vorherrscht, in deren Konsequenzen sich Tatian der Gnosis nähert, kann die Heillosigkeit nicht in die Tiefe der menschlichen Existenz verlegt werden. Die Erkenntnis dieser Zusammenhänge konnte freilich nicht aus dem Geist hellenistischer Philosophie kommen, sondern nur aus einem vertieften Blick auf die biblische Heilsgeschichte.

Ein solcher Blick scheint sich tatsächlich bei *Theophilus von Antiochien* († um 186) am Ende des zweiten Jahrhunderts[22] einzustellen, bei dem die Hinwendung zur Bibel (trotz Kenntnis der griechischen Bildung) zur Abfassung des „ersten Genesiskommentars“[23] führt. Obwohl im allgemeinen der Allegorese zuneigend, erfaßt der an der Heilsgeschichte interessierte Blick das Paradies (das Tatian nicht nannte) realistisch als einen „besseren und hervorragenden Ort“ (Ad Autol. II 23), der auch bezüglich seiner naturhaften Wirklichkeit ausgezeichnet ist. Hier treten, wohl erstmals im christlichen Bereiche, andeutungsweise besondere paradiesische Gaben auf wie die Schmerzlosigkeit (II 23), der Tierfrieden (II 17) und das Leben ohne die Mühen der Arbeit (II 24). Aber, unter der heilsgeschichtlichen Perspektive stehend, wird das Paradies doch nicht als Vollendungszustand ausgegeben. Im Gegenteil: der paradiesische Zustand, in dem die Stammeltern sich im Kindheitszustand befinden (II 25), ist auf geistig-ethischen Fortschritt nach einem himmlischen Vollendungsziel angelegt (II 24). Deshalb war (im Gegensatz zu Tatian) die Unsterblichkeit dem Menschen nicht schon von Anfang an geschenkt; er war vielmehr zwischen Sterblichkeit und Unsterblichkeit gestellt und so „fähig für beides“ (II 27). An dem göttlichen Vorzug der Unsterblichkeit, den Theophilus offenbar nicht als natürliche Unsterblichkeit der

---

[21] Dazu *M. Elze*, aaO. 99.

[22] Zu Theophilus: CorpAp VIII 2–276; *Bardenhewer* I 302–309; *B. Altaner – A. Stuiber*, Patrologie 75–77; zum Sündenproblem: *A. Gaudel*, aaO. 320ff; *A. Slomkowski*, aaO. 32; *E. Dassmann*, aaO. 234ff.

[23] Dagegen spricht *J. Gross*, aaO. I 86, von einer rein rationalistischen Bestimmung des Urstandes bei Theophilus. Er verkennt damit die inhaltliche Kraft der Formeln, in denen vom sündenlosen Menschen gesprochen wird (Ad. Autol. II 17) und von dem Neu- oder Ganzwerden des Menschen bei der Auferstehung, beim zweiten Versetzen ins Paradies (Ad. Autol. II 26).

Seele faßt, kann der Mensch nur durch eigene Selbstverwirklichung Anteil gewinnen. Allerdings ist damit nicht eine bloße Eigenleistung des Menschen gemeint, sondern ein Geschehen unter der Gnade Gottes; denn Gott gibt den gehorsamen Menschen die Unsterblichkeit „jetzt als Geschenk aus Liebe und Erbarmung" (II 27). Zugleich deutet sich darin an, daß „Unsterblichkeit" nicht auf etwas Leiblich-Biologisches reduziert werden kann; denn auch das Leben im Paradies war der Anfang des „ewigen Lebens" (II 27), wie der „Wonnegarten" selbst auf das „zweite" Paradies hin entworfen war, in das der Mensch nach der Auferstehung und nach dem Gericht Eingang finden soll.

Durch die Sünde des Ungehorsams verlor der Mensch aber diesen Hochstand der guten Schöpfung und tauschte dafür „Mühsal, Plage, Schmerz und zuletzt den Tod" (II 25) ein. So stark auch Theophilus den heilen Anfang betont, so wenig ergiebig scheint er in der Darstellung des unheilvollen Folgezustandes der Menschheit zu sein. Hier scheint er nur auf die Feststellung wert zu legen, daß die Strafe der Adamssünde in Gestalt eines vielfachen Übels ihren höchsten Ausdruck fand. Für diese seine Auffassung führt er sogar einen Tatsachenbeweis aus der Wirklichkeit und erklärt: „Und daß obige Erzählung wahr ist, zeigt die Wirklichkeit. Denn weiß nicht jeder von den Wehen, welche die Weiber beim Gebären zu überstehen haben, und daß sie gleich darauf die Qualen wieder vergessen, damit das Wort Gottes, daß das Menschengeschlecht wachsen und sich mehren soll, erfüllt werde?" (II 23).

Damit bezeugt Theophilus zwar die biblisch begründete Auffassung von der Solidarität der Menschheit mit Adam in den Straffolgen der Ursünde. Man könnte deshalb bei ihm durchaus die Lehre von einem „Erbübel" oder einer „Erbstrafe" ausgesagt finden. Aber diese Erkenntnis ist nicht gleichbedeutend mit einer Erfassung und Aussprache auch der Solidarität in der Sünde selbst. Manches bei Theophilus weist immerhin in die Richtung dieser letzten Auffassung. Man wird freilich bei der Entscheidung dieser Frage nicht so viel Gewicht auf Formulierungen legen dürfen, in denen Adam als der „Hausvater" und „Gebieter" bezeichnet wird, bei dessen Ausschreitungen auch die Diener sündigen (II 17), oder auf die Bezeichnung Evas als „Chorführerin der Sünde" (II 28) oder auch auf die Erklärung, daß die Sünde des Menschen die ganze Schöpfung böse machte (II 17); denn diese Hinweise gehen im ersten, unreflektierten Verständnis auf einen Zusammenhang zwischen Adamssünde und Menschheitssünden, wie er zwischen dem Vorangehenden und dem Nachfolgenden besteht. Das Wort von der böse gewordenen Schöpfung aber kann, auf den materiellen Kosmos bezogen, kaum von einer formellen Sündigkeit gemeint sein.

Eher ist auf solche Aussagen zu verweisen, die von der allgemeinen Erlösungsbedürftigkeit der Menschheit sprechen und darin einschlußweise eine Sünde voraussetzen, die nicht als persönliche Sünde charakterisiert wird. Hier ist eine Bemerkung des Antiocheners beachtenswert, die er zum Thema der Beurteilung des allgemeinen Todesschicksales der Menschheit in der Folge der Adamssünde macht. Für ihn ist der von Gott über die ganze Menschheit verhängte Tod „auch noch eine große Wohltat, die Gott dem Menschen erwiesen hat, auf daß er nicht in der Sünde befindlich ewig lebte; sondern er verwies ihn sozusagen in eine Art Verbannung aus dem Paradiese, damit er die Sünde in der ihm bestimmten Zeit durch die Strafe abbüße und dann gebessert später wieder zurückgerufen würde" (II 26). An dieser Stelle ist unbestreitbar von „dem Menschen" als Kollektivum die Rede; von ihm ist sowohl das von Adam herkommende Todeslos ausgesagt als auch die Sünde, die aber hier durchaus nicht als einzelne Tatsünde ausgegeben ist. Von diesem so eindeutig kollektiv verstandenen Menschen heißt es weiter (II 27): „Was er sich nun durch seinen Leichtsinn und Ungehorsam zugezogen [nämlich den Verlust der Möglichkeit zur Unsterblichkeit], das gibt ihm Gott jetzt seinerseits als Geschenk aus Liebe und Erbarmung, wenn sich der Mensch gehorsam unterwirft." Es spricht vieles dafür, daß unter dem Leichtsinn und Ungehorsam, vor allem wenn man den Ausgangspunkt dieses

Kapitels beim ersten Menschen beachtet, zunächst Adams Tat gemeint ist und nicht ein persönliches Geschehen bei einzelnen Menschen. Nun ist es aber ebenso unbezweifelbar, daß im Nachsatz unter „dem Menschen", dem Gott „jetzt" das Verlorene aus Barmherzigkeit wiedergibt, nur die Gesamtmenschheit gemeint sein kann. Wenn aber im Nachsatz die Gesamtmenschheit als Subjekt angesprochen ist, dann kann der Leichtsinn und Ungehorsam Adams, von dem im Vordersatz die Rede ist, nicht auf den individuellen Adam allein beschränkt werden, sondern darf als Charakterisierung eben dieser Gesamtmenschheit verstanden werden. Damit wäre die ganze Menschheit als ungehorsam aufgrund der Adamstat erkannt. Freilich bleibt bei der vagen Ausdrucksweise und den nicht festgeknüpften Gedankenverbindungen des Theophilus das Ganze in der Schwebe und eine definitive Antwort schwierig. Aber in dieser Unbestimmtheit kann auch die Offenheit der Gedanken für die Wahrheit von einer Solidarität Adams und der Menschheit in der Sünde nicht verkannt werden.

Freilich besagt Offenheit nicht schon das Erreichen der betreffenden Wahrheit. Theophilus und die Apologeten, die Röm 5 alle nicht zitieren, sind vom Erreichen dieses Zieles noch entfernt, und dies aus einem in der geistigen Situation gelegenen einsichtigen Grund: In der Wendung gegen den Fatalismus und seinen Sündendeterminismus wie gegen die Gnosis mit ihrer Anerkennung eines substantiellen Bösen mußten vor allem Freiheit und Selbstbestimmung (sogar als die entscheidenden Vorzüge des Paradieses: II 27) betont werden wie auch das Wesen der Sünde als aktuelle Entscheidung gegen Gott. Der Gedanke an eine „Natursünde" konnte einem Denken nicht nahekommen, das aus zeitgeschichtlichen Gründen vor allem darauf beharren mußte: „Alles ist gut erschaffen worden ... die Sünde des Menschen hat sie (wie die wilden Tiere) böse gemacht" (II 17). Mit dem forcierten Freiheitsgedanken war auch die Wirklichkeit der reinen Gnade noch nicht in Übereinstimmung zu bringen, obgleich damit der Kennzeichnung des Urstandes der Gnadencharakter nicht fehlt. Im ganzen konnte so das auf die Ursünde folgende Unheil nicht als etwas die Menschen innerlich Affizierendes dargestellt werden, sondern mußte vornehmlich als „eine Art Verbannung" (II 26) erklärt werden, also als eine von Adam herkommende unheilvolle Situation.

Einen gewissen neuen Akzent scheint nun aber der *Brief an Diognet* zu setzen. Hier findet sich ein wenig beachtetes, für den nachbiblischen Typus einer allgemeinen Sünde charakteristisches Zeugnis, das etwa aus der zweiten Hälfte des zweiten Jahrhunderts[24] stammt. Diese „Einführung" in das Christentum legt großes Gewicht auf die Kennzeichnung seines Charakters als einer Erlösungsreligion, in welcher Gott seinen eigenen Sohn als „Lösegeld" hingibt, „den Heiligen für die Missetäter, den Sündenlosen für die Sünder, den Gerechten für die Ungerechten, den Unvergänglichen für die Vergänglichen, den Unsterblichen für die Sterblichen" (c. 9,2). So sollte „die Missetat vieler in einem Gerechten verhüllt" werden „und die Gerechtigkeit eines einzigen viele Missetäter rechtfertigen". Die Nähe zu paulinischen Aussagen ist hier wohl nicht zu übersehen. Allerdings wird die hier angedeutete universale Unheilssituation nicht direkt auf eine Ursünde zurückgeführt. Das Paradies ist für den Briefschreiber eine jetztzeitliche Größe (die freilich das Bild des urzeitlichen Paradieses in sich schließt), nämlich das wahre Leben in wirklicher Erkenntnis (c. 12)[25]. Gerade dieses

---

[24] Ed. *H. I. Marrou:* SourcesChr 33bis (P [2]1965); vgl. *Bardenhewer* I 316–322; *B. Altaner – A Stuiber,* aaO. 77f; *K. Bihlmeyer,* Die Apost. Väter I 141–149.

[25] *A. Struker,* aaO. 16; die Schlußkapitel (11 und 12) dieses Briefes gelten allgemein als nicht vom Briefschreiber stammend und werden zumeist Hippolyt zugesprochen (*B. Altaner – A. Stuiber,* aaO. 77).

wahre Leben hat Christus der Menschheit wiedergebracht nach einer Zeit auswegloser Sünden (c. 9), die der Verfasser ausführlich aufzählt (wie nach ihm noch drastischer Melito von Sardes). Freilich handelt es sich dabei immer um die Flut persönlicher Sünden, die aber jedenfalls aus einer „Zeit der Ungerechtigkeit" (c. 9, 1) stammen. Sie stehen in einem über den Menschen waltenden Unheilszusammenhang. Soweit wäre nur die Auffassung von der allgemeinen Sünde als über den Menschen stehender Macht und als Verhängnis aufgenommen. Und doch findet sich in diesem Zusammenhang, beinahe nur beiläufig, der Hinweis auf einen Reflex dieser äußeren Situation im Innern der menschlichen Natur. Er tritt in der Formel zutage von der „Ohnmacht unserer Natur, zum Leben zu gelangen" (c. 9,6). So hat die „Zeit der Ungerechtigkeit" ihre innere Entsprechung im Menschen, näherhin in der Ohnmacht zum Heile. So vage diese Gedanken für die Auffassung von einer allgemeinen und inneren Menschheitssünde auch sein mögen, so stellen sie in ihrem Beziehungsreichtum gleichsam ein keimendes Feld dar, das zu neuen Bildungen drängt.

3. *Das „Erbe Adams" bei Melito von Sardes*

Ein nicht unbedeutender Neuansatz zeigt sich bei *Melito von Sardes* († vor 190), dessen Beurteilung jedoch nicht leicht ist und darum nicht einhellig ausfällt[26]. Gewiß ist, daß dieser „älteste Theologe der Heilsgeschichte"[27] in seiner Passah-Homilie gewisse antignostische und antimarcionitische Tendenzen erkennen läßt, aber mit seinem heilsgeschichtlichen Konzept über den bloßen Gegensatz hinausstrebt. An sich ist es merkwürdig, wenn in einer Passah-Homilie Paradies und Fall Erwähnung finden (jenes fast nur beiläufig, aber doch als „glückliches Leben" im Gehorsam gegen Gott theologisch qualifiziert[28]). Aber das entspricht dem heilsuniversalistischen Ansatz, der dem Grundsatz folgt: um die Erlösungstat des Passah zu verstehen, muß man bei „Adam und Eva" beginnen. Melito sieht die Wirkung des Todes Christi in der Befreiung der Menschheit von dem durch Adam verursachten Verderben, der „hinausgeworfen wurde in diese Welt wie ein Verurteilter ins Gefängnis" (§ 48)[29]. Im Lichte der Erlösungstat Christi beurteilt er nun auch den vorhergehenden Zustand der Menschheit und schildert ihn sehr drastisch und in dunklen Farben. Bemerkenswert ist an der Formulierung, daß hier erstmals die Folgen der Adamstat als Erbe (κληρονομία) bezeichnet werden, wie es die Aussage erkennen läßt: „(Adam) hinterließ seinen Kindern als Erbe nicht Reinheit, sondern Unzucht, nicht Unverweslichkeit, sondern Verweslichkeit, nicht Ehre, sondern Unehre, nicht Freiheit, sondern Sklaverei, nicht Königsherrschaft, sondern Tyrannei, nicht Leben, sondern Tod, nicht Rettung, sondern Verderben" (§ 49)[30].

---

[26] Ed. O. *Perler,* Méliton des Sardes, Sur la pâque, et fragmentes; zur kleinasiatischen Theologie: *Fr. Loofs,* Theophilus; *R. Cantalamessa,* L'omelia; *E. Dassmann,* aaO. 236 f; *J. Blank,* Meliton von Sardes, Vom Passa; *A. Grillmeier,* „Das Erbe der Söhne Adams": ders., Mit ihm und in ihm 175–197.
[27] So. *J. Blank,* aaO. 16.
[28] Vgl. *J. Blank,* aaO. 67; *A. Grillmeier,* aaO. 180.
[29] § 48: ἐξεβλήθη οὖν εἰς τοῦτον τὸν κόσμον ὡς εἰς δεσμωτήριον καταδίκων.
[30] § 49: τούτου δὲ πολυχόου καὶ πολυχρονίου γενομένου,
διὰ τῆς τοῦ ξύλου γεύσεως καὶ εἰς γῆν χωρήσαντος,
κατελείφθη ὑπ' αὐτοῦ κληρονομία τοῖς τέκνοις αὐτοῦ.
κατέλιπεν γὰρ τοῖς τέκνοις κληρονομίαν,
οὐχ ἁγνείαν ἀλλὰ πορνείαν,

Hiernach ist Adam offensichtlich der Stammvater aller Menschen, dessen Tat eine universale Unheilswirkung verursachte. Daß die Tat eines einzelnen am Anfang der Geschichte solches vermochte, wird genau so wenig als problematisch empfunden wie auf der Gegenseite die universale Effizienz der Heilstat Christi. Auch die hier implizit gebotene Erklärung geht nicht über den Gedanken hinaus, daß Adam der Ahnherr war, mit dessen Stellung die Möglichkeit eines solchen Nachlasses und einer solchen Beerbung gegeben ist. Daran wird jedenfalls ersichtlich, daß die (sich hier andeutende) Erklärung nicht so sehr von der platonischen Darstellung der Natureinheit oder der Teilhabe bestimmt ist als mehr vom aristotelischen Gedanken der Wirkursache, welche den Konnex im Unheil zwischen dem Stammvater und der Menschheit herstellt[31].

Aber es ist nicht schon ein Konnex in der Sünde des Stammvaters selbst. Die genannten Unheilsgehalte sind Folgeerscheinungen der Sünde, die insgesamt einen Unheilszustand ausmachen, den Adam seinen Nachkommen hinterließ. Das zeigt auch die nähere Erklärung, die besagt: „Der Mensch wurde hinausgeworfen in diese Welt wie ein Verurteilter ins Gefängnis" (§ 48). Danach geht nicht die Sünde in den Menschen ein, sondern der Mensch geht in das von Adam hinterlassene Verhängnis oder in den Zustand der Verderbnis oder der Gefangenschaft ein. Das Erbe besteht also in einem unheilvollen Zustand, einer Verfassung oder einer Situation. Verfolgt man diese Aussagen aber auf ihren Kern hinab, so wird erkennbar, daß die Unheilssituation im ganzen bestimmt ist von der Sünde, von der durchaus paulinisch verstandenen Macht der ἁμαρτία. Von ihr gelten die inhaltsschweren Worte: „Darüber frohlockte die Sünde, die als Mithelferin des Todes vor diesem in die Menschenseelen einzog und ihm die Leiber der Toten als Nahrung zubereitete. Auf jede Seele prägte die Sünde ihre Spur ..." (§ 54). Das von Adam hinterlassene Erbe ist also, in engerer Fassung, die personifizierte Sündenmacht, die die Situation des Menschen bestimmt.

Allerdings wäre dieser Zustand im Sinne Melitos nicht vollkommen umschrieben, wenn nicht auch die Einzelsünden der Adamskinder in die Situation einbezogen würden. Die Macht der ἁμαρτία zeigt sich nämlich in der Unterjochung der Menschen unter „die Wogen der Begierden" und unter die „unersättlichen Lüste", aus denen die unerhörten und schrecklichen Tatsünden entspringen (§ 50), ohne daß die Freiheit der Menschen in Zweifel gezogen wird. Das Ergebnis dieses Zustandes faßt der Autor in dem gnostisch getönten Wort zusammen: „So lag vereinsamt des Vaters Bild" (§ 56).

Der Inhalt der κληρονομία ist also bei Melito ein zweifacher. Er besteht direkt in der als ἁμαρτία personifizierten Unheilssituation und in den unter ihrem Zwang geschehenden Tatsünden, die als schlimmste Folge den Tod nach sich ziehen, der hier zwar stark nach der Seite des leiblich-irdischen Verständnisses entwickelt ist, ohne aber vom Tod der Seele (vgl. § 55: Einkerkerung der Seele in die Unterwelt) völlig getrennt zu werden. Freilich stellt sich bei dieser, offenbar paulinischen Verknüpfung von überpersönlicher Sündenmacht und persönlichen Sünden die Frage, wie diese beiden Wirklichkeiten mit dem einen Begriff des „Erbes" umschrieben werden können. Es erscheint unbegründet, die selbstverantwortlich und frei verübten persönlichen Sünden als Erbe zu bezeichnen, wenn man nicht wieder dem gnostischen Dualismus anheimfallen will. Das beabsichtigt Melito gewiß nicht, muß aber daraufhin den Eindruck erwekken, daß sein Gedankenbau unzusammenhängend und mit dem Begriff der κληρονομία nicht einheitlich bestimmt ist.

οὐκ ἀφθαρσίαν ἀλλὰ φθοράν,
οὐ τιμὴν ἀλλὰ ἀτιμίαν,
οὐκ ἐλευθερίαν ἀλλὰ δουλείαν,
οὐ βασιλείαν ἀλλὰ τυραννίδα,
οὐ ζωὴν ἀλλὰ θάνατον,
οὐ σωτηρίαν ἀλλὰ ἀπωλείαν.

[31] Vgl. *A. Grillmeier,* aaO. 195.

Es ist aber die Frage, ob dem Gedanken doch nicht mehr Kohärenz und Geschlossenheit zukommt, als auf Grund der Unterscheidung zwischen Sündenmacht und Tatsünden auf den ersten Blick zu ersehen ist. Diese Annahme erscheint dann möglich, wenn man anerkennt, daß der Sündenmacht im ganzen doch die dominierende Rolle zufällt. Sie, als das unmittelbare Erbe Adams, zeitigt sich in den Einzelsünden aus. So hat sie gewiß auch eine von den Einzelsünden unabhängige Existenz, obgleich sie in diesen sichtbar aufbricht. So geht das Moment des Erbes wurzelhaft auf die Sündenmacht und erst in Abhängigkeit von ihr auch auf die Einzelsünden.

Die hier weiter an die innere Logik des Gedankens zu richtende Frage geht dann auf das Problem, das in der Kennzeichnung eines äußeren Zustandes, einer Lage oder Situation als „Erbe" besteht. Der Begriff, der seine positive biblische Entsprechung in den Heilsgütern oder im Reiche Gottes hat (Mk 12, 1–12)[32], ist von der biblischen und patristischen Verwendung her an ein dem Menschen eignendes Gut gebunden und nicht an eine äußere Situation oder Konstellation. Es fragt sich deshalb, ob in Melitos Fassung nicht doch etwas von einem solchen inneren Moment erhalten ist. In diesem Zusammenhang ist jedenfalls erwähnenswert, daß der Autor an zwei Stellen seiner Predigt den Menschen in der Nachfolge Adams als einen „Schuldigen" oder „Verurteilten" ausgibt (§§ 100 101). Nicht nur Adam ist „hinausgeworfen ... wie ein Verurteilter ins Gefängnis" (§ 48), auch der Mensch nach Adam ist ein katadikos. Er ist also schuldig. Freilich ist diese Schuldverhaftung nach dem Gesamtzusammenhang auf die beiden genannten Teilmomente gleichsam zu verteilen: auf die Sündenmacht wie auf die Einzelsünden. Aber da die Tatsünden aus der Wurzel der alles beherrschenden Sündenmacht kommen, kann das Schuldigsein des Menschen eigentlich nicht unabhängig von dieser Sündenmacht gedacht werden. Gerade diese Konsequenz, die den Gedankengang erst gänzlich schlüssig machen würde, zieht aber der Autor nicht. Dazu müßte er nämlich die Sündenmacht auch als dem Menschen innerlich anhaftendes Unheil deuten, wozu er sich aber offenbar nicht verstehen kann. Auch die Aussage, wonach die Sündenmacht „jeder Seele ihre Spur aufprägt" (§ 54), meint, streng genommen, eben nur eine äußere Bezeichnung der Seele durch die Sünde. Einem griechischen Denken, das vor allem in Auseinandersetzung mit der Gnosis die menschliche Sünde letztlich nur als Entscheidung des freien Willens verstehen kann, mußte die Anerkennung eines nicht persönlich verursachten inneren Zustandes als Sünde unbegründet erscheinen.

Trotzdem ist wohl nicht zu übersehen, daß in Melitos Konzeption die entscheidenden Elemente einer Lehre vom schuldhaften Unheil aller Menschen von Adam her (Ursünde, ἁμαρτία, ἐπιθυμία, Einzelsünden, Tod) die bisher stärkste Betonung erfahren, aber auch unter der Klammer des Begriffes vom „Erbe" die eindeutigste Beziehung zu Adam und seiner Unheilstat. Hier erscheint Adam nicht mehr nur als der „Chorführer", dem die anderen mit ihren eigenen Taten folgen, sondern er verursacht in ihnen als Erblasser einen Unheilszustand, der freilich vornehmlich als äußere Verfassung und als unheilvolle Situation gesehen wird (in unauflöslicher Verbindung mit den aus dieser Situation entspringenden persönlichen Sünden). Man könnte auch hier bei einer bewußt restriktiven Deutung noch mit der Annahme auskommen, daß unter dem „Erbe" nur die Gemeinschaft in der Unheilssituation und in den je selbst zu verantwortenden Tatsünden gemeint sei. Aber der Titel des „Verurteilten", der dem Menschen im Gefolge Adams zukommt, weist darüber hinaus auf eine innere

[32] Vgl. *E. J. Goodspeed*, Index Patristicus (L 1907); später spricht Didymus der Blinde von einem Übergehen κατὰ διαδοχήν: Contra Manichaeos VIII (PG 39, 1096); vgl. *A. Grillmeier*, aaO. 189.

Qualifikation negativer Art hin, die auch unabhängig von seinen Tatsünden besteht; denn gerade im Zusammenhang mit der auf der positiven Gegenseite entwickelten Innerlichkeit des Erlösungswerkes („er versiegelte unsere Seelen mit seinem Geist und die Glieder unseres Leibes mit seinem eigenen Blut": § 67) stellt sich ungezwungen die Frage, ob das Unheil als bloß äußere Situation gedacht werden kann. Freilich muß festgestellt werden, daß Melito diese Frage nicht negativ beantwortet hat. Aber es muß wohl anerkannt werden, daß er auf dem Wege zu dieser Antwort steht und daß sie jedenfalls nicht mehr gänzlich außerhalb seines Denkbereiches liegt. Im Grunde muß auch Melito den Menschen in der Nachfolge Adams schon als in einem inneren Sinne heillos anerkennen, weil er der Erlösung bedürftig ist, die ebenfalls ins Innere greift. Daß Melito freilich diese sich bei ihm andeutende innere Mangelhaftigkeit des Menschen nicht unter dem Begriff der „Sünde" faßt, ist bei der personal-willentlichen Ausrichtung des griechischen Sündenverständnisses begreiflich. Es bedurfte hierzu noch weiterer Klärungen auch am Begriff der Sünde. Dazu gehört auch die Erkenntnis, daß die Folgen der Adamssünde nicht nur als Strafen zu begreifen sind, sondern daß auch die Schuld unter diesen Folgen ihren Platz hat und ihre Stellung haben muß, wenn die Verhängung von Strafen über einen Unschuldigen nicht einen Widerspruch zur Gerechtigkeit Gottes involvieren soll. Diesem Widerspruch kann sich das Denken nicht durch eine noch so starke Betonung der Existenz und der Vielzahl der persönlichen Sünden entziehen; denn gerade eine solche Betonung gerät auf der anderen Seite in Gefahr, einen Zwang der Tatsünden auszulösen, der schließlich im Sündendeterminismus enden müßte.

Obgleich Melito diese Problematik noch nicht reflektierte, bricht sie doch angesichts seines relativ fortschrittlichen Versuches auf. Das Positive dieses Versuches ist zuletzt aus der betonten Wiederaufnahme der paulinischen Geschichtstheologie abzuleiten, die hier deutlich im Hintergrund steht, auch wenn förmliche Zitate fehlen[33]. Daran erweist sich, daß die Weiterentwicklung des christlichen Verständnisses einer universalen Menschheitssünde auf der von Paulus gesetzten Linie erfolgte und im Grunde nur auf dieser heilstheologischen Linie möglich war. Der Beitrag Melitos zeigt aber auch, daß der griechisch-christliche Geist an dieser Entwicklung nicht unbeteiligt war, auch wenn er ihr sein eigentümliches Gepräge aufdrückte (nämlich die durch Adam geschaffene universale Unheilssituation mit ihrer Zuspitzung im Tode). Schließlich ist auch erwähnenswert, daß der später zur besonderen Bedeutung gesteigerte Begriff des „Erbes" aus dem griechischen Bereich kam, wenn auch sein späterer Gebrauch faktisch nicht mehr von diesem Ursprung beeinflußt war. Für Melito erwies er seine Brauchbarkeit zur Begründung der Adamseinheit des Menschengeschlechtes, die gleichsam den Rechtsgrund für die Teilnahme der Menschen am Unheil Adams abgab. Bezeichnenderweise waren damit bei Melito biologische Vorstellungen über die Fortpflanzung der Sünde Adams nicht verbunden.

---

[33] Darum meint *K. H. Schelkle,* daß die Aufnahme Pauli durch Melito nicht sicher sei, weil Röm 5,12–19 und das Neue Testament nicht zitiert werden: Paulus, Lehrer der Väter (D 1956) 162; *J. Blank* dagegen führt in seiner Übersetzung die Verweise auf das Neue Testament auf, die überzeugend wirken. Auf seine Art gibt auch *J. Gross* den paulinischen Einfluß zu, wenn er erklärt, daß „der paulinische Sündenmythos im Geiste unseres Homileten konkrete Gestalt angenommen zu haben scheint": aaO. 85. Im übrigen weist J. Gross die Homilie problemlos der alten „Erbübellehre" zu; zum Ganzen vgl. auch *A. Gaudel,* aaO. 322; *A. Slomkowski,* aaO. 30.

4. Die „unio mystica" der Menschheit mit Adam nach Irenäus von Lyon

Irenäus († um 202), dem „Vater des katholischen Dogmas"[34], wurde von jeher eine gewisse Schlüsselstellung innerhalb der dogmatischen Lehrentwicklung eingeräumt. Dieser Anspruch bestätigt sich auch in seiner Lehre von der Menschheitssünde, in welcher er die Ansätze der Apologeten, zumal des Theophilus und des Melito, zu einer gewissen abschließenden Zusammenfassung bringt. Was bei Melito von Sardes noch mehr die sinnvolle Entgegensetzung von Sünde und Heil ist, gewinnt bei dem Bischof von Lyon den Charakter eines festgefügten göttlichen Planes, in welchem dem Dualismus der (valentinianischen) Gnosis und ihrer Trennung von Schöpfung und Erlösung die Einheit beider in der göttlichen Ökonomie und Pädagogie entgegengesetzt wird.

Diese Einheitsschau, die sich in der Erlösungslehre des Bischofs von Lyon allein schon am Gedanken der recapitulatio durch Christus ersehen läßt[35], beweist ihre strukturierende Kraft aber auch in der Auffassung vom Einbruch der Sünde in die Schöpfung, welches Ereignis zur Erklärung eines ausführlicheren Eingehens auf den heilen Anfang des Menschen bedarf. So entwickelt Irenäus eine ausgiebig gehaltene Urstandslehre, und dies sogar unter zwei Aspekten, nämlich unter dem des „Paradieses" und unter dem in diesem Zusammenhang neu eingebrachten Aspekt der „Gottebenbildlichkeit"[36].

Obwohl Irenäus den Fachterminus „Paradies" wenig gebraucht, sondern mehr vom „pristinus character" des Menschen spricht (Adv. Haer. V 12, 5)[37], bietet er doch eine inhaltsreiche Beschreibung dieses Zustandes, die nach Art der Apologeten von einer gewissen rationalen Nüchternheit bestimmt ist. So fehlt auch die aus der spätjüdischen und gnostischen Literatur bekannte Tendenz, das Naturhaft-Biologische an Adam gegenüber dem gefallenen Menschen als außergewöhnlich oder wunderbar darzustellen. So ist z. B. in Adv. Haer. selbst die von Theophilus (Ad Autol. II 28) im Anschluß an Gn 2, 23 f genannte Prophetengabe nicht erwähnt. Auch eine besonders erhöhte Geistes- und Willensausstattung wird an Adam nicht erkennbar. Sie erscheint sogar durch die von Theophilus übernommene Kindstandstheorie, die wiederum dem antignostischen Entwicklungsgedanken und dem natürlich-rationalen Denken über den Anfang entspricht, ausgeschlossen.

Trotzdem erscheint dieser ursprüngliche Stand und Charakter Adams in einem anderen Licht als der des gefallenen Menschen. Wo der Bischof von Lyon den Stand Adams vor dem Fall mit dem der von der Adamssünde betroffenen Menschheit vergleicht, wird deutlich, daß jener Stand doch anthropologisch und theologisch höher qualifiziert war, ohne daß ihm eine absolute Vollkommenheit geeignet hätte, die nach Irenäus nur Gott gemäß ist. Aber es ergibt sich aus dem Vergleich, daß der erste Adam, der „Typus des Zukünftigen" (Adv. Haer. III 32, 1), in einer kindlichen Unschuld lebte (III 32, 1), daß ihm das spätere Leben „voll Trauer, Mühsal und

---

[34] So *E. Klebba:* BKV² (K 1912) I, S. VI; zur Schöpfungs- und Erlösungstheologie des Irenäus vgl. *L. Scheffczyk,* Schöpfung und Vorsehung (HDG II/2 a) (Fr 1963) 42–48; *B. Studer,* aaO. 73–81; *E. P. Meijering,* Die „physische Erlösung" in der Theologie des Irenäus: Nederlands archief voor kerkgeschiedenis NS 53 (1972/73) 147–159; *A. Adam,* aaO. 159 ff; *A. Gaudel,* aaO. 322–329; *E. Dassmann,* aaO. 237–240; *J. Weismayer,* aaO. 287–289; *H. Rondet,* aaO. 48–62.

[35] Zu diesem zentralen Begriff vgl. *E. Scharl,* Recapitulatio mundi; *A. Benoît,* Saint Irénée 225; *B. Studer,* aaO. 79 f.

[36] Dazu *A. Struker,* aaO. 117–123; *P. Schwanz,* aaO. 117–144.

[37] Ed. *W. W. Harvey* (C 1857).

Seufzen" erspart war (Epid. 17)[38], ja, daß er bei Beobachtung des Gebotes unsterblich sein sollte (Epid. 15). Daß diesem Zustand auch eine geistig-mystische Komponente eignete, besagt die Aussage in der Epideixis, wonach „das Wort Gottes ... mit dem Menschen verkehrte und mit dem Menschen über die Zukunft sprach und ihn belehrte im voraus über das, was kommen wird" (Epid. 12).

Deshalb ist auch die von Irenäus gelegentlich angedeutete Geistbegabung des ersten Menschen diesem Zustand konvenient; denn der gefallene Adam bekennt von sich: „Das Gewand der Heiligkeit, das ich vom Geiste hatte, habe ich verloren" (Adv. Haer. III 35, 1); „denn zuerst mußte der Mensch gebildet werden, dann empfing er die Seele und schließlich nahm er die Gemeinschaft des Geistes auf" (V 12, 2). Darauf weist auch die Aussage, daß Adam nach dem Fall „das Leben verlor", aber „wenn er sich zum Besseren zurückwendet, den lebendigmachenden Geist aufnehmen und das Leben finden" wird (V 12, 2).

Zwar hat man einen solchen förmlichen Geistbesitz beim paradiesischen Adam leugnen wollen, weil der Bischof von Lyon an anderen Stellen von der Unvollkommenheit des adamitischen Standes spreche[39]. Tatsächlich handelt der Bischof von Lyon im 4. Buch seines Hauptwerkes von dem Vollkommenen (τὸ τέλειον) im kindlich-unvollkommenen Urstand des Menschen, daß „der soeben Erschaffene unfähig war, es zu empfangen, oder, falls er es empfangen hatte, es zu fassen, oder nachdem er es gefaßt hatte, es festzuhalten" (IV 63, 1). Hier wird nochmals deutlich, daß Irenäus mit einer Entwicklung innerhalb dieses Kindheitsstadiums des ersten Menschen rechnet, die freilich nicht mit dem Zustand eines völlig unmündigen Kindseins beginnt, weil sonst die Sünde nicht erklärbar wäre. In dieser hier deutlich zeitlich erfaßten Abfolge wird demnach das Vollkommene dem Menschen nicht als etwas ihm völlig Zukünftiges und ihm Unzugängliches gegenübergestellt. Er kann es zunächst im Zustand der ursprünglichen Kindlichkeit nicht aufnehmen, insofern ist es noch nicht sein eigen. Aber er kann es in einer weiteren Entwicklung doch empfangen, ohne es vollständig zu erfassen. Schließlich ist ihm auch dieses „Fassen" möglich („nachdem er es gefaßt hatte"), und nur das Festhalten des Vollkommenen blieb dem ersterschaffenen Menschen, der infolge der ausstehenden Menschwerdung des Logos noch nicht gefestigt war, unmöglich. Gerade diese den ursprünglichen Zustand eingrenzende und beschränkende Bemerkung setzt jedoch voraus, daß es sich bei ihm um eine Wirklichkeit handelte, die freilich dem Anfangszustand und der weiteren Entwicklung auf die Vollendung in Christus angemessen und angepaßt war. So kann an der realen Besonderheit dieses Zustandes nach der Darstellung des Irenäus nicht gezweifelt werden, wenn er auch durchaus in den Grenzen des menschlich Annehmbaren und Verifizierbaren gehalten wird.

Die weitere Frage, die die Problematik auf einer höheren Ebene nochmals aufnimmt und bei einer positiven Beantwortung die Realität des Urstandes weiter festigt, ist die nach dem Charakter dieser Besonderheit, vorzüglich die nach der „Gnadenhaftigkeit" oder „Übernatürlichkeit" der ursprünglichen Ausstattung des Menschen. In der Vergangenheit bestand in dieser entscheidenden Frage ein fast durchgehender Dissens zwischen evangelischen und katholischen Autoren. Während jene die Übernatürlichkeit dieses Zustandes nach der Theologie des Irenäus weithin ablehnten[40], sprachen sich diese ziemlich problemlos für die Annahme dieser These aus[41]. Heute

[38] Ed. *K. Ter-Mekerttschian – E. Ter-Minassiantz* (TU 31/1) (L 1907); *J. P. Smith:* ACW 16 (1952).

[39] So u. a. *Harnack* DG I 588 f mit einseitiger Betonung der angeblichen Unausgeglichenheit der irenäischen Vorstellungen; darin schließt sich ihm *J. Gross,* aaO. I 87, an; was das angeblich unausgeglichene Nebeneinander verschiedener Erlösungsvorstellungen betrifft, so urteilt *B. Studer:* „Ohne Zweifel unterscheidet er darin verschiedene Momente. Doch sind diese so auf die Menschwerdung zentriert, daß sie ein einziges Ganzes bilden": aaO. 79. Gegen den Geistbesitz Adams spricht sich auch *H. Koch* aus: Zur Lehre vom Urstand.

[40] So etwa *Harnack* DG I 588ff; *F. Böhringer,* Die Kirche Christi II 476ff; *H. H. Wendt,* Die christl. Lehre 22 f.

[41] So u. a. *E. Klebba,* Anthropologie 185; *A. Struker,* aaO. 118.

dagegen sind die Grenzen fließend geworden. So behauptet sogar der sonst der Legitimität der katholischen Dogmenentwicklung sehr kritisch gegenüberstehende J. Gross, daß sich bei Irenäus „Ansätze finden zu einer Unterscheidung zwischen Natur und Übernatur“[42], und zwar gerade auch im Hinblick auf den Urzustand. Demgegenüber erscheint der katholische Theologe W. Hunger wieder kritischer mit seiner Behauptung, daß Irenäus die Frage unbeantwortet lasse, ob und wieweit der Urstand übernatürlich qualifiziert sei und Adam den Gottesgeist besessen habe[43].

Vor allem die in Epid. 14 entwickelten Gedanken über die Unschuld des Kindheitsstandes scheinen einer naturhaften Deutung offen zu stehen, zumal hier auch der Geist nur als vom Schöpfer eingehauchter Geist des Lebens ausgegeben wird. Tatsächlich ist bei Irenäus ein mehrdeutiger analoger Gebrauch des Geistbegriffes festzustellen[44]. Aber im ganzen bleibt doch eine gewisse anthropologische „Trichotomie“ vorherrschend, nach welcher Leib, Seele und Pneuma unterschieden werden. „Der vollkommene Mensch ist die innige Vereinigung der Seele, die den Geist des Vaters aufnimmt, mit dem Fleische, das nach dem Ebenbild Gottes geschaffen ist.“ „Fehlt aber der Seele der Geist, dann ist ein solcher Mensch nur psychisch, und da er fleischlich geblieben ist, wird er unvollkommen sein“ (Adv. Haer. V 6, 1). Obgleich nach allem die Auffassung des Irenäus über die Begabung des erstgeschaffenen Adam nicht auf die spätere Begrifflichkeit und auf die Disjunktion „natürlich–übernatürlich“ zu bringen ist, sollte doch nicht bezweifelt werden, daß die zur eigentlichen Vollkommenheit gehörende Geistausstattung über der rein geschöpflichen Ausstattung des Menschen steht und ihm erst die pneumatische Existenz verleiht, die dem Menschen Ähnlichkeit mit Gott gewährt (V 6, 1)[45].

Damit ist die Interpretation der Heilslehre des Irenäus, die wegen des sie beherrschenden Pädagogie- oder „Entwicklungsgedankens“ einen gelegentlich auch im Begrifflichen fließenden und schwebenden Zug annimmt, auf den anderen Aspekt verwiesen, der das Problemhafte weithin vereindeutigt: die Betrachtung des Heilsprozesses unter dem Blickwinkel des Geschenkes wie des Verlustes der Gottebenbildlichkeit. Es ist gegenüber dem „Paradiesesmotiv“ die beherrschende und für das Konzept des Bischofs letztlich charakteristische Vorstellung. Ihre Erörterung wird auch erst der theologischen Leistung des Irenäus gerecht, die in der erstmaligen Einführung des doppelten Bildbegriffes in die Theologie besteht, obgleich der Bischof von Lyon hierin von valentinianischen Vorstellungen beeinflußt war, die er freilich (typisch für das Mit- und Gegeneinander in der Auseinandersetzung mit dem Hellenismus) in schöpferischer Weise umprägte; denn die Valentinianer benutzten die Differenzierung von εἰκών und ὁμοίωσις zur Abhebung des gnostischen „Pneumatikers“ (dem die ὁμοίωσις zukam) von der niedrigeren Gottebenbildlichkeit des „Psychikers“. Ihnen gegenüber sah sich Irenäus genötigt, das Angemessene dieser Unterscheidung mit biblisch-christlichem (paulinischem) Geist zu erfüllen und darauf eine christliche Lehre vom Vollendungsweg des Menschen aufzubauen, die vor allem mit dem in Christus erschienenen vollkommenen Gottesbild ernst machte (vgl. besonders V 16, 1)[46].

In dieser Differenzierung war für Irenäus die Unterscheidung von natürlicher (εἰκών, imago) und „übernatürlicher“ (ὁμοίωσις, similitudo) Gottebenbildlichkeit mitgesetzt, wie sich an einer Reihe von Einzelaussagen erweisen läßt (V 12, 2), ob-

---

[42] *J. Gross,* aaO. I 89 Anm. 124.
[43] *W. Hunger,* Der Gedanke der Weltplaneinheit 169.
[44] *P. Schwanz,* aaO. 125.
[45] Vgl. auch *P. Gaechter,* Unsere Einheit mit Christus nach dem hl. Irenäus: ZKTh 58 (1934) 503–532, 514ff 531.
[46] Zur geschichtlichen Ableitung des Begriffes vgl. *A. Struker,* aaO. 55ff; *P. Schwanz,* aaO. 121f.

gleich es auch Fälle gibt, in denen die Ausdrücke nicht als einander gegensätzlich verstanden werden[47]. Zu beachten ist aber auch der Umstand, daß selbst solche Stellen, an denen Irenäus nur das κατ' εἰκόνα gebraucht, nicht selten gleichbedeutend mit καθ' ὁμοίωσιν aufzufassen sind, also als gefüllte Aussagen über die natürliche und gnadenhaft-übernatürliche Gottebenbildlichkeit verstanden werden müssen[48]. Dabei ist kein Zweifel daran möglich, daß der von Christus erlöste Mensch die übernatürliche ὁμοίωσις als das spezifische Heilsgut zu eigen hat, welches mit dem Besitz des Heiligen Geistes verbunden auftritt. Sie hat eine Angleichung an Gott zur Folge, die nahezu eine „Vergöttlichung" bedeutet; denn „wegen seiner unendlichen Liebe wurde Jesus Christus das, was wir sind, um uns zu dem zu vervollkommnen, was er selber ist" (V praef.).

Die Frage ist nur, ob diese übernatürliche ὁμοίωσις auch schon dem ersterschaffenen Adam zu eigen war und ob daraufhin der Urstand insgesamt als ein gnadenhaft-übernatürlicher bezeichnet werden kann. Dem für Irenäus zentralen Rekapitulationsgedanken zufolge müßte diese Konsequenz als unabweislich erscheinen. Sie läßt sich auch textlich belegen, etwa durch die Aussage, daß durch Christus und seinen Geist die Wiederherstellung erfolgte „der ursprünglichen Natur des Menschen, die nach dem Bild und Gleichnis Gottes gemacht ist" (V 10, 2). Dem entspräche auch die Feststellung über den ursprünglichen Adam, die unter Anspielung auf 1 Kor 15, 45 von ihm sagt: „Oportuerat enim primo plasmari hominem, et plasmatum accipere animam; deinde sic communionem Spiritus recipere" (V 12, 2). Hier wird von dem einen Subjekt Adam deutlich gesagt, daß er neben Erschaffung und Belebung auch die Geistausstattung empfängt, die sogar zeitlich von der Beseelung getrennt erscheint, so daß hier nicht an den gleichen Vorgang der natürlichen Belebung gedacht werden kann.

Dieser Aussage, die gelegentlich ohne Grund auf ein bloßes „Empfangensollen" des Geistes hin interpretiert wird[49], korrespondieren von der Gegenseite her jene Erklärungen, die von einem förmlichen Verlust der imago und similitudo Adams sprechen (III 18, 3; V 16, 1) und ebenso von einer formellen Wiederherstellung beider durch Christus (V 16, 1). So kann kaum daran gezweifelt werden, daß die Kohärenz aller dieser Aussagen mit großer Wahrscheinlichkeit auf einen wirklichen Geistbesitz und eine reale ὁμοίωσις Adams hinweist, obgleich Adam niemals förmlich als πνευματικός oder auch nur als τέλειος bezeichnet wird. Es muß aber im gleichen Zusammenhang hinzugefügt werden, daß Irenäus den ersterschaffenen Menschen genauso wenig als „unvollkommen" bezeichnet[50]. So zeichnet sich bei Irenäus auch in der Urstandsauffassung die Einheit von Entfaltungs- und Rekapitulationstheorie in der Weise ab, daß dem Adam vor der Sünde ein wirklicher, aber entwicklungsfähiger Bestand der ὁμοίωσις zugedacht werden muß, der von Christus nicht nur gerade wiederhergestellt, sondern überhöht wird.

---

[47] So u.a. Adv. Haer. III 19, 1; 31, 1; IV 63, 2; V 2, 1; Epid. 32; vgl. *A. Struker,* aaO. 88; *P. Schwanz,* aaO. 119.

[48] Besonders aufschlußreich Adv. Haer. V 12, 4: „Et in eo quod dicit ‚Secundum imaginem conditoris' recapitulationem manifestavit eiusdem hominis, qui in initio secundum imaginem factus est Dei"; vgl. *A. Struker,* aaO. 89; *P. Schwanz,* aaO. 124.

[49] So *H. Koch,* aaO. 206.

[50] *A. Struker,* aaO. 120; dabei bleibt es genauso unbestritten, daß Irenäus, seinem Grundgedanken vom Fortgang der göttlichen Pädagogie entsprechend, auch mit einer „werdenden" ὁμοίωσις rechnet; *P. Schwanz,* aaO. 134.

Es liegt letztlich an der realistischen biblischen Erfassung des christologischen Heilsplangedankens, daß Irenäus den Urstand nicht wesentlich anders verstehen kann als den durch Christus herbeigeführten Endstand, d. h. nicht ohne die Realität der Gnade. Dieser Realismus ist andererseits ein Korrektiv gegen eine allzu phantasievolle Darstellung und Erklärung des Urstandes. Er besteht wesentlich in dem, was der durch Christus erlöste und begnadete Mensch jetzt in einer befestigteren und gesicherteren Form besitzt. Damit ist allerdings im Vergleich zur späteren Entwicklung festgestellt, daß Irenäus eine genauere Bestimmung der Gaben des Urstandes und der Zuordnung von ὁμοίωσις und Unsterblichkeit (ἀφθαρσία) nicht trifft. Auch die Unterscheidung von „Natur" und „Gnade", von „natürlich" und „übernatürlich" ist von ihm begrifflich noch nicht fixiert, aber sie ist der Sache nach in der Differenzierung (und heilsgeschichtlichen Zusammengehörigkeit) von εἰκών und ὁμοίωσις impliziert[51].

Durch die Sünde der Stammeltern erfuhr der Weg zur Vollendung der Menschheit eine jähe Unterbrechung. Obgleich Irenäus die Schwere dieser Sünde (im Rahmen der Kindesstandstheorie) mild beurteilen kann (IV 66, 2) und die größere Schuld der Schlange zuerkennt, läßt er doch die Folgen für die Stammeltern nichts weniger als dunkel erscheinen. Adam und Eva verloren für sich die „stola sanctitatis" (III 35, 1), die höhere Gottähnlichkeit (V 6, 1), das (vom Geist geschenkte) Leben (V 12, 2) und die kindliche Unschuld (III 35, 1). Der Untat Adams folgte die Verweisung aus dem Paradies, womit die Trennung vom Lebensbaum und die Preisgabe an den Tod verbunden war, diese freilich auch mit einem Moment der Barmherzigkeit ausgestattet (damit der Mensch in der Sünde nicht unbegrenzt leben müßte: III 35, 2).

Den biblischen Gedanken von der schicksalhaften Verkettung zwischen dem Menschen und dem Kosmos aufnehmend, beschränkt Irenäus das aus der Ursünde kommende Verderben aber nicht auf die Stammeltern. „Gott übertrug den Fluch auf die Erde, damit er nicht im Menschen verbleibe" (III 33, 2). Das allgemeine Verderben pflanzte sich auch in der Nachkommenschaft Adams fort. Bezüglich der Folgen der Sünde läßt sich Irenäus von den hamartiologischen Vorstellungen der biblischen Urgeschichte beeindrucken, die in der Folge der Adamstat das Ansteigen des inneren und äußeren Verderbnisses in der Menschenwelt anzeigt. So erfüllt sich nach Irenäus der Fluch Gottes unter den Nachkommen Adams zuerst an Kain, setzt sich aber auch in den ihm ähnlichen Leibessprossen fort. Darum gewann „in der Folge die Bosheit eine sehr weite Verbreitung und erfaßte das ganze Menschengeschlecht so sehr, daß nur ganz wenige Keime der Gerechtigkeit in ihm erhalten blieben" (Epid. 18). Obwohl Irenäus im Angesicht des wachsenden Bösen die Idee des göttlichen Heilsplanes und der göttlichen Pädagogie nicht gefährdet sieht und sie darum auch nicht aufgibt, läßt sich doch nicht behaupten, daß er in der Adamssünde „lediglich eine beispielhafte Episode in der Menschheitsgeschichte" sähe[52]; denn die Folgen zeigen nach der Erklärung des Irenäus einen so grundstürzenden Charakter, sie stellen für die Menschheit eine so katastrophale Wandlung zum Schlechteren dar, daß die Menschheit von ihnen physisch, moralisch und existentiell betroffen wird.

---

[51] Vgl. dazu *K. Prümm,* Zur Terminologie und zum Wesen der christlichen Neuheit bei Irenäus: Pisciculi 199 f; *F. Vernet:* DThC VII 2451.

[52] So *J. Gross,* aaO. I 91; es läßt sich zwar sagen, daß Irenäus auch den Fall teleologisch beurteilt und ihn in den Weltplan Gottes als Mittel einbezieht, aber deshalb verliert er seinen Unheilscharakter nicht; vgl. *P. Schwanz,* aaO. 134.

Im Hinblick auf die universale Heilstat Christi, die den Zenit der Gedankenbewegung darstellt, ist der Bischof von Lyon gehalten, der Unheilstat Adams eine neuartige Tiefendimension zu verleihen. Sie ergibt sich zunächst aus dem Gedanken der Wiederholung oder der Wiedergewinnung des von Adam Verlorenen durch die Tat des Erlösers: „Was wir verloren hatten in Adam, nämlich nach dem Bild und der Ähnlichkeit Gottes zu sein, das erlangen wir wieder in Christus" (Adv. Haer. III 19, 1)[53]. Die Frucht der Erlösung stellt aber mehr dar als nur eine Wiederverähnlichung mit Gott: sie ist eine Vergöttlichung (V praef.)[54], welche der erstgeborene Mensch anfanghaft auch zu eigen gehabt haben muß. Zur Auslotung der Tiefendimension der Sünde erscheint dem Bischof von Lyon mit Recht nichts geeigneter als der Rückgang auf den paulinischen locus classicus der Hamartiologie. Irenäus spielt als erster Traditionszeuge deutlich auf Röm 5, 19 an, wenn er erklärt: „Wie durch den Ungehorsam des einen Menschen, der zuerst aus der noch unberührten Erde gebildet wurde, die Vielen Sünder wurden und so das Leben verloren, so mußten auch durch den Gehorsam des einen Menschen, der zuerst aus der Jungfrau gebildet wurde, die Vielen gerechtfertigt werden und das Heil erlangen" (III 19,6). Dabei ist unter dem hier als „verlorenes Leben" bezeichneten Gut „nicht die Sterblichkeit des Leibes, sondern der geistige Tod der Sünde" gemeint[55]. Daß dieser Anschauung im Denken des Irenäus ein fester Platz zukommt, beweist die relative Häufigkeit gleichartiger Bezeugungen. So heißt es an anderer Stelle seines Hauptwerkes: „Den Ungehorsam am Holz heilte Christus durch den Gehorsam am Holz ... Er hat offenbar hierdurch darauf hingewiesen, daß wir mit demselben Gott, den wir im ersten Adam beleidigt hatten, indem wir sein Gebot nicht hielten, in dem zweiten Adam versöhnt worden sind, in dem wir gehorsam bis zum Tode wurden" (V 16,2).

Die Formel „in Adam" ist bei Irenäus nicht beiläufig zu verstehen. Sie drückt vielmehr aus, daß Adam in einer gewissen Hinsicht als die ganze Menschheit gilt. „Adam aber ist die Menschheit, d. h. wie durch Christus die ganze Menschheit vereinigt und erneuert ist, so war sie auch bereits in Adam zusammengefaßt."[56] Daraufhin muß nach dem Verständnis des Irenäus die Adamssünde selbst und der damit verbundene Heilsverlust der ganzen Menschheit zukommen. Das „homo initio in Adam inoboediens" (V 34, 2) ist als Kurzausdruck eine prägnante Wiedergabe der irenäischen Vorstellung, daß die Sünde als solche die in Adam zusammengeschlossene Menschheit erfaßte und daß die persönliche Sünde Adams zur „Gattungs-" und „Natursünde" der ganzen Menschheit wurde.

Es ist nicht zu bestreiten, daß hier erstmals in der Geschichte der Theologie und des Dogmas die biblisch-paulinische Vorstellung von der Bedeutung der Ursünde in voller Schärfe aufgenommen, aber zugleich auch mit einem neuen Akzent versehen wurde. Es ist nämlich nicht zu übersehen, daß Irenäus in diesen Formulierungen von der Dazwischenkunft der Einzelsünden innerhalb der Geschichte (die er nach anderen Aussagen durchaus kennt und ernst nimmt) absieht, so daß alles Gewicht auf die

[53] Die charakteristische Formel lautet: „Ut quod perdideramus in Adam, id est, secundum imaginem et similitudinem esse Dei, hoc in Christo Jesu reciperemus."

[54] „Solum autem verum et firmum magistrum sequens, Verbum Dei, Jesum Christum Dominum nostrum: qui propter immensam suam dilectionem factus est quod sumus nos, uti nos perficeret esse quod et ipse."

[55] So *K. H. Schelkle*, Paulus 162.

[56] So *Harnack* DG I 594; vgl. auch *P. Schwanz*, aaO. 134.

Adamssünde gelegt ist und auf die in Adam mitbetroffene Menschheit. Irenäus vermag diese Gleichsetzung zu vollziehen, weil ihm ein anderes Verstehensmodell für die Verbindung zwischen Adam und der Menschheit zur Verfügung steht. Während bei Paulus (wenigstens andeutungsweise) das Modell der Korporativpersönlichkeit im Hintergrund steht, denkt der Bischof von Lyon offensichtlich an eine förmliche Adamseinheit der Menschheit. Irenäus ist hier von der Vorstellung bestimmt, daß nicht nur Christus, sondern zuvor schon Adam eine reale Verkörperung der Menschheit darstellt. Unter dem Einfluß der Rekapitulationsidee erfährt nicht nur die Christus-, sondern auch die Adamseinheit der Menschheit eine neuerliche Verstärkung.

Man hat sich oft gefragt, woher Irenäus diese Idee der Adamseinheit der Menschheit zugewachsen ist. Der Rückgang auf stoisch-kosmologische Auffassungen, wie sie auch Apg 17,26 anklingen, erscheint hier nicht überzeugend. Auch eine Ableitung vom gnostischen Urmensch-Typos ist wegen der andersgearteten Motivierung dieser Vorstellung nicht wahrscheinlich[57]. So bleibt die naheliegendste Erklärung die von der eigenständigen Durchdringung und Konzentration biblischer Zusammenhänge durch das heilsrealistische Geschichtsdenken des Irenäus[58].

In eine ähnliche Richtung weist die Entscheidung der Frage nach der passendsten begrifflichen Bestimmung dieser Adamseinheit. Ob man den „Adam" des Irenäus als „universellen Menschen" bezeichnet[59] oder als den „generischen Menschen" Philos[60], ob man (weniger treffend) von einer „transzendentalen Relation"[61] zwischen Adam und der Menschheit spricht: der Gedanke wird von Irenäus nicht auf eine philosophische Erklärungsgröße gebracht. So bietet sich auch hier als relativ beste Interpretation die von der Beziehung der Menschheit zu Christus abgeleitete Idee von der „mystischen Einheit" an. Sie ist jedenfalls anders strukturiert als die von Melito angewandte und später weiterentfaltete Erbvorstellung, obgleich Irenäus an einer Stelle auch dieses Bild gebraucht[62].

Damit stellt sich abschließend die Frage nach der Bedeutung des irenäischen Konzepts für die Entwicklung des späteren Dogmas von der Sündenverfallenheit des Menschen kraft der Adamstat. Man kann verstehen, daß die christliche Tradition seit Augustinus in dem Bischof von Lyon einen Kronzeugen für die kirchliche Erbsündenlehre gesehen und im Lichte seiner Interpretation des Schriftzeugnisses Röm 5,12–19 als einen formellen Schriftbeweis für das Dogma anerkannt hat[63]. Die von der Gegenseite unternommenen Versuche, die Stringenz des irenäischen Gedankens mit dem Hinweis auf seine angebliche Lehre von der Unschuld der Kinder und der Nichtnotwendigkeit ihrer Taufe zu entkräften, können nicht als gelungen gelten[64].

---

[57] Vgl. *E. Brandenburger,* Adam und Christus (Neukirchen 1962) 135–139.

[58] Darüber ausführlicher *H. U. v. Balthasar,* Herrlichkeit II (Ei 1962) 53ff.

[59] So *L. Duncker,* Des hl. Irenäus Christologie 147.

[60] *J. Gross,* aaO. I 92.

[61] *W. Hunger,* aaO. 172f.

[62] So Adv. Haer. V 1,3, hier aber nur in Parallele zur Menschwerdung (bzw. Zeugung) Jesu Christi: „uti quemadmodum per priorem generationem mortem haereditavimus, sic per generationem hanc [sc. Christi] haereditaremus vitam". Da das Erbe, das die Zeugnung Christi schenkt, nicht durch die Generationsfolge vermittelt ist, kann auch die „alte Zeugung" nicht als Transfusionsmittel des Todes verstanden werden.

[63] Vgl. u.a. *J. Freundorfer,* Erbsünde und Erbtod beim Apostel Paulus (Mr 1927) 109ff; *A. Gaudel,* aaO. 326f.

[64] Das versucht u.a. *J. Lawson,* The biblical Theology of Saint Irenaeus 217, und ihm folgend *J. Gross,* aaO. I 94f; vgl. dagegen *J. C. Didier,* Le baptême des enfants 14f; *J. Jeremias,* Die Kinder-

Zwar spricht Irenäus gelegentlich davon, daß die unschuldigen Kinder zu denen gehören, die gerettet werden, sie, „die auch nicht einen Begriff von der Bosheit haben" (IV 44, 3). Aber dem steht eine andere Aussage gegenüber, der ebenfalls ihr Gewicht belassen werden muß und die eine Erlösungsbedürftigkeit auch der Unmündigen behauptet. So heißt es II 23, 2: „Omnes enim venit [Christus] per semetipsum salvare: omnes inquam, qui per eum renascuntur in Deum, infantes, et parvulos, et pueros, et iuvenes, et seniores." Die hier noch vorwaltende Unausgeglichenheit kann darauf zurückgeführt werden, daß sich zur Zeit des Irenäus die Säuglingstaufe, die noch Tertullian für unzweckmäßig hielt, noch nicht vollkommen durchgesetzt hatte und nicht der Regelfall war. Daher war das theologische Denken dieser Zeit auch noch nicht auf die Problematik des Heils der ungetauft sterbenden Kinder gestoßen und konnte mit einer gewissen Unbekümmertheit über die Unschuld dieser Kinder reden. Selbst wenn hier noch unzulängliche Vorstellungen über die Notwendigkeit der Kindertaufe im Hintergrund gewirkt haben sollen, besagt das nicht eine Herausnahme dieser Kinder aus dem Stand der „Natursünde" und eine Leugnung ihrer Erlösungsbedürftigkeit. Dazu sind die Aussagen des Irenäus über die universale, alle Menschen umfassende Geltung der Erlösung Jesu Christi zu eindeutig.

Trotz der Klarheit und relativen Ausführlichkeit, die dem Zeugnis des Irenäus für die Existenz einer „Gattungssünde" zukommt, ist dieses Zeugnis in seiner Bedeutung für die „Erbsünde" immer wieder angezweifelt worden. Die Problematik um den Beitrag des Irenäus zur christlichen „Erbsündenlehre" hatte Harnack richtig gesehen, wenn er einerseits als Lehre des Bischofs von Lyon uneingeschränkt zugab, daß die Menschen durch Adam alle zu Sündern geworden seien, und dann doch zu der negativ klingenden Folgerung kam: „Irenäus hat hier nicht an eine Vererbung, sondern wie bei Christus, als dem zweiten Adam, an eine mystische Einheit gedacht"[65]. Man wird gegen diesen Schluß nichts einwenden können und wird doch die Beweiskraft des Irenäus für eine „Erbsündenlehre" nicht anzweifeln müssen[66]. Man kann das Zeugnis des Irenäus freilich überbewerten, wenn man es als Argument für eine Auffassung von der förmlichen Übertragung der Adamssünde durch die Generationenfolge einsetzt. Die „mystische" Adamseinheit aber bedarf einer solchen Vorstellung nicht. Dies besagt andererseits, daß man die Bedeutung der irenäischen Konzeption für das werdende Dogma nur ablehnen kann, wenn man die Lehre vom peccatum originale wesensnotwendig mit der Vorstellung biologischer Transmission verbindet. Dies hieße aber, das Dogma einseitig vom (deutschen) Wort „Erbsünde" her erklären zu wollen. Das Dogma meint aber wesentlich die durch Adams Tat aus der Einheit mit ihm erwachsende innere Unheilssituation jedes Menschen, die ihn auf Christus als den einzigen Erlöser verpflichtet. Diesen Sachverhalt hat Irenäus durchaus getroffen und mit seiner mystischen Idee der Adamseinheit die Heillosigkeit dem Menschen auch innerlich zuerkannt. Er hat damit die in Röm 5, 19 behauptete „Darstellung" des Menschen als Sünder (durch Adam) tiefer begründet, freilich mit einer „mystischen" Idee, die selbst von ihm nicht weiter zu klären war.

Aber abgesehen von diesem verbleibenden Mystischen (das sich dem Denken im-

taufe in den ersten vier Jahrhunderten (Gö 1958) 84 f; *G. Kretschmar,* Die Geschichte des Taufgottesdienstes 81–86.

[65] *Harnack* DG I 594 f; so auch *J. Gross,* aaO. I 93.

[66] Vgl. *A. Grillmeier,* „Das Erbe der Söhne Adams" 195.

mer entziehen wird), muß sein Konzept als weiterführend in Richtung auf das Verständnis einer Sünde erkannt werden, die den Menschen als überpersönliche affiziert. In diesem Zusammenhang hat der Bischof von Lyon durch die betonte Heranziehung des biblisch-paulinischen Ebenbildgedankens (und der Vorstellung vom Verlust des Ebenbildes)[67] einen weiteren Fortschritt in der Problemgeschichte erbracht; denn der „Verlust des Ebenbildes" war eine Formel, die das dem griechischen Denken Unzumutbare einer nicht verantwortlich und persönlich begangenen Sünde in etwa zu mildern oder zu paralysieren vermochte. Diese Bedeutung des Bischofs von Lyon für das wachsende Glaubensverständnis von einem dem Menschen wegen Adam innewohnenden Heilsverlust kann man nicht dadurch entwerten, daß man die Solidarität mit Christus als das Entscheidendere darstellt[68]. Letzteres ist nicht zu bestreiten. Aber es kommt doch in der teleologischen Konzeption des Irenäus erst voll zum Zuge, wenn auch der Heilsverlust in seiner vollen Bedeutung anerkannt bleibt[69].

§ 5. Die Sündenverfallenheit im Verständnis der christlichen Gnosis

SCHRIFTTUM: *N. Bonwetsch*, Die Theologie des Methodius von Olympus (AGG, Phil.-hist. Klasse N. F. VII, 1) (B 1903); *J. Stufler*, Die Sündenvergebung bei Origenes: ZKTh 31 (1907) 193–228; *W. Bousset*, Platons Weltseele und das Kreuz Christi: ZNW 14 (1913) 273–285; *ders.*, Jüdisch-christlicher Schulbetrieb in Alexandria und Rom. Literarische Untersuchungen zu Philo und Klemens v. Alexandria, Justin und Irenäus (FRLANT N. F. 6) (Gö 1915) 272–282; *Th. Rüther*, Die Lehre von der Erbsünde bei Clemens v. Alexandrien (FreibThSt 28) (Fr 1922); *J. Héring*, Etude sur la doctrine de la chute et de la préexistence des âmes chez Clément d'Alexandrie (P 1923); *O. Faller*, Griechische Vergottung und christliche Vergöttlichung: Gr 6 (1925) 405–435; *E. de Faje*, Origène. Sa vie, son œuvre, sa pensée, 3 Bde (P 1923–28); *ders.*, Gnostiques et gnosticisme (P ²1925); *G. Bardy*, Clément d'Alexandrie (P 1926); *A. Miura-Stange*, Celsus und Origenes (Gie 1926); *J. Farges*, Méthode d'Olympe. Du libre arbitre, traduction (P 1929); *ders.*, Idées morales et religieuses de Méthode d'Olympe (P 1929); *K. Staab*, Neue Fragmente aus dem Kommentar des Origenes zum Römerbrief: BZ 18 (1929) 72–82; *A. d'Alès*, La doctrine d'Origène: RSR 20 (1930) 224–268; *F. Rüsche*, Blut, Leben und Seele (Pa 1930); *J. Pascher*, Ἡ βασιλικὴ ὁδός. Der Königsweg der Wiedergeburt und Vergottung bei Philon von Alexandrien (Studien zur Geschichte u. Kultur des Altertums XVII/3–4) (Pa 1931); *W. Völker*, Das Vollkommenheitsideal des Origenes (BHTh 7) (T 1931); *ders.* (Hrsg.), Quellen zur Geschichte der christlichen Gnosis (T 1932); *ders.*, Der wahre Gnostiker nach Clemens Alexandrinus (TU 57) (B 1952); *H. Koch*, Pronoia und Paideusis. Studien über Origenes und sein Verhältnis zum Platonismus (Arbeiten z. Kirchengeschichte 22) (B–L 1932); *H. Rahner*, Taufe und christliches Leben bei Origenes: ZAM 7 (1932) 205–223; *ders.*, Das Menschenbild des Origenes: Eranos 15 (1947) 197–248; *K. Prümm*, Glaube und Erkenntnis im zweiten Buch der Stromata des Klemens v. Alexandrien: Scholastik 12 (1937) 17–57; *A. Nygren*, Eros und Agape. Gestaltwandlungen der christlichen Liebe, 2 Bde (Gü 1937); *H. U. v. Balthasar*, Le Mysterion d'Origène: RSR 26 (1936) 513–562; 27 (1937) 38–64; *ders.*, Origenes. Geist und Feuer. Ein Aufbau aus seinen Schriften (Sa ²1951); *A. Lieske*, Die Theologie der Logosmystik bei Origenes (MBTh 22) (Mr 1938); *P. Barth – A. Goedeckemeyer*, Die Stoa (St ⁵1941); *Th. Badurina*, Doctrina S. Methodii de Olympo de peccato originali et de eius effectibus (R 1942); *A. Mayer*, Das Gottesbild des Menschen nach Clemens v. Alexandrien (SA 15) (R 1942); *M. Pohlenz*, Klemens v. Alexandrien und sein hellenisches Christentum (NAG, Phil.-hist. Klasse 1943, Nr. 3) (Gö 1943); *Cl. Mondésert*, Clément d'Alexandrie. Introduction à l'étude de sa pensée religieuse à partir de l'Ecriture (P 1944); *P. Th. Camelot*, Foi et Gnose. Introduction à l'étude de la connaissance mystique chez Clément d'Alexandrie (Etudes de Théologie et d'Histoire de la Spiritualité 3) (P 1945); *St. T.*

[67] Vgl. *A. Bengsch*, Heilsgeschichte 131; *P. Schwanz*, aaO. 133 f.
[68] So *J. Weismayer*, aaO. 289.
[69] Eine gewisse Unterbewertung der Solidarität mit Adam als Voraussetzung der Solidarität mit Christus findet sich auch bei *H. Rondet*, Péché originel 48 f 62.

Bettencourt, Doctrina ascetica Origenis (R 1945); *J. Daniélou,* Origène (P 1948); *G. Bürke,* Des Origenes Lehre vom Urstand des Menschen: ZKTh 72 (1950) 1–39; *H. de Lubac,* Histoire et Esprit. L'intelligence de l'Ecriture d'après Origène (Collection Théologie 16) (P 1950); *G. Teichtweier,* Das Sein des Menschen. Ein Beitrag zur Anthropologie des Origenes (Diss. masch. T 1951); *ders.,* Die Sündenlehre des Origenes (Stud. z. kathol. Moraltheologie 7) (Rb 1958); *V. Buchheit,* Studien zu Methodios v. Olympos (Diss. Mn 1952 = TU 69) (B 1958); *R. P. Hanson,* Origen's doctrine of tradition (Lo 1954); *ders.,* Allegory and Event (Lo 1959); *H. Jonas,* Gnosis und spätantiker Geist 2, 1. Von der Mythologie zur mystischen Philosophie (Gö 1954); *H. Crouzel,* L'anthropologie d'Origène dans la perspective du combat spirituel: RAM 31 (1955) 364–385; *ders.,* Théologie de l'image de Dieu chez Origène (Collection Théologie 34) (P 1956); *ders.,* Origène devant l'Incarnation et devant l'Histoire: BLE 61 (1960) 81–110; *ders.,* Origène et la Philosophie (Collection Théologie 52) (P 1960); *J. Wytzes,* Paideia and Pronoia in the Works of Clemens Alexandrinus: VigChr 9 (1955) 146–158; *W. Gruber,* Die pneumatische Exegese bei den Alexandrinern (Graz 1957); *E. F. Osborn,* The philosophy of Clement of Alexandria (TSt N. S. III) (C 1957); *M. Harl,* Origène et la fonction révélatrice du Verbe Incarné (Patristica Sorbonensia 2) (P 1958); *A. Orbe,* Hacia la primera teología de la procesión del Verbo (Estudios Valentinianos I 1 2) (AnGr) (R 1958); *M. Hornschuh,* Das Leben des Origenes und die Entstehung der alexandrinischen Schule: ZKG 71 (1960) 1–25; *G. Gruber,* ΖΩΗ. Wesen, Stufen und Mitteilung des wahren Lebens bei Origenes (MthSt [S] 23) (Mn 1962); *St. Otto,* Wozu patristische Forschung? Dogmatische Anmerkungen zur Methode der Erforschung altkirchlicher Theologie: MThZ 13 (1962) 122–125; *M. Simonetti,* Alcune osservazioni sull'interpretazione origeniana di Genesi 2, 7 e 3, 21: Aevum 36 (1962) 370–381; *K. Baus,* Von der Urgemeinde zur frühchristlichen Großkirche (HdKG I) (Fr – Bas – W 1963); *W. Jaeger,* Das frühe Christentum und die griechische Bildung (B 1963); *R. Haardt,* Das universaleschatologische Vorstellungsgut in der Gnosis: K. Schubert (Hrsg.), Vom Messias zum Christus (W 1964); *E. v. Ivánka,* Plato Christianus. Übernahme und Umgestaltung des Platonismus durch die Väter (Ei 1964); *H. M. Schenke,* Die Gnosis: J. Leipoldt – W. Grundmann (Hrsg.), Umwelt des Urchristentums I (B 1965) 371–415; *U. Wickert,* Glauben und Denken bei Tertullian und Origenes: ZThK 62 (1965) 153–177; *Fr. H. Kettler,* Der ursprüngliche Sinn der Dogmatik des Origenes (B 1966); *ders.,* Origenes, Ammonius Sakkas und Porphyrius: Kerygma und Logos. Festschr. C. Andresen, hrsg. v. A. M. Ritter (Gö 1979) 322–328; *B. Studer,* Zur Frage des westlichen Origenismus: Studia Patristica IX (TU 94) (B 1966) 270–287; *K. Kerényi,* Menschsein als Mysterium in griechischer Deutung: Weltgespräch 2 (Fr 1967); *A. Sage,* Péché originel. Naissance d'un dogme: RÉA 13 (1967) 211–248; *J. Bernard,* Die apologetische Methode bei Klemens v. Alexandrien. Apologetik als Entfaltung der Theologie (Erfurter theol. Studien 21) (L 1968); *M. Eichinger,* Die Verklärung Christi bei Origenes. Die Bedeutung des Menschen Jesus in seiner Christologie (Wiener Beiträge zur Theologie) (W 1969); *L. Brühl,* Die Erlösung des Menschen durch Jesus Christus. Anthropologische und soteriologische Grundzüge in der Theologie des Origenes (Diss. masch. Mr 1970); *S. R. C. Lilla,* Clement of Alexandria (O 1971); *P. Kübel,* Schuld und Schicksal bei Origenes, Gnostikern und Platonikern (Calwer theol. Monographien B, Bd. 1) (St 1973); *Kl. Schmöle,* Läuterung nach dem Tode und pneumatische Auferstehung bei Klemens von Alexandrien (MBTh 38) (Mr 1974); *W. Gessel,* Die Theologie des Gebetes nach ‚De Oratione' von Origenes (Pa 1975); *W. Löser,* Im Geist des Origenes. Hans Urs v. Balthasar als Interpret der Theologie der Kirchenväter (Frankfurter theol. Studien 23) (F 1976); *P. Nautin,* Origène. Sa vie et son œuvre (Christianisme antique I) (P 1977); *W. A. Bienert,* Dionysius von Alexandrien. Zur Frage des Origenismus im dritten Jahrhundert (Patrist. Texte u. Studien 21) (B – NY 1978) 6–10; *U. Berner,* Origenes (Erträge der Forschung 147) (Darmstadt 1981).

Irenäus bahnte mit seiner heilsgeschichtlich-mystischen Auffassung von der Adamssünde einen Weg, auf dem die griechische Tradition weiterschreiten konnte, nicht freilich, ohne ihn in mancher Hinsicht zu verändern und ihn auch in andere Richtung zu lenken.

In Alexandrien, wo das Christentum im Brennpunkt hellenistischer Kultur und Weisheitslehre selbst einen spekulativ-gnostischen Zug annahm, mußte es sich mit der heterodoxen Gnosis des Basilides und Karpokrates mit größerer gedanklicher Schärfe auseinandersetzen als Irenäus mit der relativ schlichten Äonenlehre der Valentinianer. Hier, wo jüdische und gnostische Schulen (Basilides) ihren geistigen Einfluß verbreiteten, konnte das Christentum seine Eigenart nicht nur durch die Geltendmachung und Entgegensetzung seiner Heiligen Schriften bezeugen; es mußte selbst mit der Schärfe des philosophischen Denkens argumentieren und die christliche Lehre philosophisch zu entwickeln suchen[1]. Das führte freilich nicht selten zu einem philosophischen Eklektizismus und zu einem Spiritualismus, dem auch die von Philo und von der Stoa beeinflußte allegorische Exegese entgegenkam[2].

Die heilsgeschichtliche, mystisch-realistische Schau des Irenäus wich einer mehr individualistischen Perspektive[3]. Damit änderte sich für die Alexandriner, die die christliche Lehre auf das Niveau wissenschaftlicher Theologie brachten, zunächst der Problemzusammenhang, in den die Urstandslehre zu stehen kam. Wie den Spekulationen der Gnosis im ganzen nicht mehr die Realität der auf Christus hinführenden Heilsgeschichte entgegengehalten wurde, so konnte auch der Gedanke vom Urstand nicht mehr seine umfassende heilsgeschichtliche Bedeutung behalten. Er wurde wesentlich als gegen den gnostischen Dualismus gerichteter Beweis für den guten Charakter der geschaffenen Welt interpretiert. Da aber dieser Auffassung die bohrende philosophische Frage der Gnostiker nach der Möglichkeit des Übels in einer von Gott gut geschaffenen Welt entgegenstand, konnte die philosophische Antwort nur dahingehend lauten, daß der Urzustand keine in jeder Hinsicht vollkommene Verfassung des Menschen verwirklichte.

1. Die moralisierende Sicht des Klemens von Alexandrien

So war nach *Klemens von Alexandrien* († vor 215) Adam nur insofern vollkommen, als ihm „nichts von dem abging, was des Menschen Idee und Form kennzeichnet" (Strom. IV 23, 150)[4]. Dazu gehörte auch die Gottebenbildlichkeit. Klemens kennt den von Irenäus herkommenden Unterschied zwischen εἰκών und ὁμοίωσις, zwischen dem im menschlichen νοῦς gelegenen Abbild des göttlichen Logos und der höheren Gottähnlichkeit[5]. Aber zur Gottähnlichkeit sollte Adam erst durch die Beherrschung der Triebe und die Erfüllung der göttlichen Gebote gelangen (Strom. IV 14, 94). Das besagt nicht, daß der paradiesische Urstand nicht bestimmte auszeichnende Vorzüge gehabt hätte. Es heißt von Adam, daß er glücklich und frei im Paradies lebte (Protr. XI 111). Aber das ist doch wieder mehr auf seinen Kindheitszustand zurückzuführen, dem offenbar trotzdem die innere Konkupiszenz nicht fehlte (Protr. XI 111). So erscheint dieser Zustand wiederum in einem allgemeinmenschlichen Licht. Das zeigt sich auch in der realistischen Deutung der Ursünde der Stammeltern, die hier, literarisch erstmals greifbar, zwar nicht direkt als Geschlechtssünde verstanden wird, aber doch als vorzeitige Ausübung der an sich sittlich guten Zeugungsfunktion interpretiert wird, wozu sich die paradiesischen Menschen durch die Sinnlichkeit verleiten lie-

---

[1] Zur gegenüber Irenäus veränderten geistigen Situation der Alexandriner vgl. *A. Warkotsch,* Antike Philosophie 126ff; *P. Schwanz,* Imago Dei 145ff; *E. Dassmann,* Sündenvergebung 240; *B. Studer,* Soteriologie 86f; *Adam* I 173f; *B. Lohse,* Epochen der Dogmengeschichte 109.

[2] Zur exegetischen Methode des Klemens und Origenes vgl. *B. de Margerie,* Introduction 100ff 115ff; *W. Gruber,* Die pneumatische Exegese 40.

[3] *B. Studer,* aaO. 92.

[4] Protreptikos (ed. O. *Stählin:* GCS Clem. 1, ²1936, 1–86); Paedagogos (ed. O. *Stählin:* GCS Clem. 1, 87–292); Stromata (ed. O. *Stählin:* GCS Clem. 2–3, 1906 1909). PG 8–9.

[5] Unterscheidung und Zusammenhang erörtert ausführlich *P. Schwanz* mit dem Endergebnis, daß bei Klemens der anfänglichen Gottähnlichkeit die vollkommene, vom Logos erbrachte Gottähnlichkeit gegenübergestellt wird. „Gottähnlichkeit bedeutet weniger göttliche Gnadengabe als Naturerhöhung": aaO. 167.

ßen (Strom. III 16, 103)[6]. So kann der eigentliche Vorzug des paradiesischen Urstandes außer in der Tatsache, daß Adam Vater aller Menschen war (Strom. II 19, 98), vor allem in dem ihm eignenden Besitz des unsterblichen Lebens gesehen werden (Strom. IV 25). Die Aussage, daß Adam „für ein unsterbliches Leben ein sterbliches eintauschte, aber nicht für immer" (Strom. II 19, 98), läßt nicht ganz klar werden, ob der Alexandriner hier etwas Gnadenhaft-Übernatürliches meint oder eine natürliche, leibliche Unsterblichkeit. Da freilich der κατ' εἰκόνα gebildete Mensch noch nicht die vollkommene Gottähnlichkeit an sich trug und die Bildung καθ' ὁμοίωσιν vollendet erst im Gottmenschen geschah, der νοῦς andererseits streng vom πνεῦμα geschieden wird[7], kann die Ausstattung des ersterschaffenen Adam nicht als eine eigentlich übernatürliche gedacht werden. Aber auch ein leiblicher Ausnahmezustand ist schwerlich annehmbar. So wird auch die Unsterblichkeit Adams im Sinne jener grundlegenden Aussage zu deuten sein, nach der Adam mit der Befähigung geschaffen war, die Tugend zu erwerben und sich auf diese Weise das unsterbliche Leben zu verdienen[8].

Deshalb ist die Schilderung des Paradiesesgartens in der Weise der Allegorese zu verstehen. Der Rest, der von der heilsgeschichtlichen Urstandsauffassung des Irenäus übrigbleibt, besteht in der sittlich guten Ausstattung des ersten Menschen und seiner Ausrichtung auf den Logos. Das Interesse des Klemens an der Darstellung des Urstandes ruht nicht so sehr auf dessen Vollkommenheit (die ja nur eine begrenzte war) wie auch nicht auf einer Kontrastierung ätiologischer Art zum Zustand nach dem Fall. Es geht dem Alexandriner mehr um eine anthropologische Bestimmung des Menschen als Wesen des Aufstiegs zur wahren Gnosis. Obgleich nicht ohne Kontakt zu den Schriftaussagen, ist doch die Argumentation vornehmlich philosophisch und moralisch ausgerichtet[9].

In diesem philosophischen Konzept kann auch der Sündenfall keine so grundstürzend negative Bedeutung annehmen. Er rückt vielmehr in die Position eines Durchgangspunktes auf dem Weg des Menschen zur Erhöhung durch den Logos. „Der Mensch, der wegen seiner Einfalt frei gewesen war, wurde als in Sünden gefesselt erfunden. Von den Fesseln wollte der Herr ihn wieder lösen, und selbst an das Fleisch gebunden, überwältigte er die Schlange und unterwarf den gewaltigen Herrscher, den Tod, und, was das Wunderbarste ist, eben jenen Menschen, der infolge der Lust in die Irre gegangen, der an das Verderben gefesselt war, zeigte er als befreit durch seine ausgebreiteten Hände" (Protr. XI 111, 1).

Obgleich nun Klemens gelegentlich die Folgen der Sünde für die Stammeltern wie für die Menschheit im einzelnen recht drastisch ausmalt (mit an Philo erinnernden Formulierungen: Strom. II 19, 98) und im einzelnen die Vertreibung aus dem Paradies nennt, ebenso den Verlust der Unsterblichkeit, die Versklavung unter Sünde und Begierlichkeit, die Einbuße der kindlichen Einfalt (Strom. III 16, 103) und diese Sünde deutlich als Einbruchstelle allen physischen und moralischen Übels in der Menschheit kenntlich macht, obgleich er darüber hinaus von einem allgemeinen, der menschlichen Natur eingesenkten Sündigen spricht (Strom. II 19, 38),

[6] Zur Deutung des Urstandes vgl. auch *E. Dassmann,* aaO. 241; *A. Slomkowski,* L'état primitif de l'homme dans la tradition de l'église avant s. Augustin (P 1928) 47–52; *A. Gaudel,* Péché originel 329–332; *J. Weismayer:* F. Dexinger u. a., Ist Adam an allem schuld? 290 f.

[7] Vgl. *P. Schwanz,* aaO. 163.

[8] Hier ist die Mehrdeutigkeit des Todesbegriffes bei Klemens zu beachten, der sowohl den physischen Tod meinen kann, aber auch den Tod der Seele in der Sünde, schließlich den λογικὸς θάνατος im Fortschritt der Gnosis als Läuterung vom Leiblichen, vgl. *Kl. Schmöle,* Läuterung nach dem Tode 43 ff.

[9] Vgl. *A. Slomkowski,* aaO. 50 f; *A. Gaudel,* aaO. 329 f; *E. Dassmann,* aaO. 240 f; *J. Weismayer,* aaO. 290 f.

bringt er doch diese Sünde nicht in eine unmittelbare Verbindung mit der Sünde Adams. Ja er kann sogar, um den Vorwurf der Gnostiker gegen die Güte der elterlichen Zeugung abzuwehren, im Anschluß an Job 14,4 die Behauptung aufstellen, daß die Kinder „gerecht, frei von Schlechtigkeit und Sünde, ... rein am Leib, heilig an der Seele" (Strom. II 19,38) in die Welt treten. Dazu paßt eine Auffassung der allgemeinen „Sündhaftigkeit", die sich allein auf das böse Beispiel Adams zurückführt. Nach Klemens sind die Menschen insofern der Sünde Adams unterworfen, als sie in ihren persönlichen Sünden die Tat Adams nachahmen[10]. Hier ist nur noch ein moralischer Einfluß Adams auf die Sünden der Menschen festgehalten, die wesentlich als persönliche Tatsünden verstanden sind und in dem „angeborenen Stoff der Schlechtigkeit" (Strom. V 88,3)[11], in der Verdunkelung des Verstandes wie auch in dämonischen Einflüssen ihre Voraussetzungen haben.

Klemens läßt damit sehr eindeutig seine Auffassung von einer auf Adam zurückgehenden Unheils- und Verderbtheitssituation in der Welt zum Vorschein kommen, die er unter Zuhilfenahme platonisch-dualistischer Vorstellungen deutet. Es ist nicht zu verkennen, daß er damit durchaus eine Solidarität der Menschheit mit Adam in einem allgemeinen Verderben anerkennt. Aber es ist doch deutlich eine Gemeinsamkeit in den unheilvollen Folgen. Diese stark vom platonischen Menschenbild her entworfenen Folgen kombiniert er äußerlich mit der biblischen Auffassung von der Unheilsperiode, die sich zwischen Adam und Christus erstreckte und die zugleich der Vorbereitung der göttlichen Erlösung diente. Aber die platonischen und stoischen Elemente seiner anthropologischen Grundhaltung, die ihm zur Auseinandersetzung mit der gnostischen Auffassung dienlich sind, verwehren es ihm, zur Anerkennung einer Sünde zu kommen, die dem Menschen ohne persönliches Verschulden und eigenen Willen zugerechnet werden kann. Aus einem ähnlichen Grunde betont Klemens (wie zuvor schon Theophilus) die Nichtbeteiligung Gottes am Zustandekommen der Sünde. Hier begann in der Patristik die Diskussion um die Gerechtigkeit Gottes angesichts des allgemeinen Verderbens, deren vollkommene Beantwortung nur von einem vertieften Verständnis der Gnade her möglich war. Solange diese Problematik nicht in Angriff genommen wurde, mußte auch die Annahme einer „Erbsünde" auf Schwierigkeiten stoßen.

Man wird den Mangel dieser Auffassung des Klemens in der Lehre von der Ursünde noch besser verstehen können, wenn man seine Erlösungslehre zum Vergleich heranzieht[12]. Christus bringt zwar als Lehrer und Arzt der Menschheit die Sündenvergebung (Τὰ μὲν ἁμαρτήματα ὡς θεὸς ἀφιείς: Paed. I 3,7); aber es gilt auch, daß wir uns nach Gottes Willen selber erretten sollen (Ἡμᾶς δὲ ἐξ ἡμῶν αὐτῶν βούλεται σῴζεσθαι: Strom. VI 12,96). Zudem besteht die Sündenvergebung zutiefst in der von Christus der Welt vermittelten Erkenntnis, die zur Unsterblichkeit führt, und in der sittlichen Belehrung, der der Mensch sich unterwerfen soll. Das sagt, daß auch die Erlösung wesentlich intellektuell und moralisch interpretiert ist. Sie besteht im Grund in einer Veränderung der Unheilssituation, so daß der Mensch nun erst in eigenpersönlicher Tat sein Heil wirken soll. „Wie groß war die Macht der bösen Begierde. Der Mensch, welcher frei davon erschaffen war, wurde in Sünden verstrickt. Als der Herr ihn aus diesen Fesseln erlösen wollte, nahm er Fleisch an – o göttliches Geheimnis! – besiegte die Schlange, triumphierte über den Tyrannen, den Tod, und erklärte den Menschen, welcher von der bösen Begierde verführt war und an das Verderben gefesselt war, mit ausgebreiteten Armen für erlöst ... Der Herr unterlag, und der Mensch erstand von dem Tode, und der aus dem Paradies Vertriebene erhält ei-

---

[10] *Th. Rüther,* Die Lehre von der Erbsünde bei Clemens 42; insofern hat Adam mehr typologischen Charakter für das Tun der Menschen: *E. Dassmann,* aaO. 241.

[11] Vgl. dazu auch *St. Otto,* „Natura" und „dispositio" (Mn 1960) 54f.

[12] Vgl. dazu *B. Studer,* aaO. 86–91; *Kl. Schmöle,* aaO. 18–40.

nen noch höheren Preis des Gehorsams, den Himmel" (Protrept. XI 111). Wie also die Folge der Adamssünde mehr in einer äußeren Fesselung des Menschen gesehen wird, so gilt auch die Erlösung wesentlich als eine Aufhebung dieser äußeren Fesseln. Wenn man hier noch von einem Nachklang der Adam-Christus-Parallele sprechen will, dann hat sie jedenfalls ihren mystisch-realistischen Grundzug verloren und hat eine moralisch-idealistische Interpretation erhalten. Unter solchen Voraussetzungen, die die Dominanz der griechischen Philosophie bei Klemens trotz der versuchten Einhaltung des Buchstabens der Schrift erkennen lassen, konnte der Alexandriner der sich langsam bildenden kirchlichen Tradition über die Erbsünde nicht gerecht werden. Man muß zugeben, daß er sich in dieser Lehre nicht nur unvollständig und unklar ausdrückte[13], sondern daß die Tendenzen seines philosophischen Denkens ihn den entscheidenden Punkt der Lehre von Urstand und Ursünde noch nicht treffen ließen, nämlich die Anerkennung einer Sünde, die dem Menschen unabhängig von der personalen Entscheidung zukommt. Es könnte der Eindruck entstehen, als ob in der Auseinandersetzung dieses Zeitalters vorübergehend die häretische Gnosis der Vorstellung von einer „Natursünde" mehr Verständnis entgegenbrachte als die alexandrinische Theologie, wenn man etwa auf die Polemik des Klemens gegen den Gnostiker Kassianos schaut[14]. Aber dieser Eindruck trügt und übersieht die anders gearteten Grundlagen der gnostischen Einstellung zur Menschheitssünde, von denen aus es bei gelegentlichen verbalen Übereinstimmungen nicht zu einer Anerkennung der Erbsünde im kirchlichen Sinne kommen konnte. So läßt sich feststellen, daß anfangs weder die Gnosis noch die sich an die Großkirche haltende philosophische Theologie in der „Erbsündenlehre" die Tradition weiterführten[15] und beide letztlich wegen der geringeren Wertung des biblisch-paulinischen Erbes hinter dem durch Irenäus erreichten Stand zurückblieben[16].

2. *Die mystische Schau des Origenes*

Die Position des Klemens scheint die seines Schülers *Origenes* († 253/254) von vornherein zu präjudizieren. Gleichwohl ist die Sündenlehre des Origenes katholischerseits meist positiver beurteilt worden[17]. Eine solche Interpretation legte sich deshalb nahe, weil Origenes tatsächlich in seiner viel umfassenderen Behandlung des Problems eine Reihe von Elementen aufnimmt, die der kirchlichen Lehre entsprechen, und ferner in seinen Anschauungen eine gewisse Entwicklung durchmachte, die ihn am Ende der paulinischen Auffassung näherkommen ließ. Dazu kommt, daß der

---

[13] So urteilt *J. Tixeront,* Histoire des dogmes I 288; *E. Dassmann,* aaO. 240.

[14] Vgl. zu dieser Auseinandersetzung *J. Gross,* Entstehunsgeschichte des Erbsündendogmas I 99.

[15] *A. Gaudel,* aaO. 322; vgl. auch *Th. Rüther,* aaO. 85; *A. Slomkowski,* aaO. 50f; *W. Völker,* Der wahre Gnostiker 139; *J. Gross,* aaO. I 99. Deshalb darf man aber auch nicht den Schluß einer direkten Leugnung der „Erbsünde" durch Klemens ziehen; vgl. *H. Rondet,* Péché originel dans la tradition patristique et théologique 84, gegen J. Gross.

[16] Zur Distanz des Klemens gegenüber Paulus und Irenäus in der Gottebenbildlichkeitslehre vgl. *P. Schwanz,* aaO. 162ff; zum (ambivalenten) Einfluß des Paulinismus in der frühen Kirche vgl. auch *E. Dassmann,* Der Stachel im Fleisch (Mr 1979) 316ff.

[17] So u. a. durch *J. Tixeront,* Histoire I 313; *B. Altaner – A. Stuiber,* Patrologie 207: „Origenes bezeugt die Erbsünde"; *Bardenhewer* II 186 (mit Kritik der Lehre vom Fall). Gegen die Annahme einer „Erbsünde" auch *G. Teichtweier,* Die Sündenlehre des Origenes 97f.

Schüler des Klemens noch viel entschiedener als sein Lehrer die wissenschaftliche Theologie als Exegese der Hl. Schrift verstand und sich selbst trotz des philosophischen Gepräges seiner Lehre als gläubigen Interpreten der Bibel betrachtete[18]. Deshalb nimmt er auch auf den Genesisbericht und die paulinische Sündenlehre viel ausführlicher Bezug als sein Vorgänger in der Leitung der Katechetenschule zu Alexandrien[19]. Sein schärferer philosophischer Blick und sein strengeres Bewußtsein von der wissenschaftlichen Systematik ließen ihn aber auch die Problematik der Harmonisierung von hellenistischer Philosophie und biblisch-christlichem Denken deutlicher erkennen. Er vermochte sie nur dadurch zu bewältigen, daß er die Schrift noch entschiedener auf den „geistlichen" oder allegorischen Sinn hin interpretierte und stellenweise direkt die Unangemessenheit des Literalsinns demonstrierte.

Allerdings müssen die Aussagen des Origenes, die sich mit Urstand und Adamssünde und ihrem Bezug zur Menschheit befassen, wie alle seine theologischen Lehren unter einer doppelten Rücksicht gelesen und daraufhin befragt werden, ob sie als die Lehre der Kirche vorgetragen werden oder nur als denkerische Hypothesen gelten sollen[20]. Freilich scheint in der Urstandslehre der philosophische Einfluß zu überragen. Das zeigte sich bei diesem „Genius der Summation"[21] schon an dem Versuch, den platonischen Gedanken vom Abstieg des Geistes in die Materie[22] (die Quelle ist Platons Phaidros) und den platonisch-neuplatonischen Spiritualismus (der die Güte der materiellen Schöpfung geringschätzte) mit der biblischen Wahrheit von einem vorsündlichen Zustand des Menschen zu harmonisieren. Das scheint ihm nur möglich durch die Verlagerung der ursprünglich guten Schöpfung in die Präexistenz, d. h. in die Gott gleichewige Welt der reinen Geistwesen, die in erhabener Einheit leben und so Gottes wechsellose Einheit fleckenlos widerspiegeln (Princ. I 7,4).

Die Präexistenzlehre, die Origenes gegen die gnostischen Schulen Marcions, Valentins und Basilides' richtete und mit der er die ursprüngliche Gleichheit der Geschöpfe und die Gerechtigkeit wie die Güte des Schöpfers zu erklären suchte, bot verständlicherweise keinen günstigen Zugang zur biblischen Auffassung vom Urstand und seiner geschichtlichen Realität. So unternahm es der Alexandriner, den Bericht der Genesis mit der von den Pythagoreern und Platonikern entlehnten Anschauung, die er selbst wohl als philosophische Hypothese vortrug, in Übereinstimmung zu bringen. So bezog er das biblische Wort „Lasset uns den Menschen machen nach unserem Bild und Gleichnis" (Gn 1,26) nicht auf einen einzelnen, ersten Menschen, sondern auf die ganze geistige und präexistente Menschenschöpfung (In Jerem. Hom. II 1). So macht sich schon in seinem frühen Werk „De principiis" (verfaßt zwischen 220 und 230 in Alexandrien) die allegorisch-typische Auslegung der Urgeschichte geltend, die hinsichtlich des Ur-

---

[18] Vgl. dazu *Harnack* DG I 653; *Seeberg* I 500; *B. Lohse,* aaO. 53 ff; *Adam* I 178–184; *A. Slomkowski,* aaO. 52–57; *A. Gaudel,* aaO. 332–339; *E. von Ivánka,* Plato Christianus 101–150; *A. Warkotsch,* Antike Philosophie 227–283; *A. Grillmeier,* Jesus der Christus 266–280; *J. Beumer,* Die theologische Methode 25–34; *B. Studer,* aaO. 86–95.

[19] So nimmt er nach Irenäus als erster die Exegese von Röm 5,19 wieder auf: *J. Freundorfer,* Erbsünde und Erbtod beim Apostel Paulus (Mr 1927) 110–114; *A. Gaudel,* aaO. 326–329; *K. H. Schelkle,* Paulus (D 1956) 163 f.

[20] Zur Frage der Interpretationsmethode der Schriften des Origenes vgl. u. a. *H. U. v. Balthasar,* Geist und Feuer; *J. Beumer,* aaO. 31; *R. P. Hanson,* Origen's doctrine 40–47 91–113; *W. Löser,* Im Geist des Origenes 83–98; *A. Grillmeier,* Jesus der Christus 266 f; *Fr. H. Kettler,* Der ursprüngliche Sinn 1–12.

[21] Als solchen bezeichnete ihn *Harnack* DG I 652. – In Gen. Hom. (ed. *W. A. Baehrens:* GCS Orig. 6, 1920, 1–144); Sel. in Ps. (PG 12, 1053–1686); In Jerem. Hom. (ed. *E. Klostermann:* GCS Orig. 3, 1901, 1–232); In Matth. (ed. *E. Benz – E. Klostermann – L. Früchtel:* GCS Orig. 10–12, 1935–1955); In Luc. Hom. (ed. *M. Rauer:* GCS Orig. 9, ²1959); In Joan. (ed. *E. Preuschen:* GCS Orig. 4, 1903; *R. Gögler,* Kö 1959); In Rom. (PG 14, 831–1294); Contra Celsum (ed. *P. Koetschau:* GCS Orig. 1–2, 1899); De Principiis (ed. *P. Koetschau:* GCS Orig. 5, 1913); De oratione (ed. *P. Koetschau:* GCS Orig. 2, 1899, 295–403). PG 11–17.

[22] Vgl. dazu *H. Rahner,* Menschenbild 207.

zustandes die ungetrübte Einheit der Seelen in der Erkenntnis Gottes meint (Princ. I 7,4). In den zwischen 246 und 248 abgefaßten acht Büchern „Contra Celsum" tritt diese Deutung noch klarer hervor, wenn der Theologe hier, gegen seinen Opponenten gewandt, erklärt: „In der Schrift lesen wir aber auch, daß Gott ‚das Paradies in Eden gegen Osten gepflanzt' und hierauf ‚aus dem Boden allerlei Bäume hervorgebracht habe, (mit Früchten) schön zu schauen und lieblich zu essen, auch den Baum des Lebens in der Mitte des Paradieses und den Baum der Erkenntnis des Guten und des Bösen'. Diese Dinge und die anderen, die dann noch folgen, übergeht er absichtlich, da sie den wohlwollenden Leser veranlassen könnten, zu glauben, dies alles würde ohne Verletzung der schuldigen Ehrfurcht recht wohl in bildlicher Weise verstanden werden" (Contr. Celsum IV 39). Er hält dem Angriff des Celsus gegen das „Altweibermärchen" vom Paradies eine Stelle aus Platons „Symposion" entgegen, in dem die Sage von der Entstehung des Eros als Kind des Poros und der Penia als Einkleidung einer tiefen Wahrheit über das Wesen des Eros erzählt wird. „Ich habe aber", so fährt Origenes fort, „die bei Plato berichtete Sage wegen des bei ihm erwähnten Gartens des Zeus angeführt, da dieser, wie mir scheint, mit dem Paradiese Gottes eine gewisse Ähnlichkeit hat; und weil die Penia mit der Schlange dort zu vergleichen ist, und Poros, dem die Penia Nachstellungen bereitet, mit dem Menschen, dem die Schlange nachstellt" (IV 39). Origenes steht also hier nicht an, eine Stilähnlichkeit der biblischen Geschichte mit einem antiken Mythos zuzugeben, wobei er aber die schon von Klemens erwähnte Möglichkeit (Strom. I 22, 150) nicht unberücksichtigt läßt, nach welcher Plato die Geschichte vom Garten des Zeus auch unter dem Einfluß jüdischer Gelehrsamkeit in Ägypten kennengelernt haben könnte (Contr. Celsum IV 39).

Eine Erweiterung dieser Aussage und eine Präzisierung der in ihr gemeinten Wahrheit bringt Origenes in der folgenden Bemerkung über „Adam" und seinen Fall, wobei der Hinweis auf das „philosophische Verstehen" Adams wie der Sünde beachtlich ist. „Über Adam und über seine Sünde werden diejenigen das philosophische Verstehen gewinnen, die wissen, daß in der [hebräischen] Sprache Adam Mensch bedeutet und daß an den Stellen, die scheinbar von Adam handeln, Moses die Wesenslehre vom Menschen entwickelt. ‚Denn', so sagt die Schrift, ‚in Adam sterben alle' und werden gerichtet ‚in der Ähnlichkeit der Übertretung Adams'. Und das Wort Gottes sagt dies nicht so sehr von einem einzelnen Menschen, als von dem ganzen Geschlecht. Denn wenn auch der Fluch über Adam scheinbar gegen einen einzigen sich richtet, so ergibt doch der Zusammenhang, daß er sich gegen alle wendet, und es gibt kein Weib, auf das nicht zuträfe, was gegen das eine Weib gesagt wurde. Und auch die Vertreibung des Mannes mit dem Weibe aus dem Paradies und die Bekleidung mit den ‚Röcken aus Fellen', welche Gott wegen der Übertretung der Menschen den Sündigenden zubereitet hat, hat einen verborgenen und mystischen Sinn, der erhabener ist als Platos Herabsteigen der Seele, die ihre Flügel verliert und hierher fortgerissen wird, ‚bis sie irgendwo festen Boden fassen kann'" (Contr. Celsum IV 40).

Diese hier ausführlich zitierte Aussage des Origenes ist in mancher Hinsicht aufschlußreich zur Charakterisierung dieses Typus einer spekulativen Theologie, die zwischen der Schrift und der Philosophie, zwischen Christus und Plato, zwischen Kerygma und Gnosis vermitteln möchte, ohne dem christlich-offenbarungsgemäßen Kern der Wahrheit seinen letztlich entscheidenden Anspruch zu nehmen. Der Hinweis auf den „verborgenen, mystischen" Sinn zeigt den von der platonischen Allegorese bestimmten Theologen, der aus Gründen der tieferen Erfassung der Wahrheit nicht bei dem Vordergründigen der historischen Aussageweise stehen bleiben will. Die Behauptung der höheren Erhabenheit dieses Sinnes über die Seelenlehre Platons stellt das neue Selbstbewußtsein des christlichen Theologen unter Beweis, der das Christentum nicht als eine Doublette der antiken Philosophie versteht. Was aber das „Erhabenere" an der christlichen Deutung der Geschichte der Seele beinhaltet, so ist es in der Präexistenzlehre zu suchen, in der das Origeneische Äquivalent für das biblische Paradies und den menschlichen Urstand liegt.

Die Bedeutung dieser spiritualistischen und entgeschichtlichten Paradiesesauffassung wie des „Urstandes", der übrigens in einer gewissen Abstraktheit verbleibt und inhaltlich in nichts anderem als in der qualitativen Gleichheit und im Fortfall der Ungleichheit besteht, liegt vorzugsweise in der Theodizee, die der Wahrheit von der ursprünglichen Verfassung des Menschen von vornherein eine untergeordnete Rolle zuweist; denn der konkrete, geschichtlich existierende Mensch hat mit seiner präexistenten, ungeschichtlichen Abkunft keine Verbindung mehr. Die Geschichte des Menschen wird nicht von diesem Zustand bestimmt, sondern vom Fall, der aus ihm herausführte. So gibt es innergeschichtlich auch keine Wiederherstellung oder gar Überhöhung dieses Zustandes durch Erlösung und Gnade. Zwar bleibt die Rückkehr zum vergeistigten Zustand der präexistenten Schöpfung das große Ziel des Weltdramas, in dem Christus als Erzieher und Lehrer die entscheidende erlöserische Wirksamkeit zukommt[23]. Das Real-Geschichtliche wird zwar nicht gänzlich in seiner Tatsächlichkeit, wohl aber in seinem Werte relativiert[24].

Allerdings entsteht gegenüber dieser Interpretation des Alexandriners und seiner Auffassung vom ursprünglichen Menschen dadurch ein Problem, daß er auch eine real-geschichtliche Auffassung des Urstandes und der Adamsgestalt wie auch des Sündenfalls kennt, die er gelegentlich eindeutig vorträgt. So heißt es an einer sehr ausführlichen Stelle des Johannes-Kommentars in einem Zusammenhang, der unstreitig auf die geschichtliche Realität der Werke Gottes in der Welt geht, zunächst vom Sinn der Menschwerdung: „Die geistigen Wesen, die unvollkommen waren, vollkommen zu machen, dazu kam das Fleisch gewordene Wort" (In Joan. XIII 37). Schon die hier erfolgende Hervorhebung der Unvollkommenheit der geistigen Geschöpfe kann nicht deren präexistente Verfassung meinen. Aber diese Vermutung wird in der folgenden Erklärung zur Gewißheit, die sich zugleich um Behebung des Anstößigen bemüht, das in der Behauptung des unvollkommenen Zustandes der ersterschaffenen Menschen liegt. Origenes stellt hier nämlich die Frage: „Ist es nicht widersinnig, daß der Vater ein Schöpfer von Unvollendetem wäre und der Erlöser das unvollkommen Geschaffene vollendet hätte?" Die Antwort lautet: „Ich meine, die Textstelle enthalte ein tieferes Geheimnis: Vielleicht waren die geistigen Geschöpfe damals, als sie ins Paradies versetzt wurden, ganz und gar nicht unvollkommen. Denn wie hätte Gott Unvollkommenes in das Paradies gestellt mit dem Auftrag, es zu bearbeiten und zu pflegen? Wer nämlich imstande war, den ‚Baum des Lebens' und alles, was Gott pflanzte und was nachher entstand, zu bearbeiten, der kann wohl nicht gut unfertig genannt werden. Wurde nicht vielmehr der, der vollkommen war, unvollkommen durch den Ungehorsam und bedurfte dessen, der ihn aus seiner Vollkommenheit wieder vollkommen mache?"(In Joan. XIII 37).

Hier ist in einem durchaus real-geschichtlichen Sinne von der Existenz eines Paradieses, von der Güte und Sündenlosigkeit Adams und von der Sünde als Tat des Ungehorsams gesprochen. Allerdings wird über Art und Grad der paradiesischen Vollkommenheit keine Aussage gemacht. Die realistische Weise, in der hier von der Verpflichtung des Menschen zur Arbeit gesprochen wird und die ganz natürliche Fassung des „Baumes des Lebens" schließen einen physisch-welthaften Ausnahmezustand aus. Das bestätigt auch eine an anderer Stelle gemachte Aussage über Eva, die die Versuchlichkeit des Menschen betrifft und mit der bezeichnenden Einführung beginnt, daß wir uns an diesen menschlichen Sachverhalt „auch durch die Geschichte erinnern lassen wollen". Was uns die Geschichte hier zu bedenken gibt, ist dies, „daß der leicht zu täuschende Sinn Evas und das Fehlerhafte ihrer Überlegung nicht (erst) damals, als sie, statt auf Gott zu hören, auf die Schlange hörte, eintrat, sondern auch schon früher nachweislich vorhan-

[23] Zur Soteriologie und Christologie des Alexandriners vgl. *B. Studer*, aaO. 88–95; *A. Grillmeier*, Jesus der Christus 266–280.

[24] So verfolgt die Adam-Eva-Interpretation vor allem ein philosophisches und ein moralisches Interesse; vgl. *E. Dassmann*, Sündenvergebung 242 ff.

den war; denn die Schlange hatte sich ihr deswegen genähert, weil sie bei ihrer eigenen Klugheit die Schwäche der Eva zum Ziel ihres Angriffes machen konnte" (De or. 29, 18)[25].

Mit dem Hinweis auf die in der realen geschichtlichen Fassung des Paradiesesberichtes auch ganz realistische und rational-nüchterne Fassung der Versuchlichkeit Evas ist das Wort von der Vollkommenheit des Standes nicht einfach zurückgenommen. Aber es wird daran doch auch die relativ maßvolle Ausstattung dieses Standes deutlich. Entscheidend ist jedoch für die theologische Beurteilung allein die Frage, ob mit diesem Stand ein „übernatürliches" Moment verbunden war, das mit der Erkenntnis der zunächst herrschenden Sündenlosigkeit noch nicht formell ausgedrückt ist.

Die Frage kann durch Einführung der Gottebenbildlichkeitsvorstellung bei Origenes einer gewissen Lösung nahegebracht werden. Auch Origenes unterscheidet, freilich anders als Irenäus, imago und similitudo voneinander[26]. Ähnlich wie Klemens von Alexandrien läßt er die Abbildhaftigkeit des Menschen direkt auf den Logos gehen. Sie besteht dann förmlich in der vernünftigen, dem Bilde des Logos verwandten Seele. Diese ist die Voraussetzung einer höheren Gottebenbildlichkeit, der ὁμοίωσις, von der Origenes sagt, daß sie durch Gnosis und Tugendübung erworben werden müsse. Hierbei spielt der von Irenäus herkommende Gedanke der Entwicklung und Entfaltung des ursprünglich Angelegten eine wichtige Rolle. Aber die entscheidende Frage ist die, ob der ersterschaffene Adam von Gott auch schon mit der ὁμοίωσις oder einem Angeld auf sie ausgestattet war und so in einem gnadenhaft erhöhten Urstand lebte. Manche Aussagen deuten darauf hin, daß auch dieses höhere Gottgleichsein Adam nicht abzusprechen sei, so wenn es heißt: „Der Mensch, der ‚nach dem Bild und Gleichnis Gottes' geschaffen ward, wurde als erster mit dem Menschennamen betraut, und so dürfte er es sein, der auch im eigentlichen Sinne Mensch ist" (In Ps. 4, 3). Es ist eigentlich nicht möglich, dem ersten Menschen dieses „eigentliche Menschsein" abzusprechen, vor allem, weil diese Aussage auf den „inneren Menschen" (In Gen. Hom. I 13) geht, der „unsichtbar und unkörperlich und unverweslich und unsterblich" ist, also keinerlei materiell-körperliche und sichtbare Ausnahmestellung besagt. Bei genauerem Betracht wird man auch feststellen, daß in der Anführung des Genesistextes Gn 1, 26 f nicht die Unterscheidung von „imago" und „similitudo" beherrschend ist, sondern die Doppelung in Geist – Seele (= innerer Mensch) und Vitalseele mit dem dazugehörigen Leib (= äußerer Mensch). Letztere Unterscheidung tritt auch noch in der anderen Formel zutage, die die Disjunktion trifft: „Der Mensch nach Bild und Gleichnis Gottes und der Mensch aus dem Ton der Erde" (ebd.). Dem entspricht die aus Paulus genommene Antiparallele zwischen dem „himmlischen" und dem „irdischen" Menschen (vgl. 1 Kor 15, 47). Deutlich wird diese „positive" und „negative" Bildhaftigkeit in dem Satz zur Aussage gebracht: „Zwei sind der Bilder im Menschen: eines, das er von Gott im Anfang empfing, wie in der Genesis geschrieben steht: ‚nach dem Bild und Gleichnis Gottes', das andere, das nachher kommt, des Erdhaften, das er bekam, als er wegen Ungehorsam und Sünde aus dem Paradies her-

[25] GCS II 392, 9–13: „Εἰ δὲ καὶ ἀπὸ τῆς ἱστορίας ἀναμνησθῆναι βουλόμεθα, ἱστέον ὅτι τὸ ⟨τῆς Εὔας⟩ εὐεξαπάτητον καὶ τὸ σαθρὸν τοῦ λογισμοῦ αὐτῆς οὐχ, ὅτε παρακούσασα τοῦ θεοῦ τοῦ ὄφεως ἤκουσεν, ὑπέστη ἀλλὰ καὶ πρότερον ὂν ἠλέγχθη, τοῦ ὄφεως διὰ τοῦτο αὐτῇ προσεληλυθότος, ἐπεὶ τῇ ἰδίᾳ φρονιμότητι ἀντελάβετο τῆς ἀσθενείας αὐτῆς."

[26] Vgl. *J. Daniélou,* Origène 252–255; *H. Crouzel,* Théologie de l'image 127; *W. Gessel,* Die Theologie des Gebetes 204.

ausgeworfen wurde, vom Trug des ‚Fürsten dieser Welt' überlistet" (In Luc. Hom. 39)[27]. Da Origenes hier unstreitig auf den irdischen Sündenfall Adams anspielt (von dem er auch sagt, daß alle Menschen „in seinen Lenden" waren: In Rom. V 1), kann das „Bild- und Gleichnissein" dem Adam vor dem Fall nicht vorenthalten werden. Das ergibt sich ferner aus dem Umstand, daß der Mensch durch die Sünde „das Bild des Teufels betrachtend, ihm ähnlich geworden ist". Wo das aber gilt, muß im sündenlosen Zustand der Mensch (Adam) im besonderen Sinn als gottähnlich angesehen werden. Ausdrücklich heißt es dann auch: „Wenn nämlich der Mensch, der nach dem Bilde Gottes geschaffen worden war, wider seine Natur das Bild des Teufels durch die Sünde betrachtend, ihm ähnlich geworden ist, so wird er doch viel mehr noch durch Betrachtung des Bildes Gottes, nach dessen Gleichnis er von Gott selbst geschaffen wurde, mit Hilfe des Wortes und seiner Kraft jene Gestalt erhalten können, die ihm einst von Natur gegeben worden war" (In Gen. Hom. I 13)[28].

An dieser für die ursprüngliche Ausstattung Adams mit der höheren Gottähnlichkeit sprechenden Aussage ist höchstens der Umstand problematisch, daß Origenes diesen Vorzug als zur Natur Adams (wie des Menschen überhaupt) gehörig ansieht und also die Gnadenhaftigkeit dieses Standes bestreiten könnte. Aber dieses Problem ist doch wohl mehr ein solches der noch nicht entwickelten Terminologie bezüglich der Unterscheidung zwischen „Natürlichem" und „Übernatürlichem" als eine sachliche Schwierigkeit[29]. Für Origenes gehört die volle Gottähnlichkeit zum Ursprung des Menschen aus Gott ebenso wie sein ekstatisches Transzendieren auf die Gleichgestaltung mit dem Logos hin. Das ist seine konkrete geistige Natur, die jedoch die von Gott herkommende Gewährung nicht ausschließt, so daß hier der metaphysische Gegensatz von Natur und Gnade nicht aufscheinen kann, aber der Gnadencharakter dieser menschlichen Strukturierung erhalten bleibt. Daß der Aufstieg des Menschen zum lebenspendenden Logos nicht aus eigener menschlicher Kraft erfolgen kann, ist Origenes klar. „Was dem Verständnis der sterblichen Vernunftwesen unerreichbar ist wegen der Größe und übermenschlichen Art (ὑπὲρ ἄνθρωπον) und seiner unendlichen Überlegenheit über unsere dem Todesgeschick verfallene Menschennatur: das ist dennoch erreichbar geworden durch die unermeßliche Fülle der von Gott auf die Menschen herabsteigenden göttlichen Gnade. Das Unerreichbare ist erreichbar geworden durch unseren Herrn Jesus Christus" (De or. 1,1)[30]. Dem entspricht auch die Tatsache, daß Christus für Origenes gleichsam „der einzige Mensch" ist, der die gesamte Schöpfung umgreift. Er war deshalb auch schon „in Adam". „Anbeginn ist er in Adam, Ende ist er bei seiner Ankunft. Wie es geschrieben steht (1 Kor 15,45): ‚Der letzte Adam ist lebenspendender Geist'" (In Joan. I 34).

Wenn damit auch schon Adam in den Stand der dem Menschen an sich unerreich-

[27] GCS IX 229: „Duae sunt imagines in homine, una quam accepit a Deo factus in principio, sicut in Genesi scriptum est: ‚Juxta imaginem et similitudinem Dei"; altera choici, id est terreni, postquam propter inobedientiam atque peccatum ejectus de paradiso assumpsit eam, principis saeculi hujus suasus illecebris."

[28] In Gen. Hom I 13 (GCS VI, 17–18): „Si enim ad imaginem Dei factus homo contra naturam intuens imaginem diaboli per peccatum similis eius effectus est, multo magis intuens imaginem Dei, ad cuius similitudinem factus est a Deo, per Verbum et per virtutem eius recipiet [eius] formam illam, quae data ei fuerat per naturam."

[29] Vgl. dazu *H. Rahner*, Menschenbild 202.

[30] Vgl. zur Christusmittlerschaft *W. Gessel*, aaO. 205f.

baren ὁμοίωσις gesetzt wurde, so bedeutet das andererseits nicht, daß der ersterschaffene Mensch schon im Zustand der Vollendung gelebt hätte; denn wie die oben zitierte Aussage über Eva zeigt, waren die Paradiesesmenschen mit der Schwäche des Psychischen behaftet. Auch für sie war demnach die Notwendigkeit gegeben, das Psychische unter dem Einwirken des Pneuma in das Geistige zu überführen und zu einem engelgleichen Leben emporzusteigen. Dadurch sollte der Mensch – das ist aus der Analogie zum jetzigen erlösten Menschen zu erklären – in der Angleichung an Gott immer weiter fortschreiten und durch ein sittliches Leben gleichsam zur göttlichen Natur verwandelt werden, wie es in der Aussage deutlich wird: „Im Vergleich zu dem, was man gewöhnlich ‚Natur' nennt, gibt es Dinge, die über die Natur (ὑπὲρ τὴν φύσιν) hinausgehen, die aber Gott zuweilen vollbringt: so wenn er den Menschen über die menschliche Natur (ὑπὲρ τὴν ἀνθρωπίνην φύσιν) hinaufreißt und zu einer besseren und göttlicheren Natur umwandelt" (Contr. Celsum V 23)[31].

Viele dieser Gedanken an den ersten Adam und an das Enthaltensein der Menschheit „in Adam" zeigen aber unstreitig auch ihre Verbindung zu Irenäus von Lyon, dessen Einfluß auch Origenes nicht ungeschehen machen konnte. Freilich drückt sich dieser Einfluß nur dort aus, wo Origenes die real-geschichtliche Auffassung des Urstandes vertritt. Es stellt sich hier jedoch die entscheidende Frage, ob diese Auffassung die beherrschende war und die spiritualistische Präexistenzlehre, die gelegentlich nur als von Origenes vorgetragene Hypothese bezeichnet wird, paralysieren wollte. Auch die andere Möglichkeit wäre zu erwägen, daß beide Auffassungen als theoretische Erklärungsmöglichkeiten nebeneinander standen und stehen sollten. Tatsächlich deutet sich gelegentlich ein solches Nebeneinander an, etwa in dem Satz: „Und dies [die Vertreibung aus dem Paradies] war die Verdammung seines [Adams] Vergehens, die zweifelsohne auf alle Menschen überging. Alle nämlich sind an diesen Ort der Erniedrigung und in das Tränental versetzt worden. Sei es, daß alle in Adams Lenden waren, die aus ihm geboren wurden und zugleich mit ihm vertrieben wurden; sei es, daß jeder einzelne auf irgendeine andere unaussprechliche und Gott allein bekannte Weise aus dem Paradies verstoßen und verurteilt worden zu sein scheint."[32] Mit Recht wird der Schlußteil dieses Satzes auf die Präexistenzlehre und die Theorie vom vorzeitlichen Sündenfall der Geister bezogen[33]. Ist es aber möglich, dem „Systematiker" Origenes eine solche Doppelung seiner endgültigen Stellungnahme zuzumuten, die im Grunde jedem systematischen Anspruch seines Denkens widersprechen würde[34]? Man hat sich gegenüber dieser wenig aussichtsreichen Möglichkeit auf die Erklärung zurückzuziehen versucht, daß Origenes die Präexistenzlehre nur als Hy-

---

[31] Contr. Celsum V 23 (GCS II 24, 23–29): „Εἰ δὲ χρὴ βεβιασμένως ὀνομάσαι, ἐροῦμεν ὅτι ὡς πρὸς τὴν κοινοτέραν νοουμένην φύσιν ἐστί τινα ὑπὲρ τὴν φύσιν, ἃ ποιήσαι ἄν ποτε θεός, ὑπὲρ τὴν ἀνθρωπίνην φύσιν ἀναβιβάζων τὸν ἄνθρωπον καὶ ποιῶν αὐτὸν μεταβάλλειν ἐπὶ φύσιν κρείττονα καὶ θειοτέραν καὶ τηρῶν, τοιοῦτον, ὅσον καὶ ὁ τηρούμενος, δι' ὧν πράττει παρίστησιν ὅτι βούλεται."

[32] In Rom. V 4 (PG 14, 1029): „Et haec fuit delicti ejus condemnatio, quae in omnes homines sine dubio pervenit. Omnes enim in loco hoc humiliationis et in convalle fletus effecti sunt; sive quod in lumbis Adae fuerunt omnes qui ex eo nascuntur, et cum ipso pariter ejecti sunt: sive alio quolibet inenarrabili modo et soli Deo cognito unusquisque de paradiso trusus videtur, et excepisse condemnationem."

[33] Vgl. *G. Teichtweier,* aaO. 97–101; *J. Gross,* aaO. I 103; *E. Dassmann,* aaO. 244.

[34] Zur strittigen Frage nach der „Systematik" des Alexandriners vgl. die unterschiedlichen Standpunkte von *W. Völker* und *J. Daniélou* (verneinend) und die bejahende Auffassung von *H. Crouzel, Fr. H. Kettler,* aaO. 1ff, und *H. Jonas,* Gnosis 204ff.

pothese vorgetragen habe. Dann würde die real-geschichtliche Auffassung des Urstandes als die letztlich ausschlaggebende theologische These des Origenes zu gelten haben. Das widerspräche aber einer grundlegenden formalen Struktur des theologischen Denkens dieses christlichen Gnostikers, der nämlich in – wie er meint – legitimer Weise zwischen dem schlichten Glauben (πίστις), der im Kerygma der Kirche zum Ausdruck kam, und der höheren Weisheit (σοφία) oder Erkenntnis (γνῶσις) unterschied, in der der elementare, am Buchstaben der Schrift haftende Glaube in die Erkenntnis des Pneumatikers aufgehoben werden sollte, der des Anhaltes an den Tatsachen nicht mehr bedurfte. Das bedingte eine gewisse Taktik der Darstellungs- und Aussageweise des Origenes, die aber durchaus nichts mit unredlicher Doppeldeutigkeit zu tun hat, schon weil sie der esoterischen philosophischen Forschung der spätantiken Schulen und der ganzen alexandrinischen Lehrtradition entsprach[35].

Das heißt aber konkret, daß Origenes selbst dort, wo er aus Gründen der Nichtüberforderung und der Schonung seiner nicht zum gleichen Höhenflug fähigen Leser seine spiritualisierende Deutung als Hypothese einführt oder am Ende Alternativen angibt, für sich selbst von der Richtigkeit seiner pneumatischen Lösung überzeugt war. Er war dabei des guten Glaubens, daß das elementare Kerygma zur höheren, vergeistigten Erfassung der Schriftaussagen in der Gnosis drängt und in ihr aufgehen muß. Mag er dabei in Randfragen (wie etwa in der merkwürdigen Problematik der Möglichkeit der Inkorporation von Seelen in Tierleibern) am Ende eine Unentschiedenheit bezeugt und offengelassen haben, so ist er sich doch in den Zentralfragen bezüglich der „geistigen" Deutung des Kerygmas klar. Dazu gehört auch die Frage nach der Körperlosigkeit der λογικοί vor dem Fall. Wenn das aber zutrifft, war für ihn die Annahme eines real-geschichtlichen Urstandes nicht die eigentliche Aussage der Theologie, sondern nur der Vordergrund, dem letztlich keine selbständige Bedeutung zukam.

Damit muß die Erörterung der Origeneischen Urstandsauffassung bei dem schon einmal gefällten Urteil bleiben, daß sich bei ihm unter dem Einfluß des mittleren Platonismus nicht nur die Urstandslehre ins Spirituelle verflüchtigte, sondern die ganze real-geschichtliche Heilspädagogik, die Irenäus als horizontalen Prozeß in dieser Welt verstanden hatte, entleert und ein vertikal-mystisches Geschehen in jedem Gläubigen, d. h. vor allem im Gnostiker, wird. Die entgeschichtlichte, präexistentianistische Urstandsvorstellung mußte diese Tendenz erheblich verstärken. Der Anfang der Bewegung in der Präexistenz mit dem Fall der Geister, der aus einer freien Willensentscheidung resultiert, macht einen allenfalls nachträglich eingeführten, geschichtlichen Urstand überflüssig, wie ein solcher Anfang und die ganze übergeschichtliche Konzeption auch dem Gedanken an eine geschichtliche Ursünde eine eigentliche Entfaltungsmöglichkeit nimmt.

Die geistig-spiritualisierende Auffassung des Urstandes läßt die Vermutung nach einer ebensolchen Interpretation des Falles und seiner Folgen durch Origenes aufkommen. Es ist jedoch zu beachten, daß Origenes hier die von Irenäus aufgenommene Linie weiterführt, welche die Wahrheit von Adams Fall und seinen Folgen für die Menschheit auf der Paulustradition begründet. In seinem Römerbriefkommentar erklärt Origenes zu Röm 5, 12: „Wenn Levi, der im vierten Glied nach Adam geboren war, in Abrahams Lenden war [Hebr 7, 9 f], waren vielmehr alle Menschen, die in die-

---

[35] Vgl. *Fr. H. Kettler,* aaO. 44 f.

ser Welt geboren werden und geboren sind, in Adams Lenden, als er noch im Paradiese war. Und alle Menschen wurden mit ihm oder in ihm aus dem Paradies vertrieben, da er vertrieben wurde; und durch ihn ging der Tod, der aus seiner Übertretung stammte, folgerichtig auch auf jene über, die in seinen Lenden waren."[36] Hier sind zweifellos die irenäische Vorstellung von einer gewissen Inklusion der Menschheit in Adam und der Solidaritätsgedanke aufgenommen. Entsprechend der paulinischen Vorlage, wird auch die Adam-Christus-Parallele in der Weise des Überbietenden in der Gnadenwirkung herangezogen: „Christus führt mehr Menschen zum Leben, als Adam zum Tode führte: denn auch Adam selbst, der für die übrigen zur Ursache des Todes geworden, hatte Christus zum Leben zurückgerufen."[37]

Man könnte meinen, daß Origenes hier in allem die Lehre des Irenäus wiederaufgenommen habe und die mit Paulus begonnene Traditionslinie fortsetzte.

Und doch ist damit die traditionelle Position nicht erreicht; denn zunächst ist ja nicht zu übersehen, daß der Alexandriner hier nicht von einem Übergehen der Sünde auf die Gesamtmenschheit spricht, sondern nur von einem „Übergang" des Todes. Aber auch diese Aussage ist noch mit einer gewichtigen Einschränkung zu versehen, an der deutlich wird, daß Origenes auch das Todesverhängnis nicht unabhängig von der verantwortlichen Tat jedes einzelnen konzipieren kann. So stellt er kurz danach in dem schon zitierten Text fest: „Alle nämlich sind an diesen Ort der Erniedrigung und in das Tränental versetzt worden. Sei es, daß alle in Adams Lenden waren, die aus ihm geboren wurden und zugleich mit ihm vertrieben wurden; sei es, daß jeder einzelne auf irgendeine andere unaussprechliche und Gott allein bekannte Weise aus dem Paradies verstoßen und verurteilt worden zu sein scheint."[38]

Man muß diesen Text mit dem Blick auf einen zentralen Gedanken des Origenes lesen, den er immer wieder hervorzukehren bemüht ist, nämlich auf den Grundsatz, daß zur Sünde die freie Entscheidung des Menschen gehört. Er ist gezwungen, diesen Gedanken gegenüber der anders vorgehenden gnostischen Sündenlehre so exklusiv zu fassen, daß ihm die Anerkennung einer persönlich unverschuldeten Sünde oder Strafe unmöglich ist. Deshalb kann er sich z. B. auch nicht dazu verstehen, das Schriftwort von der Bestrafung der Untaten der Väter an den folgenden Geschlechtern (Ex 20, 5; 34, 7; Dt 5, 9; Ez 17, 2–4) im Literalsinn zu verstehen (Princ. II 5, 2). Im Lichte dieses Grundsatzes betrachtet, zeigt der obige Text eine Alternative zur Auffassung von einer sich vererbenden Strafe auf, die in der Annahme einer persönlichen Schuld als Grund für das Todesgeschick jedes einzelnen Menschen liegt. Darüber hinaus findet sich hier, wie der Nachsatz zeigt, bereits eine Andeutung der philosophischen Erklärung von Schuld und Strafe in der Menschheit, die Origenes mit seiner hypothetischen spekulativen Erklärung bereithält.

Der Gedanke aber, daß der Tod weniger ein Erbe, als vielmehr persönlich verschuldete Strafe ist, erhält an anderer Stelle noch eine schärfere Profilierung. Im glei-

---

[36] In Rom. V 1 (PG 14, 1009 f): „Si ergo Levi, qui generatione quarta post Abraham nascitur, in lumbis Abrahae fuisse perhibetur, multo magis omnes homines qui in hoc mundo nascuntur, et nati sunt, in lumbis erant Adae, cum adhuc esset in paradiso; et omnes homines cum ipso vel in ipso expulsi sunt de paradiso, cum ipse inde depulsus est; et per ipsum mors, quae ei ex praevaricatione venerat, consequenter et in eos pertransiit qui in lumbis ejus habebantur."

[37] In Rom. V 2 (PG 14, 1023 f): „Sic ergo plures Christus reducit ad vitam, quam Adam duxit ad mortem: quia etiam ipsum Adam, qui caeteris causa exstitit mortis, Christus revocavit ad vitam."

[38] Siehe Anm. 32.

chen Zusammenhang wird die Allgemeinheit der persönlichen Sünden in der Menschheit hervorgekehrt. Hier stellt Origenes die These auf, daß kein Mensch rein von Sünde sei, auch wenn er nur einen einzigen Tag gelebt hätte (Sel. in Ps. 21,10–11). Damit steht er auch schon vor der Frage, wie sich die Einzelsünden in der Welt zur Ursünde des Stammvaters verhalten. Daß hier an eine ursächliche Übertragung nicht gedacht ist, zeigt seine Erklärung zu Röm 5,14, in der es heißt: „Der Tod herrschte über die, welche gesündigt haben" (er liest hier „qui peccaverunt" an Stelle des „qui non peccaverunt"), „nach Ähnlichkeit der Übertretung Adams."[39] Die damit gegebene Auffassung von einer nur moralisch-vorbildlichen Wirksamkeit der Sünde Adams auf die Menschen erfährt danach noch eine Verdeutlichung durch den Satz: „... alle hienieden Geborenen werden von ihren Eltern nicht nur ernährt, sondern auch unterwiesen. Sie sind deshalb nicht nur Söhne von Sündern, sondern auch Schüler. Wenn jedoch das Alter herangereift ist und die Freiheit, zu tun, was ihnen beliebt, sich eingestellt hat, so schlägt ein jeder entweder den Weg seiner Väter ein ... oder den seines Gottes" (In Rom. V 1). Hier ist zwar auch gesagt, daß alle Menschen von Sündern abstammen, aber nicht, daß sie von ihren Eltern formell auch zu Sündern gemacht werden, weil ja das Sündigwerden ausdrücklich auf eine Entscheidung des mündigen Lebens zurückgeführt ist. An einer mit dieser Aussage eng zusammenhängenden Stelle wird der gleiche Gedanke unter Bezugnahme auf die vorhergehende Aussage noch einmal verdeutlicht, wenn gesagt wird: „Die von ihnen [den Erzeugern] Geborenen werden ... für die Eltern nicht nur Söhne, sondern auch Schüler, und sie werden nicht so sehr durch die Natur zum Sündentod gedrängt, als durch die Unterweisung ... Dies [die Sünde] tut er in Nachahmung Adams, und hierin herrscht der Tod von Adam, d. i. von der Geburt, bis zur Zeit des Gesetzes, wo er, zur Unterscheidung von Gut und Böse gelangt, der Gnade Christi teilhaftig werden kann. Dann verläßt er Adam, der ihn zum Tode entweder gebar oder erzog, und folgt Christus, der ihn sowohl zum Leben unterweist wie auch zeugt" (In Rom. V 2)[40]. Hier ist zwar immer auch der Gedanke der Geschlechtseinheit mit Adam in den Zusammenhang einbezogen. Er dient aber nur der Erkenntnis, daß in der Allgemeinheit des Sündigseins der Menschen jede Einzelnatur mit dem Drang zum Sündigsein ausgestattet ist, eine Neigung, die Origenes in Abhängigkeit von dualistischen Vorstellungen, die er trotz seines Gegensatzes zur Gnosis nicht ganz unterdrücken kann, auf den „Sündenleib" (In Rom. V 9) als solchen zurückführt. Die Sünde selbst aber entsteht durch die freie Entscheidung des verantwortlichen Menschen.

Daß hier kein seinsmäßiger Zusammenhang mit der Sünde Adams gemeint ist, unterstreicht Origenes noch einmal bei der Erklärung von Röm 5,15, wo er sagt: „Von dem einen Adam aus begann in der Welt die Sünde zu herrschen, und sie herrschte über die, welche der Übertretung Adams folgten" (In Rom. V 2). In der Auslegung von Röm 5, 17 gibt Origenes zwar zu, daß „der Tod durch die Sünde des einen zur Herrschaft kam". Er fügt aber hinzu, daß der Tod am einzelnen seine Herrschaft nicht

---

[39] Vgl. *K. H. Schelkle,* Paulus 164.

[40] In Rom. V 2 (PG 14, 1024): „Qui nascuntur, non solum filii parentibus, sed et discipuli fiunt, et non tam natura urgentur in mortem peccati, quam disciplina ... Hoc secundum Adam facit, et in hoc regnat mors ab Adam, hoc est a nativitate, usque ad legis tempus, quo ad discretionem recti pravique operis veniens, capax Christi gratiae effici potest: et ibi relinquit Adam qui eum vel genuit, vel docuit in mortem, et sequitur Christum, qui eum et docet, et gignit ad vitam."

entfalten kann, „wenn er nicht ein Herrschaftsrecht aus einer Sünde empfängt ... Der freie Wille also begibt sich selber in die Herrschaft der Sünde"[41].

Trotz der starken Betonung der Allgemeinheit von Sünde und Tod und trotz der Einbeziehung des Abstammungsgedankens trifft der Alexandriner mit all dem den Erbsündengedanken nicht. Die paulinischen Termini sind zwar genauso wie die Vorstellung von der Solidarität und Adamseinheit bemüht, aber mit anderem Sinn erfüllt. Die real-mystische Einheitsschau von Adam und Menschheit, die Irenäus sein eigen nannte und die er zugleich als eine totale faßte (insofern sie nicht nur die Folgen der Sünde einbegriff, sondern die Sünde selbst und das ganze Schicksal), ist bei Origenes zu einer nur mehr moralischen Verbindung geworden, für die der physische Zusammenhang nur das äußere Band darstellt.

Allerdings könnte an einer Stelle im Zusammenhang mit der von Origenes sicher vertretenen Auffassung von der Allgemeinheit der Sünde doch eine Neigung zur Annahme einer „ererbten" Schuld und Sünde angenommen werden, nämlich in seiner Verteidigung der Kindertaufe[42]. Origenes hat auch die Auffassung vertreten, daß es eine von den Aposteln kommende Tradition in der Kirche ist, die Kinder zu taufen, „quod essent in omnibus genuinae sordes peccati, quae per aquam et Spiritum ablui deberent" (In Rom. V 2). Die in der Tauflehre bezeugte Haltung des Origenes scheint selbst Harnack so beeindruckt zu haben, daß er dem Alexandriner in der späteren Zeit zugesteht, er habe „eine Art von Erbsünde auch von Adam her angenommen"[43]. In Wirklichkeit handelt es sich dabei um das schon im Zusammenhang mit der Erwähnung der feinen dualistischen Residuen bei Origenes festgestellte Faktum, daß der Alexandriner eine mit der bloßen Leiblichkeit des Menschen gegebene Befleckung und einen darin begründeten Hang zum Sündigen annahm. Diesen sah er sogar in Eva vor dem Sündenfall verankert – ein weiteres Argument gegen eine Inanspruchnahme des Origenes als Zeugen für eine Erbsündenlehre – wenn er von ihrem leicht zu betrügenden Sinn „und der Schwäche ihrer Vernunft" (De or. 29, 18) sprach. Die „sordes peccati", die bei den Kindern durch die Taufe getilgt werden, meinen darum nicht eine formelle Sündigkeit, sondern die allen Menschen auf Grund ihrer Leiblichkeit eignende sinnliche Niedrigkeit: Weil „die Seele in einen Leib der Sünde und in einen Leib des Todes und der Niedrigkeit eingeschlossen worden ist" (In Rom. V 9), ist sie beschmutzt und muß von diesem Schmutz gereinigt werden. An eine vererbte Sünde hat Origenes auch hier nicht gedacht, obwohl er andererseits das formale Element der Vererbung hier sehr stark in den Vordergrund rückte und mit einer neuen Vorstellung komponierte, die für die Folgezeit eine zusätzliche Belastung erbringen sollte: das ist die Verquickung der „sordes peccati" beim Kinde mit der Geschlechtsbetätigung der Eltern, mit der er eine Befleckung gegeben sah[44]. Für diese Auffassung galt ihm Ps 50, 7 („in Ungerechtigkeit bin ich empfangen und in Sünden empfing mich meine Mutter") als hinlänglicher Schriftbeweis (Hom. in Luc. XIV 9).

---

[41] Vgl. *K. H. Schelkle*, aaO. 164.

[42] Zum Problem der Kindertaufe bei Origenes vgl. *J. C. Didier* (Hrsg.), Le baptême des enfants 19–21; *J. Jeremias*, Die Kindertaufe in den ersten vier Jahrhunderten (Gö 1958) 75–77; *G. Teichtweier*, aaO. 99; *E. Dassmann*, aaO. 244 f; *N. P. Williams*, The ideas of the fall and of original sin (Lo 1927) 219 f, vertritt (unbegründet) die Auffassung, daß Origenes die Kindertaufe erst in Cäsarea kennengelernt hätte; vgl. dagegen *H. Rondet*, Péché originel et baptême des enfants 100.

[43] *Harnack* DG I 681.

[44] Vgl. dazu *Harnack* DG I 681; *G. Teichtweier*, aaO. 99.

Überblickt man die Aussagen des Origenes zur Erbsündenlehre, in denen er sich mehr oder weniger bewußt an die traditionelle Lehre halten will und dabei den Literalsinn der Schrift (bzgl. der Sündenfallgeschichte) einzuhalten bemüht ist, so wird man schon hier festhalten müssen, daß sie weder der überkommenen Tradition entsprechen noch auch geeignet erscheinen, als zukunftsträchtige Keime einer weiteren Entwicklung zu gelten. Selbst das zurückhaltende Urteil, „daß Origenes für die Erbsündenlehre die Elemente liefert, wenn er sie auch noch nicht hinreichend einander nahegebracht und verbunden hat“[45], erscheint noch zu optimistisch. Es kann zwar nicht geleugnet werden, daß sich in diesen Aussagen Elemente der traditionellen Lehre, die zugleich Bausteine für das werdende Dogma waren, finden neben anderen, denen diese Bedeutung nicht zukommt. Aber ihre Zuordnung ist wohl nicht so getroffen, daß sie einen direkten Zugang zur späteren „Erbsündenlehre“ eröffneten. Zuletzt gilt Origenes der Sündenfallbericht doch nur als Beispiel des Ungehorsams wie Christus als Beispiel des Gehorsams[46]. Aber für sich allein genommen würde diese allegorische Deutung der Schriftaussagen über die Ursünde noch keine Lösung des Gesamtproblems für Origenes bedeuten; denn mit dieser Deutung ist die vor allem problematische Vereinbarkeit von Allgemeinheit und Freiheit der Sünde noch nicht bewiesen. Die entscheidende Antwort auf dieses Problem liegt für Origenes erst in der Theorie von dem vorweltlichen Fall der Geister, die mit seiner Meinung von der Präexistenz der Seelen verbunden ist. In diesem transempirischen und vorgeschichtlichen Ereignis, in dem die rein geistigen Geschöpfe ihr Streben nach Gott preisgaben und so aus der ursprünglichen Einheit herausfielen, sündigte jede Seele persönlich und wurde daraufhin zur Bewährung mit einem materiell-sinnlichen Leib verbunden, der zwar an sich nicht böse ist, aber wegen seiner geringeren Wertigkeit und Versuchlichkeit der „Ort“ ist, „an dem das Böse geschieht“. Auf jeden Fall bringt nach Origenes die Verleiblichung der Seelen für diese eine neue Beschwernis und Verunreinigung mit sich[47]. Mit der Theorie vom vorweltlichen Fall der Geister ist wirklich die Allgemeinheit der Sünde in der Menschenwelt gesichert (wobei allerdings theoretisch die Frage weiter offenbleibt, warum alle Menschenseelen außer der für Christus bestimmten Seele in der Präexistenz sündigten oder sündigen mußten) und auch Freiheit und Verantwortlichkeit des Menschen für sein sündiges irdisches Sein garantiert, aber damit gerade nicht der Kern einer „Erbsündenlehre“ getroffen[48].

Andererseits sind für eine sich formierende Auffassung von einem der Menschheit seit Adam innerlich anhaftenden Unheil einige Elemente der Origeneischen Auffassung doch beachtenswert und von einer gewissen positiven Valenz. Unter diesen Elementen ist zunächst die wesentliche Erkenntnis von der Universalität der Sünde in der gesamten Menschheit zu nennen[49]. Auch wenn sie einmal auf den vorweltlichen Fall, zum anderen auf die vielen Sünden nach dem Beispiel Adams zurückgeführt wird, so zeigt gerade diese Ambivalenz, daß das Faktum für Origenes unbezweifelbar ist, aber doch auf keinem der beiden Wege erklärt werden kann. Bei Fortfall der bald

[45] So *J. Freundorfer,* aaO. 114; positiv beurteilt den Beitrag des Origenes auch *A. Gaudel,* aaO. 339; *J. Tixeront,* aaO. I 313; negativ: *W. Völker,* Das Vollkommenheitsideal des Origenes 26; *H. Koch,* Pronoia und Paideusis 103 f; *J. Turmel,* Histoire des dogmes I 46.

[46] *E. Dassmann,* aaO. 244.

[47] Vgl. *Seeberg* I 538; *G. Teichtweier,* aaO. 109.

[48] Vgl. *K. H. Schelkle,* aaO. 164.

[49] *H. U. v. Balthasar,* Geist und Feuer 89.

als unbegründet erkannten Theorie vom vorweltlichen Fall mußte die ganze Argumentationslast auf die Behauptung der Universalität der persönlichen Sünden zu liegen kommen. Diese Last konnte aber der Gedanke von der Ausnahmslosigkeit der persönlichen Sünden nicht tragen, weil dann die für das griechische Denken so wichtige Freiheit dieser Sünden nicht gehalten werden konnte. So standen die Gedanken von der Allgemeinheit der persönlichen Sünden und von ihrer dennoch behaupteten Freiheit in unausgleichbarer Spannung zueinander, bei der es auf die Dauer genau so wenig bleiben konnte wie bei der behaupteten Verderbtheit jedes Menschen auf Grund seines körperlichen Seins, die angeblich durch die Taufe getilgt würde. Diese dem christlichen Glaubensdenken unangemessenen Positionen kennzeichnen den Zustand einer offenen Problematik zwischen Sünde als Tat und (modern gesprochen) „Sünde als Schicksal", von der das theologische Denken herausgefordert war und deren Lösung eigentlich nur in der Annahme einer inneren Unerlöstheit gelegen sein konnte, die weder in einer Tatsünde besteht noch auch in einer physisch-psychischen Verderbnis, die der Gerechtigkeit Gottes viel unangemessener wäre als der Gedanke an eine Gnadenlosigkeit.

Schließlich war auch noch in einem anderen Gedankenelement gleichsam eine Wachstumskraft auf ein sich vertiefendes Glaubensverständnis von einer inneren Erlösungsbedürftigkeit aller Menschen angelegt: es ist die (von Tatian noch abgelehnte) von Theophilus von Antiochien erstmals deutlich vertretene Lehre von der Errettung Adams selbst aus seiner Sündenschuld, die danach zu einer Rehabilitierung Adams in der Patristik führte[50]. Auch Origenes übernimmt diese Auffassung und verleiht ihr sogar einen starken Ausdruck in der Formulierung: „Christus führte mehr Menschen zum Leben als zum Tode; denn auch Adam selbst, der für die übrigen zur Ursache des Todes wurde, hat Christus zum Leben zurückgerufen" (In Rom. V 2). Es kommt bei der Wertung dieser Aussage nicht so sehr auf die Bestimmung Adams als „Ursache" des Todes aller an, weil diese Ursächlichkeit nach Origenes auch als bloß moralische angesehen werden kann. Gewichtiger ist hier wieder die Vorbildhaftigkeit Adams, des Vaters aller Menschen, für das Heil der ganzen Menschheit (In Matth. 126). Der Gedanke, daß das, was an Adam geschah, sich (in der Kraft Christi) auch an der Menschheit ereignete, schloß diese Menschheit mit ihrem Stammvater neuerlich zusammen. So war der Solidaritätsgedanke bezüglich Adams und der Menschheit mit einem neuen Argument unterbaut und jedenfalls eine Entwicklung angedeutet, in welcher sich die nur moralische Solidarität auch zu einer ontischen verstärken konnte. Deshalb kann man auch Origenes nicht als einen definitiven Gegner der „Erbsündenlehre" ausgeben[51]. Man kann nur sagen, daß er auf Grund seiner eigentümlichen philosophischen Voraussetzungen die Frage noch nicht zu stellen vermochte[52].

---

[50] *E. Dassmann,* aaO. 245.

[51] Vgl. *J. Gross,* aaO. I 108.

[52] Nach *J. Weismayer* wäre Origenes aber ein Zeuge für die Lehre von der sogenannten Sündenverflochtenheit: aaO. 293. Es ist nur die Frage, wie in diesem Theorem die grundlegende Verbindung zwischen der Ursünde Adams und den Sünden der Menschen anzusetzen ist. Bleibt man bei der Deutung des nur moralischen Beispiels Adams für die sündigenden Menschen, dann gibt es auch keine „Verflochtenheit" der Sünden in einem ontischen Sinne. Zudem läßt die Theorie das Grundproblem unbeantwortet, das mit der Behauptung eines Sündigens jedes Einzelmenschen gegeben ist. Im Grunde rückt hier ein schlimmerer Determinismus in die Nähe, als er einer (mißverstandenen) „Erbsündenlehre" vorgeworfen wird.

Die Nichtbeanspruchung des Origenes für eine „Erbsündenlehre“ (bei Anerkennung einiger Grundelemente) ist für das Stadium des sich bildenden Glaubensbewußtseins und des werdenden Dogmas nicht als ungewöhnlich und negativ zu beurteilen. In dieser Phase muß man, geschichtlich denkend, mit der Möglichkeit eines gleichsam experimentierenden Verfahrens der Theologie und des Glaubensdenkens rechnen. Hier darf man der theologischen Entwicklung zubilligen, daß sie gleichsam auch „versuchs-“ und „probeweise“ voranschreitet und so auch Wege abschreitet, die sich danach als nicht weiterführend erweisen. In dieser Weise darf die so unausgeglichene Konzeption des Origenes als ein Versuch gewertet werden, wie das der Alexandriner mit der Betonung des Hypothesencharakters mancher seiner Spekulationen selbst nahelegte, ein Versuch, dem wegen seiner zu starken Verquickung mit einer platonischen Philosophie kein Erfolg beschieden sein konnte.

3. Die Kritik an Origenes durch Methodius von Olympos

Das zeigte sich auch faktisch an der Aufnahme, die die Spekulation des Origenes in der Folgezeit fand. Zwar gab es auch einseitige Verteidiger der Präexistenzlehre und der damit zusammenhängenden Auffassungen wie den gelehrten Presbyter Pamphilus († 309)[53], aber schon Petrus von Alexandrien († 311) nahm gegen die Präexistenzlehre Stellung[54]. *Methodius von Olympos* († 311) aber widmete den Spekulationen des Origenes über den Ursprung der Sünde eine eindeutige Widerlegung, die bewußt die irenäische Tradition wieder aufnimmt. Dem Spiritualismus des Origenes, seiner Neutralisierung des Geschichtlichen und seiner Abwertung des Leiblichen will er eine „Theologie der Tatsachen“[55] entgegensetzen, die das Wort der Schrift genauso ernst nimmt wie das Urteil der Vernunft[56]. Darum weist er Origenes die philosophische Ungereimtheit nach, die in der Lehre liegt, daß der Leib Anreiz zur Sünde sei und die Seele doch schon in einem vorweltlichen Fall sündig wurde (De resur. I 56, 4)[57]. Wie Irenäus unterscheidet er „Bild“ und „Gleichnis“ am Menschen und läßt Adam nach dem Bilde (κατ' εἰκόνα) wie nach dem Gleichnis (καθ' ὁμοίωσιν) Gottes geschaffen sein. Unmittelbar aus Gottes Hand hervorgegangen, konnte der Mensch nicht anders als unsterblich und unverweslich sein. Eine andere Möglichkeit wäre „unvernünftig ... zu denken“ (De resur. I 35). Methodius veranschlagt auch hier das geschichtliche Moment, das den Zustand Adams mit einer Entwicklungstendenz versieht, so daß er auch auf dem Wege zum endgültig sicheren Gewinn der Gabe der Unsterblichkeit bleibt.

Psychologisierend, aber in Anlehnung an die paulinische Gesetzesdialektik, versucht Methodius den Sündenfall zu erklären. Bevor die Stammeltern das Gesetz empfangen hatten, das ihnen den Genuß der bestimmten Frucht verbot, empfanden sie in sich keinen Anreiz zur Sünde. Das Gebot erst entzündete die Begierlichkeit, die der

---

[53] Vgl. *Bardenhewer* II 267–292; *B. Altaner – A. Stuiber,* aaO. 213. Apol. pro Origene I 9 (PG 17, 604 ff).

[54] *Bardenhewer* II 239–247; *B. Altaner – A. Stuiber,* aaO. 121 f; vgl. *Petrus Alexandrinus:* PG 18, 519–522.

[55] So *Seeberg* I 631.

[56] *A. Gaudel,* aaO. 339–342; *F. R. Tennant,* Sources 308 f; *E. Dassmann,* aaO. 246–248.

[57] Ed. *N. Bonwetsch:* GCS 27 (1917). PG 18.

Teufel durch Verführung anstachelte und zur Sünde des Ungehorsams werden ließ (De resur. II 1). Es ist das ein gewiß unvollkommener Versuch zur psychologischen Erklärung der Sünde im Zustand der relativen Vollkommenheit der ersterschaffenen Menschen, aber kennzeichnend für den geschichtlichen Realismus, mit dem Urzustand und Sündenfall beurteilt werden. Realistisch ist deshalb auch die Darstellung der Sündenfolgen, zunächst für Adam selbst. Dabei dringt doch auch etwas von der Stimmung des Origenes in die Beschreibung des Sündenzustandes ein; denn die Sünde wurzelt sich vor allem im Fleische ein, so daß entsprechend auch die fleischliche Begierde (ἐπιθυμία ὑλική) als die entscheidende Sündenfolge angesehen wird (De resur. II 2). Aber wieder ist dieser origenistische Anklang von einem irenäischen Gedanken umfaßt und gleichsam überwölbt, der sich so auch schon bei Theophilus von Antiochien fand: der Tod, der im griechischen Verständnis die eigentliche Sündenfolge ist, wird hier als Ausdruck der Barmherzigkeit Gottes über den Sünder verhängt, um das Böse in ihm nicht unsterblich werden zu lassen. Auch die Vertreibung aus dem Paradies wird in diesem Sinn zugleich auch als ein Heilmittel verstanden (De resur. I 39) und in den Plan Gottes zur Neuaufrichtung des Menschen einbezogen.

Aber alle diese von Irenäus herkommenden Motive empfangen erst von daher ihre Konsistenz und Bedeutung für eine „Erbsündenlehre", als Methodius auch den Solidaritätsgedanken streng festhält und in gewisser Hinsicht noch verschärft. Er spricht meist von der ganzen Menschheit, wenn er von Adam redet. So kann er u. a. behaupten, daß in Adam alle Menschen im paradiesischen Zustand eines Lebens ohne Begierde weilten (De resur. II 1). Es ist nicht wahrscheinlich, daß Methodius unter dieser Inklusion nur den Besitz der allen gemeinsamen generischen Menschennatur bei Adam meint. Das wird auch durch die Parallele bei Christus ausgeschlossen, von dem Methodius annimmt, daß er bei der Menschwerdung den wiederbelebten Leib Adams selbst angenommen habe (Symp. III 4–8)[58]. Damit ist der Realismus der irenäischen Rekapitulationslehre an einem Punkt noch überboten. So kann Methodius auch ganz realistisch auf Grund der Adamstat von einer „Sünde in uns" sprechen. Aber bei näherem Hinblick ergibt sich, daß er darunter vornehmlich die böse Begierlichkeit meint, die eine dauernde Quelle böser Gedanken darstellt (De resur. II 6). Das eigentliche Böse kommt von außen an den Menschen und schürt die Glut der Begierde an. Dabei verbleibt dem Menschen immer die Kraft, den von außen anstürmenden Gewalten Widerstand zu leisten, was ihm durch die belebende und reinigende Kraft des Erlösers Christus möglich wird. Hier kommt eine durchaus optimistische Auffassung vom Stand des Menschen nach der Sünde zum Ausdruck, so daß man sagen darf, Methodius habe die Macht der Sünde nicht sonderlich betont. Dem entspricht auch, daß er die durch Christus erbrachte Erlösung wesentlich als eine von außen kommende, moralisch-geistige versteht, weshalb er Christus als den „großen Geber und Helfer" preisen kann (De resur. III 23).

Für die Frage, ob Methodius das Solidaritätsprinzip, nach dem er das Verhältnis zwischen Adam und der Menschheit denkt, auch formell auf die Ursünde angewandt hat, ist damit ein negativer Entscheid getroffen. Was Methodius zugibt, ist allein die Tatsache, daß die durch die Ursünde geweckte und im Fleische wurzelnde Begierlichkeit sich allen Menschen mitgeteilt hat. Damit hat er den Umfang des Solidaritäts-

[58] Vgl. *N. Bonwetsch,* Die Theologie des Methodius 92 f.

prinzips in seiner Anwendung begrenzter gefaßt als Irenäus und ist so nur zur Anerkennung einer Applizierung der Begierlichkeit auf die Menschheit im Verfolg der Adamssünde gekommen[59]. Der von Irenäus übernommene Rahmen einer realistischen „Erbsündenauffassung" war von Methodius (im Unterschied zu Origenes) zwar übernommen, aber nicht mit gleichem Gehalt gefüllt. Das Unzulängliche seiner Auffassung liegt vor allem an der mangelnden Unterscheidung zwischen Sünde und böser Begierlichkeit. Er erkennt die Konkupiszenz als das Böse und sogar als Sünde an und spricht davon, daß diese Sünde im Menschen ihre Wohnung aufgeschlagen habe (De resur. II 6). Diese Unschärfe ist zwar einer klaren Erfassung des Gedankens eines Kontaktes mit der inneren Heillosigkeit Adams hinderlich. Aber es ist wohl zu erkennen, daß in der Betonung der „Makel vieler Bosheit" im nachadamitischen Menschen (De resur. I 38) das Moment der inneren Heillosigkeit nicht förmlich ausgeschlossen war. Solange freilich unter „Sünde" im griechisch-hellenistischen Sinne nur die freie Tat des einzelnen verstanden wurde, konnte man diesen Unheilszustand nicht mit diesem Begriffe fassen.

Es ist deshalb nicht angängig, Methodius von der Entwicklungslinie auf das „Erbsündendogma" hin zu trennen, wenn man auch zugeben muß, daß seine mangelnde Unterscheidung zwischen Konkupiszenz und Sünde ihn nicht schon zu einem Vertreter des späteren Dogmas macht. Das Wissen um die geschichtlich verstandene Ursünde, um die Solidarität der Menschheit mit Adam und um die katastrophale Auswirkung der Tat Adams in Gestalt der allen Menschen anhaftenden Konkupiszenz legte die Elemente bereit, die einer formellen Erkenntnis der „Erbsündenwahrheit" vorausgehen mußten. Besonders im Hinblick auf das letztgenannte Element wäre es ungerechtfertigt, in Methodius einen stoischen Lobredner auf die Schönheit und Idealität einer ungebrochenen Menschenschöpfung sehen zu wollen, der um die Tragik der Folgen des Sündenfalls nicht weiß, auch wenn er sie einseitig in die sinnliche Begierde verlegt. Der zu diesem Nachweis von J. Gross herangezogene Hymnus der Jungfrau Agathe im Symposion[60], der die „unübertreffliche Schönheit" der nach dem Bilde Gottes geschaffenen Seele preist, ist von dem Blick auf diese gute und kunstvolle Schöpfung Gottes als solche bestimmt und sieht von ihrem geschichtlichen Schicksal ab. Daraus auf einen absoluten Optimismus bei Methodius schließen und ihn als direkten Widerpart einer späteren kirchlichen „Erbsündenlehre" hinstellen zu wollen, ist genauso unberechtigt, wie wenn man heute dem Verfasser eines theologischen Lobpreises auf die Schöpfung ipso facto die Leugnung der Wahrheit von der „Erbsünde" unterstellen wollte.

Allerdings zeigt das Beispiel des Methodius, wie schwer es dem an der hellenistischen Philosophie orientierten christlichen Denken wurde, zu einer lehrhaften Konzeption der übernommenen Elemente zu kommen, selbst wenn es die Übertreibungen des Origenismus ablehnte. Hier kam dem Irenäus seine problemlose Verbindung mit der Schrift und seine relative Uninteressiertheit an der Philosophie zugute. Die Gründe, die es Methodius verwehrten, das sichtlich von Irenäus übernommene Ge-

---

[59] *A. Gaudel*, aaO. 342; *J. Turmel*, aaO. I 50–52.

[60] Symp. VI 1–2; vgl. dazu *J. Gross*, aaO. I 111 f. Hier ist auch zu bedenken, daß Methodius stark platonisierend allein von der Schönheit der Seele spricht, nicht aber über die mit dem Leib verbundene Seele urteilt.

dankengut in einer entsprechenden philosophischen Form weiterzugeben, waren mannigfacher Art: das noch unscharfe, weil vorwiegend moralisch-intellektuelle Verständnis von Sünde und Erlösung, die einseitige Betonung des Freiheitsprinzips unter dem Zwang der Auseinandersetzung mit der Gnosis, der Hang zum Aszetismus und insgesamt die platonisierende Anthropologie mit der Umschattung des Körperlichen. Erst ein Zurückdrängen dieser Elemente und ein noch innerlicherer Anschluß an die paulinisch-irenäische Tradition konnten hier einen Wandel schaffen.

§ 6. Die Ausbildung der Traditionslinie in der römischen und afrikanischen Theologie und die Konzentration in Tertullian

SCHRIFTTUM: *H. Mouchon*, Exposition critique des opinions de Tertullien sur l'origine et la nature du péché (Str 1859); *H. Achelis*, Hippolytstudien (TU NF 1, 4) (L 1897); *A. d'Alès*, La théologie de Tertullien (P 1905); *ders.*, La théologie de s. Cyprien (P 1922); *J. Stufler*, Die verschiedenen Wirkungen der Taufe und Buße nach Tertullian: ZKTh 31 (1907) 372–376; *L. Fuetscher*, Die natürliche Gotteserkenntnis bei Tertullian: ZKTh 51 (1927) 1–34 217–251; *J. Lortz*, Tertullian als Apologet, 2 Bde (Mr 1927); *H. Koch*, Tertullianisches III: Zur Lehre vom Urstand und der Erlösung bei Tertullian: ThStK 104 (1932) 127–159; *J. Stelzenberger*, Die Beziehungen der frühchristlichen Sittenlehre zur Ethik der Stoa (Mn 1933); *L. Bieler*, Θεῖος ἀνήρ. Das Bild des göttlichen Menschen in Spätantike und Frühchristentum, 2 Bde (W 1935–36); *K. Janssen*, Die Entstehung der Gnadenlehre Augustins (Rostock 1936); *A. Heitmann*, Imitatio Dei. Die ethische Nachahmung Gottes nach der Väterlehre der zwei ersten Jahrhunderte (SA 10) (R 1940); *J. Klein*, Tertullian, christliches Bewußtsein und sittliche Forderungen (D 1940); *P. Barth – A. Goedeckemeyer*, Die Stoa (St [5]1941); *G. Bovini*, Sant' Ippolito dottore e martire de III. secolo (R 1943); *G. Bardy*, La théologie de l'Eglise II: de saint Irénée au concile de Nicée (P 1947); *E. Lengeling*, Das Heilswerk des Logos-Christos beim heiligen Hippolyt von Rom (R 1947); *G. Quispel*, La conception de l'homme dans la gnose valentinienne: Eranos 15 (1947) 197–248; *R. Reuterer*, Der hl. Hippolyt (Klagenfurt 1947); *P. J. Couvée*, Vita beata en vita aeterna... bij Lactantius, Ambrosius en Agustinus (Baarn 1947); *M. Pohlenz*, Die Stoa, Geschichte einer geistigen Bewegung (Gö 1948); *Th. Verhoeven*, Studien over Tertullianus' Adversus Praxean (A 1948); *A. Kolping*, Sacramentum Tertullianeum I (Mr 1948); *B. Nisters*, Tertullian. Seine Persönlichkeit und sein Schicksal. Ein charakterologischer Versuch (MBTh 25) (Mr 1950); *G. L. Prestige*, God in Patristic Thought (Lo [2]1952); *S. Barbalato*, La dottrina della grazia in s. Cypriano (Diss. R 1953); *C. Becker*, Tertullians Apologeticum. Werden und Leistung (Mn 1954); *J. A. Fischer*, Studien zum Todesgedanken in der alten Kirche. Die Beurteilung des natürlichen Todes in der kirchlichen Literatur der ersten drei Jahrhunderte (Mn 1954); *J. Mehlmann*, Natura filii irae. Historia interpretationis Eph 2, 3 eiusque cum doctrina de peccato originali nexus (Analecta biblica 6) (R 1957); *St. Otto*, Der Mensch als Bild Gottes bei Tertullian: MThZ 10 (1959) 276–282; *ders.*, „Natura" und „dispositio". Untersuchung zum Naturbegriff und zur Denkform Tertullians (MThSt(S) 19) (Mn 1960); *B. Botte*, La tradition apostolique de saint Hippolyte (LQF 39) (Mr 1963); *R. Cantalamessa*, L'omelia „In S. Pascha" dello Pseudo-Ippolito di Roma. Ricerche sulla teologia dell'Asia Minore nella seconda metà del II secolo (Mi 1967); *G. Kretschmar*, Die Geschichte des Taufgottesdienstes in der alten Kirche: Leiturgia V (Kassel 1970) 1-348; *J. Daniélou*, Les origines du christianisme latin (P 1978).

Im Abendland trafen die von Paulus und Irenäus kommenden Gedanken auf andere Voraussetzungen, die z. T. der Entwicklung einer „Erbsündenlehre" günstiger waren als die Bedingungen in Alexandrien. Während hier das Übergewicht des spekulativen Denkens, des mystischen Interesses und der theoretischen Schau des Weltganzen in einer umfassenden Idee dazu drängte, der Sünde einen gewissen Episodencharakter zuzuerkennen[1], gelangte das abendländische Christentum unter dem Einfluß des

[1] Vgl. dazu *Seeberg* I 639ff; *B. Lohse*, Epochen der Dogmengeschichte 107ff; *Adam* I 104ff; *A. Warkotsch*, Antike Philosophie 88 ff; *A. Grillmeier*, Jesus der Christus 240ff.

pragmatischen römischen Denkens, der positiven Wertung von Recht und Moral wie des realistischen Interesses an den Tatsachen und gesetzten Ordnungen im Geiste und in der Geschichte zu einer konkreteren Fassung des Sündengedankens, obgleich auch hier noch ausführliche Beschäftigungen mit ihm fehlen und die Aussagen Gelegenheitscharakter haben. Nicht geringe Bedeutung hatte hier auch der Unterschied der philosophischen Neigungen, die im Osten einseitig in Richtung des Neuplatonismus gingen, während der Westen sich von der Stoa und der stoischen Popularphilosophie angezogen fühlte[2]. Den verschiedenartigen geistigen Voraussetzungen entsprach auch ein anderes Verhältnis zur Schrift wie zur Glaubensregel, die beide in einem elementaren Sinn verstanden wurden und mehr als gesetzliche Vorschrift galten denn als Haftepunkte religiöser Spekulation und eines zusammenhängenden geistigen Verständnisses.

Die damit grundgelegten Eigenheiten der abendländischen Auffassung von Ursünde und Erbsünde treten bezeichnenderweise bei dem griechisch schreibenden *Hippolyt von Rom* († 235)[3] noch nicht in Erscheinung.

Dem griechischen Denken entsprechend, sieht Hippolyt als das eigentliche Heilsgut die Unsterblichkeit an, die Adam ursprünglich besessen hat (Contra Noetum 17)[4], aber durch seinen Ungehorsam verlor (In Daniel. II 28). Auch wenn sich sonst in den uns erhaltenen Schriften Hippolyts keine ausführlichen Beschreibungen des Zustandes der erstgeschaffenen Menschen vor dem Sündenfall finden, so ist seine Auffassung davon doch aus seinen Gedanken über die Wirkungen der Erlösung durch Christus zu erschließen; denn auch für Hippolyt stehen die Werke Adams und Christi in einer strengen Parallele; denn „Christus ist ja der Gott über alles, der beschloß, die Sünde von den Menschen wegzuwaschen und aus dem alten Menschen einen neuen zu machen, er, der ihn am Anfang sein Bild genannt hatte; im Gleichnis zeigte er seine Liebe zu dir; wenn du seinen erhabenen Vorschriften folgst und des Guten guter Nacheiferer wirst, so wirst du ihm ähnlich und von ihm gerettet" (Philos. X 34). Hier hat Hippolyt auch die Unterscheidung zwischen „Bild" und „Gleichnis" für den urständigen Menschen übernommen und, ähnlich wie Irenäus[5], die Geschichte des Heils als Weg vom „Bild" zur „Ähnlichkeit" gedeutet, obgleich die heilsgeschichtliche Teleologie nicht mehr so stark betont erscheint.

Darin zeigt sich Hippolyt unverkennbar als Nachfahre des Irenäus und seiner mystisch-realistischen Heilslehre. Weil die Erlösung Christi die Wiederherstellung der Menschheit durch Mitteilung der Unsterblichkeit und Vergöttlichung zum letzten Ziele hatte, erscheint der erste Adam vor allem im Besitz des Gutes der Unverweslichkeit, die ihm sogar als von Natur zugehörig beigegeben wird. Mit ihm verband sich in wunderbarer Ergänzung „Unschuld, Sanftmut und Neidlosigkeit" (In Cant. Cant. 15).

Hippolyt ist aber auch darin ein Gefolgsmann des Irenäus, daß er die Solidarität der Menschheit mit Adam deutlich hervortreten läßt und vor allem um die Einheit der Menschheit mit dem

[2] Zu Tertullian vgl. u. a. *J. Daniélou,* Les origines 123–159.

[3] Zum biographischen und literarischen Problem Hippolyt vgl. u. a. *P. Nautin,* Hippolyte et Josipe (P 1947); *ders.,* Hippolyte, Contre les hérésies, Fragment. Etude et édition critique (P 1949); Ricerche su Ippolito (Augustinianum. Studia 13) (R 1977); *A. Grillmeier,* Jesus der Christus 231 ff; ohne die „Arbeitshypothese" von den unter dem Namen Hippolyt verborgenen zwei Autoren hier diskutieren zu können, kommt sie sachlich einer gewissen Mittelstellung Hippolyts zwischen östlicher und römischer Theologie entgegen; vgl. auch *Bardenhewer* II 602ff; *B. Altaner – A. Stuiber,* Patrologie 164 ff; *Tixeront* I 322–328; *E. Dassmann,* Sündenvergebung 239 f.

[4] Philos. (Refutatio) (ed. *P. Wendland:* GCS Hipp. 3, 1916); In Daniel. (ed. *N. Bonwetsch:* GCS 1/1, 1897, 1–340); In cant. cant. (ed. *N. Bonwetsch:* GCS 1/1, 341–374); De antichristo (ed. *H. Achelis:* GCS 1/2, 1897, 1–47); Fragmente (ed. *H. Achelis:* GCS 1/2); Contra Noetum (ed. *P. Nautin,* Hippolyte, Contre les hérésies, P 1949). PG 10, 583–962; 16, 3009–3454.

[5] Vgl. zu Irenäus *St. Otto,* Gottes Ebenbild in Geschichtlichkeit (Mn 1964) 86; *W. Dürig,* Imago (Mn 1952) 85 f.

Stammvater in den Sündenfolgen weiß. Ja, der Gedanke der Solidarität erfährt gegenüber der Verwendung durch Irenäus bei Hippolyt noch dadurch eine Verstärkung, daß Hippolyt, hier schon auf Methodius von Olympos vorausweisend, Christus sich mit dem ersten Adam selbst bei seiner Menschwerdung vereinigen läßt und dadurch das ganze Menschengeschlecht erneuert (De antichristo 4). Das ist nur möglich, wenn zuvor schon das ganze Menschengeschlecht im ersten Adam eingeschlossen war. Darum gilt der Zustand Adams nach dem Fall fraglos für die ganze Menschheit. In Adam wurde die ganze Menschheit „in die Bande des Todes verstrickt" (Fragm. S. 83). Wie Irenäus sieht Hippolyt die Menschheit nach der Ursünde gleich Adam mit dem „Tode" behaftet und in einem Zustand der Heillosigkeit befangen, ohne dabei ein Moment der „Vererbung" zu erwähnen. Die Erklärung leistet vielmehr auch bei ihm das Solidaritätsprinzip. Hippolyt definiert zwar nirgends, was unter der Verstrickung im Tod, unter dem Zu-Boden-Liegen und dem Gestorbensein des adamitischen Menschen im einzelnen zu verstehen ist. Es sind Bilder für eine unheilvolle Gesamtverfassung, in welcher sich die Nachgeborenen vom Erstgeborenen unterscheiden. Nirgends ist dabei das formelle Moment einer inneren Heillosigkeit und Erlösungsbedürftigkeit eigens genannt und von der heillosen Gesamtsituation isoliert. Aber wenn die Solidarität mit Adam zurecht besteht, Adams Zustand aber durch die Sünde bestimmt war, kann dieses Moment des inneren Verfallenseins der Menschen in der Adamseinheit auch nicht als förmlich ausgeschlossen betrachtet werden. Obgleich er in der Bestimmung des Unheilzustandes nicht die gleiche Klarheit wie Irenäus bezeigt, kann wohl kaum verkannt werden, daß seine Beschreibung der menschlichen Verfallenheit auf Grund der Adamseinheit auf der Linie der irenäischen Theologie liegt. Daß er dabei an der Freiheit des Menschen gegenüber dem Guten wie dem Bösen festhält, ist nicht als Widerspruch zu einer inneren sündigen Versehrtheit des Menschen auszugeben[6].

Immerhin hätte er für das Abendland eine Brücke bilden können, über die das Gedankengut der irenäischen Tradition der römischen und afrikanischen Theologie zugebracht wurde. Aber der griechisch schreibende Hippolyt fand in der bald zum Lateinischen übergehenden römischen Gemeinde keinen Widerhall und geriet im Abendland überhaupt in Vergessenheit.

Das zeigt sich an dem ersten, in lateinischer Sprache geschriebenen theologischen Werk, das der römische Presbyter *Novatian* († um 257)[7] verfaßte. Diese in der äußeren Form ansprechende Monographie „Über die Trinität" zeigt, soweit sie über den Urzustand und die Ursünde spricht, eine nüchtern-didaktische Auffassung der Fakten des Genesisberichtes, unter denen nun schon traditioneller Weise die Gottebenbildlichkeit des Menschen, seine Unsterblichkeit und ihr Verlust in der Sünde des Ungehorsams besonders erwähnt sind. Der Tod als Straffolge erfaßt die ganze Menschheit, wird doch aber zugleich auch als Beweis der göttlichen Barmherzigkeit gewertet, die dem Menschen die Last einer ewigen Strafe abnimmt. Der Strafzustand erscheint nicht so sehr nach der inneren Verfassung der Menschheit ausgeführt, als vielmehr auf die äußere Welt bezogen, die unter einem Fluche steht, was für Novatian (in wörtlicher Ausdeutung der Sündenfallgeschichte) besonders an der Härte der menschlichen Arbeit sichtbar wird (De trinit. I 7). Die tiefere Problematik des biblischen Berichtes im Hinblick auf die Erkenntnis eines Zusammenhangs von Adamstat und Menschheitsgeschick ist hier nicht aufgenommen.

Aber die geistige Bewegung kam in die Lehre wie überhaupt in die abendländische Theologie anfangs nicht von der römischen Gemeinde im Zentrum des Reiches, sondern von der afrikanischen Kirche an der Peripherie. Hier wurde das Traditionsgut der Sündenlehre nicht nur aufgenommen, sondern in einer neuen Form weiterentwik-

[6] Vgl. *J. Gross,* Entstehungsgeschichte des Erbsündendogmas I 114.
[7] *Bardenhewer* II 626–635; *B. Altaner – A. Stuiber,* aaO. 170–172; *Tixeront* I 352–362; *E. Dassmann,* aaO. 254f. – De trinitate (ed. *G. F. Diercks:* CChr 4, 1972, 1–78; PL 3, 861–970).

kelt. Das Verdienst, eine Initiative ergriffen zu haben, die weitreichende Wirkungen entfaltete, gebührt *Tertullian* († nach 220), unbeschadet der Tatsache, daß Augustinus ihn unter den hervorragenden Zeugen für die kirchliche Erbsündenlehre nicht aufgeführt hat[8]. Trotzdem liegen bei Tertullian die Ursprünge vieler entscheidender Formeln, die seit Augustinus die kirchliche Erbsündenlehre bestimmt und geprägt haben, wie etwa die Begriffe „vitium originis", „corruptio naturae", „tradux peccati" und die Gedanken an die Geschlechtslust und die im Gegensatz dazu hoch bewertete Virginität. Aber es sind nicht nur diese Formeln, die Tertullian in der Erbsündenlehre die gleiche Bedeutung gewinnen ließen wie etwa in der Trinitätsspekulation oder in der Christologie[9]. Bedeutsamer für diese Entwicklung ist der von ihm deutlicher aufgezeigte Zusammenhang in der Erbsündenlehre und die genauere philosophische Bestimmung der Einzelheiten wie auch insbesondere ihre einsinnige Ausrichtung auf ein ganz bestimmtes, leicht faßliches Denkmodell, das seinen Beitrag epochal werden ließ.

In Tertullians Lehre sind überall noch die irenäischen Ansätze einer heilsgeschichtlich orientierten Theologie und Anthropologie zu erkennen, obgleich die lehrhaftvergegenständlichende und rechtlich-moralisierende Erfassung der Heilswahrheiten sich deutlicher durchsetzt und die „oeconomia salutis" zu einer „salutaris disciplina"[10] werden läßt. Es liegt an dem Einfluß der stoischen Philosophie, daß in der Anthropologie Tertullians, besonders auch bei der Kennzeichnung der ursprünglichen Verfassung des Menschen, die Bedeutung der „imago-similitudo-Lehre" zurücktritt[11] und statt dessen das stoische Denken von der Verwirklichung der auf das Gute ausgerichteten Natur in den Vordergrund rückt. Deshalb wird beim ersten Menschen nicht nur gesagt, daß er als imago et similitudo Dei geschaffen sei (was hier wesentlich die Freiheitsbefähigung des Menschen besagt)[12], sondern auch betont, daß er in besonderer Weise gesegnet, ins Paradies versetzt und mit einer besonderen „gratia paradisi" ausgestattet wurde (Adv. Marc. II 2). Freilich ist unter der Gnade des Paradieses nicht

---

[8] Zu Tertullian vgl. *Bardenhewer* II 377–442; *B. Altaner – A. Stuiber*, aaO. 148–163; zur „Erbsündenlehre": *A. Slomkowski*, L'état primitif (P 1928) 58–66; *A. Gaudel*, Péché originel 363–365; *H. Rondet*, Péché originel dans la tradition patristique et théologique 63–75; *J. N. D. Kelly*, Early Christian Doctrines 174–177; *J. Turmel*, Histoire 47–50; *J. Gross*, aaO. I 114–121; *J. Weismayer:* F. Dexinger u. a., Ist Adam an allem schuld? 302–304; *E. Dassmann*, aaO. 251–254. – De testimonio animae (ed. *G. Quispel*, Lei 1952; *R. Willems:* CChr 1, 1954, 173–183); De praescriptione haereticorum (ed. *R. F. Refoulé:* CChr 1, 185–224); De baptismo (ed. *J. G. Ph. Borleffs:* CChr 1, 275–295); De patientia (ed. *J. G. Ph. Borleffs:* CChr 1, 297–317); De paenitentia (ed. *J. G. Ph. Borleffs:* CSEL 76, 1957, 140–170; *ders.:* CChr 1, 319–340); De cultu feminarum (ed. *Ae. Kroymann:* CSEL 70, 1942, 59–95; *ders.:* CChr 1, 341–370); Adversus Hermogenem (ed. *Ae. Kroymann:* CChr 1, 395–435); Adversus Marcionem (ed. *Ae. Kroymann:* CSEL 47, 1906, 290–650; *ders.:* CChr 1, 437–726); De anima (ed. *J. H. Waszink:* CChr 2, 1954, 779–869); De carne Christi (ed. *Ae. Kroymann:* CChr 2, 871–917); De resurrectione mortuorum (ed. *J. G. Ph. Borleffs:* CChr 2, 919–1012); De exhortatione castitatis (ed. *Ae. Kroymann:* CChr 2, 1013–1035); De monogamia (ed. *V. Bulhart:* CSEL 76, 1957, 44–78; *E. Dekkers:* CChr 2, 1227–1253); De ieiunio (ed. *A. Reifferscheid – G. Wissowa:* CSEL 20, 1890, 274–297; *dies.:* CChr 2, 1255–1277); De pudicitia (ed. *E. Dekkers:* CChr 2, 1279–1330). – Adversus Judaeos (ed. *Ae. Kroymann:* CSEL 70, 1942, 251–331; *ders.:* CChr 2, 1337–1396). PL 1–2.

[9] Zur Christologie Tertullians vgl. *A. Grillmeier*, Jesus der Christus 241–256; zur Soteriologie: *B. Studer*, Soteriologie 81–85.

[10] Vgl. dazu *Seeberg* I 435; *St. Otto*, „Natura" und „dispositio" 214f.

[11] Vgl. *A. Struker*, Die Gottebenbildlichkeit des Menschen 129; *W. Dürig*, Imago 22–27; *St. Otto*, aaO. 56ff.

[12] *St. Otto*, aaO. 50ff.

schon der förmliche Besitz der übernatürlichen heiligmachenden Gnade und das Geschenk des Geistes zu verstehen. Tertullian macht nämlich gelegentlich einen Unterschied zwischen dem Geist (spiritus) und dem Hauch (flatus). So sagt er in der Schrift gegen Marcion: „Nam et ideo homo imago Dei, id est spiritus; deus enim spiritus. Imago ergo spiritus flatus. Porro imago veritati non usquequaque adaequabitur" (Adv. Marc. II 2)[13]. Danach wäre der Hauch Gottes, den Adam empfing, nicht der Geist Gottes selber, sondern nur ein Abglanz, der die volle Wirklichkeit nicht erreicht. Dem scheint auch der andere Umstand zu entsprechen, daß die einmal erwähnte Herabkunft des Geistes auf Adam (accidentia spiritus), die den Stammvater instand setzte, in der Weise eines Propheten „jenes große Geheimnis von Christus und der Kirche vorauszuverkünden" (unter der man gelegentlich eine bleibende paradiesische Gabe Adams verstand[14]), doch wohl nach Art eines singulären Geschehens gemeint ist (De anima 21). In die gleiche Richtung scheint die Aussage zu weisen, nach der Adam nur ein „homo animalis" (Adv. Marc. II 2) war, „der die Dinge des Geistes nicht erfassend, das Gottesgebot für Torheit hielt".

Erlauben diese Aussagen jedoch den Schluß, daß Tertullian dem Adam des Paradieses den Geistbesitz formell abspricht? Diese Konsequenz haben H. Koch[15] (in Entsprechung zu seiner Irenäus-Deutung) und neuerdings auch J. Gross[16] gezogen. Aber schließlich schränkt Gross diese Folgerung doch wieder ein, wenn er nur von einer Unausgewogenheit und einem Schwanken des Denkens Tertullians über den Stand Adams spricht[17]. Hier ist letztlich doch der Aussage in „De baptismo" trotz der an dieser Stelle verwendeten, bei Tertullian seltenen Unterscheidung zwischen „imago" und „similitudo" mehr Gewicht beizulegen. Es heißt dort über die Wirkung der Taufe auf den Menschen: „Ita restituitur homo deo ad similitudinem eius, qui retro ad imaginem Dei fuerat – imago in effigie, similitudo in aeternitate censentur –: recipit enim illum dei spiritum quem tunc de adflatu eius acceperat sed post amiserat per delictum" (De bapt. 5). Hier wird im Vordersatz bekundet, daß der Sünder nur im Besitz der Abbildlichkeit ist, die („in effigie" bestehend) mit der „Gestalt" des Menschen identifiziert ist, was aber keineswegs die äußere Gestalt meint, sondern im Sinne der „forma eiusmodi status" (Adv. Marc. II 2) und der „lineae dei" (ebd. II 9) im Menschen als die wesentliche (natürliche) Ausstattung mit der Willensfreiheit zu verstehen ist. Zu dieser Ausstattung kommt nun in der Taufe die „similitudo" hinzu, und zwar in der Form einer Wiederherstellung jenes Geistbesitzes, den Adam durch die Anhauchung Gottes innehatte, aber durch seine Sünde verlor. Die Aussage ist kaum anders zu deuten als in dem Sinne, daß Adam ursprünglich im Besitz des Geistes war, der hier mit der „similitudo" eng verbunden erscheint.

Diese Auffassung läßt sich auch noch aus einer anderen Gedankenführung Tertullians begründen, die mehr systematischen Charakter zeigt und vom sogenannten „Kleidmotiv" bestimmt ist, das in der Frühzeit der Theologie eine große Bedeutung hatte[18], was sich etwa an der Wortbildung „indumentum Spiritus Sancti" (De pudic. 9, 11) zeigt. So ist z. B. für Tertullian das „Blätterkleid", das den Stammeltern nach der Sünde angelegt wurde, ein Zeichen für ihre Scham und Schuld (Adv. Marc. II 11). Zuvor waren sie ohne Scham und unbekleidet. Anderer-

[13] Die „Bildtheologie" Tertullians ist begrifflich nicht ganz einheitlich durchgeführt. Die griechische Unterscheidung von imago-similitudo übernimmt er eindeutig nur in De baptismo 5; im allgemeinen versteht er die imago-similitudo als die einheitliche Form des Seins, die aber durch die Tugendübung des Menschen vervollkommnet und durch Christus vollendet werden muß; vgl. *St. Otto,* aaO. 56ff 210ff; *W. Bender,* Die Lehre über den Hl. Geist bei Tertullian (MthS(S) 18) (Mn 1961) 131.

[14] So *A. Slomkowski,* L'état primitif 64.

[15] *H. Koch,* Tertullianisches: ThStK 104 (1932) 129–159.

[16] *J. Gross,* aaO. I 115.

[17] Ebd. I 115 Anm. 16.

[18] Vgl. *St. Otto,* aaO. 153ff.

seits spricht Tertullian den Stammeltern doch auch eine Bekleidung und ein Gewand zu, ein Umstand, der deutlich macht, wie sehr bei diesem metaphorischen Denken die Aussagen wechseln können, ohne doch förmliche Widersprüche heraufzuführen. In einer Aussage wird das Paradies geradezu selbst als ein Kleid der Stammeltern angesehen, das sie bei ihrem Auszug vertauschten: „... pelliciae tunicae quas Adam et Eva paradisum exuti induerunt" (De resur. mort. 7). Der Realgehalt dessen, was Tertullian unter dem „paradiesischen Gewand" versteht, läßt sich ebenfalls aus dem Denken über die Taufwirkung erschließen, die unter dem Bild der Gewährung eines neuen Kleides beschrieben wird, des bereits genannten „indumentum Spiritus Sancti" (De pudic. 9,11). Schon von der Wirkung der Johannestaufe heißt es: „... aqua signat, sancto spiritu vestit" (De praescr. 36,5). Diese Bekleidung mit dem Heiligen Geist in der Taufe meint nichts anderes als die Erhebung des Menschen und Sünders in den Gnadenstand. Dieser bei der Taufe verliehene Gnadenstand wird nun aber eindeutig als Rückerstattung eines früheren „Gewandes" und „Standes" angesehen, den Adam „zu eigen hatte". Vom Täufling gilt nämlich: „... vestem pristinam recipit, statum scilicet eum quem Adam transgressus amiserat" (De pudic. 9,16). So konvergieren eigentlich zwei verschiedene Gedankenlinien (der allerdings spärlich gebrauchte Gedanke der „similitudo" und das Bild vom „indumentum") in einem Punkte, in dem die Ausstattung des paradiesischen Menschen mit dem Heiligen Geist zur Gewißheit wird[19].

In der Beschreibung des Urstandes zeigt Tertullian insofern Konsequenz, als er die von der Sünde noch nicht angetastete Natur, die ihr Telos auf die höhere Gottähnlichkeit voll auswirken konnte, mit der Integrität, der Unversehrtheit ausstattet und damit zur Kennzeichnung dieses Standes einen Begriff anbot, der in der Entwicklung der Urstands- und „Erbsündenlehre" zu großer Bedeutung gelangen sollte. Tertullian spricht von der „integritas imaginis et similitudinis" (Adv. Marc. II 10) und sieht die Erlösung als eine Wiederherstellung der „innocentia et integritas conditionis" (Adv. Hermog. 11) an. Wie konkret der Gedanke an die Vollkommenheit dieses Standes von ihm entwickelt ist, zeigt die sittliche Ermahnung zur Enthaltsamkeit, die im Hinblick auf die Unversehrtheit des paradiesischen Lebens gegeben wird. Die dazu bestimmten Menschen sollen „die Begierlichkeit des Fleisches und alles das in sich ertöten, was keinen Zutritt ins Paradies erhalten kann" (Exhort. cast. 13). Hier wird der Paradieseszustand nicht nur als Freiheit von der Begierlichkeit verstanden, sondern – was für seine existentielle Auswertung bedeutsam ist – auch als Norm für das gegenwärtige christliche Leben angesehen. Aber er erscheint genauso als Zielvorstellung für das zukünftige Leben, obgleich dieser Gedanke nicht weiter entwickelt wird[20].

Die von Tertullian mit diesem Zustand verbundene Integrität und Vollkommenheit wäre aber noch nicht vollständig erfaßt, wenn nicht ein Moment benannt würde, das Tertullian unstreitig als das Entscheidende gilt: Es ist die Unsterblichkeit des von der Sünde noch nicht angegriffenen Menschen. Damit ist bei dem Afrikaner sicher nicht die Unsterblichkeit der Seele gemeint, die ihm auf Grund der Geistigkeit der Seele feststeht und von ihm nicht mehr – wie bei den Apologeten des 2. Jahrhunderts – als donativ verstanden wird. Die Unsterblichkeit ist von ihm auch nicht wesentlich als

[19] Der verbleibende Rest einer Unklarheit zwischen dem Gedanken des nur geistähnlichen Hauches und des förmlichen gnadenhaften Geistbesitzes läßt sich durch die Vorstellung Tertullians beheben, daß die willentlich bestimmte Natur des Menschen auch im Paradies teleologisch auf eine Vervollkommnung angelegt war; vgl. über die Heiligung durch den Geist und ihre Vollendung unter Berücksichtigung der unentwickelten Pneumatologie Tertullians *W. Bender,* aaO. 95f.

[20] Wie sehr Tertullian den Paradieseszustand religiös-existentiell für das Leben des Christen erschließt, zeigt seine Ableitung der Monogamie aus dieser ursprünglichen Ordnung (De monog. 4) und seine Deutung auf das Geheimnis der Ehe nach Eph 5,31 (ebd. 5); vgl. *St. Otto,* aaO. 195.

eine geistig-gnadenhafte verstanden, etwa als Ausstattung zum ewigen Leben. Diese ist freilich beim paradiesischen Menschen nicht ausgeschlossen. Aber das Hauptgewicht liegt auf der leiblichen Unsterblichkeit, von der Tertullian in vollem Bewußtsein der Neuartigkeit und Radikalität dieses seines Gedankens sagt: „Kühn behaupten wir deshalb und wir kennen ja den Urstand des Menschen –: der Mensch ist dem Tode nicht auf Grund einer natürlichen Notwendigkeit verfallen. Der Tod ist auf die Sündenschuld zurückzuführen. Auch diese ist ja nicht natürlich ... Wäre der Mensch direkt auf den Tod hin geschaffen worden, dann könnte man den Tod der Natur zuschreiben. Er ist aber nicht auf den Tod hin geschaffen, ja, er wäre nie gestorben, hätte er nicht gesündigt" (De anima 52). Die Stammeltern wurden erst durch die Sünde „in den Tod getaucht" (De patient. 5). Der Tod gehörte nicht zur eigentlichen Natur des Menschen, sondern nur zur von Tertullian so genannten „altera", „posteriora" und „adultera natura" (De anima 16), die der Teufel aufrichtete.

Mit all dem steht Tertullian deutlich auf dem Wege, der zur Entfaltung einer Lehre von den Prärogativen des Urstandes oder der „gratia paradisi" führt. Im Rückblick aus der Situation der Sünde werden auch noch andere Vorzüge dieses Zustandes aufgezeigt, wie etwa das Freisein von mühsamer Arbeit und von Schmerzen (De cultu fem. 1). Man sieht, daß Tertullian diese Gaben auch unter einem physisch-biologischen Aspekt erfaßt, ohne das allerdings näher auszuführen und die damit gegebene Problematik zu bedenken. Auch sind diese Prärogativen nicht so stark betont, daß man an außerordentliche oder gar wunderbare Naturphänomene denken müßte. Man wird deshalb auch nicht sagen können, daß dieses erste deutliche Hervortreten von Paradiesesgaben „präternaturaler" Art von der spätjüdischen Apokalyptik oder von der griechischen Mythologie beeinflußt oder gar hervorgetrieben war. Es kam vielmehr aus der Zusammenfügung zweier theologischer Motive: nämlich aus der Erkenntnis, daß der gute Gott eine integre Natur schaffen muß, die in ihren Kräften ungeschmälert ist, und daß der Gott der Gnade dem natürlichen Menschen auch das gegenüber der Natur Höhere der Gnade faktisch nicht vorenthalten hat. Bezüglich des letzten Punktes deutet sich schon bei Tertullian die Einsicht Augustins an: „Deus simul condens naturam et largiens gratiam"[21]. Das ist kein willkürliches Postulat einer Perfektionstheologie, die von Gott und der Schöpfung nur in hymnischen Superlativen sprechen könnte. Dieser Grundsatz stammt schon bei Tertullian (ungeachtet des auch dahinter stehenden Theodizee-Motivs) aus einer tiefen theologischen, näherhin einer christologischen Konzeption des Welthandelns Gottes: Es ist für den Afrikaner und Römer die Christusbezogenheit aller Schöpfung, die aus der Überzeugung kommt, daß die göttliche Schöpfung eine dispositio auf die Menschwerdung des Sohnes hin ist, daß alle „dispositio" in ihm beschlossen ist, ja daß sogar das Fleisch des Menschen bei der Umformung des Lehmes auf Christus hin gebildet wurde (De resur. mort. 6).

Daß die Disjunktion von Naturhaftem und Gnadenhaftem bezüglich der Auffassung des Urstandes bei Tertullian implizit vorhanden ist, zeigt sich am Begriff der „familiaritas", des vertrauten Umgangs des Menschen mit Gott (Adv. Marc. II 2). In „De patientia" wird diese Beziehung Adams zu Gott in einen knappen Satz gefaßt und gesagt: „Er [Adam] war voll Unschuld, Gott und dem nächsten Freund und ein Bewohner des Paradieses" (De patient. 5). Die nachfolgende Aussage, wonach Adam

---

[21] So *Augustin*, De civitate Dei XII 9 (PL 41, 357); vgl. *St. Otto*, aaO. 161; *E. Dassmann*, aaO. 252 f.

infolge der Sünde „von den Augen Gottes verstoßen war", erlaubt im Rückschluß die positive Annahme eines gnadenhaften paradiesischen Standes, der den Menschen an Gott Gefallen finden ließ. Bedenkt man weiter, daß Tertullian trotz der drastischen und katastrophalen Wertung der Sünde als vom Teufel verderbter „altera natura" oder als „natura adultera" keineswegs daran denkt, die gefallene Natur Adams als böse Substanz zu verstehen und ihr etwa die Willensfreiheit und das Vermögen zum Guten zu nehmen, dann lassen sich diese Aussagen über den Verlust des vertrauten Umgangs mit Gott durchaus so verstehen, daß hier ein Mangel eingetreten ist, der die Natur des Menschen nicht unwesentlich alteriert, sie doch aber als Natur nicht aufhebt, so daß das Verlorene mit der Natur nicht identisch sein kann. So betrachtet, deutet sich bei der Erklärung des Paradieseszustandes durch Tertullian durchaus eine beginnende Unterscheidung von Natur und Gnade an. Sie ist aber keine metaphysische Scheidung, sondern eine heilsgeschichtliche Differenzierung des in der dispositio Gottes und in der oeconomia faktisch Zusammengehörigen, so daß die Natur immer auf das „inquirere" und das „invenire" der Gnade angelegt und von dieser gleichsam umgriffen ist. Das ergibt sich auch aus dem Tertullianeischen Naturbegriff, der dynamisch-teleologisch auf ein Ziel ausgerichtet ist, das jedoch nicht im Sinne der Stoa immanent verstanden, sondern als die Neuschöpfung in Christus gedeutet wird[22].

Zur real-geschichtlichen Erfassung des Urstandes gehört bei Tertullian auch die Einbeziehung des Gedankens von der Einheit des Menschengeschlechtes in Adam. Der Afrikaner bewies auch hier seinen Zug zum naturhaft-realistischen Denken, welches in diesem Falle den kosmologischen Vorstellungen der Stoa Rechnung trug und (anders als der an eine mystische Einheit denkende Irenäus) auf eine biologische Abstammungseinheit wies. Seine diesbezüglichen, im heutigen Verständnis möglicherweise als naiv angesehenen Vorstellungen werden greifbar an der wörtlichen Fassung des Berichtes von der Erschaffung Evas aus der Rippe Adams (De monog. 4), ferner an der damals aufkommenden Auffassung vom Nichtvollzug der Ehe im Paradiese (De patient. 5) und schließlich an seiner Überzeugung von der Existenz einer nur adamitischen Menschheitslinie. Diese Überzeugung spricht sich beiläufig in der Erklärung über den verpflichtenden Charakter der Einehe aus, die nach Tertullian von Gott nicht nur aus praktischen Gründen festgelegt und verbindlich gemacht wurde; denn praktische Gegebenheiten hätten auch in der Urzeit schon eine Verbindung Adams mit mehreren Frauen ermöglicht. „Adam hätte sie dann natürlich aus der Zahl seiner Töchter genommen, da ja auch Eva, die er zu seiner Frau hatte, aus seinem Fleisch und Bein war, wenn das Gott wohlgefällig gewesen wäre" (De monog. 4). Dieser Einheitsauffassung, die offensichtlich schon im Zusammenhang mit der Feststellung einer die ganze Menschheit affizierenden Ursünde steht, entspricht die Formulierung betreffs dieser Menschheitssünde: „Der im Anfang zur Übertretung des göttlichen Gebotes verleitete und deshalb dem Tode überlieferte Mensch hat sodann das ganze Geschlecht durch seinen Samen befleckt und auch zum Ableger seiner eigenen Verdammnis gemacht" (De testim. anim. 3). Die hier sichtbar werdende Solidarität der Menschen mit Adam in der Sünde[23], die auch in anderen Aussagen Tertullians greifbar wird (De anima 40), ist deutlich auf einen Geschlechtszusammenhang zurückgeführt. So muß auch ein Bestreiter einer „Erbsündenlehre" bei Tertullian zugeben, daß bei dem Afrikaner die Vorstellung von einer durch die Zeugung sich fortpflanzenden physischen Sündenansteckung hervortritt[24].

---

[22] *W. Dürig,* aaO. 26; *St. Otto,* aaO. 142.

[23] Vgl. dazu *A. Gaudel,* Péché originel 364; *J. Weismayer,* aaO. 303; *S. Trooster,* Evolutie in de erfzondeleer (Brügge 1965) 107f.

[24] *J. Gross,* aaO. I 118.

Wenn auch hier noch nicht entschieden werden kann, inwiefern Tertullian die spätere dogmatische Erbsündenlehre vertrat oder als ihr Wegbereiter bezeichnet werden kann, so ist doch hinsichtlich der Urstandslehre zu sagen, daß er diese mit seinem neuen Interesse an der Anthropologie und an der real-gegenständlichen Erfassung der Natur wie der Geschichte der Menschheit in ihren einzelnen Etappen (deren Beachtung Irenäus hinter den Blick auf den grandiosen Gesamtplan zurücktreten läßt[25]) gefördert und entfaltet hat. Dem Kritiker des späteren Dogmas mit seiner scheinbar hypertrophen Ausgestaltung des Paradieseszustandes wird sich freilich angesichts des Beitrages Tertullians die Frage stellen, ob damit nicht ihm die Verantwortung zufalle, eine negative Entwicklung eingeleitet und angestoßen zu haben. Diese Frage ist freilich nur im Zusammenhang mit Tertullians Lehre vom Fall und von der Ursünde zu beantworten. Der Fall Adams, den Tertullian als freien Willensentscheid unter dem Einfluß der Versuchung des Teufels kennzeichnet (De exhort. castit. 20) und den er erstmals mit dem gewichtigen Ausdruck „primordiale delictum" (De ieiunio 4) belegt, erbrachte nicht nur für diesen den Verlust der Unsterblichkeit (Adv. Jud. 2), „der Gnade des Paradieses und des vertrauten Umgangs mit Gott" (Adv. Marc. II 2) und den Eintausch von Tod und Mühsal, sondern auch die Belastung der ganzen Menschheit mit diesen Strafen (Adv. Marc. I 22). Die innere Begründung der Möglichkeit eines solchen Überganges leistet wie bei Irenäus die Vorstellung von einer gewissen Inklusion. Auch Tertullian vertritt die Auffassung, daß jeder Mensch in seiner Zugehörigkeit zu Adam zu sehen ist, und begründet auf ihr auch das Verständnis für die Einheit zwischen Christus und der Menschheit, wie der Satz beweist: „Ita omnis anima eo usque in Adam censetur, donec in Christo recenseatur" (De anima 40). Er konnte daraufhin Adam auch als „fons et matrix omnium" bezeichnen (De anima 20). Dies beweist, daß ihm der mystische Realismus des Irenäus nicht fremd war. Aber wie er ihn in der Erlösungslehre mehr nach der Seite des Moralischen entwickelte, so interpretierte er ihn auch in der Lehre vom Ursprung der Sünde anders, nämlich physisch-gegenständlich. Er fügte nämlich der irenäischen Anschauung eine Vorstellung hinzu, die sich in der Folgezeit befestigen sollte: den Gedanken von einem physischen Kontakt und einer durch die Zeugung sich fortpflanzenden Ansteckung der Menschen von Adam her. Auch Irenäus hatte freilich schon erwähnt, daß die böse Verfassung Adams mittels der Zeugung auf die Menschen übergehe (Adv. Haer. V 1,3). Aber während dieser Gedanke bei Irenäus nur beiläufig auftaucht und keineswegs eine tragende Funktion besitzt, wird er bei Tertullian zur eigentlichen Stütze seiner Theorie über die Ausbreitung der Folgen der Ursünde in der Menschheit. Tertullian kann daraufhin erklären: „... per diabolum homo a primordio circumventus, ut praeceptum Dei excederet, et propterea in mortem datus exinde totum genus de suo semine infectum suae etiam damnationis traducem fecit" (De test. animae 3). Das Aufkommen dieses Gedankens erklärt sich bei Tertullian nicht zuletzt aus stoischen Voraussetzungen. Schon bei Seneca (der allerdings hierin nicht unbeeinflußt von platonischen Vorstellungen ist, die einer dualistischen Ethik zutreiben) findet sich der Gedanke von einem natürlichen Sündenzustand in der Menschheit[26]. Im Verein mit der von Tertullian ebenfalls übernommenen stoischen Seelenlehre und deren Tradu-

[25] Vgl. *St. Otto,* aaO. 210.

[26] Ep. 73,16 (ed. F. Haase, L 1852f, III 175); vgl. hierzu *Loofs* I 125; vgl. *J. Lortz,* Tertullian als Apologet I 69–163.

zianismus (der die Entstehung der Einzelseele als Ausscheidung aus dem väterlichen Seelensamen erklärte) ist das Aufkommen der Vorstellung erklärlich, daß der Zustand Adams durch Zeugung und d. h. durch physische Vererbung auf die Menschheit weitergeleitet werde. Es muß darum auch heute noch als zutreffend bezeichnet werden, wenn bei Tertullian die „ersten Anfänge der Erbsündenlehre" angenommen wurden[27] oder bei ihm „eine Art Erbsünde und ererbte Verdammnis"[28] als vorgebildet angesehen wird.

Trotzdem wird man nicht behaupten können, daß Tertullian damit das spätere Dogma schon vorweggenommen habe. Es ist nämlich genauer zuzusehen, was Tertullian unter dem fortgepflanzten Bösen versteht, von dem er sagt: „Malum igitur animae, praeter quod ex obventu spiritus nequam superstruitur, ex originis vitio antecedit, naturale quodammodo, nam naturae corruptio alia natura est" (De anima 41). Es ist damit eine „Mangelhaftigkeit des Ursprungs" ausgesagt, die schon vor der Existenz der einzelnen Menschenseele vorhanden ist und ihr bei ihrem Entstehen wie eine zweite Natur zugetragen wird. Es wäre falsch, mit Fr. Loofs[29] und E. Brunner[30] etwa daraus zu schließen, daß das „vitium originis" durch die als unrein gedachte eheliche Vereinigung entstünde; denn obwohl Tertullian in der Jungfräulichkeit das höchste aszetische Ideal sieht, hat er doch die Ehe als solche wie die Naturtriebe überhaupt in sich nicht als sündhaft angesehen. Was Tertullian allein als sündhaft erkennt, ist der Mißbrauch der Triebe gegen den Geist, d. h. im sexuellen Bereich die Unzucht und der Ehebruch (De anima 27). Den natürlichen Gebrauch der Ehe hat er nicht verfemt, sondern als gottgewollt anerkannt. Deshalb kann auch an der oben zitierten bedeutsamen Stelle, an der sich der Begriff des vitium originis einmalig bei Tertullian findet, nicht auf eine Ansteckung durch den Vollzug der Ehe geschlossen werden, sondern nur auf eine Übertragung des von Adam kommenden Zustandes durch das Medium der Zeugung.

Damit stellt sich aber die entscheidende Frage, ob Tertullian unter dem Übertragenen die Sünde Adams selbst meint. Manche Äußerungen könnten diese Annahme nahelegen, so wenn einmal von einem „naevus peccati" (Muttermal) die Rede ist (De carne Christi 16) oder wenn er die Seele als „peccatrix" bezeichnet (De anima 40). Aber gerade die letzte Bezeichnung ist in einem Zusammenhang gemacht, in dem dieses Sündigsein nur als Folge der Unreinheit ausgegeben ist und Sünde und Unreinheit synonym gebraucht sind. Der Text führt im einzelnen aus: „Ita omnis anima eo usque in Adam censetur, donec in Christo recenseatur, tamdiu immunda, quamdiu recenseatur; peccatrix autem, quia immunda, recipiens ignominiam et carnis ex societate." Es ist wohl zu erkennen, daß hier als Sündhaftigkeit der Seele, die „ihre Befleckung auch auf das Fleisch" ausgießt infolge ihrer Verbindung mit Adam, direkt die Unreinheit bezeichnet ist. Die Wort- und Gedankenfolge „sündhaft aber, weil unrein" geht direkt auf die Unreinheit der Seele.

Mit dieser Interpretation stimmen aber auch die zahlreichen anderen Aussagen des Afrikaners über die Folgen der Adamssünde für die Menschheit überein. Die „corruptio", das „vitium naturae" oder das „delicti semen", unter welchen Begriffen Tertullian den Inhalt des Adamerbes faßt, versucht er mit Hilfe der platonischen Unter-

---

[27] *Harnack* DG I 595.
[28] *Loofs* I 125.
[29] Ebd. I 125.
[30] *E. Brunner*, Dogmatik (Z 1960) II 132.

scheidung zwischen anima rationalis (πνεῦμα) und irrationalis (ψυχή) verständlich zu machen, obgleich er ihr einen neuen Sinn unterlegt. Danach habe die Seele vom Schöpfer nur das Rationale empfangen, während das Irrationale (das indignativum und concupiscentivum) durch den Teufel in den Menschen hineingekommen sei. „Irrationale autem posterius intelligendum est, ut quod acciderit ex serpentis instinctu, ipsum illud transgressionis admissum, atque exinde inoleverit et coadoleverit in anima ad instar iam naturalitatis, quia statim iam in naturae primordio accidit... A diabolo enim immissio delicti; irrationale autem omne delictum" (De anima 16). Hier wird ersichtlich, daß Tertullian unter der Sünde das Vernunftwidrige versteht, das sich nach dem Fall Adams der Seelensubstanz wie ein physisches Sein beimischte und dessen Weitergabe entsprechend auch durch physische Fortpflanzung erklärt werden kann. Mit dem sehr starken Ausdruck „ad instar iam naturalitatis", der das Böse als eine zweite Natur im Menschen verstehen läßt, ist allerdings keine völlige Depravation der Seele und des Menschen gemeint; denn Tertullian hält andererseits, wieder an der stoischen Lehre orientiert, dafür, daß die ursprüngliche Güte des Menschen oder das angeborene Licht der Vernunft und die Willensfreiheit nie verloren gehen, so daß auch die Zuwendung zu Gott dem Menschen jederzeit möglich ist. „Das Verderbnis der Natur ist zwar, wie wir gesagt haben, eine zweite Natur, welche ihren eigenen Gott und Vater hat, den Urheber des Verderbens selber, so jedoch, daß der Seele auch noch Gutes innewohnt, jenes ursprüngliche, göttliche, echte und eigentlich natürliche. Denn was von Gott ist, wird nicht so fast ausgelöscht, als nur verdunkelt. Es kann zwar verdunkelt werden, weil es nicht Gott ist, aber nicht ausgelöscht werden, weil es von Gott ist. Wie also das Licht, das wegen eines Hindernisses nur nicht scheint, aber wohl bleibt, so ist auch das Gute in der Seele, vom Bösen überwuchert, entweder ganz verborgen oder leuchtet auch wieder nach der Seite, wo Freiheit gefunden worden ist" (De anima 41). Das Charakteristische dieser Auffassung Tertullians ist nicht darin zu sehen, daß er etwa in gnostischer Manier das Böse im Menschen in dualistischer Weise zu einer Substanz erhebt, was seinen Grundintentionen widersprechen würde, sondern daß er es als eine psycho-physische Realität faßt, die bei genauerer Betrachtung mehr eine Folge der Sünde meint als diese selbst.

Man wird aus diesem Grunde gegenüber einer zu selbstverständlichen Einreihung Tertullians unter die „beglaubigten Zeugen der Erbsündenlehre"[31] Zurückhaltung üben müssen, ohne durch solche Zurückhaltung die Bedeutung des Afrikaners auf dem Wege des werdenden Dogmas unterschätzen zu dürfen. So darf man u.a. feststellen, daß sich seine Auffassung von der allgemeinen Menschheitssünde infolge der Adamstat schon bedeutend präziser ausnimmt als die in der Vorzeit verbreitete Auffassung von dem Todesschicksal der Menschheit und der allgemeinen Unheilssituation. Energischer als bei den Griechen der gleichen Zeit ist hier aus einer bloßen äußeren Zuständlichkeit und aus dem an der Situation haftenden Verhängnis ein inneres Verderbnis geworden, das dem Menschen durch die Generation vermittelt wird und ihm persönlich anhaftet, obwohl es noch nicht die Sünde als solche ist. Aber man darf auch nicht verkennen, daß nach biblisch-paulinischem Denken zwischen der Sünde und der bösen Begierlichkeit ein enger Zusammenhang besteht, der es dem Apostel erlaubt, sie als Sünde zu bezeichnen.

[31] So *G. Teichtweier*, Die Sündenlehre des Origenes (Rb 1958) 102; positiv urteilen auch *J. Schwane*, Dogmengeschichte I 343; *A. d'Alès*, La théologie de Tertullien 127; *G. Esser*, Die Seelenlehre Tertullians (Pa 1893) 107; interessant ist auch das Urteil von *J. Gross*, der bei Tertullian den „erste[n] Keim der augustinischen Erbschuldlehre findet": aaO. I 121. Damit ist die andere Behauptung, wonach Augustin der Erfinder dieser Lehre sei, zumindest eingeschränkt.

Nur ist das, was übertragen wird, nicht eindeutig als die Sünde oder die Gnadenlosigkeit Adams ausgegeben. Es ist ein großer Komplex an Folgen der Adamssünde, der von Tertullian vornehmlich mit Begriffen der psychisch-physischen Naturversehrung beschrieben wird. Aber eine völlig eindeutige Reduktion dieser Folgen auf die alleinige Konkupiszenz würde den Texten ebenfalls Gewalt antun; d. h., daß die Annahme begründet ist, Tertullian schließt aus diesem Komplex das eigentlich sündhafte Moment des Fehlens der Gottesnähe, der von ihm so genannten „familiaritas", nicht aus. Es ist ja auch schwer zu begründen, wie bei Annahme einer Adamseinheit aller Menschen zwar gewisse Folgeerscheinungen der Verfassung Adams weitergegeben werden können, der Grund und der Kern dieser Erscheinungen aber nicht.

Damit soll nicht versucht werden, in Tertullians Aussagen das Vorhandensein des formellen Elementes der Sündhaftigkeit hineinzuinterpretieren. Man darf einen Autor nicht mit allen Konsequenzen behaften, die sich aus seinem Ansatz ergeben, wenn er solche Konsequenzen selbst nicht gezogen hat. Wohl aber darf man unter historischer Betrachtungsweise feststellen, daß sich aus der Zuordnung und Gewichtung der einzelnen Elemente schließlich solche Konsequenzen einstellen mußten.

An bestimmten Stellen scheint Tertullian selbst diese Konsequenz zu ziehen, so wenn er von der Schuld spricht, die von den Stammeltern her allen Menschen eignet: „Si quidem transgressio, quae perditionis humanae causa est ... totum hominem elogio transgressionis inscripsit." Danach wurde jeder Mensch in das Schuldregister eingetragen (De resur. mort. 34). Wenn von Eva gesagt wird, daß sie in Kain „einen Sohn des Zornes" gebar (den sie freilich auch im Bösen unterwies), so drängt auch diese Aussage über die Annahme einer persönlichen Tatsünde allein hinaus (De patient. 5). In die gleiche Richtung weisen die Aussagen, daß der Mensch nach Adam „verurteilt" (damnatum) „aus dem Paradies ausgestoßen war" (De paenit. 2) und unter „dem Urteilsspruch des Zornes" Gottes (ebd.) stand[32], freilich zugleich auch unter dem Ratschluß der noch größeren Barmherzigkeit Gottes (hier spielt Tertullian in De resur. mort. 34 erstmals auf Röm 5, 20 an). Freilich entsteht dieser Interpretation, die die Offfenheit der Aussagen Tertullians auch für eine formelle Sündhaftigkeit erweisen möchte, ein letzter Einwand durch die Inkonsequenz Tertullians bezüglich seiner Auffassung von der Kindertaufe. In seiner Schrift „De anima" (39) erklärt er eindeutig, daß „keiner rein sein kann, ohne aus dem Wasser und dem Geiste wiedergeboren zu sein". Danach führt er weiter aus, daß (nach Paulus) „die Kinder der Gläubigen als dennoch zur Heiligkeit und darum auch zum Heile bestimmt angesehen" werden (ebd. 39), d. h. aber auch, daß sie bei der Geburt noch nicht heilig sind. Freilich stellt Tertullian in anderem Zusammenhang die den ersten Aussagen scheinbar widersprechende Frage: „Was eilt das Unschuldsalter zur Sündenvergebung?" (De baptismo 18). Er hält es hier für nützlicher (utilior), die „parvuli" zu taufen, „wenn sie größer sind" (dum adolescunt) und „wenn sie lernen" können, aber wohlgemerkt nur, „si non tamen necesse est", d. h., wenn keine Todesgefahr besteht.

Man kann die sich hier aus der Behauptung der Nichtverbindlichkeit der Kindertaufe (mit der Begründung des Unschuldsalters der Kinder) ergebende Schwierigkeit wohl nicht dadurch beheben, daß man erklärt, Tertullian habe nur an die persönlichen Sünden gedacht[33], die Kindern selbstverständlich nicht eignen, so daß sie de-

---

[32] Im Hinblick auf diese Aussagen kann *E. Dassmann* sagen: „Noch stärker als in den sittlichen Verhaltensweisen zeigt sich die Vorbildlichkeit der Stammeltern in ihrer Sündhaftigkeit selbst, die nach Meinung Tertullians den Charakter des Exemplarischen sogar übersteigt und von den Stammeltern zusammen mit dem Tod an ihre Nachfahren weitergegeben wird", aaO. 253.

[33] So u. a. *A. Gaudel*, aaO. 364; *A. d'Alès*, aaO. 266; *J. Schwane*, aaO. I 345. Hierzu bemerkt *J. Gross*, aaO. I 120, daß Tertullian wohl nicht solche „Selbstverständlichkeiten breittreten" würde.

rentwegen auch nicht getauft zu werden brauchten. Man kann ihm aber nicht die Meinung vindizieren, daß die Taufe nur zur Nachlassung der persönlichen Sünden da sei und erst gespendet werden solle, wenn eine solche persönliche Sünde vorläge.

Es ist zunächst darauf zu achten, daß Tertullian die Aussage über den Taufaufschub von Säuglingen in einem pastoraltheologischen Zusammenhang macht, in dem es auch um die Übertrittstaufe bei erwachsenen heidnischen Taufbewerbern und die schwere Verantwortung der Paten geht[34]. Damit soll offenbar der Grundsatz von der Notwendigkeit der Taufe für alle (auch alle Altersgruppen) nicht zurückgenommen werden, wohl aber in einer Zeit, da sich eine verflachte Taufauffassung geltend zu machen schien (auf die der rigoristische Tertullian besonders empfindlich reagieren mußte – „De anima" stammt bereits aus der montanistischen Zeit, ohne daß der Wechsel innerhalb dieser Problematik bei Tertullian etwas Wesentliches änderte), die hohe ethische Verpflichtung der Taufe eingeschärft werden. Es ist jedenfalls nicht zu erweisen, daß Tertullian damit die dogmatische Notwendigkeit der Taufe aller, auch der Kinder, habe zurücknehmen wollen. Wohl aber ist zu erkennen, daß sich ihm das dogmatische Problem bezüglich des Schicksals der ungetauft sterbenden Kinder noch nicht stellte, so daß er den dogmatischen Grundsatz in bezug auf die „parvuli" mit praktisch-pastoralen Erwägungen verbinden zu können glaubte (eine Verbindung übrigens, die unter anderer Konstellation auch heute wieder erwogen wird)[35].

Im ganzen war die traditionelle Dogmatik und Dogmenhistorie nicht schlecht beraten, wenn sie in Tertullian einen der Marksteine auf dem Weg zum „Erbsündendogma" sah, selbst wenn die dafür angegebenen Gründe das Unfertige der Aufstellungen Tertullians zu wenig berücksichtigten. Der Zug zur Annahme einer inneren Sündigkeit und das Denkmodell der Vererbung, das Tertullian hier einführte, haben der weiteren Lehrentwicklung ihren Stempel aufgeprägt. Mit dem letzteren Modell hat Tertullian freilich eine sehr enge und allzu natürliche Verbindung dieser Wahrheit mit dem gegenständlichen Denken und mit der Alltagserfahrung geschaffen, die in der anschaulich-volkstümlichen Religiosität auf einen sehr aufnahmebereiten Boden fiel. Aber es darf bei der dogmengeschichtlichen Erklärung und Erhellung (die den heute gewonnenen eigenen Standpunkt berücksichtigen darf, ohne dabei die betreffende Epoche der Vergangenheit unhistorisch zu beurteilen und an fremden Maßstäben zu messen) dieses Marksteines auch die Frage gestellt werden, ob die Verbindung der Lehre von der Natur- und Gattungssünde mit dem so naturhaft-realistischen Gedanken der Vererbung notwendig und legitim war und ob sie das Geheimnis nicht der Gefahr der Rationalisierung und Biologisierung nahebrachte. Viele der heute gegen die traditionelle Erbsündenlehre vorgebrachten Einwände (ob begründet oder unbegründet) treffen sachlich schon Tertullian[36].

Es wäre aber anachronistisch, von dieser Zeit die Erstellung einer den dogmatischen Ansprüchen genügenden Lehre fordern zu wollen. Sie sah mit situationsbe-

---

[34] Es kann hier nicht die Kontroverse um die Geschichte der Kindertaufe aufgenommen werden, wie sie zwischen K. Aland und J. Jeremias geführt wurde, sondern nur die Position Tertullians beurteilt werden, die jedenfalls eine bereits bestehende Tradition voraussetzt. Die Stellungnahme Tertullians ist richtig getroffen von *J. Jeremias,* Die Anfänge der Kindertaufe (Theol. Existenz heute, NF 101) (Mn 1962); *W. Breuning,* Die Kindertaufe: W. Kasper (Hrsg.), Christsein ohne Entscheidung (Mz 1970) 72–75; *H. Hubert,* Der Streit um die Kindertaufe (F 1972) 39.

[35] So hat z. B. *J. Jeremias* keinerlei Bedenken zu erklären, daß nach Tertullian die Seele der Kinder „in Adam (also mit der Erbsünde belastet) und unrein" sei: aaO. 99; vgl. auch *J. Weismayer,* aaO. 302 f.

[36] Vgl. u. a. *E. Brunner,* Dogmatik II 121.

dingter Notwendigkeit ihre Aufgabe in der Sicherung der universalen Heilsnotwendigkeit gerade auch mit Bezug auf die sichtbare Kirche und ihr Initialsakrament, die Taufe. Von diesem Bedürfnis her erklärt sich auch die Befestigung der Auffassung von einer dem natürlichen Menschen eignenden Sündigkeit bei *Cyprian von Karthago* († 258)[37], der, obwohl noch mehr praktisch orientiert als Tertullian, in der Sache den „Erbsündengedanken" noch eindeutiger hervorkehrte. In der Urstandsauffassung vereinfacht er die Doppelung imago – similitudo zum Begriff einer einheitlichen Gottebenbildlichkeit, in welcher der Mensch geschaffen wurde: es ist die eine „similitudo divina"[38]. Ähnlich wie Tertullian bezeichnet er den ursprünglichen Zustand des erstgeschaffenen Menschen als Gnade und als Ausstattung mit dem Heiligen Geist. Gegen die von ihm bestrittene Gültigkeit der Ketzertaufe erklärt er: „Niemand aber wird durch Handauflegung geboren, bei der er den Heiligen Geist empfängt, sondern in der Taufe, und den Geist empfängt der schon Geborene, wie es beim ersten Menschen Adam der Fall war" (Ep. 74,7). Der Begriff der Gnade erscheint mit dem der paradiesischen Unsterblichkeit verbunden, wenn Cyprian von der Ursünde sagt, daß bei ihr der Teufel, der den Menschen nach Gottes Bild geschaffen sah (und dem Menschen darob eifersüchtig war), ihm „die Gnade der ihm verliehenen Unsterblichkeit entriß" (De zelo et livore 4).

Was Cyprian über die Folgen der Adamssünde dachte, entwickelt er weniger theoretisch als im praktischen Zusammenhang der Verteidigung der Notwendigkeit der Kindertaufe. Hier erhob er es geradezu zum Gesetz, den Kindern sofort nach der Geburt die Taufe zu spenden, und erklärte es als unbegründet, sie auch nur acht Tage warten zu lassen (Ep. 64, 2); denn wenn „niemand von der Taufe und der Gnade ausgeschlossen wird, um wieviel weniger darf man ein Kind ausschließen, das, eben geboren, keinerlei Sünden begangen hat, außer daß es, weil nach Adam dem Fleische nach geboren, durch die erste Geburt die Seuche des alten Todes sich zugezogen hat. Zum Sündenerlaß gelangt es um so leichter, als ihm nicht eigene, sondern fremde Sünden erlassen werden" (Ep. 64, 5). Die einschlägigen Termini dieser Aussage, die Augustinus wegen ihrer Bedeutung wörtlich aufführt[39], lassen alle den Einfluß Tertullians erkennen, auch wenn sich keine verbalen Übereinstimmungen finden. So ist der Ausdruck „secundum Adam carnaliter natus" ebenso wie das „prima nativitate contraxit" nur eine andere Formulierung für das Tertullianeische „vitium originis", das sich durch die Zeugung fortpflanzt. Das von Cyprian genannte „contagium mortis antiquae" ist identisch mit dem „tradux suae damnationis" Tertullians.

In der deutlichen Charakterisierung des Erbes als „peccata" (und zwar „non propria sed aliena") tritt nun allerdings etwas Eigenständiges, aber auch Problematisches zutage; denn unter der Pluralform hat man einseitig die Folgen der Erbsünde verste-

---

[37] Zur Theologie des Afrikaners vgl. *Bardenhewer* II 394–464; *B. Altaner – A. Stuiber,* aaO. 172–181; *Adam* I 171ff; *H. v. Campenhausen,* Lateinische Kirchenväter (St 1960) 37–56; *B. Studer,* aaO. 96–106; *U. Wickert,* Sacramentum unitatis (B 1971); *P. Gaudette,* Baptême et vie chrétienne (Quebeck 1971). Zur Erbsündenauffassung: *A. Slomkowski,* aaO. 66 f; *A. Gaudel,* aaO. 365 f; *E. Dassmann,* aaO. 255 f.

[38] Ad Donatum (ed. *J. N. Bakhuizen van den Brink,* Den Haag 1946; *M. Simonetti:* CChr 3 A, 1976, 1–13); De opere et eleemosynis (ed. *M. Simonetti:* CChr 3A, 53–72); De bono patientiae (ed. *G. Hartel:* CSEL 3/1, 1868, 395–415; *C. Moreschini:* CChr 3A, 115–133); De zelo et livore (ed. *G. Hartel:* CSEL 3/1, 417–432; *M. Simonetti:* CChr 3A, 73–86); Epistulae (ed. *G. Hartel:* CSEL 3/2, 1871). PL 3–4.

[39] De pec. mer. et rem. III 5, 10 (PL 44, 190).

hen wollen[40]. Nun bleibt zwar der Plural „peccata" als Äquivalent für eine innere Sündhaftigkeit auffällig. Aber im Zustand einer sich erst langsam abklärenden Begrifflichkeit ist er nicht von vornherein als dem betreffenden Sachverhalt widersprechend anzusehen.

Die gegensätzliche Zusammenstellung verlangt, daß es sich hier um Elemente der gleichen Ordnung und Art handelt. Cyprian will näherhin zum Ausdruck bringen, daß die Kinder in anderer Weise gnadenlos und sündig sind als die mit persönlichen Sünden behafteten Erwachsenen, nämlich ohne das Vorangehen eigener sündhafter Taten. Es handelt sich auch bei ihnen um einen Sündenerlaß („ad remissam peccatorum accipiendam"), der die fehlende Gnade erbringt. Dieser Sündennachlaß wird den Kindern um so leichter gewährt, als es sich bei ihnen nicht um eigene Sünden handelt. Es ist deshalb nicht angängig, unter der Bezeichnung „propria peccata" formelle (persönliche) Sünden zu verstehen, dagegen die Bezeichnung „aliena peccata" als Konkupiszenz zu interpretieren oder zu erklären, Cyprian lehre nur den Übergang des Todes auf die Neugeborenen. Das wäre innerhalb der vergleichenden Gegenüberstellung ein Übergang in ein anderes Genus. Der Gebrauch des Plurals „peccata" für die überkommene Sündigkeit ist hier wohl am zwanglosesten stilistisch zu erklären, d. h. aus der hier eingehaltenen Redeweise, bei der der Gegensatz zu „persönlichen Sünden" auch im Plural ausgedrückt wird.

Hier an die Konkupiszenz zu denken, erscheint aber auch aus einem sachlichen Grunde unangebracht; denn tatsächlich wird ja die Konkupiszenz in der Taufe nicht getilgt. Es ist nur die Frage, ob dem Bischof von Karthago dieser Zusammenhang schon bewußt war und ihm hier als eigene Erkenntnis zugeschrieben werden darf. Dafür gibt es tatsächlich eine Reihe von positiven Anhaltspunkten; denn Cyprian läßt in seiner Beschreibung des christlichen Lebens und Tugendstrebens keinen Zweifel daran, daß der Menschennatur die schlimmen Triebe und Begierden immer anhaften (Ad. Donat. 3). Wenn man aber etwa unter den „aliena peccata" das von Adam kommende Todesverhängnis verstehen wollte, so widerspricht dem Cyprian ausdrücklich und erklärt, daß hier an eine wirkliche Nachlassung nicht zu denken ist; denn auch durch das über Adam erlassene Todesurteil „sind wir alle gebunden und gefesselt, bis wir von dieser Welt abscheiden, nachdem wir dem Tod unseren Tribut entrichtet haben" (De bono patient. 11).

Der Einwand, der das ominöse „aliena peccata" bei Cyprian nicht auf ein formelles Sündigsein von Adam her beziehen möchte, sondern nur auf das aus der Ursünde kommende Verderbnis, läuft zunächst darauf hinaus, die Möglichkeit einer sich bei Cyprian anbahnenden Unterscheidung zwischen der Sünde und den Sündenfolgen auszuschließen und hier einen neuen Ansatz in der Entwicklung über Tertullian hinaus zu leugnen. Aber daß ein solcher Ansatz bei Cyprian greifbar wird, läßt sich noch aus einem anderen Grunde erweisen. Cyprian prägte nämlich für die Folgen der Adamssünde einen bildhaften Ausdruck, der fortan in der abendländischen Theologie beständig bleiben sollte. Er nannte diese Sündenfolgen die vulnera „quae Adam portaverat" (De opere et eleemosynis 1). Der Zusammenhang läßt auch erkennen, was darunter im einzelnen gemeint ist: der allgemeine Niedergang der Menschheit („[Christus] humiliavit se ut populum qui prius iacebat erigeret"), die Unfreiheit („servivit ut ad libertatem servientes extraheret") und vor allem das Todesverhängnis („mori sustinuit ut immortalitatem mortalibus exhiberet"). Da Cyprian aber anderseits auch darum weiß, daß trotz der „Heilung" dieser Wunden durch Christus ihre Wirksamkeit nicht völlig ausgeschaltet ist („nec possit firmitas recipi nisi cum recepta et immortalitas fuerit, oportet in hac fragilitate atque infirmitate corporea luctari

[40] So *J. Gross*, aaO. I 121 f.

semper et congredi": De bono patient. 17), können diese vulnera nicht das eigentliche Objekt einer Nachlassung bei der Taufe sein und nicht mit den „peccata aliena" identifiziert werden. Sie stellen vielmehr eine Realität dar, die von der Sünde unterschieden ist und die deshalb auch in Bezug auf die mögliche Nachlassung einer anderen Gesetzlichkeit folgt als die Sünde.

Schließlich ist noch auf einen letzten Umstand hinzuweisen, dessen Beweiskraft für eine Erbsündenvorstellung bei Cyprian aus der sprachlichen Logik des Wortgebrauchs „remissio peccatorum" im Taufzusammenhang kommt. Dieser Ausdruck meint überall, wo er in der ersten Zeit in Tauffragen oder in symbolartig zusammengefaßten Glaubenssätzen auftritt, einen formellen Nachlaß von Sünden[41] und nicht von Sündenfolgen. Wenn Cyprian bei der neugewonnenen Einsicht in die Notwendigkeit der Kindertaufe diesen Ausdruck auch auf die Kinder anwendet (daß das an der für seine Erbsündenauffassung entscheidenden Stelle Ep. 64, 5 nur in der verbalen Form „remittuntur peccata" geschieht, bedeutet keinerlei Beeinträchtigung), dann kann er hier nicht an gewisse Sündenfolgen denken, für die er im übrigen schon einen anderen Ausdruck bereit hat. Die Eindeutigkeit dieses Wortgebrauches spricht dafür, daß Cyprian die Kinder selbst, die er zuvor eindeutig als gnadenbedürftig bezeichnet hat, auch eines eigentlichen Sündennachlasses bedürftig erklärt, der doch zugleich kein Erlaß persönlicher Tatsünden sein kann. Eine andere Erklärung dieses Wortgebrauches wirft viel mehr neue Schwierigkeiten auf, als sie an alten löst. Zugleich bietet die hier vorgelegte Interpretation die beste innere Begründung für das von Cyprian und den 67 Bischöfen der Karthagischen Synode (von 251 oder 253)[42] aufgestellte Gebot der Kindertaufe. Wie bei Tertullian zu begreifen ist, daß er die Kindertaufe nicht urgierte, weil ihm die Frage nach dem Los der ungetauft sterbenden Kinder noch nicht kam, so ist der Umschwung in der Auffassung der Kindertaufe, wie er hier etwa fünfzig Jahre später in der Kirche von Karthago festzustellen ist, nur erklärbar unter der Voraussetzung einer inzwischen vollkommener gewordenen Erkenntnis des Sündenzustandes der Neugeborenen. Die Feststellung der absoluten Notwendigkeit der Kindertaufe wäre nicht begründet ohne die Erkenntnis der Heilsunsicherheit der Unmündigen, d. h. auch ihres Behaftetsein mit Gnadenlosigkeit und Sünde. Daß es sich hierbei nicht nur um ein gedankliches theologisches Postulat handelt, sondern um eine objektive Erkenntnis, zeigt der in der Aussage Cyprians Ep. 64, 5 gestiftete Zusammenhang zwischen Taufe und Gnade, in den sich der am Schluß des Zitates erwähnte Sündenerlaß für die Kinder logisch einfügt.

Es ist deshalb wohl nicht zuviel behauptet, wenn man feststellt, daß in dem relativ kurzen Zeitraum zwischen Tertullian und Cyprian doch ein merklicher Fortschritt in der Erkenntnis des Wesens des unheilvollen Adamerbes erbracht wurde[43]. Er ist nicht das Verdienst eines einzelnen Theologen[44]; denn die Tatsache, daß Cyprian in Ep. 64 die einstimmige Antwort der Synode von Karthago formuliert, ist ein Hinweis auf eine in der ganzen nordafrikanischen Kirche vertretene Auffassung. Der Zusammenhang mit der Tauffrage macht auch deutlich, daß es weniger die wissenschaftliche

---

[41] Vg. *C. Eichenseer,* Das Symbolum Apostolicum beim hl. Augustinus (St. Ottilien 1960) 398 ff.
[42] Zur Bedeutung dieser Synode vgl. *J. Jeremias,* Kindertaufe 100.
[43] Vgl. *Loofs* II 268.
[44] Zu den pseudocyprianischen Schriften, in denen Elemente der Theologie der Sünde auftauchen, vgl. *E. Dassmann,* aaO. 256. Hier wird in De pascha computus 12 (ed. *G. Hartel:* CSEL 3/3, 1871) Adam als „Vater aller Sünder" bezeichnet.

Theologie war, die diesen Gedankenfortschritt erbrachte, sondern das an der Liturgie orientierte praktisch-religiöse Denken. Mit diesem Geschehnis der Synode von Karthago ist auch der Zeitpunkt markiert, von dem an man alle Bekundungen der Notwendigkeit der Kindertaufe als implizite Bezeugungen der Wahrheit von einer Sündigkeit oder einer „Natursünde" verstehen darf, die ihre Bedingung im Generationszusammenhang hat. Für das innere Verständnis der Entwicklung des Erbsündendogmas ist auch die Beobachtung nicht unwichtig, daß der hier in der nordafrikanischen Kirche sichtbar werdende Fortschritt weit vor Beginn des pelagianischen Streites erfolgte, so daß es unmöglich wird, das Entstehen der eigentlichen „Erbsündenlehre" rein äußerlich von der Gegnerschaft zum Pelagianismus abzuleiten und allein mit dem Namen Augustins zu verbinden. Das Beispiel Cyprians beweist, daß unabhängig von äußeren Konstellationen auch die inneren Kräfte des Glaubensbewußtseins am Werke waren und im lebendigen Kontakt mit der Praxis des kirchlichen Lebens zur tieferen Klärung der Glaubenswahrheit beitrugen.

Dabei braucht auch nicht verschwiegen zu werden, daß die Wahrheit von einer inneren Gnadenlosigkeit mit einem Rankenwerk von Argumenten und Gedanken verbunden ist, die der heutigen Auslegung fremd sind (Einfluß des Teufels, Übertreibung der psychischen und physischen Verderbtheit, mangelnde Unterscheidung zwischen Sünde und Sündenfolgen, Traduzianismus). Aber solches Beiwerk kann nicht übersehen lassen, daß sich das Glaubensdenken langsam dem Nerv der späteren Lehre näherte und dies, ohne den letztintendierten Zielpunkt dieser Lehre aus dem Auge zu verlieren: die Erlösung durch Jesus Christus und ihre Realisierung in der Kirche durch das Fundamentalsakrament der Taufe[45].

---

[45] Eine Ergänzung der Ergebnisse der Befragung der literarischen Zeugnisse, die für die Dogmengeschichte vorrangig sind, durch die Interpretation der darstellenden religiösen Kunst bietet *E. Dassmann*, aaO. 397–404.

Drittes Kapitel

DER WEG DER PATRISTIK ZU AUGUSTINUS

§ 7. Die Befestigung der Erbsündenvorstellung im Geist der lateinischen Patristik vor dem pelagianischen Streit

Schrifttum: *R. Schmid,* Marius Victorinus Rhetor und seine Beziehungen zu Augustin (Kiel 1895); *R. Pichon,* Lactance (P 1901); *A. Beck,* Die Trinitätslehre des hl. Hilarius von Poitiers (Mz 1903); *A. Bigelmair,* Zeno von Verona (Mr 1904); *F. X. Poxrucker,* Die Lehre des hl. Hilarius von Poitiers von der Heiligung (Fr 1922); *W. Karig,* Des G. Marius Victorinus Kommentare zu den paulinischen Briefen (Marburg 1924); *J. M. Dalmau,* La doctrina del pecat original en S. Pacià: AST 4 (1928) 203–210; *E. Benz,* Marius Victorinus und die Entwicklung der abendländischen Willensmetaphysik (St 1932); *H. de Leusse,* Le problème de la préexistence des âmes chez M. Victorinus: RSR 29 (1939) 197–239; *K. Vilhelmson,* Lactantius und die Kosmologie des spätantiken Synkretismus (Tartu 1940); *B. Worscheid,* Das Verhältnis der Freiheit des Menschen zur Barmherzigkeit Gottes nach Hilarius (R 1940); *P. Limongi,* La natura e gli effetti del peccato originale in Sant'Ilario de Poitiers: DTh(P) 45 (1942) 186–201; *G. Martini,* Ambrosiaster. De auctore, operibus, theologia (Spicilegium Pontif. Athen. Antoniani 4) (R 1944); *P. Smulders,* La doctrine trinitaire de s. Hilaire de Poitiers (AnGr 32) (R 1944); *M. Simonetti,* Note sul Commento a Matteo di Hilario di Poitiers: Vetera Christianorum 1 (Bari 1946) 35–46; *M. Stepanich,* The christology of Zeno of Verona (Wa 1948); *L. Alfonsi,* Lattanzio e Giustino: Rendiconti dell' Istituto Lombardo 82 (1949) 19–27; *E. von Ivánka,* Die stoische Anthropologie in der lateinischen Literatur: Anzeiger der Österr. Akademie der Wissenschaften, hist.-philos. Kl. 87 (W 1950); *P. Séjourné,* Victorinus Afer: DThC XV (P 1950) 2887–2954; *Pr. Schepens,* L'Ambrosiastre et s. Eusèbe de Verceil: RSR 37 (1950) 295–299; *G. M. Valveri,* La filosofia teologica di C. M. Vittorino (Palermo 1950); *J. R. Laurin,* Orientations maîtresses des apologistes chrétiens de 270–361 (AnGr 61) (R 1954); *H. J. Kunick,* Der lateinische Begriff patientia beim Kirchenvater Laktanz (Diss. masch. Fr 1955); *H. Dörrie,* Die Frage nach dem Transzendenten im Mittelplatonismus: Les sources de Plotin (G 1957) 192 ff; *H. Kraft – A. Wlosok,* Laktanz, De ira Dei. Über den Zorn Gottes (Darmstadt 1957); *H. J. Vogels* (Hrsg.), Das Corpus Paulinum des Ambrosiaster (Bo 1957); *L. Rubio Fernández,* San Paciano. Obras, Edición crítica y traducción (Ba 1958); *P. Löffler,* Die Trinitätslehre des B. Hilarius von Poitiers zwischen Ost und West: ZKG 71 (1960) 26–36; *P. Galtier,* S. Hilaire de Poitiers (P 1960); *A. Wlosok,* Laktanz und die philosophische Gnosis (Hei 1960); *V. Loi,* Problemi del male e dualismo negli scritti di Lattanzio: Annali della Facoltà di Lettere di Cagliari 29 (1961–65) 37–96; *P. Hadot,* L'image de la Trinité dans l'âme chez Victorinus et chez Augustin: Stud. Patr. VI (TU 81) (B 1962) 409–442; *ders.,* Christlicher Platonismus. Die theologischen Schriften des Marius Victorinus (Z 1967); *E.-R. Labande* (Hrsg.), S. Hilaire et son temps. Actes du Colloque de Poitiers 1968 (Etudes augustiniennes) (P 1969); *J. P. Pettorelli,* Le thème de Sion, expression de la Théologie de la redemption dans l'œuvre de s. Hilaire de Poitiers: Hilaire et son temps (P 1969) 159–233; *J. Speigl,* Zum Kirchenbegriff des Laktanz: RQ 65 (1970) 15–28; *E. Heck,* Die dualistischen Zusätze und die Kaiseranreden bei Lactantius (Hei 1972); *A. Ziegenaus,* Die trinitarische Ausprägung der göttlichen Seinsfülle nach Marius Victorinus (MthSt(S) 41) (Mn 1972); *V. Fàbrega,* Die dualistische Lehre des Laktanz. Methodische und theologische Voraussetzungen und religionsgeschichtlicher Hintergrund: JbAC 17 (1974) 126–146; *F. Gistelinck,* Lactance et sa théologie baptismale propre à son temps: QLP 55 (1974) 177–193; *A. Peñamaría,* Libertad, mérito y gracia en la soteriología de Hilario de Poitiers. Precursor de Pelagio o de Agustín?: RevÉAug 20 (1974) 234–250; *E. Lamirande,* Lactance: DSAM IX (1976) 48–59 (Lit.); *L. F. Ladaria Ferrer,* El Espíritu Santo en San Hilario de Poitiers (Ma 1977).

Die Entfaltung des Glaubensverständnisses von einer allgemeinen Sündhaftigkeit der Menschheit in Adam tritt mit dem vierten Jahrhundert in das Kraftfeld neuer Konstellationen und geistiger Bedingungen ein. Im Verfolg der Wandlung der äußeren Verhältnisse durch die „Konstantinische Wende"[1] erwuchsen den kirchlichen Schrift-

[1] Zur Bedeutung wie zu den Grenzen dieser schlagwortartigen Kennzeichnung vgl. *H. Rahner,* Konstantinische Wende?: StdZ 167 (1960/61) 419–428; *E. Baus:* HdKG I 472–479.

stellern neue Möglichkeiten, aber auch neue Aufgaben. War die bisherige Entwicklung der „Hamartiologie" vornehmlich aus dem Abwehrkampf gegen äußere Gegner des Christentums (Platonismus, Fatalismus, Gnostizismus) erwachsen und damit vornehmlich apologetisch geprägt, so gewinnt die „Erbsündenauffassung" in diesem wie in den folgenden Jahrhunderten einen mehr dogmatischen Charakter.

Das besagt nicht, daß sie nun von dem Druck gegnerischer Positionen und der Last der Auseinandersetzung völlig frei würde. Aber die Hauptgegnerschaft erwächst nun nicht mehr von außen, sondern kommt vom Problembewußtsein und den Lösungsversuchen der Theologie selbst. So vermag die Theologie einerseits positiv tiefer in ihre eigenen Gründe hinabzusteigen (was sich im 4. Jh. u. a. an einem Ansteigen des „Paulinismus" und der Verwendung des locus classicus der „Erbsündenlehre, Röm 5, 12–21, zeigt)[2], muß sich aber auch mit im eigenen Bereich aufkommenden Fehllösungen und Glaubensirrtümern auseinandersetzen. Sie übernimmt damit ein mehr nach innen gerichtetes „munus defensivum", das freilich auch dazu beitragen konnte, die dogmatische Lehre abzuklären und bestimmter zu fassen[3].

Allerdings ist zuzugeben, daß die der Theologie in diesem Zeitraum neu gestellte dogmatisch-verteidigende Aufgabe ihr nicht zuerst auf dem Felde der „Erbsündenlehre" zuwuchs. Aufs Ganze gesehen, stand diese Lehre wie noch in der vorausgehenden Periode nicht im Blickpunkt des Interesses, was freilich mit dem tieferen, ins Grundsätzliche hinabreichenden Befund zusammenhängt, daß diese Doktrin ja überhaupt keinen schlechthin selbständigen Charakter besitzt, sondern gleichsam nur als Funktion und als abhängige Variable der Erlösungswahrheit auftritt. (Das besagt wiederum nicht, daß man sie deshalb dogmatisch als irrelevant betrachten könnte, was unweigerlich zu Schmälerung des Erlösungswerkes führen müßte.) Darum ist festzustellen, daß auch in der dogmatisch vertieften Ära des vierten Jahrhunderts die Wahrheit von der Sünde in Abhängigkeit und im Zusammenhang mit anderen größeren Fragekomplexen auftritt, vor allem im Komplex der Erlösungsauffassung.

Das gilt vor allem für die abendländische Theologie, die in ihrem stärkeren Interesse an der individuellen Anthropologie, am Heil des einzelnen und am persönlichen Gnadengeschehen gewisse positive Voraussetzungen für eine weitere Entfaltung und Präzisierung der Lehre von der allgemeinen Sünde schuf. Obgleich die römisch-abendländische Theologie bezeichnenderweise auch auf diesem Lehrgebiet nicht die spekulative Kraft und den denkerischen Reichtum der morgenländischen Theologie entfaltete[4] (das Abendland kannte z. B. keine theologischen Schulen, die im Osten auch die „Erbsündentheologie" in großer Variationsbreite entwickelten), hat sie doch gerade wegen ihrer relativen Beharrung auf der irenäisch-tertullianeischen-cyprianischen Traditionslinie die vorhandenen Ansätze befestigt und stabilisiert.

Dazu wurde sie durch eine Reihe von geistigen Faktoren instandgesetzt, die man zusammenfassend als „römische Mentalität" gekennzeichnet hat[5]. Darunter sind u. a. das Streben nach einer Ausgewogenheit von (bereits vorhandener) Lehrautorität und einsichtnehmender Ratio zu verstehen, ein gewisses objektivierendes Verständnis der Lehrfragen, eine Abzweckung auf das (stoische) Naturrechtsdenken, auf die Ethik und auf die Praxis der Kirche (besonders auf Taufe und Kindertaufe). Gegenüber der vielgestaltigen morgenländischen Theologie, die seit Irenäus dazu neigte, die Sünde

---

[2] Vgl. dazu *Seeberg* II 365 f.

[3] Vgl. *Tixeront* II 4–11 (zur griechischen Theologie); II 251–258; *J. Schwane*, Dogmengeschichte II 2 ff.

[4] *A. Gaudel*, Péché originel 363.

[5] So *C. Schneider*, Geistesgeschichte der christlichen Antike (Mn 1970) 265 f; zur inhaltlichen Bestimmung vgl. *Seeberg* II 363 ff.

in dem spekulativ-optimistisch gesehenen Heilsprozeß nur als Durchgangsphase zu erkennen und sie daraufhin mit einem geringeren Gewicht auszustatten (ohne daß man ihr deshalb die förmliche Unkenntnis einer „Erbsündenlehre" oder ihres Äquivalentes vindizieren dürfte), erscheinen die „römischen" Autoren gegenständlicher ausgerichtet, am Wesen der Sache orientiert, auf das Ethos und die Gerechtigkeit[6] (auf seiten Gottes wie des Menschen) Bezug nehmend. Sie bezeigen dabei die eingegrenztere, geschlossenere[7], in etwa sogar schlichtere Position. Gerade diese aber hat verständlicherweise zur Stabilisierung der Entwicklungslinie zu Augustin hin beigetragen. Es ist nicht zuletzt die Erschließung des Verständnisses für den relativen Neuansatz Augustins, die das Eingehen auf die scheinbar uniformistische Lehre seiner lateinischen Vorgänger im vierten Jahrhundert notwendig macht. Wenn diese Zwischenstufe (was oft geschieht)[8] übersehen wird, muß sich eine Verzeichnung der Stellung Augustins ergeben, der dann ungerechtfertigt wie ein erratischer Block in der scheinbar flachen Landschaft der abendländischen Erbsündenlehre gesehen wird.

Zugleich scheint es angebracht, die Entwicklung im Abendland der morgenländischen Entwicklungsgeschichte vorausgehen zu lassen. Obgleich zwar alle Abendländer Einflüsse der östlichen Theologie aufnehmen, kommt eine Vereinigung der beiden Ströme eigentlich erst bei Ambrosius zustande, auf dessen Grund Augustinus weiterbaut.

Die relativ selbständige abendländische Entwicklung, die auf dem Gedanken der sich fortpflanzenden Adamssünde aufruhte[9], besagt aber keineswegs einen geradlinigen Fortschritt, wie ja überhaupt biologische oder logische Modelle zur Erklärung der Entwicklung nicht ausreichen. Es gibt auch das offene oder scheinbare Gegenteil, den Umweg oder die rückläufige Bewegung.

1. Die philosophische Verkürzung bei Laktanz und Marius Victorinus

Die Verkürzung der heilstheologischen Perspektive macht sich bei einem Nachfahren Tertullians um die Wende des dritten Jahrhunderts bemerkbar, obgleich er gerade bemüht war, eine erste Zusammenfassung der Substanz der christlichen Lehre mit den Mitteln der zeitgenössischen Philosophie zu erstellen. Es ist der an Cicero gebildete *L. Caecilius Firmianus Lactantius* († um 330)[10], der in seinen „Institutiones" eine im

---

[6] Vom „römischen Pragmatismus" spricht unter dieser Rücksicht *B. Studer* im Hinblick auf die Soteriologie des Laktanz: Soteriologie 115.

[7] Bei Hilarius v. Poitiers zeigt sich dieses Charakteristikum besonders in der Christologie; vgl. *A. Grillmeier*, Jesus der Christus 577–588.

[8] Darum wird diese Periode von den Autoren häufig übergangen oder nur beiläufig aufgenommen, vgl. *A. Gaudel*, aaO. 366; *F. R. Tennant*, The sources of the doctrine 52f; *H. Rondet*, Le péché originel dans la tradition patristique et théologique 76; *J. Weismayer:* F. Dexinger u. a., Ist Adam an allem schuld? 303f; vgl. dagegen die relativ ausführliche Behandlung (aus einseitig kritischem Interesse) bei *J. Gross*, Entstehungsgeschichte des Erbsündendogmas I 217–255.

[9] Vgl. dazu *Seeberg* II 364.

[10] Zur Person wie zur Theologie vgl. *Bardenhewer* II 525–549; *B. Altaner – A. Stuiber*, Patrologie 185–188; *Tixeront* I 441ff; *H. Kraft – A. Wlosok*, Laktanz (zur Einführung) VII–XXV; *A. Warkotsch*, Antike Philosophie im Urteil der Kirchenväter 297ff; *J. Turmel*, Histoire des dogmes I 52f; *St. Otto*, „Natura" und „dispositio" (Mn 1960) 88. – Divinae Institutiones (ed. *S. Brandt:* CSEL 19, 1890, 1–672); Epitome (ed. *S. Brandt:* CSEL 19, 673–761); De opificio Dei (ed. *S. Brandt:* CSEL 27, 1893, 3–64); De ira Dei (ed. *H. Kraft – A. Wlosok*, Darmstadt [3]1974; *S. Brandt:* CSEL 27, 65–132). PL 6–7.

Geist des abendländischen Ethizismus und Realismus gehaltene Gesamtdarstellung des christlichen Glaubens und seiner Weltschau darzubieten versuchte. Dieser Entwurf zeigt nicht nur das Unfertige einer ersten „Systematik", sondern fördert auch die Erkenntnis zutage, daß in der Frage von der allgemeinen Sünde der geistige Weg nicht ohne Abzweigungen und Abweichungen verlief, von denen manche im Weglosen und Unbegehbaren endeten.

Das zeigt sich bei Laktanz besonders in der Schöpfungslehre, in der auch die Themen der Anthropologie und des Urstandes aufgegriffen werden. Laktanz kommt häufig auf die Schöpfung des Menschen zu sprechen, den er ganz im Sinne der Stoa als das Ziel der Welterschaffung bezeichnet. „Gott hat die Welt um des Menschen willen geschaffen" (De ira Dei 14). Allerdings vergißt Laktanz nicht hinzuzufügen, daß der Mensch „um Gottes willen geschaffen wurde" (ebd. 14), so daß er hier nicht in einem naturalistischen Anthropozentrismus befangen bleibt. Doch sind die naturalistisch-rationalen Elemente seiner Anthropologie nicht zu verkennen, die ihn in manchem den frühen Apologeten nahebringen. Trotzdem stellt er die Einzigartigkeit der Menschenschöpfung sehr stark heraus, so wenn es heißt: „Denn der Mensch allein ist es, der mit Sinn und Vernunft begabt ist und der darum Gott zu erkennen vermag. Der Mensch ist deshalb mit Einsicht, Verstand und Klugheit ausgestattet, ist darum allein vor allen Geschöpfen mit aufrechtem Leib und in gerader Stellung geschaffen worden, damit er Auge und Antlitz zur Betrachtung seines Schöpfers erhebe; er hat deswegen allein die Gabe der Rede und die Zunge zur Aussprache der Gedanken erhalten, um die Erhabenheit seines Herrn verkünden zu können; ihm ist endlich aus dem Grunde alles unterworfen, damit er sich selbst der Herrschaft seines Bildners und Schöpfers unterwerfe" (ebd. 14). Es fällt allerdings auf, daß Laktanz an dieser Stelle vom Bildner-Gott spricht, ohne die Vorstellung von der Gottebenbildlichkeit des Menschen heranzuziehen, auch wenn er bei der Bestimmung des Menschen die bis dahin bekannten Elemente des Bildbegriffes (mit Bevorzugung der geistig-intellektuellen Ausstattung) berücksichtigt. An anderer Stelle billigt er der menschlichen Seele eine gewisse Ähnlichkeit mit Gott zu, wenn er erklärt: „Unde apparet, animam nescio quid esse Deo similem" (De opificio Dei 17). Das „nescio quid" deutet allerdings an, daß der Autor dieser Bestimmung nicht ganz sicher ist. Insofern er die Gottebenbildlichkeit der Seele so unbestimmt einführt, denkt er sicher nicht von dem Wort der Heiligen Schrift her, sondern mittels philosophisch-kosmologischer Erwägungen, die nicht die Sicherheit des Glaubens bei sich haben. Tatsächlich wird der Seele hier eine gewisse Gottebenbildlichkeit zugesprochen und zwar wegen ihrer Geistigkeit und Unsterblichkeit, deren Wesen ihm im ganzen „unbegreiflich ist" (De opificio Dei 17).

Unter diesem Aspekt ist auch die andere Aussage zu betrachten, in der Lactantius erklärt: „Wenn Gedanke, Vernunft, Einsicht, wenn Fürsorge und Herrschaft zum Wesen Gottes gehören und wenn der Mensch allein von allen irdischen Geschöpfen diese Vorzüge besitzt, so ist demnach der Mensch nach Gottes Ähnlichkeit geschaffen" (De ira Dei 18). Es ist eine rein natürliche Gottebenbildlichkeit gemeint, auch wenn er sie gelegentlich als „von Gott empfangene Gabe" bezeichnet (De ira Dei 19).

Zunächst scheint er diese „Gabe" dem leiblichen Sein nicht zuzubilligen, was sich aus seinem Hang zum Dualismus erklären läßt, so daß er gelegentlich sogar sagen kann, daß der Leib „vom Teufel ist" (Inst. II 13). Daraus folgt mit einer gewissen Konsequenz: „Da für den Menschen bei seiner Schöpfung durch Gott die Bestimmung getroffen ward, einstmals zu sterben, so erfordert schon dieser Umstand seine Erschaffung aus einem irdischen und vergänglichen Leibe; er muß also jederzeit dem Tode erliegen können, da er ja körperlich ist; denn jeder Körper ist auflösbar und daher sterblich" (De opificio Dei 4).

Allerdings scheint Laktanz dort, wo er direkt vom Paradiesesmenschen spricht[11],

[11] Vgl. dazu *A. Slomkowski,* L'état primitif de l'homme dans la tradition (P 1928) 67 f.

die entscheidende Ausnahme zu machen und Adam das außerordentliche Geschenk der leiblichen Unsterblichkeit zuzubilligen, das er nach seiner Bewährung endgültig erhalten hätte. Das wird an der Stelle deutlich, an der er in dem Auszug aus den „göttlichen Unterweisungen", dem man wegen seiner Verbesserungen und Änderungen gegenüber dem Hauptwerk seit je einen eigenen Wert zuerkannt hat, einen eigenen Gedankengang über das Paradies entwickelt und hier, eng an den Wortsinn angeschlossen, die Paradieses- und Sündenfallgeschichte interpretiert. Dabei wird die dem Menschen gegebene Verheißung sogar zum entscheidenden Anlaß für die Versuchung der den Menschen darum beneidenden Schlange: „Dem Menschen befahl er [Gott], von einem Baume, an den er die Erkenntnis des Guten und des Bösen geknüpft hatte, nicht zu kosten, mit der Androhung des Todes, wenn er esse, und der Verheißung der Unsterblichkeit, wenn er den Auftrag befolge. Da beneidete die Schlange – es war dies einer von den Dienern Gottes – den Menschen um seine Unsterblichkeit und verlockte ihn durch Arglist zur Übertretung des Gebotes und Gesetzes Gottes. Auf diese Weise gewann zwar der Mensch die Unterscheidung zwischen gut und bös, verlor aber das Leben, das ihm Gott zu immerwährender Dauer verliehen hatte. Den Sünder verstieß Gott aus dem heiligen Orte und verwies ihn auf diese Erde, um in Mühsal sein Brot zu erwerben und Beschwerlichkeiten und Kümmernisse nach Verdienst zu ertragen" (Epit. 22). Diese Aussage ist insofern interessant, als hier die vermittels der Ebenbildlehre doch schon vergeistigte Paradiesesvorstellung wieder realistisch vergröbert wird, was einen Rückgang zu den alten Vorstellungen der Apokryphen erkennen läßt. Dem entspricht die Aussage: „Das Paradies selbst umschloß Gott mit einem Wall von Feuer, damit kein Mensch bis zum Tage des Gerichtes in jenen Ort immerwährender Glückseligkeit sich einzuschleichen versuchte" (ebd. 22). Die naturhaft-sinnliche und in etwa mythische Vorstellung vom „Ort immerwährender Glückseligkeit" ist hier mit neuer Intensität wieder aufgenommen. Wie selbstverständlich folgt dieser Auffassung noch einmal eine Betrachtung über den Tod: „Es folgte nun dem Menschen der Tod gemäß dem Ausspruch Gottes" (ebd. 22). Aber wie stark diese realistisch-mythische Vorstellung von der Bestimmung des paradiesischen Menschen zur Todesfreiheit nachwirkt, zeigt die bei Laktanz auftretende Sondermeinung, die ebenfalls ihren Anhalt in einer auf den Wortsinn bedachten Exegese der fortlaufenden biblischen Urgeschichte hat, daß nämlich die leiblich verstandene Unsterblichkeit trotz ihrer Aufhebung doch noch einen gewissen realistischen Teileffekt im Leben des nachparadiesischen Menschen hinterließ; denn „sein [des Menschen] Leben fand, wenn es auch vorübergehend geworden war, erst in tausend Jahren den Abschluß, und dies war die Dauer des menschlichen Lebens bis zur Zeit der allgemeinen Flut. Nach der Sintflut nahm das Leben der Menschen allmählich ab und sank auf hundertzwanzig Jahre herab" (ebd. 22).

Mit diesen, eine Sonderstellung des paradiesischen Menschen anzeigenden Merkmalen harmoniert wiederum nicht das an anderer Stelle über die Sündenfähigkeit und Sündenmöglichkeit des Menschen Gesagte.

Die betreffenden Aussagen sind nämlich so gehalten, daß sie eine irgendwie geartete Sonderstellung des ersten Menschen ausschließen. Das ergibt sich mit einer gewissen Konsequenz aus der dualistisch geprägten Anthropologie des Laktanz. Sie wird besonders augenfällig bei der versuchten Antwort auf die Frage nach dem Ursprung des Bösen. Dazu heißt es in strenger Entsprechung zu der Aussage über den Dualismus zwischen Leib und Seele (in den „Institutiones"): „Der Seele haftet das Gute an, dem Leib das Böse, der Seele Licht, Leben und Gerechtigkeit, dem Leib Finsternis, Tod und Ungerechtigkeit. Daraus entstand im Menschen die Verschlechterung seiner Natur ..." (De ira Dei 15). Wie um allen Zweifel zu beheben, daß diese Defektibilität auch zur Natur des ersten Menschen gehörte, erklärt Laktanz an anderer Stelle, daß Gott „den Stoff zum Laster in die Leidenschaften legte, [den Stoff] der Tugend in die Laster" (Inst. VI 15). Es ist nicht zu verkennen, daß Laktanz die Konkupiszenz als etwas mit dem leiblichen Sein des Menschen Mitgesetztes ansieht, das auch dem paradiesischen Menschen eignen mußte. Daraus ergibt sich die merkwürdige Schlußfolgerung, daß Laktanz dem Menschen des Paradieses dort, wo er seinen Stand im Anschluß an die biblische Urgeschichte beschreibt, die leibliche Unsterblichkeit und ein glückseliges Leben zuspricht, daß er ihm aber andererseits die Konkupiszenzfreiheit abspricht. Es erscheint offenkundig, daß Laktanz seine philosophisch-anthropologischen, hier von der Stoa beeinflußten Gedanken mit dem biblischen Befund nicht auszugleichen vermag. Das Unvermögen, die beiden Perspektiven zu vereinen, führt ihn dort, wo er die biblischen Aussagen interpretiert, zu einer übertriebenen supranaturalistischen Deutung des Urstandes, dort aber, wo er der stoischen Anthropologie folgt, zu einer theologischen Entleerung der heilsgeschichtlichen Relevanz dieser Wahrheit, was sich nicht zuletzt aus der geringen Berücksichtigung des biblischen Ebenbildgedankens erklärt.

Damit scheint aber auch schon bezüglich der theologischen Deutung des Sündenfalls und seiner Folgen eine ungünstige Weichenstellung getroffen. Seine von der stoischen Auffassung abhängige Vorstellung von der notwendigen Koexistenz zwischen dem Guten und dem Bösen bestimmt ihn dazu, in der philosophischen Frage nach dem Ursprung des Übels wieder dualistische Wege zu beschreiten. Er referiert zwar den biblischen Sündenfallbericht und läßt die Sünde Adams aus einer Versuchung der Schlange („einer von Gottes Dienern") hervorgehen, die den Menschen wegen seiner Unsterblichkeitsaussicht im Paradies beneidete. „Auf diese Weise gewann er [der Mensch] zwar die Erkenntnis des Guten und des Bösen, verlor aber das Leben, das ihm Gott als ein immerwährendes verliehen hatte. Den Sünder nun verstieß Gott aus dem heiligen Orte und verbannte ihn auf diese Erde, damit er durch Arbeit seinen Unterhalt erwerbe, Mühsal und Sorgen nach Verdienst erdulde" (Epit. 22). An dieser Aussage wird ersichtlich, daß Laktanz die Folgen der Ursünde vornehmlich in den Verlust des Lebens und in äußere Depravationen verlegt wie in den Tod und die Verschlechterung der menschlich-irdischen Situation.

Bei genauerer Erwägung der Gedanken des Laktanz zum Sündenthema stellt sich heraus, daß ihm der biblische Sündenfallbericht letztlich nur eine denkerische Einsicht über den Ursprung des Bösen vermittelt. Die Begründung ist eine rein philosophische und greift auf die alte dualistische Lehre von den zwei gottgeschaffenen Geistern zurück, „deren einer Gott gleichsam als rechte Hand, deren anderer gleichsam als linke Hand dient, auf daß unter ihrer Herrschaft stünden jene entgegengesetzten Elemente, aus deren Mischung und Verbindung die Welt und alles, was in ihr ist, bestehen sollten" (Inst. II 9). Der hier hervortretende Dualismus ist zwar dadurch gemildert, daß beide entgegenstehenden Prinzipien als Schöpfungen Gottes erkannt sind und daß der schlechte Geist (der Teufel) nicht von Natur als böse gilt, sondern erst durch seine Entscheidung zum Bösen wurde. Dieser die Welt durchwaltende Gegensatz wohnt nun auch von Anfang an in der Menschenschöpfung, wo er an den widerstrebenden Elementen von Leib und Seele in Erscheinung tritt. „Daher kam in die Menschen die Verderbnis ihrer Natur, so daß ein Gesetz erforderlich war, um sie vom Laster abwenden und zu Tugendwerken anhalten zu können" (De ira Dei 15). Deshalb war nach Laktanz auch der paradiesische Mensch schon mit Leidenschaften ausgestattet, an deren Überwindung er die Tugend erlernen konnte. Im Grunde wird damit die durch den Sündenfall für alle Menschen eingetretene Verschlechterung nur im Todesverhängnis gesehen, das eine Straffolge darstellt. Das, was Laktanz an Gedanken zur Lehre von einer „Natur-" oder „Erbsünde" bietet, erweist sich damit nur als eine leicht faßliche Formulierung philosophischer Gedanken, die einen losen Kontakt zur biblischen Offenbarungsgeschichte besitzen. Laktanz ist damit hinter die durch Tertullian und Cyprian erreichte theologische Position zurückgefallen. Der Gedanke eines ursprünglichen Zustandes der Gerechtigkeit des Menschen ist zwar erhalten (ad iustitiam genitus: De ira Dei 15), und die universalen Folgen der Adamssünde sind unter dem Begriff des „Todes" zusammengefaßt. Aber dieser theologische Aussagekern ist von so viel unklarem philosophischem Rankenwerk umgeben, daß er nicht beherrschend wirken kann, zumal er bei genauerem Hinblick auch in sich selbst nicht völlig abgeklärt ist. Vor allem aber ist das Problem der Adamseinheit der Menschheit nicht gesehen. Insofern kann an dieser Stelle J. Gross zurecht davon sprechen, daß Laktanz nur eine auf alle Menschen übergreifende Straffolge der Adamssünde, den Tod, kenne[12]. Indessen ist dieses Negativbeispiel einer Lehrentwicklung in anderer Hinsicht doch auch von einem gewissen Erkenntniswert: es zeigt nämlich, daß selbst bei einem nicht in die Tiefe des Christlichen eingedrungenen und ganz in den Formen stoischer Begrifflichkeit denkenden Rhetor[13] die christliche Tradition von einer universal wirkenden Unheilstat Adams nicht unterdrückt werden konnte. Sie war auch dort, wo sie nicht wesentlich aus der Schrift erhoben wurde, offenbar im christlichen Gemeinbewußtsein lebendig.

In einem ähnlich gebrochenen, diesmal aber mehr durch das Prisma der neuplatonischen Philosophie zerstreuten Licht erscheint die Lehre von der universalen Sünde bei *Marius Victorinus* († nach 362), dem „einsamen Denker"[14] an der Schwelle zwischen Hellenismus und Christentum[15]. Seine nicht gerade häufigen Stellungnahmen zum Sündenproblem erscheinen zwar einer rein historischen Betrachtungsweise wegen der eigentümlichen Verbindung zwischen neuplatonischer Philosophie und christlicher Lehre nicht uninteressant, aber doch theologisch von geringerem Gewicht. Dabei bleibt jedoch unbeachtet, daß der gefeierte Rhetor und Philosoph zugleich der wohl erste Verfasser lateinischer Pauluskommentare war, der sich besonders im Epheserbrief-Kommentar im Anschluß an Eph 2,3 zur Sündigkeit der menschlichen Natur äußert[16].

Aber seine vom Platonismus und von Plotin bestimmte Präexistenzlehre scheint einen theologischen Ansatz bezüglich eines heilen Anfangs und eines geschichtlichen Falls des Menschen zu verunmöglichen. Marius hängt nämlich der Auffassung an, daß die menschlichen Seelen vor der Weltschöpfung in Gott existierten (Adv. Arium I 69) und erst in einem Prozeß der Individuation des transzendenten Seins vereinzelt wurden[17]. Wegen des geringeren Lichtes (das ihnen nach dem neuplatonischen Stu-

[12] *J. Gross,* aaO. I 220; ähnlich *J. Turmel,* aaO. I 53, mit starker Betonung des Einflusses des Teufels auf das Böse in der Schöpfung.

[13] Vgl. dazu das kritische Wort des *Hieronymus* über Laktanz: Ep. 58,10 (CSEL 54,539).

[14] So *A. Ziegenaus,* Die trinitarische Ausprägung der göttlichen Seinsfülle nach Marius Victorinus 1.

[15] Zu seiner Bedeutung vgl. *Bardenhewer* III 460–468; *B. Altaner – A. Stuiber,* aaO. 368 f; *Harnack* DG III 33 f; *Seeberg* II 377; *E. Benz,* Marius Victorinus und die Entwicklung der abendländischen Willensmetaphysik 1–38; *A. Ziegenaus,* aaO. 132 ff; *P. Hadot,* Marius Victorinus, Traités théologiques sur la Trinité II (SourcesChr 69) (P 1960); *A. Grillmeier,* Jesus der Christus 549–597. – Comentarii in epistulas Pauli ad Galatas, ad Philippenses, ad Ephesios (ed. *A. Locher,* L 1972); Adversus Arium (ed. *P. Henry – P. Hadot:* CSEL 83, 1971, 54–277). PL 8.

[16] Wiederum widmet *J. Gross,* aaO. I 220–223, dem Zeugnis des Marius als einer der wenigen eine relativ ausführliche Betrachtung.

[17] Zur Präexistenzlehre, die gegenüber der origeneischen gewisse Abwandlungen zeigt, vgl. *H. de Leusse,* Le problème de la préexistence 197–239; *E. Benz,* aaO. 123 ff 262 ff.

fendenken zukommen muß) trugen sie auch die Möglichkeit des Abfalls von Gott in sich, obgleich sie von Gott „vorherbestimmt und auserwählt (waren), damit sie heilig würden und geheiligt würden, und die Welt wurde ihretwegen geschaffen, damit sie die wahre Erkenntnis empfingen in allen weltlichen Dingen durch das sinnliche Erkennen, das ein Trugbild der wahren Erkenntnis, Vollkommenheit und Wahrheit ist" (In Eph. 1,4). Der Eingang in die materielle Welt selbst wurde durch den Mißbrauch ihrer Willensfreiheit ausgelöst und hatte gleichsam eine Gefangennahme durch die Welt zur Folge. Die Erschaffung der Welt und die Niederfahrt der Seelen in die Welt ist allerdings vom Plan Gottes bestimmt und umgriffen, nach dem die Seelen in der Welt ihre vom Geist abgewandte Neigung überwinden, den Logos erkennen und sich ihm gänzlich zuwenden sollten. So ist die Präexistenz der Seelen zugleich mit dem Prädestinationsgedanken, aber auch schon mit der Erlösungsvorstellung verknüpft; denn die Seelen sind deshalb in die Welt gekommen, „daß sie in der Welt leicht Gott erkennen sollten und durch Christus, das ist durch den Geist, durch geistiges Erkennen geistig würden" (In Eph. 1,4) und so zur intellektuellen Schau des Logos selbst zurückgeführt würden.

Es ist fraglich, ob in diese plotinsche Metaphysik der Prädestination und der Präexistenz der biblische Gedanke eines geschichtlichen Sündenfalles und seiner Folgen in der Geschichte eingehen kann. Zwar deutet sich im Kommentar zum Galaterbrief eine solche Möglichkeit in der Bemerkung an: „nam et in primo homine non peccatum nisi ex femina" (In Gal. 4,4). Aber diese im Grunde in das metaphysische Schema nicht hineinpassende Reminiszenz an ein heilsgeschichtliches Ereignis bleibt ohne denkerische Konsequenz. Eine solche kann sich auch an der später in der Tradition für eine „Erbsünde" herangezogenen Aussage Eph 2,3 bei Victorinus nicht entfalten. Hierzu kommentiert der christliche Philosoph: „Wir waren natürliche Söhne des Zornes, d.i. gezeugt nach der Natur des Fleisches und des Stoffes; denn dieser ist die Natur" (In Eph. 2,3). Diese Erklärung, die in der Einleitung so etwas wie eine „Natursünde" nahezulegen scheint, läßt nach dem Schlußteil tatsächlich keine solche Annahme zu; denn hier bringt Victorinus seine eigentümliche Naturauffassung zur Geltung, deren Charakteristikum in der Beschränkung des Naturbegriffes auf die caro und die materia besteht[18]. Zu diesem Naturbegriff allein gehört auch die „generatio mundana", die eine Vermischung des Geistes mit dem Nichtsein der Materie erbringt.

Insofern der Mensch aber in die Sinnenwelt verstrickt ist und „secundum carnem" lebt (In Eph. 1,2), ist er dem Zorn des Teufels unterworfen: „ipse enim adversarius, qui est ira, nos ex materia sibi vindicaverat" (ebd.). Aufgrund der Materie dem Teufel unterworfen, wird er in vielerlei Sünden verstrickt, welche die Seele verderben, die „von der Erkenntnis der Wahrheit abirrt". Diese unheilvolle Verstrickung wird zwar durch den Erlöser, Christus, aufgehoben, durch den wir „zurückgeführt werden zu jener ursprünglichen Natur, die wir von Gott erhalten haben" (ebd. 1,7). Es klingt auch hier noch ein gewisser „Rekapitulationsgedanke" an, aber gänzlich in Metaphysik erhoben, in der auch die Sünde weniger als gottwidriges Geschehen verstanden wird denn als Verdunkelung des geistigen Seins der Seele. Entsprechend kann sich auch schwerlich eine Vorstellung von einer habituellen Sündigkeit als Abgewandtheit von Gott bilden[19]. Unter dieser Rücksicht kann Victorinus tatsächlich nicht als Tradent der abendländischen Auffassung von einer seit Adam dem Menschen eignenden Sünde aufgeführt werden. Der Gedanke ist gleichsam unter dem Zwang des plotinschen Systems atrophisiert. Und doch ist zu erkennen, daß er in der Form der Universalität von Unheil und Heil virulent bleibt, freilich in einer vom christlich-biblischen Denken nicht zu verifizierenden Begründung. Problemgeschichtlich betrachtet, mußte die fehlende christliche Begründung aber der Ansporn bleiben,

[18] Zur Exegese vgl. die ausführliche Einlassung von *J. Mehlmann,* Natura filii irae (R 1957) 81–87.
[19] *E. Benz,* aaO. 288.

der die Universalität von Unheil und Heil auf genuine theologische Gedanken begründen helfen konnte.

Die in dem früher dem Marius Victorinus zugeschriebenen kleinen Werk „De physicis“[20] zum Ausdruck gebrachte Auffassung vom Ursprung der Sünde ist zwar von den neuplatonischen Spekulationen frei und bleibt auf dem Boden des biblischen Paradiesesberichtes. Aber die hier gebotene Paraphrase erkennt nur gewisse Straffolgen der Adamssünde an (Ausschluß aus dem Paradies, Todesgeschick, Fluch über die Erde) und verfehlt mit der Behauptung, daß die Nachkommen der Stammeltern wieder gerecht gewesen wären, einen zentralen Punkt jeder Erbsündenlehre.

2. *Das Aufkommen des „Augustinismus“ vor Augustin*

Man darf die Abweichungen der Anschauungen des Laktanz wie des Victorinus gegenüber der sich langsam bildenden Traditionslinie als charakteristische Erscheinungen einer Übergangsphase von der hellenistischen Philosophie zur christlichen Theologie verstehen, denen deshalb auch eine geschichtliche Wirkung versagt blieb. Diese verband sich aber mit vielen Werken der Kirchenschriftsteller und Kirchenväter des 4. Jahrhunderts, bei denen zwar verständlicherweise die hamartiologische Frage hinter den Problemen der Trinität wie der Christologie zurücktrat, aber doch andererseits im Lichte dieser Probleme auch eine gewisse theologische Aufhellung erfuhr. Sie geht so weit, daß von dieser Periode der Lehrentwicklung im Abendland anerkennend festgestellt werden konnte, „wieviel [augustinische] Elemente schon vor Augustin in der Kirche des Abendlandes lebten“[21]. Die Bedeutung dieser Entwicklung erfährt aber noch eine Steigerung durch die Tatsache, daß das Denken der Abendländer durchaus auch griechischen Einflüssen geöffnet war, so daß kein förmlicher Gegensatz zwischen abendländischer und morgenländischer Auffassung in der Sündenlehre aufkam.

Das gilt schon von *Hilarius von Poitiers* († 367)[22], dem „Athanasius des Abendlandes“[23], der seine Kenntnis griechischer Theologie nicht zuletzt seiner kleinasiatischen Verbannung verdankte. Da der gallische Bischof (ähnlich wie später Hieronymus) an der fundamentalen Historizität der biblischen Texte festhält (auf welcher er erst danach die geistliche Deutung aufführt), bietet er in bezug auf die Urstandslehre nur die gesicherten biblischen Daten: vor allem die Erschaffung der Seele „nach dem Ebenbild Gottes“ (In Ps. 68, 10), d. h. nach dem Erstgeborenen der Schöpfung, Jesus Christus. Formell versteht er die Gottebenbildlichkeit als eine Beschaffenheit der geistigen Seele, die allerdings nicht rein statisch gedacht ist, sondern auf die Erkenntnis Gottes ausgerichtet erscheint und im vollkommenen Gotterkennen ihre Vollgestalt

---

[20] PL 8, 1295–1310.

[21] So *Seeberg* II 372, hier besonders im Hinblick auf Ambrosius gesagt.

[22] Zur Biographie und Lehrauffassung des Bischofs von Poitiers vgl. u. a.: *Bardenhewer* III 365–393; *B. Altaner – A. Stuiber,* aaO. 361–366; *C. Kannengiesser,* Hilaire de Poitiers: DSAM VII 466–499; *B. Studer,* aaO. 130–135; *A. Grillmeier,* Jesus der Christus 580–588; zur Urstands- und Sündenlehre: *A. Slomkowski,* aaO. 133–135; *Tixeront* II 275–277; *J. Turmel,* aaO. I 54 f; *J. Mehlmann,* aaO. 87–89; *Seeberg* II 373; *A. Gaudel,* aaO. 371; *J. Schwane,* Dogmengeschichte II 481–486; *J. Gross,* aaO. I 223–227. – Tractatus super Psalmos (ed. *A. Zingerle:* CSEL 22, 1891); Commentarius in Evangelium Matthaei (ed. *J. Doignon:* SourcesChr 254 258, 1978 f); De Trinitate (ed. *P. Smulders:* CChr 62–62A, 1979 f). PL 9–10.

[23] So *Bardenhewer* III 366.

erreicht (De Trin. XI 49). Allerdings führt er, ähnlich wie Tertullian, auch konkrete Einzelmerkmale des Urstandes auf, an denen sich die Ankündigung der späteren Lehre von den spezifischen Paradiesesgaben vernehmen läßt: er schildert Adam als den Herrn der Schöpfung, der sein Dasein frei von Begierde wie von Schmerz und Furcht, aber auch frei von der Sünde führt (In Ps. 136, 5). Das eigentliche Gut des Paradieses wird jedoch gemäß griechischer Auffassungsweise als Unsterblichkeit bestimmt und diese als Wirkung des paradiesischen Lebensbaumes gedacht, deren vollkommener Besitz freilich an die Erfüllung des Gehorsams geknüpft war (In Ps. 62, 6). Diese Bestimmung zur „seligen Unsterblichkeit" (In Ps. 2, 13–16) kann nicht anders denn als gnadenhaftes Gut gedacht werden. Deshalb verlor Adam, vom Neid des Teufels verführt, im Ungehorsam gegen das göttliche Gebot vor allem „die Seligkeit der ihm bestimmten Unsterblichkeit" (In Ps. 42, 6). Im einzelnen bestehen die Folgen des Falls in der Versklavung unter die Sünde, in Sterblichkeit, in Leid, in den Drangsalen des Daseins und in der Begierlichkeit zur Sünde, die als Vorausnahme des Gedankens von der Konkupiszenz gelten kann (In Ps. 66, 7); der leibliche Tod wird freilich in griechisch-traditioneller Weise auch als Ausdruck der göttlichen Barmherzigkeit verstanden, die dem Menschen ein ewiges Leben unter dem Fluch ersparen wollte (In Ps. 62, 6).

Dabei steht die Universalität dieser Folgen mit Bezug auf die Menschheit für den Bischof von Poitiers nicht in Frage; denn „im Irrtum des einen Adam ist das ganze Menschengeschlecht abgeirrt" (In Mt. 18, 6). Als fragenswert erscheint nur, wie Hilarius den Kontakt der Menschheit mit dem Stammvater begründet. Das Bestehen eines solchen Kontaktes stellt der Bischof schon bei der Erschaffung und also unabhängig von hamartiologischen Erwägungen fest, wenn er erklärt, daß „in dem einen Adam der Ursprung des ganzen Menschengeschlechts gegeben war" (De Trin. IV 21). Hier klingt ein gewisser Repräsentationsgedanke an, der aber wohl kaum juridisch verstanden sein will, sondern in die Richtung der irenäischen Inklusionsvorstellung weist. Das legt auch die Beziehung auf das Gleichnis vom verlorenen Schafe nahe: „Unter dem einen Schaf ist der Mensch zu verstehen, und unter dem einen Menschen die gesamte Menschheit" (In Mt. 18, 6).

Soweit gibt Hilarius inhaltlich doch mehr die griechische Auffassung von einer Adamseinheit wieder und der daraus folgenden Depravation des Menschheitszustandes als die im Abendland von Cyprian schon genauer fixierte Auffassung von einer Transmission, bei welcher die Sünde als solche übermittelt wird. Jedoch steht er wieder auf der abendländischen Traditionslinie (die er noch stärker profiliert), wenn er die allgemeine Sündigkeit der Menschen von dem christologischen Tatbestand der Sündenlosigkeit Christi abhebt. Christus war zwar „durch die körperliche Geburt als Mensch geboren, aber ohne die menschlichen Gebrechen, weil er keinen (menschlichen) Ursprung hat" (De Trin. X 26)[24]. Hier ist offensichtlich der nicht naturhaft-irdische Ursprung Christi der Grund für die Nichtbehaftung mit dem Unheil Adams, was umgekehrt den Gedanken der normalen Überleitung des Adamsgeschickes durch die Geschlechtsfolge nahelegt.

Freilich bleibt die Frage, ob Hilarius damit ein Übergehen der Sünde im formellen Sinne auf dem Weg der Zeugung meint. Manche Formulierungen scheinen dies nahezulegen,wie etwa die folgende: „Sed sub peccati origine et sub peccati lege esse se na-

[24] Augustin belegt diesen Gedanken noch mit einem ausführlichen Hilariuszitat aus einer unbekannten Schrift des Bischofs von Poitiers, in der von Christus ausdrücklich gesagt ist, daß er „nicht die Sünde hatte"; „sondern weil alles Fleisch aus der Sünde ist, von der Sünde, d. i. vom Vater Adam, abgeleitet, wurde er in der Ähnlichkeit des Sündenfleisches gesandt": Contra Julianum I 2, 9 (PL 44, 645).

tum“ (In Ps. 118, 22,6). In die gleiche Richtung weist auch eine Aussage im Mt.-Kommentar, wo ausgeführt ist: „Sed ex peccato atque infidelitate primi parentis, sequentibus generationibus coepit esse corporis nostri pater peccatum, mater animae infidelitas; ab his enim ortum per transgressionem primi parentis accepimus“ (In Mt. 10, 23). Danach begann infolge der Sünde und des Unglaubens Adams in allen folgenden Generationen Sünde und Unglaube zu herrschen, die hier von Hilarius in drastisch-bildhafter Weise als Vater und Mutter jedes Menschen ausgegeben werden. Man kann zwar immer noch fragen, ob unter dem peccatum die Sündigkeit im formellen Sinn gemeint sei. Vom Wortlaut her legt sich freilich die Entscheidung für die förmliche Sündigkeit nahe, ebenso von der christologischen Parallele her; denn von Christus soll sicher nicht die Freiheit von den Strafen der Ursünde gemeint sein, sondern die Sündenfreiheit selbst. Das darf dann aber auch auf der Gegenseite als förmliche Sündenbehaftung interpretiert werden.

Man wird dem Gehalt dieser Aussagen wohl nicht gerecht, wenn man sie ausschließlich auf die sündhafte Gebrechlichkeit, auf die „Erbübel“ und auf die Konkupiszenz bezieht. Es ist nämlich zu beachten, daß der gallische Bischof die Konkupiszenz weder als Sünde noch auch nur als zur Sünde treibende Macht versteht (anders als Tertullian). Er erklärt vielmehr zu Ps. 118, auf den Verfasser dieses Gesanges Bezug nehmend: „Die Natur und der Ursprung seines Fleisches hielt ihn zurück; aber der Wille und die Religion wendet sein Herz von der Sünde seines Ursprungs, worin er bleiben mußte (cor eius ex eo in quo manebat originis vitio), zu den Werken der Gerechtigkeit“ (In Ps. 118, 14,20). Hier ist deutlich gesagt, daß die Natur den Menschen vom Gutestun zurückhielt, daß dagegen der Wille seine Freiheit behielt; er wandte sich nicht von der bösen Begierlichkeit ab, sondern „von der Sünde seines Ursprungs, worin er bleiben mußte“.

In diesem Zusammenhang ist aber auch der Umstand beachtenswert, daß der Bischof von Poitiers von dieser „sündhaften Gebrechlichkeit“ nicht annehmen kann, sie sei im getauften Menschen getilgt. Das erweist ein Hinweis auf die Apostel, in dem es heißt: „In allen wohnte Bosheit wegen des Willens ihrer veränderlichen Natur; selbst die Apostel waren, obgleich durch das Wort des Glaubens gereinigt und geheiligt, dennoch nicht frei von Bosheit wegen der Beschaffenheit des gemeinsamen Ursprungs“ (In Ps. 118, 15,6). Hilarius unterscheidet also deutlich eine Reinheit und Heiligkeit von einer materiellen Bosheit, die beide zusammenwohnen können. Wenn man auch hier bei dem Hinweis auf die reinigende und heiligende Wirkung des Glaubenswortes im Zusammenhang mit den Aposteln nicht an die Taufe zu denken braucht, so zwingt doch das theologische Gefälle solcher Aussagen, das Phänomen der Taufe mit in den Blick zu nehmen, um die Frage nach der Bewertung der Konkupiszenz und ihrer Abhebung von der formellen Sünde entscheiden zu können. Tatsächlich sagt Hilarius über die Taufe, daß wir erst durch sie „von unseres Ursprungs Sünden und Urhebern getrennt werden“ (ab originis nostrae peccatis atque auctoribus separemur“ (In Mt. 11,24). Hier steht zwar wieder (wie bei Cyprian) ein Plural, der es erschwert, die Aussage auf die Sünde als solche zu beziehen. Aber wenn man bedenkt, daß Hilarius schon bei Adam zwischen „Sünde“ und „Unglauben“ eine Unterscheidung trifft, um dann in bildlicher Weise die beiden Momente als „Vater unseres Leibes“ und als „Mutter unserer Seele“ zu bezeichnen, dann darf er bei der Taufe auch von einer Tilgung von „Sünden“ sprechen. Die spätere Frage, ob die „Erbsünde“ eine Einheit oder eine Vielheit sei, konnte er noch nicht als Problem empfinden.

Die Auffassung von der Transmission einer formellen Sündigkeit harmonisiert schließlich mit dem anderen Gedanken, den der Bischof aus der Exegese des Paulustextes Eph 2,3 gewinnt. Danach sind die von ihm als „filii iracundiae" Bezeichneten all jene, die noch nicht getauft und zu Söhnen Gottes aufgenommen sind. Da diese Aussagen in einem beziehungsreichen Gegensatz zwischen der natürlichen Sohnschaft des Eingeborenen und der Adoptivsohnschaft der Getauften stehen, da ferner die Taufe als regeneratio verstanden wird, ist der Gedanke nicht weit abliegend, daß die Menschen in der generatio in den Stand der „filii iracundiae" kommen. Jedenfalls geht die Konkordanz der Gedanken von der Adamseinheit der Menschheit, von der Sünde aller in Adam, von ihrer Gottesfeindschaft vor der Taufe und von ihrer Gotteskindschaft nach ihr weit über das hinaus, was man als „Erbübellehre" bezeichnet.

Dabei tritt auch die Bedeutung der Konkupiszenz im Zusammenhang der Wirkungen der Adamssünde bei Hilarius deutlich hervor. Er hat ihre Interpretation aber von einer Einseitigkeit befreit, die ihr von Tertullian anhaftete, nämlich vom Traduzianismus. Hilarius ist in der Seelenlehre Kreatianer und kann deshalb nicht eine materielle Infizierung des neuen Menschen aus der Seelensubstanz des Erzeugers behaupten. Damit gelangt Hilarius auch zu einer anderen Auffassung von der Konkupiszenz als Tertullian. Als Kreatianer konnte er die Konkupiszenz nicht in eine Verderbnis des niederen Teiles der Seele, des „irrationale", verlegen, sondern mußte sie differenzierter fassen und in die Verbindung zwischen Seele und Fleisch einbeziehen, womit im Endergebnis das Fleisch zum eigentlichen Träger des Verderbnisses wurde. Allerdings war damit das Fleisch nicht formell als verderbt oder sündig erklärt. Hilarius sieht in der unordentlichen Begierlichkeit des Fleisches nur die Materie der Sünde, die „per naturam corporis vitiorum connata materies" (In Ps. 118, 11, 5), die der Teufel durch die Triebe der cupiditas und der ira erst zur sündhaften Wirklichkeit entfacht. Die Macht dieser Verderbtheit wird so stark betont, daß sie nahezu als etwas dem Menschen Natürliches, Naturhaftes angesehen werden kann, wie es der Satz ausdrückt: „Durch die Natur unseres Leibes werden wir auf jeden Pfad des Lasters fortgerissen, und das Drängen der menschlichen Leidenschaften zwingt uns auf diesen Weg" (In Ps. 148, 13,8). Dahinter steht auch die Anschauung, daß sich bei der leiblichen Zeugung die ungeordnete Begierde am deutlichsten in Erscheinung bringt, so daß die Konkupiszenz auch in den Übertragungsvorgang der Erbsünde einbezogen ist. Aber es bleibt in der Schwebe, ob die Konkupiszenz als solche als Überträgerin der Sünde fungiert oder ob dies die Zeugung allein leistet. Auch in diesem Punkte bewegt sich der Gedanke auf Augustinus zu.

Dieser Eindruck verstärkt sich noch bei *Zeno von Verona* († um 372)[25].

Der Bischof von Verona neigt, dem Stil seiner Predigten (tractatus) entsprechend, nicht nur zu Überspitzungen gegenüber seinen arianischen Gegnern; auch die theologischen Positionen in der Urstands- und Ursündenauffassung erscheinen in ihrer rhetorischen Darstellung gelegentlich überspitzt. So kennzeichnet er den Zustand des der Seele nach gottebenbildlich geschaffenen Menschen als „glücklich und unvergänglich" und spricht den Stammeltern ein Dasein nach Art der Engel zu (Tract. I 16,12). Da die Taufe nach Zeno das „geistige Bild des himmlischen Menschen" schenkt, ist dieses Bild wohl auch dem paradiesischen Menschen zuzuerkennen. Dementsprechend erscheinen die Folgen des Sündenfalls in einer ebensolchen har-

[25] Zu Zeno vgl. *Bardenhewer* III 477–481; *B. Altaner – A. Stuiber*, aaO. 369; *J. Turmel*, aaO. I 62; *A. Slomkowski*, aaO. 132ff; *A. Bigelmair*, Zeno von Verona 100ff. – Tractatus (ed. *B. Löfstedt:* CChr 22, 1971; PL 11,253–528).

ten Beleuchtung: „Und daraufhin ging das ganze Menschengeschlecht durch den erblich überkommenden Zustand geschwächt (haereditaria conditione confectum) gleicherweise zugrunde" (Tract. I 12,2). Im weiteren Zusammenhang der Aussage werden die Folgen der Adamssünde sehr stark in der Richtung eines Erbübels gedeutet und „Arbeit, Kummer, Unrast, Schmerz, Krankheit, Elend" als Beweis für die Trostlosigkeit des menschlichen Zustandes genannt. Das könnte den Eindruck erwecken, als ob Zeno an keine Überleitung der Sünde als solcher denke. Aber diesem Schluß steht zunächst die totale Parallelität zwischen dem Schicksal Adams und dem der Gesamtmenschheit entgegen, die sich auch wörtlich in dem Terminus „gleicherweise" angedeutet findet. Darüber hinaus erklärt sich Zeno auch ausdrücklich über das endgültige Schicksal der Gesamtmenschheit unter den Folgen der Adamstat und zeigt die ewige Verdammnis als tiefstes Los der Menschheit auf. „Auch die in Todesnacht verbannte Seele peinigte die unerbittliche Unterwelt mit der ewigen Strafe eines ewigen Kerkers. Weder Himmel noch Unterwelt hatten Erbarmen mit dem Abbild Gottes, hatte doch des Todes Herrschaft alles für sich in Anspruch genommen" (ebd.). Der Tod ist offensichtlich hier so umfassend verstanden, daß er den Untergang der Seele mit einschließt, was nur unter Voraussetzung der von Adam überkommenen Sünde annehmbar ist. Man kommt bei Zeno deshalb nicht mit einer schlichten Erbübellehre aus[26].

Dem widerspräche auch seine eindeutige Option für die Kindertaufe[27] und deren theologische Begründung. Diese gibt er mit der Anrede an die Kinder: „Ihr waret schuldig, ihr waret auch unrein durch eine weltliche Geburt" (Tract. II 43,1). Mit dem Ausdruck „eratis rei" wird den Kindern sogar ein förmlicher Schuldstand zugeschrieben, was bei dem Wesenszusammenhang zwischen Sünde und Schuld an sich sachlich keine Neuerung erbringt. Und doch ist die begriffliche Unterscheidung von Sünde und Schuld, die hier aufkommt, sehr dazu angetan, das formelle Moment der Sünde zu stützen und zu unterstreichen, insofern sie deutlich macht, daß die Sünde in ihrer vollen ethisch-personalen Wertigkeit verstanden ist. Auf Grund dieser Aussage darf Zeno, weit entfernt von dem Vorwurf einer mangelnden Kenntnis des Kerngedankens der abendländischen Erbsündenlehre, sogar zu einem Wegbereiter der differenzierten Auffassung gemacht werden, die auch eine förmliche Schuld der Nachfahren Adams anerkennt, ohne daß man behaupten müßte, er habe die theologische Tragweite dieser Einführung des Schuldbegriffes voll erfaßt.

Diese in der Taufpredigt Zenos gemachte Aussage zeigt aber auch, daß mit der Unterscheidung von Schuld und Unreinheit die Differenzierung des Unheilszustandes begrifflich deutlicher fixiert wird. Der Hinweis auf die Unreinheit rückt das Moment der Konkupiszenz wieder deutlich in den Vordergrund. Wie wesentlich Zeno in dem ganzen Vorstellungskomplex das Moment der ungeordneten Begierlichkeit erachtet, wird schon an seiner Deutung der Genesis der Ursünde erkennbar. Bei ihm findet sich im Abendland die erste deutliche Bestimmung der Unheilstat Adams als einer Geschlechtssünde (Tract. I 2, 8), nachdem im Osten Klemens von Alexandrien mit dieser Auffassung vorangegangen war. Es war schon bei den Stammeltern die unreine Liebe, die zur Sünde führte. Welcher derb-realistischen Ausdeutung dieser Auffassung Zeno fähig ist, zeigt seine Erklärung des Sinnes der alttestamentlichen Beschneidung, die dem jüdischen Volk seiner Meinung nach deshalb zur Pflicht gemacht wurde, „damit es die Stelle der elterlichen Schuld bezeichne" (Tract. I 13, 5). Diese Stelle ist also das von der ungeordneten Begierlichkeit betroffene geschlechtliche Leben. Es ist nicht zu widerlegen, daß Zeno damit die elterliche Zeugung als Medium für die Übertragung der Sünde versteht, auch wenn er das nicht ausdrücklich formuliert. Darüber

---

[26] *J. Gross*, aaO. I 229.

[27] Vgl. *J. Jeremias*, Die Kindertaufe in den ersten vier Jahrhunderten (Gö 1958) 111; *J. C. Didier*, Le baptême des enfants 31; *G. Kretschmar*, Die Geschichte des Taufgottesdienstes in der alten Kirche: Leiturgia V (Kassel 1966) 237.

hinaus wird an seiner Einstellung zur Konkupiszenz auch erkennbar, wie stark er sie mit der Sünde als solcher zusammensieht. Sie gilt ihm als der „unheilvolle Same" (Tract. I 13, 11), der den Menschen total verderben kann. Hier wird eine erste Entwicklung sichtbar, in deren Konsequenz die Konkupiszenz unter den Folgen der Adamssünde immer deutlicher in die erste Position rückt, so daß schon die spätere Auffassung in die Nähe kommt, nach der in ihr überhaupt das materielle Element der Erbsünde zu sehen ist.

Diese Zuordnung der Konkupiszenz zur Sünde kann auch einen Umstand bei Zeno klären, dessen mangelnde Deutung die hier vorgetragene Auffassung seiner Sündenvorstellung belasten könnte. Es sind jene Aussagen, in denen Zeno von einer förmlichen Tilgung der Konkupiszenz bei der Taufe spricht und etwa sagt: „Jene [die israelitische Beschneidung] schneidet nur die Vorhaut eines Stückchens Haut ab, diese die Vorhaut der ganzen weltlichen Begierlichkeit" (Tract. I 13, 11). Wie der Zusammenhang dieses Textes zeigt, ist die Tilgung der Begierlichkeit nicht die einzige Wirkung der Taufe. Bezeichnenderweise erwähnt Zeno in diesem Text zuvor noch die Tilgung der Sünden mit dem Wort: „Die erste Beschneidung schneidet Fleisch ab, die zweite schneidet die Vergehen der Seele ab" (ebd.). J. Gross deutet diese Aussagen so: es sei Zenos Auffassung, daß die Taufe die persönlichen Sünden und den Sündensamen, die Konkupiszenz, tilge[28]. Aber abgesehen davon, daß diese Interpretation das Phänomen der Kindertaufe in keiner Weise decken kann, wird sie auch den Aussagen über das Unheil und die Verbannung der Seele aufgrund der Adamstat nicht gerecht. Man kann zwar an Zeno nicht rühmen, daß er Sünde (Schuld) und Strafe (Übel) immer bewußt geschieden hätte. Aber daß er unter den Folgen der Adamssünde, die hier deutlich mit dem Vererbungsgedanken verbunden wird, auch ein Sündhaftes aufnahm, ohne das Problem der Zuordnung beider zu erörtern, kann nicht bestritten werden. Die Frage dagegen, was die Taufe an der Konkupiszenz wirkt, ist von ihm in etwa schon gesehen, aber noch nicht gültig beantwortet.

Eine reinliche theologische Unterscheidung wird man als eine Aufgabe der Systematik auch von dem stark seelsorglich ausgerichteten *Pacian von Barcelona* († vor 392)[29] nicht erwarten, obgleich seine in der Geschichte der Sündenlehre immer wieder beachtete „Predigt über die Taufe" in einer Hinsicht für den sich bildenden „Augustinismus" bedeutsam ist. Dem Duktus einer Taufpredigt entsprechend, steht das von Christus wiedergeschenkte Heil im Zielpunkt der Verkündigung. Aber dieses Heilsgeschehen ist offenbar in seiner Tiefe nicht recht zu erfassen, wenn nicht auch die Dramatik des Unheils gesehen wird. Hier nähert sich der Prediger im Zuge des immer mehr aufkommenden Einflusses der Paulusbriefe der Adam-Christus-Parallele Röm 5, 12–21, aus der er einige Verse zitiert. Für ihn steht fest, daß Adam nach seinem Fall dem „Gesetz des ewigen Todes" unterlag (De bapt. 1). Aber die Auslieferung Adams ging „auf das ganze Geschlecht über" (ebd. 2)[30], „weil alle von ihm gezeugt waren"

---

[28] *J. Gross,* aaO. I 230.

[29] Zu Pacian vgl.: *Bardenhewer* III 401–403; *B. Altaner–A. Stuiber,* aaO. 369; *L. Rubio Fernández,* San Paciano. Obras, Edición crítica y traducción; *E. Amann:* DThC XI 1718–1721; *J. Gross,* aaO. I 245–247. – Sermo de baptismo (ed. *L. Rubio Fernández,* Ba 1958; PL 13, 1051–1094).

[30] Der betreffende Text c. 2 lautet: „Adam postquam peccavit... addictus est morti. Haec addictio in genus omne defluxit. Omnes enim peccaverunt ipsa iam urgente natura, sicut Apostolus dicit: Quia per unum hominem peccatum introivit, et per delictum mors, et sic in omnes homines devenit, in quo omnes peccaverunt." Vgl. dazu *K. H. Schelkle,* Paulus. Lehrer der Väter (D 1956) 175; *J. Gross,* aaO. I 244f.

(ebd. 6). Die Tatsache der Übertragung ist nach dieser Erklärung unbezweifelbar, nicht so eindeutig dagegen der Inhalt des Übertragenen. Der sofortige Hinweis nämlich auf „die Früchte des Todes", d.h. auf die unreinen Werke, zu denen die Menschen „schon von der Natur selbst gezwungen" würden (ebd. 6), könnte die Herrschaft der Sünde auch allein auf die persönlichen Sünden gerichtet sein lassen und auf die Konkupiszenz, die dann im eigentlichen Sinn das Adamserbe darstellte. Dennoch haben die Interpreten immer auch für eine tiefere Deutung dieser Aussagen optiert, die auf die Adamssünde als solche geht. Die dafür anzuführenden Argumente sind zahlreich: es ist zunächst der Wortlaut, der eben vom Übergehen der Sünde Adams spricht; es ist weiter die genauere inhaltliche Fassung dieses Tatbestandes als „Gesetz des ewigen Todes". Es handelt sich also offensichtlich um einen Urteilsspruch über die Menschen, der von dem unterschieden werden muß, was sich an Folgen aus ihm ergibt; es ist schließlich und vor allem die in dieser Predigt als Zielvorstellung gemeinte Taufwirkung, die nach Pacian die Menschen auch innerlich ergreift und ebenso etwas in ihrem Inneren treffen muß, das nicht die Konkupiszenz sein kann, weil er diese (in gewiß unabgestimmter Weise) auch wieder als etwas nicht formell Sündhaftes ansieht (ebd. 6). (Der Gedanke an die ausschließliche Tilgung persönlicher Sünden durch die Taufe kann schlecht mit dem Begriff der „Sünde Adams" zusammengebracht werden.) Es ist also nicht so leicht, die Aussagen Pacians mit der Formel zu entwerten, er lehre „nichts anderes als die Konkupiszenz"[31] und ihre Übertragung. Wenn diese zugegebenermaßen den Menschen nicht zur Sünde zwingt, stünde die Menschheit im ganzen überhaupt nicht im Unheil und bedürfte auch nicht eines solchen fundamentalen Heilssakramentes wie der Taufe.

Freilich ist zuzugeben, daß Pacian auch wieder keine klare Trennung von ewigem Tod (der Sünde) und von Sündenfolgen wie von der Konkupiszenz vornimmt. Aber seine Gedanken im Zusammenhang mit der Taufe werden erst schlüssig, wenn man sie nicht auf die Konkupiszenz reduziert. Das haben Interpreten zu recht veranschlagt und geurteilt: „Die Predigt De baptismo spricht von der Erneuerung und Reinigung durch Glaube und Taufe und bezeugt die Erbsündenlehre."[32]

In den Einflußbereich dieser Sündentheologie, die aus dem Komplex der Sündenfolgen langsam auch die Sünde Adams selbst als Folgezustand der Adamstat besonders markiert, indem sie wie Pacian vom „ewigen Tode" und seinem Gesetz spricht, gehört auch der Presbyter *Eutropius*[33] hinein, der sich in seiner Schrift „De similitudine carnis peccati" in Auseinandersetzung mit den Manichäern um den Nachweis bemüht, daß Christus wirklich Mensch geworden und sogar die Schwächen des Fleisches angenommen hat, nicht aber die Sünde. Die Adamseinheit der Menschheit ist hier in die Formel gefaßt, daß Christus „Adams Fleisch angezogen" (S. 126f) hat. Zwar wird damit das Augenmerk vordergründig auf die in der Menschheit waltenden Schwächen und Schmerzen gelenkt, welche sie „mit dem Samen vom Urheber der Übertretung

---

[31] So *J. Gross*, aaO. I 245.

[32] *B. Altaner – A. Stuiber*, aaO. 245; ähnlich *E. Amann:* DThC XI 1719, der sogar von der klarsten Bezeugung der Erbsünde vor Augustin spricht; *Tixeront* II 278 hält es zwar nicht für unmöglich, daß Pacian in De baptismo 6 nur die Konkupiszenz meine; aber dem widerspricht, daß er die Konkupiszenz in den Ungetauften nicht als Sünde ansieht.

[33] Den wenig bekannten spanischen Presbyter, den *Gennadius*, Vir. ill. 50, erwähnt (PL 58, 1087), hat *J. Madoz* als Autor des gegen die Manichäer gerichteten Traktates nachgewiesen (ed. *G. Morin*, Études, textes et découvertes I, Mar 1913, 81–150; PL Suppl. 1, 527–556).

her in sich aufnahm"[34]. Der tertullianeische Traduzianismus kommt hier deutlich zum Zuge, allerdings scheinbar nur im Hinblick auf die aus der Sünde kommenden Übel. Indessen ist nicht zu übersehen, daß in die Darstellung des unheilvollen Erbes auch das Moment der Sünde aufgenommen und mit dem Begriff der „Schuld" verstärkt ist. Es heißt nämlich: „Für die Nachkommenschaft wurde zur Natur, was für den Erzeuger Schuld war." Nun ist es kaum möglich, die Schuld Adams, die in den Nachkommen zur Natur wurde, mit den genannten Übeln zu identifizieren. Dies ist nicht nur aus terminologischen wie aus innertheologischen Gründen unbegründbar, insofern Gebrechlichkeiten der Natur niemals als Schuld ausgegeben werden können. Es ist im Zusammenhang auch wegen der christologischen Parallele ausgeschlossen: Christus trug nämlich diese Gebrechen an sich, war aber von Sünde frei. Demnach können die Schwächen der Natur nicht selbst Sünde, sondern nur Folgen der Sünde sein. Dieses Argument wird auch dadurch nicht entkräftet, daß Eutropius an einer Stelle diese Gebrechen als „Erbschaft der Sünde" bezeichnet (de haereditate peccatum), die auch Christus auf sich nahm. Die Bezeichnung der Übel und Schwächen der menschlichen Natur als „Sünde" war damals wie heute im Sinne der Metonymie durchaus möglich. Diese Möglichkeit des analogen Gebrauches des Ausdrucks darf aber nicht als Argument für die Behauptung genommen werden, daß die distinkte Verwendung des Begriffes „Sünde" im gleichen Zusammenhang unmöglich wäre.

Daß hier unter der Schuld (und Sünde) wirklich der theologische Kerngehalt getroffen werden soll, kann auch aus dem von der Kritik wenig beachteten synonymen Begriff der „Ungnade" erschlossen werden. Es heißt nämlich vom Menschengeschlecht, es sei „in das Todesschicksal verstrickt, des Urhebers Ungnade durch das Mal der ihm aufgedrückten Sterblichkeit bekundend"[35]. Hier ist gesagt, daß die Menschheit die Gnadenlosigkeit Adams bekundet, und zwar durch das Mal oder Zeichen der Sterblichkeit. Diese Sterblichkeit als Inbegriff der Sündenfolgen ist offenbar nur als Zeichen für etwas Tieferes aufgefaßt, nämlich für die zuvor genannte Schuld. Adam ist sowohl Urheber der Schuld wie der Ungnade in der Menschheit. Diese Momente sind von den Übeln der Menschennatur unterschieden. Natürlich könnte man einwenden, daß die Unterscheidung nicht besonders ausdrücklich gehalten und betont getroffen sei. Aber daran muß die auf eine Schuld hinweisende Interpretation nicht scheitern. Auf keinen Fall erscheint es gerechtfertigt, diese Feinheiten des Textes zu übergehen und in ihm nichts mehr als die Übertragung der Konkupiszenz ausgedrückt zu finden. Im ganzen kommt das Urteil dem Inhalt näher, welches annimmt, daß der Verfasser hier auch eine von Adam übergehende Sünde oder Schuld andeutet, die dann auch erst das Übergehen des Übels erklärt[36]; denn man sollte, wenn man den betreffenden Autoren schon eine bloße „Erbübellehre" unterstellt, theologisch urteilend auch erkennen, daß sie einem strengen theologischen Maßstab nicht standhalten konnte und einen Widerspruch in sich trug, dem das theologische

[34] Der Text lautet an der entscheidenden Stelle nach Erwähnung der „mit dem Samen vom Urheber" überkommenen Krankheit und Sterblichkeit: „Sic facta est posteritati natura, quae fuerat culpa generanti; dum vitiato semini proles corrupta respondet, et originis fragilitatem reserat mortalis agnatio, non in praesenti vincens merito, quod hausit antequam mereretur ... Una ergo omnium in fragilitate substantia est, una sors, et conditione mortis omnis adstringitur gens humana, auctoris offensam crepundiis quibusdam consignatae sibi mortalitatis adsignans" (Morin 112).

[35] Die Übersetzung nach *J. Gross,* aaO. I 246.

[36] *G. Morin* war sogar der Überzeugung, daß sich niemand vor Augustin über das Erbsündendogma klarer geäußert habe: aaO. 81; so auch *J. M. Dalmau,* La doctrina 203–210.

Denken nicht lange anhängen konnte; denn die Vererbung eines Naturübels stellt eine „Naturalisierung" der Problematik dar, die gegen einen theologischen Grundbefund verstößt. Die Verhängung eines Naturübels über die Menschheit aufgrund der Tat eines anderen wäre nämlich gegenüber der ihre Vollständigkeit beanspruchenden Menschennatur ein Unrecht. Die „Erbsünde" ist nur zu halten, wenn sie als ein Geschehen im Bereich der Gnade verstanden wird, die der Natur nicht geschuldet wird. Die Erkenntnis dieser Zusammenhänge darf man freilich bei Eutropius nicht voraussetzen. Aber daß bei ihm der sich verstärkende Gedanke des Erbes mit den Begriffen von Sünde, Schuld und Ungnade verbunden wird, schafft eine Konstellation, die nach einer Vertiefung des theologischen Gedankens drängte.

Es scheint, daß auch der um die gleiche Zeit schreibende Ps.-Ambrosius oder *Ambrosiaster* (zwischen 370 und 380)[37] in seinem Pauluskommentar wie in seinen Quaestiones Veteris et Novi Testamenti über diese Konstellation nicht hinauskam, obgleich er mit seiner Übersetzung des paulinischen ἐφ' ᾧ (Röm 5,12) als Relativum „in quo" (d.h. in Adam) einen großen Einfluß auf die spätere Erbsündentheologie ausübte. Diese der vorhieronymianischen Übersetzung entnommene Lesart setzte Ambrosiaster (freilich mit Hilfe einer grammatikalisch falschen Verbindung) instand, den schwierigen paulinischen Hinweis auf die persönlichen Sünden zu harmonisieren und die Gemeinschaft der sündigenden Menschheit mit Adam so stark zu betonen, daß manche Formulierungen dem Wortlaut nach die spätere „Erbsünde" auszudrükken scheinen, so etwa in der Aussage: „Manifestum itaque est in Adam omnes peccasse quasi in massa; ipse enim per peccatum corruptus quos genuit, omnes nati sunt sub peccato. Ex eo igitur cuncti peccatores quia ex eo ipso sumus omnes" (In Rom. 5,12). Man hat mit Recht behauptet, daß sich Gedanke und Ausdruck der augustinischen Auffassung nähern[38]. Aber der Gedanke ist, wohl unter dem Einfluß griechischer Vorstellungen, bei ihm nicht durchgehalten. So schränkt er nachfolgend den aus der Adamssünde kommenden Tod auf das leibliche Sterben ein und führt den „zweiten Tod" (das ewige Verderben) allein auf die persönlichen Sünden zurück. So schränkt er auch das Unter-die-Sünde-Verkauftsein dahingehend ein, daß es nur bedeutet, „durch eigene Vergehen der Sünde unterworfen werden" (In Rom. 7,14), einer Sünde, die „im Fleische wohnt" und „gleichsam an der Pforte der Seele" (In Rom. 7,22). Darum kann es dann auch geradezu pelagianisch heißen: „Durch des einen Sünde sind viele gestorben, indem sie seine Übertretung nachgeahmt haben" (In Rom. 5,15).

Insgesamt zeigen die Aussagen des Ambrosiaster zum Phänomen der Adams- und der Menschheitssünde eine deutlich sichtbare Unausgewogenheit zwischen der Option für eine von Adam kommende Sündigkeit und einer solchen für die Vererbung bloßer Sündenfolgen, zumal des Todes und der Konkupiszenz[39]. Aber man sollte bei

---

[37] Zu seiner Beurteilung vgl. *A. Gaudel,* aaO. 367–371; *K. H. Schelkle,* aaO. 174; *J. Freundorfer,* Erbsünde und Erbtod beim Apostel Paulus (Mr 1927) 132–137; *J. Turmel,* aaO. I 60–62; *J. Gross,* aaO. I 230–237. – Ad Romanos (ed. *H. J. Vogels:* CSEL 81/1, 1966); Ad Efesios (ed. *H. J. Vogels:* CSEL 81/3, 1969, 69–126); Quaestiones Veteris et Novi Testamenti (ed. *A. Souter:* CSEL 50, 1908). PL 17, 45–508; 35, 2207–2386.

[38] *Tixeront* II 279; *J. Freundorfer,* aaO. 134.

[39] Auf weitere solcher Unausgeglichenheiten etwa in der Deutung der Unsterblichkeit Adams (vor allem im Hinblick auf die Quaestiones: vgl. u.a. Quaest. 19) oder in der Gottebenbildlichkeit macht *J. Gross,* aaO. I 233 f, aufmerksam.

der Gesamtbeurteilung dieser Ambivalenz Rechnung tragen und sie nicht einseitig auf eine bestimmte Position fixieren. Dann kann sich zeigen, daß die Aussagen über die Sünde aller in Adam, über das Einwohnen der Sünde im Fleische und über die Herrschaft des Teufels im Inneren des Menschen (In Rom. 7, 8) doch einem Konvergenzpunkt zustreben, der mit der Hypothese von der allein vererbten Konkupiszenz nicht getroffen ist.

Die Probe aufs Exempel liefert hier die merkwürdige Auffassung des Ambrosiaster über das Schicksal derer, die, entsprechend seinen Voraussetzungen, nicht nach Art der Übertretung Adams sündigten. Sie wurden nicht der Herrschaft des „zweiten Todes" unterworfen, aber doch auch nicht in den Himmel eingelassen, sondern an einem Ort in der Unterwelt festgehalten, bis Christus das von Adam her auf ihnen lastende Strafurteil aufhob (In Rom. 5, 14). In ähnlicher Lage befinden sich die Kinder, die an sich als „unschuldig" angesehen werden, aber doch die Taufe als Zeichen des Sieges über den Tod empfangen sollen. Bei ihrem vorzeitigen Tod (ohne Empfang des Taufsiegels) bleiben sie in der Unterwelt (Quaest. 80). Hieran wird einmal deutlich, daß das über Adam ergangene Urteil einen heilsnegativen Zustand in den Menschen schafft, der sie von der Beseligung ausschließt. Zum anderen wird im Hintergrund das Problem erkennbar, das es dem Ambrosiaster unmöglich macht, diesen Zustand als Sünde zu bezeichnen, weil dann der ihm offenbar unerträgliche Gedanke der Verwerfung der Kinder sein Recht fordern würde. Man kann dieses Zurückschrecken begreifen, muß aber problemgeschichtlich urteilend erkennen, daß es überhaupt nur auftreten kann, wenn ein innerer Heilsmangel des Menschen aufgrund der Adamstat in Sicht gekommen ist. Ein solcher Heilsmangel kommt hier tatsächlich in den Blick[40].

Unter diesem Aspekt ist auch die Deutung von Eph 2, 3 zu beurteilen. Obgleich Ambrosiaster von den „natura filii irae" nicht im Zusammenhang mit der Geburt spricht, versteht er doch diese natura (oder mala voluntas) nicht von den Einzelsünden her, sondern von einer Grundhaltung der diffidentia oder perfidia, „quae est totius sceleris mater" (In Eph. 2, 3). Auch hier drängt der Gedanke über die Annahme bloßer Sündenfolgen hinaus[41]. Aber der Schritt zur Anerkennung einer förmlichen Sündigkeit ist hier noch nicht getan, ähnlich wie bei *Prudentius* († nach 405), dem „christlichen Horaz"[42], in dessen Lehrgedichten zwar „augustinische" Termini mitschwingen, so wenn von der durch „die schlimme Sünde des Stammvaters Adam befleckten Seele" („tincta malo peccamine principis Adae") die Rede ist oder von der Verbindung mit der „ungetilgten Sünde" („illuto quoniam concreta veterno est"), welche in der Wiedergeburt abgewaschen wird („secunda redit generatio, et inde lavatur naturae illuvies") (Apotheosis 911–914 921–931), aber die Barriere zur Anerkennung einer der Tatsünde analogen sündigen Beschaffenheit noch nicht überwunden war. Es war offenbar kein geringer (sprachlicher wie gedanklicher) Schritt vom ter-

[40] Auf diesen wichtigen Punkt weist auch *A. Gaudel* hin: aaO. 370. Wenn *J. Gross* in seiner Replik erklärt: „Trotz mancher Äußerungen aber, die Augustinus im Sinne seiner Erbsündenlehre mißdeutet hat, kennt unser Autor weder eine Natur- noch eine Erbsünde in des Wortes eigentlicher Bedeutung" (I 236), so kommt darin eine Blickverengung zur Geltung, die nur fixierte Worte und endgültige Bedeutungen zu erfassen vermag.

[41] Vgl. *J. Mehlmann.* aaO. 107.

[42] So *Bardenhewer* III 455; vgl. auch *B. Altaner – A. Stuiber,* aaO. 407–409; *J. Gross,* aaO. I 247–250. – Lehrgedichte (ed. *J. Bergman:* CSEL 61, 1926; PL 59 f).

tullianeischen „vitium originis“ zum „peccatum originale“. Zu seiner Ermöglichung mußten noch andere Impulse beitragen als nur die allgemein gehaltene Adam-Christus-Parallele. Es mußte vor allem das Wesen der Gnade geklärt werden, um zum Verständnis eines Gnadenmangels zu gelangen, der wegen seines formellen Effektes auch als Sünde bezeichnet werden konnte. Die abendländische Theologie des vierten Jahrhunderts hat jedenfalls zu diesem Schritt angeregt.

§ 8. Die Entfaltung der Lehre vom universalen Heilsverlust in den griechischen Theologenschulen

Schrifttum: *J. Rupp,* Gregors, des Bischofs von Nyssa Leben und Meinungen (L 1834); *G. A. Pell,* Die Lehre des hl. Athanasius von der Sünde und Erlösung (Passau 1888); *A. Krampf,* Der Urzustand des Menschen nach der Lehre des heiligen Gregor von Nyssa (Wü 1889); *F. Hilt,* Des hl. Gregor von Nyssa Lehre vom Menschen systematisch dargestellt (Kö 1890); *H. Sträter,* Die Erlösungslehre des hl. Athanasius (Fr 1894); *F. Lauchert,* Die Lehre des hl. Athanasius des Großen (L 1895); *K. Bornhäuser,* Die Vergottungslehre des Athanasius und Johannes Damascenus. Ein Beitrag zur Kritik von Harnacks Wesen des Christentums (Gü 1903); *J. Turmel,* Le dogme du péché originel dans l'église grecque après saint Augustin: RHLR 9 (1904) 236–251; *J. B. Aufhauser,* Die Heilslehre des hl. Gregor von Nyssa (Mn 1910); *F. Nager,* Die Trinitätslehre des hl. Basilius d. Gr. (Pa 1912); *E. Weigl,* Untersuchungen zur Christologie des hl. Athanasius (Pa 1914); *G. Bareille,* Baptême d'après les pères grecs et latins: DThC II/1 (1923) 178–219; *F. Zoepfl,* Die trinitarischen und christologischen Anschauungen des Bischofs Eustathius von Antiochien: ThQ 104 (1923) 170–201; *N. P. Williams,* The Ideas of the Fall and of Original Sin (Lo 1927); *A. Gaudel,* La théologie du Logos chez saint Athanase: RevSR 9 (1929) 524–539; 11 (1931) 1–26; *R. Arnou,* Platonisme des Pères: DThC XII/2 (1935) 2258–2392; *J. Bayer,* Gregors von Nyssa Gottesbegriff (Gie 1935); *J. B. Berchem,* Le rôle du Verbe dans l'œuvre de la création et de la sanctification d'après saint Athanase: Angelicum 15 (1938) 201–232 515–558; *J. Gross,* La divinisation du chrétien d'après les pères grecs (P 1938); *H. Berkhof,* Die Theologie des Eusebius von Caesarea (A 1939); *S. González,* El realismo platónico de S. Gregorio de Nisa: Gr 20 (1939) 189–206; *W. Gericke,* Marcell von Ancyra. Der Logostheologe und Biblizist. Sein Verhältnis zur antiochenischen Theologie und zum Neuen Testament (Hl 1940); *W. de Vries,* Der Nestorianismus Theodors von Mopsuestia in seiner Sakramentenlehre: OrChrP 7 (1941) 91–148; *ders.,* Das eschatologische Heil bei Theodor von Mopsuestia: OrChrP 24 (1958) 309–338; *H. U. v. Balthasar,* Présence et Pensée. Essai sur la philosophie religieuse de Grégoire de Nysse (P 1942); *L. Bouyer,* L'incarnation et l'église-corps du Christ dans la théologie de saint Athanase (P 1943); *J. B. Schoemann,* Gregors von Nyssa theologische Anthropologie als Bildtheologie: Scholastik 18 (1943) 31–53 175–200; *L. Rebecchi,* L'anthropologia naturale di S. Gregorio Nisseno: DTh(P) 46 (1943) 176–195 309–314; *J. Daniélou,* Platonisme et théologie mystique. Essai sur la doctrine spirituelle de s. Grégoire de Nysse (P 1944); *ders.,* „Akolouthia“ chez Grégoire de Nysse: RevSR 27 (1953) 219–249; *ders.,* Grégoire de Nysse et Plotin: Actes du Congrès de Tours et Poitiers 1953 (P 1954) 259–262; *ders.,* La chronologie des sermons de s. Grégoire de Nysse: RevSR 29 (1955) 346–372; *ders.,* Comble du mal et eschatologie chez Grégoire de Nysse: Festg. J. Lortz II (Baden-Baden 1958) 27–45; *ders.,* Le traité „Sur les enfants morts prématurément“ de Grégoire de Nysse: VigChr 20 (1966) 159–182; *H. du Manoir de Juaye,* Dogme et spiritualité chez s. Cyrille d'Alexandrie (P 1944); *D. Unger,* A special aspect of Athanasian Soteriology: FStudies 6 (1946) 30–53 171–194; *R. Devreesse,* La méthode exégétique de Théodore de Mopsuestia: RB 53 (1946) 207–241; *ders.,* Essai sur Théodore de Mopsueste (SteT 141) (R 1948); *A. H. Armstrong,* Platonic Elements in St. Gregory of Nyssa's Doctrine of Man: DomSt 1 (1948) 113–126; *J. de Ghellinck,* Patristique et Moyen-âge. Etudes d'histoire et doctrinale III (Bru 1948); *A. Lieske,* Die Theologie der Christusmystik Gregors von Nyssa: ZKTh 70 (1948) 49–93 129–168 315–340; *W. Schneemelcher,* Athanasius von Alexandrien als Theologe und Kirchenpolitiker: ZNW 43 (1950/51) 242–256; *B. Altaner,* Augustinus, Gregor von Nazianz und Gregor von Nyssa: RBén 61 (1951) 54–62; *J. Plagnieux,* Saint Grégoire de Nazianze théologien (Études de science religieuse 7) (P 1951); *R. Leys,* L'image de Dieu chez Grégoire de Nysse (P 1951); *R. Bernard,* L'image de Dieu d'après saint Athanase (P 1952); *H. Merki,* Homoiosis theo. Von der platonischen Angleichung an Gott zur Gottähnlichkeit bei Gregor von Nyssa (Fri 1952); *J. Gaïth,* La conception de la liberté chez Grégoire de Nysse (P 1953); *P. Ch. Demetropulos,* Ἡ Ἀνθρωπολογία τοῦ μεγάλου Ἀθαναοίου (At 1954); *M. Spanneut,* La position théologique d'Eustathe d'Antioche: JThS 5 (1954) 220–224; *F. X. Portmann,* Die göttliche Paidagogia bei Gregor von Nazianz. Eine dogmengeschichtliche Studie (Kirchengeschichtliche Quellen und Studien 3) (St. Ottilien 1954); *J. Oñatibia,* La vida cristiana tipo de las realidades celestes: Scriptorium Victoriense 1 (1954) 100–133; *E. Hammerschmid,* Die Begriffsentwicklung der altkirchlichen Theologie zwischen dem 1. allgemeinen Konzil von Nizäa (325) und dem 2. allgemeinen Konzil von Konstantinopel (381): ThRv 51 (1955) 146–154; *W. Völker,* Gregor von Nyssa als Mystiker (Wie 1955); *H. Dörries,* De Spiritu Sancto. Der Beitrag des Basilius zum Abschluß des trinitarischen Dogmas (Gö 1956); *ders.,* Griechentum und Christentum bei Gregor von Nyssa: ThLZ 38 (1963) 569–582; *W. J. Burghardt,* The image of God in man according to Cyrill of Alexandria (Studies in christ. Antiquity 14) (Woodstock 1957); *G. B. Ladner,* The philosophical Anthropology of Saint Gregory of Nyssa: DOP 12 (1958) 58–94; *E. Schwartz,* Zur Geschichte des Athanasius: Gesammelte Schriften III (B 1959); *H. Blumenberg,* Kritik und Rezeption antiker Philosophie in der Patristik: StudGen 12 (1959) 485–497; *E. Auerbach,* Mimesis. Dargestellte Wirklichkeit in der abendländischen Literatur (Bern 1959); *Th. Boman,* Das hebräische Denken im Vergleich mit dem griechischen (Gö [3]1959); *E. Peterson,* Frühkirche, Judentum und Gnosis. Studien und Untersuchungen (R 1959); *H. v. Campenhausen,* Griechische Kirchenväter (St [3]1961); *A. Gilg,* Weg und Bedeutung der altkirchlichen Christologie (Mn 1961); *A. van Haarlem,* Incarnatie en verlossing bij Athanasius (Wageningen 1961); *A. Theodorou,* Die Lehre von der Vergottung des Menschen bei den griechischen Kirchenvätern: KuD 7 (1961) 283–310; *L. Abramowski,* Zur Theologie des Theodor von Mopsuestia: ZKG 72 (1961) 263–293; *E. Benz,* Der „Übermensch"-Begriff in der Theologie der Alten Kirche: Studien zum Neuen Testament und zur Patristik (TU 77) (B 1961) 135–160; *J. Meyendorff,* 'Eφ' ᾧ (Rom. 5, 12) chez Cyrille d'Alexandrie et Théodoret: Stud. Patr. IV (TU 79) (B 1961) 157–161; *R. A. Greer,* Theodor of Mopsuestia Exegete and Theologian (Lo 1961); *G. Florovsky,* The Concept of Creation in Saint Athanasius: Stud. Patr. VI (TU 81) (B 1962) 36–57; *J. Ysebaert,* Greek Baptismal Terminology. Its Origins and early Development (Graecitas Christianorum primaeva 1) (Nijmegen 1962); *U. Wickert,* Studien zu den Pauluskommentaren Theodors von Mopsuestia. Als Beitrag zum Verständnis der antiochenischen Theologie (Beih. ZNW 27) (B 1962); *A. Ziegenaus,* Das Menschenbild des Theodor von Mopsuestia (Diss. Mn 1963); *R. A. Norris, Jr.,* Manhood and Christ. A Study in the Christology of Theodore of Mopsuestia (O 1963); *H. Dehnhard,* Das Problem der Abhängigkeit des Basilius von Plotin. Quellenuntersuchungen zu seinen Schriften De spiritu Sancto (B 1964); *E. von Ivánka,* Plato Christianus. Übernahme und Umgestaltung des Platonismus durch die Väter (Ei 1964); *Ch. Kannengiesser,* Le témoignage des Lettres Festales de saint Athanase sur la date de l'Apologie contre les païens, sur l'Incarnation du Verbe: RSR 52 (1964) 91–100; *D. Ritschl,* Athanasius. Versuch einer Interpretation (Z 1964); *A. Luneau,* L'histoire du salut chez les pères de l'église. La doctrine des âges du monde (P 1964); *A. M. Ritter,* Das Konzil von Konstantinopel und sein Symbol (FKDG 15) (Gö 1965); *G. Koch,* Die Heilsverwirklichung bei Theodor von Mopsuestia (Mn 1965); *D. L. Balás,* Metousia theou. Man's Participation in God's Perfections according to Saint Gregory of Nyssa (SA 55) (R 1966); *O. Gigon,* Die antike Kultur und das Christentum (Gü 1966); *H. Rahner,* Griechische Mythen in christlicher Deutung (Darmstadt [3]1966); *J. M. Szymusiak,* Grégoire de Nazianze et le péché: Stud. Patr. IX (TU 94) (B 1966) 288–305; *S. de Boer,* De anthropologie van Gregorius van Nyssa (Diss. Assen 1968); *A. Laminski,* Der Heilige Geist als Geist Christi und Geist der Gläubigen. Der Beitrag des Athanasius von Alexandrien zur Formulierung des trinitarischen Dogmas im vierten Jahrhundert (Erfurter theol. Studien 23) (L 1969); *P. Zemp,* Die Grundlagen heilsgeschichtlichen Denkens bei Gregor von Nyssa (MThSt (S) 38) (Mn 1970); *K. Schäferdiek,* Theodor von Mopsuestia als Exeget des vierten Evangeliums: Stud. Patr. X (TU 107) (B 1970) 242–246; *H. Althaus,* Die Heilslehre des hl. Gregor von Nazianz (Mr 1972); *M.-B. von Stritzky,* Zum Problem der Erkenntnis bei Gregor von Nyssa (Mr 1973); *Fr. Normann,* Teilhabe – ein Schlüsselwort der Vätertheologie (MBTh 42) (Mr 1977); *Fr. Reckinger,* Kinder taufen – mit Bedacht (Steinfeld 1979).

In der griechischen Welt des vierten Jahrhunderts wird das reiche theologische Leben, gestützt und unterbaut vom klassischen philosophischen Erbe, vornehmlich auf die trinitarische und die christologische Wahrheit und ihre Ausgestaltung konzentriert. Aber gerade die Christologie, die nicht aus rein spekulativem Interesse getrieben, sondern wegen der Heilsbegründung entwickelt wird, setzt auch das soteriologische Fragen in Bewegung und führt das gläubige Denken vor die Problematik von menschlichem Unheil und Heil.

Man hat zwar immer gesehen, daß das griechische Denken (im Gegensatz zu dem der Lateiner) weniger von der anthropologischen Problemstellung betroffen war und deshalb auch an den Fragen nach Ur- und „Erbsünde" ein geringeres Interesse bezeigte. Es konnte gelegentlich der Eindruck entstehen, als ob die griechische Theologie eine „Erbsündenlehre" oder auch nur ein Äquivalent für die entsprechende abendländische Auffassung gar nicht kannte[1]. So wurde auch behauptet, „daß die griechische Patristik nirgends davon spricht, daß jeder einzelne Mensch die Sünde Adams in sich habe, daß er auf Grund der Sünde Adams selbst wirklich Sünder sei"[2]. Aber es ist die Frage, ob das Fehlen expliziter Aussagen und distinkter Lehrbegriffe mit einem direkten Ausfall der betreffenden Wahrheit gleichzusetzen ist, was bei der engen Beziehung von Heils- und Sündenlehre, von Soteriologie und Hamartiologie jedenfalls keine Wahrscheinlichkeit für sich hat. Die dogmengeschichtliche Betrachtungsweise kann aber ihren Gegenstand nicht nur in vollentwickelten Konzepten und festgefügten Gedanken- und Begriffsbildungen gelegen sehen, sie muß auch auf die Elemente, die tiefer liegenden Gedankenlinien und die inneren Strukturen achten, die den Wurzelboden einer Wahrheit bilden, die noch nicht ausdrücklich hervortritt. Diese grundsätzliche Forderung, die für alle Phasen des Anfangs geistiger Phänomene gilt, beansprucht besonders auch Beachtung für die Erkenntnis der in der Patristik des Ostens sich entwickelnden Wahrheit von einer universalen Sünde der Menschheit.

1. Die soteriologische Zusammenschau des Athanasius und der Alexandriner

Das Bezugsfeld, in welches die für die Sündenproblematik relevanten Aussagen der griechischen Väter eingefügt sind, ist unstreitig die Christologie und Soteriologie. Das gilt im besonderen für *Athanasius* († 373), dessen Christozentrismus allgemein als theologisches Grundkonzept anerkannt wird[3]. Die Lehre vom Heil aus der Menschwerdung Gottes ist theologisch dabei auf die letztmögliche Wurzel zurückgeführt, die bezeichnenderweise nicht in der menschlichen Sünde gelegen ist, sondern in dem vor der Schöpfung entworfenen Heilsplan, nach dem Gottes Allwissenheit die Erlösung schon vor dem Sündenfall angeordnet hatte, „damit wir in dem Logos die zuvor bereitete Befreiung und Errettung erlangten und, wieder auferstanden, unsterblich bleiben" (Contra Arian. or. II 75). Es ist nun schon unter einem rein formalen Aspekt erklärlich, daß bei einer solchen „supralapsarischen"[4] Heilsplanvorstellung die Sünde als solche nicht an die erste Stelle der Beachtung rückt, da sie ja von vornherein von der Weisheit Gottes übergriffen erscheint, deren Ziel die Erlösung und die Vergöttlichung des Menschen bildet.

---

[1] Dieser Auffassung neigen zu *Seeberg* II 324ff; *J. N. D. Kelly*, Early Christian Doctrines 350; *A. Gaudel*, Péché originel 381 f.

[2] *J. Weismayer:* F. Dexinger u. a., Ist Adam an allem schuld? 301; *S. Trooster*, Evolutie in de erfzondeleer (Brügge 1965) 126f.

[3] *B. Studer*, Soteriologie 127. Wie sich dieser Christozentrismus bis hinein in die aszetische Doktrin auswirkt, zeigt u. a. *J. Roldanus*, Le christ et l'homme dans la théologie d'Athanase d'Alexandrie (Lei 1977) 364 f; vgl. auch *A. Laminski*, Der Heilige Geist als Geist Christi und Geist der Gläubigen 128 ff; *Fr. Normann*, Teilhabe 176–207; *H. Rondet*, Péché originel dans la tradition patristique et théologique 104 f. – Oratio contra gentes (ed. *R. W. Thomson*, O 1971, 2–133); Oratio de incarnatione Verbi (ed. *R. W. Thomson*, O 1971, 134–276; *Ch. Kannengiesser:* SourcesChr 199, 1973); Orationes contra Arianos III (PG 26, 12–468); De decretis Nicaenae synodi (ed. *H. G. Opitz*, Athanasius Werke, B 1935–41, II/1, 1–45). PG 25–28.

[4] Vgl. dazu *A. Adam*, Lehrbuch der Dogmengeschichte 227; *A. Gaudel*, aaO. 343–346.

Entsprechend entwirft der Diakon Athanasius in seinem apologetischen Frühwerk (um 318)[5] ein sehr reichhaltiges, geradezu strahlendes Bild vom ursprünglichen Menschengeschlecht, das „Gott der Schöpfer des Alls... durch seinen eigenen Logos... nach seinem eigenen Bilde gemacht" hat (Contra gentes 2). Dem ersterschaffenen Menschen, Adam, eignete daraufhin die Logosähnlichkeit. Sie umfaßt inhaltlich eine Fülle von Bestimmungen und Befähigungen wie den Begriff und die Kenntnis (γνῶσις) der göttlichen Ewigkeit, Umgang mit den Heiligen (d. i. den Engeln), den Besitz „der Gnade des Gebets", die es dem Menschen ermöglichte, daß er „mit dem Göttlichen verkehre und ein ungetrübtes, wahrhaft glückliches und unsterbliches Leben führe". Dieser Zustand, der ohne Beachtung der Probleme der raumzeitlichen Existenz als ein wesentlich geistiger ausgegeben wird (den auch Moses nur „bildlich Paradies nannte") erhob den Menschen über alles Sinnfällige hinaus: „Sich erhebend über das Sinnfällige und über alle körperliche Vorstellung, tritt er in der Kraft seines Geistes in Verbindung mit der göttlichen Welt im Himmel." Diese Aussage weist zwar schon ins Grundsätzliche und Allgemeine; sie gilt für den mit dem Logos verbunden lebenden Menschen. Aber sie galt erstlich für Adam, von dem die Schrift sagte, er habe am Anfang ohne Scheu und freimütig mit Gott Umgang gepflogen und mit den Heiligen zusammen gelebt in der Schau der geistigen Welt.

Die von der platonischen Antithetik zwischen Geistigem und Sinnlichem nicht unbeeinflußte Darstellung, die die Wesensvollendung des Menschen in der Gottschau (θεωρία) gelegen sieht, faßt das „Paradies" als den von Gott bleibend gedachten Zustand der Logosbildlichkeit[6] des Menschen, dem als wesentliche Beigabe auch die selige Unsterblichkeit (ἀθανασία) zukommt. Trotz der außergewöhnlich hohen Qualifikation des logoshaften Erstmenschen ist dessen Seinsstand nicht schon als ein vollendeter behauptet; denn zunächst gilt subjektiv in bezug auf den Menschen, daß er sich, der immer mitgemeinten Tugendlehre entsprechend, zur vollendeten Glückseligkeit hätte emporheben sollen. Aber auch objektiv war dieser begnadete Stand des Menschen im Hinblick auf das Kommen des Logos auf eine Überhöhung angelegt. Der heilsökonomische Zug von der Schöpfung zur Erlösung, der bei Athanasius ähnlich wie bei Irenäus bestimmend wirkt, führt nämlich den alexandrinischen Theologen folgerichtig dazu, in der Menschwerdung und im Heilswerk Christi die noch „größere Gnade" für die Menschheit anzuerkennen, die den Menschen nach dem Heilsplan Gottes bereitet war: „Es wurde also in ihm (Christus) das Menschengeschlecht vervollkommnet und so wiederhergestellt, wie es auch am Anfang gewesen war oder vielmehr mit noch größerer Gnade" (Contra Arian. or. II 67). Die erlösende Menschwerdung bringt also keine einfache Restitution des Ursprünglichen, sondern seine Überhöhung und Befreiung. In einer solchen universalen Konzeption von Schöpfung und Erlösung (oder Neuschöpfung) ist die Sünde faktisch von vornherein mitberücksichtigt und in die Heilsplaneinheit eingefügt[7]. Es mag an diesem dynamischen Gedankenduktus gelegen sein, daß daraufhin auch bei Athanasius (wie zuvor bei seinem Geistesahnen Irenäus) auf das Geschehen der Sünde selbst, auf ihre Möglichkeit wie auf ihr Wesen und ihre Folgen nicht mehr die gleiche Aufmerksamkeit verwandt wird. So erwähnt Athanasius unter Betonung der Freiheit des paradiesischen Menschen zum Guten wie zum Bösen (Contra gentes 7) die Tatsache des Falls in den genannten frühen Schriften nur kurz und kennzeichnet den Charakter dieser Sünde als Abkehr von Gott und (in platonischer Färbung) als Hinwendung zum Sinnenfälligen und Vergänglichen.

Mit der Kennzeichnung der Sünde als „Abkehr von Gott" ist eigentlich der darauf folgende sündhafte Zustand Adams (und der Menschen) inhaltlich bereits auch festgelegt; er stellt den harten Gegensatz zum paradiesischen Seinsstand dar und ist dar-

[5] Zur nicht einhellig beantworteten Frage nach der Datierung, vgl. *A. Nordberg,* A Reconsideration of the Date of St. Athanasius' Contra Gentes and De Incarnatione: Stud. Patr. III (TU 78) (B 1961) 262–266; *Ch. Kannengiesser,* Le témoignage 91 ff; *A. Laminski,* aaO. 126.

[6] Dabei tritt die pneumatologische Bestimmung freilich zurück, wird aber an anderer Stelle berücksichtigt: Ep. heort. 44 (*F. Larsow,* Die Festbriefe des Athanasius aus dem Syrischen, B 1852, 155); vgl. *A. Laminski,* aaO. 114.

[7] Vgl. *B. Studer,* aaO. 128.

aufhin gekennzeichnet durch den Verlust der unmittelbaren Gotteserkenntnis, der Gott- und Logosbildlichkeit, der immerwährenden Lebensdauer und (umgekehrt oder konträr) durch den Tod und die Verwesung. Dabei sind aber Tod und Verwesung genausowenig als rein physisch-biologische Phänomene zu verstehen wie zuvor das Leben und die Unvergänglichkeit. Ihnen gesellt sich hinzu die Preisgabe an die „Eigentümlichkeiten des Fleisches" (τῶν ἰδίων τῆς φύσεως: Contra Arian. or. III 33). „So hat auch die menschliche Seele ihr Auge geschlossen..., zeigt sich selbst in der Befleckung, die sie selbst verschuldet hat" (Contra gentes 7).

In seinem dogmatischen Hauptwerk, den „Reden gegen die Arianer", werden diese Linien einer Lehre vom ursprünglichen Heil und seinem Verlust in der Sünde in gewisser Hinsicht verstärkt ausgezogen, ohne daß man von einem Widerspruch zwischen der früheren, mehr philosophischen Schau und der nunmehrigen theologischen Betrachtungsweise sprechen könnte. Aber es ist bemerkenswert, daß der Bischof von Alexandrien nun den Unterschied zwischen der Erschaffung Adams und seiner Erhebung zum Sohne Gottes durch Adoption schärfer artikuliert. Nun heißt es: „Gott schuf nicht nur die Menschen, sondern er nannte sie auch Söhne, da er sie gezeugt hat... Das ist die Menschenliebe Gottes, daß er denen, deren Schöpfer er ist, aus Gnade später auch Vater wird." Er wird dies aber genauerhin wegen seines „in ihnen wohnenden Logos" (Contra Arian. or. II 61). So tritt auch die für Athanasius eigentümliche Zusammenschau und Einheitsauffassung von „natürlicher" und „gnadenhafter" Gottebenbildlichkeit hervor, die ihn von seinem sonst beachteten Gewährsmann Irenäus unterscheidet, obgleich diese Einheitsauffassung bei der Bestimmung des sündigen Zustands des Menschen zu gewissen Schwierigkeiten führt. Darum kann Athanasius die gefallenen Menschen gelegentlich den vernunftlosen Tieren gleichstellen (De incarn. 5, 13), ihnen an anderer Stelle aber doch wieder die Fähigkeit zusprechen, aus eigener Kraft zur Logosschau zu gelangen (Contra gentes 30–35). So ist auch die Interpretation möglich, daß die Logosschau dem Menschen nicht gänzlich verlorengehe und demnach auch die Gottebenbildlichkeit nicht vollständig schwinde[8]. Darum kann er den Menschen auch wieder zubilligen, daß sie „von Natur aus beseelt und vernünftig" sind (Contra gentes 44–46). Innerhalb einer auf den konkreten Zustand des Menschen gerichteten Sichtweise, die zudem immer von der Vorbildhaftigkeit des menschgewordenen Logos für den Menschen ausgeht, kommen genauere Differenzierungen und Abgrenzungen noch nicht zum Zuge, obgleich sie implizit vorhanden sind. Von einer „Verwirrung" innerhalb der Athanasianischen Darstellung zu sprechen erscheint deshalb nicht berechtigt[9], wohl aber von einer unausgeglichenen Vielfalt, welche die verschiedenen Ausgangspunkte noch nicht in ihrer differenzierten Zusammengehörigkeit erfaßt.

Darum kommt der Kirchenvater auch bezüglich der Wirkungen der Adamssünde zu keiner präzisen Abstimmung der einzelnen Elemente. Das Hauptgewicht liegt auf den Aussagen, die den Unheilszusammenhang zwischen Adam und der Menschheit hervorkehren. So heißt es uneingeschränkt von allen Menschen: „In der ersten Schöpfung sind die Menschen ungehorsam geworden, und durch sie ging die erste zugrunde" (Contra Arian. or. II 65). Freilich erlaubt diese Formulierung auch eine Deutung, nach der Adam nur der Prototyp der Menschheit und einer menschlichen Haltung wäre, die von jedem Menschen in der Sünde realisiert wird. Eindeutiger ist schon die folgende Erklärung, die auf eine innere Verbindung der Menschen mit Adam hinweist nach Art eines „physischen Zusammenhangs"; denn es heißt: „Durch Adams Übertretung gingen alle Menschen verloren" (ebd. II 61), und: „Als Adam sündigte, ging die Sünde auf alle Menschen über", eine Formel, die nur in geringer Abwandlung wiederkehrt in der Erklärung: „Durch die Sünde trat der Tod in die Welt ein" (ebd. I 51), wobei auch dieser Tod im umfassenden, leiblich-geistigen Sinn verstanden werden muß. Diesen verhältnismäßig eindeutigen Aussagen gegenüber bedeutet es keine wesentliche Verunklärung, wenn es in einer wieder veränderten Formulierung heißt: „Aus der Erde kommend, sterben wir alle in Adam"

[8] So *A. Gaudel*, aaO. 345.
[9] *J. Gross*, Entstehungsgeschichte des Erbsündendogmas I 129.

(ebd. III 33). Darin deutet sich sogar eine gewisse Inklusion der Menschheit in Adam an. Was aber den Hinweis auf die irdische Abstammung betrifft („aus der Erde kommend"), so bedeutet er nicht eine Zurücknahme der Anschauung vom Tod als Sündenfolge. Hier ist der dem Kirchenvater durchaus vom Platonismus vertraute Gedanke mit zu veranschlagen, daß Tod und Sterblichkeit an sich zu dem aus dem Nichts geschaffenen Geschöpf gehören, so daß der Tod unter dieser Rücksicht auch als etwas Natürliches betrachtet werden kann. Die Erkenntnis von Differenzierungen ist also vorhanden, aber sie sind noch nicht in das Wort gehoben und auf den Begriff gebracht.

Damit ist allerdings die Frage nach dem Grund des Zusammenhangs zwischen Adam und der Menschheit nicht eigentlich zum Gegenstand einer Erwägung oder gar einer definitiven Bestimmung gemacht. Im Grunde empfindet der alexandrinische Theologe diese Frage nicht als Problem. Dennoch gibt es gewisse beiläufige, in verschiedenen Werken zerstreute Aussagen, die durchaus die Kenntnis verraten, daß die Adamssünde wegen des Kontakts der Menschen mit dem Stammvater auf alle überging. Obgleich manchmal das Inkurrieren dieser Sünde durch den Teufel oder die Schlange vermittelt erscheint, welche alle angriff (Contra Arian. or. I 51), so wird doch auch die Adamseinheit berufen, sei es in der schlicht biologischen Weise, daß in Adam die Keime des ganzen Menschengeschlechts eingeschlossen gewesen seien (Contra Arian. or. II 48), sei es in der platonischen Form, die nach dem Ideenrealismus an der Existenz der allgemeinen Wesenheit der menschlichen Natur festhält (De decr. Nic. syn. 8)[10].

Der sich hier andeutende Gedanke der Adamseinheit der Menschheit, der seinerseits den Grund abgibt für eine Nähe der Vorstellung von einer Einheit auch in der Sünde, hat allerdings von daher einen Widerspruch zu gewärtigen, daß an einer Stelle der dritten Rede gegen die Arianer einige Menschen von der universalen Sünde, die jedenfalls bei Adam ihren Ausgang nimmt, ausgenommen zu sein scheinen[11]. Athanasius erklärt nämlich gelegentlich auch, daß „viele heilig und von jeder Sünde frei geworden sind"[12]: Jeremias wurde schon vom Mutterleibe an geheiligt, und Johannes hüpfte, als er noch im Mutterschoße war, vor Freude beim Klang der Stimme der Gottesgebärerin Maria. Und dennoch „herrschte der Tod von Adam bis Moses auch über die, welche nicht gesündigt haben nach Art der Übertretung Adams" (Contra Arian. or. III 33). Indes bietet diese Erklärung in der Form zwar wiederum eine nicht ganz präzise Ausdrucksweise, aber in ihrem Sinn spricht sie doch eher für eine vorpersonale Sündigkeit als für eine Reinigung von gewissen Sündenfolgen; denn wenn auch der Grund für die Freudenbezeigung des Johannes ungenannt bleibt, so erfolgte doch bei Jeremias eine Heiligung, d. h. eine Hinwegnahme von Unheiligem. Freilich ist im Kontext zugleich auch von der Hinwegnahme der Leidenschaft durch das Fleisch Christi die Rede. Zu dem von Adam ausgelösten Unheil gehören nämlich auch die physischen und moralischen Übel mit der Neigung zum Ungeistigen, welche die fortwährende Flut der persönlichen Sünden auslöst. Aber es ist die Frage, ob mit all diesen Elementen der ganze Inhalt dessen, was die Menschheit mit Adam gemein hat, getroffen

---

[10] Vgl. hierzu *G. Gruber,* Zoē. Wesen, Stufen und Mitteilung des wahren Lebens bei Origenes (MthSt (S) 23) (Mn 1962) 209–299; *A. Laminski,* aaO. 157; für die Christuseinheit der Menschheit ist der Teilhabe- und Solidaritätsgedanke entscheidend: *Fr. Normann,* aaO. 199 ff. Er darf auch als Grund für die Adamseinheit herangezogen werden.

[11] Der andere gelegentlich erhobene Einwand, daß Athanasius Adam auch wieder eine Vorzugsstellung abspricht (De decr. Nic. syn. 9), indem er bezüglich der Natur der Menschen keinen Unterschied anerkennt, löst sich leicht, wenn man bedenkt, daß Athanasius sich hier gegen die Arianer wendet und erläutern will, daß eine zeitlich frühere Erschaffung (wie sie die Arianer für den Logos annahmen) keinen wesentlichen Vorrang begründen kann.

[12] Wenn *J. Gross,* aaO. I 132, hier das γεγόνασι καθαροί mit „sind frei gewesen" übersetzt, so ist das nicht treffend.

ist. Das erscheint fraglich; denn es ist kein Grund ersichtlich, die Leidenschaften und die Todsünden mit „der Sünde" zu identifizieren. Athanasius nimmt nur in seiner konkret-geschichtlichen Ausdrucksweise den ganzen Komplex der Unheilswirklichkeit zusammen; er trennt hier die verschiedenen Elemente nicht, ohne daß man behaupten dürfte, er kenne keinerlei Unterschiedenheit. So verfährt er übrigens auch bei der Verwendung des Todesbegriffes. Auch er beinhaltet als Gegensatz zum paradiesischen Leben die Pluralität von Geistigem und Leiblichem, von Natürlichem und Göttlichem.

Wenn aber hier die Interpretation den Gegenstand dieser universalen Erlösung in die Konkupiszenz (und nicht in die Sünde) verlegen wollte, so ist auf die Athanasianische Tauflehre zu achten und nach der spezifischen Taufwirkung in der Tauflehre des Kirchenvaters zu fragen[13]. In der Taufe geschieht das Gegenteil dessen, was mit allen „in Adam" geschah: „denn wie wir alle, die von der Erde sind, in Adam sterben, so werden wir aus dem Wasser und dem Heiligen Geist wiedergeboren in Christus, alle wieder mit dem Leben beschenkt, indem nun unser Fleisch nicht so sehr mehr ein irdisches als ein vom Logos durchdrungenes ist..." (Contra Arian. or. III 33). In der Taufe ist es „die Seele, die in der Verähnlichung mit ihm, dem Sohne des Vaters, eine Wiedergeburt und Erneuerung erfährt" (De incarn. 5, 14). Die Erlösungstat Christi, die konkret in der Taufe übermittelt wird, soll dem Menschen das wiederbringen, was er aufgrund der Sünde Adams verlor, nämlich „Unsterblichkeit und den Weg ins Paradies" (Contra Arian. or. II 66). So läßt auch die Taufvorstellung des Alexandriners eigentlich keinen Zweifel daran, daß alle Menschen des Heils in Christus bedürfen und daß dieses Heil nicht in einer gewissen Besänftigung oder Niederhaltung der Sündenfolgen besteht, sondern in der Wiedererweckung aus dem Tod der Sünde und in einem neuen Leben, das dem Menschen innerlich ist, ähnlich wie auch der Tod der Sünde den Menschen innerlich betraf und versehrte.

Freilich ist mit all dem der Kern, der Konzentrations- und Organisationspunkt der späteren „Erbsündenlehre" noch nicht getroffen und markiert, der nämlich in der Antwort auf die Frage liegt, ob die Sünde Adams als solche auch auf alle überging. Daß alle tatsächlich Sünder wie Adam geworden sind, daß ihnen allen der Zustand der verlorenen Logosbildlichkeit und der natürlichen wie „gnadenhaften" Todesverfallenheit wie Adam zukommt, kann nach Athanasius nicht bestritten werden. Aber auch damit ist die Vorstellung noch nicht eingeholt, daß sie die Sünde Adams als solche inkurrierten und sie „ererbten". Dazu müßte auch die Frage nach dem Wie des Übergangs geklärt sein, was bei Athanasius nicht geschieht.

In der Beurteilung der Athanasianischen Lehre von der Adamssünde hat sich in der neueren Zeit eine große Wende zugetragen. Während in der Vergangenheit eine Interpretationsrichtung (zumal katholischerseits) vorherrschte, welche die „offenen" und in mancher Hinsicht dehnbaren Aussagen des Kirchenvaters in die Linie des sich entwickelnden Erbsündendogmas brachte[14], hat heute die Grundeinstellung umgeschlagen und zu einer Verneinung des Bezugs des Alexandriners zur Traditionslinie der Erbsünde geführt. Was allenfalls aus seinen Schriften

[13] Zur Tauflehre der morgenländischen Theologie im 4. und 5. Jh. vgl. *B. Neunheuser,* Taufe und Firmung (HDG IV/2)(Fr 1956) 59–70. Aus diesen Ausführungen erhellt die an Röm 6 angelehnte Grundauffassung von der Taufe als „zweiter Geburt", welche auf den Tod der Sünde folgt. Diese Feststellung behält auch angesichts der Tatsache Bedeutung, daß die Kindertaufe im 4. Jh. noch nicht allgemein in Übung war.

[14] So besonders *G. A. Pell,* Die Lehre des hl. Athanasius von der Sünde und Erlösung, und *H. Sträter,* Die Erlösungslehre des hl. Athanasius.

entnommen wird, ist eine „Erbübellehre“, deren Kern in der Annahme der verderblichen Folgen der Adamssünde auf die Menschheit liegt[15]. So kommt auch von seiten der orthodoxen Theologie die Erklärung, daß nach Athanasius das von Adam auf die Menschheit ausgegangene Unheil nicht „eine physische und eingepflanzte Sünde“ sei, sondern nur die Sündenfolge der seelischen Verderbnis[16] und die Verdunkelung der Gottebenbildlichkeit. Dabei wird allerdings nicht gefragt, in welcher sachlichen Beziehung oder Nähe die Aussagen über eine bloße Seelenkrankheit als Folge der Sünde zur formellen Sündhaftigkeit selbst stehen, wie auch nicht bedacht wird, daß die von Athanasius gelehrte Verdunkelung der Gottebenbildlichkeit in der Menschheit seit Adam nicht ohne das formelle Moment der Sünde zu denken ist.

Beide genannten Extremeinstellungen resultieren wohl aus einer zu stark auf die hamartiologischen Aussagen als solche fixierten und insofern verengten Blickrichtung, die dem christologischen und soteriologischen Gesamtkonzept des alexandrinischen Theologen nicht gerecht wird. Interpretiert man dagegen die hamartiologischen Aussagen aus diesem Gesamtkonzept heraus, so wird man zwar keine definitorischen Bestimmungen über eine den Menschen von Adam her inhärierende Sünde finden (wie überhaupt die Begriffe Gnade und Sünde weniger geläufig sind als die vom glücklichen, unsterblichen Leben und von Tod und Verwesung), aber doch die den Menschen anhaftende „Leere Gottes“[17] und die Erlösungsbedürftigkeit. So kann in einer gänzlich auf die Erlösung durch Jesus Christus ausgerichteten Gedankenführung angemessener Weise die der Tat Christi vorausgehende Situation der Menschen nur als Mangel der Christusverbindung und der Logosbildlichkeit ausgegeben werden, was aber das formelle Moment der Sünde trifft. Daß dabei diese habituelle Sünde nicht auf den logischen Begriff von „Sünde“ oder „peccatum originale“ gebracht ist, wird verständlich, wenn man bedenkt, daß die ethisch ausgerichtete, vom freien Willen bestimmte Denkweise der Griechen die Sünde vornehmlich als eine Tat des Menschen sehen mußte. Wo die Grundstruktur des Heilsdramas als „willentlicher Abfall“ und „willentlicher Aufstieg“ zum Göttlichen gefaßt wurde, konnte der auf die Unheilstat folgende Zustand schwerlich als Sünde bezeichnet werden.

Trotzdem lassen die Zeugnisse des Bischofs von Alexandrien so viel ersehen, daß dieser Zustand der Erlösungsbedürftigkeit ein den Menschen innerlicher war und, was nicht weniger bedeutsam ist, daß er nicht einfach auf persönliche Sünden zurückgeführt wurde (trotz der genannten fehlenden Begrifflichkeit für eine „fremde Sünde“).

Daß er freilich nicht als schuldhaft bezeichnet und als Anhaften der Schuld Adams erkannt wurde, macht den noch unvollkommenen Stand der Entwicklung des Lehrverständnisses aus. Dieser noch unentwickelte Stand zeigt sich auch in der noch nicht durchgeführten Unterscheidung zwischen den Momenten des Sündhaften und der Sündenfolge im Begriff der Todesverfallenheit oder der Verweslichkeit. Aber gerade bezüglich dieses Momentes dürfte klar sein, daß bei Athanasius in dem Begriff der „Verweslichkeit“ die physischen und moralischen Defekte mit der geistigen Gottentfremdung genauso zusammengenommen sind wie auf der Gegenseite im Begriff der paradiesischen „Unverweslichkeit“ die Momente der Gottverbindung und der leiblichen und moralischen Unversehrtheit. Auch die Unverweslichkeit ist mit der Schau des Logos verbunden und resultiert aus ihr. Beachtlich ist, daß für ihn der auf die Ursünde folgende Tod genauso ein Tod der Seele wie ein Tod des Leibes ist (Contra Arian. or. I 44). Er trennt diese Momente innerhalb der „Sündenverfallenheit“ ebensowenig wie innerhalb der von Christus gewonnenen Vergöttlichung. Auch hier wäre

---

[15] *J. Gross,* aaO. I 132.

[16] *P. Ch. Demetropoulos,* Ἡ Ἀνθρωπολογία τοῦ μεγάλου Ἀθανασίου 90–95; *J. Gross,* aaO. I 132.

[17] So spricht Athanasius in einer charakteristischen Wendung davon, daß die Menschen „durch die Gegenwart und Menschenliebe des Logos ins Dasein gerufen worden waren“ und auf Grund der Tat der Stammeltern „entleert vom Denken an Gott“ wurden: De incarn. 4.

deshalb die Behauptung unbegründet, daß er nicht um den theologischen, göttlichen Kern der δείωσις wüßte und um davon zu unterscheidende Folgeerscheinungen, z. B. die Tugenden[18]. Wenn er also die Erlösungswirklichkeit als ganzheitliches Phänomen im Menschen faßt, ist es verständlich, daß er auch das Unheilsphänomen ganzheitlich versteht. Darum wäre es dem Denken des alexandrinischen Theologen widersprechend, wollte man ihm unterstellen, daß er im unerlösten Menschen das Wirken von leiblichen und moralischen Verderbnissen anerkennt, sie aber in gänzlicher Unabhängigkeit von der Sünde bestehen läßt. Das hätte umgekehrt zur Folge, daß Athanasius das Erbverderben mit der gnadenhaften Gottverbindung des Menschen zusammendenken müßte, eine Vorstellung, die nirgendwo in seiner Lehre einen Anhalt findet.

So wenig man deshalb den Bischof von Alexandrien zu einem förmlichen Vertreter der späteren „Erbsündenlehre" im abendländischen Verständnis machen kann, so wenig darf man ihn auch zu einem Gegner dieser späteren Lehre stempeln. Die von ihm zusammengetragenen Elemente zur Unheilssituation des erlösungsbedürftigen Menschen, die noch keinen strengen und ausgeglichenen Zusammenhang zeigen[19] und denen vor allem das „Organisationszentrum" der in den Menschen fortgehenden Adamssünde noch nicht eingefügt ist, enthalten nichts, was der späteren Erbsündenlehre widerspricht. Wohl aber finden sich in dieser noch unentwickelten Lehrauffassung viele Momente, die notwendig zu einer heilsgeschichtlichen Unheilsauffassung hinzugehören, aus deren Zusammenspiel sich in weiterer Entwicklung auch die Wesenserkenntnis der „Erbsünde" formieren konnte[20].

Einen nicht unbedeutenden Reflex erlangten die athanasianischen Gedanken bei *Didymus dem Blinden* († um 398), der später wegen seiner starken Anleihen bei der Präexistenz- und Apokatastasislehre des Origenes eine kirchliche Verurteilung erfuhr (Konzil von Konstantinopel 553)[21]. Das hinderte ihn jedoch nicht, anders als sein Meister die geschichtliche Realität der Paradiesessünde ernstzunehmen und von ihr wie später Augustinus als von der παλαία ἁμαρτία zu sprechen[22]. Dem fügt er den aus der irenäischen Tradition entnommenen Gedanken bei, daß „wir" in Adam sündigten, „als wir das erste, einen einzigen Baum betreffende Gebot verachteten" (De Trinit. I 27). Es ist wohl kaum anzunehmen, daß der Autor damit einen aktuellen Mitvollzug der Adamssünde meint, wohl aber eine Solidarität mit dem Stammvater in der sündigen Verfassung. Diese wird vor allem in dem Verlust der Gottebenbildlichkeit gesehen, die in Ein-

---

[18] Vgl. hierzu *A. Theodorou*, Die Lehre von der Vergottung des Menschen 305 f.

[19] Eine gewisse Unausgeglichenheit findet sich auch in manchen Aussagen über die Notwendigkeit der Erlösung (De incarn. 31) und über das Vermögen des gefallenen Menschen „zur Kenntnis und zum sicheren Erfassen" des „Weges der Wahrheit" (Contra gentes 30). Indessen ist bei Beachtung der Tatsache, daß Athanasius zwischen dem natürlichen Guten und dem Gnadenhaften nicht streng unterscheidet, keine direkte Widersprüchlichkeit festzustellen.

[20] Vgl. *A. Gaudel*, aaO. 346; daß Adam nur der „typ de l'humanité" sei: *A. Luneau*, L'histoire du salut 132, schöpft den Athanasianischen Gedanken genau so wenig aus wie die Kurzdarstellung *H. Rondets*, wonach bei Athanasius die Ursünde nur „l'erreur initiale" sei: Le péché originel dans la tradition patristique et théologique 105.

[21] Zu Didymus vgl. *A. Gaudel*, aaO. 346 f; *H. Rondet*, aaO. 105; *J. Turmel*, Histoire des dogmes I 60–62; *J. Gross*, aaO. I 135–140. – Contra Manichaeos (PG 39, 1085–1110); Commentarii in Iob (ed. *A. Henrichs – U. u. D. Hagedorn – L. Koenen*, 3 Bde, Bo 1968); Fragmenta in Iohannem (ed. *J. Reuss*, Johannes-Kommentare aus der griechischen Kirche, TU 89, B 1956, 177–186); Fragmente in Epist. ad Romanos (ed. *K. Staab*, Pauluskommentare aus der griechischen Kirche, Mr 1933, 1–6). – De Trinitate (PG 39, 269–992). PG 39.

[22] In De Trinitate II 12, welche Schrift allerdings in ihrer Echtheit angezweifelt wird: *B. Altaner – A. Stuiber*, Patrologie 281; jedoch ist sie auch unabhängig von der Verfasserfrage als Zeugnis der betreffenden Zeit und Umwelt zu berücksichtigen.

heit von εἰκών und ὁμοίωσις als die paradiesische Gnade verstanden wird. Gerade diese wird nämlich im Bad der Taufe wiederempfangen.

Aber die Solidarität mit der Adamssünde versucht Didymus, über Irenäus hinausgehend, auch mit Hilfe eines Transgressionsgedankens zu erklären. Er beruft sich dabei in einem christologischen Zusammenhang (in dem Christus wegen seiner wunderbaren Geburt als von der Sünde frei dargestellt wird, was sich nicht auf eine persönliche Sünde beziehen kann) auf die mehr im Abendland beheimatete Vorstellung, daß die Menschen der Adamssünde „der Geschlechterfolge gemäß unterliegen" (Contra Manich. 8)[23]. „Seine Aussagen erwecken den Eindruck, als habe er als erster der griechischen Kirchenschriftsteller ein Übergehen der Adamssünde als solcher auf die Menschen, also eine eigentliche ‚Erbschuld', angenommen."[24]

Diese Vermutung erfährt eine Stütze durch seine Exegese des locus classicus der späteren „Erbsündenlehre" Röm 5, 12–21. Das schon bei Origenes anklingende Motiv vom „Seelentod" aufnehmend, erklärt der alexandrinische Theologe, daß über Adam nicht nur „der allgemeine Tod der Leibesglieder" Macht gewann, „sondern auch derjenige, der infolge des Ungehorsams über seine Seele Gewalt bekommen hatte" (Rom. 5, 14, 21). Daß sich diese Macht auch in den Adamskindern auswirkt, zeigt die Aussage über die Taufe, die freilich das Unheil nur am positiven Umkehrbild erkennen läßt: „Sie (die Getauften) werden nicht mehr verurteilt wegen des Ungehorsams des Adam, und die Sünde herrscht nicht mehr über sie, noch der Tod der Sünde" (ebd.). Hier werden nicht nur Sünde und Tod in ihrer engen Bezogenheit differenziert (wie Wesen und Folge), vielmehr kommt auch im Verständnis der Sünde die Unterscheidung auf zwischen derjenigen „Sünde", unter welcher „alle Menschen sind, weil Adam ungehorsam war", und den persönlichen Todsünden, die der Autor selbstverständlich bei der Erwägung der Menschheitssituation nicht unbeachtet läßt. Aber nach dem Kommentar zu Job 10, 15 unterscheidet er die freiwillige Sünde von der „durch Geschlechterfolge auf uns übergehenden Schuld", welche die Reinigung (κάθαρσις) notwendig macht. Unter der Schuld (ὀφειλή) die böse Begierlichkeit zu verstehen, ist weder von der Wortbedeutung her noch vom Zusammenhang mit der Taufe zu begründen, die ja nicht förmlich zur Nachlassung der Begierlichkeit dient. Nach Hieronymus erklärte Didymus auch von den neugeborenen Kindern, daß sie nicht Kinder Gottes genannt werden sollen[25]. Daß bei ihrem Tod ihr Schicksal nur Gott bekannt sei (In Joh. V 29), bleibt nur eine sinnvolle Aussage bei der Voraussetzung, daß sie von der Verurteilung Adams nicht frei sind. Es dürfte demnach nicht bezweifelt werden, daß Didymus die Unterscheidung zwischen der (weitergehenden) Adamssünde, den persönlichen Sünden und der Konkupiszenz kennt. Daß er die erste nicht als „Erbsünde" bezeichnet, ist kein Einwand gegen die Existenz des Gedankens als solchen[26].

Daß die sich in der alexandrinischen Schule bildende Traditionslinie von einer inneren Todesverfallenheit auch Schwankungen aufweist, wie sich etwa im Falle des *Serapion von Thmuis* († nach 362) zeigt[27], ist kein Beweis für den Einbruch dieser Linie. Der Nachdruck, den der Mönchsbischof auf die persönlichen Sünden legt, ist bei seinem Aszetismus verständlich. Aber die Linie erfährt an ihrem Ende noch einmal einen Anstieg bei *Cyrill von Alexandrien* († 444)[28], bei dem sich allerdings schon die Wir-

---

[23] In einer wichtigen Formel heißt es hier von der Adamssünde: ἧπερ καὶ οἱ ἐκ τοῦ Ἀδὰμ πάντες κατὰ διαδοχὴν ὑπῆρχον.

[24] So *J. Gross,* aaO. I 136 f. [25] *Hieronymus,* Apol. adv. libr. Ruf. III 38 (PL 23, 478 D).

[26] So erklärt *K. H. Schelkle,* Paulus, Lehrer der Väter (D 1956), daß Didymus „eine Erbsünde gekannt und gelehrt" hat (173), die sich (im paulinischen Sinne) in den Tatsünden aktualisiert (167); vgl. auch *A. Gaudel,* aaO. 346. In der Exegese von Eph 2, 3 legt Didymus (gegen die „Natursünde" der Manichäer) zwar Nachdruck auf die Tatsünden, widerruft damit aber nicht seine Interpretation von Röm 5; vgl. *J. Mehlmann,* Natura filii irae (R 1957) 46.

[27] Vgl. *J. Gross,* aaO. I 133–135.

[28] Zu Cyrill vgl. *J. Turmel,* Le dogme du péché originel dans l'église grecque après saint Augustin 236–251; *H. Rondet,* aaO. 105–107; *St. Lyonnet,* Le péché originel en Rom 5, 12. L'exégèse des pères grecs (R 1961) 16–25; *J. Weismayer,* aaO. 295 f; *J. Freundorfer,* Erbsünde und Erbtod beim Apostel Paulus (Mr

kungen der Auseinandersetzung mit dem Pelagianismus bemerkbar machen, auch wenn dieser im Osten nur geringe Wellen schlug. Aber das bei Cyrill vorherrschende Interesse an Christus wie an der Erlösung verschafft ihm offenbar auch einen tieferen Einblick in das Wesen der universalen Sünde. Auf den Spuren des Athanasius gehend und im Blick auf die überragende Gestalt des „zweiten Adam", wächst ihm auch der „erste Adam" zu einer Gestalt gnadenhafter Vollkommenheit auf, die sich der Gottesschau, der Unverweslichkeit, der Unsterblichkeit und der Harmonie des Lebens erfreut, aber deren wesentlicher Vorzug doch im Siegel des Heiligen Geistes besteht, der zugleich auch die Verbindung mit dem Sohne schafft (In Jo. 14,20). Die stärker entwickelte Pneumatologie vermag auch das Gegenbild des gefallenen Menschen schärfer zu konturieren. Mit der Tat des Ungehorsams verlor Adam nicht nur den Geist und die Sohnesverbindung (als Inbegriff der höheren Gottebenbildlichkeit), sondern auch die Unsterblichkeit und die Herrschaft über die Triebe (In 1. Kor. 15,42). Das Ganze scheint aber nicht mehr nur im Sinne eines über den Menschen hängenden universalen Verhängnisses gedacht zu sein, sondern im Sinne einer innermenschlichen Heillosigkeit, die den genuinen Mangel am Geistbesitz und an der ursprünglichen Heiligkeit meint und die sich aus der Adamseinheit der Menschheit erklärt. Gegen die Nestorianer gewandt, erklärt der streitbare Alexandriner: „Wir bekennen einstimmig, daß die menschliche Natur wegen der Übertretung Adams in Schuld und in den Tod (εἰς ἄραν καὶ θάνατον) gestürzt wurde; dazu kam noch die große Geneigtheit zur Sünde im Fleische ..." (Adv. Nest. III 3). In letzterer Aussage ist eine deutliche Unterscheidung zwischen Schuld (Sünde) und der „dazukommenden" Konkupiszenz getroffen. „Die menschliche Natur fiel im ersten Adam und stürzte ihn in den Ungehorsam, was ja die Sünde ist", um vom „zweiten Adam" „wie von einem zweiten Anfang des Geschlechts" höher wiederhergestellt zu werden. Die Verbindung zwischen Adam und dem Menschengeschlecht aber ist einmal begründet im platonischen Gedanken der generischen Einheit, zum anderen (weil dieser Gedanke der Individuation des Einzelmenschen offenbar keine Rechnung trägt) durch den Gedanken der Geschlechterfolge. Hier tritt sogar die Vorstellung des Erbes hervor: die Menschen sind wie aus einer Wurzel entsprossene Baumzweige (Adv. Nest. praef. V) und als „Kinder eines sterblichen gleichfalls sterblich. So sind wir Erben des auf Adam lastenden Fluches" (Adv. anthropomorph. 8). Daß unter diesem Erbe weder die Konkupiszenz noch die Einzelsünden gemeint sein können, beweist der Satz: „Nachdem wir in Adam der Übertretung wegen (Gott) beleidigt hatten, sind wir Gott entfremdet worden" (Adv. anthropomorph. 8).

Wie Augustinus macht sich Cyrill in einer Weise, welche die Ausweitung und Vertiefung der Problematik der universalen Sünde anzeigt, auch Gedanken über die Gerechtigkeit Gottes angesichts einer solchen Ordnung oder Verfügung. Aber die Beantwortung dieser Frage fällt ihm nicht leicht. Er versucht sie auf einem doppelten Wege: der eine besteht im Hinweis auf den Tatbestand, „weil sie (die Menschen) von dessen Natur sind, die unter das Sündengesetz gefallen war"; der andere besteht in dem Verweis auf die in die menschliche Natur eingedrungenen Begierden und Lüste, die den Menschen als gottentfremdet erweisen. Man darf die Gründlichkeit des ersten Arguments und die Schlüssigkeit des zweiten in Zweifel ziehen; denn gegenüber letz-

---

1927) 114ff; *J. Gross,* Entwicklungsgeschichte des Erbsündendogmas II 140–149. – Commentarii in Iohannem (ed. *P. E. Pusey,* Bru ²1965; *J. Reuss,* Johannes-Kommentare aus der griechischen Kirche, TU 89, B 1966, 188–195 – additamenta); Fragmenta in epist. ad Corinthios (ed. *P. E. Pusey,* Bru ²1965, III 249–360); Libri V contra Nestorium (ACO I 1/6, 13–106); Adversus Anthropomorphitas (PG 76, 1065–1133). PG 68–77.

terem ist zu sagen, daß ein Übergreifen bloßer, zumal physischer Sündenfolgen auf den Einzelmenschen ohne eine innere Gottwidrigkeit dieses Menschen den Vorwurf der Ungerechtigkeit Gottes erst recht und verstärkt aufstehen lassen müßte. Es ist offensichtlich, daß Cyrill die Bedeutung der Konkupiszenz in das Sündengeheimnis theologisch einzubeziehen versucht, wenn auch ohne durchschlagenden Erfolg. Es wäre aber verfehlt, daraus zu folgern, daß er die Sünde des Menschen allein in die Konkupiszenz verlegt, zumal er sie an anderer Stelle als etwas dem Menschen als solchem (unabhängig von der Sünde) Naturgegebenes ansieht (In 1. Kor. 15,44 f).

Einen Tatsachenbeweis dafür, daß Cyrill im Grunde auf die Anerkennung einer dem Menschen eigenen Gottentfremdung und eines mangelnden Geistbesitzes aus ist, zeigt seine vorbehaltlose Übernahme der Verurteilung des Pelagianismus auf „seinem" Konzil (Ephesus 431). Die Behauptung, er hätte den Sinn des Kanons 2 der Synode von Karthago (418) nicht richtig begriffen[29], trägt doch offenbar den Stempel einer Verlegenheitslösung an sich.

2. *Die Akzentuierung des Solidaritätsgedankens bei den Kappadoziern*

Auf der Linie des Irenäus, Origenes (unter Absehen von der Präexistenzlehre) und Athanasius[30] stehen auch die Kappadozier, die Vertreter der sogenannten neualexandrinischen Schule, jedoch nicht ohne in die Problematik um die weiterwirkende Adamssünde neue Elemente einzubringen, die sich wohl aus dem stärkeren Einschlag stoischer und neuplatonischer Philosophie[31] ergeben. Bei *Basilius d. Gr.* († 379) und in dessen heilsgeschichtlichem Konzept (Gott als Schöpfer und Erlöser)[32] sind freilich noch die aszetischen Tendenzen führend. Daraus erklärt sich auch der durchgehende Appell an den freien Willen, der schon in der Lehre von der Gottebenbildlichkeit im Anschluß an Gn 1,26 anklingt[33]. Unter Abgehen von der sich langsam bildenden Tradition einer Differenzierung zwischen imago und similitudo, aber auch mit Abstand zu einer vornehmlich gnadenhaften Bestimmung der Gottebenbildlichkeit, sieht er im εἰκών-Sein des ersterschaffenen Menschen das Prinzip und den Grund des Guten, in der ὁμοίωσις dagegen die durch das sittliche Streben und durch das Tugendleben gewonnene höhere Angleichung an Gott.

---

[29] *Tixeront* III 212 und *J. Gross,* aaO. II 149. Wenn *J. Gross* erklärt, daß Cyrill eine Beteiligung aller Menschen an der Sünde Adams verneint hat, so stellt er etwas fest, was auch das spätere Dogma der Kirche verneint, nämlich den direkten Mitvollzug der Adamstat; insofern sind Sünde und „Schuld" hier immer analog zu verstehen; vgl. dagegen *H. du Manoir de Juaye,* Dogme et spiritualité 282; *St. Lyonnet,* aaO. 339–346. Vom Standpunkt der orthodoxen Theologie gibt *J. Meyendorff* bei Cyrill nur das Vorhandensein „d'un esclavage de la nature humaine soumise héréditairement à Satan" zu: Ἐφ' ᾧ Röm 5, 12, 159 f. Aber hier wäre tiefer zu dringen und zu fragen, ob nicht eine Knechtschaft der Natur durch den Teufel, die „héréditairement" entsteht, ein ontisches Moment an der Natur meint, das Cyrill anderswo als Nichtbesitz des Geistes bezeichnet, damit einer inneren heilshaften Mangelhaftigkeit nahekommend. Ebenso wenig ist es ein Widerspruch, wenn Cyrill Adam auch als Beispiel der Sünde ernst nimmt.

[30] So erklärt *J. N. D. Kelly,* daß Athanasius in der Substanz die Theologie der Kappadozier vorbildete: aaO. 263 f.

[31] Vgl. *B. Studer,* Soteriologie 136; *A. Grillmeier,* Jesus der Christus 537 ff.

[32] *F. Nager,* Die Trinitätslehre des hl. Basilius d. Gr. 114.

[33] Homiliae in Hexaëmeron (PG 29,4–208); Adversus Eunomium (PG 29, 497–768); De spiritu sancto (ed. *B. Pruche:* SourcesChr 17 bis, 1968); Homilia dicta tempore famis et siccitatis (PG 31, 304–328); Quod deus non est auctor malorum (PG 31, 329–353); Regulae fusius tractatae (PG 31, 901–1305); Sermo asceticus (PG 31, 869–881). PG 29–32.

Daß hier indessen vornehmlich eine begriffliche Unschärfe vorliegt, zeigt die Schilderung des paradiesischen Urstands, die in der von Athanasius her bekannten leuchtenden Farbe gehalten ist; denn danach erfreute sich Adam „unter dem Schutz Gottes der göttlichen Güter". Er lebte in der besonderen Anschauung Gottes, „entbrannte in Liebe zu seinem Wohltäter" im Genuß des ewigen Lebens, als Tischgenosse der Erzengel und als beständiger Hörer der göttlichen Stimme (Hom. Quod Deus non est auctor malorum 7). Es war dies ein höheres Leben, das sich „oben" vollzog, freilich, wie Basilius, der sich in seinen Homilien an den Wortsinn der Hl. Schrift halten möchte, betont, „nicht dem Raum, aber seinem Willen nach". Auf dem Hintergrund der neuplatonischen Anthropologie, die Basilius den Menschen wesentlich als Seele verstehen läßt, welcher der Leib nur akzidentell und wie eine Fessel geeint ist (Regulae fusius tractatae 7), wird auch die starke Hervorhebung der Herrschaft des Geistigen im Urstand verständlich und das Fehlen jeglicher Begierlichkeit. Aber es bleibt doch erkennbar, daß das Wesen dieses Standes in der „Vereinigung mit Gott durch die Liebe" bestand (Hom. Quod Deus non est auctor malorum 6) und in der Teilnahme an Gott, der „das wahre Leben" ist.

Der grundlegenden neuplatonischen Dualität von Seele und Leib entsprechend, erfolgte die Störung dieses erhöhten Standes am Anfang der Schöpfung von der Seite der Sinne und der niederen Leiblichkeit her, aber durchaus unter Einsatz des freien Willens; denn „gesättigt von dem allen und wie durch die Sättigung übermütig geworden, gab er (Adam) dem, was den fleischlichen Augen angenehm erschien, den Vorzug vor der geistigen Schönheit und hielt die Sättigung des Bauches für besser als die geistigen Genüsse" (Hom. Quod Deus non est auctor malorum 6). In einer für die mönchisch-aszetische Haltung charakteristischen Weise wird hier der Beginn der Adamssünde in die ungeordnete Eßlust[34] verlegt, woraus sich im Zusammenhang mit dem Kampf gegen die Verderbnis auch die erhöhte Bedeutung des Fastens ergibt. Trotzdem bleibt nach dieser Beschreibung deutlich, daß der Akt der Sünde selbst vom Geist und vom Willen vollzogen wird, was aus der Gegensätzlichkeit zum Manichäismus verständlich wird.

Daß Basilius den höchst qualifizierten, dem himmlischen Leben angenäherten Urstand des ersterschaffenen Menschen als „der Natur entsprechendes Leben" bezeichnet und ihn nahezu als natürlich ausgibt, sollte nicht dahin mißverstanden werden, als ob hier schon in der Unterscheidung von Natur und Gnade gedacht und das Ganze im Sinne einer schöpfungsgemäßen Ausstattung verstanden würde. Basilius, der im Zusammenhang mit seiner θείωσις-Lehre den Begriff der Gnade kennt und von den Christen weiß, daß sie „aus der Gnade des Herrn vergottet werden" (Adv. Eun. III 5), sieht den Ursprung der Menschheitsgeschichte im ganzen als eine außergewöhnliche Beschenkung durch Gott an, so daß eine genauere Differenzierung nicht als relevant empfunden wird, obgleich sie sich in der Formel von der „Versetzung ins Paradies" zumindest andeutet. Die hier bezeigte Einheitsauffassung von Geschöpflichem und „Himmlischem" wird als „naturhaft" vor allem in dem Sinn verstanden werden dürfen, daß die Güter dieses Standes von Gott dem Menschen als seine eigentümliche Verfassung zugedacht waren und als das dem Menschen höchst Zuträgliche verstanden werden dürfen, als die von Gott gewollte vollkommene Natur des Menschen.

Wo die Einheit der Güter und Gaben so gesehen wird, muß verständlicherweise die Sünde in ihrer ganzen Unnatur empfunden und als Verderbnis der gesamten Natur verstanden werden. So malt denn der Kirchenvater die Folgen der Ursünde für die Stammeltern genauso drastisch aus wie zuvor ihr höheres vergeistigtes Leben. Die Vertreibung aus dem Paradies bedeutet zugleich den Verlust der Unsterblichkeit, die im Lebensbaum garantiert war (unter Anspielung auf Paulus: „der Sold der Sünde ist der Tod")[35], das Erstarken der Begierlichkeit, die Verschlechterung der Seele und ihre Verderbnis „durch allerhand Krankheiten", welche sich in den Leidenschaften

---

[34] Zur Bedeutung dieses charakteristischen mönchischen Motives vgl. *A. Theodorou,* aaO. 303 f.

[35] Allerdings findet sich bei Basilius auch der schon anderwärts tradierte Gedanke, daß der leibliche Tod auch eine positive, tröstliche Bedeutung an sich habe, „damit die Krankheit in uns nicht unsterblich würde" (Sermo ascet. 1, 1).

manifestieren, schließlich aber auch das Ansteigen der Macht des Teufels (obgleich die Willensfreiheit und die Möglichkeit zum Guten nicht verloren ist: Hom. 2, 5).

Dennoch ist dieses vielgestaltige Verderben nicht erklärlich ohne den Bezug zu dem wesentlichen Verlust, den die Sünde dem Menschen zufügte: die Einbuße des wahren Lebens und der Gottähnlichkeit; denn „Gott, der den Menschen erschaffen hat, ist das wahre Leben. Wer also die Ähnlichkeit mit Gott verloren hat, der hat die Teilnahme[36] am Leben verloren; denn wer außerhalb von Gott ist, kann unmöglich im glückseligen Leben sein" (Sermo ascet. I 1). Die Sünde Adams, die aktuell in der Abwendung vom Leben Gottes bestand, ist in ihrem Fortbestand der Verlust des göttlichen Lebens und der Liebe Gottes. Ja man kann durchaus eine Zuordnung dieser Ausfallsphänomene feststellen, derart, daß aus dem Verlust des göttlichen Lebens die „Krankheiten" der menschlichen Natur resultieren.

Mit der gleichen Gewißheit, mit der die Folgen der Sünde für den paradiesischen Menschen benannt werden, vertritt der Kirchenvater ihr Durchdringen auf die ganze Menschheit, so daß für seine Auffassung die Kennzeichnung einer „Erbübellehre" zutrifft, wobei sogar der Begriff und der Gedanke der „Überleitung" oder des „Überlieferns" Verwendung findet. Basilius kommt in einer charakteristischen Zusammenführung von Adam und der Menschheit aufgrund einer möglichen Natureinheit dem Gedanken einer Inklusion nahe, wenn er ausführt: „Da der Erstgebildete notwendig in uns ist, bis ans Ende fortgepflanzt durch die Reihe der Nachfolge, deshalb sterben wir alle in Adam und es herrscht der Tod bis zur Erfüllung des Gesetzes und bis zur Wiederkunft Christi" (De Spiritu Sancto 14, 33). In solcher Formulierung geht die schon von Melito angeregte Wortentwicklung zur Vorstellung vom „Erbe" weiter.

Aber es ist die Frage, ob es sich auch um ein wirkliches Weitergehen und Durchdringen der Sünde Adams handelt. In diesem Punkt muß freilich das Urteil zurückhaltend ausfallen, obgleich eine in der traditionellen Interpretation viel herangezogene Aussage auch diese Frage positiv zu entscheiden scheint. Der Kirchenvater fordert nämlich in einer Homilie „Zur Zeit einer Hungersnot" den Menschen auf: „Tilge die urbildliche Sünde durch Mitteilung von Nahrung. Denn wie Adam durch sein sündhaftes Essen die Sünde überlieferte, so tilgten wir die hinterhältige Speise, wenn wir der Not und dem Hunger des Bruders steuern" (Hom. dict. fam. et siccit. 7). Demnach hätte Adam schon in seinem sündhaften Tun die Sünde selbst übertragen. Die Aussage scheint so eindeutig, daß man in ihr in der Vergangenheit die stärkste Bekundung einer „Erbsünde" im griechischen Bereich hat sehen wollen[37]. Der knappe Wortlaut spricht an sich für eine solche Deutung, die freilich durch den Nachsatz verunklärt wird; denn es paßt wenig zu einer strikten Auffassung von einer überpersönlichen Sünde, daß sie durch Taten der Nächstenliebe getilgt werden könnte. Basilius macht an anderer Stelle die ähnlich gehaltene Aussage: „Die Unmäßigkeit hat den Adam dem Tod überliefert und durch die Lust des Bauches für die Welt die Schuld bewirkt" (Sermo de renunt. saeculi 7). Indessen liegt in diesen Wendungen der Nachdruck auf der paränetisch-aszetischen Forderung nach Bekämpfung der Unmäßigkeit, die zwar von Adam ihren Ausgang nahm, aber von der doch nicht gesagt werden kann, daß sie als diese Sünde in alle Menschen einging. Andererseits ist wohl nicht zu verkennen, daß sich die Formeln über die Inklusion der Menschen in Adam (und umgekehrt) in Richtung auf diese eindeutige Auffassung bewegen, deren Ziel hier noch nicht erreicht ist. Es ist zwar anerkannt, daß Adams Sünde das Urbild und die Wurzel aller Sünden der Welt ist, aber nicht gesagt, daß sie als solche jedem Menschen innewohnt. Auch wenn zur Verdeutlichung des Fragepunktes die Taufe und ihre Wirkung herangezogen werden, stellt sich die erhoffte Klärung nicht ein; denn wenn als Wirkung der Taufe die Befreiung von der Tyrannei des bösen Feindes angegeben

---

[36] Den Teilhabegedanken bei Basilius entfaltet *Fr. Normann,* aaO. 215ff, unter Hervorhebung des Gnadencharakters der ὁμοίωσις.

[37] So u.a. die Mauriner (PG 31, 323) und *J. Schwane,* Dogmengeschichte II 447; auch *A. Gaudel* spricht von einer Teilhabe der Menschen an dem Fehler Adams: aaO. 347.

wird, so liegt darin doch eben mehr eine Behebung einer Sündenfolge als die Ausmerzung der Ursünde selbst (De Spiritu Sancto 14, 31). So scheint Basilius auf der Linie des Athanasius zu verharren, ohne sie wesentlich weiterzuverfolgen, es sei denn, daß man den Fortschritt in einigen sprachlichen Formeln sieht, die aber wohl mehr von der Anschauung als von der begrifflichen Strenge bestimmt sind.

In den großen heilsgeschichtlichen Zusammenhang der universalen Erlösung und des sie bedingenden universalen Heilsbedürfnisses der Menschheit sind auch die Anschauungen *Gregors von Nazianz* († 389/90) über Urstand und Fall eingefügt. „Der Theologe" unter den morgenländischen Kirchenvätern läßt zwar in seinen „Theologischen Reden" seiner rhetorischen Begabung oft einen weiten Spielraum, hält dabei aber auf dem Grunde den theologischen Gedanken fest, in den er mit einem großen Problembewußtsein eindringt. Auch bei ihm tritt aus dem Vielerlei der behandelten Gegenstände ein gewisses christozentrisches Grundkonzept hervor, das sich annäherungsweise auf die Formel von der Heilsgeschichte als „Erziehungsmaßnahme" Gottes durch Jesus Christus bringen läßt: „All das war eine Erziehungsmaßnahme Gottes für uns und eine Heilung unserer Schwäche. Sie führte den alten Adam in den Zustand, von dem er abgefallen war und brachte ihn zu dem Baum des Lebens hin, von dem uns der weder zur rechten Zeit noch passend genossene Baum der Erkenntnis entfernt hatte" (Or. 2, 23, 5). Man kann den hinter dieser Theologie stehenden Grundgedanken ein wenig apostrophiert als eine neue, weiter ausgelegte Entfaltung der irenäischen Restitutionsidee in bezug auf das Heilswerk Christi verstehen[38]. Damit ist auch schon das erhöhte Interesse begründet, das Gregor an der „ersten" Schöpfung, an „Adam" als Repräsentanten der Menschheit und an seinem Geschick bekundet, an dem die Menschheit in bestimmter Weise grundlegend beteiligt ist.

Obgleich gewisse Grundvorstellungen des Basilius bei Gregor wiederkehren, macht sich doch im ganzen eine Differenzierung und eine Anreicherung an Einzelelementen innerhalb dieses Lehrkomplexes bemerkbar, ein Umstand, der die Beurteiler häufig zu einer überaus positiven Wertung des Nazianzeners in der Entwicklungsgeschichte des Dogmas veranlaßt hat[39] und zu seiner Annäherung an Augustinus führte[40].

Dabei geht er in manchen Einzelfragen anders zu Werke als sein Freund Basilius und die unmittelbar vorhergehende Überlieferung. Das gilt zwar noch nicht von der übernommenen Ebenbildlehre, in der der Bischof von Nazianz zwischen einer schöpfungsgemäßen und einer darüber hinausgehenden gnadenhaften Ebenbildlichkeit nicht deutlich unterscheidet. Nach der beherrschenden Christusauffassung des Nazianzeners ist Christus allein das vollkommene Abbild des Vaters (εἰκών gilt häufig als Christusname), während dem Menschen nur eine mittelbare Ebenbildlichkeit zukommt, das τὸ κατ' εἰκόνα, das auf den Logos als auf den Schöpfer geht und (der platonischen Anthropologie entsprechend) sich in der Geistseele des Menschen findet (Or. 14). Auch Gregor kennt den Begriff des „Übernatürlichen" (der erst bei Ps.-Dionysius aufkommt) noch nicht, aber er betont doch, daß der Mensch Geist sei, damit er

---

[38] Vgl. *Fr. Normann,* aaO. 207 ff; *H. Althaus,* Die Heilslehre des hl. Gregor v. Nazianz 140 ff. – PG 35–38.

[39] So konnte *J. Schwane* behaupten, daß er sich in der Erbsündenlehre oft so deutlich ausdrückte wie die nachaugustinischen Väter, ein Urteil, das freilich einer bestimmten Einschränkung bedarf: aaO. II 447; vgl. *H. Althaus,* aaO. 79–122.

[40] Über das Verhältnis Augustins zu Gregor von Nazianz vgl. *H. Althaus,* aaO. 118 ff.

die Gnade erlangen könne (Or. 38, 11). So macht sich bei ihm zwar hintergründig die Tendenz zu einer stärkeren Differenzierung zwischen der schöpfungsgemäßen Ausstattung des Menschen und einer gesteigerten Gottesnähe bemerkbar[41], die aber eigentlich erst in der Rückschau von der Erlösungstat auf den geschöpflichen Stand des Menschen deutlich in Erscheinung tritt, wie sich etwa an der Aussage zeigt: „Damals nämlich wurden wir dessen teilhaftig, was vollkommener war als wir" (nämlich der göttlichen Gemeinschaft: Or. 45, 9). Im Vordergrund der Bestimmung der ursprünglichen Menschenschöpfung steht jedoch das Bewußtsein von der Einheit zwischen dem natürlichen Ebenbild Gottes und der Seinsverwandtschaft des Menschen mit Gott, welche Einheit durch die Ausrichtung der Seele auf den göttlichen Geist begründet und zusammengehalten wird. Folgerichtig wird danach auch die Auswirkung der Sünde als ein einheitlicher negativer Effekt angesehen, der das Ganze der Ebenbildlichkeit ergreift, wenn er es auch nicht vollkommen zerstört. Die Sünde „versucht" zwar, „das königliche Bild in uns zu zerstören und alles, was uns von Gott zugeflossen ist" (Or. 2, 91), aber dann wird doch ihre Wirkung auch wieder nur als eine Trübung der Gottebenbildlichkeit ausgegeben, die im einzelnen Christen durch die Taufe wieder rückgängig gemacht wird, weshalb die Taufe als „Aufrichtung der durch die Sünde getrübten Ebenbildlichkeit" verstanden werden kann (Or. 40, 7).

In einem speziellen Punkt des Komplexes der Erbsündenlehre scheint der Nazianzener sogar hinter Basilius zurückzugehen und an einem früheren Überlieferungsstadium anzusetzen, nämlich in bezug auf die Beschreibung des ursprünglichen Standes Adams, der im Unterschied zu vielen seiner Vorgänger in einer gewissen Einfachheit und Schlichtheit gehalten ist, die man wohl nicht mit Unvollkommenheit gleichsetzen darf, die aber jedenfalls Raum läßt für weitere Entfaltung und Vervollkommnung des von Gott geschenkten Seinsstandes. Hier dem geistigen Sinn der Alexandriner folgend (obwohl Gregor sonst auch um die Freilegung des historischen Schriftsinnes bemüht ist), versteht Gregor das Paradies nicht als eine im Wesen lokale Größe, an die sich ein besonderes topographisches Interesse heften könnte, sondern als geistige Wirklichkeit, die das „himmlische Leben" in sich schließt (Carm. 1, 1, 8, 105). So gewinnen denn auch die Pflanzen eine geistige Bedeutung und gelten als „göttliche Gedanken", die Adam pflegt, und der Baum der Erkenntnis deutet auf die Gottschau hin, die dem Stand Adams an sich noch nicht verfügbar war und erst einem höheren Reifegrad vorbehalten bleiben sollte. Ein Gleiches gilt für den Baum des Lebens, der die Gotteserkenntnis versinnbildet, die offenbar im Paradies aber noch keine vollkommene war[42]. Mit dieser vergleichsweise „temperierten" Beschreibung des Urstandes korrespondiert die Wiederaufnahme der von Irenäus und Klemens von Alexandrien herangezogenen „Kindschaftstheorie", die bei ihm allerdings eine antimanichäische Spitze hat, insofern diese ethisch verstandene Theorie den Sündendeterminismus abzuwehren vermag. Nach der so realistisch gehaltenen Einschätzung des Urstandes vermag Gregor die Sünde Adams dem Verständnis recht nahezubringen: als auf einem Vollendungsweg befindlicher Mensch, dessen Willen frei gegenüber dem Guten wie dem Bösen war, konnte der Ersterschaffene sich dem Guten, konkret dem Gebot Gottes, auch versagen, zumal wenn nach der zeitgenössischen Interpretation der Teufel selbst in der Gestalt der Schlange seine versucherische Macht ins Spiel brachte. Der Neid des Teufels, der sich zuerst nur der Schwäche der Frau verband, suggerierte den Stammeltern die Vorstellung, daß Gott ihnen die Erhebung zur Gottvereinigung mißgönne, was bei ihnen zu einem eigenmächtigen Streben nach Gottgleichheit führte. Hier bringt Gregor in Konsequenz der einmal angenommenen Voraussetzung die Sünde in Zusammenhang mit dem den Stammeltern gesetzten Ziel der höheren Erkenntnis und

[41] *H. Althaus,* aaO. 73, zählt die Aussagen auf, die für die „übernatürliche" Fassung der Gottebenbildlichkeit bei Gregor sprechen.
[42] Vgl. *A. Slomkowski,* L'état primitif de l'homme (P 1928) 77.

der Vergöttlichung. Sie entspricht so (in der Verknüpfung zweier Elemente) einmal dem vorschnellen Sehnen nach vollkommener Erkenntnis, zum anderen dem selbstischen und neidischen Verlangen nach der Gottgleichheit (Or. 38, 12). So wird sie in ihrem Wesen auch als ein geistiges Vergehen erkannt, obgleich gelegentlich auch der Gedanke von der Unterwerfung des Geistes durch den Leib und von einer Verführung durch die Lust und das Weib auftaucht (Or. 36, 5). Aber damit wird andererseits die letztlich entscheidende Stellungnahme des Geistes nicht außer Kurs gesetzt.

Obgleich die Stammeltern als Menschen nicht so tief fallen konnten wie die rein geistigen Engel, waren die Folgen ihres Ungehorsams für sie selbst nichts weniger als verheerend: Unter der bildlichen Aussage: Adam „wurde von dem Baum des Lebens aus dem Paradiese und zugleich auch aus der Gemeinschaft mit Gott verstoßen; er legte Felle als Kleider an, d. h. vielleicht einen gröberen, sterblichen, widerspenstigen Leib, bemerkte sodann seine Schande und verbarg sich vor Gott", verbergen sich harte, seinsmindernde Realitäten wie der Verlust der (zuletzt doch gnadenhaft einzustufenden) gottheitlichen Qualität des Menschseins, die tiefreichende Versehrung der Gottebenbildlichkeit, die eigentlich nur noch in einem verblaßten Restbestand erhalten blieb, der Tod (obgleich ihm auch ein gewisser Schutzcharakter vor der ewigen Herrschaft des Bösen zu eigen bleibt), vor allem aber eine von Gregor nicht weiter erklärte Vergröberung des Leibes (die im Nachhinein doch wieder auf eine höhere Ausstattung des paradiesischen Leibes schließen läßt: Or. 38, 12) . Genauso einschneidend ist aber der Verlust der ursprünglichen Harmonie des Seinsstandes der Stammeltern, an deren Stelle nun die Rebellion der Sinne gegen den Geist tritt (Carm. 2, 1, 45, 95 ff), die Einbuße an Erkenntnisfähigkeit, die Auslieferung an den Irrtum (Or. 39,7) und die Konkupiszenz mit einer Fülle von auch ins Soziale hineinreichenden negativen Auswirkungen (Standesunterschiede, Unfreiheit, Ungerechtigkeit, Krieg: Or. 14,25; Or. 19,15). Bezeichnenderweise aber wird eine Folgerung für die Einschränkung der Willensfreiheit nicht gezogen, mit welcher dem Menschen die Fähigkeit zum Guten dennoch erhalten bleibt, was diese Sicht der Realität der Sündenfolgen doch von einem grundsätzlichen Pessimismus freihält.

Ihre weiterreichende Bedeutung empfangen diese Aussagen über die Verkehrung des ursprünglich gottverbundenen und in völliger Harmonie ruhenden Lebens aus der immer mitbedachten Wahrheit, daß Adam nicht als einzelner und als Individuum Bedeutung hatte, sondern daß er die Menschheit als ganze wie in einem Typus darstellte. Im Gedankenaufbau des Nazianzeners, der zwar selbst keine systematische Zuordnung bietet, dessen Einzelaussagen sich aber ohne logischen Zwang zu einer relativ geschlossenen Ordnung zusammenfügen lassen (was den immer wieder angestellten Vergleich mit Augustinus in etwa erklärt), kommt der Adamsgestalt universale Bedeutung zu. Es ist deshalb wohl nicht zutreffend zu sagen, Gregor habe in Adam nicht so sehr die historische Einzelpersönlichkeit sehen wollen als vielmehr den Repräsentanten der Menschheit. Er ist vielmehr beides in einem: der eine Stammvater der Menschheit und damit der Repräsentant aller[43]. So kann Gregor gelegentlich nur vom Menschen sprechen, wenn er Adam meint (Or. 38,9–12). Die philosophische Wurzel dieser Auffassung wird man im platonischen Gattungsrealismus[44] suchen dür-

[43] So sagt denn auch *H. Althaus* nach Erwägen der Alternative: „Adam ist der Mensch schlechthin. In Adam stellt sich die ganze Menschheit dar": aaO. 112.

[44] Zur historischen Begründung vgl. u. a. *P. Zemp,* Die Grundlagen des heilsgeschichtlichen Denkens bei Gregor von Nyssa 139 ff.

fen; die biblische Begründung für diese „mystische" Einheit der Menschheit mit Adam sieht Gregor (wie später Augustinus) in Aussagen wie Hebr 7,9f angelegt („wie Levi in den Lenden Abrahams": Or. 29,9), während Röm 5,12 aus verständlichen Gründen für ihn noch keine Rolle spielt. Wohl aber argumentiert er aus dem Geist der Adam-Christus-Parallele. In dieser antithetischen Parallele und ihrer weiterentwickelten Form in der Rekapitulationslehre des Irenäus[45] gründet Gregors theologische Vorstellung von der Adamseinheit der Menschheit, die letztlich auch das Fundament der Christuseinheit der Menschheit ist. So kann er mit Nachdruck erklären: „Wir alle haben Anteil am gleichen Adam, überlistet von der Schlange und durch die Sünde dem Tod überliefert" (Or. 19,13). Aber es kann noch entschiedener heißen: „Wir sind in Adam gestorben" (Or. 38,4). In diese Einheit ist sogleich auch die soteriologisch gewichtigere Christuseinheit eingebunden, so wenn etwa von den Leiden Christi gesagt wird, daß wir durch sie neugebildet sind, und zwar „nicht etwa nur der eine, der andere aber nicht, sondern alle, die am selben Adam teilnehmen und von der Schlange getäuscht und zu Tode gebracht und durch den himmlischen Adam wiederhergestellt und durch den Baum der Schande zum Baum des Lebens zurückgebracht worden sind, von welchem wir abgefallen waren" (Or. 33,9). Gelegentlich wird diese Adamseinheit noch bestimmter auch auf den einzelnen Menschen und Sünder bezogen, so daß es daraufhin von der Adamsbeziehung heißen kann: „Ich wurde getäuscht wie Adam durch den bösen Genuß. Der bittere Baum war schön anzusehen" (Carm. 2,1, 11, 960f). Deshalb kann es folgerichtig auch heißen: „Wehe meiner Schwäche! Denn meine ist die des Stammvaters" (Or. 38,12), und : Adams Tat ist „unsere Sünde" (Or. 19,13). Nach derselben Regel kann dann aber auch von der Christuseinheit des einzelnen gesagt werden: „Der Logos soll mich darum nicht halb retten, der ich ganz gelitten habe, noch soll Gott entehrt werden, als habe er mich nicht ganz angenommen" (Carm. 2,1, 11, 626ff). Eine sprachliche Verschärfung dieser Adamseinheit mit Bezug auf die Sünde findet sich dort, wo der einzelne oder die Gemeinschaft geradezu als Mittäter der Adamssünde bezeichnet werden, was etwa in Aussagen geschieht wie: „Das göttliche Ebenbild habe ich erhalten, aber nicht bewahrt" (Or. 45,9), oder: „Ich wurde getäuscht wie Adam durch den bösen Genuß" (Carm. 2,1,11, 960).

Diese Solidaritätsaussagen über die Adamseinheit der Menschheit sind so kompakt gehalten, aber mit ihrer biblischen und theologischen Verwurzelung auch so ernst gemeint, daß sie nicht auf eine „mentalité mythique"[46] zurückgeführt werden können, es sei denn, daß man die betreffenden Grundlagen bei Paulus und Irenäus ebenfalls im ganzen als mythisch abtut. Auch wenn man bezüglich mancher dieser Formulierungen konzedieren wird, daß Gregor die Verbindung zu Adam nur bildlich faßt und in seiner aszetischen Ausrichtung die individuellen Sünden recht drastisch (aber dann doch eben nur symbolisch) mit dem Unheil der Adamstat verbinden will, so kann man diese Aussagen insgesamt wegen ihrer theologisch-heilsgeschichtlichen Bedeutung doch nicht mit Hilfe eines Symbolismus erklären. Sie meinen eine Realität, die so bestimmt in Worte gefaßt ist, daß häufig der Eindruck entstehen könnte, der Nazianzener vertrete eine förmliche Teilhabe der ganzen Menschheit an der Sünde Adams, eine Interpretation, die ihn zum Vertreter einer Erbsündenlehre erheben würde.

Daß die Verbindung der Menschheit mit Adam und seiner Sünde eine durchaus reale ist, sollte nicht bestritten werden, auch wenn damit der spezifische Charakter dieser Solidarität noch nicht getroffen ist. Zunächst aber ist unbestreitbar, daß Adam als die Erstursache des Un-

[45] Zur Beziehung auf Irenäus vgl. *N. P. Williams,* The Ideas of the Fall and of Original Sin 291.
[46] Dies versucht *J. M. Szymusiak,* Grégoire de Nazianze 301.

heils in der Welt angesehen wird, von der aus wie von einem Quell eine Verschlechterung der Menschheit ausging, die sich nicht nur in katastrophalen Sündenfolgen manifestierte, sondern in dem Anwachsen der Sünde selbst. Was der Nazianzener über die Sturzflut des Bösen in der Folge der Sünde Adams schreibt, gleicht einer Wiedergabe der alttestamentlichen Unheilsgeschichte (Or. 38, 13) und läßt an dem Einsatzpunkt in Adam keinen Zweifel. Aber gerade das hervorleuchtende alttestamentliche Kolorit bietet Anlaß zur Vorsicht bei der Beantwortung der Frage, ob Gregor hier ein förmliches Übergehen der Sünde Adams auf die Menschheit und den einzelnen meine. Auch die starke Kennzeichnung der Ursünde als „Wurzel der Schlechtigkeit" (Or. 38, 13) oder als das vom Stammvater gesäte Unheil, das einen „Sprößling" hervortreibt (Carm. 1, 1, 8, 128), läßt darauf schließen, daß die Ursünde nicht nur rein chronologisch am Beginn der Ausbreitung des Unheils steht, sondern daß sie es in gewisser Hinsicht wirksam hervortreibt; denn eine Begründung der gegenwärtigen Unheilssituation, an der alle Menschen teilhaben, lautet: „Das macht der Baum und der bittere Geschmack und die neidische Schlange und der Ungehorsam, der uns verdammt hat, im Schweiße des Angesichtes zu leben (Gn 3, 19). Von da an bin ich nackt und häßlich ... Und ich bin zu einem endlosen Leid verurteilt für die kleine Lust und zu einem Krieg gegen den, der auf so schlimme Weise mein Freund wurde (nämlich der böse Feind) und mich durch den Genuß betrog. Das sind meine Strafen für die Schlechtigkeit" (Or. 19, 14). Indessen läßt diese Aussage doch auch erkennen, daß der nachadamitische Mensch und Sünder vor allem unter den Folgen der Adamstat zu leiden hat und nicht so sehr von Adams Sünde affiziert wird als vielmehr von den dafür verhängten göttlichen Strafen. So dürfte man im Hinblick auf solche Bekundungen durchaus die Annahme von Erbstrafen in der Konzeption Gregors vertreten, nicht aber das Inkurrieren der Adamssünde als solcher.

In bezug auf die im Gefolge der Adamstat in der Welt aufbrechenden Sünden der Menschen wird man dagegen die Meinung Gregors dahingehend interpretieren müssen, daß „die vielen Sünden" der Menschen die bösen Werke der Menschen sind. Aber es wäre verfehlt, sie aus dem Zusammenhang der Unheilsfolgen herauszunehmen und sie ohne Bezug zur Adamstat zu sehen. Das wird vor allem durch die ausgesprochene Überzeugung verhindert, nach der auch sie gleichsam „auf der Wurzel der Schlechtigkeit" sitzen. Freilich ist diese „Wurzel der Schlechtigkeit" schon dem Begriff nach nicht mit der dem Menschen eigenen Sünde zu identifizieren (und dann auch nicht als die weitergehende Adamssünde auszugeben). Sie geht ja den Einzelsünden voraus und bildet den Entstehungsgrund der letzteren. Deshalb wird man sie (in einem allgemeinen Verständnis) (wie oben) als die Unheilstat Adams am Anfang, d. h. als die Ursünde, verstehen dürfen, aber (in einem konkreten, am Wortbegriff haftenden Verständnis) vor allem als die im Menschen wirksame desintegrierende Kraft, die zwar nicht selbst Sünde ist, aber zur Sünde stimuliert und den Menschen die „beschwerliche Knechtschaft" aufzwingt. Sie ist identisch mit der Konkupiszenz, die Gregor auf „die Täuschung des Stammvaters und die sündhafte Verlockung der Mutter" zurückführt als auf den „Ursprung unserer Begierde" (Carm. 2, 1, 45, 99f). Da Gregor die Konkupiszenz nach seiner Seelenlehre nur an dem niederen Seelenteil haften lassen kann, sind solche Aussagen wie die vom „Sprößling des Unheils" und von Adam als dem „Ahnen unserer Schlechtigkeit" (Carm. 2, 1, 46, 39) im Verein mit Hebr 7, 9 (wo von dem Sein in den Lenden Abrahams die Rede ist) durchaus im Sinne einer Überleitung eines Defekts und damit einer „Erbübellehre" zu interpretieren[47].

[47] Dazu bietet auch Anlaß seine Bevorzugung der kreatianistischen These, welche eine Erzeugung der Seele durch die Eltern ausschließt, nicht aber einen zur niederen Seele gehörenden Mangel; vgl. *H. Althaus*, aaO. 98ff.

Bei Gregor von Nazianz aber läßt sich noch eine andere Verbindung zwischen der allgemeinen Sündhaftigkeit der Menschen und der Sünde Adams nachweisen, die über den Charakter einer bloß initialen Wirkung der Ursünde auf das Entstehen der „vielen Sünden" hinausgeht. Die starke Betonung des repräsentativen Charakters Adams und seiner Tat, von der zuvor eine nur symbolische oder gar poetische Deutung abgewiesen wurde, ist bei genauerem Hinblick durch ein ontologisches Moment begründet. Es liegt in dem prototypischen Charakter der Ursünde, in der von Basilius so bezeichneten πρωτότυπος ἁμαρτία, die auch den Nazianzener beeinflußt, obwohl er den Ausdruck nicht zitiert. Ein solches prototypisches Verständnis der Sünde, das unstreitig den platonischen Teilhabegedanken zur Grundlage hat, erlaubt es, hier auch das Verhältnis von Urbild und Abbild angelegt zu sehen. Im Lichte dieser Bezeichnung gewinnen die Aussagen über die Adamssünde als „unsere erste Sünde" und als „meine Schwäche" eine neue Relevanz. Sie drücken dann nicht nur die Wesensgleichheit jeder Sünde mit der am fernen Ursprung liegenden Adamssünde aus, sondern bekunden eine innere Anteilhabe an jener Sünde. Diese an der Urbild-Abbild-Relation hängende Anteilhabe wird noch durch einen anderen Begriff bekräftigt, der innerhalb dieser platonischen Denkstruktur ebenfalls seine Stelle hat. Es ist der Begriff des μίμημα, der Nachahmung, der eine objektive Entsprechung zwischen dem Urbild und dem Abbild besagt[48]. Wenn deshalb die Sünde des Menschen ein Abbild und eine Nachahmung der Sünde Adams ist, dann ist ein ontischer Sachverhalt gemeint, der unabhängig vom Wissen und Willen des Täters Geltung hat. Auf diesem Wege kommt es geradezu zu einem seinshaften Kontakt zwischen der menschlichen Sünde und der Sünde Adams. Damit verliert die Ursünde ihren rein historischen Charakter als Initialursache der Unheilsentwicklung in der Schöpfung. Sie empfängt so nicht nur eine wirkursächliche Kausalität, die auch in der Weise einer „Fernwirkung" zu verstehen wäre; sie wirkt vielmehr auch vermöge ihrer Exemplarursächlichkeit gleichsam per contactum in die Einzelsünde des Menschen hinein, drückt sich in ihr ab und findet dort ihre objektive Nachahmung[49]. Allerdings trifft Gregor damit noch nicht ins Zentrum der späteren „Erbsündenlehre".

Auch in der Auffassung von der Kindertaufe erweist sich Gregor nicht als Gegner einer universalen Sündenvorstellung. In der Rede über die Taufe (Or. 40, 23) kommt Gregor bei der Besprechung der verschiedenen menschlichen Einstellungen zum Taufempfang (die einen realistischen Einblick in die damalige Gemeindesituation gewährt) auch auf die Kinder zu sprechen, die „wegen ihrer Kindheit... die Gnadengabe nicht empfangen können". Von diesen sagt Gregor (im Unterschied zu jenen zwei voranstehenden Gruppen, welche die Taufe schuldhaft ablehnen): Sie „werden weder verherrlicht noch bestraft werden von dem gerechten Richter, weil sie zwar unbesiegelt, aber schuldlos sind und den Verlust mehr erlitten als bewirkt haben". Die Bezeichnung der Kinder als „schuldlos" (ἀπόνηρος) wird von einer Richtung der Interpreten als Beweis für eine Freiheit der Kinder von persönlichen Sünden genommen, wobei an eine andere Sündenverhaftung nicht gedacht wäre, so daß bei Kindern kein Gegensatz zu einer Erbsünde festgestellt würde[50]. In einer anderen Interpretation wird das ἀπόνηρος als Freiheit von jeder Sünde gedeutet, so daß daraus ein direkter Widerspruch zur Erbsündenlehre abgeleitet werden kann[51]. Nur läßt sich rein

[48] So gebraucht Gregor von Nazianz εἰκών und μίμημα gelegentlich synonym (Or. 30, 20); vgl. zum griechischen Wortgebrauch ThW IV 661 ff *(W. Michaelis); Fr. Normann,* Teilhabe 207–215.

[49] Freilich resultiert für eine systematische Betrachtung aus dem Teilhabegedanken nicht direkt die Existenz der causa exemplaris, also der Ursünde, im Menschen und vor dessen persönlicher Sünde. Aber daß der Gedanke der Teilhabe an Adam auch für diese Weiterentwicklung offen ist, kann nicht bestritten werden.

[50] Zur Kindertaufe vgl. die Texte bei *J. C. Didier,* Le baptême des enfants 32–35.

[51] So *J. Gross,* Entstehungsgeschichte I 147; in etwa auch *H. Althaus,* aaO. 105 (nachfolgend aber doch offener bei der Gesamtbeurteilung der Erbsündenauffassung Gregors). Eine dritte Version legt *J. Plagnieux,* S. Grégoire de Nazianze 257, vor, wenn er das ἀπόνηρος nur auf die spezielle Schuld

hermeneutisch ein Widerspruch nicht konstruieren, wenn zuvor festgestellt ist, daß Gregor noch vor dem Zentrum der Erbsündenlehre steht, es gerade deshalb aber nicht leugnen kann.

Immerhin zeigt der Ausschluß der ungetauften Kinder von der Herrlichkeit und ihre Einweisung in einen Zwischenzustand[52], daß auch nach Gregors Auffassung den Unmündigen ein Mangel anhaftet, der von der Taufe behoben wird. Diesen Mangel in der Konkupiszenz sehen zu wollen wäre zwar in einer „Systematik", die man an die Gedanken Gregors heranbringt, möglich. Aber er selbst hat so systematisch nicht gedacht. Nicht nur, daß er an dieser Stelle der Konkupiszenz keinerlei Erwähnung tut, auch sonst tritt bei ihm die Tilgung der Konkupiszenz allein nicht als Wirkung der Taufe in Erscheinung, auch wenn gelegentlich gesagt wird, daß die „Gnade und Kraft der Taufe" darin bestehe, „daß sie einem jeden Reinigung von seiner Sünde und völlige Abwaschung der von der Schlechtigkeit stammenden Makel und Flecken bringt" (Or. 40,7). Aber beim Erwachsenen (von dem das letzte gilt) bleibt sogar die Quelle, aus der jene Übel hervorkamen (Carm. 2, 1, 12, 448), existent. Die Tatsache, daß jede Taufe „in remissionem peccatorum"[53] gespendet wird, kann nicht dadurch geschmälert werden, daß Gregor bei seinem sichtlichen Bemühen um die Schuldloserklärung der Kinder ihnen eine andere Taufwirkung zuerkennt als den Erwachsenen: diese empfangen die Sündentilgung und das Siegel, jene nur das Siegel, d. h. (im Sinne Gregors) das Zeichen der Zugehörigkeit zu Christus.

Man kann nicht bezweifeln, daß Gregor bezüglich der Kindertaufe tatsächlich so spricht. Aber man kann diese seine Meinung nicht als in sich konkludent hinstellen, um aus dieser angeblich klaren und geschlossenen theologischen Auffassung die Richtigkeit seiner Auffassung von der Sündenfreiheit der Kinder zu bestätigen und in weiterer Konsequenz den strikten Gegensatz zu einer vorpersonalen Schuld abzuleiten. Man muß vielmehr bei der Beurteilung dieser Aussagen zugeben, daß Gregor in diesem Punkt zu keiner restlosen Klarheit gekommen ist. D. h. zunächst, daß man die von ihm vorgenommene Differenzierung zwischen Sündentilgung und Besiegelung nicht als adäquate Scheidung anerkennen kann. Man kann darüber hinaus sagen, daß er sich selbst an eine solche Trennung der Taufwirkung nicht hält; denn seine bezüglich der Kinder gemachte Aussage: „es ist besser, unbewußt geheiligt zu werden als unbesiegelt und uneingeweiht von hinnen zu scheiden" (Or. 40, 28) beweist doch, daß mit der Besiegelung die Heiligung und Begnadung verbunden ist. Wenn man nicht postulieren will, daß Gregor für den Menschen einen „neutralen" Zustand zwischen Sünde und Gnade annahm, was seiner Gesamtauffassung von der Heilsordnung widerspräche, wenn man ferner die sonst von ihm benannten Taufwirkungen erwägt (Wiedergeburt, Neuschöpfung, Wiederannahme des ersten Adam, Ablegen der Finsternis: Or. 39, 2), so wird man schließen dürfen, daß der Taufe auch nach seinen Voraussetzungen niemals die Wirkung der Sündentilgung abgesprochen werden kann und daß er es in der Problematik der Kindertaufe nur an der notwendigen Konsequenz fehlen läßt. Diese Inkonsequenz beweist sich auch darin, daß Gregor bei Lebensgefahr der Unmündigen auf eine Spendung des Sakramentes drängt, damit in ihnen „nicht die Bosheit Raum gewinne" (Or. 40, 17). Er hält also an der Heilsnotwendigkeit des Sakramentes auch für die Un-

---

bezieht, die durch die Vernachlässigung der Taufe entsteht. Diese Auffassung wäre im Kontext zwar nicht ohne jeden Anhalt, sie wäre aber wohl in bezug auf den Skopus des Ganzen unbegründet, der auf einen (wenn auch maßvollen) Verlust der Kinder zielt. Dieser Verlust kann nicht von dem Versäumnis des Taufempfangs abhängig gemacht werden, sondern muß mit dem objektiven Ausfall der Taufe selbst in Zusammenhang gebracht werden. Das weist schließlich doch auf einen Mangel hin, der auch den Kindern anhaftet und der, wenn durch die Taufe nicht behoben, die Kinder von der Herrlichkeit ausschließt.

[52] Nach *J. Daniélou,* Le traité 170, spiegelt sich hier die allgemeine Auffassung der voraugustinischen Epoche über den Zustand der ungetauft sterbenden Kinder wider.

[53] Diese zu Lebzeiten Gregors vom Symbolum Constantinopolitanum (381) sanktionierte Formel: „Confiteor unum baptisma in remissionem peccatorum" (DS 150) bestätigt diese Grundauffassung von der Taufwirkung; vgl. *A. M. Ritter,* Das Konzil von Konstantinopel und sein Symbol 208. Die Einrede, daß nach Auffassung Gregors diese Wirkung nicht eintritt, weil sich der Täufling nicht bekehrt, besagt keine sachliche Ausnahme; vgl. auch *A. Stenzel,* Die Taufe 141 224.

mündigen fest. Das ist aber theologisch nur dann begründet, wenn die Kinder im Unheil sind. Selbst wenn man Gregor das legitime Bemühen zubilligt (von dem die Theologie auch in der Folgezeit ständig getrieben war), das Schicksal der ungetauft sterbenden Kinder nicht einfach dem Geschick der Sünder (die mit der persönlichen Sünde auch an der Ursünde teilhaben) gleichzustellen, so liegt es an der inneren „Logik" der Heilswahrheiten, daß bei diesem Bemühen ein bestimmter sündhafter Mangel von den Kindern nicht ferngehalten werden kann. Sonst ist auch ihre Einweisung in einen mittleren Stand zwischen Verwerfung und Beseligung (der ja immerhin den Ausschluß von der Herrlichkeit des Himmels beinhaltet) nicht gerechtfertigt. Schließlich findet sich bei Gregor von Nazianz auch der aus mariologischen Zusammenhängen erhobene Gedanke, daß die Geburt des Logos aus der Jungfrau zu preisen sei, weil die Menschen dadurch von „den Fesseln der Geburt" befreit wurden (Or. 38, 17). Der hier anklingende Bezug zur Bedeutung der geschlechtlichen Erzeugung im Zusammenhang mit der Sünde erscheint in der Aussage noch verdeutlicht: „Niemand ist von Sünden frei, wenn er auf natürlichem Wege gezeugt worden ist" (Or. 14, 30). Gleichwohl besitzt dieser Gedanke bei dem Nazianzener keine tragende Bedeutung; er ist auch nicht so stark formuliert wie etwa zur gleichen Zeit bei dem Alexandriner Didymus dem Blinden.

Abschließend wird man feststellen dürfen: Der theologische Versuch Gregors, die Kinder für „unschuldig" zu erklären, fügt sich durchaus in die schon verhältnismäßig stabile Ordnung seiner Gedanken über die Adamssünde, ihre universalen Folgen und die Allgemeinheit des Sündigens in der Menschenwelt ein; denn tatsächlich paßt ein Sündigsein der Unmündigen nicht in eine gedankliche Ordnung hinein, in welcher die Ursünde erst durch die persönliche Sünde „übertragen" wird. Von einem solchen Konzept der Hamartiologie ist zu ersehen, daß es nicht beziehungslos zum eigentlichen „Erbsündengedanken" steht, auch wenn es ihn nicht vollständig erreicht.

So läßt sich fragen, ob diese strengere Formierung und Zielausrichtung der Elemente unmittelbar nach Gregor von Nazianz unternommen und geleistet worden sei. Es scheint, daß durch den spekulativsten Kopf der Kappadozier, *Gregor von Nyssa* († 394), den jüngeren Bruder des Basilius, das zentrale Anliegen doch näherrückte und dies nicht zuletzt unter dem Einfluß der philosophischen Gedanken, mit denen der Nyssener die theologische Erklärung stützte. Die daraus resultierenden Spannungen oder gar Widersprüche seines theologischen Gesamtwerkes ließen freilich die Frage aufkommen, ob er im Sinne seiner Vorgänger überhaupt als heilsgeschichtlich denkender Theologe zu betrachten sei oder nicht eher als spekulativer Denker mit einer stark existentiell-geistlichen Ausrichtung. Selbst diejenigen, die für die zweite Alternative optieren, können jedoch nicht bestreiten, daß er ein außergewöhnliches Interesse an den Anfängen der Menschheits- und Heilsgeschichte bezeigt (welche Dimensionen faktisch für ihn zusammenfallen), was sich aus dem platonischen Gedanken erklärt, daß der Anfang prototypisch für das Ganze ist und daß in der göttlichen Ordnung das Vollkommene am Anfang stehen muß mit der Konsequenz, daß auch das Ende einer zeitlichen Entwicklung nur wieder die Vollkommenheit des Anfangs erreichen kann. Verständlicherweise führt dieser philosophisch-theologische Ansatz, der zuletzt seine Wurzel in einem Verständnis von einem zeitlos-vollkommenen Schöpfer hat, der in seiner Schöpfung keinerlei Unvollkommenheit setzen kann, auch zu einer höchst idealen Auffassung von der Schöpfung wie auch vom Urstand des Menschen. In seiner Bestimmung und Schilderung geht der Nyssener weit über die gemäßigte Deutung Gregors von Nazianz hinaus, die dieser aus Gründen der göttlichen Pädagogik einzuhalten gewillt war.

Nur muß sich die Interpretation der Urstandslehre des Nysseners zunächst mit dem vorausliegenden Problem der „doppelten Erschaffung“[54] des Menschen befassen, die man gelegentlich als „höchst merkwürdige Idee“[55] bezeichnet hat. Von der Lösung dieses Problems hängt es nämlich ab, ob man die Aussagen des Nysseners überhaupt als Realbestimmung eines wirklichen Standes des Menschen verstehen darf oder ob man sie im Sinne einer anthropologischen Aussage über das Doppelwesen des Menschen ansehen soll, das „zwischen zwei äußersten Extremen ... in der Mitte ist, nämlich zwischen der göttlichen und unkörperlichen Natur und dem vernunftlosen und tierischen Leben“ (Opif. 16). Auch das Schwanken des Nysseners zwischen dem Literalsinn und der allegorischen Deutung verlangt hier eine vorausgehende Festlegung, bei der auch eine gewisse Wandlung der Vorstellungen Gregors zu berücksichtigen ist.

In seinem frühen Werk „De hominis opificio“ entwickelt Gregor von Nyssa (in cc. 16–18) eine ausführliche spekulative Theorie über den Urstand, in der die historische Deutung der biblischen Aussagen zurücktritt (während im kurz danach entstandenen „Hexaëmeron“ die allegorische Interpretation abgelehnt wird). Für das spekulative Konzept ist eine inhaltliche Zweiteilung des Verses Gn 1,27 folgenreich, insofern Gregor allein den ersten Versteil („Gott machte den Menschen, nach dem Bilde Gottes machte er ihn“) auf den Menschen (nicht schon auf „Adam“) als das vollkommene Abbild Gottes bezieht, während er den zweiten Teil („als männlich und weiblich machte er sie“) auf einen menschlichen Zustand bezieht, der keine Ähnlichkeit zu Gott mehr besitzt (weil es in Gott keine geschlechtliche Unterscheidung gibt, ein Gedanke, der faktisch eine Minderbewertung des Geschlechtlichen wie des Leiblichen in sich schließt). An diesen ersten Zustand knüpft Gregor die Theorie von der geistig-pleromatischen Gesamtnatur der Menschheit an, die zweifelsohne origenistischer Herkunft ist, auch wenn sie mit der (von Gregor anderseits abgelehnten) Präexistenzlehre des Origenes nicht zusammenfällt. „Durch diese gesamtheitliche Nennung der Natur sind wir... zu der Annahme geführt, daß durch das göttliche Vorherwissen und die göttliche Macht die ganze Menschheit bei der ersten Schöpfung umfaßt wurde“ (Opif. 16).

Diese mit dem Begriff des „Gattungsrealismus“ bezeichnete Grundauffassung des Nysseners, die sich auch in den späten Werken findet, meint eine reale Einheit, eine Totalität und Kontinuität der ganzen Menschheit, welche auch für das Geschick der Menschenwelt im Unheil wie im Heil von Belang ist. Sie entfaltet auch theologiegeschichtlich eine gewisse Wirksamkeit[56].

Nach dieser Erklärung ist auch nur die ganze Menschheit, die Universalnatur, ein gottähnliches Wesen (eine Auffassung, die Gregor später nicht mehr urgiert[57]). Diese Einheit (unter Einbeziehung der bestimmten Vollzahl der Individuen, die also mitgemeint sind) hat ihren Grund in der Teilnahme an demselben Geiste. Ihre Nichtidentität mit den Protoplasten der Menschheit kommt in präziser Weise in dem Satz zum Ausdruck: „Das Bild Gottes, das in der ganzen Menschennatur in Erscheinung tritt, war vollendet. Adam aber war noch nicht geworden“ (Opif. 22). Obgleich die Frage bleibt, ob diese „erste Schöpfung“ ein zeitlich vorausgehender

---

[54] Vgl. zum folgenden *P. Zemp,* Die Grundlagen des heilsgeschichtlichen Denkens 137ff, der auch über den Fragestand und die Divergenzen in der Deutung dieser Lehre Gregors informiert. *E. v. Ivánka* führt dieses Schema auf den Einfluß des Origenes zurück und kennzeichnet das andere heilsrealistische Schema mit Recht als irenäisch: Hellenisches und Christliches (W 1948) 60ff. – Ed. *W. Jaeger – H. Langerbeck,* Lei 1921ff (kritische Ed. aller Schriften). PG 44–46.

[55] So *J. Rupp,* Gregors, des Bischofs von Nyssa Leben und Meinungen 175; vgl. auch *P. Zemp,* aaO. 145.

[56] Der Begriff des „Gattungsrealismus“ wird freilich vielfach nicht als treffend erachtet (vgl. *A. Lieske,* Die Theologie der Christusmystik 317–331; *J. B. Schoemann,* Gregors von Nyssa 39–41), weil die platonische Abkunft des Gedankens nicht sicher erscheint (vgl. *J. Laplace:* SourcesChr 6, 48–52). Während *R. Leys,* L'image de Dieu 79, für den Platonismus optiert, leitet *H. U. v. Balthasar* den Gedanken vom Universalen der Stoa ab: Presence et Pensée 27. Auf den paulinischen Wurzelgrund weist *J. Laplace* hin. Auch wenn die begriffliche Fassung Schwierigkeiten bereitet, dürfte an dem Realismus dieser Vorstellung bei Gregor kein Zweifel sein; vgl. auch *P. Zemp,* aaO. 148f.

[57] Vgl. *W. Völker,* Gregor von Nyssa als Mystiker 73.

Zustand war oder nicht besser als zeitlos ideale Konkretion der göttlichen Schöpfungsidee verstanden werden muß, so ist sie jedenfalls von der Erschaffung Adams unterschieden. Dessen Erschaffung in der Leiblichkeit und in der „tierischen" Art der Fortpflanzung erfolgte im Hinblick auf die vorausgesehene Sünde; sie verwirklicht nur einen defizienten Modus der pleromatischen Natur, bei dem auch die Gottebenbildlichkeit nicht mehr ungebrochen vorhanden ist. Freilich ist diese philonisch-origenistische Auffassung von der Ersterschaffung des Menschen bei Gregor nicht die vorherrschende[58]. Die realistische Deutung, die sich schon in den cc. 1–15 von „De hominis opificio" findet, verläuft auf einer normaleren Bahn, ohne jedoch die Residuen der spiritualistischen Deutung ganz aufzugeben, die im Hintergrund immer wieder aufscheint, und sei es auch nur in der Form des Gedankens von der Einheit der Menschheit in der geistigen, geradezu engelgleichen Natur[59]. Nach dieser heilshaft-realistischen Interpretation, die in der positiv-dogmatisch ausgerichteten „Oratio catechetica magna" am eindeutigsten vertreten wird, sollten die Reichtümer der göttlichen Herrlichkeit „nicht ungenützt bleiben" (5,2). Darum trat der Mensch ins Dasein, „damit er an den Gütern Gottes Anteil habe". Dazu gehörte eine entsprechende Disposition und Ausstattung. So mußte der Mensch „zur Verwandtschaft mit dem erhoben werden, an dem teilzunehmen er bestimmt war". Zur Fülle der Gaben, die nicht in „natürliche" und „gnadenhafte" unterschieden werden, gehört vor allem (in Verwandtschaft zur göttlichen Ewigkeit) die Unsterblichkeit. Den Inbegriff dieser Gaben, unter denen die Willensfreiheit besonders hervorgehoben erscheint, sieht Gregor in der Gottebenbildlichkeit (Gn 1,26f), an der er keinen realen Unterschied hervorhebt, wohl aber eine dynamische Erstreckung feststellt, nach welcher sich „die Ähnlichkeit... bis zur Ebenbildlichkeit erhebt"[60]. Hier wird jede platonische Verdächtigung des Leiblichen und Geschlechtlichen vermieden und das Leibliche bezeichnenderweise auch als von der Gnade erhoben dargestellt: „Und durch seinen eigenen Anhauch pflanzte er dem Gebilde das Leben ein, damit durch das Göttliche zugleich das Erdhafte miterhoben werde und gleichmäßig eine einzige Gnade die ganze Schöpfung durchdringe infolge der Vermischung der niederen Natur mit der überweltlichen" (6,1). Offensichtlich wird hier auch der paradiesische Zustand vornehmlich geistig verstanden und einer naturhaft-wunderbaren Deutung entzogen.

Trotzdem wird sein geistiger Reichtum nachdrücklicher hervorgekehrt als in den sparsamen Linien Gregors von Nazianz. Das zeigt etwa die zusammenfassende Schilderung: „Durch göttlichen Segen war der Mensch stark gemacht; er war erhaben an Würde, denn er hatte den Auftrag, über die Erde und alles auf ihr zu herrschen; er war schön von Gestalt, denn er war ein Abbild der Urschönheit geworden; er war von Natur leidensunfähig, denn er war ein Nachbild des Leidenslosen; er war voller Vertrautheit im Vollgenuß der Erscheinung des göttlichen Angesichts" (6,3). Diese geistig-verinnerlichte Schau läßt schon hier an eine unirdische Bestimmung des „Paradiesorts" denken, die der Nyssener im „Hexaëmeron" mit dem Hinweis auf 2 Kor 12,2 (die Entrückung in den „dritten Himmel") in die geistige Welt über dem Kosmos verlegt (wohl wiederum in Anlehnung an die geistig-pleromatische Vorstellung vom ursprünglichen Menschen: Hexaëm., Sp. 120).

Dem entspricht die an anderer Stelle gegebene Bestimmung der Sündenfolge mit dem Ausdruck: „Adam und Eva... fielen vom Paradies zur Erde hinab" (In XV martyres I), eine Beschreibung, in der sich wiederum der Einfluß der geistig-pleromati-

---

[58] *P. Zemp* spricht hier von „zwei protologischen Vorstellungsschemen, die nicht zur Deckung zu bringen sind": aaO. 155ff. Zur nicht einheitlichen Interpretation vgl. *J. Laplace:* SourcesChr 6, 49f; *H. U. v. Balthasar,* aaO. 52; *S. González,* El realismo 192f.

[59] Eine gewisse Verbindung beider Schemata findet sich in dem vom platonischen Denken besonders beeinflußten Dialog „De anima et resurrectione"; vgl. *M. Pellegrino,* Il platonisme di san Gregorio Nisseno: RFN 30 (1938) 437–474.

[60] Daß aber eine Unterscheidung von schöpfungsgemäßen Gaben und höheren gottverwandten Ausstattungen des Menschen Gregor nicht unbekannt ist, zeigt das Vorhandensein einer doppelten Gruppe von gottähnlichen Eigenschaften, von denen die einen (wie etwa die μακαριότης) den Menschen nicht mehr zukommen, die anderen (wie νοῦς, λόγος, ἀγάπη) dagegen bleiben: Opif. 7.

schen Auffassung bemerkbar macht. In der „Großen Katechese" steht dafür das Bild der Bekleidung mit Fellen (Gn 3, 21), die aber, geistig verstanden, die Verdeckung der Unsterblichkeit „mit der Sterblichkeit der Natur der unvernünftigen Tiere" (8, 1) meint[61]. Damit will Gregor auch ausdrücken, daß die Gottebenbildlichkeit nicht gänzlich verlorenging. Die „Umkleidung" mit der tierischen Sterblichkeit geschah so, daß sie „nur den sinnlichen Teil berührt, ohne das göttliche Ebenbild selbst zu verletzen" (8, 1). Das besagt aber für Gregor keineswegs ein Unversehrtbleiben des Geistes durch die eingetretene Sünde, deren Möglichkeit mit der Willensfreiheit und der dem Menschen überlegenen Macht des Widersachers gegeben war. Die Folgen der Sünde sind aus einer geradezu exakten Entsprechung des Gegensatzes entwickelt: weil die geistige Natur in der „Entscheidung über das Gute in die Irre geführt wurde", verschuldete „dieser Irrtum hinsichtlich des Guten die Veränderung des ursprünglichen Zustandes in das Gegenteil" (8, 2). Ausführlicher heißt es in ähnlichem Zusammenhang: „Das Gegenteil aber von Leben ist der Tod, von der Kraft die Schwäche, von Segen der Fluch, von der Zuversicht die Scham..." (6, 3).

In diesem Lichte sind dann die starken Aussagen des Nysseners über die Ausbreitung der Sünde zu betrachten, welche geradezu eine „Erbsündenlehre" auszudrücken scheinen. „So wurde die durch den Neid eingetretene Neigung zum Bösen zum Weg aller nach ihr sich zeigenden Übel", in einem von Adam ausgehenden Prozeß, der „bis zur äußersten Grenze der Schlechtigkeit" reichte (Orat. Catech. 6, 3), an der sich freilich nach dem Plane Gottes auch die Heilung ereignen sollte, die auf diese Weise die ganze, vollentwickelte Krankheit ergreifen konnte (Orat. Catech. 29, 1). Darum kann Gregor im Dialog „De anima et resurrectione" sagen: „Zähle mir alle dazwischenliegenden Generationen von Menschen auf, vom ersten Eintritt der Übel bis zu ihrer Auflösung; und wieviele Zehntausende von Menschen mögen es in jeder Generation sein! Es ist unmöglich, mit einer Zahl diese Menge zu erfassen, auf die sich das Böse ausbreitete. Und der üble Reichtum des Verderbens wurde, aufgeteilt auf jeden einzelnen, durch jeden einzelnen noch größer; und es breitete sich das Böse, durch die immer neu hinzukommenden Generationen sich ergießend, mit großer Fruchtbarkeit grenzenlos aus, bis das Böse, zu seinem Höhepunkt gelangt, die ganze Menschennatur beherrschte" (Resur. I 9, 283). In einem anderen Text wird diese Auffassung wörtlich mit dem ἀκολουθεία-Prinzip[62] begründet: „Da der erste Mensch durch die Sünde zur Erde erniedrigt wurde, war es notwendig und folgerichtig, daß entsprechend diesem alle jene erdhaft wurden, die von ihm kamen, und daß alle sterblich waren, die aus einem solchen hervorwuchsen." Und noch deutlicher auf den Modus des Übergreifens der Sünde vermittels der Geschlechterfolge eingehend: „So ergoß sich das Böse von einem auf die Menge durch die Folgen der Nachkommen" (Quando sibi subjecerit, Sp. 1312).

Man kann kaum daran zweifeln, daß der Nyssener in solchen Aussagen an die Übertragung des ganzen Unheilszustandes Adams auf die Menschen vermittels der Geschlechterfolge denkt. Darum ist auch seine Frage an den einzelnen folgerichtig:

---

[61] Die Problematik der zutreffenden Interpretation Gregors zeigt sich auch an der Deutung dieser subtilen Einzelheit der Umkleidung mit Tierfellen, welches Motiv gelegentlich schon auf seinen paradiesischen (aber bereits geschlechtsdifferenzierten) Zustand bezogen wird; so *J. Daniélou*, Platonisme 56; *F. Hilt*, Des hl. Gregor von Nyssa Lehre 56 f; dagegen mit einsichtiger Begründung *P. Zemp*, aaO. 164.

[62] Zum Prinzip der ἀκολουθεία vgl. *P. Zemp*, aaO. 168; *J. Daniélou*, „Akolouthia" 233 f.

„Wo ist die Gottähnlichkeit in der Seele, wo das Freisein von Leiden für den Leib, wo die Unsterblichkeit des Lebens?“ (Orat. Catech. 5, 3)

Was aber das Durchgreifen der Sünde auf den einzelnen angeht, so verdient (auch im Hinblick auf spätere Entwicklungen im Abendland) die Tatsache Erwähnung, daß der Nyssener „Sterben“ und „Tod“ in einem integraleren und umfassenderen Sinn versteht, zu dem auch „der Tod der Seele“, d. i. die Sünde, hinzugehört[63]; denn „wie wir bezüglich des Leibes dessen Trennung vom sinnlichen Leben allgemein Tod nennen, so geben wir bezüglich der Seele der Trennung derselben vom wahren Leben den nämlichen Namen“. Darum haften auch an der Seele „Sündenflecken, welche getilgt werden müssen“ (Orat. Catech. 8, 2). Darum handelt es sich bei dem Durchgreifen der Adamssünde nicht nur um das Weitergehen bestimmter Übel oder Sündenfolgen, sondern um das Eingehen der Sünde selbst ins Innere des Menschen.

Freilich scheint dieser Auffassung, die sich der Wahrheit von einer dem einzelnen anhaftenden Schuldbelastung durch die Ursünde nähert, ein sonst in der Lehre Gregors stark verankertes Moment zu widersprechen: es ist die Betonung der Entscheidung des freien Willens beim Inkurrieren der Sünde. So verfehlt er z. B. nicht, im gleichen Zusammenhang, in dem er von der geradezu notwendigen Ausbreitung des Bösen in der ἀκολουθεία κακῶν spricht, auch die Freiheit der menschlichen Selbstbestimmung für Gut und Böse zu betonen: „Das Böse sproßt irgendwie aus unserem Inneren hervor, indem es durch die freie Entscheidung unseres Willens entsteht, sobald ein Abgehen unserer Seele von dem Guten stattfindet“ (Orat. Catech. 5, 4). Es ist „das Merkmal des Selbstbestimmungsrechtes“, „den Gegenstand des Wollens frei zu wählen“, so daß schließlich nicht Gott, sondern die eigene Unüberlegtheit die Ursache des gegenwärtigen Übels ist. Diese aus der Hochschätzung der Willensfreiheit kommende Überzeugung, die Gregor bezeichnenderweise auch bezüglich des gefallenen Menschen festhält, führt natürlich die Frage herauf, ob Gregor damit eine vor- und überpersönliche Sünde verbinden kann oder ob ihm damit nicht ein Widerspruch zugemutet wird.

Das wird man auch bezüglich der Möglichkeit einer von Gregor vertretenen „Erbsündenauffassung“ zu beachten haben und sie entsprechend als Möglichkeit vertreten können, ohne sie als eindeutige Gegebenheit auszugeben. Tatsächlich weisen manche Aussagen des Nysseners in diese Richtung. Die platonisch-stoische Idee von der Gattungseinheit der Menschheit, der Gedanke vom gesetzmäßigen Wachstum aller Ursprünge bis zur räumlich-zeitlichen Vollendung und die Betonung des Generationszusammenhangs: dies alles als Voraussetzung für die die Menschheit innerlich ergreifende Erlösungstat Jesu Christi und für die Rückkehr der Menschenwelt in den paradiesischen Urstand gesehen, bietet den Anblick eines Netzes von Gedankenlinien dar, die eine starke Konvergenz auf einen Einheitspunkt hin zeigen, den die Wahrheit von der überkommenen Adamssünde bildet. Diese Konvergenz erscheint noch stärker ausgebildet als bei Gregor von Nazianz, dessen μίμησις-Gedanke für die Erkenntnis einer Erbsünde weniger wirksam ist als der ἀκολουθεία-Gedanke beim Nyssener. So kann man verstehen, wenn gelegentlich gesagt wurde, daß es beim Bischof von Nyssa eine ganze Reihe von Texten gibt, „welche die Erbsünde im klassischen Sinne des Wortes zu behaupten scheinen“[64].

Man muß das Urteil freilich dahingehend einschränken, daß Gregor selbst diese letzte Konsequenz denkerisch wie begrifflich nicht gezogen hat. So bleiben manche seiner Aussagen über das Anwachsen der Sünde auch einer Deutung zugänglich, in welcher der Kontakt mit der Adamssünde nur über die vielen Sünden der Geschichte vermittelt wird. Aber auch bei Heranführung eines solchen Deuteschemas kann man nicht mehr von einer bloßen Erbübel- oder Erbstraflehre sprechen. Vor allem, wenn man auf der positiven Heilsseite das Anwachsen der Gnade und die Ausbreitung der Erlösungstat Christi beachtet, wird man in der logischen Kraft dieser Antiparallele den Ausblick auf die Annahme einer inneren Sündigkeit der Menschen

[63] Vgl. dazu *M.-B. von Stritzky*, Zum Problem der Erkenntnis 61.

[64] So *J. Gaïth*, La conception de la liberté 11; dagegen wendet sich entschieden *J. Gross*, aaO. I 155.

kraft der Ursünde offenhalten müssen. So versieht Gregor in der „Großen Katechese" das paulinische „Wie in Adam alle sterben, so werden in Christus alle zum Leben erweckt werden" (1 Kor 15,22) mit der Erklärung: „Wie aber der Anfang des Todes von dem einen aus die ganze Menschennatur durchlief, erstreckt sich auch auf diese Weise der Anfang der Auferstehung durch den einen auf die ganze Menschheit... So nimmt der Anfang notwendig seinen guten Fortgang bis zum Ende" (Orat. Catech. 16,3). Auf jeder Seite der Heilsgeschichte handelt es sich, was wohl zu beachten ist, um einen Fortgang oder um ein Weitergehen „des Anfangs".

Was in Sonderheit die Bedeutung des Geschlechtszusammenhangs betrifft, dessen Betonung immer ein Indiz für die Herstellung eines wesentlichen Zusammenhanges mit Adam und damit für einen Übergang der Sünde abgibt, so ist auf eine Einzelheit hinzuweisen, die an sich nur beiläufigen Charakter zu haben scheint, aber im Problemzusammenhang doch eine besondere Bedeutung gewinnt. In seiner aszetischen Lehre, in der das Ideal des jungfräulichen Lebens eine hohe Stelle einnimmt, bekundet Gregor die Überzeugung von einem besonderen Wert der christlichen Jungfräulichkeit innerhalb der Heilsökonomie. Er ist der Meinung, daß die christliche Jungfräulichkeit insofern eine besondere Bedeutung in der Geschichte des Heils gewinnt, als sie die unheilvolle Sequenz der Verderbnis und des Sterbens durchbricht (das auch hier nicht nur als leibliches Sterben verstanden werden kann). Wo keine Zeugung geschieht, ist die ἀκολουθεία der Sünde außer Kraft gesetzt (Virg. 8, 1). So bekommt sie ihre Wirksamkeit eben nur vermittels der Zeugung. Dieser Gedanke mag modernem Glaubensdenken (wegen der möglichen Geringschätzung der Ehe, die Gregor nicht intendiert) fremd erscheinen. Im Problemkreis der Erbsünde ist er aber ein genauso bedeutsames Indiz für das Vorhandensein einer (sei es auch noch vagen) Vorstellung von einem Übertragen der Sünde wie auf der Gegenseite der zu dieser Zeit (etwa bei Gregor von Nazianz) auftauchende Hinweis auf die Sündenfreiheit Jesu vermittels der jungfräulichen Empfängnis.

Diese Offenheit läßt sich auch an den Aussagen Gregors über die Taufe und die Kindertaufe erweisen, die mit dem vierten Jahrhundert immer mehr in den Bereich der Erbsündenproblematik einbezogen wird. Unstreitig ist für Gregor die Taufe das wirksame Zeichen der Abwaschung der Sünde und der Unreinheit, der wiedergewonnenen „Gemeinschaft mit der Reinheit, und die wahre Reinheit ist Gott" (Orat. Catech. 36). Was die Taufe erbringt, ist „dies, daß sie durch den Tod, welcher durch das Wasserbad versinnbildet wird, die Vernichtung des ihr (der menschlichen Natur) beigemischten Bösen bewirkt, freilich nicht eine vollständige Vernichtung, aber immerhin sozusagen eine Durchschneidung des engen Zusammenhangs, in welchem wir mit dem Bösen stehen ... hierdurch wird der Mensch aus der Verbindung mit dem Bösen befreit..." (Orat. Catech. 35,2). Wiederum wird die Verbindung mit dem Bösen berufen, die nach dem Gesamtentwurf Gregors die Verbindung mit dem Bösen im Ursprung sein muß. Es ist nicht anders zu interpretieren, als daß die Taufe diese Verbindung abschneidet, daß sie demnach eine solche Verbindung bis hin zu Adam voraussetzt.

Freilich scheint dem wiederum eine Aussage über die Kindertaufe und den Zustand der ungetauft sterbenden Kinder zu widersprechen. In der „Rede über die früh verstorbenen Kinder" erörtert Gregor, nachdem er zuvor über das unselige Geschick der Erwachsenen gesprochen hat, die nichts für ihre Rettung getan haben, die anders geartete Situation der Unmündigen und sagt von ihnen: „Ein unschuldiges Kind, das die Sünde noch nicht kennengelernt hat und einer Krankheit an den Augen des Geistes noch nicht unterwürfig geworden ist, befindet sich in dem der Natur entsprechenden Zustand, bedarf nicht der Genesung durch die Reinigung, weil es von Anfang an die Krankheit in die Seele noch nicht aufgenommen hat" (Sp. 177). Zwar kann man diesen Text nicht, um sich seiner Schwierigkeit zu entwinden, auf die getauften Kinder beziehen. Aber man sollte aus dem Zusammenhang entnehmen, daß die Unschuld der Kinder hier ausdrücklich nur im Gegensatz zu den persönlichen Sünden und der selbstverschuldeten

„Krankheit“ der Erwachsenen gesehen wird. Deshalb wird diesen Kindern auch eine Erfüllung in der Ewigkeit zugebilligt (die freilich nicht eindeutig die vollkommene Gottesschau ist). Indem Gregor diese Kinder einerseits von persönlichen Sünden freispricht, ihnen andererseits aber keine eindeutig vollkommene Erfüllung in der Seligkeit zuspricht, deutet er jedenfalls auch bei ihnen das Vorhandensein eines Mangels an.

Die hier angestellte Gedankenführung, die um das Problem des Endgeschicks der ungetauft sterbenden Kinder kreist, welches auch in späteren Phasen der Dogmengeschichte diskutiert wurde, kann an dieser Stelle jedenfalls nicht als Gegensatz verstanden werden zu der sonst von Gregor vertretenen Lehre von der die ganze Menschennatur durchlaufenden Sünde. Dafür steht diese Lehre zu beherrschend im Vordergrund, die in einer nochmals anderen (an 1 Kor 15, 28 angeschlossenen) Wendung besagt: „Da nun der Apostel im Vorhergehenden gezeigt hat, daß, nachdem der erste Mensch der Sünde wegen in Staub wieder aufgelöst und deswegen ein fleischlicher genannt worden war, auch alle von ihm Gezeugten fleischlich und sterblich geworden seien – fügt er auch das andere hinzu, daß der sterbliche Mensch zur Unsterblichkeit wiedergeboren werde, indem er ähnlicherweise sagt: das Gute, von einem auf alle sich ergießend, werde ebenso der Natur eingeboren, wie auch das Böse von einem auf alle sich verbreitet habe – nämlich durch die geschlechtliche Abstammung“ (Quando sibi subjecerit, Sp. 1312). Auch der Hinweis auf die geschlechtliche Abstammung oder die Zeugung entbehrt nicht eines gewissen Argumentationswertes bezüglich der Art und Weise, wie der Mensch als Individuum Kontakt mit der Sünde Adams gewinnt, obgleich Gregor sich darüber genausowenig äußert wie über das Problem der Individuation, d. h. der Differenzierung der menschlichen Universalnatur in die vielen Individuen und Personen.

Aus diesem Grunde ist es auch nicht berechtigt, Gregor wegen des Fehlens einer eigentlichen Vorstellung oder eines Begriffs der Transmission oder der Weiterleitung der Sünde, der später zum Wortgebrauch des „Erbes“ drängte, eine völlige Unkenntnis des Gedankens von der Verbindung der Menschheit mit Adam auch in der Sünde zu unterstellen. Man dürfte, auf die innere Logik der Gedankenelemente blickend, sagen: Wo die Idee von der universalen Menschennatur dominiert und der Gedanke von der Entfaltung der Adamssünde zur Vollreife innerhalb der Menschenwelt vorhanden ist, bedarf es eines Übertragungsschemas gar nicht[65]. Darum muß der Akt der Zeugung oder propagatio nicht das Gewicht auf sich ziehen, das er in einem Konzept gewinnt, in welchem die Realeinheit der Menschheit und des Wachstums der Sünde keine gedankliche Position haben. Es zeigt sich hier, daß die Universalität der Sünde auch anders gedacht werden kann als unter Zuhilfenahme eines förmlichen Vererbungsschemas.

Daß freilich bei Gregor von Nyssa auch der Generationszusammenhang und die Zeugung nicht ganz unbeachtet bleiben, zeigt sich an einem Gedanken, den er in den „Reden über die Seligpreisungen“ sehr drastisch formuliert und der zunächst (beinahe wie später Augustinus) die „Leidenschaft“, aus welcher „wir geboren sind“, als Wurzel des Bösen in uns erklärt (das, so gesehen, zunächst als bloßes Übel und als Folge der Ursünde verstanden werden könnte). In diesem Sinne heißt es: „So ist das Böse gleichsam zu einem Wesensbestandteil unserer Natur geworden durch die Schuld der Stammeltern, welche im Anfang der Leidenschaft sich hingaben und durch ihren Ungehorsam der Krankheit Eingang verschafften.“ Nun allerdings folgt der weitergehende, wenn auch drastische Vergleich: „Wie aber bei allen Tiergattungen durch die ununterbrochene Aufeinanderfolge der Generationen die Wesensbeschaffenheit immer forterhalten wird, so daß die Nachkommenschaft von den Vorfahren ganz die gleiche Natur ererbt, so entsteht auch aus dem Menschen wieder ein Mensch von der nämlichen Beschaffenheit, also aus einem leidenschaftlichen Men-

[65] Deshalb hat *E. V. McClear,* The fall of man and original sin in the theology of Gregory of Nyssa: ThSt 9 (1948) 175–212, 201, die Annahme einer „Gattungssünde“ nahegelegt, welchen Begriff Gregor von Nyssa allerdings nicht kennt.

schen ein leidenschaftlicher, aus einem sündhaften ein sündhafter. Demnach wird, wenn der Mensch geboren wird, sozusagen die Sünde mitgeboren" (De beatitud. 6). Freilich ist der Ausdruck auch hier nicht so weit gediehen, daß ein förmlicher Kontakt mit der Adamssünde ausgesprochen wäre. Aber der Unterschied, der hier zwischen Leidenschaft und Sünde gemacht wird, läßt weder an ein bloßes Übel noch an bloß persönliche Sünden denken (die dann ja auch von den persönlichen Sünden der Eltern abhängig gemacht werden müßten, was hier gewiß nicht gemeint ist). Daß der Nyssener nicht eindeutig von Sünde spricht, ist erklärlich, wenn man den bei den Kappadoziern (und allgemein in der morgenländischen Theologie) üblichen Sprachgebrauch bedenkt, der den Begriff der Sünde dem persönlichen, verantwortlichen Tun des Menschen vorbehält. Hier ist (wie auch noch später) der Gedanke nicht entwickelt, daß die im Menschen vorfindliche Adamssünde diesem nur in ihrem wesentlichen, formellen Charakter zu eigen werden kann, nämlich in der Beraubung der Gnade.

Der andere, aus der Mariologie entwickelte Gedanke von der Sündenlosigkeit Christi auf Grund der jungfräulichen Abstammung, der bei den Alexandrinern (Didymus), aber auch bei Gregor von Nazianz entwickelt war, klingt bei Gregor von Nyssa nur beiläufig an, wenn er in einer Predigt auf das Hohelied von Christus spricht, „dessen Empfängnis ohne Zutun eines Mannes erfolgte, dessen Geburt ohne Befleckung blieb", wo das „Brautbett die Apatheia" und „der Hochzeitsgenuß die Aphtharsia war" (Hom. 14). Auch hier ist zwar nicht von Sündenlosigkeit die Rede. Aber es ist dabei zu bedenken, daß für die griechische Denkweise der soteriologische Zentralbegriff, der alle anderen in sich schließt, der der ἀφθαρσία[66], der Unvergänglichkeit ist. Es ist jedenfalls Gregors Auffassung, „daß der, der ins menschliche Leben eintrat, damit es Unverdorbenheit (ἀφθαρσία) erhielte, diese mit der (Maria) einen Anfang nehmen ließ, die seiner Geburt diente" (In nativ. Christi, Sp. 1136). Hier wird die Unverweslichkeit offenbar mit der jungfräulichen Empfängnis in Verbindung gebracht.

So steht Gregor von Nyssa kraft seiner von der Philosophie getragenen theologischen Denkbemühung durchaus in der Richtung auf eine Erkenntnis des zentralen Geheimnisses, wenn die zur Erklärung herangezogenen Denkmittel auch nicht die späteren abendländischen sind. Um so verwunderlicher kann es erscheinen, daß der den Kappadoziern so nahestehende Mönchsschriftsteller *Evagrius Ponticus* († 399) von der eingeschlagenen Richtung gänzlich abzugehen scheint. Seine Verwicklung in den Origenisten-Streit[67], in dessen Verlauf er vom Fünften Allgemeinen Konzil 553 und den nachfolgenden Konzilien anathematisiert wurde (mit der Konsequenz des Verlustes des größten Teils seiner Originalschriften)[68], ließ sein theologisches Charakterbild schwankend und seine Bedeutung in der Entwicklung der Erbsündenlehre ungewichtig erscheinen. Zudem rückte ihn auch das (wohl kaum zutreffende) Urteil des Hieronymus in ein ungünstiges Licht, das ihn des Pelagianismus zieh (Ep. 133, 3). Neuerdings hat sich freilich J. Gross dieses Urteil zu eigen gemacht und Evagrius zum Prototyp der griechischen Sündenlehre gemacht, der daraufhin im ganzen ein pelagianisches Gepräge[69] angeheftet wurde.

---

[66] Diesen Begriff im Sinne der Teilhabe am göttlichen Leben erschließen u. a.: *J. Daniélou,* Platonisme 51; *R. Leys,* aaO. 77; *H. Merki,* Homoiōsis theō 97 f.

[67] Zum Origenistenstreit: *B. Th. Stauridis,* Αἱ Ὠριγενιστικαὶ ἔριδες: Θεολογία 28 (1957) 550–577; *W. A. Bienert,* Dionysius von Alexandrien. Zur Frage des Origenismus im 3. Jahrhundert (Patr. Texte u. Studien 21) (B 1978). – Kephalaia gnostica, vers. syr. (ed. *A. Guillaumont:* POr 28/1, 1958).

[68] *Bardenhewer* III 93 ff.

[69] *J. Gross,* aaO. I 163.

Dabei ist unter Berücksichtigung der nur spärlichen Stellungnahmen des Mönches und Aszeten zur speziellen Fragestellung zu sagen[70], daß er innerhalb seiner Heilsauffassung in der Adamssünde den Anlaß zur erlöserischen Menschwerdung Christi sieht (Cent. V 1), die im Kreuzgeschehen gipfelte. Über die Wirkung des Kreuzesereignisses wird zunächst die Verbindung des Menschen mit Christus geknüpft, von der aus gleichsam auf die Verbindung mit Adam zurückgeschlossen wird; denn „die Kreuzigung Christi ist die Tötung unseres alten Menschen, die Aufhebung des gegen uns gefällten Urteils und die Vergebung, die uns zum Leben zurückkehren läßt" (Cent. VI 40). Hier ist die Antiparallele zwischen der Sündentat Adams und der Erlösungstat Christi streng durchgeführt, und zwar sowohl bezüglich der inneren Wirkung als auch des universalen Umfangs. Danach lastet auf allen das über Adam gefällte Urteil; das menschliche Leben ist daraufhin das des „alten Menschen", welcher der Vergebung (der Sünden) bedarf. Diese ist allen durch die Aufhebung der Verurteilung im Kreuzgeschehen gewährt, so daß der Mensch zum (ursprünglichen) Leben zurückkehren kann. Wie der Tod gewiß nicht nur irdisch-zeitlich zu verstehen ist, so auch nicht das Leben, das nachfolgend als „ewiges Leben" gekennzeichnet ist (Cent. VI 42). So kann auch die Aufhebung des Urteils und die Versuchung nur ein innerlich-heilshaftes Geschehen meinen, das den ganzen Menschen ergreift und erneuert. Der intensiv wie extensiv durchdringenden Heilstat Jesu Christi entspricht am Gegenpol der Heilswirklichkeit die gleichgeartete Unheilstat Adams. Der auch hier vorhandene antithetische Parallelismus bietet zwar kein Argument für die genaue Bestimmung des Eingehens der Adamssünde in die Menschen. Deshalb wäre es möglich, unter dem „Urteil" und dem „Tod" auch bloße Sündenfolgen zu verstehen oder darunter ein physisch-psychisches Verderbnis zu begreifen. Aber eigentlich hat man bei einer solchen Deutung die Strenge und Genauigkeit der Parallele außer Kurs gesetzt; denn auf der Heilsseite ist nicht zu bestreiten, daß Christi Tat allen Menschen innerlich zugute kommt und sie von der Wurzel her umgestaltet. Freilich ist das bezüglich der Adamssünde nicht ausdrücklich gesagt. Insofern bezeugt diese Aussage eine gewisse Offenheit bezüglich der spezifischen Auswirkung der Adamssünde. Diese Offenheit sollte ihr jedoch nach jeder Seite hin belassen und weiterhin zugestanden werden, daß in der Polarität von Adamstat und Christusgeschehen eine Assimilationskraft angelegt ist, die zur immer vollständigeren Angleichung zwischen Heilstat und Unheilstat drängen mußte. Da die morgenländische Theologie grundsätzlich vom Zentrum oder vom Gipfel der Heilstat Christi her dachte, ist es verständlich, wenn sie die daraus abzuleitenden Folgerungen für die Unheilstat am Anfang nicht in der gleichen Schärfe erfaßte.

So läßt sich aus den spärlichen Ausführungen des Evagrius jedenfalls nichts entnehmen, was der universalen Sündenauffassung der Kappadozier und der späteren Erbsündenlehre der Kirche widerspräche. Freilich ist zuzugeben, daß bei dem mystischen Intellektualismus des Mönches aus der Schule des Origenes, der z. B. auch die Extrempositionen des Meisters bezüglich der Präexistenz- und der Apokatastasislehre übernahm und den Menschen als ein Mittelwesen zwischen den guten und den bösen Geistern ansah (Cent. IV 13), der ferner in Konsequenz seines intellektualistisch-aszetischen Grundzuges die Erlösung vor allem als einen Lehr- und Erziehungsprozeß verstand, die Bedingungen für eine tiefere Durchdringung der Adamssünde und das Interesse an einer ausgeführten heilsrealistischen Sündenlehre nicht gerade optimal waren. So ist besonders zu verstehen, daß in einem „System", das auf die Allversöhnungslehre ausgerichtet ist, die Sünde als solche an Gewicht und an Tiefe verlieren muß. Daß in einem solchen, vom biblischen Heilsrealismus abwei-

[70] Einblick in sein von einem eigentümlich intellektualistischen Einschlag gekennzeichnetes mystisches Denken bieten u. a.: *J. Moisescu,* Εὐάγριος ὁ Ποντικός. Βίος. Ἐγγράμματα. Διδασκαλία (At 1937); *M. Viller – K. Rahner,* Aszese und Mystik in der Väterzeit (Fr 1939); *K. Rahner,* Die geistliche Lehre des Evagrius Pontikus: ZAM 8 (1933) 21–38.

chenden „System" die Hamartiologie einen geringeren Stellenwert erhält, ist nicht verwunderlich. Um so mehr muß die Tatsache gewürdigt werden, daß die Grundsätze über die Universalität der Adamssünde trotzdem aufgenommen und nicht eliminiert wurden. Darin liegt ein indirekter Beweis für eine relativ gefestigte Tradition, die selbst noch in einem andersgearteten theologischen Konzept Berücksichtigung verlangte.

Das Beispiel liefert der dogmengeschichtlichen Betrachtungsweise die nicht unwichtige Erkenntnis, daß sich eine Einzelwahrheit (wie die Erbsünde) nur im Zusammenhang und im Zusammengehen mit anderen Wahrheiten entfalten kann.

3. *Die rationale Deutung in der antiochenischen Schule*

Die andersgeartete theologische Arbeits- und Denkweise der Antiochener[71] gegenüber den Alexandrinern und Neualexandrinern (Kappadoziern) läßt auch auf Unterschiede in der Behandlung der Adamssünde schließen. Die spezifischen Prinzipien einer rationalen Literalexegese, die allenfalls noch die Verwendung des typischen Sinnes (im Verhältnis von Altem und Neuem Testament) zuließ und die dem platonischen Denken entferntere Geistigkeit[72], die dem Mysteriencharakter des Glaubens weniger zugewandt war, schufen auch für die Aussage der Wahrheit von der Ursprungssünde andere Voraussetzungen.

Eine gegenüber den Alexandrinern und Kappadoziern veränderte Einstellung zeigt sich schon bei *Eusebius von Cäsarea* († 339/40), obgleich er noch eine gewisse Mittelstellung zwischen den Schulen einnimmt. Freilich ist bekannt, daß seine historische Gelehrsamkeit höher entwickelt war als seine theologisch-dogmatische Befähigung[73]. In seiner Glaubenslehre, der man mit Recht den Charakter einer eigenartig gefärbten „politischen Theologie" zugeschrieben hat[74], kommt er auch auf den Sündenfall zu sprechen, vor allem in seinem für weitere Kreise bestimmten Werk über die Theophanie[75].

Die nüchterne Art der Beschreibung des ursprünglichen Standes des Menschen sticht von der reich entfalteten Darstellung der Kappadozier deutlich ab[76]. Eusebius erkennt die Gottebenbildlichkeit Adams selbstverständlich an, verlegt sie aber ausschließlich in sein geistiges und vernünftiges Wesen, das er als „das geliebte Kind des Logos" (Theoph. I 68) besaß. Seine Natur war daraufhin „unsterblich" und „den Himmelsbürgern verwandt". Diese seine ausgezeichnete Stellung manifestierte sich in der rechten Erkenntnis und Verehrung des Logos. Allerdings

---

[71] Zu den Unterschieden zwischen den theologischen Schulen vgl. *Bardenhewer* III 7ff; *J. Beumer,* Die theologische Methode (HDG I/6) 25 ff 34 ff; *A. Grillmeier,* Vom Symbolum zur Summa: Mit Ihm und in Ihm 587ff; *A. Ziegenaus,* Das Menschenbild des Theodor v. Mopsuestia 4ff.

[72] Diese Feststellung besagt nicht, daß die Vertreter dieser Schulrichtung Platon nicht gekannt hätten, wie u.a. das Beispiel des Eusebius v. Cäsarea zeigt.

[73] Vgl. dazu *H. Berkhof,* Die Theologie des Eusebius v. Cäsarea; *H. G. Opitz,* Eusebius v. Caesarea als Theologe: ZNW 34 (1935) 1–19. – Commentarii in psalmos 51–95,3 (PG 23, 441–1221); Praeparatio evangelica (ed. *K. Mras:* GCS Eus. 8/1–2, 1954–56); Demonstratio evangelica (ed. *I. A. Heikel:* GCS Eus. 6, 1913); Theophania (ed. *H. Gressmann:* GCS Eus. 3/2, 1904); Historia ecclesiastica (ed. *E. Schwartz:* GCS Eus. 2/1–3, 1903–09). PG 19–24.

[74] So *E. Peterson,* Der Monotheismus als politisches Problem: Theologische Traktate (Mn 1951) 88ff; *B. Studer,* aaO. 121ff; *J.-M. Sansterre,* Eusèbe de Césarée et la naissance de la theorie „césaropapiste": Byzantion 42 (1972) 131–195 532–594.

[75] Vgl. *A. Bigelmair,* Zur Theologie des Eusebius von Caesarea (K 1914) 10ff.

[76] Ebd. 16f.

scheint die dem ersten Menschen zugebilligte Unsterblichkeit nur als Qualität der Seele verstanden zu sein, weil im gleichen Zusammenhang davon gesprochen wird, daß der Mensch bei Einhaltung des göttlichen Gebotes „vielleicht von dem irdischen und vergänglichen Leben befreit" worden und so erst auf einem gewissen Entwicklungsgang zur Vollkommenheit gelangt wäre (Theoph. II 69). Diese offensichtlich nicht ganz aufeinander abgestimmten Argumente, die doch dem Erstmenschen auch wieder eine höhere Leiblichkeit zuzubilligen scheinen, die er nach der Sünde „mit einem dichten und irdischen Leib nach Art von etwas Tönernem" vertauschte (ebd. I 75), lassen jedenfalls insgesamt das Bestreben erkennen, den Urstand einer ethisch-rationalen Deutung offenzuhalten, die trotz Anerkennung einer gewissen Idealität den Charakter des Anfanghaften an sich zeigt. Der nüchterne Blick des Historikers ist aber in neuartiger Weise auch an der Hervorhebung der menschlichen Einfalt und der kulturellen Kargheit dieses Zustandes interessiert.

In der „Historia ecclesiastica" spricht Eusebius bestimmter vom „ersten seligen Dasein" des Menschen (Histor. eccl. I 2, 18), das er jedoch „gleich am Anfang" durch Mißachtung des göttlichen Gebotes verlor. So wurde ihm ein sterblicher Ort zugewiesen (Praep. evang. VII 18), er „geriet in dieses sterbliche und vergängliche Leben und tauschte die fluchbeladene Erde gegen die ursprüngliche gotterfüllte Glückseligkeit ein" (Histor. eccl. I 2, 18).

Obwohl der ursprüngliche Stand des Menschen verhältnismäßig nüchtern und vernunftgemäß geschildert ist, rückt die Situation nach dem Fall in eine düstere Beleuchtung: die Menschen „gaben sich einer tierischen und unwürdigen Lebensweise hin", kannten weder Kunst noch Wissenschaft und überließen sich freiwillig jeder Schlechtigkeit und Freveltat (ebd.). Von dem Verfallen an die Leidenschaften, von der Wildheit und Bosheit seines Wesens und dem Anschwellen des Bösen nach dem Sündenfall unter den Nachkommen des Stammvaters spricht auch die „Theophanie" (II 72), so daß kein Zweifel daran möglich ist, daß der Sündenfall Adams, „des Menschen" schlechthin, den Ausgangspunkt, aber auch wohl die Ursache des folgenden Ansteigens der Verderbnis darstellt.

Aber es ist zu erkennen, daß es sich vorzugsweise um eine geistig-intellektuelle und um eine sittliche Entartung handelt, die (jedenfalls nicht ausdrücklich) nicht mit einem tieferen „übernatürlichen" Mangel in direkte Verbindung gebracht ist. So erscheint auch die Gottebenbildlichkeit des Menschen von der Sünde nicht wesentlich alteriert[77]. Eine tiefere, seinshafte Folge der Ursünde scheint sich nur im Tode und in der eigentümlichen Todesauffassung anzudeuten. Dem Bischof von Cäsarea gilt der Tod als die tiefste Ursache all der genannten Verfallserscheinungen, auch der gottlosen Bosheit. In einer solchen Auffassung scheint der Gedanke eingefügt zu sein, daß der Tod auch als geistig-„übernatürliches" Phänomen des Erstorbenseins in der Gnade und Liebe Gottes zu verstehen sei. Aber merkwürdigerweise verleiht der rational-nüchtern eingestellte Eusebius diesem Moment nicht eine solche theologische Tiefe[78]. Die Todesmacht empfängt vielmehr ihren Unheilscharakter letztlich durch eine intellektuelle Fehleinschätzung, also durch einen Irrtum des Menschen. Weil nämlich die Menschen fälschlicherweise annahmen, daß der Tod die endgültige Auflösung des menschlichen Lebens nach Leib und Seele und die Vernichtung des Alls

[77] Wenn jedoch *H. Berkhof*, aaO. 112, erklärt, daß Wesen und Bestimmung des Menschen nach Eusebius durch die Sünde keinerlei Veränderung erfahren, so ist die Darstellung der Folge des Sündenfalls in ihrem Gehalt unterschätzt. Die Veränderung wertet *J. Gross*, aaO. I 165ff, richtig, will aber bei Eusebius zwei sich widersprechende Schilderungen des Urstands vorfinden, eine Hypothese, die sich erübrigt, wenn man den Text Theoph. II 85 als Darstellung des vorsündlichen Zustands der Menschheit versteht. Darum bleibt zwar eine gewisse Spannung zur Behauptung in Histor. eccl. I 2, daß der Mensch „gleich am Anfang nach seinem ersten seligen Dasein" sündigte, aber das beinhaltet keinen Widerspruch in der Auffassung vom Urstand.

[78] Hierzu paßt die Feststellung *A. Bigelmairs*: „Probleme wie Gnade und Freiheit haben Eusebius nicht beschäftigt": aaO. 19.

bedeute, gaben sie sich sozusagen der Sinnlosigkeit des Daseins hin und fielen dadurch sogar unter das Niveau der unvernünftigen Tiere (Theoph. III 51). Man sieht, wie sich die rational-ethizistische Struktur dieses theologischen Denkens auch in der Vorstellung vom Tode durchhält.

Darum verwundert es nicht, wenn sie auch in der Deutung des Erlösungsgeschehens wiederkehrt. Unter Anlehnung an den Gedanken der ἀκολουθεία, des vollkommenen Ausreifens der Sünde, lehrt der Bischof von Cäsarea, daß die Menschwerdung des Logos (im arianischen Verständnis) auf dem Höhepunkt der Entwicklung des Bösen in der Menschheit erfolgte, die der Erlöser am Kreuze wendete[79]. Dies aber in der dem Charakter des Unheils entsprechenden Weise: durch Vermittlung der Erkenntnis und Freundschaft des Vaters, durch Loslösung vom Irrtum der Vielgötterei, durch Befreiung von Unwissenheit und (insofern auch) von der Sünde mit der Eröffnung des gläubigen Ausblicks auf das himmlische Leben (Dem. evang. IV 10; III 2). Diese in den Rahmen einer „Reichstheologie" gespannte Erlösungsvorstellung vermochte die mystische Tiefe der alexandrinischen Vergöttlichungsvorstellung nicht mehr auszuloten. Der Erlöser wird von Eusebius deshalb oft als „Bewahrer" bezeichnet[80].

Darum bleibt die Frage, ob bei Eusebius trotz Beibehaltung des heilsökonomischen Schemas ein tieferes Interesse an dem Geheimnis der Menschheitsverstrickung durch Adam hat aufkommen können. Gelegentlich wurde die Behauptung aufgestellt: „Nach alldem hat Eusebius auch die Erbsünde in irgendeiner Form angenommen."[81] Aber an den Aussagen des Bischofs von Cäsarea läßt sich diese Behauptung nicht erhärten. Auch wenn er Ps 50,7 anführt und dahingehend auslegt, daß ohne den Sündenfall Eva den Engeln gleich geblieben wäre und nicht der „verdorbenen Fortpflanzung" hätte dienen müssen und daß danach die Fortpflanzung das Bleiben des sterblichen Geschlechts beförderte, so läßt sich daraus keine eindeutige Vorstellung über das Inkurrieren der Adamssünde gewinnen. Bei Eusebius wird deutlich, daß eine gewisse Verflachung der Heils- und Erlösungsvorstellung die Entwicklung des Geheimnisses einer universalen menschlichen Sünde verhindert. Im Grunde beharrt er auf dem Stand einer „Erbübel-" und „Erbtodlehre", die aber bezeichnenderweise das Moment des Geschlechtszusammenhangs betont und es sogar in einer theologisch sehr angreifbaren Formulierung als „verdorbene Fortpflanzung" (τῇ φθάρθῇ γενέσει διακονήσασθαι: Comm. in Ps. 50, 7) etikettieren muß. Wenn man das Fehlen einer Erbsündenvorstellung bei Eusebius herausstellt mit dem ausgesprochenen oder unausgesprochenen Hinweis, daß hier die Traditionslinie unterbrochen sei, so ist demgegenüber das andere Moment zu veranschlagen, daß nämlich diese Erbübellehre in sich nicht begründet ist und daß sie andererseits Elemente in sich trägt, die erst in einer „Erbsündenlehre" gehalten werden können.

Daß die antiochenische Schulrichtung durchaus nicht auf die schmale und nüchterne Linie einer intellektualistischen und welthaft-politischen Heilslehre festgelegt war, zeigt das Beispiel des als Pastoraltheologe und Kirchenmann viel tiefer schürfenden *Cyrill von Jerusalem* († 386), der in schlichter Diktion tiefe theologische Wahrheiten zu vermitteln wußte[82]. Wohl vom Streben der Antiochener nach Erfassen des Lite-

---

[79] Daß die Kreuzestheologie mit einer „theologia gloriae" weltpolitischer Art zusammenging, zeigt *B. Studer*, aaO. 124 f.

[80] Ebd. 119. Zum intellektualistischen Einschlag der Christusauffassung des Eusebius vgl. auch *J. Liébaert*, Christologie (HDG III/1a) (Fr 1965) 55.

[81] *A. Bigelmair*, aaO. 16.

[82] Zur Theologie Cyrills, zumal in den mystagogischen Katechesen, vgl. *A. Piédagnel – P. Paris*, Cyrill de Jerusalem, Catéchèses mystagogiques (SourcesChr 126) (P 1966); *G. Kretschmar*, Die Geschichte des Taufgottesdienstes: Leiturgia V 174 ff; *B. Studer*, aaO. 148 f. – Catecheses (PG 33, 332–1060); Mystagogiae 1–5 (ed. *A. Piédagnel – P. Paris*: SourcesChr 126, 1966). PG 33.

ralsinnes der Heiligen Schrift bestimmt, kehrt bei ihm nach einer langen Zeit der Unterbrechung eine Deutung des Schöpfungsberichtes wieder, in welcher die Gottebenbildlichkeit des Menschen (Gn 1, 27) nach der Unterscheidung zwischen „Bild" und „Gleichnis" differenziert wird. Während das Bildsein in der Geistigkeit und Freiheit der Seele gegründet ist (Cat. IV 18), wird das „Gleichnis" mit der Anhauchung durch den Geist Gottes gegeben, die am Anfang dem Menschen geschenkt war, wie sie auf einem Höhepunkt der Heilsgeschichte nach der Auferstehung an die Apostel erging (Cat. XVII 12).

Aus der Ausrichtung seiner Katechesen auf die Taufe erklärt sich wohl ein geringeres Interesse an der Beschreibung des paradiesischen Urstandes. Immerhin erwähnt der Bischof die vollkommene Sündenlosigkeit dieses Zustandes. Gegen den Origenismus gewandt, erklärt er: „Ehe die Seele auf diese Erde kam, hatte sie keine Sünde. Als wir eintraten, waren wir ohne Sünde" (Cat. IV 19)[83]. Auch die Freiheit von der Begierlichkeit bringt Cyrill den Taufbewerbern in Erinnerung und erklärt dazu, daß Adam „nicht der Glieder wegen vertrieben wurde" (Cat. IX 15). In der 2. mystagogischen Katechese erklärt er ihnen in Parallele zur paradiesischen Nacktheit die Bedeutung der Taufzeremonie des Kleiderablegens: „Ihr wart nackt vor den Augen aller und schämtet euch nicht. Ihr waret in der Tat dem ersten Menschen Adam gleich, der im Paradiese nackt war und sich nicht schämte" (Cat. myst. II 2). In solchen Zusammenhängen kommt Cyrill auch auf den verursachenden Faktor der Adamssünde (wie jeder Sünde danach) zu sprechen. Dabei wird der willentliche Ungehorsam des Menschen Gott gegenüber als letzte Ursache genannt, auch wenn (in einer für Cyrill charakteristischen Weise, der nachfolgend die Betonung der Wichtigkeit der Exorzismen im Taufritus entspricht) die Versuchung durch den Teufel und seine Macht stark veranschlagt wird: „Er (der Teufel) war schuld daran, daß unser Stammvater Adam wegen Ungehorsams vertrieben wurde und die dornenreiche Erde gegen das wunderbare Paradies eintauschte, das ohne Zutun Früchte brachte" (Cat. II 4).

Aber der Nachdruck liegt doch, der pastoralen Ausrichtung entsprechend, auf der Hervorhebung der Unheilsmacht der Sünde. Wird diese auf den erwachsenen Stand der Taufbewerber bezogen, auch vielfach als die Vielzahl der persönlichen Sünden ausgegeben, so ruhen solche Aussagen doch auf dem Wissen um eine andersgeartete Sünde, die von Adam her in die Welt gekommen ist. Freilich wird diese Sünde selten isoliert dargestellt und um ihrer selbst willen erörtert; sie steht vielmehr für den dunklen Hintergrund der Heilstat Christi, aus der sich auch die Folgen der Adamssünde verstehen lassen, wiederum durch Rückschluß von den Heilswirkungen her. So kommt es im Zuge der paulinisch bestimmten Heilsantithese zu der Gleichung: „Die Sünde eines einzigen Menschen, des Adam, vermochte der Welt den Tod zu bringen. Wenn nun durch den Fall des einen der Tod herrschte über die Welt, wird dann nicht viel mehr durch die Gerechtigkeit des einen das Leben herrschen? Und wenn damals (unsere Stammeltern) wegen des Baumes, von dem sie gegessen hatten, aus dem Paradies vertrieben wurden, werden nicht jetzt wegen des Holzes Jesu die Gläubigen leichter in das Paradies eintreten? Wenn der zuerst aus Erde Gebildete den allgemei-

[83] *K. H. Schelkle,* Paulus 167, bemerkt zu dieser Stelle, daß Cyrill wohl nicht so sprechen könnte, wenn „seine Dogmatik eine Erbsünde kannte". Aber es ist nicht die eigentliche Frage, ob er eine solche distinkte Lehre schon gekannt habe, sondern ob sich bei ihm Elemente und Tendenzen finden, die in Richtung der Entwicklung einer solchen Lehre gelegen sind.

nen Tod gebracht hat, bringt nicht derjenige, der ihn aus Erde gebildet, ewiges Leben, da er selbst das Leben ist?" (Cat. XIII 2).

Unter den entscheidenden Folgen der Adamssünde ist auch der auf der Menschheit lastende Zorn Gottes genannt, der von der Erlösungstat Christi am Kreuz hinweggenommen wird. Die Antiparallele ist auch bezüglich der „Gottebenbildlichkeit" strikt eingehalten: „Das Bild behielt der Mensch, die Gleichheit aber verlor er durch seinen Ungehorsam. Zu der gleichen Jahreszeit, da er das Gleichnis verloren hatte, wurde es auch wieder hergestellt" (Cat. XIV 10), wobei der zeitliche Symbolismus, die Anspielung auf die Frühlingszeit, eine volkstümliche Angleichung darstellt, die dem Kerngedanken nichts von seiner Bedeutung nimmt. Er besagt, daß die von Adam verlorene, mit der Prägung durch den Heiligen Geist identische „Gottähnlichkeit" dem einzelnen in der Taufe wiedergeschenkt wird. Von diesen Voraussetzungen her läßt sich die Frage einer Antwort zuführen, ob Cyrill unter dem in der Welt nach der Adamssünde herrschenden Unheil nur Straffolgen und persönliche Sünden meint oder ob nicht hier eine tiefere seinshafte Störung im Einzelmenschen angedeutet wird. Zunächst hindert nichts an der Annahme, daß Adams Tat nicht nur für ihn unheilvolle Folgen zeitigte. Hierzu erklärt Cyrill in einer Exegese von Röm 5, 14[84] (Vers 12 konnte auf Grund des griechischen Textes noch keine besondere Bedeutung für die Frage einer weitergehenden Adamssünde annehmen): „Obgleich Moses ein gerechter, bewunderungswürdiger Mann war, so traf doch auch ihn und seine Nachkommen, die doch nicht wie Adam vom Baume gegessen und durch Ungehorsam sich versündigt hatten, das über Adam gefällte Todesurteil" (Cat. XV 31). Das über Adam gefällte Urteil traf also ähnlich wie der Tod, der Verlust der Gottähnlichkeit und der Zorn Gottes alle Menschen. Diese Unheilswirkungen sind zweifellos als Straffolgen der Adamssünde anzusehen, die mit Adams Fall beginnen (obgleich nicht so deutlich gesagt ist, wie etwa bei dem Vertreter der neualexandrinischen-kappadozischen Richtung, Gregor von Nyssa, daß sie auch aus der Adamssünde kommen). Aus dieser Abkunft von der Adamssünde ist auch der Verlust der Gottebenbildlichkeit nicht herauszunehmen und allein auf die persönlichen, freiwilligen Sünden der Menschen zurückzuführen, zumal ja auch diese von der Adamssünde abhängen (vgl. Cat. IV 19).

Zwar erklärt Cyrill an einer Stelle, daß „die erste Anhauchung durch die freiwillig begangenen Sünden verdunkelt worden ist" (Cat. XVII 12). Aber diese Aussage ist doch nicht so zu interpretieren, daß Adam die Gottähnlichkeit nur für sich verloren hätte, die anderen Menschen sie aber nur je für sich durch persönliche Sünden verlieren würden[85], was zur Voraussetzung hätte, daß sie jedenfalls in der Gottähnlichkeit, d. h. in der Gnade des Heiligen Geistes geboren würden. In Wirklichkeit ist natürlich in einer allgemeinen Grundauffassung von der Verderblichkeit der Einzelsünden die Ausdrucksweise nicht ausgeschlossen oder widersprüchlich, daß auch durch die Einzelsünden ihrem Wesen nach die Gottebenbildlichkeit verdunkelt werde (wenn man diese Aussage nicht überhaupt auf Adam und Eva allein beschränken will). Auf jeden Fall sind alle Unheilserscheinungen einheitlich auf die Initialwirkung der Adamssünde zurückzuführen.

Es bleibt dann freilich die weitere Frage, ob die erwähnten Unheilsmomente nur als Sündenfolgen (von Adam her) zu verstehen sind, ob sie also bloßen Strafcharakter an sich tragen oder ob in ihnen auch das Sündenmoment angelegt, d. h. die Sünde als solche mitgemeint ist. Freilich muß gesagt werden, daß sich diese Frage dem Sprecher oder Schreiber dieser Taufkatechesen

---

[84] In Cat. XIII 2 spielt Cyrill auf Röm 5, 12–21 an. *K. H. Schelkle* interpretiert diese Aussage im Sinne einer Erbtod-Lehre, aaO. 167.

[85] So *J. Gross*, aaO. I 169.

nicht stellt. Und doch ist sie nicht unsachgemäß gestellt oder etwa nur von außen an die Texte herangetragen; denn es gibt eine innere, objektive Logik der Texte, die auch unabhängig vom Wissen und den Intentionen des Autors befragt werden kann, vor allem im Hinblick auf die Tatsache, daß die spätere Wirkungsgeschichte nicht eine solche der Autoren, sondern mehr eine solche der Texte ist. Man braucht hier Cyrill auch durchaus nicht die später von Augustin erkannte Unterscheidung zu vindizieren, daß die von Adam auf die Menschheit ausgehende Sünde sowohl Strafcharakter als auch Sündencharakter an sich haben kann[86], so daß unter den Straffolgen der Adamssünde durchaus auch diese Sünde selbst gemeint sein kann; denn tatsächlich ist ja, rein formal betrachtet, die Erbsünde (im späteren entfalteten Sinne) immer auch eine Folge und damit auch eine Strafe der Adamssünde, ebenso wie (in noch weiterer Anwendung desselben Gedankens) jede Sünde das Moment des Mißfallens oder des Zornes Gottes auch als Strafe in sich trägt.

An Cyrill läßt sich die Frage nach einer möglicherweise innigeren Verbindung der Adamssünde mit dem unheilvollen Gesamtzustand der nachadamitischen Menschheit legitim mit doppelter sachlicher Begründung stellen: einmal deshalb, weil er in seiner am soteriologischen Urbild gewonnenen Auffassung vom Tode eine umfassende, auch „übernatürliche" Vorstellung von der Verfallenheit der Menschheit einschließt, zum anderen, weil in einigen Aussagen die Adamseinheit der Menschheit auch im Geschehen der Sünde stark betont ist.

Was das erstgenannte Moment angeht, so ist unbestreitbar, daß Cyrill unter dem durch Adam in die Welt eingeführten Tod nicht nur das leibliche Sterben versteht, sondern den Gesamtausdruck der Verfallenheit des Menschen, zu dem auch die Sünde gehört und damit der Verlust des ewigen Lebens[87]. Ausdrücklich wird dem „Tod", den Adam brachte, das „ewige Leben" von Christus her, der selbst „das Leben" ist, gegenübergestellt (Cat. XIII 2). Wie bei dem von Christus gebrachten Leben gewiß auch (besonders im Zusammenhang mit der österlichen Taufspendung) an die Auferstehung aus dem leiblichen Tod gedacht ist, so kann man doch gerade die Auferstehung und das aus ihr erwachsende „ewige Leben" nicht im partiellen Sinn auf einen irdisch-leiblichen Befund hin deuten. Es ist hier selbstverständlich an das Leben in umfassendem Sinne gedacht, das Christus als Gottmensch verkörpert. Dementsprechend ist auch der diesem Leben vorausgehende Tod, den Christus überwand, als der mit dem leiblichen Tod zusammengehende Verlust des Gottesgeistes, der Gottähnlichkeit, der Liebe Gottes (im Gegensatz zum inkurrierten Zorn Gottes) zu verstehen. In diesem „Tod" ist also als tiefstes Moment das des Mangels am göttlichen Leben, die Sünde, eingeschlossen, und zwar (nach allen den genannten Formulierungen) auch unabhängig von dem Strom der Einzelsünden, der sich nach der Tat Adams in die Menschenwelt ergoß (Cat. XV 3).

Von diesem so umfassenden Tod sagt nun Cyrill, daß er durch die Sünde der Stammeltern zur Herrschaft gelangte. Obgleich Cyrill verständlicherweise in seiner

[86] *Augustin,* De pecc. mer. et rem. I 10, 12 (CSEL 60,13).

[87] Zu dieser integralen Vorstellung vom Tode, in die auch die Anschauung vom „Seelentod" einbezogen wird, ist auf die schon im Hellenismus beginnende Begriffsgeschichte zu achten; bereits in der Stoa wird der Tod nicht als bloßes Naturphänomen betrachtet, sondern auch als Unerwecktheit gegenüber dem wahren philosophischen Leben. Im stoisch-neuplatonischen Sprachgebrauch Philos bedeutet der Tod das Verfallensein an Sinnlichkeit und Schlechtigkeit. In der paulinischen Theologie wird er zum Symbol des Verhängnisses und des Unheils, das erst durch Christus behoben wird: ThW III 10ff *(R. Bultmann); O. Kuss,* Der Römerbrief I (Rb 1957) 241ff; zur Entwicklung der griechisch-patristischen Vorstellung vgl. *H. Althaus,* Die Heilslehre des hl. Gregor von Nazianz 8ff.

pastoraltheologischen Ausrichtung niemals von den Einzelsünden der Menschen abstrahiert, ist es unbegründet, ihm die Disjunktion zu unterschieben: Adam inkurrierte den Tod durch seine eigene Sünde, die Menschen inkurrieren ihn in einer merkwürdigen Nachfolge Adams durch ihre persönlichen Sünden. In einer solchen Interpretation wäre jedenfalls der Grundaussage nicht Rechnung getragen, daß „durch den Fall des einen der Tod herrschte", wie umgekehrt durch die Gerechtigkeit des anderen (Christus) das Leben herrscht, und zwar gewiß auch als dem Menschen innerlich einwohnendes Leben. Wenn Adam aber der Verursacher des Todes, d. h. auch der Sünde ist, stehen die Sünden der Menschen jedenfalls in einem Zusammenhang mit ihm, der nicht mehr nur als zeitliche Nachfolge gedeutet werden kann.

In Richtung auf einen tieferen inneren Zusammenhang weisen aber auch die Aussagen, welche die Menschen direkt am Geschehen der Adamssünde und ihren Folgen beteiligt sein lassen. So fragt Cyrill in unmittelbarem Zusammenhang mit der zuvor erörterten Adamssünde: „Sind wir nun etwa... verloren, weil wir betrogen sind? Gibt es keine Erlösung mehr? Gefallen sind wir. Ist es nicht möglich aufzustehen? Blind wurden wir. Können wir nicht wieder sehend werden?... Man kann geradezu sagen: Wir sind gestorben. Gibt es keine Auferstehung?" (Cat. II 5) Es ist nun nicht unmöglich, die Aussagen über „unser" Betrogensein, „unseren" Fall und „unsere" Blindheit auf die persönlichen Sünden zu beziehen. Aber dann ist der Parallelismus zwischen Betrug und Erlösung, zwischen Erblindung und neuem Sehen-Können, zwischen Sterben und Auferstehen nicht eingehalten; denn fraglos beziehen sich die positiven Heilsaussagen auf die Heilstat (besonders die Auferstehung) Jesu Christi, in welche die Menschen einbezogen sind. Darum sind auch die „Unheilsaussagen" als in Adam geschehend zu deuten, aber doch so, daß sie „uns" direkt affizieren. Jedenfalls sind diese Aussagen einer solchen Deutung geöffnet und legen sich nach dem Gesetz der Antiparallele zwischen universalem Heil und universalem Unheil nahe.

In diesem Zusammenhang kommt auch dem für Cyrill typischen Gedanken Bedeutung zu, mit dem er den Neophyten die Taufwirkung als Eintritt ins Paradies darstellt, das durch die Tat Adams allen Menschen verloren gegangen war. Dem Getauften öffnet sich „das Paradies Gottes, welches er gegen Osten gepflanzt hatte, woraus aber unser Stammvater seiner Sünde wegen vertrieben worden war" (Cat. myst. I 9). Natürlich ist damit nicht der Eintritt in einen irdischen Wonnegarten gemeint, wie übrigens Cyrill schon bei der Erwähnung des ursprünglichen Paradieses nur beiläufig irdischer Vorzüge Erwähnung tut. So zeigt auch diese Parallelität zwischen den beiden „Paradiesen", daß durch die Tat Adams der Menschheit insgesamt ein Verlust zugefügt worden ist, der nicht nur ihre äußere Situation und einen äußeren Zustand betrifft. Er konstituiert vielmehr eine „sündhafte Menschheit" (Cat. XII 15), er bewirkte das Eingesetztsein der Menschen in einem „wilden Ölbaum", von dem sie durch die Taufe „abgeschnitten" werden, um „auf den edlen Ölbaum Jesus Christus aufgepfropft" zu werden (Cat. myst. II 3).

Freilich ist in der Aufführung der Taufwirkung die Befreiung von einer Adamssünde nicht genannt. Aber die starken Ausdrücke über die „sündhafte Menschheit" und über das Verhaftetsein in einen christuswidrigen Lebenszusammenhang sind so geartet, daß sie über die persönlichen Sünden hinausweisen. Dieser Hinweischarakter wird auch dadurch nicht entwertet, daß Cyrill in den Katechesen der Kindertaufe keine Erwähnung tut, obwohl er die Bluttaufe kennt (Cat. III 10). Aber daraus abzuleiten, daß er die Neugeborenen für schuldlos hält[88], geht über die Auffassung Cyrills hinaus und ist in keinem Text angelegt.

So ist zwar bei dem der antiochenischen Richtung angehörenden Cyrill die Verknüpfung der Menschensünde mit der Adamssünde nicht so deutlich entwickelt wie bei den Alexandrinern und Neualexandrinern. Aber sie fehlt nicht gänzlich; denn in dem von Adam herrührenden Tod, der alle trifft, ist auch die Sünde eingeschlossen, die freilich von Cyrill vornehmlich in der Erscheinung der vielen persönlichen Sünden beachtet wird. Aber im Hinblick auf die von Cyrill vertretene Universalität der Sünde ist eine Bemerkung anzufügen, die auf den mangelnden inneren Zusammenhang eines solchen Konzeptes hinweist. Es ist nämlich zu ersehen, daß die Behauptung der Universalität der Menschensünden (zusammen mit der absoluten Heilsnotwendigkeit der Taufe: Cat. III 10) nur unter Hinweis auf die persönlichen Sünden des Menschen nicht getroffen werden kann; denn diese werden von Cyrill, gemäß der ethisch-personalen Grundhaltung wie auch in Entsprechung zur Gegnerschaft gegenüber den Gnostikern (Cat. VI 16) und Manichäern (Cat. VI 20), immer als frei und selbstverantwortlich dargestellt. Mit dieser Freiheit ist aber prinzipiell das ausnahmslose Eintreten der aktuellen Sünde bei jedem Menschen nicht zu vereinbaren. Die Behauptung, daß die Menschen nicht sündigen müssen und sogar der von Cyrill sehr stark angesehenen Beeinflussung durch den Teufel widerstehen können, wäre unrealistisch, wenn bei jedem Menschen persönliche Sünden angenommen werden müßten. Dann wäre dem Vorwurf eines faktischen Sündendeterminismus nicht zu entgehen.

Damit soll nicht gesagt werden, daß Cyrill und andere griechische Theologen, welche zum Erweis dieser Universalität von Sünde und Erlösung auf die persönlichen Sünden der Menschen hinweisen, die hierin liegende Inkonsequenz gesehen und daraufhin die Folgerung auf eine nicht aktuelle, dem Ursprung des einzelnen anhaftende Sünde gezogen hätten. Aber es ist wohl zu erkennen, daß ein auf die Zusammenhänge der Einzelelemente drängendes theologisches Denken diese Inkonsequenz erfassen und die Universalität der Sünde eindeutiger in einer anderen Richtung suchen mußte.

Freilich kamen die antiochenischen Theologen über solche Ansätze nicht wesentlich hinaus. Das gilt u. a. für *Epiphanius von Salamis* († 403)[89], der in seinen apologetisch-polemischen Schriften nur geringes spekulatives Interesse bezeigte und sich auch bezüglich der Adamssünde an die überlieferten Vorstellungen hielt.

Immerhin verdient Beachtung, daß er in seinem Kompendium der Dogmatik, dem Ancoratus, obgleich das Hauptinteresse hier auf der Trinität und auf der Menschwerdung liegt, der Erschaffung des Menschen und dem Urstand als den Anfängen der Heilsgeschichte sein Interesse zuwendet. Dabei vertritt er nachdrücklich die real-historische Interpretation des Schöpfungs- und Paradiesesberichtes, die er aus Gründen einer heilsrealistischen Theologie dem Spiritualismus und der Allegorese des Origenes scharf entgegenhält. Das gilt besonders auch vom Paradies; denn „ist das Paradies auf der Erde nicht wirklich, so ist auch alles das, was das Buch Genesis berichtet, nicht wirklich und wahr, sondern muß gleichnisweise erklärt werden; dann gibt es überhaupt nichts Wahres und Wirkliches, sondern es muß alles bildlich aufgefaßt werden“ (Ancorat. 58). Trotz Hervorhebung der Gottebenbildlichkeit des Menschen, die er jedoch nicht weiter differenziert, möchte er die Frage nach dem „Wie“ ihrer Verwirklichung im Menschen offen lassen, um sich nicht in Spekulationen zu verlieren. Nur dies schärft er ein, daß „Gottebenbildlichkeit des Menschen nicht Gottgleichheit bedeutet“ (Ancorat. 57). Diesem

---

[88] So *J. Gross*, aaO. I 170.

[89] *Bardenhewer* III 293ff. – Ancoratus (ed. *K. Holl:* GCS 25, 1915, 1–150); Panarion (ed. *K. Holl:* GCS 25, 153–464). PG 41–43.

nüchternen Realismus entspricht auch die Zeichnung des Paradieses, bei der er sich im Grunde mit der Anführung der biblischen Daten begnügt, unter denen er nur eines hervorkehrt: Adam war, obgleich aus Erde gebildet (Ancorat. 61), mit Unvergänglichkeit und Unsterblichkeit ausgestattet (Panar. 64, 27). Desgleichen eignete den Stammeltern im paradiesischen Zustand die Freiheit von der Begierlichkeit: „Obwohl sie aber nackt waren, so fühlten sie beim Anblick keine Scham, und weil sie nackt waren, erkannten sie sich. Sie erkannten sich aber nur der Wahrnehmung, nicht der Tat nach" (Ancorat. 20)[90].

Ohne auf die Problematik von Sünde und Fall ausführlicher einzugehen, stellt Epiphanius mehr referierend fest, daß Adam, durch die Vermittlung des Weibes vom Teufel getäuscht, durch Ungehorsam sündigte (Ancorat. 61; Panar. 37, 1). Die Folge war die Trennung vom Baum des Lebens (Ancorat. 61; Panar. 36, 1). Ähnlich wie Methodius von Olympos, dessen Schrift über die Auferstehung er teilweise im Panarion übernimmt (64, 19–62), sieht er aber in der Vertreibung aus dem Paradies nicht nur eine Bestrafung, sondern auch den Ausdruck einer eigentümlichen göttlichen Fürsorge, die verhindern wollte, daß das Böse unsterblich werde, ein Gedanke, der aus der Konsequenz der Einheit von „Paradies" und „Unsterblichkeit" abgeleitet ist und der auch dem leiblichen Tod als Sündenfolge eine ambivalente Bedeutung verleiht[91].

Allerdings resultiert aus dem Verlust des Paradieses nicht zugleich die vollkommene Preisgabe der Gottebenbildlichkeit, wohl aber eine ganzheitliche Verschlechterung des menschlichen Seinsstandes, die Epiphanius an dem biblischen Töpfergleichnis zu veranschaulichen sucht: das von Gott in der Schöpfung gebildete Gefäß ist brüchig geworden, weshalb es der Schöpfer im Tod der Auflösung überläßt, um es in der Auferstehung in neuer Schönheit wiederherzustellen (Panar. 37, 1).

Tatsächlich geht Epiphanius, wie das letztgenannte Beispiel zeigt, mit einer gewissen Eilfertigkeit über das Unheilsgeschehen am Ursprung hinweg, um den Blick mit stärkerem Interesse auf die Heilsseite, d. h. auf die Christustat zu lenken. Die Tat Christi aber wird gelegentlich so stark als Wiedergutmachung der Untat Adams und als Wiedereinsetzung in den Urstand ausgegeben, daß es einmal heißen kann: „... er offenbarte uns das Licht des Lebens und reichte uns seine hilfreiche Hand, zeigte uns die wahre Himmelsleiter und wies uns wiederum das Paradies als unseren Wohnsitz an" (Ancorat. 65).

Dabei verzichtet Epiphanius freilich nicht gänzlich auf gewisse Kennzeichnungen des Menschheitszustandes nach der Adamssünde, die trotz ihrer Beiläufigkeit für die theologische Beurteilung seiner Hamartiologie nicht unerheblich sind. Das mit der Adamstat anhebende, lawinenartige Wachsen der Verderbnis der Menschen, bei dem bezeichnenderweise die Betonung auf der Macht des Teufels liegt, manifestiert sich in Unwissenheit, Götzendienst, sittenlosem Wandel und nicht zuletzt (für den engagierten Verfechter des wahren Glaubens) in dem Trug der Häresien. Die Verderbnis wird in Konsequenz dieser Unheilsgeschichte so tief in das Innere des Menschen hineinverlegt, daß es von ihm heißen kann: „... solange der Körper lebt, bevor er gestorben ist, lebt notwendigerweise auch die Sünde mit" (Panar. 64, 33). Das Verhängnis erfährt aber im Konzept des Epiphanius noch eine Nuancierung nach dem Negativen hin, wenn er, obgleich sonst immer die Freiheit des Menschen betonend, von einer Unausweichlichkeit des Sündigens und einer Willenlosigkeit der Sünde gegenüber

---

[90] *J. Gross,* aaO. I 171, der diese Aussage nicht erwähnt, zitiert eine scheinbar gegenteilige Behauptung aus Panar. 37, 2, die von der Lüsternheit der Stammeltern spricht. In diesem Wort soll aber wohl nur die Möglichkeit der Sünde begründet werden. Eine direkte Leugnung der Konkupiszenzfreiheit kann man Epiphanius auf Grund der ersten Aussage nicht vindizieren.

[91] Diese Doppeldeutigkeit des Todes erlaubt jedenfalls keine einsinnige Interpretation, nach welcher der Tod für Epiphanius nicht mehr Strafe, sondern nur noch Heilmittel gegen die Sünde sein sollte. Im Grunde ist auch die Bezeichnung als Heilmittel schon unzutreffend, weil er nicht zu Heilung gedacht ist, sondern nur eine negative Wirkung begrenzt; vgl. dagegen *J. Gross,* aaO. I 172.

spricht. So bekennt er im Zusammenhang der Aufzählung der Untaten: „Wir waren nun in dem allem gegen unseren Willen so verwickelt, ‚denn nicht, was ich wollte, das tat ich, sondern was ich haßte', das zu tun fühlte ich mich angetrieben, indem die Sünde es mir also antat" (Ancorat. 64). Die von Methodius von Olympos stark entwickelte Konkupiszenzlehre findet hier, auch wenn der Begriff nicht fällt, ihren Widerhall.

Was aber für diese Auffassung vom Progreß der Sünde nach dem Fall der Stammeltern weiterhin beachtlich ist, kommt in der Aussageweise zum Vorschein, nach welcher das Subjekt der Sünde nicht einzelne, bestimmte Menschen in der Nachfolge Adams sind, sondern „wir alle"; denn „wir alle hatten uns ja leider hingegeben dem Stolz und der Gotteslästerung, den Götzenbildern und dem Kult der Dämonen, wir alle waren elende Sklaven alles Bösen" (Ancorat. 64). Damit ist unzweideutig festgestellt, daß die Sünde Adams universale Folgen hatte und faktisch der gesamten Menschheit zum geistig-leiblichen Schaden gereichte. Freilich ist damit noch nicht ein kausaler Zusammenhang mit der Sünde Adams hergestellt. Er läßt sich auch nicht durch die relativ häufigen Hinweise erbringen, in denen Epiphanius Adam mit Betonung als wirklichen und alleinigen Stammvater der Menschheit darstellt nach Art der Aussage: „Wir stammen also alle in unterbrochener Reihenfolge der Geschlechter von Adam ab" (Ancorat. 61). Obgleich die Betonung der Abstammung von Adam und damit der Gedanke von der Einheit des Menschengeschlechtes im Gedankengeflecht einer sich entwickelnden universalen Sündenvorstellung nicht unerheblich ist, so erscheint es in diesem Zusammenhang noch bedeutsamer, wenn Epiphanius in Abhängigkeit von Methodius von Olympos erklärt, daß wir „im Erstgebildeten" alle aus dem Paradies vertrieben worden sind (Panar. 64). Die Inklusion der Menschheit in Adam ist hier mit Bezug auf die Folgen seiner Sünde klar ausgedrückt. Das ist zwar noch nicht gleichbedeutend mit der Anteilnahme an der Sünde Adams, sondern gilt nur vom Inkurrieren der Strafe, die jedenfalls die gleiche wie die Adams ist. Aber auch in dieser restriktiven Form ist jedenfalls ein Zusammenhang zwischen Adam und den Menschen statuiert, der zwar ein verhältnismäßig äußerlicher ist (Gemeinschaft in der von außen verhängten Strafe), der aber für den späteren Gedanken einer inneren Gemeinschaft auch in der Sünde nicht bedeutungslos sein kann. Die beiden Gedanken stehen ja nicht beziehungslos nebeneinander. Die formale Struktur einer Gemeinschaft in einem religiös-ethischen Befund ist ihnen beiden gemeinsam. Hierbei ist ferner zu berücksichtigen, daß der Gedanke einer (sicher schon auf dem Geschlechtszusammenhang und der Einheit der Menschheit beruhenden) Solidarität in der Strafe und in den Sündenfolgen für die theologische Vernunft eine gewisse Herausforderung bedeutet oder jedenfalls eine Inkonvenienz an sich trägt, die nach einem Ausgleich ruft: die Bestrafung von Unschuldigen wegen der Sünde eines anderen ist von dem Vorwurf einer Ungerechtigkeit Gottes kaum freizuhalten. Deshalb drängte die „Erbstrafe"-Auffassung aus ihrem immanenten Widerspruch heraus zu einer anderen Lösung, die auch das Problem der Gerechtigkeit Gottes einbezieht. Es war nicht zuletzt dieses Problem, das später Augustin dahin führte, die Solidarität in der Strafe mit einer solchen in der Sünde zu begründen[92].

Die bei Epiphanius ähnlich wie bei dem beinahe ein Jahrhundert vorausliegenden Methodius von Olympos vertretene Position der Adamseinheit in bezug auf die Strafen und Sündenfolgen, die übrigens auch die Offenheit und Durchlässigkeit der einzelnen theologischen Richtungen füreinander zeigt, erfährt in ihrer Bedeutung nochmals eine gewisse Steigerung, wenn man sie ins Licht der hier immer mitgesehenen heilsgeschichtlichen Christus- und Erlösungsantithese setzt. Auch bei Epiphanius ist

[92] Die sich an dieser Stelle nahelegende Frage, die freilich einem mehr systematischen Problemaspekt zugehört, ob mit dem Vertiefen der „Erbstrafen"-Lehre zu einer „Erbsünden"-Lehre für das Denken etwas Positives geleistet sei oder ob damit die Problematik nicht nur auf eine tiefere Position hinabverlegt werde, soll bei der Darstellung der Lehre Augustins im historischen Problemzusammenhang erörtert werden.

nämlich der Gedanke durchaus entwickelt, daß der gottmenschliche Erlöser (dessen Gottheit gegen den Arianismus mit allem Gewicht ausgestattet wird) den Antitypos Adams darstellt und daß sein Heilswerk eine tiefe Solidarität der Menschheit voraussetzt. In einer inhaltlich zunächst mehr negativen (d. h. auf die Sünde Bezug nehmenden) Betrachtungsweise erklärt der Metropolit von Salamis, „daß kein Teil seines (Christi) Ich der Sünde frönte, nichts vom Bösen in Beschlag genommen würde, nichts in den Schlingen der Lust sich finge, nichts der Schuld Adams verfiele" (Ancorat. 80). Hier wird im Gegensatz zum gefallenen Adam von Christus als Menschen die Vollkommenheit und Sündenlosigkeit ausgesagt[93], beiläufig aber auch von einem Verfallen der Menschen an die Adamsschuld gesprochen, welche seltene Formulierung aber nicht als Argument für die Behauptung verwandt werden sollte, daß Epiphanius schon eine förmliche Schuldverhaftung der Menschen von Adam her vertreten hätte[94].

Aber der antithetische Parallelismus auf der Heils- und Christusseite empfängt noch stärkeres Gewicht in den Aussagen über die Universalität der Heilstat Christi wie auch über ihre Intensität (bzw. Intimität) bezüglich des einzelnen Menschen. Es sind zwar keine gerade neuen soteriologischen Gedanken, wenn Epiphanius, weithin am Schriftwort ausgerichtet, hervorhebt, daß Christus (gemäß Eph 2, 15) Juden und Heiden zu einem neuen Menschen schuf. Gleichgültig, ob Epiphanius darum wußte, daß Paulus in dieser Formulierung einen Einfluß der jüdischen Adamsspekulation zeigte[95], so kommt er doch zu demselben Ergebnis, wenn er sagt, „daß die Heiden Glieder desselben Leibes, Mitteilhaber und Miterben der Verheißung sein sollten" (Ancorat. 65) und daß „Christus beide in seinem Fleisch vereint hat, indem er in sich die beiden zu einem verband". Hier ist nicht nur trotz der neuen Schöpfung die Einheit der Menschheit ausgedrückt, sondern noch bestimmter als eine Einheit in Christus („in sich") ausgegeben. Diese Einheit der Menschheit in Christus erklärt auch die starken Formulierungen bezüglich der innerlichen Wirksamkeit der Erlösung im Menschen: er nahm das Heilsgeschäft auf sich, „damit er mich von der Knechtschaft loskaufte", damit „er uns in seinem Wort frei machte" und „damit die Welt gereinigt und alles im Himmel und auf Erden versöhnt worden ist" (Ancorat. 65). Was aber die Intensität der Heilswirkung Christi angeht, so kommt sie ungeschmälert in dem Wort zum Ausdruck: „In unserem Inneren ist aber Christus, denn ‚er wohnt ja in uns' " (Ancorat. 65).

Im Lichte solcher soteriologischen Bestimmungen der Christuseinheit der Menschheit empfangen auch die Erklärungen über die Adamseinheit schärfere Konturen. Auch wenn sie bei Epiphanius wörtlich nur den genealogischen Zusammenhang und die Solidarität in den Sündenfolgen meinen, so sind sie als Teilelemente des Gesamtkomplexes der Erbsünde nicht ungewichtig. Selbst wenn zugegeben werden muß, daß die Adamseinheit der Menschheit in der Vergottungslehre der Alexandriner[96] und in ihrer mystischen Auffassung von der einen menschlichen Natur einen deutlicheren

---

[93] Es verdient im Hinblick auf den herangezogenen Text Erwähnung, daß die Vollkommenheit Christi auch im Zusammenhang mit seiner Geburt aus der Jungfrau Maria gesehen wird. Und doch bildet die jungfräuliche Empfängnis bei Epiphanius noch kein Argument für die Sündenlosigkeit Jesu, so daß das mariologische Moment noch nicht mit der Erbsündenfrage gekoppelt ist.

[94] Die entscheidenden Folgen der Adamssünde sind die Verschlechterung des menschlichen Seinsstandes (ἐν ἐλαττώματι γεγονός), der Irrtum und die Abkehr von den himmlischen Dingen.

[95] Vgl. *H. Schlier*, Der Brief an die Epheser (D 1957) 134.

[96] *A. Theodorou*, Die Lehre von der Vergottung 294.

Ausdruck fand als bei dem Antiochener Epiphanius, so fehlt sie doch auch bei ihm nicht und läßt ihn nicht abseits von der Traditionslinie stehen[97].

Diese Linie, welche auf eine Verfallenheit der Welt nach oder auch schon in Folge der Adamssünde ausgerichtet war, findet auch keinen Abbruch durch die Tatsache, daß bestimmte, nicht unbedeutende Theologen dieser Schulrichtung über den Problemkomplex der Adamssünde schweigen, selbst wo sie die Fragen der Hamartiologie berühren. Dieses Schweigen muß nicht als ein der Menschheitssünde widerständiges und ablehnendes Verschweigen gedeutet werden. Auch wenn es interessant wäre, die Motive für ein Übergehen dieser soteriologisch nicht nebensächlichen Wahrheit ausfindig zu machen, gelangt hier das historische Fragen an eine gewisse Grenze, die nur dann und wann überschritten werden kann. Das gilt etwa im Falle der Acta Archelai[98], der in Dialogform gehaltenen Streitschrift gegen den Manichäismus (um die Mitte des 4. Jh.s entstanden) von einem sonst nicht bekannten Verfasser *Hegemonius*. In der harten Auseinandersetzung mit dem Manichäismus mußte verständlicherweise in der Erklärung der Sünde aller Nachdruck auf die sittliche Kraft des Menschen und auf die freie Willensentscheidung gelegt werden, so daß die Problematik einer überpersönlichen Unheilshaftung schwerlich in dieses Konzept hineinpaßte, wie ja noch Augustinus in seinen antimanichäischen Schriften das Problem einer Natursünde nicht aufgreift[99]. Wie bei Augustin, so kann freilich auch bei Hegemonius die Ursünde nicht gänzlich unbeachtet bleiben, in der der Neid des Teufels (der in der Auseinandersetzung überhaupt eine so entscheidende Rolle spielt, daß er mit dem Tod ineins gesetzt wird) der Herrlichkeit Adams ein Ende bereitete und das Leben unter die Herrschaft des Todes brachte. Ein daraufhin erfolgendes Überhandnehmen der Sünde bleibt nicht unerwähnt, aber es ist doch gleichsam gedämpft durch den Hinweis auf die immer auch vorhandenen Gerechten in der Welt (Acta Archelai 32, 6–10). Die Macht des Todes wird schließlich durch den Tod Jesu überwunden, aber die gegen Mani gerichteten Ausführungen erlauben keinen Schluß auf einen inneren Zusammenhang, sei es zwischen der Tat Christi und dem Heil der Menschen, noch zwischen Adam und ihrem Unheil.

Nicht viel tiefer lotet der in ähnlicher Weise gegen den Manichäismus argumentierende *Titus von Bostra* († 378)[100] in die Problematik hinab, auch wenn er im zweiten Buch seiner vierteiligen Streitschrift gegen die Manichäer den als Ebenbild Gottes geschaffenen Menschen mit der Bestimmung versieht, „Nachahmer Gottes zu sein“ (II 2) und das Wesen der Gottebenbildlichkeit der Tugendhaftigkeit des Menschen annähert. Immerhin bleibt nicht unvermerkt, daß der Mensch das Gutwerden nur mit Gottes Beistand zu verwirklichen vermag (II 8). In diese mehr philosophisch gehaltene Apologetik paßt offenbar zwar die Auffassung von der Vernunftgemäßheit der Tugend und der Naturwidrigkeit der Sünde hinein, nicht aber die geheimnishafte Spannung zwischen Sünde und Gnade in einer übergreifenden Heils- und Unheilsgeschichte. Wo im Rahmen einer philosophischen Anthropologie und Freiheitslehre solche tiefer gelegenen theologischen Schichten nicht erreicht wurden, sollte man aber die betreffenden Autoren auch nicht zu förmlichen Gegnern einer Natursünde oder einer sich anbahnenden Erbsündenauffassung stempeln. So erscheint es auch nicht begründet, Titus von Bostra als direkten Gegner einer Erbübel- oder Erbverderbnislehre auszugeben, weil er nämlich im dritten Buch seiner Kontroversschrift davon spricht, daß „wir von Anfang an ... für die Lebensart geschaffen wurden, nach der wir leben, und der Ungehorsam das Geschöpf nicht änderte“ (III 21)[101]. In einer Abhand-

---

[97] Der Versuch von *J. Gross*, aaO. I 172, die Aussagen des Epiphanius durch die Behauptung zu entwerten, daß der Metropolit von Salamis nur eine einzige Straffolge kenne, nämlich die Vertreibung aus dem Paradies, erscheint verfehlt, weil man auch bei Epiphanius den Ort des Paradieses nicht vom Zustand der Unsterblichkeit trennen kann.

[98] *Bardenhewer* II 28 266 ff; *J. Gross*, aaO. I 175 f. – Acta Archelai (ed. *Ch. B. Beeson:* GCS 16, 1906; PG 10, 1429–1528).

[99] Vgl. *C. J. Perl:* Aurelius Augustinus, Der freie Wille (Pa 1941) 223 f; *K. Flasch*, Augustin. Einführung in sein Denken (St 1980) 194.

[100] *Bardenhewer* III 269 ff. – Contra Manichaeos (PG 18, 1069–1264).

[101] Die nur syrisch überlieferten Teile des 3. Buches bei *J. Sickenberger*, Titus von Bostra (TU 21) (L 1901) 15.

lung, die gegen den Manichäismus vor allem die Unversehrtheit des menschlichen Wesens oder der Natur unter dem Einfluß des Bösen betonen möchte, hat eine solche Aussage eine gewisse positive Beweiskraft für sich. Sie spricht auch nicht grundsätzlich gegen die gläubige Gnaden- und Sündenauffassung, die ja auch im Punkte der Erbsünde so geartet ist, daß sie keine innerliche und wesenhafte Verderbnis der geschaffenen Natur meint (weshalb später Augustin nur ungern von einer „Natursünde" sprach[102]).

Allerdings bestätigen diese Ausfallserscheinungen das auch sonst an der Geschichte der Lehrentwicklung erhärtete Urteil, daß eine zu starke Fixierung auf eine gegnerische Position die eigene Entfaltung eines theologischen Gedankens hindert oder gar verunmöglicht. Das bestätigt sich im Bereich antiochenischer Theologie auch dort, wo aus anderen Gründen eine Gegnerschaft zum zentralen christlichen Dogma bezeigt wurde: nämlich im arianischen Gegensatz zur orthodoxen Christuslehre, der sich in Konsequenz zunächst auf die Soteriologie auswirken mußte. Es ist nicht zu unrecht bemerkt worden, daß (auch unter Berücksichtigung der Tatsache des Verlustes eines Großteils des arianischen Schrifttums) zumindesten in der Anfangszeit des Arianismus die Erlösungsperspektive auf die Gestalt Christi vernachlässigt wurde und daß sie auch später nicht besonders intensiv gepflegt wurde[103]. Auf dem Boden einer Christologie, die an ihren Ursprüngen Christus mehr als kosmologisches Prinzip denn als Erlöser erkannte und welche das Motiv der Menschwerdung geradezu in einer Prüfung des veränderlichen Logos gelegen sah[104], konnte schwerlich eine Erlösungslehre wachsen, in der die Menschwerdung des göttlichen Logos als Beginn des Vergöttlichungsprozesses anerkannt war, der auch den Menschen einbegriff, wie das in der Christologie des Athanasius[105] entwickelt ist. Damit mußte aber der Rückbezug auf den ersten Adam seine Bedeutung und seine Wirkung verlieren; denn die Adamsgestalt war nicht in einen kosmologischen Aspekt einzufügen[106]. So ist es nicht verwunderlich, daß u. a. der arianisch gerichtete Rhetor und Philosoph *Asterius* („der Sophist", † nach 341)[107] sich in einer Psalmhomilie (Hom. in Ps. XII) mehr von der allgemeinen Sündhaftigkeit der Menschheit beeindruckt zeigt, die er auf die Schwäche der menschlichen Natur zurückführt, als von einem Unheilsgeschehen am Anfang der Menschheitsgeschichte. Doch läßt sich unschwer erkennen, daß eine solche „Abflachung" der dramatischen Gegensätze von Sünde und Gnade und ihre Einebnung in eine grundsätzlich schwach gedachte menschliche Natur nicht nur dem biblisch-paulinischen Menschenbild und seiner inneren Spannung widerspricht, sondern daß dies auch im eigenen theologischen Konzept Widersprüchlichkeiten erbringen muß. Sie treten bei Asterius im Punkte der Kindertaufe zutage, deren Notwendigkeit er merkwürdigerweise angelegentlich verteidigt. Die theologische Begründung läßt allerdings Bestimmtheit und Sicherheit vermissen, so wenn er das christliche Zeichen in Parallele zur jüdischen Beschneidung setzt, ihr eine Immunisierung vor der Dämonenfurcht zuschreibt und ihre Wirkung mit der Symbolik der Christusbekleidung und der Besiegelung erklärt. Die entscheidende Wirkung ist allerdings erst die Erschließung des Himmelreiches, dessen das ungetauft sterbende Kind verlustig geht (Hom. in Ps. XII). Der hier vorausgesetzte Ausschluß der ungetauft sterbenden Kinder von der Seligkeit beinhaltet, wenn er nicht mit einer Begründung versehen wird, die auf das Geheimnis der Gnadenlosigkeit weist, eine erhebliche theologische Gedankenlücke, mit der sich das theologische Denken auf Dauer nicht abfinden konnte[108]. So lie-

---

[102] Zu Augustin vgl. etwa De gratia Christi et pecc. orig. II 29,34 (CSEL 42, 193 f).

[103] Vgl. dazu *J. Liébaert,* Christologie 63; *B. Studer,* Soteriologie 127.

[104] *J. Liébaert,* aaO. 63.

[105] *B. Studer,* aaO. 126 ff.

[106] So erkennt auch *J. Gross,* aaO. I 173, an, daß die Arianer nicht nur dem Werk des Erlösers geringere Bedeutung beimessen mußten, sondern auch den sündigen Zustand der Menschheit weniger dramatisch sehen konnten.

[107] *Bardenhewer* III 122 f; *J. Gross,* aaO. I 173 ff. – Commentarii in psalmos, homilia XII (ed. *M. Richard,* Oslo 1956; PG hom. VI 40, 444–460).

[108] Zur Frage der Taufwirkungen, die damals noch im Flusse war und auch unzureichend beantwortet wurde, in der sich aber gleichzeitig eine theologische Festigung abzeichnete, die ihrerseits nicht ohne positive Wirkungen auf die Wahrheit von einer Ursprungssünde bleiben konnte, vgl. u. a.

fert dieser arianische Theologe zwar keinen Beitrag zur Entfaltung einer Auffassung von einer Ursprungssünde. Aber gerade die Widersprüchlichkeit seiner Gedanken muß in der Folgezeit auf das theologische Denken herausfordernd gewirkt haben, das mit solchen oberflächlichen Lösungen sich nicht zufriedengeben konnte[109].

Daß die späteren Antiochener in den Komplex der Ursprungssünde theologisch tiefer eindrangen, läßt sich an *Diodor von Tarsus* († vor 394)[110] ersehen. Seine am Literalsinn orientierte Schriftexegese führte ihn zwar gelegentlich zu minimalistischen Interpretationen, wie etwa in der Deutung der Gottebenbildlichkeit, die er gemäß 1 Kor 11,7 dem Manne vorbehält, welcher allein über die Schöpfung zu herrschen vermag (In Gen. 1,26). Aber die Adamsgestalt erscheint mit der Begabung der Unsterblichkeit und Konkupiszenzfreiheit in einer gnadenhaft erhöhten Beleuchtung, der danach auch das Dunkel des Falles als eindeutiger Kontrast entspricht; denn: „Der Fehltritt Adams verurteilte die Menschen und lieferte sie dem Tode aus" (In Rom. 5,18–19), so daß der Tod „auf alle übertragen wurde". Nimmt man noch hinzu, daß Diodor den Tod in einem hamartiologischen Sinne als geistigen Tod in der Sünde versteht[111], so scheint der Annahme einer Behaftung aller Menschen mit der Adamssünde nichts entgegenzustehen. Allerdings ist Diodors Exegese des locus classicus der späteren Erbsündenlehre nicht stringent. Daß er unter Veränderung des paulinischen Sinnes Röm 5,13f als Anrechnung der Sünde zwischen Adam und Moses nach dem Maßstab des Naturgesetzes deutete und damit der griechischen Exegese weithin die Bahnen wies, fällt dabei weniger ins Gewicht als der Umstand, daß er nachfolgend unter der fortwirkenden Sünde Adams doch die persönlichen Sünden meint, die nur unter Nachahmung des bösen Beispiels Adams geschehen. So kann er zu Röm 5, 16f erklären, daß „die Sünde des Adam zwar eine war, daß sie aber dennoch als eine aus einer Sünde die vielen verurteilte, weil sie den Adam nachahmten". Die nicht ganz durchsichtige Interpretation, die in der Weise des Origenes die πολλοί auch nur auf „viele" (nicht auf „alle") hin interpretiert (so daß nach einer weiteren Einschränkung der Tod auch nur von denen wirklichen Besitz ergriff, die in der Sünde verharrten), läßt den Schluß möglich erscheinen, daß Diodor am Ende doch nur die persönlichen Sünden meine, die von den Menschen seit Adam begangen wurden und ihnen den Sündentod brachten (der freilich, so geurteilt, kein universaler gewesen wäre). Indessen wäre mit einer solchen einlinigen Interpretation die Dialektik zwischen der Sünde als einer den persönlichen Sünden vorausgehenden Macht und den Einzelsünden der „vielen" übersehen und verdeckt. In Wirklichkeit verlangt die vorangestellte Aussage über die Sünde, die aus Adam kommend, die vielen verurteilte und tötete, ebenso Beachtung. D. h. dann, daß in dieser Argumentation dem von Adam kommenden Sün-

---

B. Neunheuser, Taufe und Firmung 65f; *A. Stenzel,* Die Taufe 69; *G. Kretschmar:* Leiturgia V 93 99 173 u.ö.

[109] Der hier behaupteten Neigung des Arianismus zu einer spärlichen Erlösungs- und Sündenlehre ersteht durch den scheinbar ebenso gehaltenen Hexaëmeron-Kommentar des Antiarianers Eustathius von Antiochien († vor 337) kein Einwand, insofern diese Schrift dem genannten Autor nicht zugehört. Freilich ist auch grundsätzlich zu beachten, daß zwar vom Arianismus her begründet Unzulänglichkeiten in der Erlösungslehre abgeleitet werden können, daß aber umgekehrt ein Antiarianismus allein noch keine Garantie für eine integrale Erlösungslehre und Hamartiologie bietet. Zu Eustathius vgl. *Bardenhewer* III 230–239; *J. Gross,* aaO. I 175.

[110] *Bardenhewer* III 304–311. – Fragmenta in Octateuchum (PG 33, 1561–1588); Commentarii in epistulam ad Romanos, fragmenta (ed. *K. Staab,* Pauluskommentare aus der griechischen Kirche, Mr 1933, 83–112). [111] So auch *K. H. Schelkle,* Paulus 169.

dentod auch eine eigene Wirksamkeit unter den Menschen zuerkannt ist, die mehr beinhaltet als das böse Beispiel, an das man sich selbsttätig halten kann oder nicht. Es ist hier vielmehr an eine objektive Sündenmacht gedacht, die freilich erst in den persönlichen Sünden und mit ihnen zusammen Wesen und Gestalt gewinnt. Darum wird die Bedeutung dieser Argumentation wohl entwertet, wenn man sie mit dem Endurteil bedenkt, Diodor habe keine „Erbsündenlehre", sondern allenfalls die schon bekannte griechische „Erbübellehre" vertreten[112].

In Wirklichkeit verdient seine bereits recht differenzierte (wenn darum auch nicht schon in allem treffende) Exegese des Paulustextes eine nuancierte Beurteilung. Sie kann ergeben, daß er weder eine „Erbsündenlehre" vertrat, was mehr oder weniger selbstverständlich anmutet, wenn man bedenkt, daß die Vorstellung vom Erbe im griechischen Denken keine Rolle spielte, noch auch eine „Erbübelauffassung" meinte, was daran zu ersehen ist, daß er die aus Adam kommende Sünde als verurteilende und tötende Macht ausgibt, nicht aber als irgendwelche psychischen oder physischen Folgen. (Der Gedankengang gewinnt tatsächlich seine geistige Kraft aus der Auffassung vom Tod als „Sündentod".) Daß er dabei im Zusammenhang der Nennung einer Sündenmacht auch der persönlichen Sünden Erwähnung tut, darf nicht den Grund dafür abgeben, das Wirken der Adamssünde als Macht zu übersehen und aus dem Gedankengefüge zu verbannen. Man darf sogar, freilich unter modernem Problemaspekt auf diesen Entwurf blickend (und ohne ihm die moderne Problematik zu unterschieben), annehmen, daß sich hier die Erkenntnis von einer gewissen Zusammengehörigkeit zwischen der weiterwirkenden Adamssünde und den aktuellen Sünden der Menschen anbahnt, ein bleibendes Problem jeder Erbsündenlehre. Daß diese von Diodor trotz allen genannten Ansätzen nicht erreicht ist, liegt nicht an dem fehlenden Wort für das Moment der „Transmission" (d. h. nicht an dem Begriff des Erbes), aber auch nicht daran, daß hier nur an Straffolgen und Übel gedacht wäre; das Nichterreichen des spezifischen „Erbsünde"-Gedankens besteht auch hier in dem Umstand, daß die fortwirkende Sündenmacht dem Menschen nicht imputiert wird, sondern merklich in einem Außenverhältnis zu ihm bleibt. Aber im Hinblick auf eine weitergehende Entwicklung ist die aus der Betrachtung des theologischen Zusammenhangs kommende Frage zu stellen: Kann es eigentlich bei Annahme einer als geistiger Tod der Seele wirkenden Sündenmacht bleiben, die auf diese Seele nur von außen her eindringt?

Im Lichte dieser immer noch ambivalenten, „offenen" Aussagen Diodors (auch im negativen Sinne offen; denn die Einschränkung der Sündenmacht auf „viele" schlägt zuletzt gegen die Universalität der Erlösung aus), ist dann auch das vielerörterte und von der Parteien Gunst hin und her gerissene Zeugnis des *Chrysostomus* († 407) zu bewerten, des berühmtesten Antiocheners, der auch die Wertschätzung der Alexandriner genoß[113]. Der Lehrgehalt seiner Äußerungen über die Adamssünde und ihre Folgen war schon zwischen Julian von Eclanum und Augustinus im pelagianischen Streit

---

[112] Vgl. dazu auch die der obigen Interpretation ähnliche, wenn auch nicht ganz gleiche Erklärung von *K. H. Schelkle*, aaO. 169; *J. Freundorfer*, Erbsünde und Erbtod (Mr 1927) 116f; *A. Gaudel*, aaO. 349f.

[113] *Bardenhewer* III 324ff; *D. Attwater*, St. John Chrysostom. Pastor and Preacher (Lo 1959). – Homiliae 1–67 in Genesim (PG 53,21 – 54,580); Sermones 1–9 in Genesim (PG 54, 581–630); In Matthaeum homiliae 1–90 (PG 57, 13 – 58,794); In Iohannem homiliae 1–88 (PG 59, 23–482); In epistulam ad Romanos homiliae 1–32 (PG 60, 391–682); In epistulam I ad Corinthios argumentum et homiliae 1–44 (PG 61, 9–382); Homilia dicta praesente imperatore (PG 63, 473–478). PG 47–64.

umstritten[114]. Dabei wurde die an ihn gerichtete Fragestellung meist in das Schema einer starren Alternative gezwängt, die nur die Entscheidung zwischen dem Pelagianismus oder der strengen Augustinischen Theorie offenließ. In Wirklichkeit kannte Chrysostomus diese Frontstellung nicht, war aber als Prediger und Seelsorger auch nicht sonderlich um begriffliche Klärungen bemüht, ähnlich wie er ja auch in der Christologie, obgleich die Einheit in Christus lehrend, auf die genauere Inhaltsbestimmung der unio verzichtet.

Der auch bei ihm vorwaltende heilsökonomische Grundzug der Theologie, der auf die Menschwerdung und auf das Kreuzesgeschehen hinführt[115], läßt den Blick auch auf die Bedeutung der Ursprünge gehen, zumal Chrysostomus als Exeget in seinen Homilien auch die Schöpfungsgeschichte behandelt (zwei Homilienserien zur Genesis) und trotz Bevorzugung der historisch-philologischen Auslegung der Texte die geistig-typische Bedeutung des Alten Testamentes für das Neue hochschätzt. Darum ist ihm auch die paulinische Adam-Christus-Parallele, die er, der Tradition folgend, um die Lebensbaum-Kreuz-Antithese bereichert[116], eine Quelle heilstheologischer Erkenntnisse und praktischer Anwendungen. Für den Homileten ist „Adam ein Vorbild Christi". Die seinen Zuhörern einläßlich ausgeführte Begründung für die heilsgeschichtlich bedeutsame Typologie lautet: „Geradeso wie Adam für seine Nachkommen, obwohl diese nicht von dem Baume gegessen hatten, die Ursache des durch seinen Genuß herbeigeführten Todes geworden ist, ebenso ist Christus für seine Nachkommen, obzwar sie nicht gerecht handelten, der Vermittler der Gerechtigkeit geworden, die er uns allen durch seinen Kreuzestod verdient hat" (Hom. in Rom. 10, 1). An dieser Aussage ist beachtenswert, wie streng die Parallele bis in die Einzelheiten hin durchgeführt ist: bezüglich der auf beiden Seiten (des Unheils wie des Heils) handelnden Personen, bezüglich der Nachkommenschaft beider, bezüglich ihres Nichttätigseins bei den Geschehnissen, schließlich auch bezüglich der Ursächlichkeit und des Effektes: dort der Tod als Inbegriff des Unheils, hier die Vermittlung der Gerechtigkeit.

Diese streng biblisch ausgerichtete Darstellung wird in der Auslegung der Urgeschichte ergänzt durch Hinzufügung bestimmter Qualifikationen zum paradiesischen Stand der Stammeltern, die der Tradition entnommen sind und ein Interesse an heilshaft-idealen Kennzeichnungen dieses Standes zeigen, worin Chrysostomus eigentlich von der antiochenischen Zurückhaltung abgeht und sich der alexandrinischen und kappadozischen Auffassungsweise nähert. So nimmt er in der Richtung des Irenäus-Origenes auch die Unterscheidung von εἰκών und ὁμοίωσις wieder auf, wobei er dem ersten Begriff (im Sinne seines Lehrers Diodor von Tarsus) die Herrscherwürde zuordnet (die er dann der Frau nicht in gleicher Weise zuerkennt), dem letzteren das Moment der auf die Gottähnlichkeit dynamisch ausgerichteten Tugendübung beigibt (In Gen. hom. 9, 3). Dem Zustand der Sündenlosigkeit eignet im ganzen ein „engelgleiches Leben" unter Abwesenheit der Begierlichkeit, gepaart mit Freiheit von natürlichen Bedürfnissen, vor allem aber überhöht durch die Unverweslichkeit und

---

[114] *Bardenhewer* III 358 f.

[115] Vgl. *P. Stockmeier,* Theologie und Kult des Kreuzes bei Johannes Chrysostomus (Trier 1966) 37 f u. ö.

[116] Ebd. 221 f. Chrysostomus führt die Parallelität sogar noch in weitere Bereiche, wo sie allerdings dann zur Metapher gerät, so etwa in der Vorstellung, daß Adam auf Golgatha begraben liege und daß das Kreuz als Siegeszeichen über diesem Grabe aufgerichtet sei: ebd. 72 f.

Unsterblichkeit, welche beiden Vorzüge zusammenfließen in dem Begriff der „Herrlichkeit von oben" (In Gen. hom. 15,4). Die Harmonie zwischen den Kräften der Seele und den Gliedern des Leibes wird beinahe so wie später bei Augustinus hervorgehoben; im Sinne der später so genannten Integritätsgaben sind hier (erstmals besonders vernehmlich) die Gaben besonderer Weisheit und der Prophetie als Ausstattungen Adams genannt (In Gen. hom. 15, 3). All diese Vorzüge gelten aber nach dem Konzept des Kirchenvaters nicht der Aufrichtung einer staunenerregenden kosmologischen Ausnahmewelt; sie sind vielmehr heilstheologisch ausgerichtet und in einem Zentrum verbunden, das schlicht und doch bedeutungsvoll den vertrauten Lebensumgang mit Gott meint (Hom. dicta praes. imper. 1).

Dem heilshaft-gnadenhaft erhobenen Zustand der ursprünglichen „Herrlichkeit" entspricht die Tiefe des Unheils nach dem Fall, der (in leicht platonisierender Tönung) zunächst bei der Schwäche des Weibes seinen Beginn nimmt und sich in der Nachlässigkeit Adams vollendet (In 1 Kor. hom. 16, 1, 3). Auch hier nimmt die Zeichnung den Charakter strenger Parallelität an in der Hervorkehrung des Verlustes des engelgleichen Lebens, der Herrlichkeit, der Unsterblichkeit und des Inkurrierens der konträren Zuständlichkeiten, zu denen zusätzlich die im Menschen aufstehende Furcht vor dem Tode tritt. Freilich verlor Adam (was ein Kennzeichen der ausgewogenen theologischen Anthropologie des Autors ist) die Gottebenbildlichkeit nicht vollständig; denn der mit der Herrschaftsstellung gegebene Vorzug blieb dem Menschen erhalten, was im späteren Sinne der natürlichen imago gedeutet werden kann.

Eine so ausgiebige (und doch nicht exzessive) Zeichnung des Urstandes ist natürlich von theologisch weitreichender Bedeutung, zumal wenn man sie auf dem Hintergrund des eigentlichen „Strukturprinzips" betrachtet, der Adam-Christus-Parallele. Lenkt man den Blick auf das Zentrum in der Herrlichkeit Christi, so wird man auch hier die Einhaltung der Parallele (bzw. der Antiparallele) bestätigt finden: was Christus kraft seines Todes der Welt bringt, ist die Heraufführung einer universalen Heilssituation, die ganz in den Farben der paulinischen Theologie gezeichnet wird; Versöhnung der Menschheit mit dem Vater, Frieden zwischen den verfeindeten Menschen, Vergebung der Sünden. Der Totalität dieses Geschehens entspricht eine hohe Intensität im Leben des einzelnen. Hier entwickelt Chrysostomus in großer Genauigkeit die Grundgedanken der paulinischen Rechtfertigungslehre mit dem Nachweis, daß Christus Urheber unserer Gerechtigkeit ist, die nicht aus menschlicher Tugend gewirkt wird, sondern aus der Gnade Christi kommt. Dieses Geschenk vermittelt dem Glaubenden eine lebensmäßige Christusvereinigung von solcher Tiefe, daß die Folgerung erlaubt ist: „Wir sind Teile seines Fleisches und vereint mit ihm, wie der Körper mit dem Haupte" (Hom. in Rom. 10, 2). Chrysostomus spricht darüber in Entsprechung zum paradiesischen Urstand in sehr starken Ausdrücken, die nichts Geringeres meinen, als daß durch Christi Tat die Erde in den Himmel umgestaltet worden sei (Hom. in Mt. 54, 4), wenn selbstverständlich dieser Indikativ immer auch an den Imperativ der menschlichen Mitverwirklichung gebunden ist.

Da diese positive Sicht von der Erlösung als Christuseinheit in Antithese zu Adam entwickelt ist, legt sich die Frage nahe, ob die Schicksalsgemeinschaft mit dem Stammvater und dem Urheber des Unheils auch in solcher organischer Verkettung und Verflechtung zu denken ist, was der Stringenz der Parallele entsprechen würde. Aber freilich darf hier nicht die formale Struktur einer Parallele die Entscheidung herbeiführen, sondern das von dem Autor wirklich Gesagte.

Diesbezüglich ist nicht zu übersehen, daß der Kirchenvater in einer ganzen Reihe von Aussagen der Auffassung einer ebenso organischen Adamseinheit zuzuneigen scheint. Hierfür sprechen zunächst die bereits bei den Kappadoziern vorkommenden Formeln von einer Inklusion aller Menschen in Adam und der Verbundenheit mit seinem Geschick: „Gott schenkte uns am Anfang ein von Mühen und Sorgen freies Leben. Wir aber machten von ihm nicht den geziemenden Gebrauch, sondern wurden von der Untätigkeit abgelenkt und des Paradieses verwiesen" (In Joan. hom. 36). Diese zur Gleichsetzung mit Adam tendierende Auffassung betrifft aber auch den einzelnen: „Am Anfang wollte Gott dich unsterblich machen, du aber wolltest nicht" (In 1 Kor. hom. 17, 3)[117]. Von Adam her betrachtet, drückt sich die nahekommende Identifikation in der Aussage aus: „Als Adam jene große Sünde beging und das ganze Menschengeschlecht verurteilte, erduldete er vor Schmerz viele Strafen" (so von Augustin aus dem Brief an Olympias zitiert: Contra Jul. I 6, 24). Beachtlich ist an dieser Formulierung der Umstand, daß mit der Sünde Adams das ganze Menschengeschlecht der Verurteilung anheimfiel. Die darauf folgende Erwähnung der Strafen läßt erkennen, daß Sünde und Verurteilung von den Strafen (wenigstens bei Adam) unterschieden werden. Allerdings sind diese Bezeugungen der Betroffenheit der Menschheit durch Adam nicht so geartet, daß sie eindeutig eine Behaftung mit der Sünde Adams ergäben. Andererseits sprechen sie ebensowenig eindeutig für eine bloße Folge von Strafen und Übeln, unter welche dann auch nur die persönlichen Sünden der Menschen nach Adam zu zählen wären[118].

Allerdings scheint die relativ ausführliche Exegese des locus classicus der Lehre von der Ursprungssünde durch Chrysostomus die Frage doch im Sinne der Erbübellehre zu entscheiden, zumal wenn dieser Exegese eine bestimmte Aussage über die Wirkung der Kindertaufe an die Seite gestellt wird, welche die Sündenfolge nach Adam angeblich auf aktuelle Sünden zu beschränken zwingt. Zu Röm 5, 12 ff erklärt der Kirchenvater zunächst, daß der Tod durch die Sünde des einen zur Herrschaft gelangte. Aber er sieht in der Aussage ein Problem eingeschlossen, das sich aus der paulinischen Feststellung ergibt, nach welcher dieser Tod zwischen Adam und Moses herrschte, da es kein Gesetz gab und die Sünde nicht angerechnet wurde, so daß vor Moses jedenfalls nicht die persönlichen Sünden der Menschen als Ursache ihres Sterbens ausgegeben werden können (das offensichtlich hier als leiblich-irdisches Geschehen verstanden ist). Es gilt also: „Da jener (Adam) fiel, sind auch die, die nicht vom Baum gegessen haben, von jenem her alle sterblich geworden." Der Kirchenvater lehnt für diese Phase der Heils- bzw. Unheilsgeschichte ein Inkurrieren des Todes durch persönliche Sünde, offenbar aus Gründen einer strengen Exegese der paulinischen Sünden- und Gesetzeslehre, ab. Wenn trotzdem auch in dieser Periode alle starben, dann ist diese Sünde, die offenbar für den Tod als Voraussetzung immer gefordert bleibt, „nicht eine persönliche Gesetzübertretung, sondern jene des Ungehorsams des Adam. Sie hat alles ins Verderben gezogen" (In Röm. 5, 13)[119]. So wird an dieser Stelle das nicht unwichtige Einzelmoment hervorgehoben, daß die Sünde

[117] Ähnlich lautende Aussagen über eine gewisse Inklusion finden sich allerdings schon bei Irenäus, Origenes und Athanasius.

[118] Unter dieser Rücksicht urteilt *J. Gross* vorschnell, wenn er die Aussagen eindeutig für die sog. Erbübellehre beansprucht, aaO. I 183.

[119] Zu dieser nicht uninteressanten Interpretation des Chrysostomus führt *K. H. Schelkle* aus, daß die ἁμαρτία von Röm 5, 13 nicht, wie Chrysostomus es tut, auf die Sünde Adams zu beziehen sei, sondern auf die persönlichen Sünden in der Zeit vor Moses: Paulus 170. Aber jedenfalls wird daraus die Auf-

Adams in der Zeit vor dem Gesetz den Tod aller Menschen direkt verursachte. Bei dem inneren Konnex zwischen der Sünde und dem Tod des einzelnen wäre aus einem späteren Problembewußtsein heraus die Fragestellung anzubringen, ob dann nicht die hier zur Voraussetzung des Todes geforderte Sünde eine Realität *in* oder an den betreffenden Menschen bedeuten müßte (ähnlich wie es der Tod ist). Aber diese Frage (die, wenn sie positiv zu beantworten wäre, eine Behaftung der betreffenden Menschen mit der Sünde Adams ergäbe) liegt nicht im Gesichtskreis des Kirchenvaters. So muß es bei der Grundaussage bleiben, daß die Sünde Adams alle ins Verderben gezogen hat.

Den später (in der lateinischen Übersetzung) so wichtig gewordenen Anschluß „ἐφ' ᾧ πάντες ἥμαρτον" versteht Chrysostomus kausativ: „weil alle sündigten". Er präzisiert nachfolgend diese Formel und setzt für sie: ἁμαρτωλοὶ γεγόνασιν (so auch zu Röm 5, 19). Der sich hier einstellenden Problematik bewußt, legt er sich die Frage vor: „Was bedeutet nun hier Sünder? Mir scheint: der Strafe verfallen und dem Tod überantwortet." Zu dieser Erklärung sieht sich der Kirchenvater gezwungen, weil er nicht annehmen kann, daß durch den Ungehorsam des einen ein anderer formell zum Sünder werden könnte. „Sünde" und „Sündigsein" in der Nachfolge Adams sind dann hier nur metonymisch aufgefaßt. Diese Auffassung geht aus der Frage hervor: „Daß aber durch seinen Ungehorsam ein anderer Sünder wurde, welche Folgerichtigkeit hätte das?" Der Kirchenvater scheint in einer solchen Annahme eine Inkonsequenz zu sehen, die zuletzt sogar gegen die Gerechtigkeit Gottes ausschlägt. Freilich erkennt er in diesem Zusammenhang auch (was für sein Problembewußtsein spricht), daß der Vorwurf der Ungerechtigkeit Gottes sich genauso an den Umstand heften kann, daß Gott solche, die nicht wirklich gesündigt haben, mit dem Tod bestraft und anderen Übeln aussetzt. Hier erfolgt dann bezüglich der Deutung des Todes die Einführung des schon bekannten Argumentes, nach dem der Tod nicht bloßen Straf- und Unheilscharakter an sich trage, sondern von Gott, nach der geschehenen Sünde, auch Segens- und Trostcharakter empfangen habe. Neu daran ist nur die Einfügung dieses Argumentes zum Zwecke der „Theodizee".

So scheinen die tragenden Aussagen der Exegese Röm 5, 12–21 durch Chrysostomus, obgleich sich am Anfang wegen des engen Konnexes zwischen Sünde und Tod vor allem in der Zwischenphase von Adam bis Moses eine Annäherung an die Idee einer Sündenbehaftung der Menschheit einzustellen scheint, am Ende doch wieder den Abstand zu einer solchen Allgemeinsünde zu ergeben. So stellt denn auch K. H. Schelkle nach ausgewogener Erörterung des Für und Wider fest: „Chrysostomus lehrt zwar den Erbtod aus Adams Sünde ohne Vermittlung durch persönliche Sünde. Aber eine volle Erbsündenlehre ist für Chrysostomus dann doch ausgeschlossen durch seine rationale Überlegung über Gottes Gerechtigkeit."[120]

Von einer anderen Seite her wird dieses Ergebnis scheinbar bestätigt, nämlich von Chrysostomus' Aussage über die Kindertaufe, die er zunächst schon als allgemeine Übung vorauszusetzen scheint. Aber bezüglich ihrer Wirkung gibt er zu bedenken: „Deshalb taufen wir auch die Kleinkinder, wiewohl sie keine Sünden haben, auf daß ihnen verliehen werden Heiligkeit, Gerechtigkeit, Annahme an Kindes Statt, Erb-

fassung des Kirchenvaters ersichtlich, daß an sich der Tod nur im Gefolge der Sünde auftreten konnte. Da vor dem Gesetz Sünde nicht angerechnet wurde, muß der Tod allein auf die Sünde Adams zurückgeführt werden.

120 AaO. 170; hier auch Hinweise auf J. Freundorfer, A. Gaudel, E. Hoffmann-Aleith u. a.

schaft, Christi Bruderschaft, damit sie seine Glieder seien."[121] Augustin hat die Aussage auf persönliche Sünden bezogen, was ihm ein moderner Autor zum Vorwurf macht unter Hinweis auf die zuvor angeführten Aussagen, die angeblich ergeben, daß es für Chrysostomus überhaupt keine anderen Sünden als persönliche gebe[122]. Aber so definitorisch spricht der Kirchenvater nicht: er stellt angesichts der Römerbriefstelle und im Blick auf die Gerechtigkeit Gottes die Frage, ob es folgerichtig sei, einen Menschen aufgrund der Sünde eines anderen als Sünder zu bezeichnen. Er stellt damit am schärfsten von allen bisherigen Autoren das Problem bzw. das Geheimnis der „Erbsündenlehre" heraus und gibt auch deutlich zu erkennen, daß er eine solche Auffassung von der Adamssünde nicht vertritt. Aber er sagt nicht positiv, daß es nur persönliche Sünden geben könne.

Wenn man aber von der Römerbrief-Exegese absieht und zunächst allein die Frage nach dem Aussageinhalt dieser Taufinterpretation stellt, so kommt man zu der merkwürdigen Feststellung, daß weder Augustinus noch seine damaligen wie heutigen Gegner hier etwas anderes annehmen als den Hinweis auf persönliche Sünden. Nur trägt Augustinus dieses Argument mit der Absicht vor, Chrysostomus nicht als Leugner der Erbsünde erscheinen zu lassen, während seine Gegner diese Aussage über die fehlenden persönlichen Sünden mit einer Leugnung der Erbsünde durch den antiochenischen Theologen verbinden.

Diese Verbindung muß aber in diesem Zusammenhang als weniger wahrscheinlich bezeichnet werden; wenn man den Blick allein auf diese Aussage fixiert, ist die Auslegung begründet, daß der Kirchenvater tatsächlich an einen Zustand der Kinder denkt, der durch das Fehlen der persönlichen Sünden nicht hinreichend erfaßt ist; denn die Benennung der Gnadenwirkungen, die die Taufe den Kindern vermittelt, ist theologisch durchaus erheblich[123]. Sie setzt voraus, daß die Kinder kraft ihrer Geburt eben nicht im Besitz der Heiligkeit, der Gerechtigkeit, der Annahme an Kindes Statt, der Erbschaft, der Bruderschaft mit Christus und der Gliedschaft an seinem Leibe sind. Sie sind danach im Zustand der mangelnden Gottesfreundschaft, den Chrysostomus sonst als Folge der Adamssünde für alle Menschen ausgibt. Dieser Konsequenz gegenüber ist eine Ausflucht schwer möglich; es sei denn, daß man dem Kirchenvater die Theorie eines neutralen Zustands zwischen Sünde und Gnade vindiziert, die bei ihm keinen Anhalt hat, ja von seiner Rechtfertigungslehre her geradezu ausgeschlossen ist. (Tatsächlich kommt hier dem Begriff der Rechtfertigung besondere Bedeutung zu.) Mit dieser Interpretation stimmt auch das überein, was Chrysostomus über das Geschick der ungetauft sterbenden Kinder sagt.

Dagegen scheint bei *Theodor von Mopsuestia* († 428) eine förmliche Gegnerschaft zum Gedanken an eine den Menschen affizierende allgemeine Sünde aufzukommen. Der konsequenteste Vertreter der antiochenischen Schule, der, „in strenger Bindung an Gottes Heilsökonomie, alles so natürlich und vernünftig wie möglich erklären"[124] möchte, hat wegen seiner scheinbar unausgeglichenen Aussagen[125] über den Adamsstand und die Adamssünde die unterschiedlichsten Deutungen hervorgerufen[126], dar-

[121] Vgl. *Augustinus,* Contra Julianum I 6 (PL 44, 655f).
[122] *J. Gross,* aaO. I 186.
[123] Vgl. *Fr. Reckinger,* Kinder taufen – mit Bedacht 41f.
[124] *U. Wickert,* Studien zu den Pauluskommentaren Theodors von Mopsuestia 107.
[125] Den „systematischen" Zug im Denken des Exegeten betonen mit Recht stärker U. Wickert, A. Ziegenaus, A. Grillmeier.
[126] Einen guten Überblick bietet *A. Ziegenaus,* Das Menschenbild 66–68.

unter auch solche, die ihn für eine förmliche Erbsündenlehre beanspruchen[127]. Obgleich in der Christologie nicht ohne Bedeutung und nicht unorthodox[128], verhindert seine eigenwillige Anthropologie und seine von Titus von Bostra übernommene Zwei-Zeitalter-Lehre (καταστάσεις αἰῶνες) doch die Anerkennung einer Sünde, die mehr sein könnte als die willentliche Gesetzesübertretung. Die Abfolge der zwei Phasen oder Zeitalter der Heilsgeschichte, der Katastase der Sterblichkeit und der in der Auferstehung einsetzenden der Unsterblichkeit, läßt eine Sonderstellung Adams am Anfang der Heilsgeschichte nicht zu. Das zeigt sich bereits in der Auffassung von der Gottebenbildlichkeit des ersterschaffenen Menschen. Gott „schuf ihn nach seinem Bild und verband in ihm die ganze Kreatur"[129]. So besteht die Gottebenbildlichkeit des Menschen wesentlich in dem Vorzug, daß die Schöpfung auf den Menschen ausgerichtet ist und in ihm die verschiedenen Seinsschichten der Schöpfung verbunden sind[130]. Zwar ist die Stellung des Menschen nicht gering bewertet, wenn er ihn als Repräsentanten der unsichtbaren Schöpfung und als Bindeglied der Schöpfung bezeichnet, durch welches die Schöpfung zu ihrem Schöpfer vordringen sollte[131], aber eine übernatürlich-gnadenhafte Qualifikation ist damit nicht ausgesprochen. Gegenüber den Alexandrinern macht sich hier ein großer Unterschied bemerkbar, der für diese Gottebenbildlichkeitsauffassung einen gleichsam nur „funktionalen" Zug übrig läßt.

Aus diesem rational-naturhaften Ansatz läßt sich auch die im griechischen Bereich seltene Auffassung von der „Unsterblichkeit" bei Theodor verstehen[132]. Der Skopus der diesbezüglichen Ausführungen zwingt zur Annahme, daß Adam sterblich geschaffen wurde, und zwar unter Voraussicht seiner Sünde, die eigentlich erst der gerechte Grund für seinen Tod war[133]. Auf der Grundlage dieses Gedankens kann dann, da Sterblichkeit immer auch Anfälligkeit seitens der Sünde besagt, die Ursünde psychologisch recht verständlich gemacht werden, da die natürliche Begierde, die ἐπιθυμία, in Adam bereits vorhanden war und vom Teufel ausgenutzt wurde[134]. Der Fall geschah übrigens bald nach der Schöpfung – Theodor übernimmt hier merkwürdigerweise die schon bei Philo erwähnte Hypothese von dem sechsstündigen Intervall zwischen Erschaffung und Sünde[135].

Die Folgen der Adamssünde bestehen für diesen selbst (Eva wird in diesem Zusam-

---

[127] So u.a. *R. Devreesse,* Essai 98f; *E. Amann:* DThC XV 277f; *W. de Vries* nimmt eine Entwicklung in dieser Frage bei Theodor an, der sich in den Taufkatechesen einer mehr traditionellen Ausdrucksweise bediente: Der Nestorianismus 91–148; dagegen *A. Gaudel,* aaO. 353–358.

[128] Vgl. die Zusammenfassungen bei *B. Studer,* Soteriologie 181–190; *A. Grillmeier,* Jesus der Christus 614–634.

[129] Fragmenta Syriaca (ed. *E. Sachau,* L 1869) 19.

[130] Bei *Theodoret von Cyrus,* In Gen. I 20 (PG 80, 109A–113A); ähnlich im Kommentar zu Röm 8, 19: *K. Staab,* Pauluskommentare 137.

[131] Fragmenta Syriaca 18.

[132] Die äußerlich oft widersprüchlichen Aussagen Theodors zu diesem Thema, die einmal auszusagen scheinen, daß erst die Sünde den Menschen sterblich machte, zum anderen nahelegen, daß die von Beginn an bestehende Sterblichkeit die Sünde hervortrieb, sind harmonisierbar mit Hilfe der bei ihm angelegten Unterscheidung einer natürlichen Sterblichkeit und einer mit zusätzlichem Strafcharakter versehenen Mortalität; vgl. dazu *U. Wickert,* aaO. 114ff; *A. Ziegenaus,* aaO. 73; *J. Gross,* aaO. I 197.

[133] In Gen. 3, 17 (PG 66, 640C–641A).

[134] In Gal. 2, 15–16 (ed. *H. B. Swete,* Theodori Episcopi Mopsuesteni in Epistolas B. Pauli Commentari, C 1880/82, I 26).

[135] Contra defensores pecc. orig. 8 (ACO I 174).

menhang nicht erwähnt)[136] in der Verstärkung der Begierlichkeit und in der Auslieferung an die Sünde. Aber darüber hinaus erkennt Theodor auch eine Ausweitung der Tat Adams auf die gesamte Menschheit, die er sogar mit dem Gedanken einer erbähnlichen Transmission erklärt. Aber nicht die Sünde Adams ging auf die Menschheit über, sondern der Tod, und dies wegen der allen Menschen gemeinsamen Natur; denn „wir wurden die Erben seiner Natur und seiner Strafe"[137]. Der Kontakt mit Adam wird hier deutlich mit der Vererbungsvorstellung begründet, die aber inhaltlich auf den Tod und das Gesetz der Sterblichkeit geht. Man könnte meinen, daß sich hier paulinische Gedanken wiederfinden, wie ja Theodor auch Röm 5,12–21 in seine Gedanken einbezieht. Aber auch hier geht die Interpretation nur dahin, daß „Adam durch seine Sünde sterblich wurde" und daß die Sünde des einen allen Menschen den Tod brachte[138], wobei noch zu erkennen ist, daß unter dem Tod ausschließlich das leiblich-irdische Sterben verstanden wird. In diesem Zusammenhang wird dann aber auch das Abgehen von der paulinischen Lehrauffassung deutlich. Nach Paulus bringt die vom Menschen in der eigenen Tat aktuierte Adamssünde den Tod; nach Theodor führt dagegen der Tod, der genauerhin durch die einzelne sündige Tat des Menschen inkurriert wird, zur Vermehrung der Sünde. Es ist das eine vom paulinischen Sinn nicht unwesentlich abgehende Interpretation. In ihr wird nicht nur die von Paulus so dramatisch gezeichnete „Sündenmacht" in ihrer Bedeutung gemindert; sie wird im Grunde durch die Todesmacht ersetzt, diese aber wird (wiederum nicht im Sinne Pauli) auf die einzelnen Sünden zurückgeführt. Man hat deshalb die Lehre Theodors nicht zu Unrecht dahingehend charakterisiert, daß hier nicht nur der paulinische Sündenbegriff eine Verflachung erfährt, sondern daß „die Idee der Sterblichkeit in der Lehre des Antiocheners die Lehre von der Erbsünde vertritt"[139]. Dem entspricht auch seine Interpretation von Ps 50,7, der nach Theodor nichts über die Natur der Erzeugten sagt, sondern von „der Schande der Zeugenden" spricht[140]. Es bedürfte eigentlich nicht der Heranziehung der lateinischen Fragmente aus der verlorengegangenen dogmatischen Schrift „Gegen jene, die da sagen, die Menschen sündigten von Natur aus und nicht mit Willen", um zu begründen, daß der Antiochener, wohl bereits im Sog des Pelagianismus stehend, gegen die sich zu seiner Zeit bereits deutlicher konturierende „Erbsündenlehre" Stellung nimmt. Nur darf man die Probleme dieser seiner Opposition nicht übersehen. Sie geschieht in deutlicher Abkehr vom Paulinismus und von der gnadenhaften Auffassung des Beginns der Heilsgeschichte wie des Falles in der irenäisch-griechischen Tradition. Daraus resultiert am Ende auch ein wesenhaftes Ungenügen, an dem, wie am Gegensatz, der positive Sinn einer „Erbsündenlehre"

[136] Vgl. dazu *U. Wickert,* aaO. 114. Der Grund für dieses Absehen ist darin zu suchen, daß es Theodor um den Menschen als solchen geht, dessen Paradigma Adam ist.

[137] Der Text bei *A. Mingana,* The Christian Faith and the Interpretation of the Nicene Creed: Woodbrooke Studies V (C 1932) 220. Noch ausführlicher in dem von *R. Devreesse* edierten Psalmenkommentar und in den Fragmenten des Johannesevangeliums und des Römerbriefkommentars: SteT 93 (R 1939) 109: „Nach seiner Erschaffung durch Gott wurde der erste Mensch der Sünde wegen des Todes schuldig mit all seinen Nachkommen, haben sie doch ihr Dasein aus einem gewissen natürlichen Teil der ersten Menschen empfangen ... Und wie sie eine gemeinsame Natur haben, so haben sie sich auch den der Natur auferlegten Tod zugezogen."

[138] *K. Staab,* Pauluskommentare 118–121; vgl. zur Stelle auch *J. Freundorfer,* aaO. 116f; *A. Gaudel,* aaO. 349f; *K. H. Schelkle,* Paulus 169.

[139] So *U. Wickert,* aaO. 115.

[140] In Ps. 50,7 (ed. *Devreesse* 337).

ersehen werden kann. Ohne einen solchen inneren Heilsmangel bei jedem Menschen kann die Radikalität und Universalität der Erlösungstat Christi nicht begründet werden. Deshalb bleibt bei Theodor die jetztzeitliche Wirkung der Tat Christi ziemlich unbetont[141]. Dafür wird der Vorbildcharakter Christi in den Vordergrund gerückt[142]. Um diese Innerlichkeit und Universalität der Erlösung dennoch zu gewährleisten, muß Theodor die Tatsünden als universal und ausnahmslos erklären, so daß er gelegentlich behaupten kann: „Nicht zu sündigen ist uns in keiner Weise möglich"[143], was wiederum die Freiheitslehre des Antiocheners ins Wanken bringt.

§ 9. Die Rückwendung zum Paulinismus bei Ephräm dem Syrer

SCHRIFTTUM: *L. Hammersberger,* Die Mariologie der ephrämischen Schriften (I 1938); *E. Beck,* Ephraems Reden über den Glauben. Ihr theologischer Lehrgehalt und ihr geschichtlicher Rahmen (SA 21) (R 1949); *ders.,* Ephraems Hymnen über das Paradies. Übersetzung und Kommentar (SA26) (R 1951); *ders.,* Ephraem Syrus: RAC V (1962) 521–531; *Nabil el Khoury,* Die Interpretation der Welt bei Ephraem dem Syrer (Mz 1976); *J. Martikainen,* Das Böse und der Teufel in der Theologie Ephraems des Syrers. Eine systematisch-theologische Untersuchung (Åbo 1978).

Ein anderer Charakter und ein in manchem offenerer Zug für das Anliegen einer von Adam herkommenden allgemeinen Sündigkeit zeigt sich in der syrischen Theologie, als deren Repräsentant für diesen Zeitraum *Ephräm* († 373) gelten darf[1]. Mit den Antiochenern nur in der am Wortsinn orientierten Schrifterklärung übereinstimmend, zeigt seine Theologie einen von den zeitgenössischen Griechen unabhängigen Zug mit einem gewissen archaischen Gepräge, in das sich sogar gewisse jüdisch-rabbinische Elemente mischen (wie vermutungsweise das Theorem von der Herrlichkeit und Lichthaftigkeit Adams)[2]. Mit einem eigentümlichen Interesse an der Topographie des Paradieses (mit seiner Dreiteilung und der Versetzung Adams zunächst in den äußeren Teil[3] und einer natürlich-dynamisch ausgerichteten Lehre von „Gottebenbildlichkeit" und „Gottähnlichkeit"), verlegt er doch das Wesen dieses Zustandes in das „himmlische Geschenk" des „Gewandes der Herrlichkeit", worunter nicht zu unrecht eine gnadenhafte Qualität verstanden wurde[4], zumal die Parallele zur Taufe herangezogen ist, insofern der Mensch dieses Gewand in der Taufe anzieht.

Daß Ephräms Gedanken stark von der Überzeugung der Einheit Adams mit der Menschheit geprägt sind, zeigt schon die unabhängig von der Ursünde fallende Bemerkung, daß die Stammeltern das unsterbliche Leben, welches sie zu bleibendem Besitz hätten erwerben können, auf die Nachkommenschaft vererben sollten[5]. Entspre-

---

[141] So spricht *W. de Vries* davon, daß nach Theodor die Erlösungsfrüchte gelegentlich nur als „symbolische Vorwegnahme" des eschatologischen Heils erscheinen: Das eschatologische Heil 316.
[142] *B. Studer,* aaO. 188f.
[143] *H. B. Swete* I 41.
[1] Zur noch nicht gänzlich erschlossenen Theologie Ephräms vgl. u.a. die Arbeiten von *E. Beck;* neuerdings *J. Martikainen,* Das Böse und der Teufel in der Theologie Ephraems des Syrers, bes. 47–74.
[2] Zu diesen älteren Vorstellungen gehört auch die jüdische Tradition vom „bösen Trieb" und von der mit dem geschlechtlichen Leben erwachenden Konkupiszenz; vgl. *E. Beck,* Ephräms Hymnen über das Paradies 65 153; *E. Peterson,* Die Behandlung der Tollwut bei den Elchasaiten: *ders.,* Frühkirche, Judentum und Gnosis (Fr 1959) 235.
[3] Vgl. In Gen., ed *R. M. Tonneau:* CSCO 152, 29, 6–10.
[4] So *Tixeront* II 213. Beachtlich ist auch, daß Ephräm unter den Folgen der Adamssünde für diesen selbst den „Tod der Seele" anführt: In Gen. I 137 D–F.
[5] In Gen. I 132 A–D.

chend kann er von der Sünde Adams (nach Art der Kappadozier) sagen: „Wie jener erste Adam die unreine Sünde in unreine Leiber säte und das Ferment des Bösen in unsere ganze Masse getan wurde, so hat unser Herr die Gerechtigkeit in den Leib der Sünde gesät und sein Ferment hat unsere Masse geändert. So ist durch Adam die Sünde gekommen und durch die Sünde der Tod, und so ist auf alle dieser eine Tod übergegangen, denn alle, die Großen wie die Kleinen, haben damals durch Sündigen gesündigt."[6] Zu Röm 5, 19 sagt er ähnlich bestimmt: „Das Urteil wurde durch einen uns zur Verurteilung." Das Gleichniswort von der Aussaat Adams spricht genauso wie die begriffliche Kennzeichnung der von Adam auf die Menschheit übergehenden Sünde als „Urteil" und „Verurteilung" von einer inneren negativen Qualifikation der Menschen infolge der Adamstat. Die paulinische Vorstellung ist hier recht genau und viel präziser wiedergegeben als vergleichsweise bei Theodor von Mopsuestia.

Aber die Aussagen sind, im Vergleich mit anderen Stellungnahmen zum gleichen Thema, auch wieder nicht völlig bestimmt. So spricht Ephräm auch dort von der Sünde, wo er die recht drastisch herausgestellte böse Begierlichkeit meint[7]. Auch am Ende der Interpretation der Römerbrief-Stelle scheint er von der Ursächlichkeit der Adamssünde abzugehen und die persönlichen Sünden ins Spiel zu bringen, für die Adam nur das böse Beispiel abgibt[8].

Man sollte die hier offensichtlich noch nicht ausgeglichenen Gedankenlinien nicht zugunsten einer strengen Einheitsvorstellung zusammenführen und etwa alle Aussagen auf die Sünden- und Straffolge der Konkupiszenz deuten[9]. Man kann in dem Ganzen ein loses Arrangement von verschiedenen Elementen sehen, die alle in die komplette Wahrheit von einer fortgehenden Sünde hineingehören. Dann kann z. B. die imitative Bedeutung Adams gehalten werden, ohne daß die Vorstellung von einer ontischen Ursächlichkeit seiner Sünde aufgegeben werden müßte.

Deshalb muß man nicht von dem Vorhandensein eines klaren lehrhaften Ausdrucks über die „Erbsünde" bei Ephräm sprechen. Man könnte es rein terminologisch auch bei dem in Vorschlag gebrachten Begriff der „Erbstrafe" belassen[10], wobei man nur bedenken muß, daß der Begriff der „Strafe" im Zusammenhang der Hamartiologie dem der Sünde nicht inkompatibel ist, insofern die durch die Tatsünde bewirkte Heillosigkeit immer auch Strafcharakter an sich hat. Freilich darf man nicht unterstellen, daß Ephräm das ausdrückte (wie er ja auch nicht von „Erbstrafe" sprach), aber man wird erkennen, daß in seinen Gedanken ein Sündenmoment miterfaßt ist, das weder mit der Konkupiszenz noch mit der Tatsünde identisch ist.

---

[6] In Rom. 5,12: S. Ephraemi Syri commentarii in epistolas D. Pauli (V 1893) 14: „Quemadmodum primus illle seminavit immunditiae peccatum in corpora munda, et sepultum est fermentum malitiae in universam massam nostram; sic Dominus noster seminavit iustitiam in corpus peccati, et fermentum eius massam nostram commutavit, sicut per Adam peccatum intravit, et per peccatum mors, sic et super omnes haec eadem mors propagata est, omnes enim tunc maiores tunc minores peccaverunt."

[7] *E. Beck*, Paradies 167; hier wird aber auch betont, daß Ephräm die Konkupiszenz nicht mit der „Erbsünde" gleichsetzt.

[8] Darauf hat *J. Freundorfer*, Erbsünde und Erbtod (Mr 1927) 128, seine Interpretation von der nur initialen Bedeutung Adams für die Sünden der Menschen aufgebaut, aber wohl auf einer zu schmalen Grundlage.

[9] Diese zwanghafte Deutung von *J. Gross*, Entstehungsgeschichte I 213, ist schon von daher problematisch, als Ephräm die Kinder als von der Konkupiszenz frei ansieht und doch von ihnen sagt, daß sie in Adam gesündigt haben. So scheint das Ergebnis *K. H. Schelkles* am besten begründet, wonach Ephräm „ein früheres Zeugnis dafür bietet, daß die Interpretation in den Worten des Paulus die Lehre einer Erbsünde finden will": Paulus, Lehrer der Väter (D 1956) 165.

[10] So *L. Hammersberger*, Die Mariologie 63; *J. Martikainen*, aaO. 74.

Viertes Kapitel

DIE SYNTHESE AUGUSTINS

§ 10. Die Vorbereitung der Synthese im Abendland

SCHRIFTTUM: *J. B. Kellner,* Der hl. Ambrosius, Bischof von Mailand, als Erklärer des Alten Testamentes (Rb 1893); *Th. Schermann,* Die griechischen Quellen des hl. Ambrosius in lib. III de Spiritu Sancto (Mn 1902); *S. Deutsch,* Des Ambrosius Lehre von der Sünde und Sündentilgung (B 1906); *J. Turmel,* St. Jérôme (P 1906); *P. de Labriolle,* St. Ambroise et l'exégèse allégorique: Annales de philosophie chrétienne 155 (P 1907f) 591–603; *P. Heinisch,* Der Einfluß Philos auf die älteste christliche Exegese (ATA 1–2) (Mr 1908); *K. Gronau,* Poseidonios und die jüdisch-christliche Genesisexegese (W–B 1914); *R. H. Malden,* St. Ambrose as an Interpreter of Holy Scripture: JThS 16 (1915) 509–522; *E. Bickel,* Das aszetische Ideal bei Ambrosius, Hieronymus und Augustinus: Neue Jahrbücher für das klassische Altertum, Geschichte und deutsche Literatur für Pädagogik XIX/I 7 (1916) 437–474; *F. Cavallera,* St. Jérôme. Sa vie et son œuvre I 1–2 (Lv 1922); *H. Lewy,* Sobria ebrietas. Untersuchungen zur Geschichte der antiken Mystik (Beih. ZNW 9) (Gie 1929); *J. Huhn,* Ursprung und Wesen des Bösen und der Sünde nach der Lehre des Kirchenvaters Ambrosius (Forschungen zur christl. Literatur und Dogmengeschichte XVII/5) (Pa 1933); *ders.,* Der dogmatische Sinn des Ambrosiuswortes: Planta Petri abluitur, ut hereditaria peccata tollantur: MThZ 2 (1951) 377–389; *ders.,* Das Geheimnis der Jungfrau-Mutter Maria nach dem Kirchenvater Ambrosius (W 1954); *ders.,* Bewertung und Gebrauch der hl. Schrift durch den Kirchenvater Ambrosius: HJ 77 (1958) 387–396; *H. Schmidt,* Die Anthropologie Philons von Alexandreia (Diss. Wü 1933); *F. H. Dudden,* The Life and Times of St. Ambrose, 2 Bde (O 1935); *H. Willms,* Eikon. Eine begriffsgeschichtliche Untersuchung zum Platonismus I. Philon von Alexandreia (Mr 1935); *K. Janssen,* Die Entstehung der Gnadenlehre Augustins (Diss. Rostock 1936); *E. Schwarzbauer,* Die Kirche als corpus Christi mysticum beim hl. Hieronymus (R 1939); *A. J. Festugière,* La doctrine des „viri novi" sur l'origine et le sort des âmes d'après Arnobe II 11–66: Mémorial Lagrange (P 1940) 97–132; *F. M. Abel,* Parallélisme exégétique entre St. Jérôme et St. Cyrille d'Alexandrie: Vivre ęt penser 1 (1941) 94–119 212–230; *B. Capelle,* L'„Exultet" pascal, œuvre de s. Ambroise: Misc. Mercati (SteT 121) (R 1946) 219–246; *J. Eger,* Salus gentium. Eine patristische Studie zur Volkstheologie des Ambrosius von Mailand (Diss. masch. Mn 1947); *A. Penna,* Principi e carattere dell'esegesi di S. Gerolamo (R 1950); *P. Antin,* Essai sur s. Jérôme (P 1951); *Cl. Morino,* Il ritorno al Paradiso di Adamo in S. Ambrogio (Diss. R 1952); *B. Fischer,* Ambrosius der Verfasser des österlichen Exultet?: ALW 2 (1952) 61–74; *G. Quispel,* Der gnostische Anthropos und die jüdische Tradition: Eranos 22 (1953) 195–234; *J. Daniélou,* Terre et paradis chez les pères de l'église: Eranos 22 (1953) 433–472; *M. Avery,* The relations of saint Ambrose to the „Exsultet" hymn: Studies in Art and Literature for Belle da Costa Greene (Princeton 1954) 374–378; *K. Baus,* Das Nachwirken des Origenes in der Christusfrömmigkeit des hl. Ambrosius: RQ 44 (1954) 21–55; *H. Jonas,* Gnosis und spätantiker Geist II/1. Von der Mythologie zur mystischen Philosophie (FRLANT 63) (Gö 1954); *P. Hadot,* Platon et Plotin dans trois sermons de s. Ambroise: RÉL 34 (1956) 202–220; *F. Ohly,* Hohelied-Studien. Grundzüge einer Geschichte der Hoheliedauslegung des Abendlandes bis um 1200 (W 1958); *W. Seibel,* Fleisch und Geist beim hl. Ambrosius (Mn 1958); *P. Th. Camelot,* Spiritualité du Baptême (Coll. lex orandi 30) (P 1960); *A. Paredi,* S. Ambrogio e la sua età (Mi ²1960); *H. Dörrie,* Porphyrios als Mittler zwischen Plotin und Augustin: Miscellanea Mediaevalia I. Antike und Orient im Mittelalter (B 1962) 26–47; *St. E. Szydzik,* Die geistigen Ursprünge der Imago-Dei-Lehre bei Ambrosius von Mailand: ThGl 53 (1963) 161–176; *E. Dassmann,* Die Frömmigkeit des Kirchenvaters Ambrosius von Mailand (MBTh 29) (Mr 1965); *Y. Bodin,* St. Jérôme et l'église (Théologie historique 6) (P 1966); *J. Romer,* Die Theologie der Sünde und der Buße beim hl. Ambrosius (St. Gallen 1968); *W. Hagemann,* Wort als Begegnung mit Christus. Die christozentrische Schriftauslegung des Kirchenvaters Hieronymus (Trier 1972); *G. Madec,* S. Ambroise et la philosophie (P 1974); *H. J. Auf der Maur,* Das Psalmenverständnis des Ambrosius von Mailand. Ein Beitrag zum Deutungshintergrund der Psalmenverwendung im Gottesdienst der Alten Kirche (Lei 1977); *H. Savon,* Saint Ambroise devant l'exégèse de Philon le Juif (P 1977).

1. Die Vermittlerrolle des Ambrosius

Innerhalb der Entwicklungsgeschichte der Erbsündenlehre im Abendland kommt *Ambrosius,* dem Bischof von Mailand († 397), als dem „Lehrer“ Augustins[1] eine wichtige vermittelnde Position zu. Seine Vermittlerrolle bestätigt sich nicht nur in der Überleitung des Gedankenguts der abendländischen Theologie an Augustin, sondern auch in der Verbindung von westlichem und östlichem Denken, selbst wenn er bei seinem vorzugsweise praktisch-ethisch gerichteten Interesse dessen spekulative Tiefe nicht erreicht. Die Verbindungen zur griechischen Geisteswelt führen über den Weg der Exegese zu Philo von Alexandrien († 45/50)[2] und zu den morgenländischen Kirchenvätern, vor allem zu den Homilien Basilius' d. Gr., an den Ambrosius sich in seinem Hexaëmeron-Kommentar anschließt. Aber auch die Schriften Plotins waren ihm seit seinem ziemlich gerafften theologischen Bildungsgang vertraut[3]. Obgleich Ambrosius auf Grund seiner mehr praktischen religiösen Einstellung für die zentralen Themen der Trinitätslehre oder der Christologie keine herausragende Bedeutung gewann, führte ihn die praktisch-aszetische Ausrichtung doch nahe an die anthropologischen Fragen und damit auch an das Erbsündenproblem heran, zu dessen Erfassung er Maßgebliches beisteuerte.

Auch wenn von einem tiefgreifenden spekulativen Interesse an dieser Wahrheit bei Ambrosius nicht die Rede sein kann, wird man bei diesem von der spätantiken Geistigkeit bestimmten Kirchenmann und Theologen doch den Antrieb durch die philosophische Frage nach dem Bösen nicht leugnen können. Hier schon, und nicht erst bei Augustinus, wird die Auseinandersetzung mit der Gnosis und dem Manichäismus akut und der kosmischen Macht der Sünde die christliche Glaubensanschauung von Schuld und Erlösung gegenübergestellt. Die antignostische und antimanichäische Einstellung macht jedoch verständlich, daß die Sünde bewußt in ihrem willentlichen und personalen Charakter hervorgekehrt wird, der keine Ausflucht in einen Schicksalszwang oder in ein kosmisches Verhängnis ermöglicht[4].

---

[1] Die Bedeutung des Ambrosius für Augustin, die gelegentlich auf das spiritualistische Verständnis des Alten Testaments und auf das Beispiel des Ausgleichs zwischen Denken und Offenbarungsautorität zurückgeführt wird, das Ambrosius bot, wird umfassender bestimmt von *K. Flasch,* Augustin (St 1980) 42f; vgl. auch *P. Courcelle,* Die Entdeckung des christlichen Neuplatonismus: C. Andresen (Hrsg.), Das Augustinusgespräch der Gegenwart (Kö 1962) 125–181.

[2] Daher auch die seit dem 19. Jh. bekannte Bezeichnung als „Philo Christianus“, die *E. Dassmann* auf das richtige Maß zurückführt: Die Frömmigkeit des Kirchenvaters Ambrosius 45f.

[3] So u.a. *P. Courcelle,* Nouveaux aspècts du Platonisme chez Saint Ambroise: RÉL 34 (1956) 226–232; *ders.,* Plotin et Saint Ambroise: RPh 76 (1950) 29–56; zum Einfluß von seiten des Stoizismus vgl. *E. Dassmann,* aaO. 32ff.

[4] Vgl. etwa die Erörterung des Bösen in Hexaëm. I 8, 31. – Hexaëmeron (ed. *C. Schenkl:* CSEL 32/1, 1897, 3–261); De paradiso (ed. *C. Schenkl:* CSEL 32/1, 265–336); De Cain et Abel (ed. *C. Schenkl:* CSEL 32/1, 339–409); De Noe et Arca (ed. *C. Schenkl:* CSEL 32/1, 413–497); De Abraham (ed. *C. Schenkl:* CSEL 32/1, 501–638); De Jacob et vita beata (ed. *C. Schenkl:* CSEL 32/2, 1897, 3–70); De fuga saeculi (ed. *C. Schenkl:* CSEL 32/2, 163–207); De interpellatione Iob et David (ed. *C. Schenkl:* CSEL 32/2, 211–296); Apologia prophetae David (ed. *C. Schenkl:* CSEL 32/2, 299–355); De Helia et ieiunio (ed. *C. Schenkl:* CSEL 32/2, 411–465); De Tobia (ed. *C. Schenkl:* CSEL 32/2, 519–573); Enarrationes in XII psalmos Davidicos (ed. *M. Petschenig:* CSEL 64, 1919); Expositio in psalmum 118 (ed. *M. Petschenig:* CSEL 62, 1913); Expositio evangelii secundum Lucam (ed. *C. Schenkl:* CSEL 32/4, 1902; *M. Adriaen:* CChr 14, 1957, 1–400); De officiis ministrorum (PL 16, 25–194); De Spiritu Sancto (ed. *O. Faller:* CSEL 79, 1964, 5–222); De sacramentis (ed. *O. Faller:* CSEL 73, 1955, 13–85); De mysteriis (ed. *O. Faller:* CSEL 73, 87–116); De excessu fratris Satyri (ed. *O. Faller:* CSEL 73,

Darum kann der Mailänder Kirchenvater gelegentlich die allgemeine Schuldverhaftung der Menschheit aufgrund der Adamssünde hinter der persönlichen Sünde zurücktreten lassen und den sittlich-moralischen Aspekt in der Sündenauffassung als den entscheidenden betonen. Davor liegt die Unterscheidung zwischen der „eigenen Ungerechtigkeit" und der „der Ferse", „an welcher Adam vom Zahn der Schlange verwundet worden ist". Von dieser Verwundung, die mehr der Neigung zur Sünde und der Konkupiszenz entspricht, gilt zwar, daß sie „Adam seiner Nachkommenschaft als Erbe hinterlassen hat, so daß wir alle an jener Wunde leiden". Aber es heißt auch: „Das ist Adams, nicht meine Ungerechtigkeit" (In ps. 48, 8 9). Darum wird nach dieser Erklärung im endgültigen Gericht auch nur über die persönlichen Sünden entschieden, nicht aber über die Strafe der Begierlichkeit, der als bloßer Strafe kein Schuldcharakter eignen kann. Es muß auffallen, daß in solchen Formulierungen zwar die Verbindung der Menschheit mit Adam zum Ausdruck gebracht ist, aber daß der Kontakt eigentlich nur über die Strafe hergestellt wird. Gemäß einer solchen Auffassung wäre Ambrosius als Vertreter einer bloßen Erbübel- oder Erbverderbnislehre zu erachten[5].

Selbst wenn er im Hexaëmeron auf den Ursprung des Bösen zu sprechen kommt, geht es ihm gelegentlich nur um den sittlich-moralischen Aspekt und die Einschärfung der persönlichen Verantwortung: „Du selbst bist schuld an deiner Sündhaftigkeit, du selbst der Anführer bei deinen Schandtaten und der Verführer zu deinen Missetaten." Aber der antimanichäische Affekt bricht auch hier deutlich hervor in der in Frageform gekleideten Aufforderung: „Was ziehst du eine fremde Natur zur Entschuldigung deiner Fehltritte herein?" Deshalb werden auch Alter und Krankheit hier nicht mit irgendeinem Übel in Verbindung gebracht; sie gelten nur als „gewisse Hindernisse" bei der Verwirklichung der menschlichen Natur, die auch wieder zum Gewinn von Einsicht führen und zur Unterdrückung der Begierden beitragen können (Hexaëm. I 8, 31). Der Rückbezug auf Werte der stoischen Ethik bringt sich hier in Erinnerung.

Allerdings sind solche von einer praktischen Philosophie bestimmten Aussagen über das Böse und über die Sünde, zumal wenn sie sich gezielt auf eine begrenzte Fragestellung richten, nicht als die eigentlichen Fundstellen für die Ambrosianische Auffassung von Sünde und Heil anzusehen (denn beides gehört für den christlichen Ethiker, den Homileten und Theologen der Hl. Schrift zusammen). Tatsächlich bildet dieser heilsgeschichtliche Gegensatz wie auch Zusammenhang das übergreifende Gefüge, in dem auch das Analogon für die sich weiterentwickelnde „Erbsündenwahrheit" eingefügt ist und aus dessen Gesamtanlage es verständlich wird[6]. In einer solchen vom Heilsplan Gottes und der Geschichte bestimmten Sicht, die Ambrosius zutreffenderweise im Alten Testament an der Genesis, im Neuen Testament am Lukasevangelium erfaßt, muß naturgemäß auch die Frage nach dem Ursprung des Bösen geschichtlich begründet und beantwortet werden. Das geschieht faktisch im Rückgang auf die „Urgeschichte" der Genesis.

207–325); Epistulae (PL 16, 876–1286; ed. O. *Faller:* CSEL 82, 1968). – De paenitentia (ed. O. *Faller:* CSEL 73, 117–206); Canticum Exultet (ed. *B. Capelle:* MiscMercati 1946, I 219–246). PL 14–17.

[5] So die durchgängige Interpretation bei *J. Gross,* Entstehungsgeschichte I 243f.

[6] Daß Ambrosius diese sich entwickelnde Lehre nicht aus der Philosophie, zumal nicht von Philo übernehmen konnte, weist *W. Völker* nach: Fortschritt und Vollendung bei Philo von Alexandrien (TU 49/1) (L 1938) 76f.

Das erste hier aus der Schriftinterpretation des Kirchenvaters zu erhebende Datum ist die von Philo und der christlichen Gnosis entlehnte Lehre von der doppelten Schöpfung, der „gemina generatio“ (Noe 24, 86), in welcher der überirdische, geistige (oder auch innere) Mensch, der nach Gn 1,27 in der Gottebenbildlichkeit „geschaffen“ ist, von dem aus der Erde „geformten“ Menschen unterschieden wird[7]. Diese von Ambrosius an die paulinische Unterscheidung von „innerem“ und „äußerem“ Menschen (Röm 7,22; 2 Kor 4,16; Eph 3,16) herangetragene[8] und verifizierte Doppelung ist im Hinblick auf die endgültige Vervollkommnung des Menschen durch Christus entworfen (Kol 3,9ff; Gal 3,27), hat aber auch ihre Bedeutung für das Verständnis der Erschaffung des Menschen, die freilich hier in eine eigentümliche, von Ambrosius nie ganz gelöste Ambivalenz von überzeitlich-geistiger und zeitlich-irdischer Schöpfung gerät. Einen gewissen Ausgleich schafft die Vorstellung, nach der eine bestimmte Vereinigung des „ersten“ mit dem „zweiten“ Menschen stattfindet, für welche die Philonische Schöpfungslehre keine Parallele bietet[9]. An dieser Stelle wird die nur lose mit der Hl. Schrift zusammenhängende Vorstellung von der doppelten Menschenschöpfung tiefer mit dem Geist der Schrift verbunden, und zwar durch eine Interpretation von Gn 2,7, die besagt, daß im Hauchungsakt[10] Gottes dem Erdenmenschen vom himmlisch-geistigen Menschen her nicht nur das natürliche Lebensprinzip, sondern auch das überirdische Leben der Gnade vermittelt wird. Der „spiritus Domini“ ist sowohl Spender des irdischen wie des unvergänglichen göttlichen Lebens, das auch die Vollendung der Tugend bewirkt. Hierin liegt ein unübersehbarer Hinweis auf die Erschaffung des Menschen in der Gnade, der zwar von philonischem Rankenwerk umgeben ist, aber im Kern doch die biblische Wahrheit enthält. Sie bestimmt auch den zur Schöpfungsvorstellung hinzugehörenden Gedanken von der paradiesischen Existenz der Stammeltern.

Ambrosius, dem von Philo und den Alexandrinern her der Gebrauch des mehrfa-

---

[7] Von den „duae creaturae“ spricht Ep. 72, 19; ausführlicher In ps. 118, 10, 18: „Sic est ergo homo geminae substantiae; alia est enim facti substantia, alia figurati; ista de Dei spiritu, illa de limo.“ Vgl. auch In ps. 118, 10, 15.

[8] Über die Herkunft dieser im synkretistischen Bereich zwischen Platonismus und Pythagoreismus angesiedelten Vorstellung unterrichtet *W. Seibel*, die vorliegenden Ergebnisse (W. Bousset, R. Reitzenstein, K. Prümm u.a.) zusammenfassend: Fleisch und Geist 9ff. Bemerkenswert das Urteil *W. Boussets* bezüglich Philos: „Philo hat ... diese Ausführungen sicher nicht aus Gen 1–2 herausgesponnen, sondern sie an diesen Bericht herangebracht“: Die Religion des Judentums im späthellenistischen Zeitalter (T 1926) 353. Zur Frage der Abhängigkeit Philos vgl. *H Schmidt*, Die Anthropologie Philons von Alexandreia 8–10; *E. Bréhier*, Les idées philosophiques et religieuses de Philon d'Alexandrie (P 1925) 124ff.

[9] Für Philo gilt, daß er „den ersten Menschen niemals mit dem zweiten Menschen vereinigt sein läßt. Beide bleiben getrennt“: *W. Seibel*, aaO. 52.

[10] Ähnliche Vorstellungen von der Bedeutung des Aktes der insufflatio als „inspiratio“ finden sich vorgebildet bei Klemens von Alexandrien, Basilius d. Gr., Cyrill von Jerusalem und Hilarius: *W. Seibel*, aaO. 52f. Charakteristisch für den fließenden Zustand dieser Vorstellung ist die abweichende Auffassung des Filastrius von Brescia, eines Zeitgenossen des Ambrosius und Augustinus, der in seinem Diversarum haereseon liber behauptet, daß Gn 1,27 die Seele geschaffen worden sei, Gn 2,7 der Leib, woraufhin die „insufflatio“ nur die Vermittlung der „spiritualis gratia“ bedeuten könne, dies in Entsprechung zur Einhauchung des Geistes durch Christus bei Jo 22 (CSEL 38,56). Auch Ambrosius weist auf die Abendmahlsszene hin, um damit zu erklären, daß Christus dem Menschen das zurückerstattet, was er durch die Sünde verloren hat. So wird der Gnadencharakter der ursprünglichen Ausstattung Adams in der Kraft der Typologie nochmals verdeutlicht: In ps. 118, 10, 16. Vgl. zum Ganzen *W. Seibel*, aaO. 51ff.

chen Schriftsinnes vertraut ist[11], zieht zur ethisch-moralischen Abzweckung der Schriftwahrheit nicht selten die allegorische Methode heran. Unter ihrer Führung interpretiert er in der für sein Interesse an den Ursprüngen kennzeichnenden frühen Schrift „Über das Paradies" entscheidende Elemente des Berichtes im geistigen Sinne und versteht so etwa unter dem Paradies die im Guten fruchtbare menschliche Seele selbst, die Schlange als Sinnbild der niederen körperlichen Lust, das Paradiesesgebot als Hinweis auf die Nahrung des Menschen mit himmlischer Speise (De parad. IX 42).

Die Grundabsicht geht freilich auf die Erhebung des Literalsinns und auf eine geschichtliche Deutung des Paradiesesberichtes, die allerdings an einer gewichtigen Stelle das realistische Schema durchbricht und in die spiritualistische Deutung der griechischen Theologen zurückmündet: der auf Erden geschaffene Adam wird in den dritten Himmel entrückt, wo der Ort des Paradieses gelegen ist (De parad. IV 24–25). Nach dem Hexaëmeron verläuft dagegen das Paradiesesgeschehen auf der irdischen Ebene, wohl aber beinhaltet es einen menschlichen Zustand, der von der Gnade Gottes ausgezeichnet ist. Ambrosius schließt diese Begnadung zunächst an die biblische Wahrheit von der Gottebenbildlichkeit des ersterschaffenen Menschen an, hierin der griechischen Tradition verpflichtet. Er unterscheidet demgemäß zwischen dem vollendeten imago-Sein des Sohnes und dem „ad imaginem-Geschaffensein" des Menschen (Hexaëm. VI 7,41), was für diesen dennoch eine einzigartige Auszeichnung bleibt. Sie beinhaltet nämlich, von Ambrosius auf die Seele bezogen, die Gottverbundenheit des Menschen (ebd. VI 7,43) und die Gleichgestaltung mit Christus (ebd. VI 7,46).

Dieses personale Verhältnis wird aber auch mit dem Begriff der Gnade gekennzeichnet. Die Seele ist daraufhin gerechtfertigt und heilig (ebd. VI 7,46), sie ist „von der Gnade geprägt" (ebd. VI 7,47). In der Verwendung der Bildterminologie wird zwar zwischen imago und similitudo nicht geschieden, aber der Sache nach ist dem Kirchenvater doch eine (natürliche) Gottebenbildlichkeit bekannt, die in der Freiheit und Geistigkeit der Seele gelegen ist, und eine gnadenhafte, die nicht nur „das Bild der göttlichen Schöpfung widerspiegelt", sondern in welcher „der Abglanz der Herrlichkeit und das Bild der Wesenheit des Vaters strahlt" (ebd. VI 7,42). Aber offenbar ist in dem Wort Gn 1,26 beides gemeint und in einer tiefgreifenden Einheit gesehen. „Nach diesem Bilde war Adam vor der Sünde; nach dem Fall aber verlor er das Bild des Himmlischen und nahm die Züge des Irdischen an" (ebd.).

Es hängt wohl mit dem geistig-spiritualistischen Aspekt des Ambrosius auf den Menschen zusammen, daß er in der Beschreibung der Ausstattung des Paradiesesmenschen den Nachdruck nicht auf äußere oder gar physikalische Phänomene legt, sondern auf die geistig-gnadenhafte Verfassung. Darum ist ihm das Paradies „die Gegend der vollkommenen Glückseligkeit und die Grundlage der fruchtbaren Seele, in der die Pflanzen der Weisheit und Gerechtigkeit und der übrigen Tugenden vollkommen wachsen" (Abr. II 6,34)[12]. Später vergleicht er die ursprüngliche Schöpfung mit einem Gastmahl, zu dem der Mensch als Ehrengast geladen wurde: „Dann rief er ihn als Freund zu seinem Gastmahl, wahrhaftig als Freund, gleichsam als Teilhaber der

[11] Zur Ambrosianischen Exegese vgl. die allgemeinen Stellungnahmen zur Patristik bei J. B. Kellner, P. Heinisch, J. Daniélou mit dem gänzlich negativen Urteil von *J. Gross*, aaO. I 238.
[12] Vgl. *E. Dassmann*, Die Frömmigkeit 55.

göttlichen Liebe und Erben der Gerechtigkeit" (Ep. 43, 3). Daraufhin eignete Adam eine hohe Vernunft, ferner das „Unterpfand der Unsterblichkeit" (De parad. V 29) und insgesamt die „Unbefangenheit und Einfachheit der unversehrten und unverdorbenen Natur", „integrae incorruptaeque naturae" (De parad. XIII 63).

Diese Bestimmungen, die schon auf die späteren, von der Theologie als besondere Vorzüge herausgehobenen dona integritatis vorausweisen, sind umso höher zu bewerten, als sie in ein durchaus realistisches Gesamtbild vom ursprünglichen Menschen eingefügt sind, das wie in einem Vorentwurf Züge der wirklichkeitsnahen stoischen Tugend- und Bewährungslehre enthält. Deshalb anerkennt der Kirchenvater in seiner ursprünglich noch stärker von Philo her bestimmten Leib-Seele-Auffassung auch die Möglichkeit „körperlicher Leidenschaften" bei den ersten Menschen und auch die der Schwachheit, die grundsätzlich mit der Leiblichkeit gegeben ist, welche er deshalb aber nicht als schlecht und niedrig wertet (wie seine diesbezüglichen Aussagen im Hexaëmeron über den Leib als das Juwel der Schöpfung zeigen: VI 9, 54–73). Freilich war diese Schwäche von der göttlichen Kraft gebändigt, wozu nicht wenig das von Gott den Menschen gesetzte Gebot beitrug (De parad. XI 52), vor allem aber die Hilfe seiner Gnade. Der Inbegriff dieses Zustandes ist ein inniges Gottverhältnis und ein ungebrochener Lebensaustausch mit Gott: „Adam war vor dem Angesicht Gottes, lebte im Paradies, erstrahlte in himmlischer Gnade, sprach mit Gott" (In ps. 43, 45). Dabei wird diese hohe menschliche Seinsverfassung nicht als etwas schlechthin Vollendetes und nicht mehr Steigerungsfähiges angesehen. Als höchster Tugendstand war ihm doch zugleich auch der Impuls des Wachstums und des Fortschritts eingesenkt; denn „es ergriff ihn (Adam) die Kraft (virtus) Gottes und hauchte ihm den Fortschritt und das Wachstum der Tugend ein" (De parad. IV 24). Das Ziel dieses Fortschrittes war der Gewinn einer wandellosen Glückseligkeit, die der Kirchenvater einmal mit dem Bild eines neuen endzeitlichen Paradieses umschreibt, das als Gastmahl in der Kirche stattfindet (Cain I 5, 19), zum anderen als eine noch höhere Würde der Gottebenbildlichkeit ausgibt, die den Stammeltern vorerst nur versprochen war (Luc. IV 34)[13].

Diese den Menschen des Ursprungs hoch qualifizierenden und doch in einem gewissen schöpfungsgemäßen Realismus verbleibenden Aussagen werfen freilich die Frage nach dem spezifischen Gnadencharakter dieses Standes auf, deren Beantwortung auch für die Bestimmung des Falles und seiner Folgen bedeutsam ist. Es wäre verlockend, diesen Stand unter Heranziehung gewisser Elemente als einen formell übernatürlichen zu bezeichnen, dem sich die präternaturalen Gaben in einer gewissen Redundanz beigesellen. Aber Ambrosius verwendet weder diese Begrifflichkeit noch kennt er eine förmliche Differenzierung von Natürlichem, Übernatürlichem und Präternaturalem. Alle diese Elemente liegen noch in einer ins Paradies erhobenen Menschenschöpfung ungeschieden beisammen. Allerdings wird doch so viel deutlich, daß es sich um Vorzüge und Gaben handelt, die als besondere Geschenke Gottes zu verstehen sind und mit der Schöpfung nicht einfach zusammenfallen. Für Ambrosius sind (anders als für Philo) die Tugenden besondere Gaben Gottes, die sich nicht aus der Natur des Menschen erklären.

Diese Auffassung könnte freilich die weitere Frage hervortreiben, ob diese Gaben, an deren Gratuitätscharakter nicht zu zweifeln ist, „gnadenhaft" nur im Sinne einer

---

[13] Vgl. *E. Dassmann,* aaO. 233.

ethischen Gnade und einer überhöhten Natürlichkeit zu verstehen seien. Tatsächlich ist ja bei Ambrosius das stoische Ingredienz der Tugendauffassung vorhanden, das auf die Naturgemäßheit jedes Tugendlebens hinweist. Darum sieht Ambrosius in vielen Fällen auch umgekehrt in der Sünde eine Naturwidrigkeit und einen Verstoß gegen das Naturgesetz, das als ungeschriebenes oder als von Gott gegebenes Gesetz vor den Menschen steht. Wenn er gelegentlich das Gebot Gottes als Hilfe für den paradiesischen Menschen anspricht, so scheint auch dies eine rein ethische Funktion der Gnade anzudeuten, die eine wesenhafte Überhobenheit über alle Befähigungen und Erfordernisse des Menschen nicht zu erkennen gibt. In eine ähnliche Gedankenrichtung weist die Aussage des Mailänder Bischofs über die Sünde Adams, die er als Verstoß gegen das „secundum naturam vivere" interpretiert: „Dieses Gesetz übertrat (solvit) Adam, der sich anmaßen wollte, was er nicht empfangen hatte; er wollte werden wie sein Schöpfer und Begründer, indem er nach göttlicher Ehre strebte" (Hexaëm. III 7, 31). So scheint das Moment einer wesentlichen Gnadenhaftigkeit in der Bestimmung des paradiesischen Urstands wenig entwickelt zu sein, wenn nicht gänzlich zu fehlen.

Um die hier aufkommende Problematik lösen zu können, müßte das Gnadenverständnis des Kirchenvaters genauer eruiert werden. Freilich würde sich dabei zeigen, daß, ähnlich wie bei der „Gottebenbildlichkeit", eine begriffliche und sachliche Unterscheidung zwischen natur- und gnadenhafter Güte, zwischen philosophischer und theologischer Tugend nicht intendiert ist, was vor allem für die frühen exegetischen Schriften gilt[14]. So hat man bezüglich dieser Schriften von der Konzeption einer „philosophisch-ethischen Erlösung"[15] gesprochen, die erst in den späteren Schriften aufgegeben wurde. Darum erscheint das Gnadenverständnis des Kirchenvaters in mancher Hinsicht noch als „voraugustinisch" und noch nicht durch den pelagianischen Gegensatz geschärft. Das wirkt sich auch auf die Beschreibung des adamitischen Zustands vor der Sünde aus. Daß er überhaupt als göttlich-gnadenhaft zu verstehen ist, kann nicht bezweifelt werden; daß die Gnade aber im Sinne einer über die Natur hinausgehenden Entität und nicht als moralische Kräftigung der Natur zu verstehen ist, wird nicht ausdrücklich gesagt.

Dennoch weisen viele Aussagen in eine Richtung, die über die Erkenntnis der Gnade als einer bloß helfenden, die Natur des Menschen integrierenden und den in der Doppelung zwischen Leib und Geist angelegten Zwiespalt besänftigenden Kraft weit hinausgeht. Wenn Adam als in „himmlischer Gnade erstrahlend" bezeichnet wird und als Seele, „in welcher das Abbild der göttlichen Wirksamkeit widerstrahlt" und „der Glanz des Ruhmes und das Bild der göttlichen Wesenheit ist" (Hexaëm. VI 7, 42), so kann eine solche Gnade kaum mehr im Sinne einer äußeren Hilfe verstanden werden. Sie weist auf einen seinshaften Zusammenhang mit Gott hin, der aber noch nicht in den Begriff gefaßt ist.

Insofern der Paradieseszustand vor allem als geistige Wirklichkeit in Adam verstanden wird, kann auch der Fall Adams, trotz vieler allegorischer Interpretationen, in seinem Kern als geistiges Geschehen gedeutet werden. Bisweilen zieht Ambrosius zur Begründung der Möglichkeit des Herausfallens aus der paradiesischen Ordnung den Gegensatz von mens und corpus heran und läßt die Verführung des Teufels beim

[14] Vgl. *E. Dassmann,* aaO. 124; *J. Huhn,* Ursprung und Wesen des Bösen 75; *W. Seibel,* aaO. 79ff.
[15] *E. Dassmann,* aaO. 124.

sinnlichen Begehren des Fleisches und der niederen Seele ansetzen. Zuweilen wird die Erklärung noch schlichter auf die Gaumenlust der Stammeltern zurückgeführt (De Helia et ieiun. IV 7–8). Aber die theologisch tiefer reichende Erklärung lautet: „Nicht die Lockspeise hatte Eva ins Wanken, nicht das Vergessen des Verbots sie zu Fall gebracht; der verführerische Ehrgeiz nach der versprochenen Würde betörte sie“ (Luc. IV 34). Hier wird fern allem Dualismus die Sünde als Tat des Geistes gedeutet. Später heißt es einmal: „Das Fleisch ist an sich schuldlos, aber oft genug muß es der Sünde dienen“ (Paen. I 14, 73).

Wenn auch die reichgegliederte Paradiesesvorstellung des Kirchenvaters nicht als ein kohärentes Ganzes erscheint (so müßte etwa die durch die Schlange versinnbildete delectatio eigentlich erst nach dem Fluch Symbol der Sünde sein), so sind doch die tragenden Grundvorstellungen deutlich konturiert: Adam und Eva sind der Inbegriff des „himmlischen“ Menschen (im Anschluß an Röm 7,22; 2 Kor 4,16; Eph 3,16), des geistlichen und innerlichen Menschseins, das in der Gottverbindung existiert. Dieser ist mit dem Kleid der Tugend angetan, dem „velamen virtutum“ (De Hel. et ieiun. IV 9) und der „aeternitas vitae“ (In ps. 118, 14, 34). Obwohl der Kirchenvater begrifflich die Erschaffung des Menschen von seiner Begnadung nicht unterscheidet und für die offensichtlich über das Naturhafte hinausgehende Ausstattung den Begriff der natura gebraucht (freilich aber stets im Sinne der mit dem nasci des Menschen verbundenen Gaben und Güter), ist doch nicht daran zu zweifeln, daß er sachlich einen gnadenhaften Seinsstand meint, der den Menschen dem Göttlichen verbindet, auch wenn dieser in der heilsgeschichtlichen (und insofern realistischen Perspektive) noch nicht die vollendete Gnade der Beseligung in Christus besitzen konnte. Der hier als mäßigend und begrenzend eingeführte Begriff der Existenz des paradiesischen Menschen „in umbra vitae“ (wie auch des bloßen Besitzes eines „pignus vitae“) kann nicht als Zurücknahme der Überzeugung von der einzigartigen Gnadenausstattung Adams verstanden werden, sondern nur als Angabe der heilsgeschichtlichen Bedingungen, unter denen sich dieser Stand verwirklichte. Die Anhauchung Gottes nach Gn 2,7 (die nach Ambrosius möglicherweise mit der Versetzung ins Paradies identisch ist), welche die Vereinigung des inneren gottebenbildlichen Menschen (Gn 1,26) mit dem äußeren Menschen (Gn 2,7) erbringt, ist in ihrer Art ein gegenüber der Schöpfung neues Geschehen, das durchaus mit dem von der Theologie erst später gewonnenen Terminus der übernatürlichen Gnade bezeichnet werden kann[16]. Auch wenn man in der ganzen Konstruktion der zwei Menschenschöpfungen die platonisch-philonische Philosophie als Ausdrucksmittel verwendet sehen muß (das übrigens schon von Augustinus nicht mehr übernommen wurde), so bleibt von diesem Rüstzeug die Wesensaussage unberührt, daß Ambrosius den Urstand als einen vom Geiste Christi und von der inneren göttlichen Gnade durchseelten status iustitiae originalis faßt, der in überaus intensiver Weise den heilen gottverbundenen Ursprung des Menschen beschreibt. Da der Urstand aber bei Ambrosius keine isolierte Wahrheit darstellt, die um ihrer selbst willen festgehalten werden muß, besagt dieser lichte Hintergrund auch schon den Kontrast zur Geschichte des Menschen, wie sie wirklich verlaufen ist, d.h. den Gegensatz zur Verfassung des Menschen, wie sie durch den Sündenfall bewirkt wurde.

Deshalb bezeigt der Kirchenvater nicht nur an der Existenz dieses Vorgangs gro-

---

[16] Vgl. *W. Seibel*, aaO. 52f.

ßes Interesse, sondern auch an seiner inneren Erklärung und Entschlüsselung, die verständlicherweise auch zur Erkenntnis des immer gegebenen Wesens der Sünde beitragen soll und also von einem existentiellen Anliegen bestimmt ist. Wenn man dabei von der wiederum philonischen Instrumentierung absieht (Teufel als Symbol der delectatio, Eva als Ausformung des sensus, Adam als die mens und damit verbunden die Überzeichnung der negativen Rolle Evas [des Fleisches]), so liegt doch die Kernaussage in der Erklärung, daß die Sünde vom Leibe und von der Seele zusammen vollbracht wurde (und so immer wieder vollbracht wird), daß aber die letzte Verantwortung dem Geiste und besonders dem Willen zukam: „Affectus igitur, non caro auctor est culpae, caro autem voluntatis ministra" (Jac. 1, 3, 10). Das wesentliche Moment dagegen liegt nach dieser Sündentheologie in der Abkehr des Menschen von Gott, die für den Kirchenvater mehr besagt, als ein moralisches Versagen oder eine legalistische Gesetzesübertretung. Diesem theologischen Grundgedanken entsprechend, mußte die Ursünde auch eine Veränderung des Menschen im ganzen erbringen, eine Depravierung nach Leib und Geist.

Das zeigt sich an den Folgen der Sünde, welche der Bischof von Mailand in einer Vielfalt darstellt und umschreibt, die eine geordnete Wiedergabe schwierig erscheinen läßt. Aber in Konsequenz des positiven Ansatzes bei der Gottebenbildlichkeit des paradiesischen Menschen tritt auf der nun in den Vordergrund rückenden Unheilsseite der Verlust der Gottebenbildlichkeit mit einer gewissen Betonung hervor. Da Ambrosius in der positiven Bestimmung des „ad imaginem"-Geschaffenseins des Menschen faktisch die Unterscheidung von natürlicher und gnadenhafter imago unter dem Vorherrschen des konkret-heilsgeschichtlichen Aspektes überblendet, muß der Verlust des Ebenbildseins mit einer gewissen Folgerichtigkeit den ganzen Menschen ergreifen. So optiert Ambrosius, hierin die in der Väterliteratur (Origenes, Athanasius) schon angebrachten Nuancierungen und Differenzierungen mißachtend, im strengsten Sinne für einen Totalverlust der Gottebenbildlichkeit, was für die Darstellung der Verfassung des sündigen Menschen einschneidende Folgen hat: der Mensch ist im ganzen ein anderer geworden (In ps. 118, 10, 11); er ist in eine Tiefe gesunken, die Ambrosius (hier eine bestimmte Richtung der Überlieferung aufnehmend) mit von der Schrift entlehnten Bildern als den Tieren nahe bezeichnen kann (In ps. 48, 20). Theologisch bestimmter aber wird die Nichtigkeit und Erniedrigung des Menschen mit dem Terminus vom „Bild des Irdischen" gefaßt, das der Mensch nun darstellt. Hier kommt die paulinische Differenzierung (1 Kor 15, 47–49), die schon bei der positiven Zeichnung des Paradiesesmenschen ihren Einfluß geltend machte, nun auch auf der Gegenseite in voller Schärfe zur Auswirkung: der Mensch, der ein „liber in Christo" war, ist nun zu einem „debitor diaboli" (Sacr. 5, 4, 27) geworden. Er ist zu einer „imago mortis" (Off. 1, 49, 244), zu einer „imago mundi" (Luc. IX 34), ja zu einer „imago diaboli" geworden. Es sind Ausdrücke für eine innere Sündhaftigkeit des Menschen und für das Zerbrechen der Einheit mit dem Geiste Gottes, die, auch wenn Ambrosius nicht vom Gnadenverlust spricht, doch nicht anders als in diesem Sinne gedeutet werden können.

Aus der Symmetrie der Gedanken bei der Deutung des paradiesischen wie des nachparadiesischen Zustandes ergibt sich auch die deutliche Hervorhebung der Vertreibung aus dem Paradies, welche als äußere Manifestierung des inneren Gnadenverlustes durch den Abstieg in die terrestrische Region fungiert. Der ganzheitlich-anthropologischen Auffassung von der Ursünde schließt sich eine ebensolche Wertung der Sündenfolgen an, die auch den Leib und die äußere Welt des Menschen betrifft. War Adam zuvor mit dem Kleid der Glorie angetan, so wird er nun (in allegorischer Deutung von Gn 3,7 21) mit dem Kleid aus Fellen, der „tunica pellicia", umgeben, welche die Hinfälligkeit des Leibes, seine zum Anlaß der Scham werdende Nacktheit und seine Einbuße an Würde symbolisieren (In ps. 118, 11, 14).

Die Sündenfolge und Strafe greift aber auch auf die irdische Welt Adams über. Während in der Kleidsymbolik Anleihen bei Philo und Origenes sichtbar werden, wird beim Gedanken von der weltweiten Auswirkung der Sünde wiederum der Einfluß der stoischen Lehre von der Einheit der Natur und ihrer Zentrierung im Menschen offenbar. Wenn der Mensch nach diesem Vorstellungsmodell die Spitze der Schöpfung darstellt, in der sich die Summe des Kreatürlichen zusammenschließt, dann muß das Geschehen an dieser Spitze Auswirkungen auf die ganze Schöpfung haben. (Freilich ist dieser Gedanke nur aufgrund der stoischen Vorstellung von der Einheit des materiell gedachten Weltpneuma verifizierbar; um „christlich" begründet zu werden, müßte er von der göttlichen Schöpfung und ihrer Anthropo- wie Christozentrik her begründet werden.) Indessen denkt Ambrosius dabei nicht an physische oder physikalische Phänomene der Veränderung. Die Änderung ist vielmehr aus der bleibenden Zuordnung zwischen Seele und Leib, zwischen Geist und Erde zu erschließen und besagt dann für die „verfluchte Erde" ihren widerständigen Charakter gegen das Geistige im Menschen, ihren Zug zum Niederen, ja ihre Neigung zum Sündhaften. Hier tritt dann auch die Konkupiszenz als Folge der Sünde in Erscheinung, obgleich der Begriff beim Kirchenvater von Mailand nicht so gewichtig erscheint wie später bei seinem Schüler Augustin. Aber auch für ihn steht fest, daß dem guten Geist „die Begierlichkeit des Fleisches widerstrebt, ihn gefangen nimmt und zu den Verlockungen des Irrtums zieht" (Jac. 1, 4, 15).

Eine noch stärkere Konkretion gewinnt die universale Sündenfolge im Tod des Menschen, der Adam für den Fall der Sünde angedroht war und der danach als Strafe eintrat (De parad. XIV 70). Dieses Teilthema versieht Ambrosius mit einem gewissen Nachdruck, was erklärlich wird unter Berücksichtigung des ja auch im Heilsstand stark herausgearbeiteten Momentes der „Unsterblichkeit" und der „incorruptio" des Leibes. Auch hier wieder Anregungen Philos und Origenes' aufnehmend, entwickelt der Kirchenvater seine Anschauungen vom „dreifachen Tode", die später in veränderter Form von Augustinus wiederaufgenommen werden sollten. Charakteristisch ist hier die eigentümliche Verquickung zwischen der „mors naturalis", welche die Trennung der Seele vom Leibe erbringt, und der „mors peccati", die allein die Seele betrifft (der geistig-mystische Tod in der Taufe kann in der Ursündenlehre unberücksichtigt bleiben). Beide Modi des Todes gehören schon nach der Strafandrohung an Adam zusammen, aber der leibliche Tod wird doch nicht eigentlich als Strafe verstanden, sondern als schlichte Sündenfolge gefaßt (in welcher Annahme sich Ambrosius von manchen Vorgängern, aber auch von dem ihm nachfolgenden Augustin unterscheidet). Seine Wertung ist hier sittlich neutral, ja er kann sogar als heilsam erachtet werden. Diese relativ positive Beurteilung des natürlichen Todes mutet nach den in der „Unsterblichkeit" des Urstandes gelegten Voraussetzungen einigermaßen unbegründet an. Sie zeigt tatsächlich etwas von der Ambivalenz und der Dialektik der im platonisch-philonischen Konzept angelegten Denkmöglichkeiten: weil nämlich der Leib als das der Seele gegenüber Niedrigere betrachtet wird (gelegentlich sogar mit Plato als σῆμα der Seele gilt: Cain 2, 9, 31), weil er zudem auch vom universalen Fluch betroffen wird, kann die Ablösung der Seele im Tode geradezu als Befreiung empfunden werden. Deshalb liegt das Unheil nicht so sehr auf dem leiblichen Tod als vielmehr auf den Nöten und Mühsalen des Lebens in diesem Leibe, in welchem der Adamsfluch seine unheilvollen Wirkungen viel entschiedener zeigt.

Sieht man aber, und dies ist ein Hinweis für die hier obwaltende Dialektik, den leiblichen Tod zusammen mit dem geistigen Tod der Seele, d. h. mit der Sünde und dem Verlust des göttlichen Lebens, dann nimmt auch der natürliche Tod eine negative, böse Qualität an. Er wird so zum Zeichen des Seelentodes, mit dem verbunden er zur endgültigen Unseligkeit führt (Exc. fratr. Satyri II 36).

Die Ambrosianische Auffassung vom heilen Anfang und vom Sündenfall läßt an zwei Stellen schon ihren Charakter als Exposition des Unheilsgeschickes der ganzen Menschheit erkennen, obwohl der Sinn nicht eindeutig auf eine „Erbsünde" weist. Aber das biblische Motiv der „Vertreibung aus dem Paradies" (in philonischer Tönung: als des Abstiegs zum terrestrischen Leben) macht genauso wie das stoisch beeinflußte Motiv von der Einheit der ganzen menschlichen Natur die Erde und das Menschliche insgesamt zum Bereich der Sünde, dem nichts entzogen ist[17]. Aus diesen Voraussetzungen sind die häufigen und wechselnden Formulierungen über die Existenz einer universal ausgeweiteten Adamssünde zu verstehen, nach Art des durch Augustin klassisch gewordenen Wortes: „Fuit Adam et in illo fuimus omnes: periit Adam et in illo omnes perierunt" (Luc. VII 234). Die Adamssünde nimmt den Charakter eines „lapsus totius haereditatis" an, ein Ausdruck, an dem sich bereits die langsame Sinnerweiterung zum Verständnis des Vererbungsmomentes erkennen läßt. Der Kirchenvater bezieht die Adamssünde auch auf den einzelnen, wenn er erklärt: „Der Fluch, der einst die Schlange getroffen hat, bleibt, weil sie dich verführte, wegen deiner Verfehlung (deceptio)" (De fuga saeculi 41). Ebenso gilt für den einzelnen: „lapsus sum in Adam, de paradiso eiectus in Adam" (Exc. fratr. Satyri II 6). In solchen Formulierungen wird der einzelne so direkt in die Sünde Adams hineingezogen, daß sogar der Eindruck seiner aktuellen Beteiligung an ihr entstehen könnte. Daran zeigt sich zugleich, daß die Auswertung für eine „Erbsünde" nicht problemlos ist.

Eine Beteiligung ist freilich nicht gemeint, wie sich an der Verwendung des grundlegenden Schriftargumentes Röm 5, 12 19 ersehen läßt. Zwar führt Ambrosius eine ganze Reihe von Schriftaussagen zum Beweis für die Existenz der Adamssünde in allen Menschen an, die danach zum bleibenden Bestand der Schriftinterpretation für eine „Erbsünde" wurden[18]. Aber das Hauptgewicht liegt schon bei ihm auf der Adam-Christus-Parallele, die Ambrosius, soweit ersichtlich, im Abendland erstmals (näherhin Röm 5, 18) zur Erklärung heranzieht („et sit nobis sicut per unum mors, ita per unum etiam resurrectio": Exc. fratr. Satyri II 6), auch wenn er noch keine Auslegung bietet. Jedoch läßt sich sagen, daß seine Kernaussagen über die auf die Menschheit ausgeweitete Sünde Adams (der Anteil Evas wird zwar ethisch als durchaus bedeutsam veranschlagt, aber im Sinne der gesamten Väterauffassung dogmatisch als weniger relevant erachtet) „nichts anderes als Variationen der berühmten Stellen aus dem Römerbrief des hl. Paulus sind"[19]. Dabei ist zu beachten, daß Ambrosius in die-

[17] Zur Frage nach der Freiheit Marias von der Erbsünde vgl. *J. Huhn,* Das Geheimnis der Jungfrau-Mutter 240ff. Der Autor zeigt, daß es gerade die Christus allein zukommende jungfräuliche Zeugung ist, die ihm, nicht aber Maria die Erbsündenfreiheit erbringt.

[18] Dazu gehören u. a. Ps 50,6; Job 14,4; Jo 3,5; vgl. *J. Huhn,* Ursprung und Wesen 101ff.

[19] *J. Huhn,* aaO. 101.

sen Aussagen nicht nur an ein infolge der Adamssünde auf die Menschheit gekommenes Verderben denkt, sondern vorzugsweise an den Schuld- und Sündencharakter der den Menschen behaftenden Adamstat: „peccatum ab Adam; ex illo culpa, ex quo et Eva; ex illo praevaricatio, ex quo et humana conditio" (De Tobia 88). Deshalb gilt auch von jedem Menschen: „in illo (Adam) culpae obnoxium" (Exc. fratr. Satyri II 6).

Die Ausweitung dieses Grundsatzes auf die empirische Wirklichkeit der Menschen, vor allem auf die Neugeborenen, führt dann zu den eindeutigen Aussagen über die Sündigkeit jedes Menschen: „Nemo sine sorde peccati" (In ps. 118, 8, 30) und in positiver Wendung: „Omnis homo sub peccato" (In ps. 43, 76). Von dieser Folge sind gerade auch die Kinder nicht ausgenommen: „Nemo sine peccato nec unius diei infans" (Cain I 10). Die Betonung des Sünden- und Schuldcharakters dieses Zustandes resultiert aber nicht aus einer überentwickelten Hamartiologie oder aus einer diesem patristischen Denken gelegentlich vorgeworfenen „Hamartiozentrik", sondern im Gegensatz dazu in einer „Christozentrik" oder in einer „Christofinalität", die Christus als den Erlöser aller Menschen erweisen will. Die Allgemeinheit der Sünde steht demnach in funktionaler Abhängigkeit zur Universalität der Erlösung durch Jesus Christus; sie ist deren abhängige „Variable" und die Voraussetzung für die Zielvorstellung: „Omnes homines per passionem Christi purgandi sunt" (De Spiritu Sancto I 113). Zwischen diesem Ziel und seinem Ausgangspunkt aber steht im wirklichen Leben des von der Adamssünde betroffenen Menschen die Notwendigkeit der Taufe mit ihrem ebenfalls universalen, deshalb auch die Kinder betreffenden Verpflichtungscharakter. So bemerkt der Kirchenvater, der die Notwendigkeit der Kindertaufe gelegentlich auch typologisch mit der alttestamentlichen Beschneidung verbindet (Abr. II 81), zu Jo 3,15: „Utique nullum excipit, non infantem, non aliqua praeventum necessitate" (Abr. II 84). Von dieser Notwendigkeit gibt es nur eine Ausnahme, die aber in ihrem Sinn durchaus zu einer Bestätigung der „Regel" wird: es ist die Sündenlosigkeit Christi, die aus seiner makellosen Empfängnis aus der Jungfrau und durch den Heiligen Geist resultiert (Luc. II 56; Cain I 10). Diese Ausnahme ist inhaltlich für die hier vorwaltende Sündenvorstellung insofern von Bedeutung, als sie den Gedanken an persönliche Sünden ausschließt. Wenn Christus als sündenlos dargestellt wird, so kann der Sinn dieser Aussage nicht in der Behauptung der für den Kirchenvater völlig unproblematischen Wahrheit von der Freiheit Jesu bezüglich persönlicher Sünden gelegen sein. Die Aussage kann hier nur die Freiheit Jesu von einer vorpersonalen „naturhaften" Sünde und Schuld meinen. Als „Ausnahme" verstanden, bekräftigt sie aber die Existenz eines Sündenzustandes bei allen anderen der menschlichen Natur teilhaften Wesen.

Die Aussagen des Kirchenvaters von Mailand über Adams Geistesfülle und Begnadung wie über ihren Verlust und über die Betroffenheit von diesem Verlust erscheinen in sich so eindeutig und so kohärent, daß man in der Vergangenheit keinen Anstand nahm, Ambrosius als einen sicheren Gewährsmann für die sich entwickelnde Erbsündenlehre der Kirche anzusehen, womit freilich nicht gemeint war, daß er in allem den späteren kirchlichen Lehrstand erreichte. Seine diesbezüglichen Aussagen schienen sogar einem so engagierten und kenntnisreichen Bestreiter der inneren Wahrheit des christlichen Erbsündendogmas wie R. Fr. Tennant im Sinne der objektiven Vertretung des Erbsündendogmas durch den Mailänder Bischof für beweiskräftig[20]. Unabhängig davon haben Autoren wie J. Schwane[21], J. Mausbach[22], J. Huhn[23], M. Pohlenz[24],

[20] *R. F. Tennant,* The sources of the doctrines of the Fall 340.
[21] *J. Schwane,* Dogmengeschichte ²II 486.

K. H. Schelkle[25], W. Seibel[26] bei Ambrosius das Vorhandensein dieser Grundlagen des späteren Erbsündendogmas anerkannt. Trotzdem hat neuerdings J. Gross den Versuch unternommen, im Verfolg seiner Tendenz zur Deklaration Augustins als Schöpfer des Erbsündendogmas, wie der ganzen Vorzeit, so auch Ambrosius nur die Kenntnis einer „Erbübellehre" zuzusprechen. Hierzu beruft er sich vor allem auf zwei Texte, welche die Solidarität der Nachkommen in der Sünde Adams angeblich (im Widerspruch zur Fülle der anderslautenden Aussagen des Kirchenvaters) leugnen oder wenigstens verunklären sollen. In der Erklärung zu Ps 50,7 spricht der Kirchenvater zunächst von einem „contagium", von welchem die Kinder noch vor der Geburt befleckt seien und von der „Schmach des Ursprungs" („originis ipsius excipimus iniuriam"). Diese Bezeichnungen könnten durchaus im Sinne einer bloßen Befleckung und einer (materiellen) Sündenfolge verstanden werden. Die nachfolgende Kennzeichnung fällt aber schon bestimmter aus, wenn es heißt: „in iniquitate concipimur". Mit einem gewissen kritischen Interesse und in Besorgnis um ein mögliches Mißverstehen des letzten Satzes stellt nun Ambrosius fest: „Er (David) hat nicht gesagt, ob [in der Sündhaftigkeit – in iniquitate] unserer Eltern oder unserer eigenen". So habe er auch nicht erklärt, „ob die Mutter in ihren Sünden gebiert oder ob bereits Sünden des Neugeborenen vorliegen" (Apol. proph. David XI 56 f). Die Entfaltung dieser vom Text her offen gelassenen Fragen beeinträchtigt aber keineswegs die Sicherheit der eigenen Überzeugung des Kirchenvaters; denn seine Antwort lautet: „Sed vide ne utrumque intelligendum sit", was in Interpretation besagt: Es ist doch wohl beides anzunehmen. Im Anschluß daran zählt der Kirchenvater eine Reihe von Möglichkeiten für ein Behaftetsein des Menschen mit vorpersönlichen Makeln und Sünden auf, die offenbar als erklärende Beispiele für das schwer verständliche Faktum einer „Natursünde" dienen sollen: die nicht sündenfreie Empfängnis auf seiten der Mutter, die Sünde der Eltern, der Makel der Geburt und sogar die Befleckung der Frau in der Zeit der Regel. Man darf durchaus in Zweifel ziehen, ob die gewählten Beispiele als Hinweise auf den zentralen Tatbestand der Verhaftung der Menschen in der Adamssünde glücklich gewählt sind oder ob sie nicht im Gegenteil den Blick vom Wesentlichen abschweifen lassen. Allerdings kommt der Kirchenvater nach diesem Gedankenbogen doch wieder auf den theologischen Kern zurück, wenn er im Hinblick auf die Ausnahmestellung Christi sagt: „In Christus allein waren sowohl die jungfräuliche Empfängnis als auch die Geburt ohne jede Befleckung des sterblichen Ursprungs. Geziemte es sich doch, daß der, welcher im Leibe die Sünde des Falles nicht haben sollte, auch keine natürliche Befleckung der Geburt zu spüren bekam." Hier ist die „Sünde des Falles" von der „Befleckung der Geburt" deutlich unterschieden, so daß eine Identifizierung von „Sünde" und „Makel" nicht vorgenommen ist.

Man kann zwar die mangelnde Geradlinigkeit dieses Gedankengangs beklagen und kritisieren, daß von Ambrosius „in diesem merkwürdigen Text alles in einen Topf geworfen wird": „Sünden im eigentlichen Sinne, Befleckungen ritueller und reiner materieller Natur"[27]. Aber man sollte nicht übersehen, daß unter dem Vielen und (in etwa) Disparaten dieser Zusammenstellung auch von der „iniuria originis" und dem „peccatum prolapsionis" die Rede ist, das allen außer Christus anhaftet. Dann aber bringt der Text trotz der Häufungen das zentrale Moment der Sündenauffassung des Kirchenvaters auch zum Austrag, nämlich die Adamssünde, deren alle „in Adam" teilhaft geworden sind.

Dieser Konsequenz ist auch mit dem Versuch nicht zu entgehen, den in diesem Text vor allem interessierenden Hinweis auf die Neugeborenen, von deren Sünden (delicta) im Plural gesprochen wird, als Einzelsünden zu verstehen. Da eine solche Interpretation, abgesehen von ihrer grundsätzlichen Schwierigkeit, von der Taufauffassung des Kirchenvaters widerlegt wird, ist die Kritik versucht, hier an vorweltliche Sünden und damit an eine bei Ambrosius angeblich

[22] *J. Mausbach,* Die Ethik des hl. Augustinus (Fr 1929) II 145.
[23] *J. Huhn,* Ursprung und Wesen 98 ff.
[24] *M. Pohlenz,* Die Stoa (Gö ^{2}1959) 446 f; vgl. *A. Gaudel:* DThC XII 367.
[25] *K. H. Schelkle,* Paulus, Lehrer der Väter (D 1956) 174.
[26] *W. Seibel,* Fleisch und Geist 102; *H. Rondet* deutet Ambrosius in Richtung der Auffassung der Kappadozier: Le péché originel dans la tradition patristique et théologique 132.
[27] So *J. Gross,* aaO. I 240.

vorfindliche Präexistenzlehre zu denken, die er von Origenes entlehnt hätte[28]. Aber eine solche eindeutige Lehre ist bei Ambrosius wohl nicht anzunehmen. Die von ihm verhältnismäßig ausführlich entwickelte Lehre von der „doppelten Schöpfung" des Menschen läßt zwar den himmlisch-geistigen Menschen präexistieren, aber sie bringt ihn gemäß Gn 2,7 in Verbindung mit dem irdischen Menschen, der allein das Subjekt der Sünde ist. Darum kann es bei dem beanstandeten Plural nicht um persönliche Sünden der Kinder gehen. Es hat große Wahrscheinlichkeit für sich, daß Ambrosius unter den „Sünden" der Neugeborenen gleichsam den Begriff mit dem weitesten Umfang wählt, in den sowohl die Adamssünde als auch die auf den Kindern lastenden Folgen der Adamssünde gefaßt sind. Darüber hinaus wäre auch das Moment der sprachlichen Angleichung zu erwägen, das aus rein stilistischen Gründen den Plural nahelegte und den „Sünden der Mütter" die „Sünden der Neugeborenen" gegenüberstellte.

Ähnlich unzutreffend ist das aus dem Kommentar zu Ps 48,6ff geholte Argument, bei welchem man mit der hier vorgenommenen Unterscheidung zwischen der „iniquitas nostra" und der „iniquitas calcanei nostri" operiert. Unter der letzteren ist die „Verwundung" gemeint, die Adam durch den Biß der Schlange erlitt und die er seinen Nachkommen „als Erbe" hinterließ („obnoxiam hereditatem successionis humanae suo vulnere dereliquit": In ps. 48,8–9). Aber Ambrosius sagt unmißverständlich, was unter der „iniquitas calcanei" zu verstehen ist. „Ich halte daher die Ungerechtigkeit der Ferse mehr für einen Hang zum Sündigen als für eine Schuld eigenen Vergehens." Der hier dauernd herausgestellte Gegensatz von persönlichen Sünden und einer sogenannten bleibenden Ungerechtigkeit, die keine Sünde ist, macht es zur Gewißheit, daß in diesem Zusammenhang von einer vorpersonalen Sünde gar nicht die Rede ist. Die hier gebrauchte Begrifflichkeit mutet einigermaßen merkwürdig an. Aber sie erlaubt keineswegs den Schluß, daß unter der „Ungerechtigkeit der Ferse", konkret unter dem „Hang zum Sündigen", die universale Adamssünde gemeint sei. Es spricht aber alles dafür, daß darunter die Konkupiszenz zu verstehen ist[29].

Wenn Ambrosius in „De mysteriis" (6,31) auf den in der Mailänder Kirche (aber auch in Spanien und Gallien) besonders geübten Ritus der Fußwaschung hinweist und bemerkt, daß dem Petrus durch die Fußwaschung die „haereditaria peccata" getilgt wurden, unsere eigenen Sünden aber durch die Taufe nachgelassen würden, so ist auch diese Aussage nicht als Beweis für die Nichtexistenz einer allgemeinen Sünde bzw. für die Identifikation dieser „Sünde" mit der Konkupiszenz zu verwenden. Freilich hat im Hinblick auf den äußeren Wortlaut dieser Aussage die Behauptung einen Schein von Berechtigung: die Konkupiszenz, die das von Adam überkommene schlechte Erbe darstelle, werde durch die Fußwaschung getilgt; sie könne keine Sünde sein, da die Tilgung von Sünden in diesem Text allein der Taufe vorbehalten werde.

Aber in dieser Interpretation würde die Stelle etwas der sonst von Ambrosius bezeugten Auffassung, die er in der weitaus größeren Zahl der Fälle einnimmt, gänzlich Widersprechendes besagen. Ihr steht z. B. auch die auf diesen Ritus bezugnehmende Aussage des Kommentars zu Ps 48 entgegen, wo es heißt: „Lavemus et pedes, ut calcanei lubricum possimus auferre, quo fida statio possit esse virtutum" (In ps. 48,9). Hier ist als Objekt der Fußwaschung das „lubricum calcanei", „die Schlüpfrigkeit der Ferse", d. h. die Begierlichkeit, aufgehoben, damit die Tugend einen festen Stand habe. Natürlich kann diese Tilgung nicht im absoluten und theologischen Sinn verstanden sein; denn mit der Konkupiszenz hat nach Ambrosius auch der Getaufte das ganze Leben zu kämpfen. So kann es sich hier nur um eine moralisch-paränetische

[28] Ebd. I 240; Vgl. auch *J. Turmel,* Histoire des dogmes I 62–64.

[29] *E. Dassmann,* aaO. 274, weist auf den Unterschied hin, den Ambrosius zwischen iniquitas (Bosheit) und peccatum macht.

Aussage handeln, die auf die moralische Bedeutung der Fußwaschung (als Sakramentale) im Zusammenhang mit dem Tugendstreben des Menschen hinweist.

Für den Sinn der Zeremonie der Fußwaschung[30] ist ein Zeugnis aus der ps.(?)-ambrosianischen Schrift „De sacramentis" aufschlußreich, deren Zusammenhang mit „De mysteriis" außer Frage steht[31]. Hier wird der Sinn der Fußwaschung nach Art einer göttlichen Hilfe für das Streben nach Heiligkeit im Widerstand gegen die bleibende Begierlichkeit ausgelegt: „Sed quia Adam supplantatus a diabolo est, et venenum ei effusum est supra pedes, ideo lavas pedes, ut in ea parte, in qua insidiatus est serpens, maius subsidium sanctificationis accedat, quo postea te supplantare non possit" (De sacramentis III 17). Es geht also wiederum um eine moralische Unterstützung für den sittlichen Kampf des Christenlebens, die keinerlei Zurücknahme der im Umkreis der ambrosianischen Theologie herrschenden „Erbsündenauffassung" verlangt. Die Frage kann indirekt auch von dem hier immer mitverhandelten Problem um den Sakramentscharakter der Fußwaschung entschieden werden. Augustin, der die Mailänder Kirche und den hier mit einem gewissen Lokalpatriotismus hochgehaltenen Ritus kannte, sagt zu seiner Bestimmung: „Non ergo ad sacramentum tamquam mundationis pertinebat, quod (Christus) lavit eis pedes, sed ad exemplum humilitatis."[32] Und speziell auf die Mailänder Übung eingehend: „Sed ne ad ipsum sacramentum baptismi videretur pertinere, multi hoc in consuetudinem recipere noluerunt; nonnulli etiam de consuetudine auferre non dubitaverunt."[33] Wenn aber die Fußwaschung im Bereich der Mailänder Kirche nicht als Sakrament angesehen wurde, konnte ihr auch keine sündentilgende Kraft zukommen. Wohl aber konnte sie nach dem Beispiel der humilitas Christi, auf das Ambrosius angelegentlich hinweist[34], in der Weise eines Sakramentales geistliche Kraft vermitteln.

Es spricht alles dafür, daß auch Ambrosius so dachte. Freilich bleiben dann die zuletzt zitierten Aussagen doch unpräzise und dogmatisch unscharf. Aber das aszetisch-paränetische Anliegen, das Ambrosius in diesen homiletischen Aussagen verfolgt, kann nicht immer am Maßstab einer streng dogmatischen Begrifflichkeit gemessen werden. Obgleich der Kirchenvater so z. B. oft zwischen iniquitas (Bosheit) und peccatum (lapsus, error, delictum) unterscheidet und nur von ersterer die Nachlassung durch die Taufe behauptet (die dann selbstverständlich nicht auf die Begierlichkeit gehen kann), so kann er, paränetisch sprechend, auch die „peccata haereditaria" als Folgen der Erbsünde bezeichnen und sie in gewisser Weise als Materie der Fußwaschung ausgeben. Dieses sprachliche Schwanken ist zwar einer exakten theologischen Denkweise nicht dienlich, es kann doch aber im Hinblick auf die eindeutigen Aussagen über die Adamssünde, in der alle sündigten, nicht als grundsätzliche Unentschiedenheit oder gar als Preisgabe der sichtbar vertretenen Lehre von einer universalen Adamssünde interpretiert werden.

Diese Erklärung wird noch deutlicher, wenn man die immer schon mitbedachte Konkupiszenzauffassung des Kirchenvaters eigens in den Blick nimmt. Ambrosius faßt das Gemeinte unter einer Vielzahl von Begriffen, die wie concupiscentia, cupiditas, delectatio, deliciae, illicebra, libido, voluptas alle ihr Zentrum in der Feindschaft zwischen Geist und Leib haben. Die Vielzahl dieser Begriffe, die inhaltlich nicht einfach als deckungsgleich anzusehen sind, deutet auf einen Tatbestand hin, der sich für Ambrosius umfassender darstellt als das, was unter den Begriff der concupiscentia eingeht: das Umfassendere ist die „misera hominis conditio" (Interpell. I 3, 6), die durch die Zerrissenheit von mens und caro zustande kommt und die sich in der leibli-

[30] Vgl. dazu *J. Huhn,* Der dogmatische Sinn des Ambrosiuswortes: Planta Petri abluitur: MThZ 2 (1951) 377–389.
[31] Vgl. *Bardenhewer* III 536 f.
[32] *Augustinus,* Enarr. in ps. 92,3 (CChr 39, 1293 f).
[33] *Augustinus,* Ep. 55, 33 ad Januar. (PL 33, 220).
[34] Vgl. *E. Dassmann,* aaO. 90 118 f.

chen Gebrechlichkeit manifestiert, im niederen Begehren, im Geiz, in der Verschwendungssucht und in der Unmäßigkeit. Da diese Zerrissenheit in einer starken Argumentationskette schon in der Erschaffung Evas angelegt gesehen wird, kann man in diesem Punkt die Vermutung nicht unterdrücken, daß der Kirchenvater den Ansatz für diese Fehlerhaftigkeit schon in die Schöpfung als solche, in die Unterschiedenheit von mens und caro verlegt, so daß hier eine stark pessimistische Auffassung von der Verderbtheit der Welt hervortritt, vor allem in den am stärksten an Philo ausgerichteten Jugendschriften.

Von daher ist nun auch verständlich, daß der Kirchenvater dieser misera conditio, die bei ihm allerdings erst durch die Sünde in Erscheinung trat und insofern eine Folge der Sünde ist (Noe 12,41), auch im Zusammenhang mit der Affizierung der Menschen durch die Sünde Adams eine bedeutsame Rolle zuweist. Unter dieser Voraussetzung ist es für ihn nahezu eine Selbstverständlichkeit, daß „keine Empfängnis ohne Sünde" ist (Apol. proph. David XI 56) und daß die Adamssünde durch die Zeugung übertragen wird. Dabei empfängt auch die voluptas concupiscentiae beim Zeugungsakt Bedeutung. Aber interessanterweise bezeichnet Ambrosius die Konkupiszenz im engsten Sinne nicht als direkte Ursache der Überleitung der Adamssünde auf die Menschen. Im Grund bleibt es bei ihm dabei, daß die natürliche Zeugung als Verbindung mit dem Stammvater den Kontakt mit der Ursünde erbringt. Deshalb wird diese Sünde auch bei einer jungfräulichen Zeugung nicht inkurriert.

Man könnte diese bei Ambrosius erkennbare Grundauffassung als positiv werten, weil sie jedenfalls den Einfluß der Sinnlichkeit auf das Zustandekommen der „Erbsünde" im einzelnen Menschen zurücktreten läßt (wie es auch zahlreiche Aussagen des Kirchenvaters über das Gut der Ehe gibt, die freilich auch wieder von skeptischen Urteilen über die sinnliche Lust durchkreuzt werden[35]). Aber es ist wohl zu erkennen, daß der Kirchenvater eigentlich hier nichts Positives intendiert. Die sachgemäßere Erklärung bleibt wohl die, daß er die Problematik der Konkupiszenz im Zusammenhang mit der „Erbsünde" noch nicht durchleuchtete und bei der Feststellung eines bloßen Miteinanders blieb. Gelegentlich konnte auf Grund dieser engen Verflechtung die Meinung aufkommen, daß die Konkupiszenz und die Neigung zum Sündigen bei ihm das Wesen der „Erbsünde" ausmachen[36].

Allerdings tritt bei Ambrosius auch die Bedeutung des Übertragungsschemas für das Zustandekommen der Sünde zurück. Entscheidender als die Zeugung ist das Enthaltensein der Menschheit in Adam. Der formale Grund für das Affiziertwerden des einzelnen mit der Sünde Adams liegt in dem Enthaltensein der ganzen menschlichen Natur in Adam. Insofern könnte man diesen Sachverhalt mit dem späteren Begriff der „Natursünde" erläutern, der für Ambrosius aber gewiß nicht im Sinne des Manichäismus und dessen Auffassung von einer bösen Substanz zu verstehen ist. Er ist in der Weise aufzufassen, in welcher Ambrosius betet: „Suscipe me in carne, quae in Adam lapsa est" (In ps. 118, 22,30). Im Hintergrund dieser Überzeugung steht die in etwa unreflektierte Auffassung von „derselben Natur" als „Mutter aller Menschen". „Darum sind wir alle Brüder, weil wir von ein und derselben Mutter geboren wurden, durch das gleiche Recht verwandtschaftlich verbunden" (Noe 26,94). Der Gedanke ist offensichtlich stoischen Ursprungs, wo er mit der Einheit der Geistnatur verbunden ist. Diese Einheitsauffassung wird aber von Ambrosius in einer Weise überhöht,

---

[35] Vgl. ebd. 259ff. [36] *B. Altaner – A. Stuiber,* Patrologie 386f.

die beispielhaft für das Verfahren ist, philosophisch-zeitgemäße Grundgehalte im Medium der Offenbarungswahrheit anzureichern. Er weist nämlich auch auf Christus und seine einheitsstiftende Funktion in der Menschheit hin und versucht, beide Begründungen miteinander zu verbinden (Off. III 3, 19). Der Solidaritätsgedanke (mit seiner Abwandlung im Stellvertretungsgedanken) ist ihm eine so schlichte, nicht mehr hinterfragbare Gegebenheit, daß er als Vertreter des Generatianismus hier kein weiteres Problem auftauchen sieht und den möglichen Einwand nicht empfindet, der aus der Tatsache ableitbar ist, daß ja die individuellen Einzelseelen in Adam nicht als existent gedacht werden können, obgleich formell an ihnen die Adamssünde haftet. Es ist dies ein vorausweisendes Problem, das selbst Augustin noch nicht bewältigte und das ihn zwischen Generatianismus und Kreatianismus schwanken ließ.

Diese Feststellungen erlauben den Schluß, daß bei Ambrosius durchaus nicht alle denkerischen Probleme der komplexen „Erbsündenwahrheit" geklärt sind. Trotzdem sind die positiven Elemente, die von ihm zur Entwicklung beigesteuert wurden, nicht gering zu achten. Sie sind als solche erkennbar, auch wenn die Terminologie des Kirchenvaters noch keine begriffliche Schärfe und keine völlige Eindeutigkeit besitzt, so daß auch die Konkupiszenz als „peccatum" bezeichnet werden kann (Jac. I 13, 16) und die „Geneigtheit zum Sündigen" als „iniquitas" gelten kann (In ps. 48, 8). Zu den positiven Elementen gehören die gnadenhafte Fassung des Urstandes (die trotz der vielen allegorischen Details nicht überdeckt wird), ferner die sich daraus ergebende „übernatürliche" Fassung der Ursünde als Verlust der Gnade wie der Ebenbildlichkeit und als „Tod der Seele" mit allen negativen Folgeerscheinungen. Damit ist auch eine Unterscheidung von Sünde und Konkupiszenz bei Ambrosius gegeben, die freilich in ihrem inneren Zusammenhang noch wenig geklärt ist. Positiv ist auch die Heranziehung des Gedankens der Natureinheit und der Solidarität des Menschengeschlechtes zu werten, der das Gewicht des Tertullianeischen Übertragungsschemas zurücktreten läßt, freilich unter Fortbestehen gewisser Probleme im Hinblick auf die Erschaffung der Seele.

Was die Folgen der „Erbsünde" betrifft, so sind sie im Begriff der misera hominis conditio stark pessimistisch gehalten, teilweise auch neuplatonisch eingefärbt, was sich aus der bereits im Paradiese angelegten „Leib-Seele-Spannung" erklärt und dualistische Residuen zeigt. Sie gestatten aber nicht, das Ganze als philonisch oder neuplatonisch abzustempeln. Es ist nämlich auch zu beachten, daß unter den „Folgen" der Adamssünde als entscheidende die Erlösung durch Jesus Christus aufgenommen wird. Die Aussagen über die Adamssünde stehen so durchaus in einem heilsgeschichtlichen Konzept, das zuletzt seine Wurzeln in der paulinischen Adam-Christus-Parallele hat. Für diese heilsgeschichtliche Konzeption hat Ambrosius auch schon das Stichwort geprägt, unabhängig von der Frage, ob er der Verfasser des österlichen „Exultet" ist[37]. Aber dieses ist gewiß schon in der Aussage vorgebildet: „Felix ruina, quae reparatur in melius" (In ps. 39, 20). So erscheint die den Menschen mitgeteilte Adamssünde in die Geschichte des Heils eingefügt und damit zuletzt ihrer Düsterkeit entkleidet. Selbst wenn man die dezidierten Einzelaussagen über die Solidarität der Adamssünde durch die an anderen Stellen bezeigten terminologischen Unklarheiten

[37] Zu dieser kontroversen Frage, die wohl nicht im Sinne einer Verfasserschaft des Ambrosius zu entscheiden ist, vgl. die Auseinandersetzung zwischen *B. Capelle, B. Fischer, M. Avery* und die Stellungnahme bei *E. Dassmann,* aaO. 133.

neutralisieren wollte, so kann man doch die Bedeutung der heilsgeschichtlichen Antithesen für das Vorhandensein einer wirklichen Sünde nicht entwerten: die Antiparallelen zwischen dem Tod in der Sünde und der Wiedergeburt, zwischen dem Unheil in Adam und dem Heil in Christus. Dabei ist die geschichtliche Bewegtheit auch insofern erhalten, als die Erlösung durch Christus nicht nur eine ausgleichende Wiederherstellung ist, sondern die Überhöhung und Bekrönung des Ursprünglichen. Es mag zwar fragwürdig erscheinen, ob man deshalb mit A. v. Harnack über die teleologische Sicht des Kirchenvaters von Mailand sagen kann: „Die teleologische Betrachtung (der Schuld) unter dem Gesichtspunkt der reicheren Widerherstellung ist völlig neu."[38] Auf jeden Fall ist sie bei Ambrosius in neuartiger Weise betont. Auch an dieser Betonung der höheren Wiederherstellung durch die Gnade der Erlösung kann man im Nachhinein erschließen, daß der Fall und seine Fortexistenz im Menschen nicht eine Strafe oder ein Erbübel war, sondern die Sünde selbst als wegen der Verbindung mit Adam schuldhafte Gnadenlosigkeit.

Damit ist zugleich auch kenntlich gemacht, daß der Grundgedanke dieser Sünden- und Heilsauffassung biblisch-paulinischen Ursprungs ist, mag er auch von manchen Hilfskonstruktionen aus der Philosophie der alten Welt gehalten sein. Seine biblische Ursprünglichkeit läßt sich nicht verkennen.

Obgleich die Gedanken des Ambrosius zur Lehre einer die ganze Menschheit affizierenden Adamssünde noch keine Geschlossenheit zeigen und in dem entscheidenden Fragepunkt nicht zur völligen Klarheit durchdringen, sind sie doch als Bausteine zur Erhebung einer solchen Lehre anzuerkennen[39]. Darum ist auch die häufige Berufung Augustins auf den Kirchenvater von Mailand verständlich[40], selbst wenn der Bischof von Hippo dessen Gedanken im Sinne seiner neu gewonnenen Erkenntnis strenger auf sein eigenes Verständnis hin interpretiert. Der geistige Grund beider Konzepte aber liegt in der paulinischen Adam-Christus-Parallele, auf die sich Ambrosius nach Röm 5,12–21 als erster Abendländer berief[41].

Während man so den Kirchenvater von Mailand trotz fehlender Ausgeglichenheit seiner Aussagen zur „Erbsünde" als Wegbereiter Augustins anerkennen muß, ist dieser Anspruch bei dem zu seiner Zeit überaus einflußreichen Hieronymus nicht in der gleichen Weise zu erheben.

2. *Im Vorfeld der pelagianischen Kontroverse: Hieronymus*

Mit *Hieronymus* († 420) verlagert sich die „Erbsünde"-Problematik bereits in das Feld der Kontroverse und der Auseinandersetzung mit dem Pelagianismus[42]. Allerdings

---

[38] *Harnack* DG III 30.

[39] Vgl. dazu *A. Zumkeller* in den Erläuterungen zu: Augustinus, Schriften gegen die Pelagianer III (Wü 1977) 565.

[40] So u.a. in Contra duas epistolas Pelagianorum (PL 44, 549–638).

[41] *K. H. Schelkle,* Paulus, Lehrer der Väter 173f. – Zu Ambrosiaster, von dem die erste zusammenhängende Interpretation des paulinischen locus classicus der Erbsündenlehre stammt, vgl. § 7.

[42] Vgl. *Tixeront* II 280f; *J. Schwane,* Dogmengeschichte II 497ff; *B. Altaner – A. Stuiber,* aaO. 403; *J. Turmel,* aaO. 73–75. – Commentarii in Isaiam (ed. *M. Adriaen:* CChr 73–73A, 1963); In Hieremiam prophetam (ed. *S. Reiter:* CSEL 59, 1913; *ders.:* CChr 74, 1960); Commentarii in prophetas minores (ed. *M. Adriaen:* CChr 76–76A, 1969f); Dialogi contra Pelagianos (PL 23, 495–590); Epistulae (ed. *I. Hilberg:* CSEL 54–56, 1910–1918); Breviarium in psalmos (PL 26, 871–1382). PL 22–30.

bleibt der Disput, den Hieronymus in seinen letzten Lebensjahren aufnimmt, im Vergleich mit der zur gleichen Zeit geführten literarischen Fehde Augustins an äußeren Positionen haften. Schon vor dem Jahre 415, in welchem der Kirchenvater persönlich in dem nach Palästina übergreifenden und hier auch gewalttätig werdenden Streit zur Feder griff[43], hatte er den Fragepunkt gelegentlich berührt, ohne ihm aber tiefere theologische Aufmerksamkeit zu schenken. So spricht er in einem Trostbrief an Paula vom Jahre 384 in paränetischer Form von den im Alten Bund unter dem alten Gesetz Sterbenden und zitiert Röm 5, 14: „Und es herrschte der Tod von Adam bis Moses, auch über jene, die nicht gesündigt haben" (Ep. 39, 4), wobei er durch Auslassen der Worte „wie Adam durch Übertreten eines Gebotes" die souveräne Herrschaft des Todes über alle Menschen bekräftigen will. Diese Formulierung weist allein auf eine Sündenfolge hin oder meint den sogenannten „Erbtod".

Auf die Folgen der Adamssünde nimmt auch eine andere Aussage Bezug, in der von der Unreinheit jener die Rede ist, „qui peccato offendentis Adam tenentur obnoxii" (In Jon. 3, 5). An dieser Stelle wird allerdings zusammen mit der Sündenfolge auch die Verhaftung an die Sünde genannt, so daß hier eine gewisse Unterscheidung zwischen Adamssünde, der alle unterworfen sind, und der ihnen daraufhin auch zukommenden Unreinheit hervordrängt. Allerdings entbehren diese Formeln als Argument für die Existenz einer auch auf die Menschen übergegangenen Adamssünde der Eindeutigkeit. Ähnlich steht es freilich auch bei dem versuchten Beweis des Gegenteils etwa auf Grund der Interpretation von Apg 10, 13: „Dieses Wort zeigt, daß kein Mensch seiner Natur nach befleckt ist; daß vielmehr alle in gleicher Weise zur Gnade Christi berufen sind" (Ep. 112, 7). Die Bestreitung eines „pollutum esse secundum naturam" kann im Zusammenhang mit dem Hinweis auf die Kraft der Gnade doch wohl nur besagen, daß der Mensch durch das (noch unbestimmt gelassene) Erbe Adams nicht total verderbt ist.

Auch bei Aufnahme der direkten Auseinandersetzung mit den Pelagianern, denen der Kirchenvater in ziemlich undifferenzierter Weise die alten Irrtümer des Origenes, des Evagrios Pontikos und des Jovinian zur Last legen möchte (Ep. 133, 3 ad Ctesiph.), geht es ihm zunächst weniger um eine theologische als um eine religiös-praktische Argumentation. Er sieht in den Pelagianern in einer vereinfachten Auffassungsweise schlechthin die Leugner der göttlichen Wirksamkeit und die Verteidiger der menschlichen Selbstmächtigkeit. Darum entwickelt er eine verhältnismäßig undifferenziert gehaltene Gegenthese, nach welcher der Pelagianismus im Gott-Mensch-Verhältnis einer deistischen Auffassung huldige und die Religiösität des Menschen schlechthin aufhebe. So hält er den Vertretern der Neuerung auch die praktischen Konsequenzen ihres verfehlten Lehransatzes vor, z. B., daß sie das Gebet leugneten und so den Menschen zu einem völlig gottunabhängigen und selbstgenügsamen Wesen machten (ebd. 5).

Im Gegensatz dazu betont er seinerseits die Wirklichkeit des göttlichen Gnadenwirkens, das sich in allen guten Werken des Menschen durchsetzt. Freilich sind die Aussagen so gehalten, daß sie mehr die Hilfe Gottes und die aktuelle Gnade im Blick haben als eine seinshaft-übernatürliche Wirklichkeit, die den Menschen auch seinshaft-übernatürlich bestimmt. Dabei ist der Beistand schon durchaus umfassend gedacht, so daß er den guten Taten des Menschen vorausgeht, sie begleitet und ihnen

[43] Vgl. *K. Baus – E. Ewig:* HdKG II/1, 174.

nachfolgt. Diese Universalität des Gnadenwirkens Gottes ist indessen theoretisch nicht eindeutig durchgeführt. Da Hieronymus in seiner Abkunft vom römisch-stoischen Tugendideale aber auch das Moment des freien Willens zur Geltung bringen muß (in Einklang mit seiner hohen aszetischen Lebensauffassung), vermochte er an entscheidenden Stellen diese Allwirksamkeit der Gnade denkerisch nicht durchzuhalten oder wenigstens nicht zu erweisen.

So finden sich bei Hieronymus auch Aussagen, die vor allem am Beginn des individuellen Heilsgeschehens (geradezu in der späteren semipelagianischen Weise) dem freien Willen den Vortritt vor der Gnade einräumen. In diese Richtung weist jedenfalls die Aussage: „Nostrum (est) incipere, illius (Dei) perficere" (Contra Pelag. I 3). Eindeutiger erscheint schon die Aussage, daß es „Gottes Sache ist, zu berufen, unsere aber, zu glauben" (In Jes. 49), insofern hier doch ein Tun Gottes vorausgesetzt wird, wie es auch die freilich unspezifisch gehaltene Formel ausdrückt, wonach auch unser Wollen ohne das Erbarmen Gottes nicht unser eigenes wäre (was auch noch pelagianisch interpretiert werden könnte: In Jer. 18). So kommt bei dem Exegeten, dessen biblische Theologie aber weit weniger entwickelt war als die historisch-philologische Forschung, das Problem des Verhältnisses von Gnade und Freiheit noch nicht in Sicht.

Die relative theologische Problemlosigkeit zeigt sich auch in der Auseinandersetzung um jenen Fragepunkt, der zu einem tieferen Eingehen auf gewisse Grundvoraussetzungen des Pelagianismus hätte Anlaß geben können, nämlich in der Problematik um eine mögliche Sündenfreiheit des Menschen. Der Behauptung der Pelagianer, daß der Mensch kraft seines Willens ohne Sünde leben könne, hält Hieronymus zunächst das Bekenntnis entgegen, daß nur Gott sündenlos sei und daß damit eine dem Menschen zugebilligte Sündenlosigkeit das Geschöpf gottgleich mache, eine sicher unzutreffende Folgerung, die auch die Meinung der Pelagianer nicht traf. So vermochte er auch dem pelagianischen Grundsatz nicht richtig zu begegnen, daß Gott mit seinen Geboten nichts Unmögliches befohlen haben könne und daß demnach dem Menschen Sündenlosigkeit erreichbar sein müsse (was freilich gänzlich abstrakt und ohne Berücksichtigung der wirklichen conditio humana gesagt war). Hieronymus wußte darauf nur zu antworten, daß die Gebote Gottes zwar von der Menschheit als solcher beobachtet werden könnten, aber doch nicht von jedem einzelnen (Ep. 133,8 ad Ctesiph.). Der tiefere Grund scheint bei ihm aber gelegentlich doch hervor, so wenn er erklärt, daß das, was den Menschen unmöglich ist, durch eine besondere Gnade Gottes ermöglicht werden kann (Contra Pelag. II 16).

Am überzeugendsten fallen die Stellungnahmen des Hieronymus zur Sündenfrage in der seinen praktischen Sinn und sein stark entwickeltes Kirchenbewußtsein[44] betreffenden Frage nach der Kindertaufe, ihrer Notwendigkeit und ihrer Wirkung, aus. Hier läßt er sich von der pelagianischen Einrede, daß die unmündigen Kinder doch sündenlos seien, nicht beeindrucken, sondern gibt zur Antwort, daß dies doch nur für die getauften unmündigen Kinder gelte und eben aus der Gnadenwirkung Gottes folge.

Zur Eruierung des Sinnes der Kindertaufe aber greift er auf Röm 5,14 zurück und führt aus, daß die Kinder „nicht jene Sünde begangen haben, die Adam beging, als er im Paradies Gottes Gebot übertrat", womit gesagt sein soll, daß die Kinder nicht per-

[44] Zur Ekklesiologie des Kirchenvaters vgl. *Y. Bodin,* Saint Jérôme et l'église 245 ff.

sönlich sündigen. Aber sie sind der Sünde Adams verhaftet, wie der Satz beweist: „Im übrigen sind alle Menschen der Sünde Adams verhaftet, sei es im Namen des alten Stammvaters Adam, sei es im eigenen Namen (aut antiqui propagatoris Adam, aut suo nomine tenentur obnoxii: Contra Pelag. III 18). Es ist auch hier zu beachten, daß der Kirchenvater deutlich von einer Verhaftung an die Sünde spricht, auch wenn diese ihre Schuldhaftigkeit und Verantwortlichkeit von Adam herleitet. Hieronymus erwägt allerdings nicht das tiefere, von Ambrosius gesehene und angegangene Problem nach der Art und Weise des Zusammenhangs mit Adam. Ihm genügt offenbar der Hinweis auf den Stammvater Adam, auf den Propagator (und also auf die propagatio). Aber die im Einverständnis mit der Tradition bekundete Glaubensüberzeugung (Hieronymus beruft sich auf Cyprian und dessen Brief an Bischof Fidus) wird mit ungebrochener Gewißheit wiedergegeben: „Das Kind wird in der Taufe vom Bande des Vaters (Adams) gelöst (parentis in baptismo vinculo solvitur). Wer im Alter des Vernunftgebrauches ist, wird durch Christi Blut vom fremden und eigenen Band befreit" (Contra Pelag. III 18). Die Aussage geht eindeutig auf die Sünde Adams, die, weil nicht persönlich verursacht, als „alienum vinculum" bezeichnet werden kann. Auch der Gegensatz zum „suum vinculum" bezieht sich auf die Sünde, so daß hier nicht auf eine Sündenfolge oder auf die Konkupiszenz ausgewichen werden kann.

Wenn man aber den Sinn dieser Aussage mit dem Hinweis entkräften möchte, daß das von Hieronymus herangezogene Cyprianzitat nur von der „Seuche des alten Todes" spreche, also von der Konkupiszenz rede, nicht aber von einer Sünde, so ist nur soviel richtig, daß der Bischof von Karthago in der wenig differenzierenden Redeweise der beginnenden theologischen Argumentation konkret vom „alten Tod" spricht, der den ganzen Komplex der Adamsverhaftung des Menschen umfaßt. Aber auch er weist schließlich auf die „remissio peccatorum", und zwar der propria und aliena peccata hin, welche Differenzierung ohne Sinn bliebe, wenn sie die Konkupiszenz meinte. Im übrigen ergibt sich aus einem gewissen Folgerungssinn, den man auch bei einer rein historisch-positiven Interpretation anwenden darf, daß im Zusammenhang mit der Taufwirkung die Gleichsetzung von „Sünde" und „Konkupiszenz" die betreffenden Zeugen mit einem Widerspruch behaftet, der ihnen aus inneren Gründen nicht zugeschrieben werden darf: die Unterstellung nämlich, sie hätten die Taufwirkung in die Aufhebung der Konkupiszenz verlegt, wo sie doch immer biblisch von der Begnadung und der Wiedergeburt zu neuem Leben sprechen. Von dieser Tradition weicht auch Hieronymus nicht ab.

Allerdings ist zuzugeben, daß bei seinen mehr beiläufig zum Thema gemachten Äußerungen die Unterscheidung zwischen Sünde und Konkupiszenz nicht getroffen wird und die Grenzen fließend sind. Wenn es so z. B. in Ep. 133 heißt, daß „die Kraft des Geistes zum Leben führt, die Schwäche des Fleisches aber zum Tode" (Ep. 133, 9), so scheint hier nur eine Sündenfolge (die Konkupiszenz) und nicht die im Menschen wirksame Unheilskraft anerkannt. Trotzdem wäre eine Interpretation unzutreffend, die behauptete, daß hier die Konkupiszenz mit der „Erbsünde" gleichgesetzt werde oder an ihre Stelle träte; denn absolut gesprochen, ist die allein auf die Konkupiszenz Bezug nehmende Aussage sachlich richtig, weil die Konkupiszenz die Geneigtheit zur Sünde in sich schließt. Daraus läßt sich aber nicht folgern, daß der Autor eine tiefere Begründung der Konkupiszenz ausschlösse oder verneinte, nur weil er die Erbsünde nicht nennt.

In einem anderen Fall nennt er beide Momente der universalen Adamssünde, wenn er sie auch nicht deutlich voneinander trennt. So sagt er in der Erklärung des Verses 7 des „Miserere" unter Anspielung auf einen ähnlichen Sinn bei Job: „Dieser Vers legt den Fall des ganzen Menschengeschlechts dar", was auf Adams Sünde und ihren Einfluß im ganzen Menschengeschlecht verweist. Nun aber wird in einer nicht folgerichtig erscheinenden Terminologie vom „Schmutz der Sünde" gesprochen, die nach Job 14, 4 jedem Lebenden eignet. Das könnte wiederum den Schluß auf die Sündenfolge allein nahelegen. Andererseits spricht die Schlußerklärung für die Existenz einer wirklichen Sünde im Menschen, die durch die Taufe getilgt wird: „Empfangen aber und geboren wird er in der Erbsünde, die von Adam her überkommen, aber in der Taufe durch Christi Gnade gereinigt wird" (in originali peccato, quod ex Adam trahitur, sed baptismo per gratiam Christi purificatur: Brev. in ps. 50). Hier mit J. Gross zu behaupten, die Adamssünde werde zwar nach diesem Text vererbt, aber in der Taufe doch nur gereinigt und im Wesen bestehen gelassen, um daraus wiederum auf die Identifizierung von Sünde und Konkupiszenz bei Hieronymus zu schließen, ist eine Überinterpretation des Textes[45]; denn zunächst ist im letzten Satz einfach von der „Erbsünde" die Rede, die durch die Gnade der Taufe einer Reinigung unterzogen wird. Daß das purificare hier im Sinne einer nicht ganz vollkommenen Reinigung zu verstehen sei, ist nach dem sonstigen Gebrauch dieses Wortes nicht zu begründen. Zumal aber seine Verwendung im Taufzusammenhang kann schwerlich ein äußerliches Abwaschen eines Makels meinen, der als solcher doch bestehen bleibt; denn die Tauflehre der Patristik weiß nichts von einer „Abwaschung" der Konkupiszenz und dies noch im Sinne einer bloß vorsichtigen Reinigung.

Man kann demnach die in vielem „offenen" Formulierungen des Hieronymus nicht als eindeutige Bezeugungen der „Erbsündenwahrheit" ansehen, aber man kann sie auch nicht einseitig auf die Konkupiszenz festlegen. Immerhin zeigen einige Aussagen Klarheit im Sinne der Annahme einer wirklichen Sünde. In diesem Äquilibrium, das eine Tendenz zur „Erbsünde" zeigt, sind diese Formeln zu belassen. Sie sind kennzeichnend für eine Theologie, die noch nicht ihren sicheren Gang gefunden hat, aber das Ziel doch schon vor Augen sah.

§ 11. Augustin als Vollstrecker der Tradition

SCHRIFTTUM: *C. J. Hefele,* Conciliengeschichte II (Fr ²1875); *Fr. Klasen,* Die innere Entwicklung des Pelagianismus (Fr 1882); *L. Grandgeorge,* S. Augustin et le néoplatonisme (P 1896); *H. Frankfurt,* Augustin und die Synode von Diospolis (B 1904); *Fr. Loofs,* Pelagius und der pelagianische Streit: RE XV (L 1904) 747–774; *J. Brochet,* St. Jérôme et ses ennemis (P 1905); *Fr. J. Dölger,* Der Exorzismus im altchristlichen Taufritual (Pa 1909); *K. Adam,* Die kirchliche Sündenvergebung nach dem hl. Augustinus (Pa 1917); *P. Alfaric,* L'évolution intellectuelle de S. Augustin 1: Du Manichéisme au Néoplatonisme (P 1918); *J. Peters,* Die Ehe nach der Lehre des heiligen Augustinus (Pa 1918); *A. Souter,* Pelagius' Expositions of thirteen epistles of St. Paul II (C 1926); *M. Schmaus,* Die psychologische Trinitätslehre des hl. Augustinus (Mr 1927; ²1967); *N. P. Williams,* The ideas of the Fall and of Original Sin. A historical and critical study (Lo 1927); *K. Holl,* Augustins innere Entwicklung: Gesammelte Aufsätze zur Kirchengeschichte 3 (T 1928; Nachdr. 1965) 54–116; *J. Mausbach,* Die Ethik des hl. Augustinus I–II (Fr ²1929); *J. A. Davids,* De Orosio et S. Augustino Priscillianistarum adversariis (Den Haag 1930); *St. Gilson,* Der heilige Augustin, eine Einführung in seine Lehre (dt. Hellerau 1930); *A. Pereira,* La doctrine du mariage selon S. Augustin (P 1930); *N. Merlin,* Saint Augustin et les dog-

[45] Vgl. dazu *J. Gross,* aaO. I 254.

mes du péché originel et de la grâce (P 1931); *O. Bardenhewer,* Augustinus über Röm 7,14ff: Miscellanea Agostiniana II (R 1931) 879–883; *A. M. Jacquin,* La prédestination d'après s. Augustin: ebd. 853–878; *A. Kunzelmann,* Die Chronologie der Sermones des hl. Augustinus: ebd. 417–520; *E. Dinkler,* Die Anthropologie Augustins (St 1934); *W. Stettner,* Die Seelenwanderung bei Griechen und Römern (St-B 1934); *S. M. Zarb,* Chronologia operum sancti Augustini (R 1934); *H. Barth,* Die Freiheit der Entscheidung im Denken Augustins (Bas 1935); *K. Janssen,* Die Entstehung der Gnadenlehre Augustins (Rostock 1936); *H. I. Marrou,* Saint Augustin et la fin de la culture antique (P 1938); *Ph. Platz,* Der Römerbrief in der Gnadenlehre Augustins (Wü 1938); *J. Schmucker,* Die Gnade des Urstands und die Gnade der Auserwählten in Augustins De correptione et gratia (R 1939); *N. Ladomérszky,* Saint Augustin, docteur du mariage chrétien (R 1942); *A. F. Lekkerkerker,* Römer 7 und Römer 9 bei Augustin (A 1942); *G. de Plinval,* Pélage, ses écrites, sa vie et sa réforme (Lausanne 1943); *ders.,* Essai sur le style et la langue de Pélage (Fri 1947); *ders.,* Aspects du déterminisme et de la liberté dans la doctrine de s. Augustin: RevÉAug 1 (1955) 345–378; *J. Ball,* Libre arbitre et liberté dans S. Augustin: L'Année théologique 6 (1945) 368–382; *ders.,* Les développements de la doctrine de la liberté chez S. Augustin: ebd. 7 (1946) 400–430; *X. Léon-Dufour,* Grâce et libre arbitre chez saint Augustin: RSR 33 (1946) 126–163; *A. Pincherle,* La formazione teologica di Sant'Agostino (R 1947); *J. Clémence,* Saint Augustin et le péché originel: NRTh 70 (1948) 727–754; *A. Maxsein,* Aurelius Augustinus. Das Gut der Ehe (Wü 1949); *E. Braem,* Augustinus' leer over de heiligmakende Genade: Augustiniana 1 (1951) – 3 (1953); *F. Cayré,* Une rétractation de Saint Augustin: Les enfants morts sans baptême: L'Année théologique 12 (1952) 131–143; *E. F. Durkin,* The theological distinction of sins in the writings of St. Augustin (Mundelein 1952); *E. Hendrikx,* Augustinus: Theologisch Woordenboek I (Roermond-Maaseik 1952) 289–333; *C. Couturier,* „Sacramentum" et „Mysterium" dans l'œuvre de Saint Augustin: Etudes Augustiniennes (P 1953) 161–332; *S. Alvarez Turienzo,* Entre Maniqueos y Pelagianos. Iniciación al problema del mal en San Agustín: La Ciudad de Dios 156 (1954) 87–125; *E. Benz,* Augustins Lehre von der Kirche: AAMz 1954, 20–63; *L. Ciappi,* La predestinazione (R 1954); *J. H. Koopmans,* Augustine's first contact with Pelagius and the dating of the condemnation of Caelestius at Carthage: VigChr 8 (1954) 149–153; *M. Müller,* Die Lehre des hl. Augustinus von der Paradiesesehe und ihre Auswirkung (Rb 1954); *H. Rondet,* La liberté et la grâce dans la théologie Augustinienne: Saint Augustin parmi nous (Le Puy-P 1954) 199–222; *ders.,* Le Christ Nouvel Adam dans la théologie de s. Augustin: Études mariales 13 (1955) 25–41; *ders.,* La théologie de la grâce dans la correspondance de s. Augustin: Recherches Augustiniennes 1 (P 1958) 303–315; *ders.,* La prédestination augustinienne. Genèse d'une doctrine: Sciences Ecclésiast. 18 (1966) 229–251; *B. Stoeckle,* Die Lehre von der erbsündlichen Konkupiszenz in ihrer Bedeutung für das christliche Leibethos (Ettal 1954); *J. Billicsich,* Das Problem des Übels in der Philosophie des Abendlandes I (W ^{2}1955); *P. Th. Camelot,* „Sacramentum fidei": Augustinus magister (P 1955) II 891–896; *ders.,* Sacramentum. Notes de théologie sacramentaire augustinienne: RThom 57 (1957) 429–449; *ders.,* Le baptême des petits enfants dans l'église des premiers siècles: MD 88 (1966) 23–42; *F. Floëri,* Le Pape Zosime et la doctrine Augustinienne du péché originel: Augustinus magister (P 1955) II 755–761; *ders.,* Remarques sur la doctrine Augustinienne du péché originel d'après s. Augustin: RTom 63 (1963) 341–362; *J. Huhn,* Ein Vergleich der Mariologie des hl. Augustinus mit der des hl. Ambrosius in ihrer Abhängigkeit, Ähnlichkeit, in ihrem Unterschied: Augustinus magister (P 1955) I 221–339; *A. M. La Bonnardière,* Le verset paulinien Rom V,5 dans l'œuvre de s. Augustin: ebd. II 657–665; *ders.,* Biblia Augustiniana (P 1960ff); *J. Lebourlier,* Grâce et liberté chez s. Augustin: La grâce d'Adam dans le „De correptione et gratia": Augustinus magister (P 1955) II 789–793; *M. Löhrer,* Der Glaubensbegriff des hl. Augustinus in seinen ersten Schriften bis zu den Confessiones (Ei 1955); *J. Plagnieux,* Influence de la lutte antipélagienne sur le „De Trinitate" ou Christocentrisme de s. Augustin: Augustinus magister (P 1955) II 817–826; *ders.,* Le Chrétien en face de la loi d'après le „De Spiritu et Littera" de s. Augustin: Schmaus ThGG (Mn 1957) 725–754; *H. Somers,* Image de Dieu et illumination divine: Augustinus magister (P 1955) I 451–462; *M. Strohm,* Der Begriff der „natura vitiata" bei Augustin: ThQ 135 (1955) 184–203; *J. C. Didier,* S. Augustin et le baptême des enfants: RevEAug 2 (1956) 109–129; *J. Ferguson,* Pelagius (C 1956); *G. Nygren,* Das Prädestinationsproblem in der Theologie Augustins (Gö 1956); *B. Piault,* Autour de la controverse Pélagienne: RSR 44 (1956) 481–514; *A. Solignac,* La condition de l'homme pécheur d'après s. Augustin: NRTh 78 (1956) 359–387; *T. Bohlin,* Die Theologie des Pelagius und ihre Genesis (Up-Wie 1957); *A. M. Dubarle,* La pluralité des péchés héréditaires dans la tradition augustinienne: RevÉAug 3 (1957) 113–136; *St. J. Grabowski,* The Church. An Introduction to the theology of St. Augustine (St. Louis-Lo 1957); *H. Staffner,* Die Lehre des hl. Augustinus über das Wesen der Erbsünde: ZKTh 79 (1957) 385–416; *A. Adam,* Das Fortwirken des Manichäismus bei Augustinus: ZKG 69 (1958) 1–25; *L. Galati,* S. Aurelio Agostino: La grazia e il libero arbitrio (R 1959); *O. Schaffner,* Christliche Demut. Des hl. Augustinus Lehre von der Humilitas (Wü 1959); *J. Singer,* Der psychologische Aspekt der Gnade nach dem hl. Augustinus (Diss. Univ. Greg.) (Linz 1959); *C. Eichenseer,* Das

Symbolum Apostolicum beim hl. Augustinus (Kirchengesch. Quellen u. Studien 4) (St. Ottilien 1960); *Vl. Boublik,* La predestinazione. S. Paolo e S. Agostino (R 1961); *J. Chéné,* La théologie de s. Augustin. Grâce et prédestination (Ly 1961); *S. Prete,* Pelagio e il Pelagianesimo (Brescia 1961); *C. Andresen,* Bibliographia Augustiniana (Darmstadt 1962; ²1973); *J. Burnaby,* Gnade und Freiheit: C. Andresen (Hrsg.), Augustinus-Gespräch der Gegenwart (Darmstadt 1962) 442–458; *E. Bailleux,* La liberté augustinienne et la grâce: Mélanges de Science Rel. 19 (1962) 30–48; *G. I. Bonner,* Libido and Concupiscentia in S. Augustine: Stud. Patr. VI (TU 81) (B 1962) 303–314; *ders.,* Les origines africaines de la doctrine augustinienne sur la chute et le péché originel: Augustinus 12 (1967) 97–116; *V. Capánaga,* La doctrina agustiniana de la gracia en los salmos: Stud. Patr. VI (TU 81) (B 1962) 315–349; *H. Dörrie,* Porphyrius als Mittler zwischen Plotin und Augustin: Miscellanea Mediaevalia I. Antike und Orient im Mittelalter (B 1962) 410–439; *R. Berlinger,* Augustins dialogische Metaphysik (F 1962); *R. Holte,* Béatitude et sagesse. S. Augustin et le problème de la fin de l'homme dans la philosophie ancienne (P 1962); *F. Perago,* Il valore della tradizione nella polemica tra S. Agostino e Giuliano d'Eclano: Annali della Fac. di Lett. e Filos. della Università di Napoli 10 (1962/63) 143–160; *St. Lyonnet,* Rom V, 12 chez s. Augustin. Note sur l'élaboration de la doctrine augustinienne du péché originel: L'homme devant Dieu. Mél. H. de Lubac I (P 1963) 327–339; *ders.,* Augustin et Rom 5, 12 avant la controverse pélagienne: NRTh 89 (1967) 842–849; *F. Refoulé,* Datation du premier concile de Carthage contre les Pelagiens et du „Libellus fidei" de Rufin: RevÉAug 9 (1963) 41–49; *M. Seybold,* Sozialtheologische Aspekte der Sünde bei Augustinus (Rb 1963); *H. Ulbrich,* Augstins Briefe zur entscheidenden Phase des pelagianischen Streites: RevÉAug 9 (1963) 51–75 235–258; *A. Vanneste,* Saint Paul et la doctrine augustinienne du péché originel: Studiorum Paulinorum Congressus 1961 II (R 1963) 513–522; *H. Jonas,* Augustin und das paulinische Freiheitsproblem (Gö ²1965); *R. Bernard,* La prédestination du Christ total selon Saint Augustin (P 1965); *U. Duchrow,* Sprachverständnis und biblisches Hören bei Augustin (T 1965); *H. H. Esser,* Thesen und Anmerkungen zum exegetischen Paulusverständnis des Pelagius: Stud. Patr. VII (TU 92) (B 1966) 443–461; *W. Gessel,* Eucharistische Gemeinschaft bei Augustinus (Wü 1966); *W. Theiler,* Forschungen zum Neuplatonismus (B 1966); *P. Brown,* Augustine of Hippo. A Biography (Berkeley 1967); *D. Faul,* Saint Augustine on the marriage. Recent views and a critique: Augustinus 12 (1967) 165–180; *J. M. Fumagalli,* La dottrina della „Justitia hominis" negli scritti di S. Agostino (R 1967); *F. Hofmann,* Augustinus: Lexikon der Marienkunde I (Rb 1967) 456–464; *J. Lécuyer,* L'enfant est baptisé dans la foi de l'église: MD 89 (1967) 21–37; *A. Sage,* Péché originel. Naissance d'un dogme: RevÉAug 13 (1967) 211–248; *ders.,* Le péché originel dans la pensée de s. Augustin, de 412 à 430: RevÉAug 15 (1969) 75–112; *W. Beierwaltes,* Augustins Interpretation von Sapientia 11,21: RevÉAug 15 (1969) 51–61; *V. Grossi,* Il battesimo e la polemica pelagiana negli anni 411/413: Augustinianum 9 (1969) 30–61; *C. P. Mayer,* Die Zeichen in der geistigen Entwicklung und in der Theologie des (jungen) Augustinus, 2 Bde (Wü 1969–74); *E. König,* Augustinus philosophus. Christlicher Glaube und philosophisches Denken in den Frühschriften Augustins (Mn 1970); *Ch. Parma,* Pronoia und Providentia. Der Vorsehungsbegriff Plotins und Augustins (Lei 1971); *G. Greshake,* Gnade als konkrete Freiheit. Eine Untersuchung zur Gnadenlehre des Pelagius (Mz 1972); *J. Ritter,* Mundus intellegibilis. Eine Untersuchung zur Aufnahme und Umwandlung der neuplatonischen Ontologie bei Augustinus (F 1973); *M. Figura,* Der Anruf der Gnade. Über die Beziehung des Menschen zu Gott nach H. de Lubac (Ei 1979); *K. Flasch,* Augustin. Einführung in sein Denken (St 1980).

1. Die vorpelagianische Phase

Um die Behauptung zurechtzurücken, daß *Augustinus* († 430) die Lehre von der „Erbsünde" erfunden habe (er gebraucht bezeichnenderweise den Begriff „haereditarium" wenig, hat dagegen als Schöpfer der Formel „peccatum originale" zu gelten), ist ein Blick auf seine Einstellung in der vorpelagianischen Phase instruktiv. Er läßt erkennen, daß der Bischof von Hippo im Zusammenhang mit seiner Bekehrung von dem Geheimnis der Sünde wie der Gnade außergewöhnlich beeindruckt war. Dabei hat er sich – wie er später gegen die Pelagianer bemerkte, die ihm vorwarfen, er habe im Kampf gegen die Manichäer die pelagianischen Grundsätze vertreten – immer mit dem Glauben der Kirche in Übereinstimmung gewußt, wonach durch einen Menschen die Sünde und der Tod in die Welt gekommen sei. Dies habe er aber niemals im pelagianischen Sinne verstanden (Contra Jul. VI 12, 39). Unabhängig von jeder Kontroverse kann er schon 388 das Wort vom „antiquum peccatum“ sprechen, „quo nihil est ad praedicandum notius, ad intelligendum secretius“ (De mor. eccl. 40)[1]. So darf man ihm auch Glauben schenken in bezug auf die andere Aussage, die er auf dem Höhepunkt der Auseinandersetzung Julian entgegenhielt: „Non ego finxi originale peccatum, quod catholica fides credit antiquitus, sed tu, qui hoc negas, sine dubio es novus haereticus“ (De nupt. et conc. II 12, 25).

Die Behauptung, daß es sich um einen alten kirchlichen Glauben handele, ist nicht nur an dem bisher geschilderten Verlauf der Lehrentwicklung nachprüfbar, sondern auch mit Bezug auf den engeren Zeitraum, aus dem diese Worte kommen. So ist darauf hinzuweisen, daß Pelagius in seinem vor 410 verfaßten Paulinenkommentar die Lehre vom „tradux peccati“, d. h. von der Weitergabe der Adamssünde durch die Zeugung, kritisiert, was nur dann sinnvoll war, wenn sie in der Kirche eine ernstzunehmende Größe darstellte. Tatsächlich bietet Pelagius in seiner Römerbrief-Erklärung zu Röm 5, 15 in der Form der Entgegensetzung und Widerlegung einen Abriß der „Erbsündenlehre“, der das Wesentliche der Augustinischen Auffassung in sich enthält[2]. Auch das fragmentarisch erhaltene Protokoll über die Einvernahme des Caelestius auf der karthagischen Synode von 411, auf der Augustinus nicht anwesend war, beweist, daß sowohl Caelestius wie die anwesenden Bischöfe, wenn auch im Gegensatz zueinander, unter Adam die „origo peccati“ verstanden, von dem auch die Schuld der Übertretung auf die Menschen weitergeht (transgressionis [Adae] culpam tra-

---

[1] Freilich behauptet *J. Gross*, daß Augustinus damit im Sinne der Präexistenzlehre den vorweltlichen Fall der Seelen meine: Entstehungsgeschichte des Erbsündendogmas I 263. Aber schon in De libero arbitrio wird klar, daß Augustin diese Anschauung nur hypothetisch erwägt: III 57. – Retractationes (ed. *P. Knöll:* CSEL 36, 1902); Confessiones (ed. *P. Knöll:* CSEL 33, 1896; *L. Verheijen:* CChr 27, 1981); De quantitate animae (PL 32, 1035–1080); De libero arbitrio (ed. *W. M. Green:* CChr 29, 1970, 205–321); De moribus Ecclesiae catholicae et de moribus Manichaeorum (PL 32, 1309–1378); Epistulae (ed. *A. Goldbacher:* CSEL 34/1–2, 1895; 44, 1904; 57, 1911; 58, 1923); De Genesi contra Manichaeos (PL 34, 172–220); De Genesi ad litteram (ed. *J. Zycha:* CSEL 28/1, 1894, 3–435); Tractatus in Evangelium Ioannis (ed. *R. Willems:* CChr 36, 1954); Expositio quarumdam propositionum ex epistula ad Romanos (ed. *J. Divjak:* CSEL 84, 1971, 1–52); Enarrationes in psalmos (ed. *E. Dekkers – J. Fraipont:* CChr 38 ff, 1956); Sermones (PL 38 f); De diversis quaestionibus LXXXIII (ed. *A. Mutzenbecher:* CChr 44A, 1975, 9–249); De diversis quaestionibus ad Simplicianum (ed. *A. Mutzenbecher:* CChr 44, 1970); Enchiridion ad Laurentium, seu de fide, spe et caritate (ed. *E. Evans:* CChr 46, 1969, 49–114); De civitate Dei (ed. *E. Hoffmann:* CSEL 40/1–2, 1899 f; *B. Dombart – A. Kalb:* CChr 47 f, 1955); Contra Fortunatum Manichaeum (ed. *J. Zycha:* CSEL 25/1, 1891, 83–112); Contra Faustum Manichaeum (ed. *J. Zycha:* CSEL 25/1, 251–797); Contra adversarium Legis et Prophetarum (PL 42, 603–666); De Trinitate (ed. *W. J. Mountain – Fr. Glorie:* CChr 50–50A, 1968); De peccatorum meritis et remissione et de baptismo parvulorum (ed. *C. F. Urba – J. Zycha:* CSEL 60, 1913, 3–151); De spiritu et littera (ed. *C. F. Urba – J. Zycha:* CSEL 60, 155–229); De natura et gratia (ed. *C. F. Urba – J. Zycha:* CSEL 60, 233–299); De natura et origine animae (ed. *C. F. Urba – J. Zycha:* CSEL 60, 303–419); Contra duas epistulas Pelagianorum (ed. *C. F. Urba – J. Zycha:* CSEL 60, 423–570); De perfectione iustitiae hominis (ed. *C. F. Urba – J. Zycha:* CSEL 42, 1902, 3–48); De gratia Christi et de peccato originali (ed. *C. F. Urba – J. Zycha:* CSEL 42, 125–206); De nuptiis et de concupiscentia (ed. *C. F. Urba – J. Zycha:* CSEL 42, 209–319); Contra Julianum (PL 44, 641–874; ed. lib. I–III *M. Zelzer:* CSEL 85/1, 1974); De correptione et gratia (PL 44, 915–946); De praedestinatione sanctorum (PL 44, 959–992); Contra secundam Juliani responsionem imperfectum opus (PL 45, 1049–1608). PL 32–47.

[2] Die interessante und für den reichen Problemgehalt signifikante Stelle in *Pelagius*, Expositio in ep. ad Rom. 5, 15 (PL Suppl 1, 1137), lautet in der Übersetzung (Aurelius Augustinus, Schriften gegen die Pelagianer I, Wü 1971, 642): „wenn Adams Sünde auch denen geschadet hat, die nicht sündigen, nützt folgerichtig erst recht die Gerechtigkeit Christi auch denen, die nicht glauben“. Ein anderer Einwand geht auf die Nichtübertragbarkeit der Sünde durch getaufte Eltern und auf die Nichtanrechenbarkeit „fremder Sünden“.

hat)[3], woran ersichtlich wird, daß selbst der Begriff „peccatum originis" wie die Bezeichnung des übergehenden Makels als Schuld nicht ohne Vorbereitung in der kirchlichen Lehrauffassung sind und die Originalität Augustins bezüglich der „Erbsündenlehre" nicht unerheblich einzuschränken ist[4].

Der Vorfall auf der genannten karthagischen Synode, bei dem der aus dem Kreis um Ambrosius stammende Mailänder Diakon Paulinus den Caelestius nach seiner Einstellung zur Lehre vom „tradux peccati" befragte, zeigt genauso wie die Angaben des Caelestius und der Bericht des Marius Mercator († nach 431), daß diese Lehre in Rom zuvor von dem syrischen Priester Rufinus angegriffen worden war, der sie also, selbst pelagianisch gesinnt, kannte, aber gewiß nicht von Augustinus her[5].

Schließlich ist in diesem Zusammenhang auch die Tatsache zu beachten, daß Augustinus in den pelagianischen Streit nur verhältnismäßig zögernd und verhalten eingriff und nicht in der Rolle des ersten Anklägers des Pelagius stand, die vielmehr der genannte Presbyter Paulinus übernahm. Im Zusammenhang mit seinen zitierten Aussagen über den bereits vorhandenen kirchlichen Glauben darf diese Tatsache so gedeutet werden, daß er, in ruhigem Besitzstand dieses Glaubens stehend, dem aufflammenden Zwist keine besondere Aufmerksamkeit widmen zu müssen meinte. Diese Vermutung läßt sich aus der Bemerkung erschließen, aus der hervorgeht, daß er einer früh aufgenommenen pelagianischen Äußerung über die Kindertaufe keine besondere Bedeutung beimaß und sie als ungewichtig abtat (De pecc. mer. et rem. III 6, 12).

Freilich werden diese Argumente erst schlüssig, wenn die augustinische Lehrauffassung vor dem pelagianischen Streitfall aufgehellt wird. Das ist zwar wegen der zahlenmäßig relativ geringen Äußerungen nicht vollständig möglich, aber doch annähernd zu leisten.

Bereits in den philosophischen Frühschriften „De quantitate animae" (388) und „De moribus ecclesiae catholicae" (388/389) klingt das Thema beiläufig an. So ist in der erstgenannten Schrift von der Seele schlechthin gesagt, daß sie sich „durch die Sünde gleichsam (von Gott) losgerissen hatte". Die mit dem „zerbrechlichen, sterblichen Leib" vereinte Seele „wird wegen der Sünde mit Recht in den Tod hineingetrieben", was weder von den Tatsünden noch von einem physischen Sterben der Seele gemeint sein kann (XXXVI 80, 81). In „De mor. eccl." ist es jene alte Sünde, die „nach Gottes gerechtem Gesetze den schweren Druck des Fleisches über uns gebracht hat" (40).

Bestimmter werden diese Andeutungen in den Schriften der Übergangszeit ausgeführt. In „De libero arbitrio" (Buch I 388; Buch II und III 391–395) heißt es, daß der Teufel „nach der Verführung des Weibes und nach dem durch das Weib bewirkten Sturz des Mannnes" (diese Unterscheidung wird auch später aufrecht erhalten) „die gesamte Nachkommenschaft des ersten Menschen, als hätte sie mit ihm gesündigt, unter die Gesetze des Todes stellte" (III 31). Hier bereits erfolgt auch schon der für den heilshaften Charakter der Augustinischen Sündenlehre wichtige Hinweis auf „den Gerechten" (Christus), der die Macht des Teufels brach und dies, „da er ja nicht nur ohne Schuld getötet, sondern auch ohne Begierde gezeugt ward". Damit ist bereits von Anfang die Sünde gleichsam in Abhängigkeit von der Erlösung gesehen und nicht isoliert betrachtet, zum anderen ist auch auf das Moment der Schuldlosigkeit des Erlösers vermöge seiner Erzeugung ohne Begierde hingewiesen, worin ein Charakteristikum der Augustinischen Konkupiszenzauffassung zum Anklang kommt. Auch wird in diesem Zusammen-

---

[3] Die Auszüge aus dem Protokoll bei *Augustin* in: De gratia Christi et peccato originali II 3f: Schriften gegen die Pelagianer II (Wü 1964) 394–397; vgl. auch: *A. Zumkeller:* Augustinus, Schriften gegen die Pelagianer I 24.

[4] Dabei ist freilich zuzugeben, daß Augustinus in der Schrift De diversis quaestionibus ad Simplicianum vom Jahre 397 bereits auch den Begriff „ex traduce mortalitatis" gebraucht (PL 40, 106). Aber daraus schließen zu wollen, daß diese Schrift die einzige Quelle für das Entstehen dieses Gedankens und Begriffes sei, wäre äußerst unwahrscheinlich.

[5] *Marius Mercator,* Liber subnotationum in verba Juliani, praef. 2 (PL 48, 111); vgl. *A. Zumkeller:* Augustinus, Schriften gegen die Pelagianer I 24.

hang schon das „rechtmäßige Gesetz“ erwähnt, nach dem alles, was durch die Begierde geboren wird, „wie Früchte eines und desselben Baumes“ dem Teufel unterworfen bleibt, d. h., daß sich hier auch schon die in der Vergangenheit nur verhalten erwähnte Frage nach der Gerechtigkeit Gottes und nach der Theodizee (im weiteren Sinne) stellt. Nachfolgend wird (c. 54) zwischen zweierlei Sünden unterschieden, nämlich zwischen der mit freiem Willen geschehenden „eigentlichen Sünde“ und dem Sündhaften, „was als Strafe bereits mit Notwendigkeit sich aus jener ersten Sünde ergibt“. Unversehens erweitert sich dabei auch der Begriff der Strafe und zieht das Moment des Schuldigseins an sich; denn in der Natur (hier klingt auch die Vorstellung von den „zwei Naturen“ an, der paradiesischen und der nachparadiesischen), „in der wir geboren werden“, sind wir „schuldig gesprochen zur Strafe für die erste Sünde“, wofür Eph 2,3 als Schriftargument herangezogen wird[6]. Er spricht hier erstmals auch von „Schuld“ (reatus), nicht nur bloß von Folgen einer früheren Schuld[7].

Auch in dem ersten Bibelkommentar, in „De genesi contra Manichaeos“ (388/389), der in Auseinandersetzung mit den Manichäern noch die allegorische Methode zur Lösung der Schwierigkeiten bevorzugt, läßt Augustinus bei der Darstellung des Sündenfalles erkennen, daß die Sünde Adams für das Menschengeschlecht Folgen hatte, die über einen bloßen Strafcharakter hinausgehen. Hier heißt es im Anschluß an die Erklärung über den in der Sünde „animalisch“ gewordenen Adam: „Daher kommt es, daß wir alle (als animalische Menschen leben), wir, die wir von ihm, dem Sünder (Adam) abstammen, bis wir den geistlichen Adam (vgl. 1 Kor 15,45), d. i. unseren Herrn Jesus Christus, erreichen, der keine Sünde getan (vgl. 1 Petr 2,20)“ (II 8,10). Natürlich ist mit dem Abstammungsgedanken und der Verhaftung an den „animalischen Menschen“ keine dezidierte Erklärung über die formelle Sündigkeit der Nachkommen Adams gegeben. Aber in der Auseinandersetzung mit den Manichäern war die restlose Abklärung dieses Punktes weder gefordert noch eigentlich gefragt. Das gilt ähnlich auch von der Einlassung auf die Frage in der „Disputatio contra Fortunatum“ vom Jahre 392. Hier werden vornehmlich die Sterblichkeit und der Zwang der Gewohnheit zum Bösen (consuetudo) als Inhalte des Erbes angegeben (Disp. 22)[8]. In dem 388–395 entstandenen „Liber de diversis quaestionibus LXXXIII“ wird die schon in „De libero arbitrio“ erwähnte „zweite“ sündige Natur mit der „Natursünde“ in Verbindung gebracht und das Menschengeschlecht insgesamt als „massa peccati“ bezeichnet, was freilich schon Ambrosius in ähnlicher Weise getan und der Ambrosiaster (in freilich mehr neutralem Gebrauch von „massa“) vorbereitet hatte[9].

---

[6] Die Stelle heißt im Wortlaut: „Naturam aliter dicimus, cum proprie loquimur, naturam hominis, in qua primum in suo genere inculpabilis factus est: aliter istam, in qua ex illius damnati poena, et mortales et ignari et carni subditi nascimur; iuxta quem modum dicit Apostolus: Fuimus enim et nos naturaliter filii irae, sicut et caeteri (Eph 2,3)“; vgl. *J. Mehlmann*, Natura filii irae (R 1967) 175.

[7] Bemerkenswerterweise erwähnt *J. Gross* diesen Vorgang in seinem ausführlichen Referat der betreffenden Stelle in „De libero arbitrio“ nicht: aaO. I 264 ff. Dagegen versucht er in De lib. arbitr. III 68 einen Widerspruch zu Augustins späterer Lehre in bezug auf das Schicksal der Kinder aufzuweisen. Aber auch hier werden die „Kinder“ nicht als Rechtschaffene, aber auch nicht als Sünder beurteilt. Daß Augustinus später genauer und strenger urteilte, kann nicht als Widerspruch ausgegeben werden.

[8] Die seit 392 hervorgehobene Rolle der Gewohnheit hat u.a. eine merkwürdige Parallele bei Ephräm dem Syrer, ein Hinweis darauf, daß auch ohne literarische Abhängigkeit innerhalb eines Gedankenkomplexes gleiche Elemente auftauchen können. *J. Martikainen*, Das Böse und der Teufel in der Theologie Ephräms des Syrers (Åbo 1978) 64. Wahrscheinlich aber ist der gemeinsame Nährboden in mönchisch-azetischen Erfahrungen zu suchen.

[9] Q. LXVIII 3: „Ex quo ergo in paradiso natura nostra peccavit, ab eadem divina providentia non secundum coelum, sed secundum terram, id est non secundum spiritum, sed secundum carnem mortali

Zu beachten ist ferner, daß Augustinus auch schon bei der ersten nachweisbaren Berührung mit dem locus classicus der Erbsündenlehre in der Erklärung ausgewählter Stellen zum Römerbrief vom Jahre 394 zu Röm 5, 15 feststellt, daß „durch die Verurteilung der Sünde des einen der Tod der vielen durch Adam geschaffen wurde". Hier übergeht er Röm 5, 12 noch, „aber man darf wohl annehmen, daß er von Anfang an unreflektiert das ihm später so wichtige in quo relativisch verstand"[10], d. h., daß er schon hier die Menschheitssünde in Adam nicht ausschloß. Dagegen führt er bereits in „Contra Faustum libri XXIII" vom Jahre 398/404 Röm 5, 12 ff zur Begründung seiner Überzeugung an, daß „nach Gottes untrüglichem Wort Adams Sünde auf uns fortgeerbt worden ist"[11]. Vergleicht man damit die ohne Schriftargumente gemachte Aussage von De libero arbitrio III 51, wonach die gerechte Strafe von der Schuldigsprechung der Menschen herkommt, so erhält man einen verläßlichen Grund für die Behauptung, daß wesentliche Vorstellungen der Augustinischen Erbsündenlehre nicht nur weit vor dem pelagianischen Streit vorhanden waren, sondern daß sie im Kern auch mit dem später ausgefalteten Anliegen identisch waren, so daß die Verteidigung des Kirchenvaters, er habe niemals anders geglaubt, eigentlich nicht zu beargwöhnen ist. Mag es auch innerhalb dieses früh entwickelten Kernes noch eine gewisse Verschiebung der Einzelelemente gegeben haben, so ist deren Beziehung zueinander bereits so fest, daß man auf die von A. Sage vorgeschlagene Periodisierung der Entwicklung der Erbsündenlehre Augustins verzichten kann („Strafauffassung" 386–397; „Konkupiszenzlehre" bis 411; danach eigentliche „Schuldlehre")[12], vor allem, wenn sie im Sinne von Wesensänderungen und Umbrüchen verstanden wird. Es genügt, hier begriffliche und methodische Fortschritte anzuerkennen[13].

Fragt man aber, worin deren eigentlicher Antrieb gelegen ist, so wird man auf die mit der seit 391 intensivierten Schriftlektüre einhergehende Vertiefung des Gnadenverständnisses bei Augustinus verwiesen. Hier hat Augustinus später selbst als den Reifepunkt die 396 verfaßte Schrift „De diversis quaestionibus ad Simplicianum" herausgestellt[14]. In ihr findet sich nicht nur wie im Kern die Lehre von der Unverdienbarkeit der Gnade, sondern es ist auch die göttliche Gerechtigkeit dieser Ordnung auf die Adamssünde zurückgeführt[15]. Deshalb darf auch die Gnadenlehre als das eigentliche Konstruktionsprinzip der Erbsündenlehre angesehen werden. Sie bestimmt aber schon die wesentlichen Erkenntnisse Augustins über den Urstand des Menschen, den Augustinus in eigentümlicher Weise als Gnadenstand faßt, womit bereits auch die Beschaffenheit des konträren Zustandes nach dem Fall und sein Verständnis vorbestimmt ist.

---

generatione formamur, et omnes una massa luti facti sumus, quod est massa peccati"; zum Gebrauch von „massa peccati" und den Synonymen vgl. *A. Zumkeller:* Augustinus, Schriften gegen die Pelagianer I 689 f.

[10] *K. H. Schelkle,* Paulus, Lehrer der Väter (D 1956) 177.

[11] „... proditum est enim nobis peccatum Adam fideli eloquio Dei ... quia per illum peccatum intravit in hunc mundum et per peccatum mors": Contra Faustum man. XXI 78.

[12] *A. Sage,* Péché originel. Naissance d'un dogme 211–213; vgl. auch *J. Weismayer:* F. Dexinger u. a., Ist Adam an allem schuld? 307.

[13] Vgl. dazu *M. Seybold,* Sozialtheologische Aspekte 72; *A. Zumkeller:* Augustinus, Schriften gegen die Pelagianer I 26.

[14] So in De praedest. Sanct. IV 8.

[15] AaO. I 2, 20: „Tunc facta est una massa omnium, veniens de traduce peccati et de poena mortalitatis, quamvis deo formante et creante quae bona sunt."

2. *Das „Paradies" als „Gnadenstand" und sein Verlust in der Sünde*

Es ist nicht zufällig, daß Augustinus an so zahlreichen Stellen und so ausführlich über den Urstand spricht; denn er leistet damit (bewußt oder unbewußt) die Grundlegung seiner Gnadenauffassung, welche danach auch das Umkehrbild seiner Sündenvorstellung prägt. Eine erste Einlassung auf das Thema erfolgt bereits in „De genesi contra Manichaeos" (388/389) und dies in den Bahnen der allegorischen Exegese, mit deren Hilfe er der mythisch-dualistischen Kosmologie der Manichäer begegnen wollte. Hier schon spricht er vom „geistlichen Menschen", dem das Paradies und die Gnade als besonderes Geschenk Gottes zuteil wurde. Um die manichäische Gleichsetzung von Geist und Gott abzuwehren, erklärt Augustinus zu Gn 2,7: „Wir brauchen darunter noch nicht den geistlichen Menschen zu verstehen, da er nur zu einem lebendigen Wesen geworden ist (durch die Einhauchung der Seele), wir denken vielmehr an den animalischen Menschen. Geistlich ist er erst geworden, als er in das Paradies, d. h. in das selige Leben, versetzt worden ist, das Gesetz der Vollkommenheit empfing, um durch das Wort Gottes vollendet zu werden. Als er sündigte, indem er vom Gebot Gottes abließ und aus dem Paradies vertrieben wurde, kam es dazu, daß er animalisch blieb. Daher kommt es, daß wir von ihm, dem Sünder abstammen, bis wir den geistlichen Adam (vgl. 1 Kor 15,45), d.i. unseren Herrn Jesus Christus, erreichen, der keine Sünde getan hat (vgl. 1 Petr 2,22). Durch ihn neugeschaffen und lebendig gemacht, werden wir in das Paradies zurückversetzt, wo jener Schächer mit ihm am selben Tage zu sein verdient hat (vgl. Lk 23, 43), an dem er dieses Leben beendete" (II 8,10).

Diese wenigen Sätze, die wie ein Präludium zur gesamten in ein Heilsdrama eingefügten Erbsündenlehre des Kirchenvaters von Hippo klingen, besagen für die hier gefragte Paradiesesauffassung, daß der Urstand zumindest geistig-innerlich verstanden ist (spiritualis homo mit einem Leib durchsichtiger Klarheit: ebd. II 21,32), was in der Verwendung der allegorischen Methode begründet ist. Ihr entsprechend wird auch der Sündenfall nicht als äußerer Vorgang, sondern als rein inneres Geschehen im Geiste der Stammeltern gedeutet (ebd. II 14,20–21). Dabei ist formal der Gratuitätscharakter der „Versetzung Adams in das selige Leben" genauso betont wie inhaltlich der „übernatürliche" Charakter dieses Standes. Die Frage, ob diese Überhöhung des Menschen durch die Gnade als eine unorganische Zweiteilung und äußerliche Vermischung verstanden werden müsse, ist an dieser Stelle noch nicht eindeutig zu beantworten[16].

In der über ein Jahrzehnt später (401–414) verfaßten dritten Genesis-Erklärung „De Genesi ad litteram" ist Augustinus bestrebt, dem historischen Sinn der ersten drei Kapitel der Genesis strenger Rechnung zu tragen. Er weist deshalb schon eingangs darauf hin, daß stets zu fragen sei, ob ein berichtetes Geschehen „secundum figuratum" oder „secundum fidem rerum gestarum" zu interpretieren ist (I 1,1). In „De civitate Dei" (413–426) erklärte er dazu, daß die geistige Erklärungsweise des Paradiesgartens (wie sie die Alexandriner vorgenommen hatten) nicht abzulehnen sei, „wenn man nur auch an die geschichtliche Wahrheit glaubt, wie sie durch die getreue Schilderung der Geschehnisse nahegelegt wird" (XIII 21). So bleibt die Realität des Ortes und des Geschehens erhalten, ohne daß auf diesem Moment das eigentliche Gewicht läge.

---

[16] Von einer „unverbundenen Mischung" spricht *A. Adam*, Lehrbuch der Dogmengeschichte I 265.

Dem historischen Schriftsinn entsprechend, weist er in „De Genesi ad litteram" hinsichtlich des Leibes Adams nochmals die Auffassung zurück, daß der Ersterschaffene vom Ursprung her einen geistigen Leib (ein corpus spirituale) zu eigen gehabt habe (dessen er in der Sünde verlustig gegangen wäre); aber auch die andere, ihm selbst ursprünglich naheliegende Annahme, wonach Adam durch die Versetzung ins Paradies einen geistigen Leib empfangen habe, findet nun ihre Korrektur (VI 19, 30). Dafür dominiert die realistische Auffassung, nach der Adam mit einem animalischen Leib geschaffen worden sei (worunter der natürliche, von der Seele belebte Leib verstanden ist), den er auch im Paradiese beibehalten habe. Dagegen sei der innerliche Mensch, der nach dem Bilde Gottes geschaffen war, im eigentlichen Sinne der geistige Mensch gewesen (ebd. VI 28). Bei einer im Paradies erfolgenden Bewährung der Stammeltern wären ihre „seelischen Leiber" ohne Dazwischenkunft des Todes in die geistigen verwandelt worden (ebd. IX 3–10).

Für den Kirchenvater von Hippo ist mit diesem Realismus durchaus eine Sonderstellung des paradiesischen Adam auch nach seiner leiblichen Beschaffenheit vereinbar. So besaß Adam zwar nicht das „non posse mori", wohl aber das „posse non mori"[17], eine treffende Unterscheidung, welche die in der Vergangenheit sehr gegensätzlich entschiedene Frage nach der „Unsterblichkeit" Adams auf eine gesunde Mitte brachte. Auf Grund dieses posse wäre Adam ohne den Fall die „vivendi stabilitas" und die Freiheit von Leid und Not erhalten geblieben. Man erkennt, wie hier die Lehre von den Integritätsgaben in der Bildung begriffen ist.

Trotzdem war diese Auffassung vom Urstand keine unrealistische und phantastische. Das erweist u. a. die Aussage im „Gottesstaat": „Jedoch der erste Mensch, erdhaft aus der Erde, ward zur lebenden Seele erschaffen, nicht zum belebenden Geist (das geschieht erst durch die Gabe Christi bei der Auferstehung, durch welche der Mensch ‚himmlisch' wird); das war ihm als Lohn des Gehorsams vorbehalten. Sein Leib also, der zur Abwehr von Hunger und Durst Speise und Trank brauchte und nicht durch jene vollkommene und unauflösliche Unsterblichkeit vor dem Tode bewahrt und in Jugendblüte erhalten wurde, sondern durch den Lebensbaum, war ohne Zweifel nicht ein geistiger, sondern ein seelischer Leib, jedoch hätte er nicht sterben sollen, wenn der Mensch nicht durch die Sünde der von Gott vorhergesagten und angedrohten Strafe verfallen wäre" (XIII 23, 1). Er fügt hier freilich auch schon den weitergehenden Gedanken hinzu (der in den antipelagianischen Schriften immer wieder aufgenommen wird[18]), daß der paradiesische Zustand des Menschen durch vollkommene Beherrschung der Sinnlichkeit ausgezeichnet war, was sich besonders im Zeugungsgeschehen bewiesen hätte: „Warum sollten wir nicht glauben, daß vor der Sünde des Ungehorsams und der Strafe der Verderbtheit die Glieder des Menschen dem Willen des Menschen zur Erzeugung von Nachkommenschaft ohne jede geschlechtliche Lust hätten dienstbar sein können?" (De civ. Dei XIV 24, 2); denn im ganzen gilt von diesem Zustand, daß ihm auch eine entsprechend höhere geistige Befähigung des Menschen eignete: „So günstig war die ganze Lage, so glücklich der Mensch selbst, daß wir nicht wähnen dürfen, es hätte nur unter dem Fieber der Lust Nachkommenschaft gezeugt werden können" (ebd. XIV 26).

Man mag gerade bei der betonten Freiheit von der Konkupiszenz, die man als manichäisches Residuum deuten kann, in der Beschreibung des Paradieses platonische Motive vom glücklichen, in sich geordneten Menschenleben am Werke sehen. Aber das Ganze ist doch theologisch begründet und von der Wirklichkeit Gottes abgeleitet. Die wesentlichere Qualifikation Adams besagt: „felix pacem cum Deo habens" (De civ. Dei XXI 15). Es war letztlich die „ubertas Dei", deren sich der paradiesische Mensch erfreute und die ihm auch zu einer erfahrbaren seelischen Erfüllung ge-

[17] De gen. ad litt. VI 25, 36; vgl. auch De civ. Dei XIII 23, 1 und später in noch vollständigerer Ausführung im antipelagianischen Contra secundam Juliani responsionem opus imperfectum (429/430).
[18] So in De pecc. mer. et rem. II 25, 36; De gratia Christi et de peccato originali XXXV 40; De nuptiis et concupiscentia II 14, 29; Contra duas epistolas Pelagianorum I 17, 35.

reichte. Sie erfloß zutiefst aus der ungebrochenen Liebe zu Gott: „Amor erat imperturbatus in Deum, atque inter se conjugum fida et sincera societate viventium; et ex hoc amore grande gaudium, non desistente quod amabatur ad fruendum“ (ebd. XIV 10). Die Freude resultierte also aus der Erfüllung durch Gottes Glück und aus dem Genuß dieses Glückes: „Vivebat fruens Deo ex quo bono erat bonus“ (ebd. XIV 26). Gelegentlich kann Augustinus diese Gottinnigkeit auch als Gottschau bezeichnen: „cui magnae deliciae erant ipsa visio Dei“ (Enarr. in ps. 70, 2, 7), wobei freilich eine Identifizierung mit der seligen Gottschau ausgeschlossen bleibt, insofern dem paradiesischen Menschen nicht die Gewißheit über die Beharrlichkeit im Guten gegeben sein konnte.

Diesen Befund gnadentheologisch noch genauer explizierend, erklärt Augustinus die Gnade des Paradieses als ein „Gewand“, als „indumentum gratiae“ (De civ. Dei XIV 17), was ebenfalls auf den ungeschuldeten und nicht einfach mit dem Sein des Menschen mitgegebenen Charakter dieser Ausstattung hinweist. Daß die so verstandene Gnade nicht mit dem (an sich negativen Befund) des Fehlens der Begierde gleichzusetzen ist, beweist die Erklärung, daß die Stammeltern nach der Übertretung des Gebotes „innerlich gänzlich entblößt wurden, da die Gnade sie verließ ... sie empfanden die ihnen bislang unbekannte Begierde“ (De gen. ad litt. XI 41). Der theologisch positive Aspekt dieser Gnade wird auch als „Leben“ wiedergegeben, das aus dem Heiligen Geiste kommt; denn die Seele des ersten Menschen ging eines „gewissen Lebens“ verlustig, „nämlich des ihr weises und glückliches Leben bedingenden Gottesgeistes“ (quae licet peccato mortua perhibeatur carens quadam vita sua, h. e. Dei Spiritu: De civ. Dei XIII 24, 6). Dies war unterschieden von dem eigentümlichen Leben des Menschen, seiner „vita propria“, die nach der Sünde nicht verlorenging.

Nach der Seite einer mehr aktuellen Fassung der Gnade interpretiert Augustinus Gn 2, 25: „Gott versetzte Adam in den Paradiesesgarten, ihn zu besorgen, damit er gerecht wäre (ut iustus esset), und ihn zu behüten, damit er geschützt wäre“ (De Gen. ad litt. VIII 11, 24). So ist der paradiesische Stand des geistigen Menschen gegründet auf ein inneres Wirken Gottes, auf die gerechtmachende, erleuchtende und beseligende Gegenwart Gottes, welcher der Mensch sich ständig zuwenden und der er stets anhangen muß. Schon hier erscheint das gute Tun des Menschen, das er mit seinem freien Willen vollbringt, als ein Bewirken und ein Geschenk Gottes.

In einer begrifflich das Ganze dieses Zustandes erfassenden Formel, die sich in der Auseinandersetzung mit den Pelagianern einstellte, spricht der Kirchenvater von der „Rechtheit“ („fecit hominem rectum“: De corrept. et gratia 10, 26) und vom „status rectus et sine vitio“. Diese paradiesische Gerechtigkeit war (in heilsgeschichtlicher Unterscheidung von der jetzt notwendigen Gerechtigkeit) vorzüglich bestimmt, den Menschen das Heil nicht verlieren zu lassen. Der Bestimmung der paradiesischen Willensfreiheit entsprechend (als „posse non peccare“, nicht aber als „non posse peccare“), erklärt Augustinus die Fähigkeit, nicht zu sündigen, als ein Geschenk und damit als eine Gnade Gottes, aber doch nur als ein „adiutorium sine quo non“, d. h. als eine aktuelle Gnade, die nur das Vermögen zum Beharren schenkte, ohne welches der Wille tatsächlich nicht hätte beharren können (im Unterschied zum wirksamen „adiutorium quo“ beim gefallenen, aber wiederbegnadeten, prädestinierten Gerechten: ebd. 12, 34)[19].

Trotz dieser für den Gnadencharakter des Urstandes sprechenden Aussagen mag es als Problem empfunden werden, daß Augustinus diesen „status mirabilis“ (De gen. ad litt. XI 42) häufig auch als natürlich, als zur Natur gehörig bezeichnet und vor al-

[19] Hier ist auch die für Augustins heilsgeschichtliches Denken bedeutsame Unterscheidung der beiden „Gnadenökonomien“ einschlägig, der in der Schöpfung angelegten und der durch Christus gebrachten, die eine Steigerung der Gnadenhaftigkeit beinhaltet; vgl. *H. de Lubac,* Die Freiheit der Gnade (Ei 1971) I 126; *J. Singer,* Der psychologische Aspekt 150; *M. Figura,* Der Anruf der Gnade 190.

lem keine formelle Kennzeichnung für das „übernatürliche" Moment dieses Standes kennt. Das hat später bei Bajus zur Einvernahme Augustins in ein im Grunde naturalistisches Schema geführt[20], wie es heute zu dem Vorwurf Anlaß gibt, daß Augustinus unter der Gnade nur „die Herstellung des richtigen menschlichen Lebens, die faktische Durchsetzung der richtigen Ordnung der Werte"[21] verstanden habe, was dem Platonismus näher läge als dem biblischen Denken.

Aber hier ist einmal auf den speziellen nichtscholastischen Naturbegriff des Kirchenvaters zu achten, ferner auf seine konkret-heilsgeschichtliche Denkweise und schließlich auf den besonderen Aspekt der Auseinandersetzung mit den Pelagianern. Unter der ersten Rücksicht ist zu erkennen, daß Augustinus unter Natur immer das Ursprüngliche am Menschen verstand und so gerade den Anfangszustand des Menschen als seine „Natur" bezeichnen konnte, was mit einer gewissen Konsequenz dazu führte, daß er mit dem Beginn der Sünde von einer „natura vitiata" oder „corrupta" sprechen durfte oder von der „natura filii irae" (Retr. I 10, 3). Weder ist im ersten Falle gemeint, daß die Gnade ein Erfordernis der Natur sei, noch im zweiten Falle, daß die Sünde zur menschlichen Wesenheit gehöre; wohl aber ist im ersten Falle ein Hinweis auf die Intimität und Interiorität der Gnade gegeben im Gegensatz zu jedem (späteren) Extrinsezismus.

Unter der zweiten Rücksicht ist zu bedenken, daß Augustinus im heilsgeschichtlichen Aspekt alles als „Natur" bezeichnen kann, was Gott zu schaffen vermag und was die Geschöpfe aufgrund des ihnen von Gott eingesenkten Strebens erreichen können; „denn wie sollte das gegen die Natur sein, was durch Gottes Willen geschieht, da doch der Wille eines so erhabenen Schöpfers eines jeden Dinges Natur ist?" (De civ. Dei XXI 8, 2) In dieser Betrachtungsweise können alle Wirkungen Gottes, des höchsten Gutes, als dem Menschen entsprechend und „natürlich" bezeichnet werden, vor allem alles, was zur Perfektion der menschlichen Natur geschaffen wurde, ohne daß Augustin daraus ein Anrecht auf das „eigentliche Leben" des Geistes und der Gnade ableitete.

Schließlich ist auch die situationsbedingte Bezugnahme auf die Gegenposition der Pelagianer zu berücksichtigen, die ja vom konkreten Zustand des jetzigen Menschen ausgingen und von diesem behaupteten, daß er sich von dem ursprünglichen Stand Adams nicht unterscheide. Dem Ethizismus der Pelagianer entsprach ein gewisser Empirismus in ihrer Argumentation, mit dem sie die Fähigkeit des jetzigen Menschen demonstrieren wollten[22]. Solcher Argumentation gegenüber hätte eine Berufung auf das „Übernatürliche" des Urstandes nicht verfangen. Es mußte vielmehr gezeigt werden, daß jene Natur gerade auch in den empirisch vorstellbaren Momenten wie Erkenntnis, Willenskraft, Konkupiszenzfreiheit anders geartet war als die jetzige, und zwar vollkommen und integer, aber dies alles nicht in einer ihr äußerlich zukommenden, beiläufigen Weise (die nämlich die wesentliche Verschlechterung des jetzigen Zustandes nicht hätte erklären können), sondern in einer „innerlichen", ihr entsprechenden und insofern „natürlichen" Weise, die dennoch von Gott her die Gratuität nicht aufhob.

---

[20] Vgl. *M. Figura,* aaO. 179–181.

[21] So *K. Flasch,* Augustin 181.

[22] Zur Charakterisierung des Pelagianismus vgl. *H. de Lubac,* Die Freiheit der Gnade I 23; *H. Rondet,* Gratia Christi (P 1948) 113; *G. Greshake,* Gnade als konkrete Freiheit 65, bestreitet den Autonomieanspruch Pelagius' für den Menschen.

Das von der späteren Theologie so genannte „Übernatürliche" war hier tatsächlich eingeschlossen und mitgemeint, weshalb mit Recht gesagt wurde: „Sein ganzes Nachdenken über sie (über die menschliche Seele) badete in einer übernatürlichen Luft, er fühlte deshalb keinerlei Bedürfnis, ein ‚übernatürliches' Vokabular zu erfinden, auf das wir heute angewiesen sind."[23] Er mußte, so gesehen, das Moment des wesentlich Gnadenhaften im Zustand des ersten Menschen nicht besonders betonen, wenn er vom „Genius Gottes" und sogar von der „Gottschau" des paradiesischen Menschen sprach. Aber Augustin denkt eben hier (wie auch sonst) nicht „abstrakt", sondern konkret-geschichtlich, ausgerichtet an den von Gott vollführten Werken. Daß sich dahinter auch eine bestimmte theologische Idee vom „Übernatürlichen" findet, ist nicht zu bestreiten, wenn auch mit M. Blondel zugegeben werden muß, daß sie „vielleicht noch nie völlig ans Licht gezogen worden ist"[24].

Diese Auffassung läßt sich ergänzen durch Hinzunahme der Vorstellung von der Gottebenbildlichkeit, die der Kirchenvater selbstverständlich gerade auf den unschuldigen Menschen des Anfangs bezieht. Obgleich der Bischof von Hippo der irenäischen Unterscheidung imago-similitudo eine gewisse Berechtigung zuerkennt[25], macht er sie sich dennoch nicht zu eigen, sondern legt den Nachdruck auf die im Sinne Plotins und des Neuplatonismus verstandene imago, die einen Zusammenhang der Ausprägung und der Teilnahme am Urbild meint[26]. Wie Natur und Gnade vor dem Fall von Augustin nicht geschieden betrachtet werden (weshalb er auch das „vitium" als „contra naturam" gerichtet ausgeben kann), so sind auch das „natürliche" und „übernatürliche" Bildsein des Menschen nicht getrennt. Auch von dieser konkreten Sicht her ist es ihm möglich, die Gottebenbildlichkeit des paradiesischen Menschen ganzheitlich zu fassen, was danach grundsätzlich für jeden Menschen gilt: „Wir sind ein Gepräge Gottes, als Münze sind wir von seinem Schatze abgeirrt" (In Joan. tract. 40,9). Mit dem Gedanken der imitatio verbunden, besagt dies, daß die Seele durch das Streben nach (Gottes) Gerechtigkeit ihre Schönheit erlangt und vermittels dieser Schönheit zum Ebenbild Gottes umgestaltet wird (Ep. 120,4,20). Auch hier ist die ganzheitlich-gnadenhafte Auffassung von der Gottebenbildlichkeit führend.

Ihr entspricht bezüglich des ersten Adam die Feststellung, daß er das Bild seines Schöpfers in sich trug, das nur von Gott, dem Einprägenden selbst, rein bewahrt werden konnte (De Trin. XII 7,12). Daß dieses Bild mit der Heiligkeit und Gerechtigkeit identisch ist, geht vor allem aus der Aussage hervor, wonach durch Adams Fall das göttliche Ebenbild verlorengegangen sei, daß es den Menschen aber durch die Erneuerung in Jesus Christus wiedergeschenkt würde (De Gen. ad litt. VI 27). Ersichtlicherweise kommt Augustinus bei einer solchen Interpretation mit seiner sonst vertretenen Auffassung von der „natürlichen", im Geist gelegenen und trinitarisch strukturierten Ebenbildauffassung[27] in eine gewisse Schwierigkeit, insofern ja die Geistausstattung des Menschen nicht verloren gehen kann, was er in den „Retractationes" ausdrücklich zugibt (II 24,2). Und doch ist damit der Gedanke von der ursprünglichen, einheitlichen und gnadenerfüllten imago nicht zurückgenommen; denn Augu-

[23] *H. de Lubac,* aaO. I 121.
[24] *M. Blondel,* Le quinzième centenaire de la mort de saint Augustin: Revue de Métaphysique et de Morale 37 (1930) 423–469, 464.
[25] So in De div. quaest. LXXXIII 51.
[26] Vgl. dazu *E. Benz,* Marius Victorinus (St 1932) 375.
[27] Vgl. *M. Schmaus,* Die psychologische Trinitätslehre 291ff 361ff.

stin verfehlt nicht, hinzuzufügen, daß das verbliebene Bild entstellt war und einer Erneuerung bedurfte. Darum bleibt, vermöge der Einheitsschau, auch das „natürliche" Bildsein des Menschen vom Verlust der gnadenhaften imago[28] nicht unangetastet; denn durch ein verkehrtes Leben trübt und entstellt der Mensch das in seiner Seele vorhandene Bild des Schöpfers (Enarr. in ps. 75,3). Indem die Sünde das vollkommene, gnadenhafte Abbild Gottes zerstört, verliert auch das natürliche Bild an Kraft. Was aber insgesamt zurückbleibt, ist nur ein umrißhafter und blasser Rest der ursprünglichen Fülle (De spir. et litt. 28,48).

Auf diese Weise erfährt jedenfalls der Gedanke eine neue Bestätigung, daß die paradiesische Gottebenbildlichkeit eine mit Gottes Heiligkeit und Gerechtigkeit erfüllte Verfassung des Menschen war. Daß aber auch in ihr noch nicht die Vollendung des Gottverhältnisses des Menschen verwirklicht war, geht aus der gelegentlich von Augustin gebrauchten Unterscheidung zwischen dem auf den Menschen bezogenen „ad imaginem" und dem allein Christus vorbehaltenen förmlichen imago-Sein hervor (De div. quaest. LXXXIII 51,4). Danach war (und ist) der Mensch nicht wie Christus die imago und similitudo Dei, sondern nur „ad imaginem" geschaffen (welchen Unterschied der Kirchenvater später dadurch mildert, daß er vom Menschen beides behauptet: Das imago-Sein *und* das „ad imaginem-Geschaffensein" (Retract. I 26)[29].

Die vom Kirchenvater von Hippo so ausführlich entwickelte und auf den inneren geistigen Menschen wie auf sein einzigartiges Gottverhältnis ausgerichtete Urstandslehre, die freilich im Realismus der außergewöhnlichen Naturbedingungen ihre weltbildbedingten Einseitigkeiten bei sich hat (welchen aber als Erscheinungen der Redundanz der Gnade und der Gottebenbildlichkeit ein bleibender theologischer Sinngehalt nicht abgesprochen werden kann), besitzt dennoch keinen in sich stehenden und für sich selbst bedeutsamen Charakter. Sie gilt nur als der geistige Hintergrund und als Erklärungsgröße zum Verständnis des Sündenfalls und seiner negativen Folgen.

Freilich erkannte Augustin, daß in dieser einzigartigen Konstellation des noch ungebrochenen menschlichen Seins die „Psychologie" der ersten Sünde anders erklärt werden mußte als die der Sünde nach dem Fall. Die vorausgehende Versuchung konnte nicht durch die Regung der (nicht vorhandenen) Begierlichkeit und deshalb auch nicht von innen her entstehen.

Deshalb erklärt Augustin unter sehr realistischer Ausdeutung der Versuchungsgeschichte in Gn 3 als veritas historica den Ursprung des Abfalls Adams von außen her als „venenosa persuasio serpentis" (Op. imp. VI 14), ohne dabei der diabolischen Gewalt des gefallenen Engels, der sich der Schlange als „Sprachrohr" bediente, zuviel Gewicht beizumessen; denn das Verhängnis kam entscheidend vom freien Willen, von dem grundsätzlich gilt: „non posset peccare si nollet" (Contra adv. legis et proph. I 14,20) und „posset permanere si vellet, quia non deerat adiutorium, per quod posset" (De corrept. et gratia XI 32).

Die Bedeutung dieser grundstürzenden Veränderung im Willen wird in Augustins Erklärung zwar durch ein (wiederum weltbildbedingtes) Moment gemindert, nach welchem ein förmliches Verführtwerden nur bei Eva geschehen sein soll, während der Mann Adam (unter Berufung auf 1 Tim 2,14) aus Verbundenheit mit Eva sündigte, die allein die verführerischen Worte der Schlange für wahr nahm (De civ. Dei XIV 11,2). Aber auch diese Abschweifung kann den Grundgedanken nicht entkräften, daß Adam sündigte, „cum consenserit ad peccatum suadenti" (De pecc. mer. et rem. I 13,37). Damit ist der Veränderung im Willen Adams im Abfall von Gott das entscheidende Gewicht belassen und die Sünde als gottwidrige Tat des Geistes er-

---

[28] Vgl. auch *St. Otto,* Gottes Ebenbild (Mn 1964) 90f; *E. Dinkler,* Anthropologie Augustins (St 1934) 153f; *E. Benz,* aaO. 404ff.

[29] Vgl. *M. Schmaus,* aaO. 196.

klärt. Sie wird so zugleich auch mit einer Stärke und Wucht versehen, die mit den nachfolgenden Sünden der Menschen nicht zu vergleichen und allenfalls der Engelssünde angenähert werden kann.

So realistisch-phantasievoll Augustin auch vom äußeren Entstehen der Paradiesessünde denkt, so wesentlich und geistig versteht er doch ihre Existenz. Das Fehlen jeglicher Konkupiszenz auf seiten der Stammeltern läßt natürlich keinerlei Anklang an eine Fleischessünde aufkommen, welche Vorstellung in der vorhergehenden Tradition erwogen wurde. Darum konnte die Sünde nur in einem Akt gottwidriger Selbstliebe bestehen, in einer Tat des Ungehorsams, in der Umkehrung der humilitas Gott gegenüber zur superbia. So beschwert der Kirchenvater auch den Hochmut im Geschehen dieser Sünde mit allem erdenklichen Gewicht. Es ist „das Streben nach verkehrter Hoheit", welches im Inneren dieser Tat aufbrach, das Verlassen des Urgrundes, „mit dem der Geist im Zusammenhang bleiben soll", und die Absicht, „sich selbst zum Urgrund zu werden und zu dienen" (De civ. Dei XIV 13, 1). Es ist die freiwillige Abkehr des Geistes vom wandellosen Guten zum Wohlgefallen an sich selbst, das Erheben des Herzens „in Richtung auf sich selbst, wie es der Hochmut macht". Davon spricht nach Augustin Ps 72, 18: „Du hast sie herabgestürzt, da sie sich erhoben", wozu er kommentierend beifügt: „Das Erheben selbst ist schon ein Herabsinken" (ebd.).

Die Folgen der Sünde[30], an deren Schwere Augustin festhält, entwickelt er zunächst im Hinblick auf die Stammeltern in genauer Antithetik zum paradiesischen Zustand. Die Antithese berücksichtigt nicht nur Einzelheiten, an denen die Katastrophe dieser Sünde greifbar wird: die Gebrechen des Leibes, denen die Menschen nun schon im Kindesalter ausgesetzt sind (Op. imp. VI 5), die „vitia animorum" (zu denen die menschlichen Laster und die geistigen Schwächen zählen: ebd. VI 16) und den ganzen Wandel vom „status mirabilis" zu einem Zustand der Gebrechlichkeit; die Antiparallele ist vielmehr eine umfassende und ganzheitliche, wofür Augustin den Begriff der Umwandlung der Natur im ganzen setzt: „natura humana vitiata atque mutata est" (De civ. Dei XIII 3), der auch hier nicht die abstrakte Wesenheit meint, sondern die konkrete Verfassung des von Gott ursprünglich vollkommen geschaffenen und mit seinem Leben ausgestatteten Menschen. So besagt diese eigentümliche Wandlung eine negative Veränderung des ganzen Seinsstandes des Menschen, vor allem auch seiner inneren Gottbeziehung.

Die ernsteste und radikalste Straffolge der Adamssünde bedeutete aber der „Tod", in welchem sich die Verwundungen des menschlichen Lebens bis hin zu dessen Zerstörung auswirken. Dabei ist Augustins Bestimmung des „Todes" komplexer Natur. Auf die Frage, welche Art von Tod Gott den ersten Menschen für den Fall der Übertretung des Paradiesesgebotes angedroht habe, gibt Augustin keine einsinnige Antwort; denn „es gibt verschiedene Arten von Tod": den Tod der Seele, den des Leibes, den des ganzen Menschen und schließlich den „zweiten Tod", der darin besteht, daß die Seele (in Verbindung mit dem Leibe) die ewige Strafe erfährt. Der „erste Tod" dagegen, die „prima mors", besteht eigentlich „aus zweien" und wirkt sich in zwei Gestalten aus: im Tod der Seele, bei dem die Seele Gott verliert, und im Tod des Leibes, den die Stammeltern bei Erfüllung des Gebotes nicht erlitten hätten (obgleich ihnen nur die possibilitas immortalitatis eignete, die durch die Sünde zur necessitas mortis gewandelt wurde). Die zusammenfassende Antwort lautet schließlich: „... jene Drohung schloß alles ein, was Tod heißt, bis zurück zum letzten, der der zweite Tod heißt und auf den keiner mehr folgt" (De civ. Dei XIII 12). Dabei ist es Augustin nicht unwichtig (wie auch für die rechte Interpretation seiner Gesamtauffassung nicht

---

30 Eine noch tiefer lotende, metaphysische Begründung der Sünde gibt Augustin mit der Erklärung, daß nur eine aus dem Nichts erschaffene Natur der Verderbnis fähig ist: De civ. Dei XIV 13, 1. Man wird nicht bestreiten können, daß hier eine am neuplatonischen Denken ausgerichtete Vorstellung von einer Bewegung zum Nichtsein aufkommt, wobei allerdings das Nichts nicht mit der Materie identifiziert wird. Für die Identifizierung spricht sich aus *A. Adam*, aaO. I 268.

ohne Bedeutung), daß der erste Tod die Seele betraf und in der Abkehr von Gott bestand. Es war der Tod, der eintritt, „wenn die Seele von ihrem Leben verlassen wird, das für sie Gott ist" (ebd. XIII 15). Aber in diesem Tode waren „die übrigen Tode, die ohne Zweifel folgen sollten, ... angekündigt" (ebd.). Darum liegt in diesem geistigen Tod des Verlustes des göttlichen Lebens und der Gnade der Anfang der ganzen Todessequenz bis hin zur möglichen Kadenz im endgültigen Urteil des „zweiten Todes". Von diesem Einsatzpunkt des Todes war danach der Seinsstand der Stammeltern bestimmt (wie auch aller folgenden Menschen, wie Augustin überhaupt bei der Beschreibung der Folgen des Sündenfalls das Interesse vornehmlich auf die Nachkommen und damit auf die allgemeine Anthropologie richtet). Deshalb gilt von ihnen der lapidare Satz: „An jenem Tage begannen sie zu sterben" (De pecc. mer. et rem. I 16,21). Auch wenn der Kirchenvater im ganzen seiner Anthropologie dem Phänomen des menschlichen Todes als Trennung der Seele vom Leibe weiten Raum widmet, um zu erweisen, daß diese Trennung durchaus nichts Selbstverständliches bedeutet (wobei er auch gegen die Platoniker und ihren Dualismus hervorhebt, „daß nicht der Leib an sich, sondern wie er geworden ist infolge der Sünde, der die Strafe folgte, die Seele beschwere": De civ. Dei XIII 16), so wird doch deutlich, daß Ursprung und Urbild der mannigfaltigen Todesformen in der Trennung der Seele von Gott gelegen ist: „Mors ... separatio est animae a corpore ... mors autem vera quam non timent homines, separatio est animae a Deo" (Enarr. in ps. 48,2,2). Daraufhin muß die geistige Trennung der Seele vom göttlichen Leben als die fundamentale Straffolge der Ursünde betrachtet werden, eine Feststellung, die ihre Bedeutung hat für die Bestimmung des Wesens dieser Sünde, und zwar auch im Hinblick auf ihre Fortdauer im Menschengeschlecht.

Im Lichte dieser Grundaussage wird auch eine sachgemäße Deutung der im Denken Augustins zentralen und von der Nachwelt beinahe verabsolutierten Sündenfolge verständlich, die in der Konkupiszenz besteht. Für Augustin erfolgt das Auftreten der Konkupiszenz (concupiscentia, cupiditas) mit innerer Folgerichtigkeit aus dem Zusammenhang der heilshaften Verbindung der Seele mit Gott und ihrer dadurch ermöglichten Herrschaft über den Leib und die Harmonie beider. Nach der Übertretung des Gebotes fühlten die Stammeltern „eine bisher nicht gekannte Regung ihres unbotmäßigen Fleisches", und dies als die „gleichsam zurückprallende Strafe ihrer eigenen Unbotmäßigkeit" (De civ. Dei XIII 13). Überall dort, wo Augustin in unmittelbarem Zusammenhang mit der paradiesischen Sünde argumentiert, tritt der Straf- und Folgecharakter der Konkupiszenz eindeutig hervor: „Senserunt ergo novum motum inobedientis carnis suae, tamquam reciprocam poenam inobedientiae suae", und: „... secutum est ... ex debita justa poena tale vitium"[31]. Sie ist als „Ungehorsam" der Sinne gegen die Seele und als Disharmonie des Menschen die strenge Folge des Ungehorsams gegen Gott und damit eine reziproke Erscheinung der Ursünde, gleichsam das Umkehrgeschehen der Sünde im Inneren des Menschen[32]. Sie ergreift als „poena reciproca" auch den freien Willen, der zuvor vom adiutorium der Gnade so im Guten befestigt war, daß die Freiheit und Güte des Willens geradezu identisch waren. Indem der Wille in der Sünde sein Gutsein verlor, wurde er auch in seiner Freiheit getroffen[33].

---

[31] De civ. Dei XIII 13; De pecc. mer. et rem. II 19,33.

[32] Freilich ist zu erkennen, daß Augustin, in mehr anthropologischem Zusammenhang von der jetzigen Existenz des Menschen sprechend, die Konkupiszenz auch als „Sünde" bezeichnet. Daß dies aber nur im analogen paulinischen Sinne geschieht (wie Röm 6,12ff), zeigen Aussagen wie: Contra Jul. V 8.

[33] In der Frage nach der verbleibenden Freiheit des Willens (die hier nicht aufgenommen werden kann) besteht der bekannte Dissens zwischen der Auffassung vom Verlust der Freiheit des Willens

3. Die Begründung des „peccatum originale" in Auseinandersetzung mit dem Pelagianismus

Schon in der relativ weit ausgeführten Urstandslehre, die in den entscheidenden Momenten von seiner gegen den Pelagianismus gerichteten Gnadentheologie bestimmt war, schuf Augustin die Voraussetzungen für die ihm eigentümliche Theologie des „peccatum originale"[34]. Tatsächlich darf man hier diese hohe Qualifizierung mit dem Begriff der „Theologie" wagen, weil der Bischof von Hippo diese Wahrheit aus einer Vielzahl von theologischen Elementen erschließt, obgleich er aus ihnen noch kein System macht (das höchstens im Hintergrund seiner zahlreichen Einlassungen auf das Thema latent vorhanden ist). Die Lehre vom peccatum originale erscheint hier als Resultante mehrerer theologischer Motive, die sich in diesem Konzentrationspunkt vereinen. Dazu gehören die Leid-, Sünden- und Konkupiszenzerfahrung in der Menschheit, damit zusammenhängend die Frage nach der Gerechtigkeit Gottes, die Überzeugung von der Notwendigkeit der Gnade für den Menschen jeden Alters und Standes, der Universalität der Erlösung wie des Anspruchs des Erlösers an jeden Menschen und die Notwendigkeit der Taufe auch für die Kinder.

Auch wenn damit die Behandlung der Frage in einem geschlossenen Traktat fehlt[35] und die von der Situation erzwungene Beantwortung von Einzelfragen in apologetischer Form bestimmend ist, so bleibt doch der Flucht- und Einheitspunkt der manchmal disparat erscheinenden Gedankenlinien immer erkennbar: der Glaube an die Erlösung und an die Rechtfertigung durch den einen Mittler Jesus Christus, durch den wir „von den Sünden losgekauft werden", während wir durch Adam „unter der Sünde verkauft worden sind" (De gratia Christi et pecc. orig. II 24, 28). Gerade diese Grundwahrheit des christlichen Heils- und Erlösungsglaubens sah Augustin durch die Lehre des Pelagius gefährdet, der, die Sünde aller in Adam leugnend, zur Auffassung von einer Rechtfertigung durch Gesetz und freien Willen kommen mußte (De natura et gratia I 1)[36].

Wo dieses Zentrum in der Auseinandersetzung feststeht, ist es nicht möglich, eine eigentliche Entwicklung in der Lehre des Kirchenvaters in der Abfolge der antipelagianischen Schriften festzustellen, sondern nur eine Ausfaltung der zahlreichen Implikationen des Kerngedankens und eine Verschärfung im Stil der Diskussion seit

---

durch die Sünde (*K. Flasch,* aaO. 201) und der von der Bewahrung der Freiheit auch unter dem Einwirken der Gnade; sie muß im letzteren Sinne entschieden werden; vgl. u. a. Ep. 157, 2, 10; vgl. auch *G. de Plinval,* Aspects du déterminisme 345–378; *A. Zumkeller:* Augustinus, Schriften gegen die Pelagianer I 671 (Lit.).

[34] Der Ausdruck bedeutet bei Augustin nicht die beim Entstehen des Einzelmenschen inkurrierte Sünde, sondern die mit dem Ursprung in Adam gesetzte Sünde des ganzen Menschengeschlechts; vgl. *A. Sage,* Péché originel. Naissance; *A. Zumkeller:* Augustinus, Schriften gegen die Pelagianer I 572.

[35] In Ansätzen ist eine zusammenfassende Darstellung höchstens in De civ. Dei XIII und im Enchiridion 8–9 vorhanden.

[36] Daß Augustin die pelagianischen Auffassungen über Urstand und Adamssünde richtig wiedergab, wird im allgemeinen nicht bezweifelt, obgleich er die pelagianischen Thesen gelegentlich nach den von ihm gesehenen Schlußfolgerungen interpretiert; vgl. *Fr. Refoulé,* La distinction: RSR 51 (1963) 247–254; *A. Zumkeller:* aaO. I 595. Auf ein gewisses Unverständnis für die beiderseitige Gnadenauffassung, das jedoch epochal bedingt und von den beiden Kontrahenten nicht durchschaut werden konnte, möchte *G. Greshake* aufmerksam machen, ohne jedoch Pelagius rehabilitieren zu wollen: aaO. 230–260.

dem Eingreifen Julians von Eclanum (nach 418 infolge der Exkommunikation des Pelagius und Caelestius). Darum ist es erlaubt, im Überblick über die Kontroverse die entscheidenden Gedanken herauszustellen und sie auf die von Augustin eigentlich erbrachte Leistung hinzuführen, nämlich auf die genauere Bestimmung des Wesens dieser Sünde.

Was die Begründung ihrer Existenz betrifft, so fällt schon in der ersten Kontroversschrift (De pecc. mer. et rem. von 412) die Hervorhebung des aus dem Leben der Kirche und gleichsam aus der „lex orandi" entnommenen Argumentes der Kindertaufe auf, das in der etwa fünfzehnjährigen Auseinandersetzung nicht mehr abklingen sollte. Der Kirchenvater vertritt hier schon die strenge Begründung der Kindertaufe „propter remittendum peccatum" (I 18,23), damit nicht nur die Fehleinschätzung der Pelagianer abwehrend, sondern auch gewisse Unausgeglichenheiten der Tradition berichtigend. Aber zugleich holt sein Beweisgang weiter aus und nimmt auf die Universalität der Erlösung Bezug. Damit nämlich Christus der Erlöser aller sein könne, muß er gerade auch der Erlöser der Kinder sein. Darum ist nicht zu Unrecht gesagt worden, daß die Universalität der Erlösung das letzte Fundament der augustinischen „Erbsündenlehre" sei[37].

Ein anderes, formales wie inhaltliches Argument zur Begründung der Existenz dieser Sünde kommt in dieser Schrift ebenfalls erstmals zum Tragen: die Berufung auf den biblisch-neutestamentlichen locus classicus Röm 5, 12ff. Hier erst versieht er den Paulustext mit seinem vollen Gewicht. Zunächst erwog er noch zwei Möglichkeiten der Deutung des Relativums „in quo": den Bezug auf das vorhergehende „peccatum" oder auf das „per unum hominem" (De pecc. mer. et rem. I 10,11). Später optierte er entschieden für die letztgenannte Deutung, für die ihm (der fälschlich dem hl. Hilarius zugeschriebene) Ambrosiaster die Autorität lieh. So ergab sich die Interpretation, „daß alle in jenem ersten Menschen gesündigt haben, weil alle damals in ihm waren, als er sündigte" (Serm. 294, 14,15)[38], welche Exegese faktisch für ein Jahrtausend in Geltung blieb.

Konsequenter Weise ist in dieser ersten literarischen Auseinandersetzung mit Pelagius und seinem Anhang auch die Stellung der Konkupiszenz im erbsündlichen Zustand berücksichtigt. Sie ist die „lex peccati" in den Gliedern des gefallenen Menschen und bleibt selbst in den Kindern vor der Taufe eine Schuldverhaftung (reatus), obgleich sie nach der Taufe ihren Schuldcharakter verliert und nur noch die Bedeutung als Mittel zur kämpferischen Bewährung erhält (De pecc. mer. et rem. II 4). Was aber ihre Funktion für das Übergreifen der Adamssünde betrifft, so gilt sie nach dieser Schrift mehr als das äußere Medium oder als der Kanal der Übertragung (ebd. I 9).

Augustin war aber auch der erste, der die Existenz des peccatum originale mit einem förmlichen Traditionsbeweis zu unterbauen suchte. Schon in der ersten Schrift führte er Cyprian und Hieronymus als seine Zeugen an (ebd. III 5,10). Die in den folgenden Schriften zahlreicher werdenden Zitate finden in „Contra Julianum" (421) eine zusammenfassende Darbietung. Hier werden allein im ersten Buch als Zeugen

---

[37] *A. Vanneste,* Le décret du Concile de Trente sur le péché originel. La quatrième canon: NRTh 88 (1966) 581–602, 598f.

[38] Augustin nützt aber auch die anderen in der Tradition angeführten Stellen für den Schriftbeweis: so Eph 2,3; Job 14,4; Ps 50,7.

für Augustins Lehrauffassung angeführt: Irenäus von Lyon, Cyprian von Karthago, Reticius von Autun, Olympius von Spanien, Hilarius von Poitiers, Ambrosius von Mailand, Papst Innocenz I., Gregor von Nazianz, Basilius d. Gr., die Akten der Synode von Diospolis (416), Johannes Chrysostomus, Hieronymus (I 3, 5). Er erfüllt damit seine schon anfangs bekundete Absicht, „sententiis non meis, sed eorum qui fuerunt ante nos, et adversus impios fidem catholicam defenderunt, inanes argutias tuas et elaborata argumenta convincam" (ebd. I 1, 3). Diese Tendenz tritt am stärksten in dem bekannten Vorwurf an den Bischof von Eclanum hervor: „Non ego finxi originale peccatum, quod catholica fides credit antiquitus, sed tu, qui hoc negas, sine dubio es novus haereticus" (De nupt. et conc. II 12, 25). Der Kirchenvater war sich offenbar der Übereinstimmung mit der bisherigen Lehrverkündigung des Westens wie auch weithin des Ostens sicher.

Nichtsdestoweniger hat die moderne Kritik die Exaktheit des Augustinischen Traditionsbeweises aus vielerlei Gründen bemängelt. So wurde mit Recht auf seine mangelnde Kenntnis des Griechischen und der griechischen Väter hingewiesen[39], die er nur aus lateinischen Teilübersetzungen kannte, wie auf seine ziemlich wahllose Aufhäufung von Zitaten und auf sein „unwissenschaftliches" Vorgehen[40]. Da man aber an die Arbeitsweise des Kirchenvaters nicht den Maßstab moderner historisch-kritischer Wissenschaftlichkeit anlegen kann, bleibt sachlich der eigentliche Einwand, daß er seine Zeugen nicht in deren historischem Kontext interpretiert, sondern in Richtung auf die Implikationen und Konsequenzen ihrer Aussagen.

So beachtet er etwa (um nur ein Beispiel anzuführen) nicht, daß Cyprian in der herangezogenen Ep. 64 die Ursprungssünde nur beiläufig anspricht und positiv mit der auch den Kindern nicht vorzuenthaltenden Barmherzigkeit Gottes operiert. Daß Augustin seinen Gewährsmann nicht einfach wiedergibt, sondern ihn interpretierend auswertet, zeigt die Auslegung: „Würde er das [nämlich die Berührung durch die Ursprungssünde] leugnen, nähme er ja gerade den Grund für die Taufe weg, wegen deren Empfanges er sie verteidigte" (De pecc. mer. et rem. III 5, 10). Der Interpret argumentiert hier offensichtlich mit gewissen Schlußfolgerungen auf Grund der Prämissen seines Gewährsmannes (wobei sich natürlich sofort die sachgemäße Frage stellt, ob eine solche Argumentation aus der inneren Logik der Ansätze so abwegig sei und ob sie im Inhaltlichen nicht doch das Wesentliche treffe). Was seinen Hauptzeugen Ambrosius angeht, so beachtet der Schüler u. a. den Unterschied nicht, daß Ambrosius die Differenzierung zwischen reatus und fomes (bezüglich der Konkupiszenz) unbekannt ist[41].

Indessen kann auch eine solche kritische Einlassung auf die Augustinische Interpretation seiner Gewährsmänner aus der ihm vorliegenden über zweihundert Jahre währenden Überlieferung nicht bei der Behauptung enden, der Kirchenvater habe die Tradition falsch ausgelegt und sie dem Sinn nach unter einen ihr förmlich fremden Gedanken gebeugt, den er selbst erst völlig schöpferisch konzipiert hätte. Er hat diese Zeugnisse zunächst generell und in ihrem Gesamtsinn dem pelagianischen Irrtum von einer grundsätzlichen Rechtheit des Menschen vor Gott (gerade auch der Neugeborenen) entgegengehalten und in ihnen das Moment der universalen Erlösertätigkeit

[39] So *B. Altaner*, Die Benützung von original griechischen Vätertexten durch Augustinus: Kl. patr. Schriften (TU 83) (B 1967) 154–163; *G. Bardy*, La question des langues (P 1948) 201 f.

[40] *J. Gross*, aaO. I 311.

[41] Vgl. dazu *Th. Schäfer*, Die Fußwaschung im monastischen Brauchtum (Beuron 1956) 4–7.

Christi zutreffender Weise festgestellt. Darüber hinaus hat er die Offenheit dieser Zeugnisse für die Annahme einer den Menschen auch innerlichen Schuld im Lichte des gegenwärtigen Glaubensstandes der Kirche eindeutiger gefaßt, was ein hermeneutisch legitimes Verfahren war.

Daß er dabei das Urteil über das Los der ungetauft sterbenden Kinder, von der ursprünglichen Milde abgehend, schärfer faßte, weist auf eine Schwierigkeit hin, deren Existenz aber die Annahme einer Ursprungssünde genau so wenig widersprüchlich gestalten kann wie das mit der Gratuität der Gnade verknüpfte Prädestinationsgeheimnis[42].

Im Verlauf der Kontroverse erfuhr auch das in der vorangehenden Zeit mehr behauptend vorgetragene Moment der Weitergabe der Adamssünde eine nähere Ausfaltung und dies nicht ohne Zusammenhang mit den dabei andrängenden Fragen nach der Gerechtigkeit Gottes, nach der Bewertung der Ehe, nach Kreatianismus oder Generatianismus und nach der Rolle der Konkupiszenz.

Bezüglich des Durchdringens der Adamssünde, ihrer Transmission auf die Menschheit, ist festzustellen, daß Augustins Lehrmeinungen nicht so einsinnig und selbstverständlich gehalten sind, wie das ihm unterschobene „Vererbungsmodell" zunächst nahelegt.

Eine erste (als Hypothese vorgetragene) Erklärung zielt auf die mystische Seeleneinheit aller in Adam (De lib. arb. III 20, 56), die freilich nur bei Annahme eines Generatianismus plausibel wird, für den sich der Kirchenvater nicht entscheiden konnte (ohne freilich auch eindeutig für den Kreatianismus zu optieren). In den „Diversis quaestionibus LXXXIII" wird diese Einheit auf die Natur des Menschen als solche bezogen und offenbar mit dem platonischen Gedanken von der real existierenden generischen Menschennatur begründet, dem dann die hart klingende Ausdrucksweise von der „massa damnata" korrespondiert (De div. quaest. 3, 1). Auch die Auffassung von der Erbsünde als einer „Natursünde" rückt hier in die Nähe, obgleich Augustin den Ausdruck als solchen nicht oft gebraucht, wohl um seine manichäische Fehlinterpretation wissend[43].

In der ersten antipelagianischen Schrift wird dieser Gedanke schließlich mit Röm 5, 12 zusätzlich unterbaut, aber doch nicht wesentlich verändert. Das nach dem Ambrosiaster relativisch verstandene „in quo omnes peccaverunt" deutet Augustin dahin: „Offensichtlich besteht ein Unterschied zwischen persönlichen Sünden ... und dieser einen, in der alle gesündigt haben, als alle jener eine Mensch waren" (De pecc. mer. et rem. I 10, 11)[44]. Eine gewisse Verdeutlichung erfährt dieser Gedanke durch die spätere Hinzufügung: „Weil wir aber alle in jenem waren, der dies tat, als er es tat, und das Vergehen so schwer war, daß dadurch die gesamte Menschennatur verdorben wurde ... wird dieses fremde Vergehen wegen der schuldhaften Ge-

---

[42] Zur Prädestinationslehre Augustins vgl. *V. Boublik*, La predestinazione in S. Agostino 149–164. *G. Greshake*, aaO. 245 f; *G. Nygren*, Das Prädestinationsproblem 447 ff; *A. Zumkeller:* aaO. I 491 ff. Es verdient vermerkt zu werden, daß Augustin keine Vorherbestimmung zur Sünde lehrt. Wenn bemängelt wird, daß Augustin eine Harmonisierung zwischen Gottes Gnade und Vorherbestimmung zum Unheil nicht gelungen sei, so wird hier von der Theologie zuviel gefordert; vgl. *A. Adam*, aaO. I 278.

[43] Der Terminus „Natursünde", der von Julian von Eclanum Augustin zum Vorwurf gemacht wurde, ist von ihm nicht häufig verwendet; vgl. *A. Sage*, Le péché originel dans la pensée 75–112.

[44] Gelegentlich taucht dieser Gedanke auch in einer an den mythologischen Typos vom Urmenschen erinnernden Abwandlung auf (so Enarr. in ps. 95, 15), ohne daß man deshalb von einer förmlichen Übernahme dieser Erklärung durch Augustin sprechen könnte, zumal sie ja nicht die tragende ist; anders *U. Baumann*, Erbsünde? 36 f.

schlechtsfolge zum unsrigen" (Op. imp. II 163). Hier ist offenbar der platonische Gedanke von der real existierenden allgemeinen Menschennatur durch den Gedanken von der Generations- und Geschlechtseinheit der Menschen ergänzt. Auch dieser Sachverhalt erschließt sich ihm im Hinblick auf die Hl. Schrift. So gab Abraham (nach der damals geläufigen Deutung von Hebr 7,9) den Zehnten auch für Levi, der in „seinen Lenden" eingeschlossen war, und die Sünden Sodomas und Gomorrhas hätte Gott den vielen um fünf Gerechter willen erlassen (Op. imp. IV 104).

Das Übertragungs- oder „Erbschema" tritt aber auch in einer mehr juridischen Vorstellung vom Familienrecht auf, nach welchem der Besitz des Vaters unter den Kindern zu teilen ist. Darum sind die Sünden der Stammeltern „iure seminationis atque germinationis" die Sünden des ganzen Menschengeschlechts (ebd. I 48). So versucht der Kirchenvater offenbar, die allzu derbe physizistische Theorie des Enthaltenseins durch eine moralisch-juridische Erklärung zu ergänzen[45]. Dabei muß er folgerichtig die Möglichkeit erwägen, daß auf diesem Wege auch persönliche Sünden der Väter bzw. der Eltern auf die Nachkommen übergehen[46]. Diese Möglichkeit erfährt freilich insofern eine Einschränkung, als die persönlichen Sünden der Eltern in den Kindern keine Umgestaltung der Natur bewirken können (Enchir. 46,13). In dieser Hinsicht stellt die Überleitung der „Erbsünde" von den Stammeltern auf die Menschen einen Sonderfall dar, dessen Existenz aber auch angesichts bestimmter alttestamentlicher Aussagen festzuhalten ist, die etwa bekunden: „Die Väter sollen nicht für die Söhne und die Söhne nicht für die Väter sterben. Jeder sterbe nur für seine Sünde" (so Op. imp. III 12). Der Kirchenvater nimmt hier zum Geheimnischarakter des Übergangs dieser Sünde Zuflucht und weist auf den Unterschied zwischen menschlichem und göttlichem Gericht hin, bzw. zwischen dem, was nach göttlicher Anordnung für die Menschen gelten soll, und dem, was für Gott gilt: „Nur vom menschlichen Gericht verlangt die Autorität der göttlichen Vorschrift, die Kinder sollten nicht für die Eltern büßen; anders aber steht es beim göttlichen, wo der Herr spricht: ‚Reddam peccata patrum in filios'" (Dt 5, 9: ebd. III 15).

Daran zeigt sich allerdings, daß die Erklärung des Übergangs der Sünde bei Augustin weder allein auf physischem noch auf moralischem und juridischem Wege erfolgt.

Darum kann der Kirchenvater auch nicht zum Vertreter eines einseitig biologistischen Verständnisses der Übertragung der Adamssünde gemacht werden. Zwar hält er an der Gültigkeit der allgemeinsten Erklärung fest, wonach der Mensch das peccatum originale in der Geschlechterfolge und damit vermittels der Fortpflanzung empfängt. Aber hinter diesem offenbar nur eine äußere Erklärung bietenden Gedanken stehen tiefere Erkenntnisse, die jedenfalls nicht biologischer Art sind; sie gehen auf eine im Plane Gottes gesetzte Einheit des Menschengeschlechtes und damit auf ein göttliches Geheimnis, das zuletzt wieder aus der Adam-Christus-Parallele seine Kraft

---

[45] Einseitig und ohne Berücksichtigung des tieferen theologischen Hintergrundes, der auch den Ratschluß Gottes zur Stiftung der Einheit der Menschheit vermittels des Geschlechtszusammenhangs einbegreift, ist deshalb die Stellungnahme von *K. Flasch,* in der behauptet wird, daß die Lehre Augustins „dem biologischen Zusammenhang unmittelbar moralische Bedeutung" gebe: aaO. 205. Die moralische Bedeutung kommt ihr vielmehr von der Tat Adams zu. Das aber kann nur von einem (im Modus der Negation) gnadenhaften Verständnis der „Erbsünde" erhellt werden.

[46] So lehrt Augustin u.a. in: Contra Julianum III 23,52; Enchiridion XIII 46–47; Contra Julianum Op. imp. III 62. Die nicht leichte Beurteilung dieser Problematik mit den divergierenden Lösungen bei J. N. Espenberger, J. Turmel, J. Mausbach, A.-M. Dubarle bietet *M. Seybold,* Sozialtheologische Aspekte 103–116, mit dem wohl zutreffenden Ergebnis, daß diese sich aus einem gewissen Zwang der Gegnerschaft zu Julian ergebende Position kein Zentralpunkt der Augustinischen Lehre ist, zumal sie nur auf der Grundlage der Existenz einer „Erbsünde" zu verstehen ist, welche ihrerseits aber dieser Weiterung nicht bedarf.

empfängt: „Wie nämlich Christus einer ist, in dem alle gerechtfertigt werden, so ist auch Adam einer, in dem alle sterben" (De pecc. mer. et rem. I 15, 19).

Damit hat Augustin zwar gegen Pelagius die Wahrheit festgehalten, daß die Sünde nicht durch das schlechte Beispiel Adams (und seine Nachahmung) in die Menschheit kommt, aber die theologische Frage nach der denkerischen Begründung des „Wie" hat er damit nicht entscheiden wollen. Diese Zurückhaltung wahrt den Geheimnischarakter des Geschehens, entzieht es aber auch dem landläufigen Vorwurf einer rein biologischen Erklärung.

Dem korrespondiert auch die oft bemängelte Unentschiedenheit Augustins in der Frage nach der Geltung des Generatianismus oder Kreatianismus. Es scheint, daß der Kirchenvater um die bessere Vereinbarkeit zwischen der Transmission der Adamssünde in der Geschlechterfolge und der Theorie vom Generatianismus wußte, weshalb er dieser in den früheren Schriften einen gewissen Vorzug einräumte (De Gen. ad litt. 10, 19, 26), wogegen er die vergröberte Form des tertullianeischen Traduzianismus ablehnte (Ep. 190 III 14). Seine philosophische Auffassung vom Ursprung der Seele, die anfangs sogar eine gewisse origenistische Tönung aufweist[47], hätte ihn eigentlich der kreatianistischen Auffassung nahebringen müssen, die er in „De libero arbitrio" auch als zweite Hypothese anführte (III 20, 56), sich aber schließlich doch nicht zu eigen machte (Ep. 190 I 2). Ein zu forsches Eintreten für den Kreatianismus lehnte er ab und warf ihm einen Mangel an Problembewußtsein vor (De natura et origine animae I 6, 6). Ihm schien das Problem vorerst nicht lösbar, wie die von Gott eigens geschaffene Seele die Sünde inkurrieren könne, wenn sie nicht auch mit der Seele Adams in einer realen Verbindung stehe. Diese für ihn bestehende sachliche Schwierigkeit wurde durch die Auseinandersetzung mit den Pelagianern noch vergrößert, die den Traduzianismus gegen die Lehre Augustins von der in Adam eingeschlossenen Menschennatur heftig angriffen[48] und damit die ganze „Erbsündenlehre" zum Einsturz zu bringen suchten. Der Kirchenvater konnte hier in seiner Replik nur erwidern, daß die Adamseinheit der Menschheit die umfassendere Wahrheit sei, die auch gehalten werden könne, wenn die Einzelwahrheit über den Kontakt der individuellen Seele mit der Seele Adams nicht eindeutig geklärt sei. Die Unentschiedenheit in der Frage nach dem Ursprung der Seele bewahrte er bis zuletzt (Retract. I 1, 3).

Will man dieses Schwanken Augustins aus den Voraussetzungen seines Denkens erklären, so geht es zwar nicht an, dafür mit Julian von Eclanum den durchgängigen Manichäismus Augustins verantwortlich zu machen. Wohl aber ist es berechtigt, an diesem Punkte auf den Einfluß der neuplatonischen Philosophie hinzuweisen, die dem christlichen Denker die Erkenntnis von einer Wesenseinheit zwischen Leib und Seele, die gerade auch bei der Erschaffung der Seele ihre Bestätigung findet, verstellte.

Indessen läßt dieses Schwanken Augustins für die systematische Deutung seines Lehrentwurfs auch ein positives Moment erkennen. An der Reserve gegenüber dem Generatianismus ist jedenfalls zu erkennen, daß weder die Fortpflanzung der Ursprungssünde noch ihr Wesen im Menschen einer rein biologistischen oder gar mechanistischen Erklärung zugänglich sind. Wer nicht generatianistisch oder traduzianistisch denkt, beweist damit, daß die „Erbsünde" jedenfalls etwas Geistiges ist, zu dessen Transmission rein biologische Konstanten nicht ausreichen,

---

[47] Das Maßvolle dieser Tönung erklärt *J. Mausbach,* Die Ethik II 166.

[48] So vor allem Julian von Eclanum: Op. imp. I 6.

auch wenn sie (wie es bei Augustin geschieht) selbstverständlich eine Rolle spielen, deren genaue Bestimmung freilich (etwa als Materialursache oder als Bedingung) von Augustin nicht getroffen ist; das hier letztlich dennoch beherrschende genealogische Vorstellungsmodell, das mit dem Ratschluß Gottes verbunden erscheint, beweist so eine gewisse Offenheit für angemessenere Erklärungen, die Augustin jedenfalls nicht abschnitt.

In einem anderen Problempunkt scheint der Kirchenvater jedoch der physisch-biologischen Deutung gänzlich den Vorrang gewährt zu haben, nämlich in der Bewertung der Konkupiszenz, deren Übergewichtung bei Augustin seit je mit Recht kritisiert wurde. Man sollte aber auch sehen, daß ihre starke Betonung schon in der Tradition grundgelegt war, selbst in der griechischen, wo sie als entscheidendes Moment der Todesverfallenheit der ganzen Menschheit eine nicht unerhebliche Rolle spielte. Die dem Kirchenvater trotzdem angelastete zusätzliche Verschärfung erklärt sich aber aus zwei Gründen, die ihre tatsächliche Bedeutung bei Augustin doch wieder gemäßigter interpretieren lassen. Zunächst ist zuzugeben, daß (abgesehen von dem nicht zu leugnenden, aber schwer bestimmbaren persönlichkeitsgeschichtlichen Moment dieser vom Kirchenvater erfahrenen Macht) ihre Bedeutung in dem Maß steigen mußte, in welchem die ganze Frage nach Gnade und Sünde gleichsam individualisiert und personalisiert wurde und beide Wirklichkeiten nicht mehr unter dem Aspekt überindividueller Mächte betrachtet, sondern im Blick auf das konkrete Dasein des Einzelmenschen gesehen wurden. Um diesen Aspekt ging es aber gerade im pelagianischen Streit, in dem Augustin die von den Pelagianern vertretene Auffassung von der Rechtheit und Ungebrochenheit des konkreten Menschen gleichsam mit empirischen Verweisen auf die in ihm herrschende Unordnung widerlegen mußte, für welche die Konkupiszenz ihm das naheliegendste Beweismittel zu sein schien.

Dabei kam es nicht nur zu den modernem Empfinden widersprechenden Übertreibungen des malum der Konkupiszenz, sondern auch zu einer theologisch unangemessenen Einordnung, deren Unzulänglichkeit aber in einem anderen Befund zu suchen ist als in dem von der Kritik zumeist hervorgehobenen. Hier geht die vorherrschende Meinung dahin, daß Augustin im Endergebnis die Konkupiszenz mit der Erbschuld gleichgesetzt hätte. Diese (zugegebenermaßen) theoretisch glatteste, aber für die theologische Beurteilung der Lehre Augustins negativste Lösung erscheint so beherrschend, daß gesagt werden konnte: „Nur Blindheit kann diese Identifizierung übersehen, nur unheilbare Voreingenommenheit sie bestreiten ...“[49]. Tatsächlich läßt sich die Unzulässigkeit der Identifizierung erweisen, zunächst mit generellen Argumenten, die auf die großen Zusammenhänge und auf den Geist des Ganzen Bezug nehmen. Wenn der Kirchenvater die durch Christus bewirkte Erlösung als Wiederversöhnung mit Gott ausgibt[50], wenn er von ihrer Wirkung als Wiedergeburt aus dem Heiligen Geist spricht (in Parallele zur Gnade, die Jesus im ersten Augenblick seines Daseins als Sohn Gottes empfing) (De praedest. 15, 31), wenn er Christus als den Wiederhersteller Adams preist, „der nicht bloß die eine Sünde Adams, sondern auch alle Sünden hinwegnahm“ (Enchir. 50, 14), so haben alle diese Aussagen die Existenz einer wirklichen Sünde und Schuld auf seiten der Menschheit und einer Trennung von Gott zur Voraussetzung. Diese Sünde kann aber nicht mit der Erscheinung der bösen Begierlichkeit, gar noch in der Form der bloßen concupiscentia carnalis, gleichgesetzt werden.

[49] So *J. Gross*, aaO. I 328. [50] Vgl. *B. Studer*, Soteriologie 161.

Unter Einbeziehung der Taufwirkung in den Gesamtzusammenhang ist weiterhin zu bedenken, daß die Konkupiszenz in ihrem materiellen Bestand (zur Bewährung) im Getauften bestehen bleibt (De pecc. mer. et rem. I 39, 70).

Wollte man sie mit der Sünde Adams identifizieren, dann wäre die Wirklichkeit der Erlösung Christi im Kern getroffen. Auch was Augustin über die Endzustände von Verdammung und Beseligung denkt, hat keinen erfindlichen Bezug zur Konkupiszenz (Enchir. 63, 16; 92, 23); denn sonst müßte die erstere in der endgültigen Übermächtigung des Menschen durch die Konkupiszenz bestehen, die letztere allein in ihrer vollständigen Ausmerzung. In Wirklichkeit aber handelt es sich bei den Endzuständen um die konkreten Wirklichkeiten von totalem Verlust des höchsten göttlichen Lebens und von seinem vollkommenen Besitz.

Freilich erhält die Identifikation von Konkupiszenz und peccatum originale den Schein einer Berechtigung durch Aussagen, in denen Augustin die Konkupiszenz als peccatum bezeichnet. Bereits in der ersten antipelagianischen Streitschrift nennt er die Konkupiszenz im Anschluß an Röm 7, 23 das „Gesetz der Sünde" (De pecc. mer. et rem. I 39, 70), das ein peccatum darstellt. Noch schärfer gehalten erscheint die Formulierung, in der die Begierde als „das Übel der Sünde" bezeichnet wird, „mit der behaftet jeder Mensch geboren wird" (ebd. I 29, 57). Sie macht „die ungetauften Kinder schuldig und bestimmt sie gleichsam als Söhne des Zornes (vgl. Eph 2, 3)" (ebd. II 4, 4). Eine solche Aussage scheint jede Unterscheidung zwischen der Sünde als fehlendem Gottbezug und der Konkupiszenz, die mit dem Zorn Gottes zusammengebracht wird, hinfällig zu machen, so daß „Erbsünde" und „Konkupiszenz" identisch zu setzen wären.

Indessen beweisen eine Vielzahl von anders gehaltenen Aussagen des Kirchenvaters, daß er die Konkupiszenz nicht im formellen Sinn als Sünde versteht, sondern sie nur metonymisch als solche bezeichnet. Darauf läßt in der zuletzt angeführten Formel schon das „gleichsam" (tamquam) schließen. Aber die Restriktionen Augustins bezüglich der Sündhaftigkeit der Konkupiszenz erfolgen auch ausdrücklich. So vermerkt der Kirchenvater, daß die Konkupiszenz vom Apostel „nur nach einer gewissen Redeweise Sünde genannt" werde, „weil sie aus der Sünde entstanden ist und weil sie, wenn sie die Oberhand gewinnt, Sünde bewirkt" (De nupt. et conc. I 23, 25). Auch von der „Funktion" und Wirkweise her beschreibt Augustin die Konkupiszenz so, daß sie nicht förmlich als Sünde verstanden und mit der „Erbsünde" gleichgesetzt werden kann; denn ihr kommt vor allem die Bedeutung des Instrumentes und Mittels zur Übertragung der Ursprungssünde zu. Augustin spricht von der Schuld, „welche die Befleckung der fleischlichen Abkunft herbeigezogen hat" (De gratia Chr. et pecc. orig. II 32, 37). Er erklärt noch deutlicher, daß die „Erbsünde durch die fleischliche Begierlichkeit weitergeleitet wird" (Contra Jul. III 24, 54), und wird noch drastischer, wenn er sagt: „... durch den verdorbenen Samen wird auch die Verderbnis fortgepflanzt" (Op. imp. II 123). So kann er gelegentlich die Konkupiszenz auch als die Ursache der Sünde „infolge der Ansteckung beim Neugeborenen" (Contra Jul. V 3, 8) bezeichnen; denn „wer in Adam gezeugt wird ..., ist deswegen in die Ursünde verstrickt, weil er durch das Übel geboren wird, wodurch das Fleisch gegen den Geist begehrt" (ebd. II 10, 39). So ist denn auch das Umkehrbeispiel verständlich, mit dem Augustin den Vermittlungscharakter oder die Instrumentalität der Konkupiszenz in dem einzigen Fall ihres Nichteintretens beleuchtet, nämlich im Fall der Geburt Jesu Christi aus der Jungfrau Maria: Christus „zog sich die Ansteckung durch die Ursprungssünde nicht zu, weil er die Begierlichkeit des Zeugenden nicht vorfand" (ebd. V 15, 54)[51].

---

[51] Zur Bedeutung dieses christologischen Argumentes, das in der Vorzeit schon anklang, vgl. *A. Zumkeller:* aaO. I 577; *M. Seybold,* aaO. 91.

Daß die Konkupiszenz nicht das Wesen des peccatum originale ausmachen kann, zeigt sich auch an ihrer Bewertung im Rahmen der nicht unumstrittenen Ehelehre des Bischofs von Hippo. Hier ist trotz aller möglichen Kritik auf seine Feststellung zu achten, daß „das Gut der Ehe ... nicht die Glut der Begierde, sondern sozusagen die erlaubte und ehrbare Weise des Gebrauchs dieser Glut ist, um Kinder zu zeugen" (De pecc. mer. et rem. I 27,57). Dies besagt, daß durch das Gut der Ehe die Konkupiszenz einem guten Gebrauch zugeführt wird. Sie verliert zwar nicht schlechthin den Charakter des malum, aber ihr negativer Charakter wird gleichsam durch den guten Gebrauch paralysiert; denn „schlecht benutzt ein Übel [die Konkupiszenz], wer die Begierde im Ehebruch befriedigt; gut benutzt ein Übel, wer die Begierde durch die Ehe zügelt" (ebd.). Die Möglichkeit des guten Gebrauches der Konkupiszenz in der Ehe zügelt die Konkupiszenz soweit, daß sogar ihr Charakter eines malum eine Minderung erfährt, wenn er auch nicht gänzlich aufgehoben wird. Immerhin macht diese Trennung von „Ehe" und „Konkupiszenz" (bei Beibehaltung ihrer Wirkung im ehelichen Vollzug) Augustin die Klärung der von den Pelagianern immer wieder aufgeworfenen Problematik möglich, daß auch von der Ursprungssünde befreite Eltern diese Sünde weitergeben können, wozu er auch das Beispiel von den Samen veredelter Gewächse bringt (De nupt. et conc. I 18,20).

Es ist für die geschichtliche Betrachtungsweise nicht die wesentliche Frage, ob diese Auffassung am Maßstab eines fortgeschrittenen dogmatischen Denkens gehalten werden kann (was tatsächlich nicht möglich erscheint)[52], sondern was sie im Rahmen des betreffenden historischen Denkansatzes besagt und austrägt. Für Augustin kann die Konkupiszenz keinesfalls den Charakter einer wahren Sünde annehmen. Das wird nochmals durch den immer wieder zu erwähnenden Sachverhalt bestätigt, daß sie beim Getauften, der der Gnade Christi und des Lebens des Geistes teilhaft wird, faktisch fortbesteht, wenn sie nun auch eine andere Wertung erfährt.

Es ist nicht zuletzt dieser Umstand, der auch neuere Kritiker der „Erbsünden"-Lehre Augustins dazu bestimmt, nach vielfältigen Versuchen zur Identifizierung von „Erbsünde" und Konkupiszenz zuletzt von diesem Vorhaben abzulassen und die Sünde nicht in der Begierlichkeit als solcher angelegt zu sehen, sondern in ihrem Reat, d. h. im Schuldcharakter der Begierlichkeit[53]. So würden zwar nicht „Erbsünde" und Konkupiszenz identifiziert, wohl aber peccatum originis und schuldhafte Begierlichkeit.

Indessen ist zu erkennen, daß Augustin den Reat der Konkupiszenz nur in demselben abgeleiteten und uneigentlichen Sinn versteht, in dem er die Konkupiszenz gelegentlich als „peccatum" anspricht, obgleich sie diese Bezeichnung nur deshalb verdient, weil sie aus der Sünde kommt, die Sünde überträgt und zu neuer (aktueller) Sünde anstachelt. Wie sie im Zusammenhang mit dem peccatum originis als „Sünde" bezeichnet werden kann, so darf sie in eben diesem Zusammenhang auch als Reat und als schuldhaft angesprochen werden. Daß sie ohne diesen Zusammenhang nicht schuldhaft ist, beweisen die relativ zahlreichen Bekundungen ihrer ethischen Ambiva-

[52] Zur Eheauffassung Augustins vgl. *M. Müller,* Die Lehre des hl. Augustinus von der Paradiesesehe 28–32.

[53] So bemerkt *J. Gross* schließlich auch, daß die Erbsünde bei Augustin nur insofern mit der Konkupiszenz identisch sei, als „diese von Gott den Ungetauften als eine der ewigen Verdammnis würdige Sündenschuld angerechnet wird": aaO. I 331.

lenz, deretwegen sie sowohl gut als auch schlecht gebraucht werden kann (De pecc. mer. et rem. I 29, 57). Sie ist ihrem Wesen nach ein Übel, ein Nicht-sein-Sollendes, eine Verderbnis an der gottgeschaffenen Natur, die als Strafe für die Sünde in die Menschheit hineinkam. Weil der Kirchenvater im gewissen Sinne die Koextensivität von Sünde und Schuld erkennt – „denn es heißt keine Sünde haben: der Sünde nicht schuldig sein" (De nupt. et conc. I 26, 29) – kann er die Konkupiszenz nur in ebenso uneigentlichem Sinne als „Reat" benennen wie er sie als Sünde versteht.

Trotzdem bleibt es fragenswert und der Erklärung bedürftig, warum der Kirchenvater (zwar nicht in theoretischer Durchdachtheit, aber) in praktischen Urteilen und Worten die Konkupiszenz so nahe an die „Erbsünde" heranbringt, daß in den Formulierungen manchmal die Abhebung beider Momente voneinander schwierig wird und die auf eine Identifizierung lautende Interpretation oft einen Schein von Berechtigung bei sich hat. Es liegt gewiß nicht nur an der unsystematischen Denkweise des Bischofs von Hippo, ebenso nicht an der durch die Apologetik jeweils verengten Blickrichtung (gegenüber den Manichäern muß er die Macht der Sünde wie der Konkupiszenz mit weniger Betonung vortragen als gegen die Pelagianer, die „Erbsünde" wie Konkupiszenz leugnen) und auch nicht an der mit Metaphern versehenen bildhaft-symbolischen Sprechweise, die als rhetorisches Mittel verwandt wird[54] und naturgemäß keine begriffliche Schärfe zeigt.

Die Verbindung beider Momente ist in einer eigentümlichen „Ganzheitsauffassung" begründet, die sowohl in der Urstandslehre als auch in der Auffassung vom gefallenen Adam und schließlich in der Konstitution der „Erbsünde" zum Ausdruck kommt. Immer ist hier ein (gnadenhaft) Geistiges mit einem Ausdruck im Leib-Seelischen verbunden. Im paradiesischen Zustand drückt sich die innere Gottesfreundschaft in der leib-seelischen Harmonie aus, im gefallenen Zustand ist die „inoboedientia carnis" die strafende Umkehrung (poena reciproca) der Ursünde[55], in den Nachkommen Adams ist sie das Zeichen für die noch nicht getilgte Adamssünde. Hinter dieser Theorie steht offenbar eine quasi-sakramentale Auffassung vom inneren Heil oder Unheil und äußerer Zeichenhaftigkeit der Konkupiszenz. Diese Auffassung wird von Augustin auch bei der Transmission der Ursprungssünde durchgehalten, wo die Konkupiszenz zugleich als wirksames Zeichen und Medium der Übertragung der Sünde angesehen wird.

Man kann natürlich fragen, ob diese zeichenhaft-mediale Funktion der Konkupiszenz bei der Übertragung der Sünde notwendig angenommen werden muß (was die spätere Theologie verneinte), aber als Auffassung des Kirchenvaters ist sie wohl nicht zu bestreiten.

Will man deshalb den Charakter der Konkupiszenz als Folge der „Erbsünde" (und nicht als mit ihr identisch) in der dem Kirchenvater angemessensten Begrifflichkeit wiedergeben, dann darf man von ihrem Zeichencharakter sprechen[56]. Die im Menschen (selbst im Getauften ohne „Reat") wirkende Konkupiszenz ist in ihrer leib-geistigen Zwiespältigkeit, in der Widerständigkeit des Leibes gegenüber dem Geist und damit als eigentümliche Erscheinung des Ungehorsams ein sprechendes Zeichen für den geistigen Ungehorsam und die superbia, die an der Wurzel der Adamssünde sitzt

[54] So weist *A. Fingerle* darauf hin, daß selbst das „peccatum originale" mehr eine Metapher ist, die als Gegensatz zu dem pelagianischen „tradux peccati" Verwendung findet: Augustinus, Schriften gegen die Pelagianer II 121.

[55] De civ. Dei XIII 13: „Senserunt ergo novum motum inoboedientis carnis suae tamquam reciprocam poenam inoboedientiae suae ... Tunc ergo coepit caro concupiscere adversus spiritum"; vgl. auch *M. Seybold,* aaO. 94 ff, der die Schichten des Konkupiszenzbegriffes genauer abhebt und so die Fächerung von der bei der Zeugung vor allem gemeinten libido bis zum „secundum seipsum (hominem) vivere" im Gegensatz zum „secundum Deum vivere" aufzeigt.

[56] Vgl. Ausführlicheres zu dieser Thematik bei *C. P. Mayer,* Die Zeichen in der geistigen Entwicklung und in der Theologie des jungen Augustinus; *ders.,* Die Zeichen und die Bekehrung Augustins in den Confessiones: Augustiniana 19 (1969) 5–13.

und sich habituell als Trennung vom göttlichen Leben ausprägt. Darum kann der Kirchenvater erklären: „Als Adam sündigte, indem er Gott nicht gehorchte, da verlor sein Leib ... die Gnade, kraft deren er seiner Seele in allen Teilen gehorchte" (De pecc. mer. et rem. I 16,21). Diese „inoboedientia carnis" gilt Augustin als Ausdruck und Zeichen des vorausliegenden Ungehorsams der Seele gegen Gott. Daraufhin wird die Frage verständlich: „Wo wäre zutreffender aufgewiesen worden, daß die menschliche Natur aufgrund von Ungehorsam verderbt ist?"[57], aber eben aufgrund des Ungehorsams Adams, so daß zwischen der (fortdauernden) Adamssünde und der Konkupiszenz ein Grund-Folge-Verhältnis besteht, jedoch keine Identität. Von der Zeichenhaftigkeit[58] der Konkupiszenz her ergibt sich auch ein zusammenhängendes Verständnis ihrer verschiedenartigen Qualifizierung vor und nach der Taufe. Vor der Nachlassung der Adamssünde und -schuld ist sie ein makelbehaftetes Zeichen dieser Sünde und Schuld in der Menschheit, nach der Lösung von Sünde und Schuld ist sie Zeichen und Mahnmal der menschlichen Verwundung und Aufruf zum Ernstnehmen des Kampfcharakters der christlichen Existenz[59].

Damit soll nicht behauptet werden, daß Augustin eine im Komplex der „Erbsündenlehre" völlig eindeutige Einordnung und eine theologisch überzeugende Einstufung der Konkupiszenz gelungen sei, die als beständiges Moment in die Entwicklung des Dogmas hätte eingehen sollen. Ihre überstarke Gewichtung selbst noch im Raum der christlichen Ehe kann weder dogmatisch noch moraltheologisch legitimiert werden. Ihr gegenüber stellt sich die nicht leicht zu beantwortende Frage, inwieweit hier eine manichäische Struktur das Denkgefüge bestimmte[60]. Selbst die positiv zu würdigenden Versuche Augustins, die Bedeutung der Konkupiszenz durch gewisse restriktive Ansätze theologisch ins Lot zu bringen, können den schwächsten Punkt dieser Konkupiszenzauffassung nicht verdecken, der in dem Festhalten an ihrer Vermittlungsfunktion bei der Übertragung der Adamssünde gelegen ist. Obgleich Augustin diese Funktion gelegentlich allein der Zeugung oder Fortpflanzung als solcher zuspricht, so liegt doch in der Mehrzahl der Fälle die Betonung auf dem Übel der Konkupiszenz, das so in die Nähe des Befleckten und Sündhaften gerät[61].

So wird allerdings von neuem deutlich, daß die „Erbsünde" nicht mit der Konkupiszenz oder ihrem Reat identisch sein kann; denn das Mittel zur Übertragung eines Inhaltes kann nicht mit diesem Inhalt selbst gleichgesetzt werden. Obgleich nun der Kirchenvater diese theoretische Inhaltsbestimmung bezüglich der eigentlichen Natur der „Erbsünde" nicht bietet (zumal nicht in den antipelagianischen Schriften, in de-

---

[57] De nupt. et conc. I 6,7; vgl. Contra Jul. IV 16,82.

[58] Vgl. *A. Zumkeller:* aaO. I 578f; *M. Seybold,* aaO. 97ff.

[59] Vgl. u. a. De pecc. mer. et rem. I 39,70; die Wirkung der Konkupiszenz bleibt faktisch auch im Getauften nachhaltig als „Mutter vieler Sünden": De nupt. et conc. I 24,27, die sogar den Getauften zu einem Unfreien macht, wie besonders Augustins spätere Interpretation von Röm 7,19 und Ps 24,7 ausweist: Op. imp. I 105, welchen Text er in Abwehr der pelagianischen Lehre von der „impeccantia" immer mehr auf die Situation auch des Erlösten bezieht: De nupt. et conc. I 27ff; vgl. *A. Zumkeller:* aaO. I 627; *M. Seybold,* aaO. 101ff. Daß damit die Freiheit als Wahlvermögen des Menschen nicht aufgehoben, aber die dynamische Fähigkeit des Menschen zum Guten hin gebunden wird, ist gegen eine Fehlinterpretation wie die von *K. Flasch,* aaO. 201, festzuhalten.

[60] Zur Verhaftung an den Manichäismus stellt *A. Adam* fest: „Die Lehranschauung von der Erbsünde ist Augustins geistiges Eigentum; sie ist aber nicht als manichäischer Restbestand zu beurteilen, sondern ist bei der Übertragung neuplatonischer Grundanschauungen in seine Schöpfungsvorstellung erwachsen": aaO. I 269; vgl. auch *ders.,* Das Fortwirken des Manichäismus bei Augustin: ZKG 69 (1958) 1–25.

[61] Vgl. *A. Zumkeller:* aaO. II 474 536ff.

nen es mehr um die konkret-zusammenfassende Erörterung des Menschseins unter den Folgen der Ursünde geht als um eine distrikte Bestimmung ihres Wesens), weisen doch eine Reihe von Aussagen in die bereits angedeutete Richtung eines geistig-gnadenhaften Mangels, der mit dem Bildwort vom „Tod der Seele“ umschrieben wird. Auch wenn sich diese Erklärung in den Schriften Augustins nicht gerade häufig findet[62], so ist sie doch im Vergleich mit anderen Umschreibungen des Tatbestandes die tiefgreifendste, die den geheimnishaften Sachverhalt an der letzten Wurzel faßt. Es ist der Zustand der geistig-innerlichen Gottentfremdung, des Verlustes der gnadenhaften Lebensverbindung mit Gott, welcher das wesentlichste Moment der „Erbsünde“ ausmacht, ohne daß damit schon der ganze Umfang ihres Unheils erfaßt wäre. Bezeichnenderweise versucht Augustin an einer Stelle des „Enchiridion“, diese „eine“ Sünde tiefer zu erfassen, was dann möglich ist, „wenn man diese eine Sünde sozusagen in ihre einzelnen Bestandteile zerlegt“. Dann aber ergibt sich eine theologische Wertung, die auf dem gebrochenen Gottverhältnis basiert; „denn in ihr findet sich Stolz, insofern der Mensch es vorzog, lieber in seiner eigenen als in Gottes Gewalt zu stehen; Gotteslästerung, insofern er Gott keinen Glauben schenkte; Mord, weil er sich selbst in den Tod stürzte; Unreinheit des Geistes, insofern die Unversehrtheit des menschlichen Geistes durch die Verführung der Schlange zerstört wurde; Diebstahl, insofern sich der Mensch eine verbotene Speise anmaßte; Habgier, insofern er mehr begehrte, als ihm hätte genügen sollen ...“ (45, 13). Hier wird die Sünde Adams in einer gewissen abfallenden Linie als Sich-Entziehen aus dem Verfügungsbereich Gottes verstanden unter gleichzeitiger Hinwendung zur eigenen Machtvollkommenheit; sie gilt weiterhin als Gotteslästerung, was ebenfalls ein starker Ausdruck für die Preisgabe der Verbindung mit Gott ist. Mit der Kennzeichnung der Sünde als (Selbst)mord und als Absturz in den Tod ist der Gegensatz von Leben und Tod berührt, freilich in einer Weise, die nicht genau erkennen läßt, um welchen der drei Todesmodi es sich handelt und ob es um den geistig-gnadenhaften „Tod der Seele“ im Verlust des göttlichen Lebens geht. Man könnte den Gehalt dieser Aussage auch auf den leiblichen Tod begrenzen. Aber im Zusammenhang gesehen, erscheint eine solche Begrenzung unbegründet. Wenn man die vorhergehenden drastischen Bestimmungen über die Zerstörung der Lebensverbindung zwischen Gott und dem Menschen recht veranschlagt, wird man schwerlich annehmen können, daß der Tod und der „Selbstmord“ des Menschen hier in rein natürlichem, biologischem Sinne verstanden sei. Die Sequenz dieser Aussagen drängt vielmehr zur Annahme, daß der „Tod“ unter dem Einfluß der Wahrheit von der zerstörten Gottverbindung ebenfalls als Gegensatz zum Leben mit Gott aufgeführt wird. Dann ist er hier wiederum im konkret-ganzheitlichen Sinne als umfassende Unheilsgröße gemeint, die den leiblichen Tod nicht ausschließt, aber die Todesverfallenheit nicht auf ihn begrenzt. Mit der Anführung der „Unreinheit des Geistes“ aber ist dann mehr die Folgeerscheinung des Zusammenbruchs der göttlichen Lebensverbindung im Menschen, die Schwächung des Geistes und die Ungeordnetheit in den Seelenkräften gemeint.

Dieser Bestimmung entspricht allein auch die positive Kennzeichnung des durch die Erlösung erbrachten göttlichen Lebens im Menschen. Es ist ein Leben in der Kraft

---

[62] So vor allem in der vom Streitfall des Pelagianismus nicht berührten Schrift De civ. Dei XIII 2; danach in De natura et gratia 23, 25; als „Herrschaft des Todes“ in Identität mit dem reatus peccati in De pecc. mer. et rem. I 11, 13–13, 17; vgl. *H. Staffner,* Die Lehre des hl. Augustinus über das Wesen der Erbsünde 390ff; *A. Zumkeller:* aaO. I 578.

des Heiligen Geistes, das dem Menschen die für das ewige Ziel verdienstlichen guten Werke und die heilshafte Tugend einflößt, so daß der Grundsatz gilt: „... fortitudinem autem Christianorum Dei caritas facit, quae diffusa est in cordibus nostris non per voluntatis arbitrium ... sed per Spiritum Sanctum, qui datus est nobis" (Op. imp. I 83). Daß dieses Leben in der Ursprungssünde verlorenging und in den geistigen Tod der Gnadenlosigkeit versank, ist schließlich auch aus dem Umkehrgeschehen zu entnehmen, das in der Erlösung und konkret in der Taufe vor sich geht. Wenn die Erlösung als Versöhnung mit Gott, als Empfang des Heiligen Geistes, als Kindschaft und als „Gnade Gottes durch Jesus Christus"[63] verstanden wird, dann ist der ihr vorausgehende Unheilszustand als Verlust des Heiligen Geistes und als Mangel der göttlichen Lebensverbindung erkannt.

Mit dem Hinweis auf das Umkehrgeschehen der Erlösung versucht Augustinus auch das Problem anzugehen, das in der Tradition (seit Klemens von Alexandrien) beständig anklang und doch theologisch nur wenig vertieft wurde: das Problem der Gerechtigkeit Gottes angesichts der Macht der Sünde und des Teufels in der Schöpfung. Er geht in Auseinandersetzung mit den Pelagianern das Problem sehr realistisch an, indem er bei den Leiden in der Welt (zumal bei denen der Kinder: Op. imp. I 49) beginnt, also bei den Folgen der Ursünde. Hier kommt es nun zu einem theologisch bemerkenswerten positiven Einbau der „Erbsünde" in das Gedankenkonzept. Das Schuldmoment wird geradezu gefordert, um das Leid in der Schöpfung als Strafe zu erklären, die Schuld voraussetzt. Hiermit versucht er, tiefer in den „logischen" Zusammenhang der „Erbschuld" hinabzuleuchten und Gott von dem Vorwurf der Ungerechtigkeit freizuhalten, der sich (angesichts der Leiden) beim Fehlen einer Schuld erst recht aufdrängen müßte.

Man hat mit Recht bemängelt, daß das Argument Gott nur in einem ersten Gedankenansatz von dem genannten Vorwurf freihalte und daß der Schuld-Strafe-Zusammenhang keine Grundlage für eine förmliche Theodizee darstelle. Aber dieser Gedanke, dem seine theologische Valenz nicht abzusprechen ist, stellt nicht die letzte Auskunft bezüglich der Rechtfertigung Gottes dar. Diese besteht vielmehr in dem Geheimnis der überfließenden Gnade Gottes und der Erlösung durch Christus.

Faßt man am Ende die von Augustin behandelten Lehrelemente bezüglich der „Erbsündentheologie" zusammen (was er selbst, außer den erwähnten Ansätzen in De civ. Dei XIII und XIV und im Enchiridion, nicht unternahm) und versucht man, seine Stellung in der Geschichte des Erbsündendogmas zu umreißen, so wird man gerechterweise den positiven Beitrag nicht übersehen und hintanstellen können. Der Bischof von Hippo, der sich in Auseinandersetzung mit der „Neuerung" der Pelagianer bewußt auf die Überlieferung der Kirche stützen wollte, hat diese Überlieferung tatsächlich wie keiner vor ihm aufgenommen und in seinen exegetischen, apologetischen und dogmatischen Schriften ausgebreitet. Er hat in diesen Schriften auf dem Hintergrund seiner personalen Anthropologie und seiner Gnadenlehre den ganzen Umfang der „Erbsündenwahrheit" sichtbar werden lassen, der von einer realistisch-heilshaften Deutung des Urstandes über die Katastrophe der Sünde und ihre sehr hart empfundenen Folgen bis hin zur Erneuerung in Christus und zur endgültigen Beseligung alles umfaßte, was zu einem integralen Verständnis dieser ihm letztlich geheimnishaft bleibenden Wahrheit gehört. Insofern kann er nicht als Erfinder der Erbsündenwahrheit angesehen werden noch als Begründer einer neuen Tradition, sondern als Vollstrecker der alten.

---

[63] So u. a. im Enchiridion 33, 10; über die Taufwirkung als Wiedergeburt zum ewigen Leben vgl. De pecc. mer. et rem. I 16, 21; I 18, 23.

Dabei gab er sich selbst keine gedankliche Rechenschaft darüber, wie sehr er diese traditionellen Elemente doch auch neu akzentuierte, mit neuem Gewicht ausstattete und in eine bestimmte Richtung brachte. So verdeutlichte er mit seiner Unterscheidung zwischen „adiutorium sine quo non" und „adiutorium quo" den Gnadencharakter des Urstandes, um dabei auch die immer gesehene Wahrheit des freien Willens in ihrer angemessenen Position zu belassen; mit der theologischen Deutung der Adamssünde als Abkehr von Gott und Hinwendung zum bloß Geschöpflichen, mit der versuchten gedanklichen Durchdringung der Wahrheit von der Einheit der Menschen mit Adam, mit der genaueren Erfassung des Sünden- und Schuldmomentes des peccatum originis im Menschen, mit der realistischen Deutung des Zustandes des gefallenen Menschen (im Gegensatz zum oberflächlichen antiken Tugendoptimismus) und mit der bei aller Düsterkeit in der Beschreibung des Sündenstandes immer wieder gebotenen Aussicht auf die gerade dadurch herbeigezogene Erlösung hob er diese geheimnishafte Wahrheit auf ein höheres theologisches Niveau, als sie es zuvor je besessen hatte. Vor allem aber der Einbau dieser Einzelelemente in die übergreifende Ordnung der von Gott geführten Geschichte des Heils verlieh diesen Elementen eine positiv-heilshafte Ausrichtung auf das Zentrum der Erlösung in Jesus Christus. Diese Ausrichtung läßt erkennen, daß die Augustinische „Erbsündenlehre" nur den dunklen Hintergrund bildet, auf dem sich die Leuchtkraft der Erlösung in Jesus Christus und die gnädige Barmherzigkeit Gottes umso strahlender abheben kann und soll. Sie vermag aus einem urtümlichen Verständnis der Größe Gottes und der bei aller schöpfungsgemäßen Güte doch fragilen Menschlichkeit das Christentum als Gnaden- und Erlösungsreligion darzustellen, was Augustins eigentliches Anliegen in der Auseinandersetzung mit dem naturalistisch-rationalistischen Pelagianismus war. Das geben gelegentlich moderne Kritiker der „Erbsündenlehre" Augustins selbst zu, wenn sie den „Erbsündenpessimismus" nicht als „das letzte Wort der Gesamttheologie des Bischofs von Hippo" bezeichnen, sondern als „deren erstes, allerdings grundlegendes Kapitel, da sie als Erlösungslehre unmöglich im Pessimismus enden konnte"[64]. Nur werden aus dieser zutreffenden Erkenntnis keine Folgerungen für die Beurteilung der Erbsündenlehre gezogen, die dann in einem heilshaft-positiven Licht erscheinen müßte.

Auch bei einem solchen positiven Gesamturteil vermag die dogmengeschichtliche Betrachtungsweise an Einzelheiten des Augustinischen Konzeptes Kritik zu üben. Freilich sollten dabei Einwände rein naturwissenschaftlicher, weltbildbedingter Art wie etwa im Hinblick auf die allzu realistische Zeichnung des idealen Urstandes nicht im Vordergrund stehen, wenn man nicht unhistorisch verfahren und den Autor nach einem ihm unzumutbaren Maßstab messen will. Gewichtiger sind die Einwände, die gegen den Einschlag philosophischen Denkens in Augustins Konzept erhoben werden. Sie richten sich vor allem auf die problematischen Verhältnisbestimmungen von Materie-Geist, von Leib-Seele, vor allem aber von Konkupiszenz und Sünde wie von Begierlichkeit und Ehe. Hier wird einmal der überstarke neuplatonische Einfluß bemängelt, zum anderen auch das gnostisch-manichäische Ferment gerügt, das das Ganze durchsäuert und verdirbt. Aber auch hier ist zu differenzieren. Wenn der Kirchenvater gelegentlich etwa die Möglichkeit der Sünde mit der Erschaffung des Menschen aus dem Nichts zusammenbringt, so ist das Nichts keineswegs mit der Materie

---

[64] *J. Gross*, aaO. I 373.

gleichgesetzt und diese dann als gegengöttliches Prinzip erklärt wie etwa bei Plotin, von dem die Materie als die Negation des Guten und als Gegenpol des Ur-Einen dualistisch verstanden wurde. Für Augustinus ist auch die Materie als „fast nichts" aus dem Nichts geschaffen und als Substrat für Gottes Wunderwerke anerkannt (Conf. XII 8). Darin zeigt sich eine gewisse Rehabilitierung der Materie, die man, soweit man sie auf philosophische Einflüsse zurückführen will, mit dem Realismus der Stoa zusammenbringen kann, ohne dabei die christlich-schöpfungstheologische Umprägung übersehen zu dürfen. So betrachtet, entgeht die Heranziehung der „Schöpfung aus dem Nichts" im Zusammenhang mit der Entstehung der Sünde dem Dualismus von Geist und Materie und nimmt den Charakter einer Erklärung an, die nur noch auf die Veränderlichkeit und Zeithaftigkeit des materiellen Seins abhebt im Unterschied zur Wandellosigkeit des ewigen Gottes. Mit der Beharrung auf diesem Unterschied ist Augustin zwar, formal gesehen, auch wieder in der Nähe Plotins, aber ihm deshalb doch nicht verfallen; denn der „Weg" vom „Einen" zur Materie und der Rückweg zu Gott ist nicht wie im Neuplatonismus ein ideeller Prozeß, sondern eine wirkliche, dramatische Geschichte, in die Gott selbst eintritt und in der er an der Menschheit (und mit dem Menschen) gnadenhaft handelt.

Auch in der Überordnung der Seele über den Leib mit der damit zusammenhängenden Bestimmung des Urstandes als Herrschaft des Geistes und der sich daraus ergebenden Erfassung des Sündenstandes als Rebellion des Leibes wider den Geist macht sich gewiß neuplatonisches Verständnis geltend. Aber auch hier verdient die Tatsache Berücksichtigung, daß der Kirchenvater von Hippo den Leib nicht als Fessel und Widerpart der Seele versteht, sondern als ihr Instrument. So verliert sich bei Augustin die pessimistische Umschattung des Leiblichen, wie sie noch bei Origenes vorhanden war, wenn damit der Leib auch nicht in die Bedeutung eines wesentlichen Konstituens des Menschen rückt, sondern in der Ordnung das Niedere gegenüber der Seele bleibt.

Deshalb ist für Augustin das Leiblich-Materielle auch nicht Wurzelgrund und Ursache der Sünde, weshalb Adam auch nicht durch Sinnlichkeit sündigte, sondern durch Stolz. Erst recht besitzt der Plotinische Gedanke vom Sündigwerden der Seele durch das Eingehen in den Leib bei Augustin keine Parallele. Wenn ihm deshalb gelegentlich nachgesagt wird, er wisse das Entstehen der Adamssünde nicht zu erklären und verweise einmal auf den freien Willen Adams, zum anderen auf die Gemeinschaft mit Eva[65], so ist das in Wirklichkeit kein Einwand, sondern das Beharren auf einer letzten Unableitbarkeit der Sünde. Die Erklärung kommt nicht über das hinaus, was mit der Fähigkeit und Fehlbarkeit eines geschöpflichen freien Willens gesetzt ist, der sich bewähren und befestigen sollte.

Damit ist auch schon eine gewisse Vorentscheidung bezüglich der Frage gefällt, ob Augustins Sündenauffassung wesentlich vom Manichäismus beeinflußt sei. Schon Julian von Eclanum versuchte in der Auseinandersetzung seinen Kontrahenten mit dem Odium der manichäischen Vergangenheit zu behaften, wenn er seine Auffassung in die Nähe des Natursündenbegriffes brachte (Op. imp. V 9) oder ihm nachsagte, daß sein Erbsündengott schlimmer sei als der Gott der Manichäer (ebd. I 49). Heute wird dieser Vorwurf in abgemildeter Weise wiederholt, etwa in der Behauptung vom „unerträglichen Pessimismus[66] der Augustinischen „Erbsündenlehre", vom Nachwir-

[65] Ebd. I 299.
[66] Ebd. I 372.

ken „seiner manichäischen Periode“[67] oder auch nur von den „sprachlichen Parallelen im Manichäismus“[68] (ein Hinweis, der die Abhängigkeit Augustins immerhin schon begrenzt).

Aber auch hier wäre zu differenzieren und näherhin zwischen der Natur dieser Sünde selbst und ihren Folgen zu unterscheiden. Was Natur und Eigenart der „Erbsünde“ angeht, deren innere Form sich in jeder Sünde findet, so ist sie als Verlust des göttlichen Lebens und der Gerechtigkeit vollkommen von dem verschieden, was die Manichäer als „böse Substanz“ bezeichneten und als Eindringen einer außerhalb des Menschen existierenden Macht auf die Seele deuteten. Die diesbezüglichen Erklärungen Augustins im Op. imp. III 189 sollten den Vorwurf des Manichäismus in dieser wesentlichen Hinsicht eigentlich widerlegt haben.

Anders bietet sich die Situation dar, wenn man an die Folgen der „Erbsünde“ denkt und an die beherrschende Rolle, die Augustin der Konkupiszenz zuschreibt, welche von ihm gelegentlich den Anschein einer bösen Macht bekommt, die den Menschen geradezu einem Sündenzwang und einer „unerbittlichen Notwendigkeit des Sündigens“ (De perf. iust. hom. IV 9) unterwirft, die dem Anschein nach auch mit einem Verlust der Willensfreiheit einhergeht (ebd.). Auch wenn Augustin die Knechtung des Willens nicht absolut versteht, sondern vor allem seine selbsteigene Fähigkeit zum (übernatürlichen) Guten betonen will, scheint doch hier dem Bösen eine Übermächtigkeit zugebilligt zu werden, die an den manichäischen Dualismus erinnert. Auch wenn man vor einer definitiven Stellungnahme auf die Tatsache hinweisen muß, daß die Konkupiszenz weder das Wesen der „Erbsünde“ ausmacht noch auch in ihrem materiellen Bestand als das schlechthin Böse ausgegeben wird, muß man doch zugeben, daß der Kirchenvater hier von einer gewissen Doppeldeutigkeit nicht freizusprechen ist. Dabei scheint das Fehlerhafte weniger in der theoretischen Erklärung der Zusammenhänge zu liegen als vielmehr in der praktisch-lebensmäßigen Wertung, die Augustin der eigenen Lebenserfahrung und dem Blick auf die rationalistische Dürre des pelagianischen Denkens vom Menschen entnahm. Wo er zur konkreten Verfassung des Menschen auf dem Hintergrund des spätantiken Weltverständnisses Stellung nahm und den pelagianischen Versuch zur Rettung des Menschen in seiner ganzen Vordergründigkeit erkannte, fühlte er sich gedrängt, die Untiefen der menschlichen Verfassung auszuloten und den Gegensatz zwischen dem schöpfungsgemäßen Ideal des Menschen und seiner Wirklichkeit nach dem Fall drastisch hervorzuheben. Daß ihm dabei das auch von der Sünde nicht zerstörbare Positive des Leiblichen und Sinnlichen (etwa besonders in der Beurteilung des Geschlechtlichen und der Ehe) außer Blick geriet, ist aber nicht auf einen metaphysischen Dualismus manichäischer Art zurückzuführen, sondern auf die zwiespältige Erfahrung der gefallenen Wirklichkeit, die sich entsprechend seinem Naturell in einem überstarken Pathos äußerte. Daß die diesbezüglichen Ansätze im Hintergrund auf einer gewissen manichäischen Gedanken- und Sprachstruktur aufruhen, braucht nicht bestritten zu werden. Aber im Grunde gilt doch das (nach manchen Abwägungen formulierte) Urteil: „In den entscheidenden Dingen hat die kirchliche Überlieferung bei ihm den Sieg davongetragen; sein Glaube war nicht manichäisch, sondern Überwindung des Manichäismus, nicht neuplatonisch, sondern denkerische Verwendung des Neuplatonismus.“[69]

---

[67] *K. Flasch,* aaO. 208. [68] *U. Baumann,* Erbsünde? 37. [69] *A. Adam,* aaO. I 271.

Daß er auch in der Frage der Einheit des Menschengeschlechtes in Adam Anleihen bei der hellenistischen Philosophie machte und dabei ebenfalls zu keiner eindeutigen Erklärung kam, ist nicht verwunderlich. Es ist nicht zu entscheiden, ob bei der Konzeption der Natureinheit der Menschen der platonische Universalienrealismus oder der auf physikalischer Grundlage beruhende Gemeinschaftsgedanke der οἰκείωσις beherrschender wirkte. Aber auch hier ist der noch grundlegendere biblisch-paulinische Gedanke von der Solidarität der Menschheit im Heil wie im Unheil heranzuziehen, ein Gedanke, der auf einer urtümlichen Erfahrung des biblischen Menschen beruht, die rein denkerisch freilich auf biblischem Boden niemals vollkommen durchleuchtet wurde. Die „sozialtheologische" Auffassung der Sünde bei Augustinus war gewiß zuletzt vom biblisch-paulinischen Solidaritätsgedanken bestimmt. Er konnte sich durchaus auch gewisser Interpretationsmodelle aus dem hellenistischen Bereich bedienen, ohne daß sogleich an inhaltliche Übernahmen gedacht werden müßte; denn zuletzt wußte der Kirchenvater, daß die Adamseinheit der Menschheit mit philosophischen Denkmitteln nicht zu klären sei. Sein Wort über das Geheimnis der „Ursprungssünde" („nihil ad intelligendum secretius") bezieht sich vor allem auf dieses die Vernunft übersteigende Gesetz der inneren Verbindung des Einen mit den Vielen. Immerhin erfuhr dieses Geheimnis durch ihn eine gewisse Erhellung mit dem Hinweis auf die noch höhere und intensivere Christuseinheit der Menschheit. In dem beständigen Verweis auf die Adam-Christus-Parallele hat Augustinus dieses Geheimnis teleologisch ausgerichtet und mit einem heilsgeschichtlichen Sinn erfüllt. Dieser heilsgeschichtliche Sinn aber teilt sich der gesamten Augustinischen „Erbsündenlehre" mit. Sie empfängt von daher, ganz im Gegensatz zu dem behaupteten düsteren und pessimistischen Charakter, im ganzen einen positiv-heilshaften Zug, auch wenn es dem Kirchenvater nicht gelingt, diesen Zug an allen Einzelheiten zu verdeutlichen und mit seiner Hilfe eine überzeugende Synthese zu schaffen. Andererseits zeigen seine Gedanken zu diesem Thema eine gegenüber der Vergangenheit neuartige Fähigkeit zur Organisierung und Assimilation der zuvor zerstreuten Einzelelemente. Die eigentlich assimilierende Kraft stellt sich bei näherem Hinblick als seine hohe Auffassung von der Macht der Gnade Gottes dar. Man darf deshalb die „Erbsündenlehre" des Kirchenvaters von Hippo als die realistisch-heilsgeschichtliche Ergänzung seiner Gnadenlehre ansehen oder als den Vorbau seiner Gnadenlehre, der bereits ganz auf die Masse des Hauptbaues ausgerichtet ist. Das Merkwort für diese spannungsvolle Einheit, deren denkerischer Ausgleich freilich nicht in allem gelungen ist, besteht in dem Bekenntnis zur „felix culpa", zur glückseligen Schuld. Dieser Ausdruck ist bei Augustinus zwar nicht zu finden, wohl aber die entsprechende Vorstellung (Serm. 174, 2, 2). Dieses Bekenntnis bringt den von der Weisheit der göttlichen Führungen beeindruckten Glauben zum Ausdruck, daß die Adamsschuld von Gottes gnädiger Barmherzigkeit so zum Guten gewendet wurde, daß in ihr für den erlösten Menschen ein Anlaß zum Lobpreis gegeben ist. Im Hinblick auf einen solchen Abschluß der Dialektik von Sünde und Gnade ist es nicht mehr möglich, von einem manichäischen Dualismus in der Sündenlehre Augustins zu sprechen. Es handelt sich hier vielmehr um den Versuch einer tiefreichenden Theodizee, die aber dem Bereich philosophischen Erkennens entnommen und in die Dimension des lobpreisenden Glaubens übernommen ist. In dieser Dimension ist die überpersönliche Schuldverhaftung der Menschheit geradezu das den göttlichen Gnadenwillen zum Überströmen bringende Moment, so wie es Paulus an jenen Stellen andeutet, in denen davon gesprochen wird, daß auf Grund der Übertretung „erst recht die Gnade Gottes und die Gabe, die durch die Gnadentat des einen Menschen Jesus Christus bewirkt worden ist, den vielen reichlich zuteil geworden ist" (Röm 5, 15).

Indem Augustin seine „Erbsündenlehre" in die göttliche Heilsökonomie einfügt, entkleidet er sie auch jedes fatalistischen Zuges, der der Sündenauffassung der spätantiken Welt eignete. Aber das damit gewählte Grundkonzept ist nicht eigentlich originell. Die „felix culpa" hatte zuvor schon Ambrosius bekannt, wenn er von „mirabiliter condidisti, sed mirabilius reformasti" sprach[70]. Es handelt sich dabei um einen altchristlichen Gedanken, der einerseits den tiefen Ernst der weltumspannenden Sünde bezeugt, andererseits aber von dem noch höheren Ernst der Erlösung überzeugt ist. Zuletzt beruht diese im Geheimnis der Erlösung versöhnte Dialektik auf der paulinischen Gnadentheologie, die in Augustin einen neuen theologischen Anwalt fand. So hat Augustin im Grunde nur den Paulinismus in der Gnadenlehre weitergetragen und ihn theologisch auf die Ursprünge von Heil und Unheil zurückgeführt. Diese theologische Auswertung war in den Einzelelementen und in der Einzelausführung nicht immer gelungen, aber doch im ganzen eine Vertiefung der von der Tradition gezogenen Spuren und die Weiterführung eines Weges, den auch die nachfolgende abendländische Theologie begehen konnte.

§ 12. Die ersten kirchlichen Lehrentscheidungen

Schrifttum: *F. Wörter,* Beiträge zur Dogmengeschichte des Semipelagianismus (Pa 1898); *M. Cappuyns,* Le premier représentant de l'augustinisme médiéval, Prosper d'Aquitaine: RThAM 1 (1929) 309–377; *ders.,* L'origine des „Capitula" d'Orange 529: RThAM 6 (1934) 121–142; *L. Pelland,* S. Prosperi Aquitani doctrina de praedestinatione et voluntate Dei salvifica (Montreal 1936); *G. de Plinval,* Les luttes pélagiennes: Fliche-Martin IV (P 1937); *K. Rahner,* Augustin und der Semipelagianismus: ZKTh 62 (1938) 171–196; *J. Schmucker,* Die Gnade des Urstands und die Gnade der Auserwählten in Augustins De correptione et gratia (R 1939); *F. Floëri,* Le Pape Zosime et la doctrine augustinienne du péché originel: Augustinus magister (P 1954) II 755–761; *S. Prete,* Mario Mercatore polemista antipelagiano (Tn 1958); *K. Baus – E. Ewig,* Die Kirche von Nikaia bis Chalkedon (HdKG II/1) (Fr 1973).

Für die dogmengeschichtliche Wertung des werdenden Erbsündendogmas ist der pelagianische Streitfall auch insofern von Bedeutung, als er die ersten kirchenamtlichen Stellungnahmen zur Erbsündenfrage auslöste, welche die Entwicklung der Tradition auf ein neues Niveau hoben und die amtliche Lehrverkündigung der Kirche als wesentlichen Faktor der Lehrentfaltung einführten. Darüber hinaus vermag der Ursprung dieser nordafrikanischen und römischen Synoden nochmals (und gleichsam von rückwärts) ein neues Licht auf die Frage nach der immer wieder behaupteten „Erfindung" der Erbsündenlehre durch Augustinus zu werfen.

Es läßt sich nämlich zeigen, daß das Eingreifen der Synoden in den pelagianischen Streitfall und die daraufhin ergehenden ersten lehramtlichen Stellungnahmen zu einer Zeit erfolgten, als Augustin selbst seine antipelagianischen Schriften noch nicht begonnen hatte und auf den ersten Synoden seinen theologischen Einfluß nicht entfalten konnte.

Den ersten Widerstand löste Pelagius in Italien aus, wo die strengen Reformideen

[70] Vgl. *B. Studer,* Soteriologie 156; *G. Toscani,* Teologia della chiesa in Sant'Ambrogio (St. Patr. Mediolanensia 3) (Mi 1974) 234.

seines Anhangs stürmische Diskussionen hervorriefen[1]. Ähnlichen Widerstand erfuhr die neue Lehre, die sich wegen ihres Aszetismus empfahl, auch in Sizilien, wo auch die sozialen Verhältnisse den Armutsanforderungen der Pelagianer entgegenstanden[2]. Erst als Pelagius (410) und sein theologisch wohl begabterer, aber auch streitbarerer Schüler Caelestius (411) nach Afrika kamen, formierte sich auch hier der Widerstand, bezeichnenderweise vor allem an den falschen Thesen über die Kindertaufe[3].

Daß es freilich zu einer (ersten) Synode gegen Caelestius und die pelagianische Lehre kam (Karthago 411), ist ebenfalls nicht ohne die von außen erfolgende Initiative zu erklären, die der mailändische Diakon Paulinus durch seine Anklage des Caelestius bei Bischof Aurelius von Karthago entfaltete. Die Anteilnahme gerade der afrikanischen Kirche an dieser Frage und ihre relativ geschlossene Gegenreaktion ist einer tieferen Erklärung wert. Sie führt zu ekklesiologischen und theologischen Konstellationen, die gerade in dieser Kirche gegeben waren. Dazu gehören die Erfahrungen einer bewußten Kirchlichkeit, die sich seit Cyprian niederschlagen konnten, aber auch die Ergebnisse der theologischen Bemühungen um das Wesensverständnis der Taufe und schließlich auch die nach dem gerade abklingenden Einfluß des Donatismus wieder aufkeimende Sorge um eine neuerliche Spaltung der Kirche Afrikas (obgleich die Pelagianer keine eigenen Kirchengründungen intendierten). Jedenfalls war Nordafrika aus diesen Gründen für den kirchlichen Widerstand gegen den Pelagianismus besonders disponiert.

Dieser entwickelte sich auch unabhängig von Augustins persönlicher Anteilnahme, was durch die Tatsache bestätigt wird, daß der Bischof von Hippo an der Synode von Karthago (411) nicht teilnahm. Die nur in Bruchstücken vorhandenen Texte der Synode, die Augustin nach Einsicht in die Akten mitteilte[4], gewähren einen kurzen Einblick in die Auseinandersetzung zwischen Bischof Aurelius und dem angeklagten Caelestius, in die beiläufig auch der Diakon Paulinus eingreift. Augustinus berichtet: „Recitatum est, quod peccatum Adae soli ipsi obfuerit et non generi humano"[5]. Caelestius erklärte danach auf Befragen, daß er „über die Fortpflanzung der Sünde (de traduce peccati) im Zweifel" sei. Er werde dadurch von Leuten bestärkt, „die durchaus in der katholischen Kirche als Priester bestellt sind". Auf die Frage des Bischofs Aurelius, ob Caelestius gelehrt habe, „daß die neugeborenen Kinder in dem Stande seien, wie Adam vor der Übertretung"[6], antwortete dieser ausweichend, sprach von einer „Streitfrage", die so oder so entschieden werden könne und bekannte sich zur Notwendigkeit der Kindertaufe, jedoch ohne Angabe des theologischen Grundes: „Ich habe immer gesagt, daß die Kinder die Taufe brauchen und getauft werden müssen"[7]. Marius Mercator hat den Gehalt der Aussagen des Caelestius in die vier Kernaussa-

---

[1] Vgl. *J.-Ch. Didier,* Le baptême des enfants 106–108; *H. Kraft,* Texte zur Geschichte der Taufe (B [2]1969) 75 f; *K. Baus – E. Ewig,* Die Kirche von Nikaia bis Chalkedon 172 f.

[2] *K. Baus – E. Ewig,* aaO. 172.

[3] Vgl. *G. de Plinval,* Les luttes pelagiennes 80–120; *A. Zumkeller:* Augustinus, Schriften gegen die Pelagianer I (Wü 1971) 19 ff; *S. Kopp:* Augustinus, Schriften gegen die Semipelagianer (Wü 1955) 11 ff.

[4] In De gratia Christi 2,2–4 (CSEL 42, 125–127); De gest. Pelagii 11, 23 (CSEL 42, 76 f); Ep. 157, 22 (CSEL 44, 470 f); vgl. *J. H. Koopmans,* Augustine's first contact with Pelagius: VigChr 8 (1954) 149–153; *F. Refoulé,* Datation du premier concile de Carthage contre les Pelagiennes et du „Libellus fidei" de Rufin: RevÉAug 9 (1963) 41–49.

[5] De gratia Christi II 3,3 (CSEL 42, 168).

[6] Ebd. II 4,3 (CSEL 42, 169).

[7] Ebd.

gen zusammengefaßt: Adam sei sterblich erschaffen worden und wäre auch unabhängig vom Sündenfall gestorben; dieser hätte nur Adam, nicht aber der Menschheit geschadet; deshalb befänden sich auch die Unmündigen im vorsündlichen Zustand Adams; das Menschengeschlecht sterbe genau so wenig durch die Sünde und den Tod Adams, wie es durch die Auferstehung Christi auch schon selbst auferstehe[8]. Caelestius wurde von der Synode verurteilt und mußte sein Vorhaben zur Aufnahme in den Klerus der Kirche von Karthago aufgeben, erreichte dieses Ziel jedoch nach dem Fortgang von Nordafrika in Ephesus[9].

Die Auszüge der Synode lassen außer gewichtigen Einzelheiten (der Ausdruck „tradux peccati" als Äquivalent für die Fortpflanzung; „origo" als Bezeichnung für Adam, den Urheber der Sünde; das Fehlen des Ausdrucks „peccatum originale") die grundsätzliche Ablehnung der Lehre von einem natürlichen Urstand Adams und einem Nichtübergreifen der Sünde auf die Menschheit und die Kinder durch die karthagische Kirche erkennen. Die Überleitung der Sünde selbst (und nicht nur einer Strafe) wird mit der Fortpflanzung in Zusammenhang gebracht und deshalb die Notwendigkeit der Taufe der Kinder infolge der „Schuld der Übertretung" („transgressionem culpam trahat") gefordert. Man kann deshalb nicht sagen, daß hier nur die alte „Erbübellehre" vertreten werde[10]; es ist vielmehr von Sünde und Schuld (auf seiten der Kinder) die Rede, dies alles ohne erkennbaren Einfluß Augustins.

Daß Augustin selbst zu dieser Zeit sich in dem konkreten Streitfall noch nicht vollauf engagierte, zeigen zwei seiner Predigten über die Kindertaufe aus dem Jahre 413. Er sprach darin den Wunsch aus, die gegenteilige Auffassung nicht als häretisch zu verurteilen[11].

Die Situation änderte sich jedoch, als die Nachrichten von der den Pelagius begünstigenden Synode von Diospolis (415) in Nordafrika eintrafen. Auf dieser, von Hieronymus als „miserabilis synodus" bezeichneten Versammlung[12], gelang es dem Pelagius durch eine geschickte Verteidigung, in der er sich von den Schriften des Caelestius und anderer seiner Schüler distanzierte[13], seine Gnadenauffassung als der kirchlichen Lehre nicht widersprechend auszugeben[14], wovon sich die Synode schließlich überzeugen ließ und ihre Zufriedenheit bekundete. Es ist aber genauer zu bestimmen, worauf sich die Billigung der Synode bezog: nicht auf die Schriften des Pelagius und alle ihre Inhalte, sondern allein auf seine vor der Synode abgegebenen Erklärungen. Es ist ja auch zu beachten, daß die Synode die Verurteilung bestimmter Ansichten des Caelestius verlangte und durchsetzte, die Augustinus später in einer eigenen Aufstellung publizierte[15].

---

[8] Commonit. super nom. Cael. I 1 (PL 48, 69–70).
[9] Ebd.; vgl. *S. Prete,* Mario Mercatore, polemista antipelagiano.
[10] *J. Gross* zitiert bezeichnenderweise Marius Mercator, nicht aber die Auszüge Augustins in De gratia Christi: Entstehungsgeschichte I 280.
[11] De gest. Pelagii 11, 25 (CSEL 42, 78f); Serm. 293 u. 294 (PL 38, 1327–1348).
[12] Ep. 143, 2 (CSEL 56, 293); vgl. *A. Zumkeller:* Augustinus, Schriften gegen die Pelagianer II (Wü 1964) 53.
[13] Zum Datum der Synode vgl. *Lucianus,* Epistola de revelatione corporis S. Stephani 8 (PL 41, 815); über den Verlauf der Synode berichtet *Augustinus,* De gest. Pelagii (CSEL 42, 49–122; PL 44, 319–350); vgl. *A. Zumkeller:* aaO. II 47ff.
[14] De gest. Pelagii 1, 2 (CSEL 42, 52f).
[15] Ebd. 35, 65 (CSEL 42, 119–121); ebenso Ep. 186, 9, 32 (CSEL 44, 70f).

Faktisch mußte freilich diese nur partiell gehaltene Rehabilitierung des Pelagius seine Sache im ganzen fördern. Diese Gefahr sahen die nordafrikanischen Bischöfe, die dadurch die Synode von Karthago als desavouiert empfinden mußten, besonders deutlich und reagierten mit zwei neuerlichen Synoden von Karthago und Mileve (im Herbst des Jahres 416), die das fünf Jahre zuvor in Karthago gefällte Urteil über Caelestius erneuerten, entsprechende Schreiben an Papst Innocenz I. sandten und die Verurteilung des „gottlosen Irrtums"[16] durch die Autorität des römischen Bischofs verlangten. Auch Augustinus selbst, der in Mileve anwesend war, legte in einem mehr privaten Schreiben zusammen mit fünf Mitbischöfen dem Papst die Sorgen bezüglich der Verbreitung der pelagianischen Ideen dar[17].

Wichtiger für den kirchlichen Stand der Frage sind aber wohl die Antworten des Papstes auf die Briefe der Afrikaner[18]. In ihnen belobigt der Papst nicht nur die um die Reinerhaltung des Glaubens besorgten Bischöfe, sondern spricht auch von Pelagius und Caelestius als Neuerern („inventores vocum novarum"[19]) und schließt sie namentlich aus der Kirche aus[20]. In dem Schreiben an die fünf afrikanischen Bischöfe erwähnt er auch (die zuvor von ihm noch nicht beurteilte) Synode von Diospolis und bekundet seinen zwiespältigen Eindruck bezüglich der Rehabilitierung des Pelagius, aber auch bezüglich der Verteidigung des Pelagius, wie sie aus dem Protokoll zu entnehmen war. Trotzdem wollte er den Spruch der Synode nicht beurteilen, da er bezüglich der Authentizität der „Verhandlungen" Zweifel hegte[21]. Für Augustinus jedoch war die Stellungnahme des Papstes so eindeutig, daß er sein berühmtes „causa finita" sprechen konnte[22].

Allerdings bestätigte die folgende Entwicklung diese Sentenz nicht, woran neben den weitergehenden Wirkungen der Pelagianer auch die Unentschiedenheit des Papstes Zosimus (417–418) Schuld trug. Dieser, von dem nach Rom zurückgekehrten Caelestius unter Vorlage eines „Libellus fidei" stark umworben, sah sich dem Bekenntnis des Pelagianers ziemlich wehrlos gegenüber, indem u. a. die Kindertaufe „in remissionem peccatorum" anerkannt wurde (aber mit der bedeutsamen Restriktion: „nicht als wollen wir damit die Sünde aus dem Samen [peccatum ex traduce] behaupten"[23]). Er unterzog ihn zwar in einer römischen Klerusversammlung einer Befragung, deren Verlauf und Inhalt freilich nicht überliefert sind. Das den afrikanischen Bischöfen aber daraufhin übermittelte Schreiben[24] enthält neben einem Tadel des angeblich voreiligen Agierens der Bischöfe gegen Caelestius und einer Bestätigung seiner Rechtgläubigkeit die Aufforderung, die Häupter der afrikanischen Kirche sollten entweder (innerhalb zweier Monate) den Beweis erbringen, daß Caelestius anders denke als seine Schrift und sein Bekenntnis nach außen besage, oder sie sollten den Zweifel an der Rechtgläubigkeit des Kontrahenten aufgeben.

In einem zweiten Brief[25] teilte der Papst den Bischöfen seinen ähnlich gehaltenen

---

[16] Ep. 175 u. Ep. 176 unter Augustins Briefen (CSEL 44, 652–668).
[17] Ep. 177 (CSEL 44, 669–688).
[18] Die drei Briefe des Papstes finden sich unter den Briefen Augustins 181–183 (CSEL 44, 701–730).
[19] Ep. 182, 6 (CSEL 44, 721 f). [20] Ebd. [21] Vgl. *A. Zumkeller:* aaO. II 62.
[22] Sermo 131, 10 (PL 38, 374); vgl. auch *S. Kopp:* Augustinus, Schriften gegen die Semipelagianer 20.
[23] Lib. fid. 19 (PL 48, 503).
[24] *Zosimus,* Ep. 2 (PL 20, 649–654).
[25] *Zosimus,* Ep. 3, 2 (PL 20, 655); vgl. zur Stellungnahme des Zosimus *S. Kopp:* aaO. 20f.

Entscheid in Sachen des Pelagius mit, für den sich der Bischof von Jerusalem, Praylios, verwandt hatte. Auf einer wiederum eigens einberufenen Klerusversammlung waren die von Pelagius noch an Innocenz I. gesandten Briefe und das Glaubensbekenntnis Gegenstand einer Untersuchung, die ebenfalls zugunsten des Pelagius ausging. Dem darüber berichtenden Schreiben legte der Papst die Briefe des Pelagius bei und gab seiner Hoffnung Ausdruck, daß sich die afrikanischen Bischöfe über das Glaubenszeugnis des Pelagius freuen würden.

Deren Reaktion verlief jedoch gänzlich anders: in einem umfänglichen Synodalschreiben[26] nahmen sie gegen den Papst Stellung und warfen ihm Arglosigkeit gegenüber den pelagianischen Täuschungskünsten vor. Sie beharrten auf der Irrigkeit der betreffenden Stellen des Glaubensbekenntnisses des Caelestius, denen er abschwören müsse. Taktisch geschickt agierend, fügten sie hinzu, daß der Papst bei der Entscheidung seines Vorgängers Innocenz I. bleiben solle, was sowohl eine Mahnung wie auch einen Brückenschlag zu einer möglichen Änderung der Position des Papstes bedeuten konnte.

Tatsächlich machte der Papst von diesem indirekten Angebot Gebrauch, indem er in dem Antwortschreiben zwar seine Autorität zum Ausdruck brachte und den gegen ihn gerichteten Vorwurf der Leichtgläubigkeit zurückwies, aber schließlich doch einlenkte mit der Bemerkung, daß er alles im früheren Zustand belassen habe[27].

Die Angelegenheit hätte somit als beendet und im Sinne der afrikanischen Bischöfe als gelöst betrachtet werden können, obgleich die Stellungnahmen des Papstes einen Rest von Unklarheit zurückließen. Wie um diesen zu tilgen, rief Zosimus noch vor Beginn der karthagischen Synode von 418 den Caelestius nochmals vor seine Schranken, obgleich dieser sich inzwischen aus Rom entfernt hatte[28]. Diese Vorladung und die anschließende Verurteilung des Caelestius wie des Pelagius mögen aus dem Zusammenkommen verschiedener Umstände resultieren: den stärker werdenden Umtrieben der Pelagianer in Rom, der konsequenten Haltung der afrikanischen Bischöfe und ihres Einflusses am Kaiserhof und der sich abzeichnenden antipelagianischen Entscheidung des Kaisers Honorius, die tatsächlich in einem Reskript vom 30. April 418 erfolgte[29].

Die weitere Abklärung der inhaltlichen Auffassung des Zosimus erfolgte in einem im Sommer 418 erlassenen Sendschreiben des Papstes an die Metropoliten des Abendlandes, die Epistola tractoria[30], die von allen Bischöfen unterzeichnet werden mußte. Die wenigen davon erhaltenen Fragmente gewähren zwar keinen vollständigen Einblick in die definitive Lehrauffassung des Papstes, aber sie lassen doch erkennen, daß er in der zentralen Frage nach der Notwendigkeit der Kindertaufe und ihrer Begründung die Restriktion des Caelestius vollständig annullierte. Wenn Caelestius in seinem Libellus behauptete, daß „die Sünde nicht mit dem Menschen geboren, sondern später von ihm begangen" werde, da „sie ja ein Vergehen nicht der Natur, sondern erwiesenermaßen des Willens ist"[31], so vertrat der Papst geradezu das Gegenteil:

---

[26] *Augustinus,* Contra duas ep. Pelagian. II 3 (PL 44, 574).
[27] *Zosimus,* Ep. 12 (PL 20, 676 f).
[28] *S. Kopp:* aaO. 21; *K. Baus – E. Ewig:* HdKG II/1, 178.
[29] Sacrum rescriptum contra Pelagium et Caelestium (PL 45, 1731).
[30] Die Fragmente: PL 20, 693–695; *Augustinus,* Ep. 190, 23 (PL 33, 865).
[31] Lib. fid. 19 (PL 48, 503).

Die Taufe ist „wahre Nachlassung der Sünden", sie bringt „für jedes Geschlecht, Alter und für jeden Stand des Menschengeschlechts dieselbe Fülle"; denn „es kann nur erlöst werden, wer in Wahrheit zuvor gefangen gehalten war"[32]. Aber es wird nicht nur die Tatsache und die soteriologische Begründung des Sündennachlasses bei der Kindertaufe festgehalten, sondern auch die Übertragung dieser Sünde durch Zeugung: „Durch seinen (Christi) Tod wird jener durch die Zeugung überkommene Schuldbrief des von Adam über uns gebrachten und jeglicher Seele übermittelten Todes zerrissen, welchem Schuldbrief absolut jeder Geborene, bevor er durch die Taufe befreit wird, verhaftet bleibt."[33] Die Argumentation, die dem heilsgeschichtlich-soteriologischen Grundzug der Augustinischen Begründung entspricht[34], geht unstreitig auf die Sünde als solche, auch wenn der Ausdrück „peccatum originale" nicht fällt.

Wenn gelegentlich dafür plädiert wurde, den hier genannten Nachlaß nicht auf die Sünde, sondern auf den Tod zu beziehen[35], so ist diese Deutung nicht nur wegen des den Zusammenhang beherrschenden Themas der „remissio peccatorum" und der universalen Macht der Sündentilgung durch den Erlöser abzulehnen, sie ist nicht nur sachlich unwahrscheinlich wegen der dann anzunehmenden Tilgung des leiblichen Todes als Taufwirkung, sondern sie entspricht auch entwicklungsgeschichtlich nicht dem inzwischen gewonnenen Erkenntnisstand. Dieser zeichnet sich besonders an dem Begriff der „mors animae"[36] ab. Er bedeutet seit Ambrosius und Augustinus im Abendland den Tod der Seele als Verlust der Gnade. So setzt sich hier bereits die afrikanisch-römische Formel in der von Augustinus gefaßten Gestalt durch, wie sie kurz zuvor im Kanon 2 der Synode von Karthago (vom Jahre 418) niedergelegt worden war[37].

Die hier mögliche Frage, wie das Schwanken des Papstes zu erklären und wie es im Hinblick auf die Lehrautorität der Kirche zu beurteilen sei, muß sich vor dem Anlegen eines unbilligen und ungeschichtlichen Maßstabes hüten. Weder handelt es sich hier um definitive Entscheidungen des Papstes noch um ein bewußtes Abrücken von der Lehre seines Vorgängers. Zudem wurde das Zweideutige der päpstlichen Stellungnahmen in kürzester Frist korrigiert und der inzwischen gestärkten antipelagianischen Doktrin freie Bahn geschaffen. Von einem gewissen Mangel an Umsicht, der sich mit pastoraler Sorge verknüpfte, wird man das Verhalten des Papstes nicht ganz freisprechen können. Unter theologiegeschichtlichem Aspekt ist wohl auch die Tatsache zu veranschlagen, daß dem Papst als Griechen die weitergetriebene abendländische Problematik um Gnade und Sünde nicht unmittelbar vertraut war, so daß er sich mit dem allgemein gehaltenen pelagianischen Begriff der Universalität und Notwendigkeit der Gnade zufrieden geben konnte, ohne dabei die wesentliche Unterscheidungslinie zu treffen.

---

32 *Augustinus*, Ep. 190, 23 (PL 33, 865).
33 Ebd.
34 Vgl. u.a. De pecc. mer. et rem. I 18, 23 (PL 44, 121f).
35 So *F. Floëri*, Le pape Zosime et la doctrine augustinienne: Augustinus magister II 755–761; dagegen auch *J. Gross*, aaO. I 289.
36 „Ipsius (Christi) morte mortis ab Adam omnibus nobis introductae, atque transmissae universae animae ...": Fragmentum I, Tractoriae Zosimi (PL 20, 693).
37 Concilium Africae universale Carthagine Habitum anno 418 contra haeresim Pelagii et Caelestii (PL 45, 1728–1730); vgl. auch DS 222–230.

Die Nordafrikaner dagegen ließen sich durch das unharmonische Zwischenspiel nicht von der einmal gewählten Richtung abbringen. Sie nahmen sie auf der Plenarsynode zu Karthago im Mai 418 nochmals auf und gaben ihr in den acht Kanones einen ersten kirchlich-lehrhaften Ausdruck, der die authentische Lehre bis hin zum Tridentinum und darüber hinaus bestimmte.

Die von über 200 Bischöfen (auch spanischen) besuchte Synode[38] stellte bezeichnenderweise in den acht bzw. neun Kanones die Lehre von der „Erbsünde" an die Spitze, während in den bisherigen Auseinandersetzungen die Gnadenlehre als die entscheidende Grundlage für die rechte Wertung der „Erbsünde" im Vordergrund stand. Die Umkehrung der Reihenfolge entspricht der sachlichen Zuspitzung, die die Kontroverse inzwischen erfahren hatte. Dem von Augustin bevorzugten Ansatz entsprechend, den Zustand Adams mit der konkreten Wirklichkeit des Menschen zu vergleichen und ihn von dieser abzuheben, beginnt can. 1 mit der Abwehr der Meinung vom sterblichen Geschaffensein Adams und dem Tod als Naturnotwendigkeit („necessitate naturae"), wobei freilich die Differenzierung Augustins zwischen „non posse mori" und „posse non mori" nicht aufgenommen ist. Auch ist hier allein an den leiblichen Tod gedacht. Deshalb ist es nur folgerichtig, daß der Tod als Sündenstrafe ausgegeben wird, keineswegs aber als das Wesen der „Erbsünde". Die Synode hat damit alle eventuell noch aus dem vergangenen Lauf der Geschichte verbliebenen Unklarheiten bezüglich einer möglichen Vermischung zwischen Erbübel- und Erbsündenlehre getilgt. Diese Eindeutigkeit setzt sich in der folgenden Aussage fort, die auf die Erbsündenlehre selbst eingeht.

Der zweite Kanon bringt in der starken Hervorkehrung des ekklesiologischen und tauftheologischen Aspektes eine verhältnismäßig ausführliche Berichtigung der doppeldeutigen pelagianischen Ausdrucksweise, die zwar die Notwendigkeit der Kindertaufe einschloß, sie aber vom Sündennachlaß loslöste. Dem gegenüber stellt die Synode klar, daß bei den Kindern „die Form der Taufe ‚zur Vergebung der Sünden' als falsch befunden würde ..., wenn sie aus Adam nichts von der Ursünde mitbekommen" hätten („nihil ex Adam trahere originalis peccati"). Hier fällt zum ersten Mal in einem kirchlichen Lehrdokument der Ausdruck „originale peccatum" (freilich mit Bezug auf die Adamssünde), den Augustin einige Jahre zuvor gebraucht hatte[39]. Klar ist auch gesagt, daß den Kindern das in der Taufe zu Tilgende anläßlich der Zeugung übertragen wird („ut in eis regeneratione mundetur, quod generatione traxerunt"). Eine Bestimmung des Wesens der Erbsünde ist das freilich nicht; die Augustinische Kernvorstellung der „mors animae" ist nicht aufgenommen, jedoch ist der Schuldcharakter dieses „etwas" einschlußweise behauptet, was nicht zuletzt an dem mit der Taufe verbundenen Sühnegedanken („expietur") ersichtlich wird. Inhaltlich ist schließlich auch die Begründung dieser Lehre mit Röm 5,12 bedeutsam, wobei der Anschluß des „in quo" eindeutig nach Art des Ambrosiaster relativisch gefaßt und auf Adam bezogen ist.

Aber auch rein formal sind die wenigen Sätze dieses Kanons beachtlich, der vom Tridentinum weitgehend übernommen wurde[40]. So ist die hier (ähnlich wie beim Traditionsbeweis Augustins) bekundete Überzeugung ernst zu nehmen, nach der die

---

[38] Zur Synode vgl. *S. Kopp:* aaO. 20f.

[39] De pecc. mer. et rem. I 9, 9 (PL 44, 114).

[40] Decretum de peccato originali (DS 1514).

Auffassung der Synode so gehalten ist, „wie es die katholische, überall verbreitete Kirche stets verstanden hat". Man ist sich also keiner (etwa Augustinischen) Neuerung bewußt, sondern weiß sich in der Tradition stehend und von der regula fidei gedeckt.

Interessant ist aber auch die Aufnahme eines in der Tradition vorfindlichen Sprachgebrauchs, der wegen seiner verbalen Doppeldeutigkeit den Interpreten stets gewisse Schwierigkeiten bereitete. Es ist die gleichzeitige Verwendung des Singulars und des Plurals für die von den Kindern inkurrierte Sünde. Obwohl es von den Unmündigen heißt, daß ihnen im Bad der Wiedergeburt das originale peccatum getilgt wird, ist nachfolgend vom Nachlaß der Sünden die Rede. Der hier verwandte Plural könnte verwirrend wirken, weil er sprachlich nicht gut zur Formel von der einen Ursprungssünde paßt. Freilich ist wegen der vorher ausdrücklich angeführten Unfähigkeit der Kinder zu persönlichen Sünden an solche hier nicht zu denken[41]. Aber im Zusammenhang des ganzen Textes wird doch der Grund für diese sprachliche Unausgeglichenheit klar: die im Credo verankerte Formel „in remissionem peccatorum" darf selbstverständlich auch für die Kindertaufe herangezogen werden, obgleich sie hier nur auf die Ursprungssünde geht. Die sprachliche Bindung an das Credo erklärt den Gebrauch dieser Formel auch für die Kindertaufe, ohne daß man hier irgendeine Abweichung vom Erbsündengedanken annehmen dürfte. Im Lichte dieser Aussage der Synode, die nicht mehr zweifelhaft ist, erscheinen dann auch die ähnlich lautenden Zeugnisse der vorhergehenden Tradition in einem unverfänglichen Sinn.

Der formelle Sündencharakter der Adamsbelastung der Kinder tritt dann schließlich im dritten Kanon[42] noch einmal deutlich hervor, nämlich in der ohne jede Einschränkung gehaltenen Aussage über das unheilvolle Los der ungetauft sterbenden Kinder. Hier wird zunächst die bei den Pelagianern vorkommende (oder vermutete) Unterscheidung zwischen „regnum coelorum" und „vita aeterna" abgelehnt. Es gibt auch keinen „mittleren Ort" für die Kinder; denn „quis catholicus dubitet participem fore diaboli eum, qui coheres esse non meruit Christi?" Die von Augustin gelegentlich erwogene Milderung[43] ist hier, wohl um jedes Mißverständnis zu vermeiden, übergangen. Die Begründung erfolgt mit dem Wort des johanneischen Christus über die Notwendigkeit der „Wiedergeburt" aus dem Wasser und dem Heiligen Geiste (Jo 3,5). Die in dieser Eindeutigkeit bezüglich des Loses der ungetauft sterbenden Kinder sehr hart klingende Aussage ist grundsätzlicher Art und reflektiert nicht das theologische Problem um mögliche „Ersatzmittel" der Taufe, das spätere Zeiten bewegte. Die Aussage ist in Abhängigkeit von der im Mittelpunkt stehenden Ursprungssünde zu interpretieren und sagt dann vor allem etwas über den Charakter dieser Sünde als Gnadenlosigkeit und Todesverfallenheit aus.

Die folgenden Kanones beziehen sich mehr auf die positiven Folgen der Rechtfertigung und Begnadung. Auch sie stehen im Gegensatz zur pelagianischen Verflachung des Gnadenverständnisses, wenn sie sich z. B. auf die Kraft der Gnade nicht

---

[41] „... parvuli, qui nihil peccatorum in se ipsis adhuc committere potuerunt, ideo in peccatorum remissionem veraciter baptizantur, ut in eis regeneratione mundetur, quod generatione traxerunt" (DS 223).

[42] Der in manchen Hss fehlende can. 3 ist als authentisch anzusehen; vgl. *E. Amann:* DThC X 1754 f; DS 224.

[43] Schon in De pecc. mer. et rem. I 16, 21 (CSEL 60, 20) spricht er von einer „damnatio omnium mitissima"; vgl. auch Ep. 186, 8 (CSEL 57, 66–70).

nur zum Nachlaß begangener Sünden berufen, sondern sie auch zur Bewahrung vor neuen Sünden heranziehen (can. 5), oder wenn sie betonen, daß die Gnade die Einhaltung der Gebote nicht nur erleichtert, sondern von Grund auf ermöglicht (can. 7). Schließlich wird auch gegen die schon von Augustin widerlegte impeccantia-Lehre der Pelagianer Stellung genommen und deren Schriftauslegung korrigiert (can. 7–9).

So ist nicht zu verkennen, daß in diesen wenigen Sätzen Gehalte der augustinischen Lehre von der „Erbsünde" und von der Gnade wiederkehren. Auch die noch bestimmtere Aussage, daß jeder dieser Sätze „seine genaue Parallele in den Werken des heiligen Augustinus"[44] hat, ist nicht unzutreffend. Trotzdem muß man auch die Grenzen dieser knapp gehaltenen Aussagen und ihrer Parallelisierung mit der Lehre des Kirchenvaters sehen. Unter diesem Aspekt fällt auf, daß diese Aussagen ohne den weiträumigen Hintergrund der Augustinischen Heilstheologie gemacht sind und deshalb der eigentümlichen Tiefendimension entbehren. So ist weder (im ersten Kanon) die Frage nach der Natürlichkeit oder Gnadenhaftigkeit der paradiesischen Unsterblichkeit Adams angegangen und entschieden, noch ist (im zweiten Kanon) etwas von der Augustinischen Doktrin über die „Adamseinheit" der Menschheit aufgenommen. Vor allem fällt auf, daß die in Augustins Lehre mit einer wesentlichen Funktion ausgestattete Konkupiszenz weder in ihrer Bedeutung für das „peccatum originale" noch in ihrem Problemgehalt aufgenommen ist. Damit ergibt sich zwar der relative Vorteil, daß die Taufwirkung bei den Kindern konsequent und unabgelenkt auf die Sündentilgung und die Reinigung von der Adamsschuld zurückgeführt werden kann. Aber der von Augustinus mit dem dauernden Rekurs auf die Konkupiszenz beabsichtigte Realitätsbezug dieser Sünde auch im heutigen getauften Menschen (entgegen dem naturalistischen Optimismus der Pelagianer bezüglich der konkreten Verfaßtheit des erbsündigen Menschen) ist hier genau so wenig aufgenommen wie die heilshafte Entschlüsselung des ganzen Sündendramas durch das gnadenhaft-optimistische Urteil über die „felix culpa". Man sollte deshalb nicht sagen, daß das Konzil (ähnlich wie übrigens die spätere Kirche) die ganze Augustinische „Erbsündenlehre" übernommen habe, sondern nur die wesentlichen Grundsätze über den Tod als Sündenfolge, über die Behaftung auch der Unmündigen mit der Adamsschuld durch die Zeugung und über die daraus resultierende Notwendigkeit der Kindertaufe. Auch diese Kernsätze sind nicht in lehrhafter Interpretation entwickelt, sondern in der Form von kurzen Bekenntnisaussagen zur Abwehr des Pelagianismus vorgetragen. In ihnen hat sich mehr das gnadentheologische und hamartiologische Grundanliegen Augustins niedergeschlagen als seine ausgeführte theologische Lehre.

Damit sind dem Einfluß der Augustinischen Lehre auf dieser Synode gewisse Grenzen gesetzt. Sie lenken den Blick von neuem auf die von der Synode mit Überzeugung vorgetragene Traditionsgebundenheit dieser Glaubenslehre, eine Behauptung, die man den Konzilsvätern, die insgesamt weniger Theologen als Männer der Kirche waren, abnehmen darf und die den im schärferen Licht einer neuen glaubensgeschichtlichen Situation interpretierten Traditionszeugnissen durchaus entspricht.

Trotz der relativen Begrenzung des Einflusses Augustins war das Dokument von Karthago epochemachend, nicht zuletzt durch die Verbindung mit den Wirkungen der Epistula tractoria und dem Sacrum rescriptum Kaisers Honorius vom 30. April 418. Die Summierung dieser Kräfte führte nicht nur kirchenpolitisch zu einer Zu-

---

[44] So *E. Amann:* DThC X 1758.

rückdrängung des Pelagianismus, sondern brach auch theologisch der Lehre Augustins die Bahn. Das beweist die i.J. 431 erfolgende Stellungnahme Papst Coelestins I. in dem Brief an die gallischen Bischöfe, in dem der Bischof von Hippo belobigt und unter die „magistri optimi" eingereiht wird[45], ebenso wie der „Indiculus"[46]. Das schließlich schon einer neuen Entwicklungsphase zugehörende 2. Konzil von Orange (529) gibt augustinische Formeln noch eindeutiger wieder, wenn es „den leiblichen Tod, der eine Strafe der Sünde ist" von der Sünde selbst unterscheidet, „die der Tod der Seele ist"[47].

Die Aktivität des bischöflichen Lehramtes in der Schlußphase der Auseinandersetzung mit dem Pelagianismus erhellt u. a. aus der Tatsache, daß im Zeitraum von 412 (bzw. 411) bis 431 nicht weniger als 24 Synoden gegen den Pelagianismus Stellung nahmen[48] und daß auch die Kirchen des Ostens sich der Verurteilung anschlossen. Auch das Konzil von Ephesus schloß sich der Verurteilung des Pelagius an (can. 1 und 4), ohne allerdings inhaltlich auf seine Lehre einzugehen und eine Erwiderung vorzunehmen[49].

Bemerkenswert ist aber ein im Vorfeld des Ephesinums spielender Dialog zwischen Coelestin I. und Nestorius bezüglich der Erbsündenfrage, der einen Einblick in den Stand der Lehrentwicklungen auf beiden Seiten gibt. Ihr Ausgleich scheint weit gediehen, wenn man sich an die Aussage des Papstes hält, in der er die Einheit mit Nestorius im Erbsündenglauben hervorhebt: „Wir lesen, wie richtig du an die Erbsünde glaubst" („quam bene teneas originale peccatum"[50]). Ebenso wird Nestorius die Richtigkeit seiner Auffassung bestätigt, daß „die Natur selbst schuldig sei" und „mit Recht jene Schuld" zahle, „die vom Geschlecht des Schuldners herkommt". Auf der anderen Seite scheint Nestorius diese vom Papst betonte Gemeinsamkeit vollauf zu bestätigen, wenn er in einer der vier gegen die Pelagianer gehaltenen Predigten[51] die Lehre von der doppelten Sterblichkeit entwickelt, bei der man an Augustins Auffassung erinnert wird. Der Patriarch von Konstantinopel unterscheidet hier zwischen einer Sterblichkeit, die infolge der Sünde der menschlichen Natur zukam, und einer solchen, „die aus der Verwerfung der Erkenntnis (Gottes) entstand"[52]; denn die Unkenntnis Gottes gleicht der Todesstarre. Beider Sterblichkeiten Urheber war der Teufel, wie umgekehrt Christus, dessen Werk universalen Charakter besitzt, beide Sterblichkeiten überwand.

Allerdings darf bei einer versuchten Gleichsetzung der beiden hier zum Vorschein kommenden Lehransätze das Unterscheidende nicht übersehen werden. Die Bestimmung des geistigen Todes als Unkenntnis Gottes ist dem abendländischen Denken in dieser Exklusivität nicht vertraut und darf als Eigentümlichkeit der griechischen Sündenauffassung angesehen werden, welche die Sünde auch in gnoseologischen Kate-

---

[45] *Coelestinus I*, Ep. 21 (PL 50, 528–530); vgl. auch DS 237.

[46] Dieser „Index" zur Gnadenlehre galt früher als Werk des Papstes Coelestin, wird heute dem Freund Augustins Prosper von Aquitanien († nach 455) oder dem späteren Papst Leo I. zugeschrieben; vgl. *J. Gross*, Entwicklungsgeschichte II 41; Text: PL 51, 531–537; DS 238–249.

[47] Vgl. *Tixeront* III 306; DS 370–372.

[48] *J. Brinktrine*, Die Lehre von der Schöpfung (Pa 1956) 315.

[49] *P.-Th. Camelot*, Ephesus und Chalcedon (Geschichte der ökum. Konzilien II) (Mz 1963) 64; DS 267 268.

[50] Mansi IV 1025–1036; ACO I/II 11; ACO I/1,1 S. 77, 14–83, 15.

[51] Die Predigten bei ACO I/1,1 Nr. 31–34; S. 60–65.

[52] Ebd. nr. 32.

gorien ausdrückte und sie als Widerspruch zur Logoshaftigkeit des Menschen verstand. Aber ein direkter Gegensatz zum abendländischen Denken muß hier nicht angenommen werden, wenn man etwa bedenkt, daß Augustin die Verdunkelung des Erkennens auch als Folge der Adamssünde bezeichnet[53].

Ein wirklicher Einwand gegen die hier auftretende Konkordanz von abendländischem und morgenländischem Denken ergäbe sich dann, wenn Nestorius den „Seelentod" als individuelle persönliche Sünde des (erwachsenen) Menschen verstanden und hier an die Einzelsünden gedacht hätte. Dann ergäbe sich aus seinen Predigten nichts für die Existenz eines peccatum originale. Dann wäre es freilich verwunderlich, daß die Abendländer ihn (den Griechen) so gründlich mißverstanden hätten, wie es auch umgekehrt nicht recht erklärlich wäre, daß sich die Griechen auf dem Konzil von Ephesus dem abendländischen Antipelagianismus so vorbehaltlos anschlossen. Aber auch aus inneren Gründen kann gefolgert werden, daß Nestorius unter der „Verwerfung der Erkenntnis Gottes" kaum allein die menschlichen Einzelsünden verstehen kann; denn die eindeutige Abhängigkeit dieser Sünde von Adam, ihre direkte Abkunft vom Teufel und ihre Aufhebung durch Christus wie schließlich ihre Parallelität zum von Adam kommenden leiblichen Tod lassen an eine universale Sündenmacht denken, die im Ursprung der Menschheit wurzelt. Der Schuldschein oder das im Paradies über die Menschen ergehende Todesurteil ist schwerlich auf den leiblichen Tod zu reduzieren; der „Seelentod" kann aber auch nicht allein auf die persönlichen Sünden bezogen sein. Zwar spricht Nestorius hier nicht von einer jedem einzelnen von Adam her eignenden Schuld, aber die im Sinne der griechischen Denkweise universale Sündenmacht schließt (gerade wegen ihrer Universalität) den Menschen als solchen nicht aus. So ist auch in diesem Fall das der Denkweise der Griechen eignende Absehen von dem personal-anthropologischen Element des peccatum originale zugunsten des kosmischen Momentes zu erkennen, aber es ist nicht zu ersehen, daß das kosmische Moment das individuell-anthropologische ausschlösse.

[53] Vgl. u.a. *Augustinus,* De pecc. mer. et. rem. I 24, 35 (CSEL 60, 34).

Druck:
Canon Deutschland Business Services GmbH
im Auftrag der KNV-Gruppe
Ferdinand-Jühlke-Str. 7
99095 Erfurt